U0921164

CHINA DEVELOPMENT ZONES YEARBOOK

中国开发区年鉴

2014

中国开发区协会 编

中国财政经济出版社

图书在版编目（CIP）数据

2014 中国开发区年鉴／中国开发区协会编．—北京：中国财政经济出版社，2015.3
ISBN 978－7－5095－6013－6

Ⅰ．①2…　Ⅱ．①中…　Ⅲ．①经济开发区－中国－2014－年鉴　Ⅳ．①F127.9－54

中国版本图书馆 CIP 数据核字（2015）第 028596 号

责任编辑：雷　婷　高　波　　　　责任校对：张　凡
封面设计：张德林　　　　　　　　版式设计：兰　波

中国财政经济出版社 出版

URL：http：//www.cfeph.cn
E－mail：cfeph @ cfeph.cn

社址：北京市海淀区阜成路甲 28 号　邮政编码：100142
营销中心电话：88190406　北京财经书店电话：64033436　84041336
北京聚源德印刷有限公司印刷　各地新华书店经销
787×1092 毫米　16 开　27 印张　655 000 字
2015 年 3 月第 1 版　2015 年 3 月北京第 1 次印刷
定价：400.00 元
ISBN 978－7－5095－6013－6/F·4842
（图书出现印装问题，本社负责调换）
本社质量投诉电话：010－88190744
打击盗版举报热线：010－88190492、QQ：634579818

中国开发区年鉴

编　委　会

柳云娇　胡呈慈　胡　卓　贲　海　贺　艳　贺琪凯　赵　静
郝胜华　钟德福　项　群　饶洁琳　倪　伟　秦　录　徐顺舟
徐　峰　栗　群　桂裕辰　贾淑霞　高振永　高　翔　崔亚楠
盛　晶　黄　龙　黄　颖　傅青华　储成来　强敏恒　程　军
翘课丽　董文珠　谢　哲　窦雷雨　翟永桢　蔡力文　蔡　丽
潘　勇　黎发明　燕君明　鞠　里

（按姓氏笔画排序）

■ 中国开发区年鉴编辑部

主　任：任　欢

副主任：王　乐

编　辑：雷　婷　高　波　吴乃光　考雅迪　周子入

目　录

文献法规篇

专题研究篇

综　合　篇

国家级经济技术开发区篇

其他开发区篇

文献法规篇

关于印发中央财政促进服务业发展专项资金管理办法的通知

财建［2013］4号　2013年1月17日

各省、自治区、直辖市、计划单列市财政、商务主管部门，新疆生产建设兵团财务局、商务局：

为了加强中央财政促进服务业发展专项资金（以下简称“专项资金”）管理，充分发挥专项资金使用效益，根据《中华人民共和国预算法》、《国务院关于加快发展服务业的若干意见》（国发［2007］7号）、《国务院办公厅关于搞活流通扩大消费的意见》（国办发［2008］134号）、《国务院关于深化流通体制改革加快流通产业发展的意见》（国发［2012］39号）等有关文件，我们制定了《中央财政促进服务业发展专项资金管理办法》，现印发你们，请遵照执行。

附件：中央财政促进服务业发展专项资金管理办法

附件

中央财政促进服务业发展专项资金管理办法

第一章　总　　则

第一条　为了加强中央财政促进服务业发展专项资金（以下简称“专项资金”）管理，充分发挥专项资金使用效益，根据《中华人民共和国预算法》、《国务院关于加快发展服务业的若干意见》（国发［2007］7号）、《国务院办公厅关于搞活流通扩大消费的意见》（国办发［2008］134号）、《国务院关于深化流通体制改革加快流通产业发展的意见》（国发［2012］39号）等，制定本办法。

第二条　本办法所称专项资金是指中央财政从公共财政预算资金中安排的专项用于支持商贸流通领域服务业项目建设和发展的资金。

第三条　专项资金由财政部门会同商务主管部门管理。财政部门会同商务主管部门负责专项资金分配，加强监督检查和绩效评价。商务主管部门会同财政部门负责业务指导和项目管理，对项目建设实施情况进行绩效评价。

第四条　专项资金实行中央对地方专项转移支付，中央财政将专项资金切块下达到省（自治区、直辖市、计划单列市、兵团，以下统称省），由各省在本办法规定范围内，自主确定专项资金支持重点，统筹将专项资金安排到具体项目，并按照商务部会同财政部发布的有关业务指导文件加强项目管理，接受财政部、商务部监督检查和绩效评价。

第五条　专项资金管理遵循公开、公正、规范、科学运作和注重效益原则，资金分配和使用情况向社会公示，接受有关部门和社会监督。

第二章 专项资金分配

第六条 专项资金按照社会消费品零售总额、第三产业增加值、第三产业就业人数、区域发展差异以及专项资金使用绩效等因素分配。具体分配办法：

某省专项资金分配额＝年度专项资金总规模×[20%×该省社会消费品零售总额×该省地区差别系数/Σ(各省社会消费品零售总额×各省地区差别系数)+20%×该省社会消费品零售总额增长率×该省地区差别系数/Σ(各省社会消费品零售总额增长率×各省地区差别系数)+20%×该省第三产业增加值×该省地区差别系数/Σ(各省第三产业增加值×各省地区差别系数)+20%×该省第三产业增加值增长率×该省地区差别系数/Σ(各省第三产业增加值增长率×各省地区差别系数)+20%×该省第三产业就业人数×该省地区差别系数/Σ(各省第三产业就业人数×各省地区差别系数)]

地区差别系数分东、中、西部地区，分别为1、1.3、1.5。其他分配因素以国家统计局上一年发布的统计数据为准。其中，计划单列市、新疆生产建设兵团以省统计局上一年发布的统计数据为准。

专项资金分配与绩效评价结果挂钩，对绩效评价不合格的省份，视情扣减下年度专项资金分配额。对预算执行严重滞后及专项资金管理出现重大违规违纪问题的，加大专项资金扣减力度直至收回已安排专项资金。扣减或收回的专项资金用于奖励其他绩效评价合格的省。

第三章 专项资金使用

第七条 专项资金分配到省后，应按照项目法管理，在以下范围内确定支持重点，集中财力支持项目建设、改造和发展：

（一）民生商贸服务业项目，包括家政服务、大众化早餐工程、社区商业等。

（二）与生产流通直接相关的服务业项目，包括生产生活资料商贸物流、酒类流通追溯、品牌促进、电子商务、屠宰企业升级改造及屠宰监管技术系统等。

（三）与节能减排、环境保护相关的服务业项目，包括：再生资源回收利用、报废汽车回收拆解、二手车流通、旧货流通、流通领域节能减排和绿色低碳流通体系建设等。

（四）与公共服务直接相关的项目，包括：市场监管、市场监测、商贸服务行业统计、应急调控等。

（五）其他经财政部、商务部确认的商贸流通领域服务业项目。

第八条 专项资金以补助、以奖代补和贴息等方式安排到具体项目。其中：

采取补助方式的，除必须由财政负担的公益性项目外，对单个项目补助额不超过项目总投资的30%；

采取以奖代补方式的，按照先建设实施后安排补助的办法，用于对已竣工验收项目予以补助，对单个项目补助额不超过项目总投资的30%；

采取贴息方式的，对上年实际发生的银行贷款利息予以补贴。贴息率不得超过同期中国人民银行发布的一年期贷款基准利率，贴息额不超过同期实际发生的利息额，贴息年限最长不超过3年。

第九条 项目单位应加强专项资金使用管理。专项资金主要用于项目建设、设备购置安装、信息系统开发、品牌展览推介、家政服务及公共服务岗位培训、应急调运运费、市场监测统计费用等与项目建设实施直接相关的支出，不得用于征地拆迁、车辆购置以及人员经费、设施维护等经常性开支。不符合规定支出范围的，不得纳入项目总投资。

采取以奖代补方式的，可用于上述支出归垫。

采取贴息方式的，主要用于补偿与上述支出相关的银行贷款利息。

第十条 专项资金应与地方资金、中央财政其他资金统筹使用。对中央财政其他资金已支持的项目，专项资金原则上不再安排。

第十一条 专项资金实行专款专用，专账核算。专项资金纳入财政预算管理，但不得用于平衡本级预算。

第四章 预算执行与专项资金支付

第十二条 各省应积极采取措施，提早确定年度支持重点，加强项目储备，深化项目前期工作，保证项目实施进度，加快预算执行。

第十三条 各省财政部门应于中央财政下达专项资金（以预算文件印发日为准）3个月内将专项资金预算分解下达到具体项目，并会同同级商务主管部门将有关情况报送财政部、商务部备案。备案内容包括：本省专项资金支持重点、具体项目清单、项目总投资、项目投资资金来源（包括专项资金、地方资金、项目单位及社会资金）、主要建设内容、建设地点、项目开竣工期限等。

第十四条 具体项目和专项资金安排上报备案后不得随意调整。确需调整的，应按照第十三条规定内容将项目调整情况及调整原因报财政部、商务部备案。

第十五条 地方各级财政部门要加强专项资金支付管理。其中：

采取补助方式的，原则上按预算、按合同和按项目实施进度支付资金，并预留10%尾款，待项目完成验收且批复决算后支付。为确保项目实施资金需求，也可在确保资金安全情况下，在项目开工后预拨资金，并预留10%尾款，待项目完成验收且批复决算后支付。

采取以奖代补和贴息方式的，应在专项资金安排到具体项目后，及时支付专项资金。

实行国库集中支付的，按照国库集中支付制度有关规定执行。

第五章 监督检查与绩效评价

第十六条 财政部会同商务部对专项资金安排使用情况进行监督检查和绩效评价。地方各级财政部门会同同级商务主管部门加强对本地区专项资金安排使用情况监督检查和绩效评价。

第十七条 专项资金绩效评价重点是预算执行进度、项目建设实施情况、地方资金投入及项目资金管理报备情况等。其中：

预算执行进度评价项目实施是否达到预算执行序时进度要求。

项目建设实施情况评价项目安排是否符合本办法规定的范围、项目建设实施是否符合商务部有关业务指导文件要求、是否履行基本建设等相关程序、项目资金预算下达后是否频繁调整、项目实施是否按照进度要求实现相关效益目标、各省商务部门是否按要求及时报送市场监测和行业统计数据、是否切实履行行业监管职责等。

地方资金投入评价专项资金带动地方及社会资金投入情况。

项目资金管理报备情况评价各省财政和商务主管部门是否及时、完整报送项目和资金安排情况以及季报等。

第十八条 各省财政部门会同同级商务主管部门应于每季度结束后10个工作日内向财政部、商务部报送专项资金预算执行及项目建设进展情况季报，并于每年2月15日前报送上年专项资金项目建设实施情况总结。

第十九条 对于截留、挤占、挪用、骗取专项资金等违法行为，一经查实，财政部将收回已安排的专项资金，并按《财政违法行为处罚处分条例》（国务院令第427号）的相关规定进行处理。涉嫌犯罪的，移送司法机关处理。

第六章 附 则

第二十条 各省财政部门会同同级商务主管部门应根据本办法，结合本地实际，制定实施细则，报财政部、商务部备案。

第二十一条 本办法由财政部会同商务部负责解释。

第二十二条 本办法自印发之日起执行。《中央财政促进服务业发展专项资金管理办法》（财建［2009］227号）同时废止。

关于印发《国家级经济技术开发区、国家级边境经济合作区等基础设施项目贷款中央财政贴息资金管理办法》的通知

财建［2013］32号 2013年2月7日

有关省、自治区、直辖市、计划单列市财政厅（局）：

为更好地发挥财政贴息政策的扶持引导作用，我们制定了《国家级经济技术开发区、国家级边境经济合作区等基础设施项目贷款中央财政贴息资金管理办法》。现印发给你们，请遵照执行，并请转发到当地有关国家级开发区。

附件：国家级经济技术开发区、国家级边境经济合作区等基础设施项目贷款中央财政贴息资金管理办法

附件

国家级经济技术开发区、国家级边境经济合作区等基础设施项目贷款中央财政贴息资金管理办法

第一章 总 则

第一条 为加强国家级开发区（以下简称“开发区”）基础设施项目贷款中央财政贴息资金管理，提高财政资金使用效益，更好的发挥财政贴息政策的扶持、引导作用，根据《中华人民共和国预算法》及有关规定，制定本办法。

第二条 本办法所称中央财政贴息资金（以下简称“贴息资金”）是指中央财政预算安排的，专项用于开发区内公共基础设施项目贷款贴息的资金。

第三条 本办法所称开发区包括经国务院批准设立的中西部地区和东北老工业基地的国家级边境经济合作区、国家级经济技术开发区，苏州工业园区，中新天津生态城，重庆两江新区，“黄河善谷”。

基础设施项目贷款是指上述开发区内公共基础设施项目建设使用的各类银行提供的基本建设项目贷款以及中长期债券资金（包括地方政府债券、企业债、公司债、中期票据等）用于基础设施建设的部分。

第四条 本办法所称基础设施项目包括：

（一）开发区内道路、桥涵、隧道等项目。

（二）开发区内污水、生活垃圾处理等生态环境保护项目。

（三）开发区内供电、供热、供气、供水及通信网络等基础设施项目。

（四）开发区内为中小企业创业、自主创

新提供场所服务和技术服务的孵化器、公共技术支撑平台建设，以及为服务外包、物联网企业提供场所服务和技术服务的公共基础设施项目。包括物理场所建设、为实现设施功能所必需的软硬件设备系统购置以及专用软件开发等，不包括中小企业自身拥有和开发的部分。

（五）开发区内为集约利用土地，节约资源，服务中小企业，统一修建的标准厂房项目。

（六）开发区内为节约能源，集中实施的能量系统优化工程、余热余压利用工程、绿色照明工程等重点节能工程项目。

（七）开发区内教育、文化、卫生等社会事业发展项目。

第二章 贴息政策

第五条 贴息资金实行先付后贴，即项目单位必须凭贷款银行或其他金融机构开具的利息支付凭证向财政部门申请贴息。

对未按合同规定归还的逾期贷款利息、加息和罚息，不予贴息。

第六条 中央财政对西部地区开发区、战略性新兴产业集聚和自主创新能力强的开发区，给予重点贴息支持。

第七条 开发区管辖区域范围内已落实贷款并已按期支付利息的基础设施在建项目，均可按规定申报贴息资金。

第八条 财政部根据年度贴息资金预算控制指标和当年贴息资金申报情况等因素确定贴息率，最高不超过当年中国人民银行同期贷款基准利率。

第九条 项目建设期少于3年（含3年）的，按项目建设期进行贴息；项目建设期大于3年的，按不超过5年进行贴息；属于购置的，按2年进行贴息。

第十条 2013年贴息周期为2012年3月21日至2012年12月20日。2014年起，贴息周期均为前年12月21日至上年12月20日。各省（自治区、直辖市、计划单列市）财政厅（局）应当于当年贴息周期结束后1个月内向财政部提出贴息申请。

第三章 贴息资金的申报、审核和下达

第十一条 符合本办法规定的基础设施项目，由项目单位申报贴息资金。凡已申请中央其他贴息资金的项目，不得重复申报。

第十二条 项目单位申报贴息资金，应按要求填制基本建设贷款项目贴息申请表，并附项目批准文件、贷款合同或相关材料、资金到位凭证、利息支付凭证等材料，经贷款经办机构签署意见或出具证明后，报送到开发区财政部门。

上述申报材料应按本办法第四条所列分类别填报具体项目和提交相关材料，不得打捆上报。项目贷款为打包贷款的，应分类详细列清具体项目所使用的贷款金额。

第十三条 开发区财政部门根据本办法的规定，对本区项目单位提交的贴息材料进行审核后，填写基本建设贷款财政贴息汇总表，并附项目单位报送的有关材料，上报所在地省（自治区、直辖市、计划单列市）财政厅（局）。

第十四条 各有关省（自治区、直辖市、计划单列市）财政厅（局）对各开发区申报的贴息材料进行汇总审核后，转送财政部驻当地财政监察专员办事处（以下简称“专员办”）进行终审，并由各有关省（自治区、直辖市、计划单列市）财政厅（局）依据终审结果填写基本建设贷款财政贴息汇总表后，上报财政部（电子版同时通过内网传输），同时抄送当地专员办。各地贴息申报材料不再上报至财政部，专员办的审核结果作为最终核定贴息的依据。

第十五条 专员办根据本办法规定的贴息范围、贴息期限等条件审核贴息材料，原则上应当在15个工作日内完成项目审核工作。

第十六条 财政部根据年度预算安排的贴息资金规模，按具体项目逐个核定贴息资金

数，并按规定下达预算。贴息资金拨付按照财政国库管理制度的有关规定执行。

第四章 贴息资金财务处理及监督管理

第十七条 各项目单位要严格按照本办法规定的贴息范围、贴息期限、贴息比率等事项填报贴息申请表。项目单位收到贴息资金后，在建项目冲减工程成本，竣工项目冲减财务费用。

第十八条 有关省（自治区、直辖市、计划单列市）财政厅（局）及开发区财政部门对开发区的基础设施项目建设及资金落实情况要定期进行检查，会同有关单位督促项目按合理工期进行建设，已建成的项目，要及时办理竣工决算。

财政部将组织专员办或委托评审机构对贴息资金申报和使用情况进行抽查。

第十九条 贴息资金是专项资金，必须保证贴息资金的专款专用。任何单位不得以任何理由、任何形式截留、挪用财政贴息资金。违反规定，骗取、截留、挪用贴息资金的，依照《财政违法行为处罚处分条例》（国务院令第427号）的规定进行处理。对于弄虚作假、骗取贴息资金的，暂停该开发区申报贴息资格三年。

第五章 附 则

第二十条 本办法由财政部负责解释。

第二十一条 本办法自发布之日起施行。《财政部关于印发〈国家级经济技术开发区、国家级边境经济合作区基础设施项目贷款中央财政贴息资金管理办法〉的通知》（财建［2012］94号）同时废止。

科技部关于印发《创新型产业集群试点认定管理办法》的通知

国科发火［2013］230号 2013年2月7日

各省、自治区、直辖市科技厅（委）：

为贯彻落实国务院《关于进一步支持小型微型企业健康发展的意见》（国发［2012］14号），我部制定了《创新型产业集群试点认定管理办法》及创新型产业集群评价指标体系。现印发你们，请结合本地实际，认真组织实施。

附件：创新型产业集群试点认定管理办法

附件

创新型产业集群试点认定管理办法

第一章　总　　则

第一条　根据《国务院关于进一步支持小型微型企业健康发展的意见》（国发［2012］14 号）的要求，为促进产业集群创新发展，制定本办法。

第二条　创新型产业集群（以下简称“集群”）是指产业链相关联企业、研发和服务机构在特定区域集聚，通过分工合作和协同创新，形成具有跨行业跨区域带动作用和国际竞争力的产业组织形态。

第三条　集群试点工作在高新技术产业园区（以下简称“园区”）开展，一般以国家高新技术产业开发区为重点，通过政府的组织引导、集群的科学规划和产业链的协同发展，促进传统产业的转型升级和新兴产业的培育发展，提升产业竞争力。

第四条　集群试点遵循国家战略与地方目标相结合、市场主导与政府推动相结合、科技创新与产业发展相结合的原则。

第二章　试点认定

第五条　申请集群试点，需同时满足以下条件：

（一）集群的建设与发展规划，应具有科学性、前瞻性和可实施性。规划的主导产业市场前景广阔，主导产业在细分领域处于国内领先地位。

（二）集群所在地政府（原则上为地级市政府）制定了促进集群产业发展的政策措施，建立了政府引导下的集群产业链协同机制，设立了试点工作管理机构。

（三）集群产业链企业、研发和服务机构相对集聚，建立了产业或技术联盟；骨干企业应为高新技术企业或创新型（试点）企业，具有核心知识产权的品牌产品，参与了国际、国家或行业标准的制定；科技型中小微企业与骨干企业形成了生产配套或协作关系。

（四）拥有与集群产业链相关联的研发设计、创业孵化、技术交易、投融资和知识产权等服务机构，以及科研院所和教育培训等机构，其功能、能力符合集群产业的战略发展需求。

第六条　集群试点工作程序

（一）园区管理机构按照集群试点条件和年度申报通知的要求编制申请文件，由所在地政府向省、自治区、直辖市科技行政管理部门提出试点申请。

（二）省、自治区、直辖市科技行政管理部门组织专家论证，符合条件的向科技部推荐。

（三）科技部每年组织专家考察和评审。通过评审的，认定为创新型产业集群试点，试点期为三年。

第三章　组织管理

第七条　科技部负责集群试点工作管理，科技部火炬高技术产业开发中心承担试点的申报受理、组织认定和工作推进，发布申报通知并按照《创新型产业集群试点评价指标体系》进行试点工作评价。

第八条　省、自治区、直辖市科技行政管理部门负责指导本地区的集群试点工作，协调落实本地区集群试点的政策，协助做好集群工作年度评价。

第九条 集群所在地政府负责制定和完善集群试点建设的政策措施，建立产业协同机制，推进试点工作。

第十条 集群所在园区管理机构负责制定和完善集群试点工作方案、组织试点工作的实施。

第十一条 试点期满，科技部根据集群试点要求和规划目标进行验收评价。评价合格的，确认为国家创新型产业集群，并会同有关部门组织推广。未能实现规划目标的，视情况予以延长或终止试点工作。

第四章 附 则

第十二条 各省、自治区、直辖市科技行政管理部门可参照本办法制定本地区的实施细则。

第十三条 本办法由科技部负责解释，自发布之日起试行。

附：创新型产业集群试点评价指标体系（试行）

附

创新型产业集群试点评价指标体系（试行）

一、评价指标

（单位：家、千元、%、人、项）

一级指标	权重	二级指标	权重	三级指标	权重
创新环境	20	政府引导	40	1. 纳入省级政府工作规划或计划	50
				2. 试点工作推进机制	50
		政策措施	30	3. 集群创新发展的政策体系	50
				4. 集群政策的实施绩效	50
		协同机制	20	5. 集群产业链的协同机制	70
				6. 集群外部资源的协同机制	30
		文化氛围	10	7. 交通、会展、文化、生活等设施	60
				8. 创新创业文化	40
主导产业	50	经济总量	50	9. 集群收入总计	50
				10. 集群上缴税额	50
		产业规模	15	11. 企业总数	50
				12. 从业人员总数	50
		主导产品	15	13. 主导产品的国内市场占有率	60
				14. 省级以上知名产品的数量	40
		研发能力	10	15. 企业平均 R&D 投入占销售收入比	70
				16. 高新技术企业占企业总数比	30
		知识产权	10	17. 授权发明专利数	50
				18. 主持或参与制定的国际、国家、行业标准数	50

续表

一级指标	权重	二级指标	权重	三级指标	权重
服务体系	30	企业培育	50	19. 国家级孵化器总数	30
				20. 孵化器在孵企业总数	70
		技术服务	30	21. 研发和技术服务机构数	60
				22. 合作的国内外大学、科研院所总数	40
		金融服务	20	23. 各类投融资机构总数	30
				24. 当年获得创业投资的企业数	70

二、指标说明

1. 纳入省级政府工作规划或计划：指集群试点已经成为省级经济社会或产业发展的战略目标，并纳入区域或产业发展规划。

2. 试点工作推进机制：指地方政府为促进集群发展，所确立的集群建设组织体系、任务分工和工作制度。

3. 集群创新发展的政策体系：指围绕集群主导产业的发展，制定了包括政府采购、土地保障、鼓励创新创业等支持集群发展的系列政策和措施。

4. 集群政策的实施绩效：指执行和落实集群试点建设政策措施的成效。

5. 集群产业链的协同机制：指在政府的引导或组织下，形成了产业链各类企业、研发和服务机构共同参与的合作联盟组织和工作协调机制。

6. 集群外部资源的协同机制：指集群对国家有关政策、外部科研资源、市场资源等形成的整合和运用，包括与国家有关部门建立的工作会商机制等。

7. 交通、会展、文化、生活等设施：指集群产业集聚的核心区域，拥有适宜的教育、交通、医疗、会展、文化和生活等设施。

8. 创新创业文化：建立了与主导产业发展相关联的人才培训、信息交流、科技文化活动等常态机制。

9. 集群收入总计：指上一年度集群各类企业、非盈利组织的营业收入总和。

10. 当年集群上缴税额：指上一年度集群各类企业、非盈利组织，实际上缴的税收数额。

11. 企业总数：指上一年度集群产业链中各类企业的总和。

12. 从业人员总数：指上一年度集群产业链中各类企业、机构的从业人员总数。

13. 主导产品的国内市场占有率：指上一年度集群主导产品占有国内市场的比例。

14. 省级以上知名产品的总数：指依据国家或行业权威部门认定的名牌产品、纳入省级以上政府采购的产品、获得省级以上政府科技进步奖的产品，在上一年度的数量。

15. 企业平均 R&D 投入占销售收入比：指上一年度集群各类企业平均研发投入占销售总收入的比例。

16. 高新技术企业占企业总数比：指上一年度集群中高新技术企业占集群企业总数的比例。

17. 授权发明专利数：指上一年度集群企业获得的国内和国际发明专利授权数（包括软件著作权登记数）。

18. 主持或参与制定的国际、国家、行业标准数：指上一年度集群企业独立承担或参与制定的国际标准、国家标准或行业标准的项目数。

19. 国家级孵化器数：指集群内具有国家级认定的科技企业孵化器（包括科技创业服务中心、创业基地、大学科技园、留学生创业园）数量。

20. 孵化器在孵企业数：指上一年度集群各类科技企业孵化器内，处于创业阶段的企业总数。

21. 研发和技术服务机构数：指集群建立或引进的研发和技术服务机构的数量。包括科技成果转化、技术交易、产权交易、知识产权、专业技术咨询、生产力促进等机构，以及各类工程技术研究中心、重点实验室、新型研发组织、公共技术服务机构。

22. 合作的大学、科研院所数量：指集群围绕主导产业的发展，与国内外大学、研究院所或其他技术研究机构建立合作关系的数量。

23. 各类投融资机构数：指集群内集聚金融机构的数量。包括债权股权融资、融资租赁、科技保险及再保险、银行信贷等机构。

24. 获得投资的创业企业数：指上一年度集群内企业获得各类投资基金的企业数。

科技部关于印发国家高新技术产业开发区创新驱动战略提升行动实施方案的通知

国科发火［2013］388 号　2013 年 3 月 12 日

各省、自治区、直辖市及计划单列市科技厅（委、局），各国家高新技术产业开发区管委会：

为贯彻党的十八大精神，落实《中共中央　国务院关于深化科技体制改革加快国家创新体系建设的意见》（中发［2012］6 号）和全国科技创新大会的要求，在国家高新技术产业开发区实施创新驱动发展战略，根据科技部《关于进一步加强火炬工作促进高新技术产业化的指导意见》（国科发火［2011］259 号），组织实施国家高新技术产业开发区创新驱动战略提升行动。现将本行动实施方案印发给你们，请结合实际工作，认真组织实施。

附件：国家高新技术产业开发区创新驱动战略提升行动实施方案

附件

国家高新技术产业开发区创新驱动战略提升行动实施方案

为贯彻党的十八大精神，落实《中共中央 国务院关于深化科技体制改革加快国家创新体系建设的意见》和全国科技创新大会的要求，在国家高新技术产业开发区（以下简称“国家高新区”）实施创新驱动发展战略，根据科技部《关于进一步加强火炬工作促进高新技术产业化的指导意见》，组织实施国家高新技术产业开发区创新驱动战略提升行动

(以下简称“国家高新区战略提升行动”),特制定本方案。

一、实施国家高新区战略提升行动的重要性和紧迫性

经过20年的发展,国家高新区集聚了丰富的创新资源,创新了体制机制,优化提升了发展环境,涌现出一批具有竞争力的产业和企业;国家高新区已经成为我国高新技术产业发展的一面旗帜,成为我国依靠科技进步和技术创新推进经济社会发展、走中国特色自主创新道路的突出典范,成为引领科学发展、创新发展和可持续发展的战略先导。

当前,国家高新区面临新的发展环境。从国际看,经济全球化、创新全球化深入发展,科技创新孕育新的重大突破,新一轮产业革命蓄势待发;从国内看,经济社会发展不平衡、不协调、不可持续的问题依然存在,经济结构急需转型、经济发展方式急需转变,工业化、信息化、城镇化、市场化、国际化的要求日益迫切;从国家高新区自身来看,原始创新能力需要加强,战略性新兴产业和现代服务业需要加快培育和发展,产业国际竞争力需要加强,辐射带动作用需要进一步发挥,体制机制需要进一步改革创新,科学发展水平需要不断提升。

国家高新区的建设和发展经过十年的初创发展阶段和十年的“二次创业”发展阶段,正迈入新的发展阶段,这个阶段的总体要求是创新驱动、战略提升。实施国家高新区战略提升行动既是新时期赋予国家高新区的历史使命,也是国家高新区自身发展的必然选择。

二、国家高新区战略提升行动的内涵和目标

(一)内涵

以加快转变经济发展方式为主线,以增强自主创新能力为核心,以深化改革开放为动力,以促进科技与经济社会发展紧密结合为重点,全力提升国家高新区的科学发展水平,最终实现“四个跨越”。即:

——从前期探索、自我发展向肩负起创新示范和战略引领使命跨越。

——从立足区域、集约发展的资源配置方式向面向全球、协同创新的产业组织方式跨越。

——从要素集中、企业集聚的产业基地向打造具有国际竞争力和影响力的创新型产业集群跨越。

——从工业经济、产业园区向知识经济、创新文化和现代生态文明和谐社区、高科技产业增长极跨越。

(二)目标

国家高新区战略提升行动的总体目标是:到2020年,努力将国家高新区建设成为自主创新的战略高地,培育和发展战略性新兴产业的核心载体,转变发展方式和调整经济结构的重要引擎,实现创新驱动与科学发展的先行区域,抢占世界高新技术产业制高点的前沿阵地,充分发挥国家自主创新示范区、国家高新区的核心载体作用,以更强大的创新能力服务于创新型国家建设。

通过世界一流高科技园区、创新型科技园区、创新型特色园区等三类园区的建设,通过“创新型产业集群建设工程”和“科技服务体系火炬创新工程”等专项工程的实施,实现:

——自主创新能力显著提升。高端创新资源和要素进一步向企业集聚,企业原始创新的意识与能力显著增强,从事研发设计、技术创业、成果转化、产业促进的服务机构进一步完备,创新体系和网络的服务功能进一步强大,建成一批世界水平的研发基地,形成一批全球高层次创新创业人才,突破一批具有国际影响力的重大创新成果、专利和标准。

——产业核心竞争力显著增强。转型升级取得明显成效,信息化和新型工业化程度明显提高,战略性新兴产业和现代服务业比例大幅度提升,文化科技产业发展迅速,产业结构明显优化,产业竞争力明显增强,产品附加值明

显提高。

——经济发展质量和水平显著提高。节能减排深入推进，单位工业增加值能耗、水耗大幅度下降，土地集约利用效率显著提高，主要污染物排放总量显著减少，生态环境明显改善。

——引领和支撑经济社会发展能力显著加强。引领经济社会全面发展，功能日益完善，管理水平不断提升，经济社会和谐发展，居民就业充分，收入持续增长，生活水平不断提高，对区域经济支撑能力进一步加强，辐射带动周边区域经济发展能力大幅提升。

——先进文化软实力显著增强。创新创业理念不断深化，协同创新环境不断优化，开放合作不断深入，在“勇于创新、敢于创业、甘于奉献、追求卓越”的高新区精神指引下，形成具有特色的国家高新区文化体系，文化价值和品牌具有较强的国际知名度和影响力。

三、国家高新区战略提升行动的重点任务

（一）进一步探索有利于科技与经济社会发展紧密结合的体制机制

1. 先行先试。按照中央关于深化科技体制改革的新要求、新部署，不断深化改革，强化统筹协调，促进科技资源的优化配置和开放共享；大胆探索改革措施，先行先试，进一步破除影响科技与经济结合、影响科技创新效能发挥的障碍，激活科技要素。

2. 创新管理体制。坚持精简高效和服务型政府的管理理念，优化“小机构、大服务”、“小政府、大社会”的管理和服务体系；从立法和制度安排方面，赋予国家高新区必要的经济、社会、行政等管理权限和职能，强化高新区管委会的综合服务功能和科技创新促进功能，提高管理服务效率。

3. 完善政策支持体系。全面落实好国家和地方的已有政策，建立与完善政策落实督办机制；加强政策的探索和创新力度，进一步制定和完善有利于科技与经济社会发展紧密结合、有利于提升自主创新能力的各项政策。

（二）率先建立以企业为主体的技术创新体系

1. 加强企业创新能力建设。加快建立企业为主体、市场为导向、产学研用紧密结合的技术创新体系；充分发挥企业在技术创新决策、研发投入、科研组织和成果产业化中的主体作用；积极支持企业承担国家科技项目，引导和支持企业加强技术研发能力建设，促进技术、人才等创新要素向企业流动和集聚；引进和建设与产业发展密切相关的应用型科研机构、企业研发中心、工程技术（研究）中心、博士后工作站等创新载体。

2. 深化产学研合作。建立更为顺畅的产学研用合作关系，创新产学研合作模式；积极营造环境，充分利用高校、科研机构的创新资源和能力，建立资源整合与协同创新的新机制；制定鼓励产学研合作和创新能力转移和提升的政策措施，探索和实施科技成果处置权、分配权和股权激励等的政策试点工作；根据产业发展需求，支持企业联合高校、科研机构规划建设一批产业技术研究院、产业技术创新战略联盟等创新机构和组织；推广以企业为主导的委托研发、组建联合实验室、成立合资公司、合作开展中试以及技术许可、技术转让、技术入股等多种合作模式；健全产学研合作公共信息服务平台，完善为产学研合作提供服务的科技中介体系，加大对产学研合作的财政和金融支持。

3. 着力提升创业的质量和水平。鼓励国家高新区建设科技企业孵化器、留学人员创业园和大学科技园等孵化服务机构，并把孵化体系建设的质量和水平作为国家高新区发展的重要考核内容；建设一批新型创业孵化机构，创新孵化模式，实现科技企业孵化器由政府主导向多元产权组织形式的转变，实现投资主体多元化；提高孵化器运营机构的服务能力和管理水平，鼓励其在服务空间、服务内容、服务手段、商业模式创新等方面开展新业务。

4. 支持科技型中小企业创新发展。营造有利于科技型中小企业创新发展的良好环境，引导社会资本投向科技型中小企业，支持开展面向科技型中小企业的公共技术服务平台建设；继续开展“中国创新创业大赛”，加大创新基金对区内企业的支持力度。

5. 加速科技企业快速成长。着力建立和完善科技企业加速成长机制，大力发展适合于高成长性企业加速发展的科技企业加速器，形成有利于企业快速扩展的空间载体；加强在市场开拓、投融资、上市、产业对接等方面的服务，促进企业快速成长，着力培育一大批瞪羚企业；创新并优化管理体制，鼓励风险投资机构、民间资本通过股权投资等形式参与加速器建设运营，建立市场化运营模式；加强建立科技企业加速器与孵化器对接机制，形成共同发展的生态系统。

6. 做强做大高新技术企业。提高企业的创新能力，加速各类高端创新资源向企业集聚，引导企业加大创新投入，支持企业提高管理水平，建立现代产权制度；鼓励企业围绕创新发展进行并购与重组，支持跨区域整合与产业链整合，做大企业规模；促进企业“走出去”，提升利用全球创新资源和开拓国际市场的能力；支持企业参与国际标准创制，提高技术主导权与市场控制力，提高企业品牌价值。

（三）加快培育和发展战略性新兴产业

1. 选择战略性新兴产业发展重点。加强战略性新兴产业发展规律、国际竞争格局的前瞻性趋势研究，明确产业细分领域、关键技术、重点产品的发展目标和发展思路，加快战略性新兴产业发展规划的编制；统筹协调、稳步推进战略性新兴产业的建设和发展；研究和制定支持细分领域产业发展的政策措施。

2. 加大对战略性新兴产业的培育力度。充分发挥国家高新区的核心载体作用，以整合技术资源为基础，采取“政府启动、多元投资、需求导向、市场运作”的运行模式，围绕产业链，集成各种要素；制定相关政策，重点支持战略性新兴产业的引入、培育和发展；加快建立技术标准，加速重大技术成果转化；发挥公共财政资金的杠杆作用，设立产业投资基金，全面推动战略性新兴产业的发展。

3. 加快发展现代服务业。以现代科学技术特别是信息网络技术为主要支撑，以新的商业模式、服务方式和管理方法，形成新的服务业态；大力促进生产性服务业的发展，增强服务功能，提高创新能力；大力发展生活性服务行业，完善服务标准，提高服务质量；扩大服务业对外开放；大幅度提高现代服务业的比例。

4. 大力促进文化科技产业的发展。提高文化与科技融合的集约化、专业化水平，加强文化科技基础技术的研发和应用，加强对传统文化产业的技术改造，实现科技创新与文化发展的有机融合；注重文化科技研发成果的转化与应用，加强文化科技人才培养。

5. 着力发展创新型产业集群。围绕战略性新兴产业的培育和发展，积极推进创新型产业集群建设，加快科技成果在产业集群内的转化；通过政府引导和市场运作，加强集群发展规划的科学性，整合各种创新资源，力争集群在新兴产业的重点细分领域取得定价权、标准权等国际话语权，在原创性、核心技术上取得突破，从根本上改变产业跟从、技术依赖的格局。

6. 加快产业转型升级。发挥国家高新区在传统产业改造中的技术优势，提升关键原材料和核心零部件的设计、制造水平，延伸产业链，发展高端制造业，推动产业转型升级；扶持企业发展产品深加工和精加工，大力推动企业开发新产品，实现产品升级换代；加快技术、产品、人才对周边区域的辐射，发挥好国家高新区的辐射、带动和引领作用。

（四）进一步完善科技创新服务体系建设

1. 完善科技创新服务体系。围绕产业创新需求，以加速技术转移与科技成果产业化为目标，健全科技创新服务体系；大力发展研发设计、技术创业、成果转化、产业促进服务类机构；建设技术信息、检验检测、中试孵化、技术交易、科技金融、国际化发展等公共服务平台；培育研发设计、研发服务管理、创意设计服务、知识产权服务、现代会展服务等科技服务业；积极推进科技服务机构的建设；结合地方特色和比较优势，打造科技服务业集聚区。

2. 深化技术转移。围绕自身产业发展特点，进一步激发技术市场服务体系的活力，建设一批高水平技术转移机构，建立以需求为导向的技术转移途径；充分发挥创新驿站的作用，促进技术创新能力向企业转移；大力推动技术创业、产学研深度结合、科技企业股权并购等技术转移有效途径；积极推动技术咨询、技术服务、技术入股、国内外技术合作；进一步落实技术交易营业税、技术转让所得税等税收优惠政策。

3. 促进科技服务新业态发展。重点发展研发设计服务、云计算应用、生命健康技术服务、外包服务、数字媒体技术应用等新业态；鼓励建立产学研主体和科技服务机构的利益共享机制，构建服务于科技成果转化全过程，技术、市场、资本有机融合的科技服务产业链和大平台，促进科技服务业的全面发展。

（五）营造创新发展的良好环境

1. 建立健全金融支撑体系。充分发挥国家高新区已经形成的综合优势，吸引并引导包括商业银行、创投机构、担保机构、保险机构、保荐机构，信托机构等金融服务机构服务于高新区，使国家高新区成为区域性的金融机构聚集区和金融创新的试验区；通过创新财政资金的支持方式，大力发展包括天使投资、创业风险投资、产业并购基金、银行信贷、信用担保、科技保险、小额贷款、企业上市、信托发行、债券发行、融资融券、融资租赁等金融产品。

通过“政府引导、市场运作”，大力推进科技和金融结合，积极探索科技资源与金融资源有机结合的新机制、新模式；不断优化投融资结构、不断丰富投融资方式，不断增大投融资强度，积极搭建科技金融综合服务平台，通过多种金融工具和金融手段的组合运用，集成科技金融资源为科技型中小企业发展和高新技术产业化融资提供综合服务；营造良好的投融资环境，促进技术创新、科技成果转移转化和产业化。

2. 大力培养和引进创新型人才。落实国家中长期人才发展规划，切实发挥人才高地的作用，继续完善人才引进和培育的政策和机制，加快人才队伍建设，进一步优化人才政策，建立和完善以市场需求为目标的人才选拔机制、用人机制和评价机制；培养和支持一批中青年科技创新创业人才，引进一批海外高层次人才回国（来华）创新创业，集聚一批由高端人才领衔的创业投资、科技中介等创业服务团队。

优化创新创业人才队伍结构，营造良好的发展环境。加大对优秀创新创业人才、企业经营人才和管理人才的培养，特别要重点支持和培养一批具有发展潜力的中青年领军人才。以高层次创新型科技人才为重点，努力造就一批世界水平的科技领军人才和高水平创新团队；加快提升企业家职业化水平，培养具有现代管理理念、战略开拓能力和经营管理水平的企业家；加强职业技能培训和实习机构建设，培养技能型人才。建立健全人才配置、人才流动、人才评价、人才激励等机制，充分调动人才创新积极性；创新人才发展公共服务体系，探索建立政府购买人才公共服务的制度。

3. 扩大国际交流与合作。强化“科技兴贸创新基地”的创建工作，优化出口贸易结构，提升技术贸易和服务贸易的比重和水平，大幅提升自主知识产权产品的出口比例；加快国际科技与商务合作平台建设，着力引进境外研发机构入驻；鼓励建立海外科技园，探索中国高新技术产业国际化发展的路径和模式，营造国有、民营、外资研发机构平等竞争的一个创新环境。

主动参与国际经济与产业竞争。加强国际科技、经济合作，提升整合利用全球科技创新资源的能力，形成多形式、广领域、高水平的开放格局；探索国际技术转移新模式，建立一批国际技术转移中心，新建一批联合研发中心，不断创新与国际组织、技术转移机构的交流合作机制；推动技术出口，鼓励高新技术企业开展国际合作业务，建立海外研发机构和产业化基地。

（六）提升科学发展水平

1. 切实关注和改善民生。统筹城乡发展，营造集教育、医疗、金融、文化、体育、购物等多种功能于一体的便捷生活环境；高水准建设花园式休闲社区、数字化学习社区、国际化社区等各类主题社区，提升社区服务功能；健全就业、养老、失地农民安置等社会保障制度，大力改善和提升人民群众的生活水平，使人民群众共享改革发展的成果。

2. 大力推进绿色发展。大力推进能源、资源和土地的节约、集约和循环利用，切实注重环境保护，促进经济社会实现生态发展、绿色发展和可持续发展；制定节能减排标准，严格控制企业不可再生能源耗费量和污染物排放量；营造生态绿色环境，提高整体绿化覆盖率，打造绿色生态格局。

3. 加强社会管理创新。推进智能交通、智能电网、智能市政等智慧型基础设施建设，促进高新区向以数字化、网络化、智能化为特征的智慧园区转变；创新管理服务模式，推进电子政务服务，探索建设智能政府；推广物联网、云计算等信息技术在智慧社区、智能医疗、智能家居等服务领域广泛应用。

4. 营造良好的创新创业文化氛围。挖掘、凝练和提升“勇于创新、敢于创业、甘于奉献、追求卓越”的精神、“支持创新、鼓励创业”的发展理念和“科技创造财富、科技富民强国”的文化；用精神、理念和文化激励具有强烈使命感和社会责任感的科技企业家迅速崛起，营造良好的创新创业文化氛围，全面激发区域创新创业活力。

着力强化品牌意识，从战略层面构建国家高新区品牌，打造既体现产业特色又具有创新文化内涵的区域整体形象；建立有效的文化传播和示范推广机制，展示国家高新区发展成就，扩大国家高新区的知名度和品牌影响力。

四、国家高新区战略提升行动的组织实施

（一）加强对国家高新区分类发展的指导

1. 加快“世界一流高科技园区”的建设，积极培育具有国际影响力和竞争力的创新型产业集群，打造全球性创新极和新兴产业策源地；充分发挥“国家自主创新示范区”先行先试的优势，加强在技术转移、成果转化、股权激励、科技金融等方面政策措施的探索，率先建设成为世界一流高科技园区，强化引领示范作用。

推进“创新型科技园区”建设，加快创新资源的集聚，构建创新网络，发展创新经济，打造区域创新中心。

开展“创新型特色园区”建设，大力发展特色产业集群，引领区域经济结构调整和发展方式转变。

2. 促进新升级国家高新区跨越发展。加强对新升级国家高新区的指导和督察，推动其进一步提升认识，科学制定发展规划，加强组织领导，理顺管理体制，落实相关政策，完善创新服务功能；积极开展新升级国家高新区的管理人员培训工作；推进国家高新区间的互利合作和人员互派。

3. 深化体制机制创新。坚持科技部宏观引导和规划、省级科技主管部门具体业务指导、高新区所在市人民政府具体推进的管理体制，形成国家、地方、社会等各方力量共同支持国家高新区创新发展的联合治理新模式，以适应创新驱动战略提升的新要求。

4. 优化战略布局。根据国家宏观战略部署和地方发展实际，进一步优化国家高新区的

区域布局；指导帮助省级科技部门在基础较好的地区培育一批起点高、特色鲜明的省级高新区；鼓励国家高新区建立战略联盟，主动有效整合、利用全球创新资源，加强跨国、跨区域的创新合作与产业整合。

（二）重点实施“创新型产业集群建设工程”和“科技服务体系火炬创新工程”

1. 重点建设创新型产业集群。围绕战略性新兴产业，通过制度建设和机制创新，实现创新资源和生产要素的集聚，每个国家高新区形成一个或若干个以科技型中小企业、高新技术企业和创新人才为主体，以知识或技术密集型产品为主要内容，以创新组织网络、商业模式和创新文化为依托的创新型产业集群。

2. 整合完善科技服务体系。通过规划和政策引导，加强科技服务机构建设，整合科技服务资源，提升科技服务质量和水平，加强与产业互动，培育科技服务新兴业态，建立和完善科技服务体系，促进科技与经济紧密结合。

（三）完善评价考核工作机制

1. 确定“三类园区”战略提升行动目标要点（见附件），2016 年进行中期检查评估，2021 年完成绩效评估。

2. 完善《国家高新区评价指标体系》，加强年度评价考核，强化管理。组织开展国家高新区的评估；根据评估结果和区域发展需求进行针对性指导，并实施动态管理。

3. 促进地方政府优化对所在地国家高新区的考核内容和考核方式，有效发挥评价对国家高新区创新发展的引导作用。

（四）加强组织领导和支持

1. 科技部有效聚集相关创新资源，加大国家科技重大专项、科技主体计划及相关平台建设等项目在国家高新区实施，相关改革和政策措施在国家高新区先行先试。

科技部火炬高技术产业开发中心具体负责国家高新区战略提升行动的组织和指导，并加大火炬计划、科技型中小企业技术创新基金、国家重点新产品计划和创业投资引导基金等计划项目对国家高新区开展的高新区提升行动相关工作的支持力度。

2. 国家高新区所在省、市政府应将国家高新区的创新发展列入重点工作，把支持国家高新区建设摆在更加突出的位置，要在经济社会发展总体规划中明确国家高新区的发展定位，重大发展问题应纳入部省会商的内容；地方政府应给予国家高新区充分的财政、土地、政策保障和相应的经济行政管理权限，能够整合所在地区创新资源，有效往高新区内集中，充分发挥资源集聚整合的效益。

3. 省级科技主管部门应加强对国家高新区的业务指导、评价、考核和监督，统筹省内科技资源，加大对高新区的支持。

附件：“三类园区”战略提升行动目标要点

附件

“三类园区”战略提升行动目标要点

为实现到 2020 年国家高新区战略提升行动阶段的总体目标，根据现阶段各国家高新区发展实际和发展态势，对世界一流高科技园区、创新型科技园区、创新型特色园区实施战略提升行动，提出如下目标。

一、世界一流高科技园区

着力实施创新引领战略，到 2020 年实现技术创新领先、产业领先、经济和社会发展领先、体制机制创新领先的建设目标，成为世界一流的高科技园区，对其他国家高新区和区域经济社会的发展作出引领和示范。

确立创新引领、战略示范的地位和作用。探索建立起世界一流的政策、制度以及创新发展的良好环境；建设一批世界一流的创新创业载体，集聚一批世界一流高端人才，实现知识创造和技术发明的领先；培育一批技术国际领先的高新技术龙头企业，形成产业竞争的国际优势；主动整合和利用全球创新资源、采用跨国跨区域协同创新的产业组织方式，形成具有创新驱动和国际竞争力的创新型产业集群；在全球产业发展格局中，实现产业的价值链高端控制优势。

成为支撑国民经济持续发展的创新经济体。率先实现创新驱动、内生增长的发展方式，持续保持经济、社会又好又快发展；战略性新兴产业、现代服务业和创新型产业集群等新型经济结构成分实现优化和壮大，成为新产业、新业态最重要的发源地，能够引领世界产业发展的方向；有效推动国民经济的增长、结构改善和质量提升；资源进一步集约利用，产出效率大幅提升，科技创新对经济社会发展的贡献率大幅提高。

成为高效发达的局域创新系统。科技与经济密切结合，在国家创新体系中成为发达的局域创新系统，具备高水平的知识创造、高效率的知识转化和高速度的价值收获的功能，形成规范、完善和持续稳定的创新政策体系，形成有利于高水平知识创造和持续注入创新原动力的良好环境，形成大学、科研院所、社会研发机构、政府和企业更加紧密结合、更加有效协同创新的体制机制，研发投入强度大幅提高，高端人才进一步集聚，科技创新成果和知识产权大幅提高，科技成果转化和创新平台不断完善，以企业为主体的技术创新体系全面形成。

成为现代文明进步的新型城区。具备良好、高效的管理体制和运行机制，形成适应未来发展要求的系统完备、科学规范、运行有效的制度体系；社会管理方式全面创新，能提供规范的社会管理、公平的社会环境和优质的社会服务；科技、经济和社会全面协调发展，成为文化先进、社会和谐、生态优美，环境友好、宜居宜业、城市智慧、文明进步的新型城区，率先实现全面小康和现代化。

目标要求

序号	指标	要求
1	企业研发投入占销售收入比例	8%
2	从业人员中硕士和博士占比	20%
3	从业人员中归国留学人员和外籍常住人员占比	3%
4	国家级研发机构数	100
5	万人年新增发明专利授权	40
6	国家级创新服务机构数	100
7	服务收入占营业收入比例	50%
8	产业集群与巨型企业数	2个以上具有国际影响力的创新型产业集群，2家超千亿企业或4家超500亿企业
9	从业人员人均增加值	70万/人
10	高企出口额占营业收入比例	15%

二、创新型科技园区

全面实现创新驱动的发展模式，到2020年成为培育和发展战略性新兴产业的核心载体，成为具有引领示范作用的科技、经济、社会等可持续发展的现代城市功能区，成为国家创新体系的重要支撑和区域创新体系的中枢。

全面实现创新驱动。高新技术产业、战略性新兴产业和现代服务业等创新型经济成分大幅提高，经济发展水平显著提升，产业发展的核心竞争力及区域经济发展的长期竞争优势明显增强，成为支撑地方经济的新支柱和驱动区域经济发展的新引擎。

创新能力显著提升。创新政策体系建设取得重大进展，创新环境进一步优化，研发机构和研发载体建设取得明显进展，企业为主体的技术创新体系基本形成，开放创新、协同创新的体制机制初步建立；实现园区创新资源的进一步集聚和园区创新资源与区域创新网络的有机衔接；创新网络更加完善，创新创业更加活跃，集群创新的优势更加明显；园区成为区域创新系统的重要结点和核心枢纽。

建成现代城市功能区。围绕现代城市、创新经济和全球化的发展潮流，建成现代科技新社区；科技创新、产业发展与城市化建设统筹推进，实现能源、资源和土地的节约集约利用，实现生态发展、绿色发展和可持续发展；创新文化建设取得实效，形成良好的品牌价值和创新凝聚力。

形成区域优势的创新型产业集群。培育和聚集创新资源，有技术创新能力的龙头企业发展迅速；基于战略性新兴产业的创新型产业集群初具规模，形成产业创新发展的良好能力，实现主导产业的技术优势和规模竞争优势；发挥面向区域产业集群的辐射带动作用，形成对区域产业发展的导向能力和对区域传统产业的改造能力，实现园区经济和区域经济的协调发展。

目标要求

序号	指标	要求
1	从业人员中硕士和博士占比	8%
2	国家级研发机构数	50
3	万人年新增发明专利授权	25
4	国家级创新服务机构数	50
5	经认定高新技术企占企业总数比例	35%
6	服务收入占营业收入比例	35%
7	产业集群与巨型企业数	2个国内领先的创新型产业集群，2家超300亿或4家超100亿的企业
8	从业人员人均增加值	50万/人
9	高企出口额占营业收入比例	10%
10	营业收入利润率	8%

三、创新型特色园区

全面实施创新驱动的发展模式，到2020年成为具有创新驱动能力、符合区域发展特点和特色优势突出的园区，实现引领产业技术发展、参与国际竞争、促进产业升级和提升自主创新能力的功能。

创新驱动、内生增长。创新政策体系初步健全，创新环境进一步改善，研发机构和研发载体建设取得较大进展，企业为主体的技术创新体系初步建立；龙头骨干企业的技术创新能力明显提升，技术转移转化和科技成果产业化进程明显加快；创新创业更加活跃；基本形成具有产业价值链控制优势并具有规模竞争优势的特色产业聚集区。

产业发展特色突出。发展符合区域资源特点的产业形成较大规模，基本拥有产业发展趋势的话语权，在标准制定、品牌建设、原材料定价等关键环节有较强的国际影响力；特色产业产业链较为完整，产业集群效应明显；形成围绕特色产业创新发展的软硬环境；围绕特色产业积极推进企业品牌、产业品牌和区域品牌建设，形成了在全国乃至全球具有影响力的产业集群，初步实现从成本依赖型产业集群向创新型产业集群的转变。

发展模式创新。在体制机制、发展模式、发展路径、环境文化营造、园区建设、社会管理服务等方面形成了鲜明特色；在辐射、带动和引领区域经济发展，发展方式转变、经济结构调整和品牌建设等方面作出突出贡献，发挥了强有力的影响。

目标要求

序号	指标	要求
1	从业人员中本科以上占比	25%
2	国家级研发机构数	20
3	国家级创新服务机构数	20
4	经认定高新技术企占企业总数比例	30%
5	服务收入占营业收入比例	25%
6	产业集群与巨型企业数	2个在国内有重要影响力的产业集群，2家超100亿或4家超50亿的企业
7	从业人员人均增加值	40万/人
8	出口额占营业收入比例	10%
9	营业收入利润率	7%

工业和信息化部关于印发《工业和信息化部国家科技重大专项资金管理实施细则（试行）》的通知

工信部财［2013］133号　2013年4月22日

各省、自治区、直辖市及计划单列市工业和信息化主管部门，有关单位：

为规范和加强工业和信息化部牵头组织的国家科技重大专项资金的管理，保证项目任务完成，提高资金使用效益，根据《国家科技重大专项管理暂行规定》、《民口科技重大专项资金管理暂行办法》、《关于民口科技重大专项资金国库集中支付管理有关事项的通知》、《民口科技重大专项项目（课题）财务验收办法》和《财政部关于民口科技重大专项项目（课题）预算调整规定的补充通知》等有关规定，结合工业和信息化部实际及专项管理特点，研究制定《工业和信息化部国家科技重大专项资金管理实施细则（试行）》。现印发你们，请遵照执行。

附件：工业和信息化部国家科技重大专项资金管理实施细则（试行）

附件

工业和信息化部国家科技重大专项资金管理实施细则（试行）

第一章 总 则

第一条 为规范和加强工业和信息化部牵头组织的国家科技重大专项资金的管理，保证项目任务完成，提高资金使用效益，根据《国家科技重大专项管理暂行规定》（国科发计［2008］453号）、《民口科技重大专项资金管理暂行办法》（财教［2009］218号）、《关于民口科技重大专项资金国库集中支付管理有关事项的通知》（财库［2009］135号）、《民口科技重大专项项目（课题）财务验收办法》（财教［2011］287号）和《财政部关于民口科技重大专项项目（课题）预算调整规定的补充通知》（财教［2012］277号）等有关规定，结合专项管理特点，制定本实施细则。

第二条 本实施细则所称工业和信息化部牵头组织的国家科技重大专项资金（以下简称“重大专项资金”），是指由工业和信息化部作为牵头单位组织管理的核心电子器件、高端通用芯片及基础软件产品，新一代宽带无线移动通信网，高档数控机床与基础制造装备项目（课题）等重大专项资金，包括中央财政资金、地方财政资金和项目（课题）承担单位自筹资金以及从其他渠道获得的资金。本实施细则主要规范中央财政安排的重大专项资金的使用和管理。其他来源的资金应当按照相关资金提供方对资金使用和管理的具体要求，统筹安排和使用。

第三条 重大专项资金按照专项组织实施的要求和项目（课题）的特点，采取前补助、后补助等财政支持方式。

前补助是指项目（课题）立项后核定预算，并按照项目（课题）执行进度拨付经费的财政支持方式。

后补助是指相关单位围绕重大专项的目标任务，先行投入并组织开展研究开发、成果转化和产业化活动，在项目（课题）完成并取得相应成果后，按规定程序进行审核、评估或验收后给予相应补助的财政支持方式。

后补助包括事前立项事后补助、事后立项事后补助两种方式。

第四条 项目（课题）从各种渠道获得的资金应按照“专款专用、单独核算、注重绩效”的原则使用和管理。

第二章 管理机构与职责

第五条 重大专项资金实行分级管理，分级负责。

工业和信息化部作为牵头组织单位，是重大专项资金管理的责任主体。具体职责包括：负责组织项目（课题）承担单位编报重大专项项目（课题）总预算和年度预算；按规定程序审核汇总项目（课题）总预算和年度预算建议方案；会同领导小组落实中央财政资金以外其他渠道资金及相关配套条件；负责建立符合重大专项特点的重大专项资金内部监管机制，保证重大专项资金使用的规范性、安全性和有效性；对重大专项实施中的重大预算调整提出建议，按规定对项目（课题）预算执行中的一般性调整进行审批或接受备案；组织项目（课题）承担单位编报重大专项资金决算，报告资金使用情况；组织进行财务验收等。

工业和信息化部（财务司）是重大专项资金管理的责任部门，负责拟定专项资金管理实施细则；负责与财政部衔接，汇总报送项目（课题）总预算和年度预算建议方案，提交项目（课题）承担单位特设账户开户申请，下达项目（课题）年度中央财政资金的拨付计划，提交项目（课题）年度拨款申请，汇总提交项目（课题）实施中的重大预算调整申请；负责组织开展中期检查，组织会计师事务所实施专项资金财务验收审计，会同专项办进行财务验收工作。科技重大专项实施管理办公室（以下简称“专项办”）是重大专项资金管理的实施机构，负责编报专项的阶段预算和年度预算；负责组织项目（课题）承担单位编制项目（课题）总预算和年度预算，按规定程序审核、汇总项目（课题）总预算和年度预算，形成预算建议方案；负责编制项目（课题）年度资金拨付计划；负责对重大专项实施中的重大预算调整提出建议，按规定对项目（课题）预算执行中的一般性调整进行审批或接受备案；负责组织项目（课题）承担单位编报专项资金决算；配合工业和信息化部（财务司）做好财务验收；负责日常管理工作等。

项目（课题）承担单位（以下简称“承担单位”）是重大专项资金使用的直接责任主体，其具体职责包括：负责编制和执行所承担的项目（课题）总预算和年度预算；落实单位自筹资金及其他配套条件；严格按照批复的预算使用资金；通过特设账户管理重大专项中央财政资金，单独核算专项资金；严格执行各项财务规章制度并接受财务监督检查；上报重大专项资金预算调整审批和备案事项；编报重大专项资金决算，报告资金使用情况；接受财务验收审计和验收等。

第六条 重大专项资金实行项目（课题）承担单位法人负责制。承担单位应当按照本实施细则和国家财政财务管理的相关规定，结合本单位实际，建立健全专项资金内部控制、会计核算及财务管理制度，做好预算管理、资金管理、合同管理、政府采购、审批报销、会计核算和资产管理等，确保资金使用的政策相符性、目标相关性和经济合理性。

第七条 重大专项资金实行预算管理制度。项目（课题）预算是确定科技重大专项项目（课题）期内经费安排的依据，是项目（课题）各任务合理分配和使用资源的基础。经过评审批复的项目（课题）预算，是预算执行、财务审计、财务验收和监督检查的重要依据。

第八条 重大专项资金实行重大事项报告制度。在项目（课题）实施期间出现项目（课题）计划任务调整、项目（课题）承担单位变更、项目（课题）负责人变更等影响经费预算执行的重大事项，承担单位应及时向专项办报告，需要报财政部审批的事项，由工业和信息化部（财务司）按规定程序报财政部审批。

第九条 重大专项资金管理建立承诺机制和信用管理机制。项目（课题）承担单位法定代表人、项目负责人、财务负责人在编报项目经费预算时应共同签署承诺书，保证所提供信息的真实性，并对信息虚假导致的后果承担责任。工业和信息化部（财务司）对项目（课题）承担单位、会计师事务所、财务专家等在资金使用和管理、验收审计方面的诚信度进行记录和评价。

第三章　开支范围和标准

第十条 重大专项资金由项目（课题）经费、不可预见费和管理工作经费组成，分别核定与管理。

第十一条 项目（课题）经费由直接费

用和间接费用组成。

（一）直接费用是指在课题实施过程（包括研究、中间试验试制和产业化等阶段）中发生的与之直接相关的费用。主要包括：

1. 设备费：是指在课题实施过程中购置或试制专用仪器设备，对现有仪器设备进行升级改造，以及租赁使用外单位仪器设备而发生的费用。各课题承担单位应当严格控制设备购置费支出，对于使用中央财政资金购置的单台/套/件价格在200万元以上的仪器设备，应当按照《中央级新购大型科学仪器设备联合评议工作管理办法（试行）》的有关规定执行。

2. 材料费：是指在课题实施过程中消耗的各种原材料、辅助材料等低值易耗品而发生的采购、运输、装卸和整理等费用。

3. 测试化验加工费：是指在课题实施过程中由于承担单位自身的技术、工艺和设备等条件的限制，必须支付给外单位（包括项目和课题承担单位内部独立经济核算单位）的检验、测试、设计、化验及加工等费用。

4. 燃料动力费：是指在课题实施过程中相关大型仪器设备、专用科学装置等运行发生的可以单独计量的水、电、气、燃料消耗费用等。

5. 差旅费：是指在课题实施过程中开展科学实验（试验）、科学考察、业务调研、学术交流等所发生的外埠差旅费、市内交通费等。差旅费的开支标准应按照《中央国家机关和事业单位差旅费管理办法》中的相关规定执行。

6. 会议费：是指在课题实施过程中为组织开展学术研讨、咨询以及协调任务等活动而发生的会议费用。会议费标准应按照《中央国家机关会议费管理办法》中的相关规定执行，严格控制会议规模、会议数量、会议开支标准和会期。

7. 国际合作与交流费：是指在课题实施过程中有关人员出国及外国专家来华工作的费用（不包含劳务费开支）。其中课题研究人员出国标准应按照《临时出国人员费用开支标准和管理办法》中的相关规定执行；外国专家来华工作开支标准应按照《关于短期邀请的国外专家生活待遇的规定》的相关规定执行。

8. 出版/文献/信息传播/知识产权事务费：是指在课题实施过程中，需要支付的出版费、资料费、专用软件购买费、文献检索费、专业通信费、专利申请及其他知识产权事务等费用。

9. 劳务费：是指在课题实施过程中支付给课题组成员中没有工资性收入的相关研发人员（如在校研究生等）和临时聘用人员等的劳务性费用。课题承担单位临时聘用的参与重大专项研究任务的优秀高校毕业生在聘用期内所需的劳务性费用和有关社会保险费补助，可以在劳务费中列支。

10. 专家咨询费：是指在课题实施过程中支付给临时聘请的咨询专家的费用。专家咨询费不得支付给参与专项课题研究及其管理相关的工作人员。专家咨询费按照开支标准开支（见附表）。

11. 基本建设费：是指专项实施过程中发生的房屋建筑物购建、专用设备购置等基本建设支出，应当单独列示，并参照基本建设财务制度执行。

12. 其他费用：是指在专项课题实施过程中除上述支出项目之外的其他直接相关的支出。其他费用应当在申请预算时单独列示，单独核定。

（二）间接费用是指课题承担单位在组织实施专项过程中发生的无法在直接费用中列支的相关费用。主要包括承担单位为课题研究提供的现有仪器设备及房屋，日常水、电、气、暖消耗，有关管理费用的补助支出，以及承担单位用于科研人员激励的相关支出等。

按照财政部的相关规定核定，间接费用一般不超过直接费用扣除设备购置费和基本建设费后的13%，其中用于科研人员激励的相关支出一般不超过直接费用扣除设备购置费和基本建设费后的5%。

间接费用由课题承担单位统筹使用和管理。间接费用中用于科研人员激励支出的部分，应当在对科研人员进行绩效考核的基础上，结合科研实绩，由所在单位根据国家有关规定统筹安排。

第十二条 不可预见费是指为应对专项实施过程中发生的不可预见因素安排的资金，由财政部统一管理。课题承担单位因不可预见因素需要追加预算时，应当向专项办提出申请，专项办汇总，工业和信息化部（财务司）审核后报财政部核批。

第十三条 工业和信息化部重大专项管理经费分为专项领导小组管理费和牵头组织单位管理费两类。

专项领导小组管理费主要用于支持专项领导小组办公室和专项咨询专家组开展的重大问题研讨与调研、专项实施情况监测与过程评估等工作；专项牵头组织单位管理费用于开展与实施重大专项相关的组织、协调等管理性工作。按照《民口科技重大专项管理工作经费管理暂行办法》（财教［2010］673号）要求执行。

第四章 预算管理

第十四条 重大专项预算的编制应该围绕重大专项确定的项目（课题）目标，有科学的测算依据并经过充分论证，以满足实施重大专项的合理需要。

第十五条 项目（课题）承担单位和联合单位预算编制时应该以任务目标为依据，参照国内外同类研究开发活动的状况，在考虑技术创新风险和不影响研究任务的前提下，结合项目（课题）任务特点和实际需求，组织项目（课题）负责人、科技管理部门和单位财务部门等共同完成预算编报工作，并由牵头承担单位进行审核汇总。在预算说明书中详细说明各单位分别承担的任务、预算和测算依据。项目（课题）预算编制应符合以下规则：

（一）同一支出科目一般不得同时列支中央财政资金和自筹经费。

（二）鼓励根据重大专项任务需要对现有仪器设备进行升级改造，或租赁使用外单位设备，而对于设备购置经费则从严审核与把握。

（三）大宗及贵重材料，即项目（课题）执行过程中消耗数量较多或单位价格较高、总费用在5万元及以上的材料，在编制预算时须填写明细；需要进口的原材料和辅助材料，需在编制预算时填列原材料和辅助材料净价（不含关税）。

（四）测试化验加工费在编制预算时，对量大及价高的测试化验加工任务，即项目（课题）执行过程中需测试化验加工的数量较多或单位价格较高、总费用在5万元及以上的，须填写测试内容及测试单位名称等。

（五）劳务费应当根据实施项目（课题）的实际需求，支付给课题组成员中没有工资性收入的相关研发人员（如在校研究生等）和临时聘用人员等发生的劳务性费用，如实编报预算。

（六）基本建设费应当单独列示，其管理和使用应当参照基本建设财务制度执行。基本建设费在预算申报中，还需另附初步设计或施工图设计、初步设计概算或施工图预算等资料。

第十六条 专项办根据专项实施方案，经过项目（课题）评审，专项领导小组审核同意后，确定项目（课题）及其承担单位，按规定程序逐级上报至科技部、发展改革委、财政部（以下简称“三部门”）进行综合平衡。

第十七条 专项办根据三部门综合平衡意见，组织项目（课题）承担单位修改和完善项目（课题）总预算和年度预算，由专项办汇总编制专项项目（课题）预算建议方案，按规定程序报送工业和信息化部（财务司），工业和信息化部（财务司）汇总审核后上报财政部，同时抄送科技部和发展改革委。

第十八条 专项办根据财政部对专项项目（课题）总预算与分年度预算的批复意见，组织项目（课题）承担单位修改预算方案，并与承担单位签订项目（课题）任务合同书和预算书。

第十九条 专项办根据项目（课题）实施进度和关键节点任务完成情况，按季度制定项目（课题）拨款计划并报至工业和信息化部（财务司）。

第二十条 工业和信息化部（财务司）根据批准的预算和项目（课题）实施进度，向财政部提交专项资金用款计划及财政直接支付申请。由财政部审核后，采取财政直接支付方式将资金支付到项目（课题）承担单位特设账户。

第二十一条 项目（课题）承担单位应当严格按照批复的项目预算书使用资金，原则上不得调整。确需调整的，应履行预算调整的相关程序。

（一）中央财政资金预算调整的内容及程序

1. 项目（课题）总预算、分年度预算发生调整；项目（课题）间接费用以及直接费用中设备费、基本建设费预算发生调整；项目（课题）总预算、分年度预算总额不变，项目（课题）承担单位变更（承担单位变更为其下属独立法人单位或全资、控股子公司，属于单位变更），由项目（课题）承担单位提出申请，专项办汇总，工业和信息化部（财务司）审核后统一上报财政部核批。

2. 项目（课题）总预算、分年度预算总额不变，项目（课题）合作单位之间，以及增加或减少项目（课题）合作单位的预算调整，由项目（课题）承担单位提出申请，上报专项办审批，报财政部备案。

3. 设备费的设备用途和数量不变，因市场价格变化等导致设备费预算调减，调减的经费可调剂用于项目（课题）其他方面的支出；项目（课题）直接费用中差旅费、会议费、国际合作与交流费、劳务费、专家咨询费预算不得调增，如需调减，应用于项目（课题）其他方面支出；项目（课题）总预算、分年度预算总额不变，直接费用中材料费、测试化验加工费、燃料动力费、差旅费、会议费、国际合作与交流费、出版/文献/信息传播/知识产权事务费、劳务费、专家咨询费、其他费用预算需要调整的，由项目（课题）承担单位内部履行调整程序，报专项办备案，并在财务验收时予以确认。

（二）地方财政资金的预算调整按照资金提供方对资金使用和管理的具体要求处理。

（三）自筹资金预算调整由项目（课题）承担单位履行内部预算调整审批程序。

（四）其他来源渠道资金预算调整按照其他来源渠道资金提供方对资金使用和管理的具体要求处理。

（五）需经专项办或者财政部审批的项目（课题）预算调整事项，承担单位应于当年6月30日前上报专项办。需报专项办备案的项目（课题）预算调整事项，承担单位应于项目（课题）实施财务验收审计之前上报专项办。

第二十二条 项目（课题）承担单位严禁使用专项资金支付各种罚款、捐款、赞助等，严禁以任何方式牟取私利。承担单位应当建立健全各种费用开支的原始资料登记和材料消耗、统计盘点制度，做好预算与财务管理的各项基础性工作。

第二十三条 项目（课题）承担单位应由单位财务部门牵头按照规定编制年度财务决算报告。年度决算包括中央财政资金、地方财政资金、单位自筹资金等渠道安排的用于专项的各种经费。年度决算应于次年3月15日前报送专项办。

项目（课题）经费下达之日起至年度终不满三个月的，当年可以不编报年度决算，其经费使用情况在下一年度的年度决算报表中反映。

第二十四条 项目（课题）实施过程中因不可抗力等因素中止，承担单位财务部门应及时清理账目与资产清单，报送专项办。工业和信息化部研究提出处理意见并报领导小组审核后，报财政部批复。

第五章 特设账户的开立和使用

第二十五条 重大专项资金纳入国库单一账户体系，实行国库集中支付。项目（课题）承担单位应当按照规定开立特设账户，主动接受财政国库动态监控管理。

第二十六条 特设账户是指财政部批准项目（课题）牵头承担单位开设的专用存款账户。原则上一个单位一个特设账户，同一单位同时牵头承担多个项目（课题），银行特设账户应按照项目（课题）设立明细账分别核算。

第二十七条 特设账户选定应当统一在财政部通过招投标选定的中央财政授权支付业务代理银行范围内开设（具体包括中国工商银行、中国农业银行、中国银行、中国建设银行、交通银行、中国光大银行、中信银行）。

第二十八条 项目（课题）承担单位应向专项办提交《中央财政民口科技重大专项资金特设账户申请表》，由工业和信息化部（财务司）审核汇总后，统一向财政部提出特设账户开户申请。

第二十九条 财政部对提交的开户申请审核批准后，由专项办通知项目（课题）承担单位到所选择的银行支行办理特设账户预留印鉴等手续。

第三十条 项目（课题）承担单位办理中央财政资金支付时，除填写必要的支付指令外，还须在“用途”栏填写具体用途，在“附加信息”栏填写项目（课题）名称、项目（课题）编号和国库集中支付加信息码。

第三十一条 项目（课题）承担单位收到中央财政资金后，应按照预算批复和合同任务书要求，结合联合单位实施进度和关键节点的任务完成情况，对联合单位及时拨付资金，并履行对联合单位经费支出的指导和监管职责。

第三十二条 项目（课题）承担单位因名称、地址和组织机构代码变化等原因导致原有特设账户的开户名、开户行或银行账号等相关信息需要变更时，应及时向专项办提交变更申请，专项办汇总后报工业和信息化部（财务司），由工业和信息化部（财务司）统一向财政部提出特设账户变更申请。

第三十三条 项目（课题）完成后，不再承担国家重大科技专项的项目（课题）承担单位应及时按规定办理撤户手续。

第三十四条 项目（课题）承担单位通过本单位实有资金账户垫付项目（课题）中央财政资金，须事先向财政部备案。中央财政资金支付到项目（课题）承担单位特设账户后，项目（课题）承担单位应及时通过专项办向财政部提出资金归垫申请（间接费用的归垫资金，可于每年 12 月 1 日前汇总提出归垫申请）。

归垫程序及应提供的申请资料按照《关于加强和规范民口科技重大专项资金垫付与归垫管理有关事项的通知》（财办库［2010］308 号）执行。

第三十五条 后补助项目（课题）中央财政资金（财政部预拨资金除外）由工业和信息化部（财务司）按照财政直接支付方式支付到项目（课题）承担单位基本存款账户，由项目（课题）承担单位自主使用。后补助项目（课题）管理参照财政部相关规定执行。

第六章 财务验收

第三十六条 凡经批准列入重大专项管理的项目（课题）均应当进行财务验收。项目（课题）财务验收在任务合同规定完成时间到期后六个月内完成。不能按期完成任务的，需提出延期验收申请，说明延期理由和延期时间，经专项办批准，报财政部备案。延期时间原则上不超过一年。

第三十七条 财务验收分为项目（课题）财务验收审计、财务初审、财务验收三个阶段进行。

第三十八条 项目（课题）在任务完成后的30日内，课题承担单位在认真清理账目、编制项目（课题）财务收支执行情况报告的基础上，及时向专项办提出财务验收审计申请。

第三十九条 由工业和信息化部（财务司）指定会计师事务所对项目（课题）进行专项财务验收审计。审计业务委托工作参照《工业和信息化部审计业务委托工作管理暂行办法》执行。工业和信息化部（财务司）根据被审计单位的反馈意见和审计报告使用者的评价意见以及监督检查情况建立会计师事务所的业绩档案，作为审计业务委托的重要依据。

第四十条 指定的会计师事务所应恪守独立、客观、公平、公正的原则，依据国家相关法律法规及财务会计制度、项目（课题）任务合同书及批复预算等，对承担项目（课题）的财务管理制度执行情况、资金到位及落实情况、会计核算和财务信息情况、支出内容合规有效情况、预算执行情况和资产管理情况等方面进行审计。审计中发现有重大违法、违纪、舞弊问题以及影响审计独立性等情况的，应及时向工业和信息化部（财务司）报告。

指定的会计师事务所应对业务执行过程中获悉的国家秘密、商业秘密保密，不得将被审计单位提供的资料对外泄露。承担涉军涉密课题审计任务，需要与涉军涉密课题承担单位签定保密协议，履行保密义务，承担保密责任。

第四十一条 财务验收审计报告是项目（课题）财务验收的重要依据。审计报告应全面反映课题支出情况，联合单位中央财政拨款资金在50万元以上的，应单独出具审计报告分本。会计师事务所在确认相关支出时，如有必要应聘请技术专家出具意见。审计过程中与被审计单位有争议的事项，应该在审计报告中完整披露，由财务验收专家最终决定。

审计报告初稿完成后，应与承担单位交换意见，并附承担单位对审计报告初稿的书面意见。审计报告初稿应注明“初稿”字样，不需盖章。

第四十二条 项目（课题）财务验收审计结束后，工业和信息化部（财务司）会同专项办组织财务专家进行财务初审，财务初审的财务专家组成人员原则上不少于5人。

第四十三条 承担单位应当及时提供财务初审申请报告及相关材料，并对资料的真实性、准确性和完整性负责。积极配合专家组进行财务初审。

承担单位应提交财务初审材料主要包括：

（一）项目（课题）合同书、预算书和相关调整申请及批复文件。

（二）项目（课题）资金管理的有关内部控制及财务管理制度。

（三）中央财政资金以外其他渠道资金来源证明。

（四）项目（课题）财务收支执行情况报告及附表。

（五）财务验收审计报告及附表（初稿）。

（六）结余资金情况说明。

（七）特设账户银行对账单、银行日记账。

（八）项目（课题）按预算科目及资金来源分设的相关会计账簿。

（九）按预算科目分别提供相关大额中央财政的记账凭证、原始凭证复印件。

（十）资金归垫申请材料及会计师事务所出具的资金归垫审核表。

有联合单位的，联合单位应同时提供以上资料。

第四十四条 财务专家实行回避制度，重大专项项目（课题）承担单位及其合作单位的人员不得作为验收专家参加本单位验收工作。

工业和信息化部（财务司）建立重大专项财务验收专家库及专家考核机制，对专家资格实行动态管理。

第四十五条 项目（课题）财务初审采取现场审核或非现场审核方式。通过听取财务收支执行情况和财务验收审计情况汇报、质询、查阅资料等形式进行。如采取非现场审核方式初审的，对确需到项目（课题）现场核查有关资料的，组织专家到现场查阅相关资料。

财务专家进行项目（课题）财务初审时，应对承担单位提交材料的内容完整性和数据一致性进行形式审查，针对资金使用和管理中存在的问题提出整改建议，对是否存在影响课题验收的“八不准”重大事项进行评价，填写财务验收初审专家评价表。

第四十六条 通过财务初审的，可安排项目（课题）财务验收；未通过财务初审的，承担单位应按照财务初审意见要求，在一个月内完成整改，并向专项办提交整改落实情况的书面报告，提出财务复审申请。

第四十七条 工业和信息化部（财务司）和专项办组织财务专家、管理专家和技术专家召开财务验收会议，财务验收专家组成员原则上不少于7人，其中财务专家不少于5人。财务专家组组长由财务专家担任。财务验收评价采取定性与定量相结合的方式，按照《民口科技重大专项项目（课题）财务验收办法》（财教［2011］287号）要求执行。财务专家听取承担单位财务收支执行情况及初审整改意见落实情况、会计师事务所财务验收审计情况的汇报，审查项目（课题）上述书面报告，抽查会计账簿及凭证等相关资料，依据规定的验收内容、验收指标及相应评价标准和分值，独立填写并提交财务验收专家意见。总体财务验收结论须由全体财务验收专家讨论通过，由验收专家组组长组织填写并由专家组长签名。

第四十八条 财务验收综合得分高于80分（包括80分）通过财务验收，综合得分低于80分且高于60分（包括60分）的，项目（课题）承担单位按照财务验收结论的要求，对相关问题在一个月内完成整改，并向专项办提交整改落实情况的书面报告，提出项目财务复验申请，由工业和信息化部（财务司）、专项办安排组织财务复验。

第四十九条 工业和信息化部（财务司）和专项办汇总整改后的财务验收意见及相关材料，形成最终财务验收结论，并编写财务验收报告，报送财政部。财政部通过抽查方式对财务验收工作的程序、内容、质量和验收结论进行监督检查。

第五十条 通过财务验收是进行项目（课题）验收的前提之一。有下列行为之一的，不得通过项目财务验收：

（一）编报虚假预算，套取国家财政资金；

（二）未对专项经费进行单独核算；

（三）截留、挤占、挪用专项经费；

（四）违反规定转拨、转移专项经费；

（五）提供虚假财务会计资料；

（六）未按规定执行和调整预算；

（七）虚假承诺、自筹经费不到位；

（八）其他违反国家财经纪律的行为。

第五十一条 到期无故不申请验收、验收未通过的项目（课题），项目（课题）负责人不得再申报重大专项项目（课题），项目（课题）承担单位5年内不得再申报重大专项项目（课题）。

第五十二条 课题通过验收后，各课题承担单位应当在一个月内及时办理财务结账手续。课题资金如有结余（含处理已购物资、材料及仪器、设备的变价收入等），按照财政部关于结余资金管理的有关规定执行。

第七章 监督检查

第五十三条 工业和信息化部按照重大专项目标和任务，结合重大专项特点建立资金监管制度，通过财务验收审计、财务初审、财务验收、专项检查、绩效评价等多种方式实施监督检查，保证重大专项资金使用的规范性、安全性和有效性。

第五十四条 重大专项资金使用情况的监督检查工作由工业和信息化部统一安排，也可以委托地方工业和信息化主管部门组织实施。

第五十五条 重大专项资金专项检查的主要内容有：

财务管理制度执行情况主要包括：预算管理、资金管理、合同管理、政府采购、审批报销、资产管理等国家相关制度的执行情况以及内部控制制度相关情况等。

资金到位和落实情况主要包括：中央财政资金、地方财政资金、单位自筹资金、从其他渠道获得的资金的到位和落实情况，以及按照预算批复和合同任务书要求对任务承担单位资金拨付情况等。

会计核算和财务信息情况主要包括：按照重大专项资金管理规定设立特设账户及单独核算相关情况，会计核算的规范性、准确性，财务信息的真实性，以及会计档案管理情况等。

支出内容合规有效情况主要包括：执行国家财政财务制度及重大专项资金管理规定的支出范围和支出标准的情况，支出的目标相关性、政策相符性和经济合理性，以及资金使用效益情况等。

预算执行情况主要包括：按照财政预算管理规定，合同任务约定和项目（课题）进展执行预算的情况，按规定程序和权限调整预算情况，以及各类资金结余情况等。

资产管理情况主要包括：资产购置、资产入账、资产使用和处置情况，开放共享情况，以及无形资产管理情况等。

第五十六条 项目（课题）监督检查结果将作为调整预算安排、按进度核拨经费以及后续项目（课题）预算安排的重要依据。

第五十七条 在监督检查过程中，发现弄虚作假、截留、挪用、挤占重大专项资金等行为，按照有关规定追究相关责任人和单位的责任；涉嫌犯罪的，移交司法机关依法追究刑事责任。

发现相关管理机构工作人员、专家组成员、会计师事务所等专业机构人员，有弄虚作假、徇私舞弊等行为的，终止或取消其资格。有违反国家法律法规行为的，按有关法律法规处理。

第五十八条 财政部对项目（课题）实施全过程的资金支付情况进行实时动态监控，并通过适当方式进行核查。对于违规或不规范操作的，除依照《财政违法行为处罚处分条例》的规定追究有关单位和人员的责任以外，可视情况予以停拨经费或通报批评，情节严重的向“三部门”及领导小组提出终止项目（课题）的建议。涉嫌犯罪的，依法移送司法机关处理。

第八章 其　他

第五十九条 经费使用中涉及政府采购的，按照国家政府采购有关规定执行。对使用科研经费形成的固定资产和知识产权等无形资产的管理，按照国家有关规定执行。

第六十条 行政事业单位使用中央财政资金形成的固定资产属国有资产，一般由项目（课题）承担单位进行使用和管理，国家有权进行调配。企业使用中央财政资金形成的固定资产，按照《企业财务通则》等相关规章制度执行。知识产权等无形资产的管理，按照国家有关规定执行。

第六十一条 重大专项资金形成的大型科学仪器设备、科学数据、自然科技资源等，在保障有关参与单位合法权益的基础上，按照国家有关规定开放共享，以减少重复浪费，提高资源使用效率。

第九章 附　则

第六十二条 本细则由工业和信息化部解释。

第六十三条 本细则自发布之日起施行。

国家发展改革委贯彻落实主体功能区战略推进主体功能区建设若干政策的意见

发改规划［2013］1154号　2013年6月18日

各省、自治区、直辖市及计划单列市、新疆生产建设兵团发展改革委：

实施主体功能区战略，推进主体功能区建设，是党中央国务院作出的重大战略决策。为深入贯彻党的十八大精神，全面落实《国务院关于印发全国主体功能区规划的通知》要求，完善推进主体功能区建设的配套政策，现提出以下政策意见。

一、总体政策方向

制定实施主体功能区配套政策，要按照党的十八大精神和部署，坚持以科学发展观为指导，加快实施主体功能区战略，围绕推进主体功能区建设这一战略任务，分类调控，突出重点，在发挥市场机制作用的基础上，充分发挥政策导向作用，引导资源要素按照主体功能区优化配置，为主体功能区建设创造良好的政策环境，着力构建科学合理的城市化格局、农业发展格局和生态安全格局，促进城乡、区域以及人口、经济、资源环境协调发展。

（一）加大政策力度。要加大改革创新力度，积极完善各项相关政策。在推进经济结构战略性调整、促进城乡区域协调发展、引导产业发展布局、保障和改善民生、促进城乡区域基本公共服务均等化、强化节能减排和应对气候变化等各项工作中，都要按照主体功能区建设的需要，把相关政策区域化和具体化，充分发挥在实施主体功能区战略中的引领和带动作用。

（二）突出政策重点。要从各类主体功能区的功能定位和发展方向出发，把握不同区域的资源禀赋与发展特点，明确不同的政策方向和政策重点。对优化开发区域，要着力引导提升国际竞争力；对重点开发区域，要促进新型工业化城镇化进程；对农产品主产区，要大力提高农产品供给能力；对重点生态功能区，要增强生态服务功能；对禁止开发区域，要加强监管。

（三）优化政策组合。要把投资支持等激励政策与空间管制等限制、禁止性措施相结合，明确支持、限制和禁止性政策措施，引导各类主体功能区把开发和保护更好的结合起来。通过激励性政策和管制性措施，引导各类区域按照主体功能定位谋发展，约束各地不合理的空间开发行为，切实把科学发展和加快转变经济发展方式的要求落到实处。

（四）注重政策合力。推进主体功能区建设是一项系统工程，需要有关部门多方协作、相互配合、统筹推进。要按照《全国主体功能区规划》明确的任务分工和要求，从发展改革部门的职能出发，突出政策方向和重点，注重把握政策边界，与其他部门配套政策相互支撑，形成政策合力，增强政策综合效应。

（五）提高政策效率。要正确处理政府与市场的关系，充分发挥市场配置资源的基础性作用。要针对各类主体功能区的不同功能定位，确定不同的调控方向和调控重点，充分发挥政府投资等政策的导向作用，充分调动中央和地方、政府与社会的积极性，引导社会资金按照主体功能区的功能要求进行配置，逐步完善国土空间科学开发的利益导向机制。

二、引导优化开发区域提升国际竞争力

支持优化开发区域率先转变经济发展方式，推动产业结构向高端、高效、高附加值转变，引导城市集约紧凑、绿色低碳发展，提高资源集约化利用水平，提升参与全球分工与竞争的层次。

（一）在企业技术创新平台和公共创新平台建设布局、项目审批、资金安排等方面予以优先支持，加快培育创新型城市，提升区域自主创新能力。

（二）政府投资加强对具有竞争优势和市场潜力的高技术产业、战略性新兴产业、先进制造业和现代服务业发展的引导，合理引导劳动密集型产业向中西部和东北地区重点开发区域转移，加快产业升级步伐。

（三）严格控制开发强度，控制城市建成区蔓延扩张、工业遍地开花和开发区过度分散布局，按照工业集中、产业集聚、用地集约要求，引导开发区向城市功能区转型，确保城郊农业用地特别是“菜篮子工程”用地不被侵占。

（四）鼓励城市政府有序推进农业转移人口市民化，对吸纳农业转移人口规模较大的城市，政府投资对教育、医疗、保障性住房等公共服务设施建设给予适当补助。

（五）加大节能减排的监管力度，强化单位国内生产总值能耗和二氧化碳排放降低等指标的约束性作用，减少经济增长的资源消耗和环境损害，提高经济增长的质量和效益。加快完善城镇污水、垃圾处理等环境基础设施。适当控制新建火电项目，稳步发展沿海核电项目。积极开展适应气候变化工作，提升城市综合适应能力。

（六）加快建设交通基础设施，尤其是城际铁路、市域铁路等大能力运输方式及综合交通枢纽。强化优化开发区域城市群内城市之间的内在联系与分工协作，适当分散特大城市中心城区的功能。

三、促进重点开发区域加快新型工业化城镇化进程

在优化结构、提高效益、降低消耗、保护环境的基础上，支持重点开发区域优化发展环境，增强产业配套能力，加快形成现代产业体系，促进产业和人口集聚，推进新型工业化和城镇化进程。

（一）政府投资侧重于改善基础设施和对产业结构调整的引导，鼓励发展战略性新兴产业、高技术产业，支持产业振兴和技术改造，引导各类要素向重点行业、重点领域集聚，增强产业配套能力。支持国家优化开发区域和重点开发区域开展产业转移对接，鼓励在中西部和东北地区重点开发区域共同建设承接产业转移示范区，遏制低水平产业扩张。

（二）依托国内能源和矿产资源重大项目，以及主要利用陆路进口资源的重大项目，优先在中西部地区重点开发区域布局。高技术重大专项、重大工程和重大制造业项目原则上在国家优化开发和重点开发区域布局，优先在中西部国家重点开发区域布局。

（三）在保持并增强粮食生产能力的同时，鼓励发展都市农业、城郊农业和休闲农业，保障“菜篮子工程”建设和农产品供给能力。

（四）合理控制开发强度，避免盲目开发、无序开发。鼓励按照产城融合、循环经济和低碳经济的要求改造开发区，限制大规模、单一工业园区的布局模式，支持开展园区循环化改造以及低碳园区、低碳城市和低碳社区建设，防止工业、生活污染向限制开发、禁止开发区域扩散。

（五）引导重点开发区域吸纳限制开发区

域和禁止开发区域人口转移，按照基本公共服务常住人口全覆盖的要求，支持加大教育、医疗、保障性住房等基本公共服务设施建设力度，使基本公共服务设施布局、供给规模与吸纳人口规模相适应。

（六）支持发展城际铁路，加快推进综合交通网络建设，引导和支撑城市群优化布局。

（七）支持加强水利基础设施建设，政府对规划内重大水利基础设施项目予以投资支持，因地制宜科学实施一批重大水资源配置工程建设，提高区域水资源调控水平和供水保障能力。

（八）支持煤炭资源丰富的重点开发区域积极推行煤、电、化、热一体化开发，加快建设大型煤电基地及煤电外送通道。

四、提高农产品主产区农产品供给能力

从保障国家粮食安全和重要农产品供给的大局出发，加大强农惠农富农政策力度，鼓励限制开发的农产品主产区加强耕地保护，稳定粮食生产，发展现代农业，构建循环型农业体系，增强农业综合生产能力，加大社会主义新农村建设投入力度。

（一）逐步加大政府投资对农业建设的支持力度，重点向农产品主产区特别是中西部和东北地区农产品主产区倾斜。对农产品主产区国家支持的建设项目，适当提高中央政府补助或贴息比例，降低省级政府投资比例，逐步降低市县级政府投资比例。

（二）支持农产品主产区加快发展现代农业，加强粮食综合生产能力建设，建设田间设施齐备、服务体系健全、集中连片的商品粮基地。支持优势产区加强棉花、油料、糖料生产基地建设，大力推进畜牧、水产的标准化规模养殖。推进农业结构和种植制度调整，加强适应技术研发推广，增强农业适应气候变化能力。

（三）加大扶持力度，引导农产品加工、流通、储运等企业向农产品主产区集聚发展。鼓励依托优势产业和板块基地，发展农产品深加工，推进农业产业化示范区建设。支持发展具有地域特色的绿色生态产品，培育地理标志品牌。

（四）鼓励发展农业循环经济，支持农产品主产区实施资源综合利用重点工程，加强农业清洁生产和农作物秸秆等废弃物综合利用，控制农业领域温室气体排放。

（五）控制城镇和开发区扩张对耕地的过多占用，控制农产品主产区开发强度。围绕农产品主产区的县城和重点镇，强化基础设施和公共服务设施建设，引导人口和产业集聚。

（六）积极发展普通铁路，为大宗农产品提供大能力运输通道。支持连接重点县城和中心镇的国道公路建设和养护，发展农村公路，提高公路普遍服务水平。推广沼气、风能、太阳能等清洁能源，实施新一轮农村电网升级改造工程，保障农业生产和农村居民生活用能。

五、增强重点生态功能区生态服务功能

要把增强提供生态产品能力作为首要任务，保护和修复生态环境，增强生态服务功能，保障国家生态安全。因地制宜地发展适宜产业、绿色经济，引导超载人口有序转移。

（一）逐步加大政府投资对生态环境保护方面的支持力度，重点用于国家重点生态功能区特别是中西部重点生态功能区的发展。对重点生态功能区内国家支持的建设项目，适当提高中央政府补助比例，逐步降低市县级政府投资比例。实施好天然林资源保护、京津风沙源治理等重大生态修复工程，推进荒漠化、石漠化、水土流失综合治理，扩大森林、湖泊、湿地面积，保护生物多样性。

（二）对各类开发活动进行严格管制，开发矿产资源、发展适宜产业和建设基础设施，须开展主体功能适应性评价，不得损害生态系统的稳定性和完整性。

（三）实行更加严格的产业准入环境标准和碳排放标准，在不损害生态系统功能的前提

下，鼓励因地制宜地发展旅游、农林牧产品生产和加工、观光休闲农业等产业。对不符合主体功能定位的现有产业，通过设备折旧补贴、设备贷款担保、迁移补贴、土地置换、关停补偿等手段，进行跨区域转移或实施关闭。

（四）严格控制开发强度，城镇建设和工业开发要集中布局、点状开发，控制各类开发区数量和规模扩张，支持已有工业开发区改造成“零污染”的生态型工业区。鼓励与重点开发区域共建共办开发区，积极发展“飞地经济”。

（五）政府在基本公共服务领域的投资以促进基本公共服务均等化为目标，优先向基本公共服务基础薄弱的国家重点生态功能区倾斜。

（六）选择培育若干县城和重点镇，作为引导人口集中、产业集聚的载体和提供公共服务的重要平台，以及生态移民点集中布局所在地。

（七）以完善公共服务和发展适宜产业为导向，有序推进基础设施建设。支持旅游景区建设必要的通景交通基础设施，根据需要建设用于旅游、森林草原防火、应急救援等通用航空机场，支持点状开发的县城和重点镇完善城镇基础设施及对外交通设施。在严格生态环境影响评价的基础上，在水能资源丰富的地区有序开展水电流域梯级开发。从严控制火电建设，逐步关闭或迁移不符合重点生态功能区主体功能定位的能源基础设施。

六、加强禁止开发区域监管

依据法律法规和相关规划实施强制性保护，严格控制人为因素对自然生态和文化自然遗产原真性、完整性的干扰，加强对有代表性的自然生态系统、珍稀濒危野生动植物物种、有特殊价值的自然遗迹和文化遗址等自然文化资源的保护。

（一）严禁开展不符合主体功能定位的各类开发活动，引导人口逐步有序转移，实现污染物“零排放”，提高环境质量。

（二）在不损害主体功能的前提下，允许保持适度的旅游和农牧业等活动，支持在旅游、林业等领域推行循环型生产方式。

（三）从保护生态出发，严格控制基础设施建设。除文化自然遗产保护、森林草原防火、应急救援和必要的旅游基础设施外，不得在禁止开发区域建设交通基础设施。新建铁路、公路等交通基础设施，严格执行环境影响评价，严禁穿越自然保护区核心区，避免对重要自然景观和生态系统的分割。

（四）加强国家级自然保护区、国家森林公园等禁止开发区域的自然生态系统保护和修复，不断提高保护和管理能力。

七、建立实施保障机制

（一）优化完善主体功能区的中央预算内投资安排。按照《全国主体功能区规划》的要求，重点支持国家重点生态功能区和农产品主产区特别是中西部国家重点生态功能区和农产品主产区的发展，加强对主体功能区建设的支持和引导。中央投资安排，要符合各区域的主体功能定位和发展方向。各省、自治区、直辖市要相应做好相关工作。

（二）开展主体功能区建设试点示范。按照分类探索、整体规划、重点引导、协同推进的原则，优先在国家重点生态功能区和农产品主产区，选择一批具有典型代表性的市县开展主体功能区建设试点示范，探索限制开发区域转型发展、科学发展的新模式、新路径。

（三）组织编制实施重点地区区域规划和政策文件。要按照《全国主体功能区规划》的要求，编制和实施重点地区区域规划和政策文件，贯彻落实主体功能定位，推进主体功能区建设。加强区域规划和政策文件实施中期评估，根据评估结果适时开展规划修编，进一步加强与《全国主体功能区规划》的衔接。

（四）开展主体功能适应性评价。编制产业发展专项规划和重大项目布局，要与主体功能区规划相衔接，视需要开展主体功能适应性评价，使之符合各区域的主体功能定位。

（五）健全生态补偿机制。着力推进国家重点生态功能区、禁止开发区域开展生态补偿，引导生态受益地区与生态保护地区、下游地区与上游地区开展横向补偿。探索建立主要污染物排放权交易、生态产品标志等市场化生态补偿模式。开展碳排放权交易试点，逐步建立全国碳交易市场。优先将重点生态功能区的林业碳汇、可再生能源开发利用纳入碳排放权交易试点。

（六）加强监督检查工作。要加强对《全国主体功能区规划》贯彻落实情况的监督检查，加强对配套政策落实情况的跟踪分析，强化主体功能区建设进展情况的跟踪评估。通过监督检查和评估，注重研究新情况，不断解决新问题，扎实推进主体功能区建设。

各级发展改革部门，要把实施主体功能区战略、推进主体功能区建设，作为贯彻党的十八大精神，加快转变经济发展方式、实现科学发展的重大战略举措和重要抓手，进一步转变观念，提高认识，强化责任，贯彻落实好相关政策措施，切实推动全国主体功能区规划的贯彻落实，推动各地区严格按照主体功能定位发展。

关于印发全国物流园区发展规划的通知

发改经贸［2013］1949号 2013年9月30日

各省、自治区、直辖市发展改革委、国土资源主管部门、住房城乡建设厅（委）、交通运输厅（局、委）、商务主管部门、科技厅（委、局）、工业和信息化主管部门、铁路主管部门、民航地区管理局、邮政管理局、质量监督局，海关总署广东分署，天津、上海特派办，各直属海关：

根据《中华人民共和国国民经济和社会发展第十二个五年规划纲要》和《国务院办公厅关于印发促进物流业健康发展政策措施的意见》（国办发［2011］38号），国家发展改革委会同有关部门组织编制了《全国物流园区发展规划》（以下简称《规划》）。现将《规划》印发给你们，请结合本地区实际，切实加强对《规划》实施的组织工作，制定并完善政策措施，促进我国物流园区健康有序发展。

附件：全国物流园区发展规划

附件

全国物流园区发展规划

物流园区是物流业规模化和集约化发展的客观要求和必然产物，是为了实现物流运作的共同化，按照城市空间合理布局的要求，集中建设并由统一主体管理，为众多企业提供物流基础设施和公共服务的物流产业集聚区。物流园区作为重要的物流基础设施，具有功能集成、设施共享、用地节约的优势，促进物流园区健康有序发展，对于提高社会物流服务效率、促进产业结构调整、转变经济发展方式、提高国民经济竞争力具有重要意义。

根据《中华人民共和国国民经济和社会发展第十二个五年规划纲要》、《国务院办公厅关于印发促进物流业健康发展政策措施的意见》（国办发［2011］38 号），为促进我国物流园区健康有序发展，特制定本规划。规划期为 2013—2020 年。

一、发展形势

（一）现实基础。“十一五”期间，国家高度重视物流业发展，实施《物流业调整和振兴规划》，综合交通运输体系逐步完善，规模化物流需求快速增长，物流业区域布局进一步优化，为物流园区的健康发展奠定了基础。

1. 物流园区总量较快增长。“十一五”时期，我国物流规模不断扩大，社会物流总额和物流业增加值年均分别增长 21% 和 16.7%，物流业增加值占国内生产总值的比重由 2005 年的 6.6% 提高到 2010 年的 6.9%。为适应物流业快速发展趋势，各级地方政府积极推进物流园区规划和建设，全国物流园区数量稳步增长，物流业呈现集聚发展态势。据中国物流与采购联合会第三次全国物流园区调查，2012 年全国共有各类物流园区 754 个，其中已经运营的 348 个，在建和规划中的分别为 241 个和 165 个。

2. 物流园区类型不断丰富。各地因地制宜建设发展了不同类型的物流园区。在交通枢纽城市，具备多式联运条件、提供大宗货物转运的货运枢纽型物流园区不断涌现；面向大城市商圈和批发市场，提供仓储配送功能的商贸服务型物流园区蓬勃发展；毗邻工业园区，提供供应链一体化服务的生产服务型物流园区配套而建；在口岸城市，提供转运、保税等功能的口岸服务型物流园区快速发展；特大城市周边，出现了不少融合上述功能的综合服务型物流园区。总体上看，全国初步形成了定位准确、类型齐全的物流园区体系。

3. 物流园区功能日趋完善。园区基础设施建设不断加快，集疏运通道逐步完善，仓储、转运设施水平显著提高；信息平台建设稳步推进，园区信息化和智能化水平明显提升。园区通过不断完善各项功能，打造形成坚实的硬件基础和高效的软件平台，为园区入驻企业提供完善的公共服务，使物流企业能够专注从事物流业务，进一步提高物流效率和服务水平。

4. 物流园区集聚效应初步显现。园区利用设施优势集聚物流企业，减少了货物无效转运，优化了装卸和处理流程，提高了物流效率；利用信息平台匹配物流供需信息，提高了货物运输组织化程度，降低了车辆空驶率；通过整合分散的仓储物流设施，节约了土地资源，优化了城市空间布局；通过为园区周边生产制造、商贸等企业提供一体化物流服务，促进了区域经济转型升级。

（二）存在问题。从总体来看，我国物流业发展水平还比较低，物流园区在规划、建设、运营、管理以及政策方面还存在一些问题。一是建设发展有待规范。由于缺乏统一规划和管理，一些地方脱离实际需求，盲目建设物流园区，片面追求占地面积和投资规模。另一方面，由于缺乏对物流园区内涵的认识，一些市场和物流企业也冠以物流园区的名称。二是设施能力有待提高。从已建成的园区看，多数物流园区水、电、路、网络、通信等基础设施建设滞后，集疏运通道不畅，路网配套能力较差，普遍缺少铁路和多式联运中转设施。另外，在一些重要物流节点，仍然缺少设施齐全、服务能力较强的物流园区。三是服务功能有待提升。多数物流园区虽然具备了运输、装卸、仓储配送和信息服务等功能，但与物流发展的市场需求相比，仍然存在着专业化程度不高、设施装备配套性差、综合服务能力不强、信息联通不畅等问题，多式联运和甩挂作业、冷链物流服务、信息管理、流程优化、一站式服务等功能亟待完善和提高。四是经营管理体制有待健全。有的物流园区缺乏政府的协调和推动，面临规划、用地、拆迁、建设等方面的困难；有的物流园区缺乏市场化的运作机制和盈利模式，园区服务和可持续发展能力不足。五是政策扶持体系有待完善。由于缺少针对物流园区发展的优惠政策和建设标准，物流园区普遍存在“落地难”、“用地贵”和基础设施投资不足的问题。

（三）发展要求。今后几年，是我国物流业发展的重要时期。科学规划、合理布局物流园区，充分发挥物流园区的集聚优势和基础平台作用，构建与区域经济、产业体系和居民消费水平相适应的物流服务体系，是促进物流业发展方式转变、带动其他产业结构调整以及建设资源节约型和环境友好型社会的必然选择。

1. 科学规划物流园区是提高物流服务效率的客观要求。加快转变经济发展方式给我国物流业发展提出了新的更高的要求，物流园区作为连接多种运输方式、集聚多种服务功能的基础设施和公共服务平台，已经成为提升物流运行质量与效率的关键环节。科学规划物流园区有利于发挥物流设施的集聚效应，在满足规模化物流需求的同时，提升物流效率，降低物流成本；有利于促进多式联运发展，发挥我国综合交通运输体系的整体效能；有利于促进社会物流的有效组织和有序管理，优化布局和运作模式，更好地适应产业结构调整的需要，为其他产业优化升级提供必要支撑。

2. 科学规划物流园区是节约集约利用土地资源的迫切需要。科学规划一批具有较强公共服务能力的物流园区，一方面可以适度整合分散于各类运输场站、仓房、专用线、码头等物流设施及装卸、搬运等配套设施的用地，增加单位物流用地的物流承载量，提高土地利用率；另一方面能够有效促进专业化、社会化物流企业承接制造业和商贸业分离外包的物流需求，减少原有分散在各类企业内部的仓储设施用地。科学规划物流园区，已经成为当前促进物流业节约集约利用土地资源的重要途径。

3. 科学规划物流园区是推进节能减排和改善环境的重要举措。面对日趋严峻的资源和环境约束，物流业亟需加快节能减排步伐，增强可持续发展能力。科学规划物流园区，有利于优化仓储、配送、转运等物流设施的空间布局，促进物流资源优势互补、共享共用，减少设施闲置，降低能耗；有利于提升物流服务的组织化水平，优化运输线路，降低车辆空驶率，缓解交通干线的通行压力和城市交通拥堵，减少排放，改善环境。

二、指导思想、基本原则和发展目标

（一）指导思想

以邓小平理论、“三个代表”重要思想和科学发展观为指导，按照加快转变经济发展方式、促进产业结构调整的要求，以市场需求为导向，以促进物流要素聚集、提升物流运行效率和服务水平、节约集约利用土地资源为目标，以物流基础设施的整合和建设为重点，加强统筹规划和管理，加大规范和扶持力度，优化空间布局，完善经营管理体制和服务功能，促进我国物流园区健康有序发展，为经济社会发展提供物流服务保障。

（二）基本原则

——科学规划，合理布局。根据国家重点产业布局和区域发展战略，立足经济发展水平和实际物流需求，依托区位交通优势，符合城市总体规划和土地利用总体规划，注重与行业规划相衔接，科学规划、合理布局物流园区，避免盲目投资和重复建设。

——整合资源，集约发展。优先整合利用现有物流设施资源，充分发挥存量物流设施的功能。按照规模适度、用地节约的原则，制定物流园区规划、建设标准，合理确定物流园区规模，促进物流园区集约发展，吸引企业向园区集聚。

——完善功能，提升服务。促进物流园区

设施建设配套衔接，完善物流园区的基本服务功能。注重运用现代物流和供应链管理理念，创新运营管理机制，拓展增值服务，提升物流园区的运作和服务水平。

——市场运作，政府监管。充分发挥市场机制的作用，坚持投资主体多元化、经营管理企业化、运作方式市场化。积极发挥政府的规划、协调作用，规范物流园区建设管理制度，制定和完善支持物流园区发展的各项政策，推动物流园区有序建设、健康发展。

（三）发展目标

到 2015 年，基本建立物流园区建设及管理的有关制度，物流园区发展步入健康有序的轨道，全国物流园区规划布局得到优化，物流园区设施条件不断改善，服务能力明显增强，初步建成一批布局合理、运营规范、具有一定经济社会效益的示范园区。

到 2020 年，物流园区的集约化水平大幅提升，设施能力显著增强，多式联运得到广泛应用，管理水平和运营效率明显提高，资源集聚和辐射带动作用进一步增强，基本形成布局合理、规模适度、功能齐全、绿色高效的全国物流园区网络体系，对推动经济结构调整和转变经济发展方式发挥更加重要的作用。

三、物流园区总体布局

物流园区是提供物流综合服务的重要节点，也是重要的城市基础设施。全国物流园区总体布局的基本思路是：根据物流需求规模和区域发展战略等因素，确定物流园区布局城市；按照城乡规划、综合交通体系规划和产业发展规划等，合理确定城市物流园区建设数量、规划布局和用地规模；研究制定物流园区详细规划，因地制宜、合理确定物流园区的发展定位、功能布局、建设分期、配套要求等。

（一）物流园区布局城市

确定物流园区布局城市，主要依据以下条件：一是物流需求规模，主要参考城市的国内生产总值、货运总量、工业总产值、社会消费品零售总额和进出口总额等经济指标的预测值。二是与物流业发展总体规划以及铁路、公路、水运、民航等相关交通运输规划相衔接。三是结合国家重点区域发展战略和产业布局规划，考虑相关城市的经济发展潜力、物流需求增长空间以及对周边地区的辐射带动作用。

根据上述条件，按照物流需求规模大小以及在国家战略和产业布局中的重要程度，本规划将物流园区布局城市分为三级，确定一级物流园区布局城市 29 个，二级物流园区布局城市 70 个（见专栏），三级物流园区布局城市具体由各省（区、市）参照以上条件，根据本省物流业发展规划具体确定，原则上应为地级城市。

专栏

一级物流园区布局城市（共 29 个）
北京、天津、唐山、呼和浩特、沈阳、大连、长春、哈尔滨、上海、南京、苏州、杭州、宁波、厦门、济南、青岛、郑州、合肥、武汉、长沙、广州、深圳、南宁、重庆、成都、昆明、西安、兰州、乌鲁木齐
二级物流园区布局城市（共 70 个）
石家庄、邯郸、秦皇岛、沧州、太原、大同、临汾、通辽、包头、鄂尔多斯、鞍山、营口、吉林、延边（珲春）、大庆、牡丹江、齐齐哈尔、无锡、徐州、南通、泰州、连云港、温州、金华（义乌）、舟山、嘉兴、湖州、安庆、阜阳、马鞍山、芜湖、福州、泉州、南昌、赣州、上饶、九江、烟台、潍坊、临沂、菏泽、日照、洛阳、南阳、安阳、许昌、宜昌、襄阳、岳阳、娄底、衡阳、佛山、东莞、湛江、柳州、钦州、玉林、贵港、海口、绵阳、达州、泸州、贵阳、拉萨、榆林、宝鸡、咸阳、西宁、银川、伊犁（霍尔果斯）

（二）物流园区选址要求

在布局城市选址建设物流园区，应遵循以下原则：一是与综合交通体系和运输网络相配套。依托主要港口、铁路物流中心、公路货运枢纽、枢纽机场及主要口岸，具有交通区位优势，便于发展多式联运。二是与相关规划和现有设施相衔接。符合土地利用总体规划、城市总体规划和区域发展总体规划，充分利用现有仓储、配送、转运等物流设施。三是突出功能定位。紧密结合产业布局和区位优势，突出专业服务特点，明确物流园区功能定位。

依据以上原则，物流园区布局城市可根据实际需要建设不同类型的物流园区：

——货运枢纽型物流园区。依托交通枢纽，具备两种（含）以上运输方式，能够实现多式联运，具有提供大批量货物转运的物流设施，为国际性或区域性货物中转服务。

——商贸服务型物流园区。依托城市大型商圈、批发市场、专业市场，能够为商贸企业提供运输、配送、仓储等物流服务以及商品展示、电子商务、融资保险等配套服务，满足一般商业和大宗商品贸易的物流需求。

——生产服务型物流园区。毗邻工业园区或特大型生产制造企业，能够为制造企业提供采购供应、库存管理、物料计划、准时配送、产能管理、协作加工、运输分拨、信息服务、分销贸易及金融保险等供应链一体化服务，满足生产制造企业的物料供应与产品销售等物流需求。

——口岸服务型物流园区。依托口岸，能够为进出口货物提供报关、报检、仓储、国际采购、分销和配送、国际中转、国际转口贸易、商品展示等服务，满足国际贸易企业物流需求。

——综合服务型物流园区。具有两种（含）以上运输方式，能够实现多式联运和无缝衔接，至少能够提供货运枢纽、商贸服务、生产服务、口岸服务中的两种以上服务，满足城市和区域的规模物流需求。

四、主要任务

（一）推动物流园区资源整合。打破地区和行业界限，充分整合现有物流园区及物流基础设施，提高设施、土地等资源利用效率。一是整合需求不足和同质化竞争明显的物流园区。引导需求不足的园区转型，对于同质化竞争明显的园区，通过明确功能定位和分工，推动整合升级。二是整合依托交通枢纽建设的物流园区。加强枢纽规划之间的衔接，统筹铁路、公路、水运、民航等多种交通运输枢纽和周边的物流园区建设，大力发展多式联运，形成综合交通枢纽，促进多种运输方式之间的顺畅衔接和高效中转。三是整合分散的物流设施资源。发挥物流园区设施集约和统一管理的优势，引导分散、自用的各类工业和商业仓储配送资源向物流园区集聚，有效整合制造业分离外包的物流设施资源。大力推广共同配送、集中配送等先进配送组织模式，为第三方物流服务企业搭建基础平台。

（二）合理布局新建物流园区。物流园区布局城市应综合考虑本区域的物流需求规模及增长潜力，并结合现有物流园区布局情况及设施能力，合理规划本地区物流园区。现有设施能力不足的地区，应基于当地产业结构和区位条件及选址要求，布局新建规模适当、功能完善的物流园区，充分发挥园区的集聚效应和辐射带动作用，服务当地经济发展和产业转型升级。

（三）加强物流园区基础设施建设。优化物流园区所在地区控制性详细规划，加强物流园区详细规划编制工作，科学指导园区水、电、路、通信等设施建设，强化与城市道路、交通枢纽的衔接。大力推进园区铁水联运、公铁联运、公水联运、空地联运等多式联运设施建设，注重引入铁路专用线，完善物流园区的公路、铁路周边通道。提高仓储、中转设施建设水平，改造装卸搬运、调度指挥等配套设备，统一铁路、公路、水运、民航各种运输方式一体化运输相关基础设施和运输装备的标准。推广甩挂运输方式、集装技术和托盘化单元装载技术。推广使用自动识别、电子数据交换、可视化、货物跟踪、智能交通、物联网等先进技术的物流设施和装备。

（四）推动物流园区信息化建设。加强物流园区信息基础设施建设，整合物流园区现有信息资源，提升物流园区信息服务能力。研究制定统一的物流信息平台接口规范，建立物流园区的信息采集、交换和共享机制，促进入驻企业、园区管理和服务机构、相关政府部门之间信息互联互通和有序交换，创新园区管理和服务。

（五）完善物流园区服务功能。结合货运枢纽、生产服务、商贸服务、口岸服务和综合服务等不同类型物流园区的特点，有针对性地提升服务功能，为入驻企业提供专业化服务。鼓励园区在具备仓储、运输、配送、转运、货运代理、加工等基本物流服务以及物业、停车、维修、加油等配套服务的基础上，进一步提供工商、税务、报关、报检等政务服务和供应链设计、管理咨询、金融、保险、贸易会展、法律等商务服务功能。

（六）聚集和培育物流企业。充分发挥物流园区的设施优势和集聚效应，引导物流企业向园区集中，实现园区内企业的功能互补和资源共享，提高物流组织效率。优化园区服务环境，培育物流企业，打造以园区物流企业为龙头的产业链，提升物流企业的核心竞争力。支持运输企业向综合物流服务商和全球物流经营人转变。按照提升重点行业物流企业专业配套能力的要求，有针对性地发展专业类物流园区，为农产品、钢铁、汽车、医药、冷链、快递、危货等物流企业集聚发展创造有利条件。

（七）建立适应物流园区发展的规范和标准体系。按照适用性强、涵盖面广、与国际接轨的要求，建立和完善物流园区标准体系。修订《物流园区分类与基本要求》国家标准，制定《物流园区服务规范及评估指标》国家标准，进一步明确园区概念内涵，规范物流园区功能定位，防止盲目发展。按照既要保障物流园区发展，又要节约利用土地的原则，建立物流园区规划设计、建设和服务规范，明确园区内部各功能区建设标准和要求，促进物流园区规范化发展。

（八）完善物流园区经营管理体制。根据各地物流园区发展实际，借鉴国内外物流园区管理经验，建立完善政府规划协调、市场化运作的物流园区开发建设模式和经营管理体制。在政府规划指导下，成立物流园区管理机构，开展物流园区基础设施建设，并选择具有物流园区经营管理经验的企业参与管理运营。鼓励园区研究开发物流与商贸和金融协同发展等新型业态，创新物流园区发展模式。通过企业化运作，提高管理水平，形成良性发展机制，为园区物流企业提供优质服务，实现可持续发展。

五、保障措施

（一）做好综合协调。国家发展改革委、国土资源部、住房城乡建设部要会同交通运输部、商务部、海关总署、科技部、工业和信息化部、铁路局、民航局、邮政局、国家标准委等部门，加强对全国物流园区发展的指导和管理。各省级人民政府有关部门也要协调配合，统筹推进规划实施工作。

（二）加强规范管理。各地有关部门要加强对物流园区的规范和管理，提出本地区物流园区布局规划，严格控制园区数量和规模，防止盲目建设或以物流园区名义圈占土地。布局城市要按照城乡规划和相关行业规划，加强和加快现有物流设施的整合和清理，因地制宜合理新建物流园区，做到既符合城市和产业发展实际，满足物流发展需求，又防止出现重复建设。

（三）开展示范工程。各地要结合实际，选择一批发展条件好、带动作用大的园区，作为省级示范物流园区加以扶持推广，具体由各省有关部门研究制定管理办法并组织评定。在此基础上，开展国家级物流园区示范工程，由国家发展改革委、国土资源部、住房城乡建设部会同交通运输部、商务部、工业和信息化部、海关总署、科技部等有关部门和行业协会组织国家级示范物流园区评定工作。对于列入国家级示范的物流园区，有关部门可给予土地、资金等政策扶持。国家级物流园区示范工程的具体管理办法另行制定。

（四）完善配套设施。支持连接物流园区的铁路专用线、码头岸线和园区周边道路等交通配套设施建设和改造，进一步发挥物流园区的中转服务功能，提高运输服务水平。支持物流园区信息平台建设，鼓励企业建设立体仓库，提高园区物流设施信息化和智能化水平。

（五）落实用地政策。研究制定物流园区规划设计规范，科学指导物流园区规划建设。各地应及时将物流园区纳入所在城市的各类城市规划和土地利用总体规划，统筹规划和建设，涉及新增建设用地的，合理安排土地利用计划指标。对于示范物流园区新增建设用地，优先列入国家和地方建设用地供应计划。

（六）改善投融资环境。鼓励物流园区运营主体通过银行贷款、股票上市、发行债券、增资扩股、合资合作、吸引外资和民间投资等多种途径筹集建设资金，支持物流园区及入驻企业与金融机构联合打造物流金融服务平台，形成多渠道、多层次的投融资环境。各地要适当放宽对物流园区投资强度和税收强度的要求，鼓励物流企业入驻物流园区。对于国家级和省级示范物流园区，有关部门可根据项目情况予以投融资支持。

（七）优化通关环境。优化口岸通关作业流程，适应国际中转、国际采购、国际配送、国际转口贸易等业务的要求，研究适应口岸服务型物流园区发展的通关便利化政策，提高通关效率。

（八）发挥行业协会作用。物流及相关行业协会应认真履行行业服务、自律、协调和引导职能，及时向政府有关部门反映物流园区发展中存在的问题和企业诉求，积极配合相关部门做好物流园区相关标准制修订、建立实施统计制度、总结推广先进经验、引导推动科技创新等相关工作，促进物流园区健康有序发展。

关于中国（上海）自由贸易试验区有关进口税收政策的通知

财关税［2013］75号　2013年10月15日

上海市财政局、上海海关、上海市国家税务局：

为贯彻落实《中国（上海）自由贸易试验区总体方案》中的相关政策，现就中国（上海）自由贸易试验区有关进口税收政策通知如下：

一、对试验区内注册的国内租赁公司或其设立的项目子公司，经国家有关部门批准从境外购买空载重量在25吨以上并租赁给国内航空公司使用的飞机，享受《财政部　国家税务总局关于调整进口飞机有关增值税政策的通知》（财关税［2013］53号）和《海关总署关于调整进口飞机进口环节增值税有关问题的通知》（署税发［2013］90号）规定的增值税优惠政策。

二、对设在试验区内的企业生产、加工并经“二线”销往内地的货物照章征收进口环节增值税、消费税。根据企业申请，试行对该内销货物按其对应进口料件或按实际报验状态征收关税的政策。

三、在现行政策框架下，对试验区内生产企业和生产性服务业企业进口所需的机器、设备等货物予以免税，但生活性服务业等企业进口的货物以及法律、行政法规和相关规定明确不予免税的货物除外。

四、在严格执行货物进口税收政策的前提下，允许在特定区域设立保税展示交易平台。

除上述进口税收政策外，中国（上海）自由贸易试验区所属的上海外高桥保税区、上海外高桥保税物流园区、洋山保税港区和上海浦东机场综合保税区分别执行现行相应海关特殊监管区域的税收政策。

本通知自中国（上海）自由贸易试验区挂牌成立之日起执行。

黑龙江省人民政府关于印发黑龙江省享受省级开发区政策工业示范基地晋升省级经济开发区实施办法的通知

黑政发［2013］3号 2013年2月22日

各市（地）、县（市）人民政府（行署），省政府各直属单位：

《黑龙江省享受省级开发区政策工业示范基地晋升省级经济开发区实施办法》已经省政府第八十四次常务会议审议通过，现印发给你们，请认真贯彻落实。

附件：黑龙江省享受省级开发区政策工业示范基地晋升省级经济开发区实施办法

附件

黑龙江省享受省级开发区政策工业示范基地晋升省级经济开发区实施办法

为推进我省重点园区提档升级，加快重点产业项目建设，根据国务院关于开发区管理的相关规定，结合我省实际，特制定本实施办法。

一、指导思想

以科学发展为主题，以加快转变发展方式为主线，紧紧围绕“八大经济区”和“十大工程”战略部署，加快推进“十大重点产业”项目建设，促进产业集聚和集群发展，建立和完善激励与约束机制，全面提升开发区科学管理层次和水平，推进工业示范基地实现规范化、制度化、科学化，促进全省开发区更好更快发展。

二、发展目标

力争3年至5年，全省所有县（市）根据自身优势和特点，建立自己的产业园区，到“十二五”末，大部分园区达到省级开发区标准，逐步将符合条件的工业示范基地和工业园区（以下简称“示范基地”）晋升为省级经济开发区。

三、晋升条件

（一）示范基地须经省政府批准享受省级开发区政策。

（二）保持示范基地的获批面积和位置不变，不涉及土地利用总体规划和城市总体规划调整。示范基地规划用地“四至”范围明确，建设用地符合土地管理、城市规划管理和规划环评影响评价相关规定和要求。

（三）示范基地已建立精简高效的管理机构，并纳入当地机构编制部门统一管理。

（四）示范基地在开展土地集约利用评价中，评价排名列入全省前1/3。

（五）每个县（市、区、农垦管理局和森工分局）原则上只能设1个省级开发区。

四、晋升标准

示范基地须满足以下七项标准中的五项才能晋升省级经济开发区。

（一）年生产总值达20亿元以上。

（二）年税收总额达3亿元以上。

（三）累计固定资产投资达40亿元以上。

（四）累计进出口总额1亿美元或累计利用外资总额1亿美元以上。

（五）综合投资强度达2000万元/公顷以上。

（六）基础设施达到“七通一平”（给水、排水、供电、通信、道路、燃气、热力和土地平整）。

（七）省政府确定的重点产业园区、全省十强县（市）示范基地和全省先进示范基地。

五、晋升办法

（一）由示范基地所在地的市（地）政府（行署）、省农垦总局、森工总局向省政府提出晋升申请。

（二）由省商务厅牵头，会同省直相关部门组成联合考核组，对拟晋升示范基地进行综合考核。

（三）符合条件的示范基地，由省商务厅形成综合考核报告，提出晋升意见，报省政府批准。

六、申报所需提交的有关材料

（一）省政府批准享受省级开发区政策的文件。

（二）由省国土资源厅、住建厅、商务厅等有关部门批准示范基地“四至”范围的文件。

（三）示范基地纳入土地利用总体规划和城市（镇、乡）总体规划的相关文件以及起步区详细规划。

（四）示范基地近年发展基本情况和企业详细名单。

（五）示范基地规划环境影响评价报告书的审查意见。

（六）有关部门提供的证明材料。

1. 市（地）或县（市）财政部门提供的税收总额证明。

2. 市（地）或县（市）统计部门提供的年生产总值、累计固定资产投资总额、进入示范基地企业数量证明。

3. 市（地）或县（市）商务（招商）部门提供累计进出口总额和实际利用外资总额

证明。

4. 市（地）或县（市）国土资源、规划、环保部门提供示范基地符合土地利用总体规划、城市（镇、乡）总体规划、环境影响评价报告书的审查意见和示范基地土地集约利用评价成果，以及投资强度、建成面积和“七通一平”基础设施证明。

5. 农垦、森工系统示范基地晋升省级经济开发区参照提供相应证明。

七、相关要求

（一）加强领导。示范基地晋升省级经济开发区是一项政治性、政策性、科学性和系统性较强的工作，各级政府要高度重视、加强领导、明确分工、落实责任，增强责任感和使命感，确保此项工作健康有序进行。

（二）严格标准。各示范基地和市（地）开发区主管部门要坚持原则、坚持标准、履行职责，与有关部门密切配合，共同做好基础申报工作，确保有关情况和经济数据的真实、准确和有效。

（三）严肃纪律。各示范基地要认真负责、如实申报，严禁弄虚作假。各相关部门要从各自职能出发，及时出具相关证明文件，并确保真实准确。经查实在申报过程中弄虚作假的示范基地3年内不得晋升。负责出具综合考核报告和提出晋升意见的省级相关部门要做到公正、公平和公开。

河南省人民政府关于促进全省产业集聚区持续健康快速发展的若干意见的实施意见

豫政［2012］34号　2013年3月8日

各市、县人民政府，省人民政府各部门：

产业集聚区是我省推动科学发展、转变经济发展方式的重要抓手和有效载体。经过两年多的规划建设，全省产业集聚区发展成效日益显现，发展水平不断提升，已经进入新的发展阶段。为加强政策引导，促进产业集聚区持续健康快速发展，有力支撑“三化”（新型城镇化、新型工业化、新型农业现代化）协调科学发展和中原经济区建设，现提出以下意见：

一、加强规划指导，优化空间布局

（一）严格规划实施。突出产业集聚区经济功能，按照发展规划、控制性详细规划和规划环评确定的功能布局、产业定位开发建设，防止随意变更位置、改变功能和盲目扩区，除合理配套的职工公寓、职工培训和必要的生产生活服务设施外，严禁在产业集聚区内进行房地产开发和新建大广场及其他属城市功能的大型公共服务设施，确保产业发展空间。

（二）完善调整机制。加强分类指导，建立产业集聚区“增、调、降、退”动态调整机制，发展快、水平高的产业集聚区可适当增加空间规模，存在规划制约因素的要调整空间布局，考核期内达不到标准的要降级为专业园区，缺乏发展前景的要取消产业集聚区资格。对确需增加空间规模、调整空间布局的产业集聚区，要依法依规，按照“三规”（产业集聚区规划与土地利用总体规划、城市总体规划）

合一、集约节约的原则，通过土地利用总体规划修改适当扩大发展区，在避开基本农田的前提下合理确定控制区。由省产业集聚区发展联席会议办公室牵头、有关部门集中会商，对规划进行审核，符合条件的，经省政府同意后实施调整。

二、突出主导产业，壮大产业集群

（三）强化引导主导产业发展。各产业集聚区要按照竞争力最强、成长性最好、关联度最高的要求，细分行业领域，突出发展一个百亿元以上的特色主导产业。省政府将把投资5亿元以上产业集聚区主导产业项目纳入省重点项目管理范围，优先保障土地等要素资源。建立省辖市产业集聚区项目部门会商、联审联批机制，综合运用项目准入、要素配置、税收分成、统一考核等手段，统筹推动同类和关联项目按照主导产业集中布局建设，严格限制符合条件的新建项目在产业集聚区外分散布局。对应进但未进产业集聚区的工业项目，原则上不予配备土地计划指标。积极争取国家资金，统筹运用省产业发展专项资金，集中支持产业集聚区主导产业项目。

（四）大力培育特色产业集群。突出龙头带动、市场带动、配套带动、技术带动、品牌带动，推动产业链纵向链接、侧向配套，加快产业集群发展。引导产业基础薄弱的产业集聚区通过承接产业链式转移，促进产业集群发展，实现产业“无中生有”；推动产业集群初具规模的产业集聚区针对薄弱环节引进项目，弥补“短板”，加快拓展提升；推动有产业资源优势的产业集聚区发挥骨干企业带动作用，引进下游加工和关联配套企业，延伸链条，扩大优势。实施优势产业集群培育计划，重点支持龙头项目和公共服务平台建设，着力打造一批产业集群品牌。

（五）提高招商引资实效。围绕特色主导产业，加强与央企、外企和行业知名企业的对接，强化跟踪服务，提高招商引资的针对性和质量。加强项目谋划，根据产业链制定招商目录，为项目对接提供依据。省、市组织的大型招商活动要以产业集聚区为主体，围绕重点领域、重点区域和重点企业开展专题招商。将产业集聚区投资10亿元以上和行业龙头企业招商项目纳入省重大招商项目管理范围，明确责任单位和责任人，切实提高成功率。大力推进“以商招商”，对产业集聚区内现有企业当年引进境外、省外资金实际到位在3000万美元以上（含3000万美元）或等值人民币的主导产业项目，省、市招商引资专项资金分别对入驻企业和引资企业给予奖励。完善激励机制，加强产业集聚区招商引资考核评价，把招商引资成效作为干部任用的参考依据。

三、完善土地整理平台，落实土地利用管理三项机制

（六）健全农村土地整治机制。优化整合资金，拓宽投入渠道，加大土地整治力度，各地新增建设用地土地有偿使用费、用于农业土地开发的土地出让收入、耕地开垦费、土地复垦费等资金要集中用于土地整理复垦开发。加快建立市场化土地整治机制，形成稳定的投资收益率，吸引金融机构、企业、个人等社会资金参与农村土地整治。完善省、市两级土地整治项目库，条件成熟的项目均可纳入项目库，对产业集聚区的入库项目优先安排资金支持。产业集聚区外土地整治形成的占补平衡指标重点用于产业集聚区项目建设。充分运用城乡建设用地增减挂钩政策，将土地整治节约出来的建设用地指标优先保障县域产业集聚区建设，以缓解产业集聚区用地供需矛盾。

（七）建立节约集约用地机制。积极盘活存量土地，引导各地探索通过无偿收回、限期开发、协议收购等方式，加快推动产业集聚区内低效企业退出。继续鼓励各产业集聚区建设多层和高层标准厂房，对行业无特殊要求的新建工业项目不得建造单层厂房，适合入驻多层标准厂房的项目不得单独供地。加大闲置建设用地清理处置力度，推动各地依法依规将产业集聚区外“批而未征”的土地调整用于产业集聚区建设；对土地使用者依法取得土地使用权后，未经原批准用地机关同意，超过国有建设用地使用权有偿使用合同或划拨决定书等约定的动工建设日期1年以上、2年以下，未动工建设的闲置土地，按出让或划拨土地价款的20%征收土地闲置费；满2年的，依法收回土地使用权。全面开展集聚区土地节约集约利用评价，排名后1/3的产业集聚区不得实施扩区；各市、县（市、区）财政每年从土地出让金中提取一定比例的资金，与土地闲置费一并使用，安排节约集约用地专项奖励资金，用于奖励节约集约用地先进企业和单位。

（八）强化监督管理机制。严格项目用地预审和评估制度，未经土地预审和评估的项目不得报批用地，建立土地阶梯供应机制，对以区中园、分期实施等形式建设的项目实行一次规划、分期分批供地。加大对建设用地使用情况的督查，对达不到投资强度、建筑密度、建筑容积率等标准的，取消享受的各种优惠政策。严格限制产业集聚区内工业用地变更为商业用地。强化土地利用计划指标管控，对供地率低、违法违规用地严重的产业集聚区，将暂停建设用地审批和计划指标配备。

四、做大资金融通平台，强化资金保障

（九）增强平台实力。通过整合注入优质资产、持续加大各级财政资金投入、完善补偿机制等多种方式，有效扩大产业集聚区资金融通平台资本规模。支持各县（市、区）整合现有政府性投融资平台，推动各地通过划拨、股权收购等方式，向投融资平台注入土地、公用设施等经营性优质资产，积极引入民间资本进行增资扩股。鼓励投融资平台进入土地一级开发市场，适当提高开发收益比例。

（十）提高运作水平。积极采用市场化选聘、加强专业培训等方式，提高产业集聚区投融资平台人员业务素质，建设熟悉资本运作的专业人才队伍。支持产业集聚区投融资平台与金融机构、政策性担保机构合作，引进专业顾问机构，提升运作能力和水平。强化产业集聚区投融资平台、省级平台和金融机构三方合作的运作模式，加快实施产业集聚区和城镇化建设百亿元筹资计划，积极为产业集聚区基础设施融资提供担保服务。开展投融资平台培育示范工程，选择一批县域集聚区投融资平台，进行针对性培训和业务指导，提高市场化融资能力。支持产业集聚区规范开展小额贷款公司试点，为产业集聚区中小企业提供便捷的融资支持。

（十一）扩大融资规模。建立省财政专项资金与产业集聚区投融资平台实际融资规模相挂钩的奖补机制，推动投融资平台积极争取间接融资，努力扩大直接融资。2012—2015年，省将适情安排专项资金，对产业集聚区内用于基础设施的各类银行提供的基本建设项目贷款给予一定的贴息支持；对投融资平台在银行间债券市场发行企业债券、短期融资券、中期票据、集合短期融资券、集合中期票据等债务融资工具的发行费用，由同级财政给予补贴；对与大型金融机构合作发起设立股权投资基金，共同筹集政府投资项目资金的，由同级财政按照募集资金规模给予补助。

五、加强人力资源平台建设，满足人才需求

（十二）提高人力资源素质。结合全民技能振兴工程，创新职业技能培训模式，提高产业集聚区职业技能人才培训规模和质量。引导和支持各县（市、区）将各类培训资源进行统一整合，集中雨露计划、阳光工程、农村劳动力转移就业等各类培训补贴资金，针对产业集聚区产业发展用工需求，开展专业技能培训。支持各地发挥职教平台作用，采取政府购买服务、学校与产业集聚区合作方式，为产业集聚区企业提供定向培训。制定优惠政策，发布产业集聚区高层次人才需求目录，加大高端人才培养引进力度。

（十三）健全就业服务体系。建立全省统一高效的用工信息服务平台，定期进行产业集聚区人才需求预测，调整完善职业教育、学科发展规划和年度计划。推动各县（市、区）建立健全县、乡、村三级联动就业服务工作机制，搭建公共就业服务平台。加强职业技能培训能力建设，面向产业集聚区建设技能人才培养示范基地，对培训人员达到一定规模、解决用工问题成效突出的，省、市分别给予一定资金补助。对在县域产业集聚区工作 1 年以上，愿意转为城镇户口的农民工及其家属，按照有关规定优先办理有关手续，在养老、医疗、保障性住房、子女入学等方面享受与城镇居民同等待遇。

六、理顺管理体制，提高发展活力

（十四）健全管理机构。各省辖市要加快制定产业集聚区机构编制管理的实施意见，规范管委会机构级别、管理职能和编制。县（市、区）举办或市办县管的产业集聚区，建立县级党政主要领导负总责，有关职能部门和乡镇政府（街道办事处）参加的产业集聚区联席办公会议制度。管委会作为政府派出机构，对产业集聚区实行统一领导、统一规划、统一管理。加强管委会领导班子，鼓励县级党政主要领导担任管委会主要负责人。完善考核晋级、动态调整机制，进一步细化管理机构升降级标准。

（十五）理顺管理体制。根据各地发展实际，因地制宜，加强分类指导，理顺产业集聚区与所在乡镇的管理体制。对省辖市政府派驻管委会的产业集聚区，支持将规划范围内的村庄全部委托管委会统一管理相关事务。对县（市、区）政府派驻管委会的产业集聚区，积极推进区划调整，将产业集聚区内涉及多个乡镇的村庄调整到一个乡镇，实现产业集聚区与行政区域在空间范围上的套合；支持采取统一领导、分线负责的管理模式，管委会与所在乡镇实行一套班子两套人马，管委会集中力量进行开发建设，行政管理系统履行社会管理职能，实现产业集聚区管理机构对区域内资源配置的有效控制和统一管理。

（十六）提高管理效能。鼓励采取“人员派驻制、流程内部化”的模式，推动规划、国土资源、住房城乡建设、环保、统计、质监等职能部门向产业集聚区派驻人员，受派出单位和产业集聚区管委会双重领导，相关行政审批和工作事项由派出人员按内部流程办理或授权直接办理，实现产业集聚区与市级职能部门的“直通车”制度。强化省辖市对产业集聚区建设的统筹推动能力，设立专门的协调机构，齐抓共管，配合联动，加大指导力度，督促政策落实。

七、加强环境保护，发展循环经济

（十七）加快环保设施建设。优先支持产业集聚区建设污水集中处理设施和集中供热设施。集中使用生态补偿资金、节能减排专项资金、城市建设专项基金及部分土地出让收益，积极争取国家相关资金，优先安排、重点支持产业集聚区污水处理厂及配套管网建设项目。采取增加发电计划等措施，积极争取国家燃煤电厂综合技术改造等专项资金，推动距产业集聚区较近的电厂进行供热改造；对热负荷达到 130 吨/小时、年利用超过 4000 小时的集聚区，支持加快淘汰现有燃煤小锅炉，新建背压式供热机组；对热负荷不足或不稳定的产业集聚区，可先行建设大型集中供热锅炉。

（十八）严格项目环保准入。落实产业集聚区规划环评，严格限制不符合要求的项目入驻。建立环评审批与环保设施建设挂钩机制，开展区域环境容量研究和主要污染物排放总量预算管理，对环保设施建设滞后、环境容量不足的产业集聚区，暂缓审批新上污染排放量较大的项目。积极推进排污权交易，统筹使用环境总量指标，优先支持产业集聚区建设。提高环评审批效率，对规划环评执行较好的产业集聚区，简化规划环评中包含项目的环评内容。

（十九）大力发展循环经济。推动每个产业集聚区根据主导产业特点，设计循环经济发展模式，促进资源最佳利用，提高集约节约水平。优先将产业集聚区骨干企业发展循环经济共性和关键技术列入省、市技术创新和科技攻关计划，积极争取国家资源综合利用专项资金，充分利用省节能减排资金，加大对以冶金、化工、食品、建材为主导产业的产业集聚区的支持力度，加快建设一批循环经济示范企业和示范园区。在涉及高危行业的产业集聚区开展区域安全评价和容量分析，准确确定和严格执行产业集聚区安全布局和容量控制。

八、完善服务功能，提升配套能力

（二十）加强技术创新平台建设。优先支持产业集聚区内骨干企业创办省级及以上重点实验室和工程技术研发中心。对骨干企业建立的技术研发中心及与高等院校、科研机构合作建设的重大项目，省工业结构调整、自主创新等专项资金要给予补助支持。

（二十一）提升产业配套服务能力。强化检验检测平台建设，重点围绕特色产业集群发展，省、市、县（市、区）联合建设一批省级以上产品检验检测中心。完善物流配送设施，结合主导产业发展，加快建设一批大型交易市场、物流园区、专业物流中心和配送中心，省服务业发展引导资金要给予重点支持。

（二十二）强化公共服务设施建设。加快推进产业集聚区综合服务中心建设，为区内企业统筹提供金融、会计、法律、咨询、设计等中介服务和餐饮住宿、休闲娱乐、医疗保健等后勤服务。引导和支持在产业集聚区周边城市规划区规划建设学校、医院、商业服务、公租房等城市功能设施，推动公交、邮政等市政服务覆盖产业集聚区。

（二十三）完善基础设施配套能力。进一步完善路网，实现与主城区、高速公路或国道、省道的互联互通。国家和省干线公路升级改造补助资金要优先支持直接服务产业集聚区发展的国、省道项目。加快集聚区电网和信息网建设，将电网走廊、变电站、通信基站等纳入产业集聚区控制性详规范围，优先增加产业集聚区变电容量，集中使用国家和省级农网改造资金，统筹解决高压电网迁建等问题。

九、加快村庄迁并，促进产城互动

（二十四）加快新型社区建设。加强规划引导，严格按照产业集聚区规划布局，在产业集聚区之外的城市规划区选址建设安置社区，力争 2013 年年底前全部完成产业集聚区内村庄迁并工作。按照集中安置、功能配套的原则，安置社区人口规模应在 5000 人以上，配套建设相应的公共服务设施。支持各地整合各项涉农资金，积极利用社会资金，加快推进村庄迁并。在土地、税收等方面加大对安置小区建设的支持力度，免收城市基础设施配套费等经省政府批准的地方行政性收费，适当减免电力、市政公用事业入网、增容等经营性收费；优先将配套建设的教育、卫生、文化、体育、安全饮水等社会事业项目列入各级财政专项资金支持范围，省城乡社区建设相关资金要给予优先支持。

（二十五）切实保障搬迁村民权益。统筹考虑失地农民就业和产业集聚区企业用工，优先安置搬迁村民在产业集聚区就业，凡符合条件的失地农民自主创业，可按照国家规定享受税费优惠政策。对自愿转户进城的，实行就业、养老、医疗、住房、教育等保障一步到位，确保转户居民与市民享有同等待遇。鼓励采取留地安置、集体建设用地使用权入股、土地股份合作等多种征地安置模式，保障搬迁农民长期获得收益。

十、强化扶持政策，完善激励机制

（二十六）加大财政扶持力度。省对产业集聚区的财政激励政策再延续 3 年，并适当调整奖励办法。2013—2015 年，省级分成各产业集聚区增值税、营业税、企业所得税比上年增加部分，全额奖励县（市、区）。调整产业集聚区财政补助资金分配办法，采取“以奖代补”或“贴息补助”的形式，对骨干企业、基础设施和公共服务设施项目建设给予支持。按照能免即免原则，制定产业集聚区行政事业性收费减免目录，加大检查力度，确保落实到位。

（二十七）完善考核评价体系。调整完善年度发展考核指标体系，增加反映集群发展程度的相关指标；对产业集聚区发展水平按年度统计指标排序，统筹确定产业集聚区年度考核结果。将产业集聚区建设情况纳入各级政府目标考核体系，强化激励机制。

山西省人民政府办公厅关于促进海关特殊监管区域科学发展的实施意见

晋政办发［2013］27号　2013年3月12日

各市人民政府，省人民政府各委、办、厅、局：

为进一步推动海关特殊监管区域科学发展，服务构建内陆资源型地区开放型经济体系，更好地促进全省转型跨越发展，根据国务院《关于促进海关特殊监管区域科学发展的指导意见》（国发［2012］58号），结合我省实际，现就促进海关特殊监管区域科学发展提出如下实施意见：

一、指导思想

以党的十八大精神为指导，深入贯彻科学发展观，立足山西内陆省份实际，加快海关特殊监管区域发展，完善政策和功能，强化监管和服务，更好地服务于构建山西开放型经济新体系，培育山西开放型经济新优势，推动全省转型跨越发展。

二、基本原则

——合理配置，加快发展。按照有利于实施国家区域发展战略规划、有利于中西部地区承接产业转移、有利于海关特殊监管区域整合优化，以及确有外向型大项目亟待进驻的原则，积极合理设立海关特殊监管区域，促进我省开放型经济科学发展。

——优化服务，强化监管。适应国内外经济形势变化，充分发挥海关特殊监管区域在统筹两个市场、两种资源中的作用，加大依托海关特殊监管区域培育产业集群、建立进口基地、培育外贸新增长点等政策支持力度，大力改善营商环境，提高依法行政能力，加强监管，防范风险。

——注重质量，提升效益。增强海关特殊监管区域的内生动力，推动区域内企业技术创新和绿色发展，优化产业结构，提升整体效益。积极发挥海关特殊监管区域的辐射带动作用，加快培育区域外围产业配套能力，推动产业集聚，带动周边地区经济发展。

三、发展目标

统筹考虑各地区经济环境、产业基础、贸易结构、资源布局、发展规划等实际情况，因地制宜，将海关特殊监管区域的申建和发展与国家资源型经济转型综合配套改革试验区建设对接起来，围绕全省“一核一圈三群”发展规划，以点带面，逐步形成海关特殊监管区域的合理布局，不断完善政策和功能，使其成为引导加工贸易转型升级、承接产业转移、优化产业结构、拉动经济发展的重要载体，服务全省开放型经济发展。

四、主要任务

根据国家资源型经济转型综合配套改革试验区建设的实际需要，积极在全省范围内进行海关特殊监管区域布局的研究和论证，努力构建全方位、多功能，以及错位发展、优势互补的海关特殊监管区域格局，并以此为驱动力，梯度推进，分步落实，促进全省海关特殊监管区域的科学发展。

（一）因地制宜、合理布局，做好规划工作

按照国务院关于海关特殊监管区域“实行总量控制，坚持按需设立，适度控制增量”的要求，以重大项目为依托，以促进外向型经济发展为目的，根据各市需求，因地制宜，编制各具特色的海关特殊监管区域总体规划，形成科学合理的布局。

（二）统一部署、有序推进，做好申报建设工作

在省人民政府的统一部署下，由各市人民政府及省有关部门切实做好可行性和必要性研究，按照“合理配置、加快发展”的原则，申报建设海关特殊监管区域，经省人民政府批准后上报国务院。获批后要加快工作进度，提高效率，确保在规定时限内完成建设与验收，尽快发挥作用。

（三）强化功能、提高效益，服务全省开放型经济发展

充分发挥海关特殊监管区域的政策功能优势和各市现有产业优势，在严格执行进出口税收政策和有效控制风险的前提下，支持海关特殊监管区域内企业选择高技术含量、高附加值的项目开展境内外检测维修业务。鼓励有条件的海关特殊监管区域开展研发、设计、创立品牌、核心元器件制造、物流等业务，促进区域向保税加工、保税物流、保税服务等多元化方向发展。继续打造配套的电子商务中心、研发中心、销售中心、物流中心、结算中心、维修中心等，在更高层面、更高质量上承接国际产业转移，参与国际分工，不断提升海关特殊监管区域发展质量及整体效益。充分发挥海关特殊监管区域的辐射功能，培育区域外产业配套能力，加快培育形成高端入区、周边配套、辐射带动、集聚发展的良好格局，带动全省开放型经济发展。

（四）依法行政、加强监管，做好动态管理工作

借鉴全国先进经验，结合本地实际，遵循精简、高效、科学的原则，设置机制合理、功能齐全、服务高效的管理机构，履行对海关特殊监管区域的行政管理职责，全面负责区域的规划、建设和发展工作。要加强监管，加快信息化平台建设和联网监管进度，实现海关与各类特殊监管区域管理部门、企业、物流单位全面联网管理；简化口岸与各类海关特殊监管区域之间、区区之间的保税货物流转作业流程，努力实现保税货物在各类海关特殊监管区域之间自由流动。同时，海关特殊监管区域要实行动态管理，对发展不好、长期闲置的，按照国家的有关规定进行限期整改或退出。

五、保障措施

（一）大力扶持海关特殊监管区域建设

根据各地外向型经济发展需要，积极支持海关特殊监管区域建设。重点加快推进太原武宿综合保税区监管设施建设、信息化建设、综合保税区海关机构建设和海关业务建设，确保拟入区项目按进度投产运营。对于已经批准的保税仓库实行联网监管和远程视频监控，对于现有的保税物流中心、保税仓库和出口监管仓

库，提供政策和信息支持。积极争取开展保税仓库和出口监管仓库“两仓整合”试点，实现两仓政策叠加，同时辐射国际国内市场。

（二）积极引导企业项目入区发展

按照海关总署关于海关特殊监管区域入区项目指引目录，引入适合区域设置要求、符合山西资源型经济转型综合配套改革试验区建设的项目，形成海关特殊监管区域的基本支撑条件。根据重点产业，突出关键环节和龙头产品，实现重点企业和重大项目的引进突破。坚持把选商择资与提升区域影响力、带动力紧密结合，引导现代生产型服务业和先进制造业入区发展，努力把海关特殊监管区域建设成为跨国公司和大企业、大集团重要的区域总部基地、制造基地和研发中心。

（三）加强和完善组织领导

省商务厅作为海关特殊监管区域的归口管理部门，负责对全省海关特殊监管区域规划建设的组织领导和协调管理。海关特殊监管区域所在的设区市人民政府要建立相应工作机制，并指定有关主管部门负责牵头工作。各地都要建立部门配合、责任明确、高效协调的海关特殊监管区域综合管理工作机制，为海关特殊监管区域科学规划、建设和发展提供保障。

贵州省工业园区管理暂行办法

贵州省人民政府令

第 142 号

（2013 年 4 月 8 日）

《贵州省工业园区管理暂行办法》已经2012 年 12 月 25 日省人民政府第 69 次常务会议通过，现予公布，自 2013 年 6 月 1 日起施行。

附件：贵州省工业园区管理暂行办法

附件

贵州省工业园区管理暂行办法

第一章　总　　则

第一条　为促进工业园区健康有序发展，规范工业园区管理，进一步加快工业化、城镇化进程，根据有关法律、法规规定，结合本省实际，制定本办法。

第二条　本办法所称工业园区是指县级以上人民政府设立的以工业和信息产业为主集聚发展的、享受一定政策的特定区域。

第三条　省人民政府对全省工业园区实行统一领导。省人民政府工业行政主管部门负责工业园区的指导、协调、服务、管理工作，其他相关部门按照职责分工对工业园区进行服务和管理。

县级以上人民政府负责其所设立工业园区的具体管理工作。

第二章 工业园区设立、分类和认定

第四条 工业园区应当具备下列条件：

（一）符合省国民经济和社会发展规划，符合所在地城市（镇）总体规划、土地利用总体规划及规划环境影响评价要求；

（二）具备相应的产业基础和区位、交通等优势；

（三）符合国家和省对自然和生态保护的有关规定；

（四）有明确的面积范围；

（五）产业结构和单位面积投入产出符合省的有关规定；

（六）具备供水、排水、供电、供气、通路、通信、平整土地等基础设施和生活服务设施以及污染物处置设施；

（七）国家和省规定的其他条件。

第五条 设立工业园区应当提交下列材料：

（一）设立工业园区的申请；

（二）设立工业园区的可行性报告；

（三）土地利用方案；

（四）选址意见书；

（五）规划环境影响评价审查意见；

（六）国家和省规定的其他材料。

第六条 为了对工业园区进行分类指导和管理，按照工业园区的规模和效益等情况，将工业园区分为一、二、三类。

第七条 一类工业园区应当具备下列条件：

（一）已开发面积原则上不少于2平方公里，产业集聚度高，主导产业突出，创新能力强，地方经济辐射带动显著；

（二）上年度园区工业总产值80亿元以上、实现税收4亿元以上、产业项目新增投资额10亿元以上；

（三）单位产出能耗和排放达到规定的节能减排指标；

（四）园区单位土地平均投资强度达到2000万元/公顷以上、平均产值达到2500万元/公顷以上，园区内工业用地容积率大于0.8；

（五）园区基础设施建设在“五通一平”（供水、排水、供电、道路、通信、场地平整）的基础上，至少实现（供热、供气、宽带网络、有线电视）中的两项，达到“七通一平”；

（六）已设立中小企业融资性担保、贷款等融资服务机构，已建成具备技术研发、质量检测、信息网络、企业孵化等功能的公共服务平台。

第八条 二类工业园区应当具备下列条件：

（一）已开发面积原则上不少于1平方公里，产业集聚度较高，有鲜明的主导产业，创新能力较强，地方经济辐射带动明显；

（二）上年度园区工业总产值50亿元以上、实现税收2亿元以上、产业项目新增投资额5亿元以上；

（三）单位产出能耗和排放达到规定的节能减排指标；

（四）园区单位土地平均投资强度应达到1500万元/公顷以上、平均产值应达到1800万元/公顷以上，园区内工业用地容积率大于0.8；

（五）园区基础设施建设在“五通一平”（供水、排水、供电、道路、通信、场地平整）的基础上，至少实现（供气、宽带网络）中的一项，达到“六通一平”；

（六）已设立中小企业融资性担保、贷款等融资服务机构，初步建成具备技术研发、质量检测、信息网络、企业孵化等功能的公共服务平台。

第九条 三类工业园区应当具备下列条件：

（一）产业集聚度较高、主导产业明确；

（二）上年度园区工业总产值在 10 亿元以上、实现税收 3000 万元以上；

（三）单位产出能耗和排放达到规定的节能减排指标；

（四）园区单位土地平均投资强度应达到 1000 万元/公顷以上、平均产值达到 1200 万元/公顷以上，园区内工业用地容积率大于 0.8；

（五）园区基础设施建设达到“五通一平”（供水、排水、供电、道路、通信、场地平整）；

（六）已设立中小企业融资性担保、贷款等融资服务机构。

第十条 分类认定程序：

（一）一、二类工业园区分类认定由工业园区管理机构按照分类标准，向所在地的市（州）工业行政主管部门提出书面申请，由各市（州）工业行政主管部门对申报材料进行初审。

（二）各市（州）工业行政主管部门将初审符合条件的申报材料报送省人民政府工业行政主管部门。

（三）省人民政府工业行政主管部门按照相关的条件和分类标准组织审核认定，对通过认定的一、二类工业园区进行公布、授牌，并报省人民政府备案。

（四）三类工业园区由工业园区所在地的市（州）工业行政主管部门确认，并报省人民政府工业行政主管部门备案。

第十一条 申请工业园区分类认定应提交下列材料：

（一）工业园区分类认定申请表；

（二）证明具备该类工业园区条件的材料及相关资料；

（三）工业园区建设工作方案；

（四）工业园区的产业发展规划及其审批文件；

（五）工业园区的控制性详细规划及其审批文件；

（六）工业园区规划环境影响评价文件及审查意见；

（七）工业园区其他专项规划及批准文件；

（八）工业园区所在地的县（市、区、特区）相关部门出具的园区总体规划是否符合经批准的地方经济社会发展规划、城乡规划、土地利用总体规划的证明文件，水源供给保障证明材料；

（九）成立管理机构的文件；

（十）省规定的其他材料。

第三章 工业园区管理

第十二条 工业园区设立管理机构，应当按照程序报机构编制部门审批。

工业园区管理机构为市（州）人民政府或者县级人民政府的派出机构，除领导干部和部分骨干外，其他工作人员实行聘用制。

第十三条 工业园区管理机构履行下列职责：

（一）贯彻执行法律、法规和政策，制定和实施工业园区管理制度；

（二）编制工业园区发展规划、控制性详细规划和有关专项规划，经批准后组织实施；

（三）按照规定权限审批工业园区的投资项目；

（四）负责工业园区基础设施和公用设施的建设、管理；

（五）按照规定权限负责统计、环境保护、安全生产等工作；

（六）设立工业园区投融资机构，拓展工业园区融资渠道；

（七）县级以上人民政府依法授予的其他职责。

第十四条 工业园区发展规划和控制性详细规划编制应当以国民经济和社会发展规划、省主体功能区规划、城乡规划为依据，与土地利用总体规划、环境保护规划、林地保护利用规划相衔接。工业园区相关规划应当由具有相应资质的规划编制单位编制，经批准的工业园区相关规划，报省人民政府工业行政主管部门备案。

第十五条 工业园区规划编制应当依法进行环境影响评价。

第十六条 工业园区实行动态管理。

（一）每年由省人民政府工业行政主管部门对上年度认定的一、二类工业园区组织考核，对已认定分类等级、但在年度考核中不合格的园区，在全省范围内进行通报并限期整改。连续两年考核不合格的，降低园区分类等级；

（二）三类工业园区由工业园区所在地的市（州）工业行政主管部门进行考核；

（三）二类或三类园区在发展中达到上一等级标准时，可按规定程序重新申报类别认定。

第十七条 工业园区应当配备专职或者兼职的统计人员，建立健全统计制度，按照统计制度规定报送相关统计资料。

第十八条 鼓励在工业园区引进下列项目：

（一）国家产业指导目录中鼓励类产业项目；

（二）有利于资源深度转化和综合利用及延伸产业链的项目；

（三）高新技术产业项目和战略性新兴产业项目；

（四）国家供地目录中列入鼓励用地目录和节约集约用地的项目。

第十九条 禁止在工业园区引进下列项目：

（一）采用国家和省明令淘汰的落后工艺、装备和产品；

（二）生产国家和省明令淘汰产品的；

（三）国家和省禁止的其他项目。

第二十条 任何单位不得非法向园区内企业摊派或者收取费用。对乱摊派、乱收费以及擅自提高收费标准的，企业有权拒交，并向有关监督部门投诉举报。

第四章 扶持措施

第二十一条 工业园区土地优惠政策。

（一）鼓励和支持盘活存量建设用地，提高工业园区存量用地利用效率，在工业园区内使用国有未利用地的工业项目，按相关地价优惠政策执行；

（二）鼓励和引导工业园区建设向未利用低丘缓坡发展，对荒坡、荒地实施成块连片开发的，按照规定免缴行政事业性收费。

第二十二条 工业园区财税扶持政策。

（一）工业园区的财政收支实施单列管理，收支预算并入本级人民政府财政，园区的财政收入属于市（州）、县（市、区、特区）的留存部分，全部留给工业园区滚动发展；

（二）由省和市（州）统一规划布局的资源性开发项目，依法建立合理的财税分配机制，调节资源供给地和资源加工地之间的利益关系；

（三）工业园区土地收益重点用于工业园区基础设施建设和土地开发整理；

（四）年度考核合格的一、二、三类工业园区作为重点工作园区，在政策引导、资金支持、要素保障等方面优先享受省级层面的扶持。每年安排一定的工业和信息化发展专项资金，以“以奖代补”的方式对基础设施和标准厂房等项目给予扶持；

（五）县级以上人民政府应当在一定时期内安排资金，专项用于工业园区公共设施和基础设施建设贷款贴息、标准厂房补助以及工业园区扶持奖励等。

第二十三条 市场投资主体参与工业园区招商引资、土地开发和基础设施建设的，按照有关规定给予相关优惠政策扶持。

第二十四条 鼓励在工业园区内设立银行、担保、保险、评估、咨询等服务机构和科研机构，为单位和个人的生产、经营和创业活动提供全面的服务。

第二十五条 鼓励和支持省内的县（市、

区、特区）利用资本和资源，联合兴办工业园区或者到工业园区创办工业集聚区，协议分配产值、利润、劳动指标等。

第二十六条 对特色产业突出，集约程度高，规模效益好并通过年度考核的二类以上工业园区，优先推荐申报国家新型工业化产业示范基地、省级经济开发区、高新技术产业开发区。

第五章 法律责任

第二十七条 国家机关工作人员对工业园区内的企业乱摊派、乱收费、擅自提高收费标准或者应减免而未减免相关规费的，依法追究行政责任。

第二十八条 国家机关工作人员在工业园区管理、服务工作中玩忽职守、滥用职权、徇私舞弊尚未构成犯罪的，依法给予行政处分。

第六章 附 则

第二十九条 本办法自2013年6月1日起施行。

江苏省人民政府办公厅关于进一步加强文化产业园区（基地）建设的意见

苏政办发［2013］76号 2013年5月7日

各市、县（市、区）人民政府，省各委办厅局，省各直属单位：

加强文化产业园区（基地）建设，是省委、省政府实施文化建设工程的重要内容，是提高文化产业规模化、集约化、专业化水平的重要抓手。近年来，我省文化产业园区（基地）建设取得显著成效，但还存在规模不大、功能不全、层次不高等问题，与加快文化产业发展的要求不相适应。为深入贯彻落实党的十八大精神，进一步加强文化产业园区（基地）建设，充分发挥园区（基地）在促进经济转型升级、推动文化产业跨越发展等方面的重要作用，提出如下意见。

一、总体要求

坚持以邓小平理论、“三个代表”重要思想、科学发展观为指导，紧扣科学发展主题和加快转变发展方式主线，遵循合理布局、突出特色、内容优先、创新引领的原则，以促进产业升级、延伸产业链条、扩大产业规模、增强产业实力为目的，以优势产业、龙头企业、重大项目、知名品牌为依托，以文化资源优势和技术经济优势为支撑，以体制创新和科技进步为动力，在全省建设一批特色鲜明、功能完备、富有活力、效益明显的文化产业园区（基地），形成以国家级文化产业园区（基地）为龙头、省市级文化产业园区（基地）为骨干、各地特色文化产业群为支点，共同推动文化产业快速发展新格局，为深入实施文化建设工程、加快推进“两个率先”作出贡献。到“十二五”期末，培育1—2个国家级文化产业示范园区，5个国家级文化产业示范基地，做大做强国家级动画和影视园区（基地）、数字出版基地，新评选命名一批省级文化产业园区（基地）特别是重点科技文化产业园区，培育1—2个千亿级产业群。

二、重点任务

（一）优化文化产业园区（基地）布局和结构

积极发挥政府引导作用，加强对文化产业园区（基地）建设的统筹规划，围绕创意设计、新兴媒体、动漫游戏、出版发行、广播影视、广电网络、演艺娱乐、文化旅游、工艺美术、广告会展等重点文化产业门类，规划建设一批主业优势明显、综合效益突出、辐射带动作用大的园区（基地），提高产业集中度和集约化经营水平。在文化艺术领域，抓住大运河申遗契机，整合开发大运河沿岸楚汉文化、淮扬文化、吴文化、金陵文化等历史文化资源，加快建设徐州创意文化产业园、淮安古淮河文化生态产业园、宿迁运河文化城等文化创意产业园区；整合开发无锡吴文化主题公园、常州环球动漫嬉戏谷、扬州智谷文化产业园等特色文化园区；整合开发苏州镇湖苏绣产业群、泰兴溪桥镇乐器生产基地、苏州周庄油画创作复制生产基地等全国特色文化产业基地和专业市场。在广播影视领域，加快影视动画企业向沿沪宁线集聚，大力提升苏州、无锡、常州、南京等国家动画产业基地及昆山、张家港等国家影视网络动漫实验园的建设和发展水平，继续保持江苏原创动漫游戏产量位居全国前列；加快影视内容生产企业向无锡国家数字电影产业园、江苏（国家）未来影视文化创意产业园、甘泉影视服务外包基地等影视基地集聚，着力提升江苏影视制作竞争力。在新闻出版（版权）领域，以南京为中心，以苏州、无锡和镇江、扬州为两翼，加快推进江苏国家数字出版基地建设，到“十二五”期末，总产出超过1000亿元；推广版权保护促进产业发展的南通模式，推动家纺美术、紫砂陶艺、东海水晶等版权产业基地建设，并在南京、苏锡常等地建成若干各具特色、技术先进的印刷复制基地。

省级文化企业集团可根据各自产业定位，利用自身优势，以自主建设或合作共建园区（基地）的形式加快发展。

各地要坚持因地制宜，综合考虑经济基础、市场空间、消费水平、文化生态、资源禀赋、生态环境等条件，科学确定文化产业园区（基地）的总体布局、功能定位和发展路径，高标准编制文化产业园区（基地）总体规划、中短期发展规划和主体建设规划，突出区域、产业和行业特色，发挥比较优势，实现错位发展。

（二）加强文化产业园区（基地）内涵建设

坚持重大项目带动，组织实施一批具有显著示范效应和产业拉动作用的文化产业项目，筛选储备一批规模大、前景好、带动性强的后续项目，打造一批国内领先、国际知名的著名企业、著名品牌和著名产品。鼓励支持文化产业园区（基地）面向市场，坚持社会效益和经济效益相统一，推出更多高质量文化产品和服务，更好满足人民群众多样化、多层次、多方面的精神文化需求。充分发挥政策引导作用，优先支持文化原创能力强、文化内涵丰富、文化特色突出的文化产业园区（基地）加快发展。

各地要合理开发地域特色文化资源，建设一批文化产业与旅游、体育、信息、物流、建筑等产业融合发展、形态多样、具有市场吸引力的特色文化园区（基地），把文化资源优势转化为产业优势和竞争优势。

（三）提高文化产业园区（基地）创新研发能力

深入实施科技带动战略，支持高新区、科技产业园、科技创业园等各类科技园区建立文化创意产业集聚区，创建国家级文化和科技融合示范基地及省级文化科技产业园，推动文化产业园区（基地）加快新技术的运用和高科技文化产品的开发。到“十二五”期末，科技型文化产业园区（基地）占新评定的国家级、省级文化产业园区（基地）的比例高于50%。

加快建设文化产业园区（基地）公共服务平台，重点构建创意设计、动漫游戏、数字电影、数字出版、新媒体应用、内容开发、传输覆盖等公共技术平台，以及投资融资、信息咨询、产品营销、行业交流、人才培训等公共服务平台，为企业发展提供全方位服务。

加强文化产业园区（基地）科技企业孵化器建设，搭建产学研结合平台，推进协同创新和合作研发，帮助文化企业提高研发水平，降低研发成本，推动创意成果和科研成果尽快转化为生产力，促进中小文化企业特别是初创型企业孵化和成长。

（四）引导文化产业园区（基地）打造完整产业链

各地要通过建设文化产业园区（基地），积极引进产业链关键环节的核心企业，带动和吸引处于产业链上下游的中小文化企业聚集发展，促进生产要素和文化资源整合，实现规模化生产和专业化分工。每个园区（基地）要明确主导产业、主体功能，不断延伸产业链。

鼓励文化产业园区（基地）重视产业价值链高端的文化内容、创意成果和知识产权，促进传统文化产业升级转型，大力发展数字文化、数字电影、数字电视、数字动漫、数字出版等新兴文化产业，提升物质产品与现代服务业的文化含量和附加值，加快构建现代产业体系。

办好中国（常州）国际动漫艺术周、南京文化产业交易会、苏州文化创意设计产业交易博览会等重要会展，支持园区（基地）、企业的品牌推介活动，继续扶持并帮助中小企业抱团参加国内外知名会展和重大艺术节，促进产品展示、交流、合作和交易。

（五）建立完善文化产业园区（基地）进入退出机制

严格控制新命名的文化产业园区（基地）数量，坚决防止盲目投资、重复建设，防止在文化产业发展过程中不切实际地将一些不符合条件的单位命名为文化产业园区（基地），或以文化产业园区（基地）名义开展与文化产业无关的建设、经营活动。

申报省级文化产业园区（基地）时，须严格通过申请推荐、评审考察、公示发布等程序，突出文化内涵，加强准入管理。园区内非文化类商业及其他配套面积不得超过园区总建设面积的30%，园区内文化企业数量应占园区企业总数的60%以上。

鼓励各类资金投资建设文化产业园区（基地），同时，要根据《国务院关于投资体制改革的决定》（国发［2004］20号），按照核准权限和投资规模履行政府核准手续，评估投资风险。

对已命名的园区（基地）实行定期巡检和年度报告制度。各级文化、广电、新闻出版行政部门定期组织对文化产业园区（基地）的巡检，对巡检中发现的问题限期整改；对问题突出、不能发挥示范作用的，及时撤销其命名。文化产业园区（基地）应及时向命名单位报告年度发展情况。各级文化、广电、新闻出版行政部门要建立文化产业园区（基地）综合评价体系，从文化内涵、经济实力、产业结构、人才状况、创新能力、集约程度、行业影响、社会贡献和管理效能等方面评估文化产业园区（基地）建设发展情况，对作出突出贡献的，予以表彰奖励，并优先推荐申报上一级园区（基地）。

三、保障措施

（一）加强统筹协调

省文化、广电、新闻出版以及发展改革、科技、财政、国土资源、住房城乡建设、商务等部门在省文化改革发展领导小组的统筹指导下，进一步明确职责，加强沟通，整合资源，协同推进文化产业园区（基地）建设，并加强对地方的督促指导。省文化、广电、新闻出版部门要加强对省级文化产业园区（基地）的申报、命名、管理和考核，以及国家级文化产业园区（基地）的推荐申报和指导监管。各地要建立相应的协同推进工作机制，各级文化、广电、新闻出版行政部门及其他相关部门按照各自职能分工，从规划、内容、投资、建设、运营等环节加强对本地区文化产业园区（基地）建设的指导和引导，充分发挥文化产业园区（基地）的集聚作用、孵化作用和示范引领作用。

（二）完善政策扶持

各级人民政府要通过贷款贴息、项目补贴、补充资本金等方式，对国内外影响大、文化含量高、规模效益好、管理规范、示范引导辐射作用强的文化产业园区（基地）不断增加投入。充分利用文化产业专项资金和文化产业发展基金，对文化产业重点园区、重点企业、重点项目进行重点扶持，发挥政府资金的导向作用。

对符合规划的文化产业园区和基地，在基础设施建设、土地使用、税收优惠、工商登记等方面按规定给予支持。坚持依法用地、节约用地，将文化产业项目用地列入年度用地计划统筹予以安排；将文化产业基础设施用地和标志性文化工程用地纳入重点项目用地服务范围，优先予以保障；各地的存量建设用地和收购储备的土地，可优先安排给文化产业建设项目使用；支持利用工业厂房、仓储用房、传统商业街和历史文化保护街区等存量房地资源转型兴办文化产业园区（基地）。探索将实体产业园区与无界域国际化的虚拟数字化网络相结合，尽量少占用土地资源。

对创建文化和科技融合示范基地及文化科技产业园、文化产业园区（基地）公共技术和服务平台建设等重大文化科技创新项目，在各级科技、产业、文化等有关财政专项资金中给予优先支持。国家级、省级文化产业园区（基地）评选，应向文化科技创新园区（基地）倾斜。鼓励和指导文化产业园区（基地）入驻企业按规定积极申报各类科技计划、科技成果和科技奖励。

鼓励金融机构创新和开发多元化、多层次的信贷产品，制定著作权、专利权、商标权等无形资产评估和质押办法，建立针对文化产业园区（基地）内文化企业的信用评级制度，加大对入园企业的信贷支持。完善贷款（投资）风险补偿机制，鼓励有条件的地方人民政府设立贷款（投资）风险补偿基金，引导、带动金融资本和其他社会资本投资文化产业园区（基地）。支持文化产业园区（基地）内符合条件的文化企业上市融资。对民营文化企业在申报文化产业园区（基地）、申请项目资金、享受优惠政策、参与评比表彰等方面，与国有文化企业一视同仁。

支持文化产业园区（基地）招商引资工作，鼓励园区（基地）自行制定入驻奖励、房租补贴、金融服务等优惠政策，吸引行业内龙头企业和配套企业入驻及文化产业项目落地；鼓励园区（基地）对优秀文化项目进行投资，或与入驻园区（基地）的优秀企业合作开发。

鼓励文化园区与高校、科研机构建立政产学研结合的文化产业高端人才培养基地，加强相关学科建设和专业理论研究，“十二五”期间，建立5个左右校企合作文化类博士后工作站。发挥文化产业创业基地等“文化人才孵化器”作用，鼓励文化园区和文化企业培养所需要的专门人才。加强对园区（基地）负责人的培训，培养具有国际眼光的文化产业领军人物。支持文化园区、文化企业面向海内外引进高层次领军人才和创新团队，对带技术、带项目、带资金来江苏创办科技型文化企业的，省文化产业引导资金给予优先支持，并享受其他各项优惠政策。

（三）加大指导力度

各级文化、广电、新闻出版行政部门要加强调查研究，全面掌握本地区文化产业园区（基地）发展情况，密切关注国内外文化产业发展趋势，发挥行业协会、专业服务机构、高等院校、研究机构的决策咨询作用，指导文化产业园区（基地）加快发展。抓紧建立文化产业园区（基地）管理运行系统，以信息化、网络化手段处理园区（基地）申报命名、巡检考核、数据统计等日常工作，提高决策水平和工作效率。完善园区（基地）版权、专利等知识产权服务体系，不断创新技术服务形式，增强示范辐射能力。组织专家指导园区（基地）建设，开展园区基地经验交流和观摩活动，推动建立园区基地联盟，按照自主管理、自主服务和自我发展的理念，实现多方合作共赢。充分利用各类媒体，采取多种形式，加大对重点园区（基地）的宣传力度，及时总结和推广其成功经验，引导全省文化产业园区（基地）提升建设、经营和管理水平。

浙江省人民政府办公厅关于加快推进省级产业集聚区高质量发展的若干意见

浙政办发［2013］48号　2013年5月10日

各市、县（市、区）人民政府，省政府直属各单位：

为进一步明确省级产业集聚区提质增效发展导向，将省级产业集聚区建成为我省科学发展、转型升级的主阵地，现就加快推进省级产业集聚区（以下简称“集聚区”）高质量发展提出如下意见：

一、强化产业导向，高水平培育主导产业

（一）突出主攻方向。按照加快经济转型升级和建设现代产业体系的要求，以国家、省相关产业规划和政策为指导，集中选择部分先进制造业、战略性新兴产业、高新技术产业和现代服务业作为集聚区发展的主攻方向。各集聚区要在推动转型升级方面发挥主平台作用，优先发展大产业、培育大企业、建设大项目，加快形成以集聚区为主体的产业集聚发展新格局。

（二）强化发展特色。按照分工协作、错位发展的原则，结合各地基础和条件，各集聚区要在相关重点产业领域集中优选主导产业，不断提高主导产业集聚度，形成分工明确、各具特色的高端产业基地。围绕主导产业，加强上下游关联产业的培育和引进，进一步拉长产业链、延伸价值链，做大做强产业集群。

（三）严格项目准入。各集聚区要高标准制订和完善招商目录，高起点设定项目准入门槛，并严格落实环保、节约集约、科技、安全等要求。实行集聚区招商项目报备制，并纳入年度综合考评。省级投资管理、节能审核、土地管理、环境保护、城市规划和建设、水利、海洋等部门根据各自职责，加强项目审批、要素配置、政策支持等方面的工作联动，严把投资强度、单位用地产出等项目准入关。建立集聚区重大项目库，对纳入重大项目库的产业项目给予重点支持。

二、强化创新驱动，高起点推进科技创新

（一）积极创建高新技术产业园区。支持集聚区选择最具发展条件和潜力的区块，创建

省级高新技术产业园区。围绕战略性新兴产业和高新技术产业，进一步明确园区创建的产业方向和重点领域。完善科技服务平台和创业创新服务体系，建立健全科技创新合作机制，推进产业发展和科技创新紧密结合，打造在全省乃至全国具有较强竞争力的现代创新基地。

（二）加快建设科技创新平台。重点在集聚区布局多种形式的公共科技创新服务平台，面向企业开展产品研发、成果转化、检测认证、知识产权保护和标准信息咨询等服务。优先在集聚区布局省级重点实验室、工程技术（研究）中心、省级企业技术中心、省级企业研究院。推进大型科学仪器协作共用平台、科技文献共建共享平台等服务功能向集聚区延伸。支持集聚区内相关单位联合高校、科研院所建立省级区域性、行业性创新服务平台，为广大企业特别是中小企业提供公共科技创新服务。优先支持行业龙头骨干企业、创新型企业申报建立国家级创新载体。

（三）大力培育创新型企业和高新技术企业。支持集聚区发展各类科技企业孵化器和加速器，加快培育和孵化科技型企业。对符合条件的企业，优先支持发展成为高新技术企业和省级创新型试点企业。对集聚区内企业申报的各类科技计划项目，优先给予立项和配套支持。支持企业实施重大科技专项和科技成果转化推广项目，培育一批高技术含量的名牌产品。积极引进世界500强企业、央企、浙商等的战略性新兴产业和高新技术产业项目，对关键要素和重要环节给予支持。

（四）引进培育创新人才和创新团队。支持集聚区依托院校和科研机构建立区域研发人才和应用型人才培养基地，形成梯队合作的创新团队。鼓励集聚区内各类企业创新平台与高等院校建立人才互动培养机制，率先成为青年科学家培养基地。支持企业加快引进和培养创新领军人才、研发骨干、高技能人才，鼓励人才中介机构做好集聚区人才对接工作。对集聚区内符合条件的创新人才，优先入选省特级专家、151人才工程、百千万科技创新人才工程等。推进企业家技术创新战略能力提升，培育一批科技型企业家，支持其组织开展技术创新和重大科技成果转化。

三、强化环境建设，高标准完善基础配套

（一）加强基础设施建设。继续加大有效投入，加快推进交通、能源、水利、信息、环保等基础设施建设，重点加强集聚区之间及集聚区内各功能区块之间的基础设施连接，形成支撑集聚区高质量发展的基础设施网络。省级有关单位要进一步加大对集聚区基础设施建设的支持力度，符合条件的优先列为省重点建设项目，强化前期谋划、协调推进、要素保障等服务。

（二）强化产业和城市融合发展。按照“促进工业化、信息化、城镇化、农业现代化同步发展”要求，以更大力度推进集聚区内的城市功能区、生态功能区和公共配套设施建设，不断提高教育、文化、卫生、体育等公共产品的供给能力和水平。大力推进生态建设和环境质量认证，不断提高集聚区环境品质，打造集约、智能、绿色、低碳的城市新区，形成与现代产业发展和高端人才集聚相适应的服务功能。

（三）优化投资服务环境。扎实推进以“四减少、四放权”为核心的新一轮行政审批改革，省级有关单位要探索建立对集聚区项目审批的“绿色通道”。稳步推动市级审批和管理权限向集聚区下放，逐步做到“办事不出门、审批不出区”。在集聚区广泛推行“一站式、并联式”审批模式和项目审批代理制，优化行政审批流程，提高服务效能。加强项目前期设立、中期建设和后期运行全过程服务，建立健全企业服务应急机制和快速协调机制，力争把集聚区建成审批事项最少、审批速度最快、管理服务最优的发展平台。

四、强化集约发展，高效率利用要素资源

（一）强化重大项目要素保障。以扩大有

效投资为着力点，重点加强重大产业、基础设施、创新载体等项目建设的要素保障。强化用地用海保障，在省下达集聚区所在县（市、区）新增建设用地计划中对相关集聚区予以单列；对已纳入省重大产业项目库的重大项目，落实省重大产业项目用地指标奖励措施，优先支持建设用海指标需求。加大集聚区建设专项资金支持力度，落实有关财税优惠政策；加强金融机构与集聚区的对接联系，积极吸引上市公司或其控股母公司参与集聚区基础设施建设或重点产业项目的投资。建立环境容量调剂机制，在确保完成减排目标的前提下，对集聚区建设项目予以重点倾斜。按照“目标统一、有效整合、渠道不变、资金不少”的原则，进一步优化整合各类专项用于支持集聚区发展的政策资源，最大限度发挥政策支持效应。

（二）切实加大“腾笼换鸟”力度。加大传统产业改造提升力度，全面推进“机器换人”。严格依法处置闲置土地，加快淘汰落后产能。全面推行差别电价、水价政策，实施能源消费总量和能耗强度“双控”管理及最严格水资源管理，加强污染物排放总量控制。以单位资源产出为评价依据，建立健全“腾笼换鸟”激励机制，鼓励企业搬迁改造、原地转型升级或兼并重组，鼓励各地“集中收储”工业用地，支持产业合理梯度转移。

（三）集约高效利用土地资源。强化土地资源高效利用，开展省级产业集聚区节约集约用地示范区建设。认真抓好省级产业集聚区内低效利用建设用地二次开发工作，对无法按照原土地出让合同或划拨决定书约定开发的产业用地，可在采取协商方式回收土地使用权后，依法重新组织出让；用地已经满足转让条件，企业短期内难以继续开发或达到预期目标的，鼓励依法流转土地使用权。在集聚区建设过程中，因旧城改造需要搬迁的符合产业政策的工业项目，经依法批准收回原土地使用权的，可以协议方式为原土地使用权人异地安排工业用地；对符合要求的“退二优二”企业，不增收土地价款；对符合要求的“退二进三”企业，可保留其工业用途不变，按规定缴纳国有土地收益金。

五、强化统筹协调，高效能实施运行管理

（一）强化组织领导。坚持省领导联系省级产业集聚区制度，加强研究协调解决集聚区规划、政策、项目等重大问题。省产业集聚区规划建设工作领导小组办公室要加强集聚区建设的综合协调和指导推进工作，省级有关单位要根据职能分工加大对集聚区建设的服务保障力度，合力推进集聚区建设。

（二）创新体制机制。着力创新集聚区管理体制和运行机制，强化产业集聚区管委会管理职能和机构建设，提高统筹推进分片开发、管控产业导向等方面的能力。加强和完善集聚区统计监测体制。积极创新集聚区与区内乡镇（街道）协调联动机制，理顺集聚区与区内各开发区（园区）的关系，推动建立既符合当地实际又能发挥有效作用的行政管理体制、财政管理体制、开发建设体制、投融资机制和高层次人才引进培养机制。

（三）加强考核推进。把集聚区建设作为对各市、相关县（市、区）领导考核的重要内容。实施集聚区高质量发展综合考评，按照更加突出建设发展水平提升、更加突出产业优化和创新引领、更加突出分类指导和特色发展要求，定期对集聚区开发建设和工作推进情况进行考评，并根据综合考评结果落实奖惩措施。

甘肃省人民政府关于印发市州引入兰州新区产业园区项目管理办法的通知

甘政发［2013］44号 2013年5月17日

各市、自治州人民政府，兰州新区管委会，省政府有关部门，中央在甘有关单位：

《市州引入兰州新区产业园区项目管理办法》已经省政府同意，现印发你们，请认真贯彻执行。

附件：市州引入兰州新区产业园区项目管理办法

附件

市州引入兰州新区产业园区项目管理办法

为进一步加强省内区域合作，整合省市两级的招商资源，建立健全兰州新区和各市州招商引资和项目建设的新机制，促进项目向兰州新区集中，打造兰州新区经济战略平台，根据《中共甘肃省委甘肃省人民政府关于加快推进兰州新区建设的意见》（甘发［2012］10号）和《甘肃省人民政府关于支持兰州新区开发建设政策的意见》（甘政发［2012］135号），特制定本办法。

一、适用范围

本办法适用于全省各市州招商引资引入兰州新区规划范围内的工业及信息化（包括农产品加工项目）、现代服务业等项目。入驻项目须符合国家产业政策和环保要求，符合兰州新区总体规划和产业发展规划，符合兰州新区对于项目投资强度、产出强度等方面的有关规定。

二、合作模式

各市州引入兰州新区产业园区的项目，按照项目分类进入新区规划的产业园区，兰州新区原则上不单独为各市州划定产业园区。对于能够争取到国家补助资金和特殊政策的市州，经报请省兰州新区规划建设协调推进领导小组同意，可由市州按照新区总体规划和产业规划，在相应产业区内建设独立产业园。招商市州负责项目的洽谈引进，并督促项目开工建设，园区基础设施由兰州新区统一规划并投资建设。

三、分配机制

（一）统计指标。各市州引入兰州新区的项目，自项目落地开始，地区生产总值、固定资产投资、招商引资到位资金、工业增加值、进出口总额等主要经济指标，由统计部门分别纳入各自统计考核范围，招商市州与兰州新区按 7∶3 比例进行核算。

（二）税收指标。各市州引入兰州新区的项目产生的税收中兰州新区留成部分，按比例在两级或同级政府之间分享，并在每年年终由省级财政部门结算。项目税收的分享比例为：自企业税收实现之日起 3 年内 100% 归招商市州，以后每年招商市州与兰州新区按 7∶3 比例分享。

四、工作流程

（一）项目准入审核。各市州引入兰州新区产业园区的项目，经招商市州审核合格后，由兰州新区管委会报省政府有关部门进行审查，审查通过后，由招商市州和项目建设单位正式签约，报兰州新区管委会备案。

（二）项目选址。各市州引入兰州新区产业园区的项目，由兰州新区管委会按照新区总体规划和产业规划统一进行选址，并按规定程序报批。

（三）土地征收和供应。各市州引入兰州新区产业园区的项目，由兰州新区管委会负责土地征收、拆迁安置、失地农民的安置和社会保障工作，并按程序供地。

（四）项目审批。各市州引入兰州新区产业园区的项目，由兰州新区管委会负责办理各项审批手续。

（五）优惠政策落实。各市州引入兰州新区的项目，要在兰州新区工商部门办理工商注册，在兰州新区税务部门办理税务登记，并享受《兰州新区招商引资优惠政策》，优惠政策中对项目单位土地出让金和税收等奖励由兰州新区管委会统一确定，土地出让金奖励金额由兰州新区管委会承担，其他奖励金额由招商市州和兰州新区管委会按税收分享比例承担，并纳入合同管理。

五、保障措施

（一）加强组织领导。省兰州新区规划建设协调推进领导小组将切实加强对市州引入兰州新区产业园区项目工作的组织领导，协调各行政区域产业布局及利益分配关系，拟定“飞地经济”发展政策，推进资源整合，优化空间布局，促进区域一体化发展。省兰州新区规划建设协调推进领导小组办公室要将市州引入兰州新区产业园区项目工作作为兰州新区规划建设的一项重大措施，纳入工作计划，及时跟踪协调督促。各相关部门要按照职责分工抓好工作任务的落实。各市州要高度重视，组建专门工作班子，加强与新区的衔接协调，抓紧抓好，抓出成效。

（二）健全工作机制。兰州市和兰州新区管委会要进一步明确工作流程，提高工作效率。省直各部门要增强服务意识，凡是涉及市州引入产业园区的重大项目，一律纳入省重大项目绿色通道，需要上报国家的事项，要积极帮助论证争取，高效办理。省兰州新区规划建设协调推进领导小组办公室要建立健全各市州与兰州新区信息通报和具体工作衔接制度，制定具体工作方案，形成工作合力，共建产业园区。省财政厅要负责会同税务部门进行税源联审、办理税收属地界定和确定税收预算级次的工作。省国税局、省地税局、人行兰州中心支行要负责协助省财政厅做好税收征管及缴库、调库等工作。省统计局要负责会同相关部门核定相关经济指标，每月按比例纳入各自统计口径并列子项。

（三）强化绩效考核。省政府把引入兰州新区产业园区项目工作作为市州年度工作目标管理的重要内容，并将工作成效与干部选任和奖励激励有机结合起来。对在引进重大项目、形成产业集群等方面业绩突出的市州、企业和个人，给予表彰奖励。

兰州新区管委会每季度向省兰州新区规划建设协调推进领导小组报告一次本办法的执行情况。

辽宁省人民政府关于加快高新技术产业开发区发展的意见

辽政发［2013］24号 2013年9月2日

各市人民政府，省政府各厅委、各直属机构：

为贯彻落实《中共辽宁省委省人民政府关于加快推进科技创新的若干意见》（辽委发［2012］16号）精神，促进国家级和省级高新技术产业开发区（以下简称“高新区”）转型升级，加快高新区发展，现提出以下意见。

一、创新管理体制和运行机制

创新体制机制是高新区快速持续健康发展的根本，高新区要勇于先行先试，敢于率先突破。与行政区合并的高新区要有专门机构和人员负责高新区发展。高新区管理委员会（以下简称“管委会”）在机构编制部门核定的数额内，要坚持效率优先的原则，自行设置内部机构，大力推行“一站式”服务。要大胆聘用国内外高端人才，确定职务不受职数限制，聘用专业技术职务不受岗位限制。要大力实行“档案封存、全员聘用”的用人机制，建立按劳分配和按绩分配的薪酬机制，重点向高端人才、有突出贡献人员和关键岗位人员倾斜，在管委会相关人员中实行年薪制、协议工资和项目工资等多种收入分配方式。要切实开展全员绩效评价，真正形成干部可上可下、人员能进能出、薪酬可高可低的干事创业氛围。

二、落实市级经济管理权限

认真贯彻落实《中共辽宁省委辽宁省人民政府关于向城区下放经济管理权限的意见》（辽委发［2013］9号），采取直接或委托下放方式，切实赋予高新区市级经济管理权限，对暂时承接有困难的，要采取服务前移、市区联动、派驻机构等办法，待具备相应资格或条件成熟后，再独立行使相关权限。高新区管委会要全面负责经济发展事务，并承担相应的社会管理职能。

三、推行行政事业性“零收费”制度

高新区要全面清理行政事业性收费，率先推行行政事业性“零收费”制度。除国家或省有明确规定不予减免外，免收区内科技型企业和研发机构的行政事业性收费，其中涉及中央或省分成部分的免费额由高新区承担。要认真清理中介机构和社团组织涉企收费，坚决制止违规收费行为。

四、大力发展创新型产业集群

每个高新区要重点建设1—2个知识和技术密集的创新型产业集群，制定、落实产业发展规划和空间发展规划。当地市政府和高新区要集成技术、人才、土地、资金等各类创新和生产要素，支持产业集群扩大产业规模，提高产业技术水平，形成自主品牌，参与国际竞争。

要大力引进国内外知名工业地产商，积极推广工业地产的发展模式。到2017年，全省高新区要实现超千亿元产业集群5个，超500

亿元产业集群10个。省政府重点支持创新型产业集群建设公共研发平台和检测平台，按照平台投资总额的1/3，最高不超过1000万元的标准给予资金补助。

五、实施企业提升工程

高新区要制定企业提升工程实施方案，确定一批重点企业，逐一摸底调研，切实搞清需求，采取“一企一策”，帮扶企业发展。到2017年，全省高新区要实现年销售额超亿元企业1500家，超10亿元企业100家，超百亿元企业10家。省政府继续执行已出台的相关政策，对高新区引进海外研发团队和海外先进适用技术的企业给予资金扶持，对并购海外科技型企业的项目，按核定后并购金额的20%给予补助。

六、建立和完善科技服务体系

高新区要建立和完善产业发展、创新创业、人才服务、技术交易、知识产权、科技金融、国际化等服务体系，引进各类专业化服务机构，建设一批公共技术服务平台、创新创业人才联合培养示范基地和科技金融综合服务平台。采用特殊机制、特殊政策、特殊保障，打造“人才特区”。要加强与高校、科研院所的合作，鼓励我省科研人员离岗在高新区创办科技型企业，或者以个人股份进入科技型企业，3年内保留其原有身份和职称，档案工资正常晋升；同等条件下，优先晋升专业技术职务。

重返原单位的，工龄连续计算。

七、促进科技金融结合

要充分发挥种子资金投资、奖励、风险补偿功能，引导金融资源向高新区集聚。加快发展投资基金，每个高新区要设立创业投资引导基金，引进或合作设立2个以上创业投资机构。与银行、保险等金融机构建立紧密合作关系，完善和提升融资担保能力，推动科技信贷和保险产品创新，逐步设立科技支行、科技保险等专营机构。加强对接推介、融资培训服务，建立企业信用促进机制。支持高新区科技型企业在辽宁股权交易中心交易融资，发行中小企业集合债、集合票据融资，以及在境内外上市融资等。到2017年，全省高新区基本建成以政府资金为引导、金融机构跟进、社会资金参与、功能品种多样的科技金融综合服务体系。

八、加强土地集约利用

当地市政府要将高新区发展纳入城市总体规划，每年新增建设用地指标要向高新区倾斜，对投资强度超过6000万元/公顷的新增项目用地给予重点保障。高新区新增建设用地指标和耕地占补指标要在所在市地域内平衡，耕地占补指标不能平衡的，按有关规定申请跨市补划。高新区依法出让土地收取的土地出让收入，除按规定上缴国家和省的部分外，其余部分全部留给高新区用于建设和发展。高新区要加强对企业用地转让和闲置用地的监督管理，建立低效用地企业退出机制，优先引进符合产业发展方向、技术创新性强、产出效益明显、生态效益好的企业。

九、建立考核评价机制

对高新区发展实行绩效评价制度。省科技行政主管部门要会同相关部门制定科学合理的高新区评价指标体系，并对全省高新区实行动态考评，考评结果通报当地市政府。对考核优秀的高新区予以重点支持，对当年考核不合格的予以通报批评，对连续两年考核不合格的“亮黄牌”警告，对连续3年考核不合格的按有关程序摘牌。

上海市人民政府办公厅关于印发《上海市工业区转型升级三年行动计划（2013—2015年）》的通知

沪府办发［2013］56号 2013年10月8日

各区、县人民政府，市政府各委、办、局：

经市政府同意，现将《上海市工业区转型升级三年行动计划（2013—2015年）》印发给你们，请认真按照执行。

附件：上海市工业区转型升级三年行动计划（2013—2015年）

附件

上海市工业区转型升级三年行动计划（2013—2015年）

推进工业区转型升级，是加快转变经济发展方式、实施经济结构战略性调整的重要内容，关系到上海经济社会与人口资源环境的协调发展，对推进“创新驱动、转型发展”具有重要意义。为贯彻落实市政府印发的《关于统筹优化全市工业区块布局的若干意见》（沪府发［2013］33号），进一步优化全市产业布局结构，推动资源节约型、环境友好型城市建设，推进产业转型升级和产城融合发展，制定本行动计划。

一、指导思想

以邓小平理论和“三个代表”重要思想为指导，深入贯彻落实科学发展观，坚持创新驱动、转型发展的总方针，以新型工业化为发展主线，按照“人口资源环境相均衡、经济社会生态效益相统一”的要求，以“规划导向、分类指导、资源集约、统筹优化”为主要原则，推动建设一批更加突出城市功能完善提升、更加突出产业结构调整优化、更加突出新经济新业态新技术新模式培育发展、更加突出资源节约集约利用、更加突出安全环保生态友好、更加突出宜居宜业融合创新的新型园区，为上海构建以现代服务业为主、战略性新兴产业引领、先进制造业支撑的新型产业体系提供强大的载体和平台基础。

以推进工业区升级、改造、转型、联动四大工程为重点，尊重历史，实事求是，远近结合、引逼结合、奖惩结合，落实责任，强化考核，坚持“两规合一”，支持实体经济发展，增强改革创新活力。规划工业区块（以下称“104区块”）以升级为导向，重点发展战略性新兴产业和先进制造业，实施高端发展；规划工业区块外、集中建设区内的现状工业用地（以下称“195区域”）以转型为导向，重点发展与新城建设相融合、与产业链相配套的生产性服务业，积极引导向城市生活功能转变，实施转型发展；集中建设区外的现状工业用地（以下称“198 区域”）以复垦为导向，重点实施生态修复和整理复垦。

二、发展目标

1. 园区经济发展质量和效益稳步提高，产业布局不断优化。到 2015 年，104 区块工业增加值年均增长 4% 以上；产出规模超过 1000 亿元的园区达到 10 个以上；104 区块单位固定资产投入产出率达到 300% 以上；104 区块上缴税金总额达到 3500 亿元，单位土地税收达到 6.5 亿元/平方公里；104 区块人均产出达到 220 万元；工业向 104 区块集中度达到 80%。

2. 园区产业实现规模化、集群式发展，产业链生态体系基本形成。到 2015 年，104 区块打造形成装备制造、汽车制造、石油化工、精品钢材、船舶和海洋工程、集成电路、通信和网络设备、软件和信息服务、新能源、医药和医疗器械等 10 个千亿级规模的产业集群、20 个百亿级规模的产业集群，在细分产业领域形成 100 个产出规模 50 亿元以上的产业集群。

3. 园区创新活力显著提升，创新要素和资源向 104 区块集聚。到 2015 年，104 区块工业企业研发投入占主营业务收入比重达到 1.5% 以上；104 区块战略性新兴产业产值占工业总产值比重达到 30% 左右；104 区块各类研发机构和技术中心达到 1000 家，其中各类国家级研发机构和技术中心达到 150 家，各类公共服务平台达到 500 家以上。

4. 园区土地节约集约利用水平显著提高，闲置低效存量工业用地盘活取得实效。到 2015 年，104 区块单位土地产出达到 120 亿元/平方公里，其中市级以上开发区达到 145 亿元/平方公里；全市年均盘活闲置低效存量工业用地不低于 5 平方公里。

5. 园区生态环境不断优化，能源资源利用效率不断提高。到 2015 年，全市规模以上工业企业万元增加值能耗下降 22% 左右，单位生产总值化学需氧量和二氧化硫排放强度分别下降 35% 以上。

三、产业规划布局

按照“三环一带”的市域空间，分类布局重点产业。

——中心城区域。加快内中环地区的产业结构调整和转型升级，着力发展具有国际竞争力的战略性新兴产业、高端生产性服务业和高附加值的创意产业。

——沿外环区域。依托上海城市化发展，以及虹桥商务区、上海国际旅游度假区等重点功能性区域发展，推动沿外环区域宝钢、高桥石化、桃浦、吴淞、吴泾等老工业基地更新改造，推动城郊结合部乡镇工业区转型升级。

——郊环区域。依托郊区新城和重点工业区发展，建设具有国际竞争力的战略性新兴产业和先进制造业基地，推动“嘉青松产业发展带”成为上海与长三角地区产业联动发展的先导区和主战场，推动郊区新城“产城融合”发展。

——沿江临海产业发展带。充分发挥上海沿江临海的区位优势，推进杭州湾北岸先进制造业集聚带建设。依托宝山—崇明（长兴）—浦东—奉贤—金山沿江、临海的资源优势，重点发展精品钢材、石油及精细化工、新材料、装备、航空、船舶和海洋工程装备等产业，通过划分核心区和配套区域，形成产业发展集群，努力建设成为世界一流水平的高端先进制造业产业带。

四、重点任务

重点实施工业区转型升级“四大工程”

1. 升级工程。以推进国家级、市级工业区高端升级、加快发展为核心，以国家级新型工业化产业示范基地争创、国家级开发区升级、国家级生态工业示范园区创建、市级产业基地建设等为重点，推进一批具有良好产业发展基础、优质产业投资环境、较高产业发展能级、较大产业发展空间的优势园区实施高端发展。

2. 改造工程。以推进中心城区及城市拓展区内的老工业基地更新、改造、再生为核心，围绕上海“四个中心”建设，以宝钢、高桥石化、桃浦、吴淞、吴泾等老工业基地转型升级为重点，推进战略性新兴产业、生产性服务业、创意产业与城市功能的融合发展，实现区域发展引领性、功能性、基础性、公共性的协调统一，成为上海城市功能提升和经济社会可持续发展的新亮点。

3. 转型工程。以沿外环线周边城乡结合部及郊区新城周边区域为核心，以该区域104区块和195区域转型升级为重点，适应本市产业转型发展的需要，按照“减重、加绿、强基、集约”的规划理念，根据地区发展战略和功能定位，积极推进该区域104区块转型升级、195区域现状工业用地向生产性服务业及城市生活功能转变，不断优化区域人口结构，实现产业提升、生态提升、功能提升、民生提升。

4. 联动工程。以近郊城乡结合部或新城周边区域由乡镇管理的工业区转型升级试点为核心，以推动国家级市级开发区与乡镇工业区联动发展为重点，按照“统筹优化、因地制宜、实事求是、试点推进”的原则，突出“科学规划、功能完善、资源集约、管理精细”的要求，发挥区县乡镇积极性，实施政策聚焦，市与区县合力、共同推进乡镇工业区转型升级，提升整体形象、功能和效益。

五、重点工作安排及部门分工

2013—2015年，工业区转型升级将重点围绕实施工业区“四大工程”、制订和出台相关配套支持政策两个主要方面展开，包括30项具体工作。支持和鼓励各部门、各区县及工业区结合实际，先行先试，改革创新，推进转型升级。

（一）实施工业区“四大工程”

1. 升级工程

（1）推进国家级和市级新型工业化产业示范基地创建工作。按照规划引导、细化定位的要求，推进园区基地化建设。在统筹推进各细分领域一批产业基地建设的基础上，按照“创建一批、培育一批”的原则，在其中选取一批突出创新发展和产业特色、具有行业领先和示范作用的市级新型工业化产业示范基地，并争创一批国家级新型工业化产业示范基地。力争到2015年创建国家级产业示范基地15个左右，争创市级产业示范基地30个左右。围绕主导产业，围绕市场需求，充分发挥已有平台作用，形成一批推进技术创新、完善配套服务的公共服务平台。（牵头部门：市经济信息化委；配合单位：相关区县）

（2）推进国家级开发区升级工作。按照国家相关部门的要求，推进符合条件的工业区升级为国家级经济技术开发区和国家级高新技术园区。（牵头部门：市商务委、市科委；配合部门、单位：市发展改革委、市规划国土资源局、市经济信息化委、相关区县）

（3）推进国家级生态工业园区建设。按照国家相关部门的要求，推进一批符合条件的工业区创建国家级和市级生态工业示范园区。对照生态园区建设标准和要求，推进园区集群式、循环型、低碳化发展。（牵头部门：市环保局；配合部门、单位：市商务委、市科委、市经济信息化委、市发展改革委、相关区县）

（4）推进海关特殊监管区域发展。落实国务院《关于促进海关特殊监管区域科学发展的指导意见》，推进本市综合保税区、出口加工区等各类海关特殊监管区域整合优化、完善功能，不断拓展业务类型，带动周边区域发展。（牵头部门：市发展改革委、市商务委、市口岸办；配合单位：相关区县）

（5）支持国家级、市级园区开发主体进一步做大做强。支持开发主体开展园区新增用地的前期开发和存量用地的二次开发。定期对开发主体进行后评估。优化完善园区产业投融资体制机制政策，推进园区加快形成“基金基地”的产业发展载体建设新模式。支持开发主体建设高标准、专业化的定制厂房或研发楼宇，可通过“认定开发主体、认定建设项目、认定转让对象”的“三认定”程序，分割转让给战略性新兴产业、先进制造业等重点项目或相关动迁企业。加强园区开发主体人才队伍建设，加大人员培训工作力度。到2015年，培育20家左右在国内具有品牌影响力和核心竞争力的园区开发运营商。（牵头部门：市经济信息化委；配合部门、单位：市规划国土资源局、市发展改革委、市商务委、市住房保障房屋管理局、相关区县）

（6）推进智慧园区建设。推动园区信息基础设施优化建设，支持经济运行监测、运营管理、产业服务、信用管理等园区公共信息服务平台发展，构筑信息资源融汇共享的公共环境。建设一批示范性智慧园区，丰富完善创新化、智慧化、生态化园区转型发展模式。（牵头部门：市经济信息化委；配合单位：相关区县）

2. 改造工程。

（7）推进重点老工业基地更新改造。按照计划平稳有序推进宝钢、高化调整。落实南大、桃浦的转型升级工作方案，并实质启动。研究吴淞、吴泾的产业发展规划，建立和完善相应的转型升级推进机制。（牵头部门：市经济信息化委、市发展改革委；配合部门、单位：市规划国土资源局、市环保局、相关区县）

3. 转型工程。

（8）推进沿外环区域城市产业转型升级。开展沿外环线区域发展规划研究，从全市转型发展的战略视角，明确沿外环线区域产业的功能定位、发展规划和空间布局导向，推动并落实该区域104区块和195区域转型升级。（牵头部门：市经济信息化委、市规划国土资源局、市发展改革委；配合部门、单位：市商务委、相关区县）

（9）推进研发总部类用地试点区域转型升级。在张江、金桥政策试点的基础上，进一步优化完善支持政策，明确规划土地、产业发展、环境保护等方面的要求和标准，分批划定研发总部类用地试点区域，开展试点区域规划编制工作，制订每个试点区域调整转型工作方案，统筹有序推进。到2015年，认定并重点支持若干研发总部类用地试点区域发展，推进研发设计、企业总部、信息服务业发展。（牵头部门：市规划国土资源局、市经济信息化委；配合部门、单位：市环保局、市商务委、相关区县）

（10）开展研发总部类用地项目认定工作。制定研发总部类用地试点区域和项目认定管理办法，明确相关研发总部类用地项目认定标准、程序等要求。各区县开展研发总部类用地项目认定工作，在此基础上进行规划调整研究，按照规划实施，进一步优化产业结构，推进研发设计、企业总部、信息服务业发展。（牵头单位：相关区县；配合部门：市经济信息化委、市规划国土资源局、市环保局、市商务委）

（11）支持在104区块外的集中建设区规划适当比例的研发总部类用地。在推进研发总部类用地试点的基础上，结合区域和产业发展实际，在相关控制性详细规划编制或修编中，鼓励规划保留工业用地转型升级，作为研发总部类用途，按规划实施，推进产业转型升级，实现产城融合发展。（牵头单位：相关区县；配合部门：市规划国土资源局、市经济信息化委、市商务委）

4. 联动工程。

（12）支持园区联动发展，推进乡镇工业区转型升级。开展乡镇工业区转型升级试点，加强区县对乡镇工业区规划建设、招商引资、企业服务工作的统筹管理。鼓励国家级市级开发区与乡镇工业区、国家级市级开发区之间、工业区与新城开发主体之间，通过品牌合作、管理合作、股权合作等多种方式实施联动发展。到2015年，重点推进20个左右乡镇工业区转型升级；推动并形成20个左右在园区联动发展方面取得成功的典型案例。（牵头部门：市经济信息化委；配合部门、单位：市财政局、市发展改革委、市规划国土资源局、市国资委、市商务委、相关区县）

（二）配套支持政策

1. 推进104区块有进有出，动态管理。

（13）建立104区块规划实施评估工作机制。定期对全市104区块的规划实施情况进行评估，各区县结合实际，编制工业区块规划实施评估报告及区块调整优化方案，经审定后，作为104区块有进有出、动态管理的重要依据。（牵头部门：市经济信息化委、市规划国土资源局；配合单位：相关区县）

（14）对104区块实施有进有出、动态管理。根据经审定的工业区块规划实施评估报告及区块调整优化方案，结合地区规划编制或修编，同步开展区域规划环境影响评价，统筹优化104区块的布局、结构和规模，实施104区块有进有出、动态管理。（牵头部门：市规划国土资源局；配合单位：相关区县）

（15）优化104区块用地结构。按照104区块的规划面积、功能定位和发展阶段等不同情况，实施分类指导，进一步优化用地结构。实现园区控详规划全覆盖。强化园区各专项规划与控详规划的对接。104区块应以工业用地为主导，着力保障战略性新兴产业和先进制造业的发展空间。（牵头部门：市规划国土资源局；配合部门、单位：市经济信息化委、相关区县）

2. 加快存量工业用地盘活利用，提高土地节约集约利用水平。

（16）加强对闲置和低效工业用地的清理。加强信息共享，建立完善闲置和低效工业用地的绩效评估退出机制。根据各类企业工业用地利用现状和合同履约情况，在项目竣工验收、达产、转让等阶段，结合《上海市产业用地指南》的相关用地绩效标准，进行分阶段评估，根据评估结果，提出全市闲置和低效工业用地清单。（牵头单位：相关区县；配合部门：市经济信息化委、市规划国土资源局、市统计局）

（17）加强对闲置和低效工业用地的综合治理。加强环保、安监、规划、土地、建设、工商、税务等的综合执法，强化对闲置和低效工业用地的综合治理和业态管理。位于198区域、进入全市闲置和低效工业用地清单的企业应作为各区县工业用地减量化工作率先实施的对象。（牵头部门：相关区县；配合部门：市环保局、市安全监管局、市规划国土资源局、市建设交通委、市地税局、市工商局、市发展改革委、市经济信息化委）

（18）加大产业结构调整转型工作力度。对于重点区域转型调整，在确定调整方案的同时，明确未来区域发展方向和功能定位，同步形成区域产业发展规划和转型升级工作方案。对于单个项目调整，在确定补贴标准的同时，明确土地再利用计划。到2015年，推进10个左右重点区域实施产业结构调整转型。（牵头部门：市经济信息化委；配合部门、单位：市规划国土资源局、相关区县）

（19）完善产业用地储备制度。针对产业用地一级开发和储备上的体制、机制、政策和融资瓶颈问题，加强与开发性金融机构的合作，发挥区县、相关部门、各类企业和工业用地开发主体积极性，创新性地开展产业用地储备工作。（牵头部门：市经济信息化委、市规划国土资源局、市发展改革委、市财政局；配合部门、单位：市国资委、市商务委、相关区县）

（20）创新存量工业用地盘活利用的补偿方式。支持各区县利用货币、实物、股权等不同补偿方式，推进企业关停退出。相关部门在资产转让、土地供应、旧区改造等方面给予政策支持。（牵头部门：市发展改革委；配合部

门、单位：市规划国土资源局、市建设交通委、市住房保障房屋管理局、市经济信息化委、相关区县）

（21）在财税政策方面支持工业区二次开发。在土地储备方面，按照国家和本市土地出让金支出管理相关办法，将开发主体实施的土地前期开发列入土地出让金支持范围。在土地转让方面，深化研究制订支持工业区二次开发的财政政策。税务部门针对开发主体在存量用地二次开发过程中的免征营业税等涉税事项，搞好政策解读。（牵头部门：市财政局、市地税局、市发展改革委；配合部门、单位：市规划国土资源局、市经济信息化委、相关区县）

（22）完善治理工业用地土壤污染的管理体系和政策措施。建立健全工业用地土壤（地下水）污染的调查、监测、评估、处理、控制、修复的管理体系。明确政府、企业、社会的责任，出台相关政策措施，加强规范、引导和扶持，并在土地出让合同中进行约定。（牵头部门：市环保局；配合部门、单位：市规划国土资源局、市发展改革委、市经济信息化委、市财政局、相关区县）

3. 加快项目落地，推进产业转型升级。

（23）全力推进重点产业项目早落地、早开工、早投产。对列入市重大工程、市战略性新兴产业绿色通道、市战略性新兴产业专项资金支持的重点产业项目，以及其他亿元以上的战略性新兴产业和先进制造业项目从落地、开工、投产的全过程进行全方位的跟踪服务。（牵头部门：市经济信息化委；配合部门、单位：市科委、市发展改革委、市财政局、市规划国土资源局、市环保局、市建设交通委、市商务委、相关区县）

（24）对104区块外工业企业实施目录管理。建立《规划工业区块外重点工业企业支持目录》，明确标准，并定期实施跟踪评估和动态更新。（牵头部门：市经济信息化委、市发展改革委；配合部门、单位：市规划国土资源局、市环保局、市商务委、相关区县）

（25）建立目录管理项目转型升级的联合会审机制。对列入《规划工业区块外重点工业企业支持目录》的重点企业实施技术改造、转移集中、转型发展，以及土地划拨转出让、集体土地使用转征用等事项进行联合会审，支持企业改造升级、加快发展。（牵头单位：相关区县；配合部门：市规划国土资源局、市环保局、市建设交通委、市发展改革委、市经济信息化委、市商务委）

（26）深化产业项目行政审批改革，加快推进项目落地。针对产业项目落地过程中存在的问题，通过采取强化基础、提前介入、告知承诺、同步审批、会议协调、限时办结等举措，进一步整合审批资源、提高审批效率、降低审批成本，实现产业项目开工之前的审批流程优化，加快规划落地、项目落地。（牵头部门：市审改办、市经济信息化委；配合部门、单位：市规划国土资源局、市建设交通委、市环保局、市商务委、相关区县）

（27）加强对利用工业用地转型发展的准入和业态管理。禁止利用工业用地变相发展商业及住宅房地产项目。按照市政府办公厅转发的《上海市企业失信信息查询与使用办法》（沪府办发［2013］7号），将企业相关违法违规使用土地的处罚信息向上海市公共信用信息服务平台归集，并加强对相关失信信息的使用。（牵头单位：相关区县；配合部门：市规划国土资源局、市经济信息化委）

4. 推进198区域工业用地减量化。

（28）强化198区域的业态管理和综合治理，推进工业用地减量化。以区县为单位，以基本农田保护区、水源保护区、城市生态网络空间以及规划郊野公园为重点，结合相关郊野单元规划，编制集中建设区外现状工业用地年度整治和复垦计划，落实集中建设区外现状工业用地减量化目标。研究提出年度新增建设用地指标与198区域工业用地减量化工作相挂钩的政策措施。加强土地复垦土壤环境风险和食品安全风险防控，建立水源保护区退出土地补

偿机制。（牵头单位：相关区县；配合部门：市规划国土资源局、市发展改革委、市财政局、市环保局、市经济信息化委）

5. 建立统筹推进工业区发展的工作机制。

（29）建立市工业区发展联席会议制度。研究统筹优化全市工业区块布局、推进工业区二次开发、加强工业用地节约集约利用等方面的重大问题，推进工业集中、集聚、集约发展。（牵头部门：市经济信息化委）

（30）有关区县建立工业区发展推进机制。推进区县工业区块统筹开发，优化产业空间布局，落实产业发展责任，开展园区评估考核。结合区县实际，制定本区域工业区转型升级三年行动计划，先行先试，狠抓落实，市与区县联手，提高工业集中度、产业集聚度和土地集约利用水平。（牵头单位：相关区县）

六、具体要求

各有关区县、部门要按照市委、市政府的要求，加强沟通配合，做好任务分解和组织落实工作，充分发挥积极性和主动性。在城市总体规划和土地利用规划的总体框架下，咬定目标不放松，实事求是地解决问题，持之以恒地推进本市工业集中、集聚、集约发展。在市工业区发展联席会议的指导下，合力推进全市工业区转型升级工作。

市工业区发展联席会议可根据本市工业区转型升级工作的实际，对本行动计划进行年度调整，滚动推进，落实到具体区块和项目上。

专题研究篇

走进中国开发区的3.0时代

中国开发区协会会长　师荣耀

1984年，中国的改革开放在南海之滨又一次迎来了明媚的阳光。邓小平同志在视察深圳特区后指出："深圳的发展和经验证明，我们建立经济特区的政策是正确的。""除现在的特区之外，可以再开放几个点，增加几个港口城市，这些地方不叫特区，但可以实行特区的某些政策。"随后，中央书记处和国务院在北京召开了沿海部分城市座谈会，研究扩大对外开放等问题。1984年5月4日，党中央、国务院批转《沿海部分城市座谈会纪要》，决定进一步开放沿海14个港口城市，并在有条件的地方兴办经济技术开发区，实行经济特区的部分政策。由此开始，我国开发区事业拔锚起航。

在开发区发展初期遭遇到一些困难并引起一些非议，1986年8月21日，82岁的邓小平同志来到天津市经济技术开发区，欣然提笔写下了"开发区大有希望"的光辉题词，成为全国开发区创业者和建设者共同的精神财富和力量源泉。从此，开发区进入了全面建设和发展阶段，不仅为推动本国的经济发展作出了卓越贡献，而且成为广大发展中国家实现经济振兴可资借鉴的重要典范。

与传统的人口自然增长、产业顺势发展等自发的圈层式扩展模式不同，开发区经过多年探索，形成了具有中国特色的"打造投资环境，引进龙头企业，形成产业集聚效应"的园区发展模式，并且以服务现代产业体系和高素质人才需求为导向，不断打造完善的产业链和城市公共服务功能，形成园区经济集约化与可持续发展能力，充分体现了工业化"科学圈养"模式的优越性和竞争力，为探索中国新型工业化道路提供了宝贵经验。

2014年是开发区建区30周年。在即将步入而立之年时，我们为过往取得的一个个里程碑式的成就倍感欣慰，但身处经济社会全面转型的十字路口，我们更深知，开发区的发展同我国改革一样，已经进入攻坚期和深水区，面临诸多需要突破的发展"瓶颈"和亟待解决的深层次矛盾。究竟该如何找寻出路、攻克难关，依然在下一个30年再创辉煌？如何披荆斩棘、踏浪前行，继续保持初创时的砥砺奋进，重拾价值？如何统筹兼顾、均衡发展，实现开发区经济社会发展的良性互促互进，铸就美丽的"园区梦"？——带着这种种思虑和无限希冀，我们叩响了3.0时代的发展之门，步步走向创新发展、开放发展、和谐发展的远景未来。

从"中国制造"走向"中国创造"

制造业在园区的高度集聚成就了开发区"中国制造"的神话。以经济技术开发区为例，2012年，这里平均每天生产90万台手机、11万台彩色电视机和19000辆汽车。但同时，由于原创工业设计和品牌实力尚处于起步阶段，产业平均利润远远低于国外垄断技术、国际品牌和专利设计提供者所获得的收益。残酷的现实说明，我们已经到了必须利用市场倒逼机制改变以往的加工模式、真正圆梦"中国创造"的关键时刻。

为了迎接下一个30年的创新、创业之路，在理念更新上，要真正实现从“移植大树”向“育苗造林”的转变，以集聚优质创新资源和建设核心体系为支撑，更多实现技术研发和产品设计开发的本地化。在产业扶持上，重点引进和发展产业链中核心制造环节，做好战略性新兴产业的投资布局，培育一批具有国际竞争力的世界级企业和品牌。在能力跃升上，继续完善以政府投入为引导、企业投入为主体、社会投入为支撑的多元化、多渠道的科技投入体系，培育壮大一批拥有自主知识产权和自主品牌、具有产品或服务全球定价权的本土大型高新技术企业。

从对外开放走向全面开放

尽快形成投资环境的“小气候”，以开放促改革，以改革促开放，是我国开发区运作的一个主要特点。从建立之日起，开发区便以开放为导向，积极吸收利用外资，成为世界500强跨国公司在华投资的热土，极大地加速了我国的市场化和国际化进程。

当前，由国际金融危机引发的世界经济格局的深刻调整正在悄然进行，全球生产力布局持续提速，经济全球化带来的风险与日俱增，周边各国加速改善投资环境形成的直接竞争等，都可能对开发区今后发展带来新的挑战。面对外部环境的急剧变化，我们必须清醒认识到，只有坚持改革开放，建立有效防范应对机制，才能把开发区的事业继续推向前进；只有实施更加积极主动的开放战略，才能更好地驰骋国际舞台。

围绕“打造国际经贸合作的桥头堡”的目标，我们要扩大和深化同各方利益汇合点，努力从规模扩张向质量效益提高转变、从成本和价格优势向综合竞争优势转变，促进形成以技术、品牌、质量、服务为核心的出口竞争新优势。按照建立均衡发展体系的目标，坚持把利用外资与对外投资结合起来，支持区内企业“走出去”，加快培育中国的跨国公司，积极扩大自主品牌在国际市场的占有率。同时，要完善开放经济风险防范机制，打造资源互补、产业关联、梯度发展的多层次产业圈，完善内外联动、互利共赢、安全高效的开放型经济体系。

从示范带动走向“五位一体”

随着产业规模扩大和结构演进，我国开发区有力带动了周边地区形成相关配套产业集群，提升了所在区域的工业化水平；通过科学规划、成片开发、统筹管理，带动了周边地区人口和商贸活动聚集水平提高，有力推动了所在地区的城市化进程，增强了城市发展的长远竞争力。如苏州工业园区代管的娄葑镇已经积聚规模外资企业860多家、内资企业7500家，从一个籍籍无名的农业小镇发展为以第二、第三产业为主的现代化南部城市副中心，成为江苏省农村社会经济综合实力第一镇、江苏省外向型经济第一镇。又如广州开发区整合设立萝岗区后，先后采取了23项措施促进农村发展，探索出一条突破城乡二元结构的有效途径。但在快速发展的工业化、城市化进程中，也存在利益格局不尽合理的矛盾。如何营造出一个经济与社会协调并进、城市与农村共同繁荣、发展与环境全面提升的“和谐开发区”新境界，决定着开发区未来的可持续发展。

党的十八大提出了经济建设、政治建设、文化建设、社会建设、生态文明建设“五位一体”的总体布局要求，这也为开发区的发展指明了新的方向。为此，应以国家区域发展战略为导向，与所在区域构建强大的共生增长极，带动更广大地区加快工业化和城市化进程。要建立以人为本的投资环境，强化经济社会统筹发展的观念与行动，让各类建设者共享开发区发展的最新成果。还要继续探索“人与自然”相和谐、发展与环境相协调的新型工业化发展之路，努力建设绿色发展的生态园区。

3.0时代的中国开发区，需要“多元一

体，和而不同”；需要“特色鲜明，集群集聚”；更需要“和谐有序，氛围融合”和“功崇惟志，业广惟勤”。让我们继续解放思想、敢想敢干、勇于进取、锐意开拓，贡献出一己的绵薄之力，为实现伟大的“中国梦”添彩助力，将开发区这项大有希望的事业不断推向前进！

（师荣耀，国家发展和改革委员会办公厅原主任，现任中国开发区协会会长。）

在改革创新中不断发展的海关特殊监管区

中国保税区、出口加工区协会会长　甄　朴

自1990年6月国务院批准在上海设立外高桥保税区至今的20余年间，国务院先后批准设立了六种类型的特殊区域110个，布局在27个省、市、自治区（目前，贵州、西藏、青海和甘肃尚未设立特殊区域），并且超过80%的特殊区域设立在国家级经开区、高新区和边境经济合作区内。其中，东部沿海地区79个，中西部（含东北）地区31个。这种布局在满足东部发达地区现实需要的前提下，兼顾了中西部（含东北）地区实现长远发展战略目标中对保税加工、保税物流、保税服务政策平台的潜在需求，体现了从实际出发的科学原则。

现状：整合升级　逆势上扬

2012年，各特殊区域采取有效措施，应对欧债危机蔓延和国际贸易趋冷带来的双重压力，在引进境内外资、承接国际产业转移、促进外贸增长、提升区域竞争力、扩大社会就业等方面积极作为，取得进出口增幅创历史新高的优异成绩，实现了整合升级进一步推进、保税功能进一步放大、产业链条进一步延伸和辐射作用进一步明显的四个“进一步”效应。同时，中西部地区特殊区域承接产业梯度转移的效果日益显现，进出口比重大幅上升，东中西部特殊区域发展不平衡的局面得到明显改善。

据海关统计，截止2012年底，我国建成并有进出口统计数据的特殊区域97个，当年实现进出口总额6067.5亿美元，同比增长29.1%。全年进出口净增长1367.7亿美元，占同期全国外贸增长总额的60.6%。上述两项数据不仅创下历史最好成绩，而且呈现三个突出变化：

一是进出口均衡增长。全年实现进口3112.2亿美元，出口2955.3亿美元，同比分别增长26.9%和31.6%，增幅相对均衡，总体上呈现逆差态势。

二是加工贸易较快增长。全年实现加工贸易进出口约2850亿美元，同比增长29.5%，其中进口920亿美元、出口1930亿美元，同比分别增长27%和31.0%，增幅高于全国平均水平。

三是保税物流大幅增长。全年实现物流货物进出口超过2680亿美元，同比增长45.0%，其中进口1800亿美元、出口880亿美元，同比分别增长175%和30%。保税物流进出口额占全国特殊区域进出口比重上升至约30%。

2013年1－2月，特殊区域进口继续保持高增长势头，共计实现进出口 1092.2 亿美元，其中出口 548.4 亿美元，进口 543.9 亿美元，同比分别增长 47.0%、54.9% 和 39.8%。进出口总额占全国外贸进出口的比重达到 17.9%，较 2012 年提高了 2.2 个百分点。

使命：对内对外开放的生力军

特殊区域是我国扩大对外开放的前沿阵地，是承接国际产业转移的政策窗口，也是促进东部地区产业梯度转移的重要载体，在不同发展阶段推动了我国以保税为特征的加工贸易的可持续健康发展，并在促进地方产业结构调整，辐射周边区域经济发展和节约利用资源、新增就业岗位等方面发挥了重要作用，已经或正在成为所在地区继续扩大对内对外开放的政策平台和联接国内国际两个市场的重要抓手。

（一）较好承接了国际产业转移

作为承接跨国公司全球产业转移的重要载体，吸引了欧、美、日等国及我国台、港地区的电子信息、航空零部件等行业龙头企业在区内集聚。国内位居笔记本电脑出口前 10 位的代工企业有 9 个在特殊区域建立基地。

（二）有力推动了对外贸易增长

2012 年，全国特殊区域实现进出口额占全国外贸进出口的 15.7%。江苏等地特殊区域的进出口额约占全省 50%。作为加工贸易集聚区，特殊区域还提高了加工贸易企业集中度，有利于资源的集约化利用和促进加工贸易转型升级。

（三）推进了内陆开放经济较快成长

助推中西部地区较好承接跨国公司及东部沿海地区产业梯度转移，并在重庆、四川、河南等地形成较大规模的产业集群。其中，郑州、成都等地的综合保税区年加工贸易进出口额已经超过 200 亿美元，成为当地经济的重要增长极。

（四）产生了较明显的社会经济效益

制造业和物流业的集聚产生了大量的业务需求和就业岗位，在创新业务类型、节约利用土地和行政监管资源方面也提供了先行先试的平台。目前，全国特殊区域直接就业岗位超过 200 万个，不仅为稳定社会促进和谐提供了支持，也为加快城镇化进程形成助力。

直面：形势变化带来全新挑战

（一）功能单一，发展空间受限

出口加工区是在规范加工贸易管理、承接国际产业转移和扩大商品出口为目标的背景下设立的，其政策、功能和监管方式的配置都以“两头在外”，“大进大出”，和“零库存的加工贸易”为目标。此后，虽然进行了拓展保税物流功能，允许开展研发设计、检测维修和售后服务等改革创新，同时整合设立了综合保税区、保税港区，但实际能够开展的业务仍局限于“保税加工及为之配套的仓储和物流业务”，功能业务单一的情况并无实质性改变，由此导致：招商引资的领域和对象选择性少，发展潜力不足；业务局限于保税加工、尤其是局限于单一行业和少数几家代工企业，抗风险能力较差；只有利于出口，不利于拓展内销市场，投资者财税收益较低。

（二）政策优势弱化，企业竞争力下降

与区外企业相比，特殊区域虽然有“围网+卡口”带来的“二线”通关上的不便，但在“两头在外、大进大出”的以出口为主的时期，区内政策优势较为明显，影响并不突出。随着形势变化，国际金融危机打破了区内企业产品“单一出口”的市场格局，加之国家实施出口和进口并重战略，区内企业为应变“两个市场”需求而增大内销比例成为必然。国内产业配套环境逐步改善，区外配套产业链的形成改变了“两头在外”的依托境外来料加工的格局，国内采购比重上升。但因税收政策及监管方式没能同步跟进，不适应变化引发的矛盾日益凸显。

（三）监管成本高企，执法风险增大

一方面，特殊区域采用封闭式管理，监管

部门不仅对“一线”和“二线”货物实行全天候监管，还实施账册的核查核销等后续监管。业务量大、重复劳动多，直接导致了海关管理成本的增加。而且在一些发达地区的海关，因监管任务繁重、监管人员不足，普遍借调了武警部队、配置了地方协管员及保安协助监管，也导致成本日益增高。另一方面，随着业务量和人员、车辆的成倍增长，监管部门的执法风险随之上升。如某综合保税区日计有3万辆车次、12万人进出少数几个卡口，监管部门若按章严格执法，不但造成企业运行不便和成本增加，还容易造成卡口拥堵，诱发矛盾；若放松监管，现场海关关员又面临失职问责的困境。

由于上述原因，以及准入退出机制不健全、重设立轻建设发展等诸多不足，有相当数量的特殊区域的投资效益、资源效益和社会效益远未能达到预期目标，可持续发展面临严峻挑战。

研判：改革创新是发展的永恒动力

特殊区域可持续发展中存在的矛盾有其历史背景和现实原因，但究其根本是完善功能政策和创新监管方式的工作滞后所致。因此，必须按照科学发展观的要求，解放思想，转变观念，认真贯彻落实《国务院关于促进海关特殊监管区域科学发展的指导意见》精神，坚持改革创新，把特殊区域的发展提升到符合开放经济发展规律的科学轨道，最大限度地释放政策红利和投资效益。

（一）尽快把改革创新成果转化为现实生产力

近年来，国家先后批准在天津、上海和江苏等省市的一些特殊区域开展“金融租赁”、“国际维修”、“起运港退税”、“内销便利化”等业务创新试点和“信息围网”等监管方式创新。建议尽快将这些已经被实践证明的成果和作法总结推广到全国特殊区域，使其转化为现实生产力，推动特殊区域的共同发展和区内企业公平参与市场竞争。

（二）尽力做好符合中长期发展需要的顶层设计

科学发展不是简单的统一名称和叠加功能政策，而是要以发展开放经济为目标，以市场国际化需求为方向，以全面发挥资源效益为根本，充分调动中央和地方政府、企业和监管部门等多方积极性的系统工程，应加强宏观思考和顶层设计，实现大胆突破。

1. 明确特殊区域的性质定位和发展目标。根据科学可持续发展的要求，结合国际自由贸易园区实践成果，从国情出发，破除“关内”还是“关外”的传统思想观念，有必要对业内提出的将特殊区域定位为“经国务院批准设立的享有特殊的税收政策，加工贸易和保税业务集中，先进制造业和现代服务业集聚，出口和进口并重，辐射和带动作用突出，能较好统筹国内外两种资源、联接国内外两个市场，有效监管和便捷通关相结合的特殊经济功能区”的建议进行充分论证。

2. 依据市场规律完善特殊区域功能政策。拥有符合开放经济市场规律的功能政策是特殊区域健康发展的必然选择。在完善功能政策中有必要认真探索解决无法回避的问题，即：承认区内企业完整的市场主体资格和中国企业法人地位。赋予企业国际国内贸易经营权、增值税一般纳税人资格，使其可以直接与境内外市场主体开展业务，参与国际国内两个市场拓展；赋予特殊区域贸易、加工、物流、展示、服务等全方位功能，既满足加工制造业向价值链两端拓展延伸的需求，同时促进特殊区域由单一功能向复合功能转变，实现国家、地方、企业和参与各方的利益最大化；对货物进出区的保税和税收征管政策进行完善，以释放企业的生产力和地方政府投资效益，重点是在探索“市场国际化和贸易便利化”情况下货物进出区时的税收（关税和代征税）征收方式改革，以及监管方式的适应性创新，使之既符合功能业务实际，又能保证监管到位。

合作：互为补充 共同发展

特殊区域的主要作用是满足开放型经济对进出口货物保税加工、仓储的需求，其最大、最直接的投资回报，大多体现在其保税政策所服务和辐射的关联产业所产生的经济社会效益上。因此，特殊区域与经开区、高新区有着与生俱来的紧密联系。2000 年 4 月 27 日，国务院在批复同意开展设立出口加工区试点时就明确要求其必须设立在国家级开发区内，目的在于依托开发区的产业基础、管理优势和投资能力，避免重复建设和资源浪费。除保税区外，2012 年进出口超过 30 亿美元的 21 个特殊区域中，有 17 个在国家级（省级）开发区内。上海松江、漕河泾、江苏昆山、苏州工业园、山东烟台、郑州新郑、重庆西永等，都是在开发区内发展较好的特殊区域代表。

因此，国家级开发区是特殊区域可持续发展的重要载体，特殊区域是国家级开发区不可或缺的重要组成部分，是国家级开发区拓展招商引资渠道、承接国际国内转移产业的特殊政策资源和载体，是大力发展开放型经济、促进产业结构调整的特殊物流平台和创新示范，两者相互补充，共同发展，有利于实现区内、区外开放型经济的联动发展，放大特殊区域的资源效益。

（甄朴，北京海关原关长，海关总署政治部原主任。现任中国保税区、出口加工区协会会长。）

中国产业的系统变迁：新兴产业的一蹴而就还是新老结合的持续培育？

金 碚

当前，中国工业发展中产能过剩、核心技术缺乏、产品附加值低、低水平重复建设以及地区产业结构趋同等问题相当突出，正面临着转变经济发展方式和实现结构升级的艰巨任务。一些人认为，这些问题主要是传统产业中的现象，只要抑制传统产业增长，加快战略性新兴产业发展，就能解决这种结构不平衡、发展不协调的矛盾，实现可持续发展。实则不然，问题并非如此简单。经济发展方式转变和经济结构调整绝不是只要进行板块式的调节，使之此消彼长就可以达到的目标，而是一个建设现代产业体系的系统性变迁过程。尤其要明确处理好提升传统产业和发展战略性新兴产业之间的关系。

放弃？强化？升级？如何选择中国产业体系系统变迁之路

培育和发展战略性新兴产业是实现产业升级、提高产业国际竞争力的重要内容之一。产业升级必须考虑国家规模、资源禀赋、发展阶段等基本国情条件，特别是要立足于产业技术水平的现实基础和劳动力素质的实际状况。所以，尽管大部分国家都希望实现产业升级，但产业升级以及发展战略性新兴产业的现实涵义却并不完全相同。

作为一个后发的工业化国家，中国 60 多年来的工业发展基本上是沿着西方工业路线所获得的技术而实现产业扩散的，即以“开阔地推进”方式进入各产业领域。尽管也有崎岖不平和艰难险阻，但基本上是走前人走过的路，在产业的中低端环节迅速扩大生产规模。这可以称之为“平推工业化”，具有显著的创新性模仿特征。以这样的方式推进工业化，人们总是关心“应该鼓励发展什么产业”，实际上是希望能够发现可以大规模平面推进并迅速形成生产规模的产业领域。因此，当国家提出“培育和发展战略性新兴产业”，并确定了其中几类产业为现阶段的重点培育和发展对象时，许多地区和企业以为又有了可以大规模投资的“新大陆”，继续以平推式扩张产能的思维进行投资。其结果可想而知。由于缺乏核心技术和有效市场需求，很可能发生严重的产能过剩。太阳能光伏产业就是一个突出的例子。

2013年的《政府工作报告》指出：“我国生产力发展水平具有多层次性，回旋余地很大，重要的是优化资源配置和产业布局，解决产能过剩、核心技术缺乏、产品附加值低的问题，解决低水平重复建设和地区产业结构趋同的问题。必须加快改造提升传统产业，大力发展高新技术产业，提高产品质量和市场竞争力。以扩大国内市场应用、重要关键技术攻关为重点，推动战略性新兴产业健康发展。”这实际上是告诉我们，尽管发展战略性新兴产业是实现产业结构升级的重要内容之一，但绝不是对传统产业和战略性新兴产业的厚此薄彼。战略性新兴产业是引导未来经济社会发展的重要力量，但传统产业仍然是主导和支柱产业。

所有统计数据和可以观察到的经济现象都表明，中国并没有“夕阳产业”，从最传统的产业到先进制造业以及现代服务业的各个部门，都有很大的发展空间。按照“十二五”规划，2015年，战略性新兴产业的比重将占国内生产总值的8%，到2020年也只能达到15%。所以，中国产业升级的意义决不在于“放弃”，而是在于“强化”和“升级”，即全方位地加强中国产业的国际竞争力，使各产业部门都能进入世界先进水平，这是中国产业体系变革的迫切要务，并已包含三个重大战略方向。

一是应对新挑战。由于企业生产成本的较快上升、资源约束日益增强和环境保护标准的提高，决定了必须以技术创新来克服产业发展的现实矛盾和约束。

二是攀升产业链。加快缩短同发达国家先进产业差距的速度，逐步占领世界产业高端领域，进一步优化中国在国际产业分工中的地位。

三是拓展新空间。即要形成新的产业门类，实现产业发展阶段的革命性跨越。

而从国情出发，也必须处理好三个基本关系，即“现有产业创新和培育新兴产业的关系、化石能源与新能源的关系、全面提升工业素质与发展高端产业以及加快发展服务业的关系”。

从“挪威之谜”看新兴产业的培育规律

据国际货币基金组织2010年的数据显示，瑞典人均GDP达到47667美元，挪威更是高达84543美元。作为人均GDP居世界最前列的国家，在如此高的经济发展水平和长期实行高标准的社会福利制度环境下，两国产业仍然具有很强的国际竞争力，甚至对世界产业升级具有积极影响的现象尤其值得研究。

OECD的一份研究报告也曾指出，关于技术创新有个“挪威之谜”（Norway puzzle）。挪威的R&D支出并不高，但产业效率（劳动生产率）提高很快；传统产业（石油、天然气、渔业、制造业等）虽占有较高的比重，但整个国家产业竞争力却很强，实体产业发展仍然充满活力。

就发展战略性新兴产业问题，笔者在与瑞典、挪威两国学者和政府及公共部门的官员交流后发现，揭开这一谜题的奥秘，可从四个方面寻到一些线索。

第一，市场选择的创新。他们认为，产业技术创新的动力来自多方面。除了R&D驱动之外，还有市场驱动、消费者驱动和竞争力驱动（为增强现存产业竞争力而创新）。因此，政府从不刻意直接扶持某一产业创新，而是完全尊重市场竞争的选择。

第二，一视同仁地鼓励。政府鼓励企业进行研发活动，但对所有产业（传统产业和新产业）中的所有企业（大、中、小企业）一视同仁，公平竞争。例如，各类企业凡进行研发投资均可获得税收减免。

第三，兼而有之地重视。政府重视新兴产业发展，但也绝不轻视传统产业。特别是非常重视现有产业的技术创新，主张传统产业与新产业的融合，即通过技术创新实现传统产业在国际市场中更强的竞争力。例如，挪威特别重视石油天然气产业的技术创新，运用高技术在提高效率的同时，减少其对环境的不利影响，持续保持这一产业的国际竞争力。

第四，通力合作地支持。政府把技术创新视为各领域的综合问题，而不仅仅是科技和产业部门的专业问题。许多涉及创新的机构，都是由中央和地方的多个部门共同组成，涉及产业创新的政策也都由各方面合作实行。

尽管中国与北欧国家处于不同的发展阶段，国情条件也有很大差别。但是，上述经验仍然对中国具有现实的借鉴意义。

产业技术创新必须立足于现实国情，扎扎实实，不可急于求成。即使要实现“跨越式发展”，也必须脚踏实地。一方面，要向传统产业植入高新技术，促进其转型升级；另一方面，也要认识到，战略性新兴产业既包括新生成的产业，但更多的还是传统产业与高新技术融合发展起来的产业。发展战略性新兴产业和传统产业的高技术化，都是实现产业整体升级和协调发展的重要任务。

以点、线、面有机结合实现新兴产业向支柱产业迈进

新兴产业是未来产业。战略性新兴产业是关系重大利益并且可能成为主导产业或支柱产业的未来产业。既然是未来产业，其重要特点之一，就是具有技术产业化的不成熟性和技术路线选择的不确定性的技术创新，而且要培育和实现全产业链以至产业全生命周期的技术优势和经济合理性。从这一角度看，战略性新兴产业的技术创新不只是“点”状突破，而是“线”状（全产业链）和“面”状（需要社会性的广泛创新，包括基础设施的支持）的技术革命，必须以系统、综合和全面协调的创新活动来实现战略性新兴产业向支柱产业和主导产业的发展。

当前，一个值得警惕的现象是，发展战略性新兴产业已成为各地区竞争的重要领域。由于原有经济增长方式的惯性以及中国目前仍然处于工业化中期阶段的客观条件，发展战略性新兴产业的竞争往往异化为竞相扩展产能的投资项目；各地政府直接和深度参与产业发展的竞争，以各种优惠政策招商引资。这样一来，发展战略性新兴产业很可能演变为圈地块、争补贴、上投资的“血拼”式竞争，导致产生极大的副作用和资源浪费。需要看到，依靠生产性投资项目拉动经济增长，正是必须改变的传统经济增长方式的典型行端和低效益端扩张、将资源消耗和环境破坏的成本留在中国、而把节能环保的产品出口到发达国家的现象。如此，将使中国仍然处于国际产业分工中的不利地位，无助于有效解决我国经济发展不平衡、不协调、不可持续的矛盾，也难以实现战略性新兴产业的健康发展。因此，必须按照走新型工业化道路的方式，全面提升传统产业和科学发展战略性新兴产业。要有新的体制机制保证战略性新兴产业的发展沿着更为高效、更具科学性、合理性的路径推进，避免传统发展思维和“血拼”式增长方式在战略性新兴产

业发展过程中的重演。

与此同时，从各国工业发展史看，技术创新以至“工业革命”和新兴产业的出现从来不是由政府计划出来的。政府虽然可以在支持和促进重大技术创新上发挥重要作用，但是，企业毕竟是最终的创新实现者。实现创新归根结底是由企业创意、推动和完成的事情。从一定意义上说，我们所期望的战略性新兴产业的成长和发展，完全取决于能给企业和基层留下多大的创新和想象的空间。

诚然，产业转型升级并不是要求所有的企业向同一方向、按照同一技术路线“升级”。每一家企业的具体条件、实际能力、技术优劣势等各不相同，发展决策必须实事求是，顺势而进。因此，在发展战略性新兴产业的具体路径、技术选择特别是项目决策上，政府没有必要规定和强求企业如何做，或者以高强度补贴的方式诱使企业就范（国际经验表明，给各类企业提供平等的创新支持，比歧视性的补贴更能取得促进战略性新兴产业健康发展的政策效果）。要相信，企业面临着最现实的生存和竞争压力，对创新具有最切身的感受和迫切性，只要让企业充分发挥想象力，他们中的大多数都可以走上可行的技术创新道路和进行适当的技术路线选择，从而实现中国整个产业体系的转型升级，形成更具国际竞争力的现代产业体系。

在这一过程中，政府有责任提供有利于实体经济发展，特别是鼓励战略性新兴产业发展的政策支持。如根据本地资源禀赋和优势选择发展战略性新兴产业的重点领域，以及突破制约产业发展的共性技术、核心技术和系统集成技术，并且形成有效的商业模式，以技术成熟和经济合理的目标使新兴产业真正成长为未来的支柱产业。也就是说，政府鼓励和支持战略性新兴产业健康发展，绝不是代替企业的职能，也不是破坏公平竞争的市场机制，直接选择赢家。而是应该在基础研究、共性技术上进行公共投入；在核心技术突破上组织攻关；在产业化和新产品开发上给予各类企业平等的优惠待遇，不搞歧视性补贴。

改革开放使中国经济发展在短短 30 多年里取得巨大成就，大大压缩了工业化的历史过程，这使许多人以为，如果想发展什么产业，只要加大投资就可以做大做强，其实不然。各产业都有其发展的客观规律，有长有短。例如，太阳能、电动汽车、信息技术等，人类都已经探索了几十年甚至上百年，只不过是今天的科技条件和工业基础已经为这些产业技术的突破和产业化创造了更好的条件，有可能在可预见的时期内成长为支柱性产业。战略性新兴产业的生成和发展，同科学技术的进步一样，是一个演替进化过程，长期积累后水到渠成才是其基本性质。

尽管以科技革命为支撑，具有技术路线的突变甚至“颠覆”性质，可以开拓产业发展的“新大陆”，但这绝不是凭空创造，其成功和“成气候”不可能“从零起步”。任何新兴产业要发展成为具有战略地位的主导产业或支柱产业都必须依托于现实的工业体系。

美好景色虽然可以遥望，但要到达那里必须依靠一步步脚踏实地地远行。如果没有远行的意志和耐心，期望短期内就大功告成，则往往欲速而不达，而且会付出很大代价。只有秉承科学精神，遵循客观规律，才能实现中国产业的健康发展。

（金碚，中国社会科学院学部委员，工业经济研究所所长，《中国经营报》报社社长，《中国工业经济》、《经济管理》和 China Economist 期刊主编。兼任中国工业经济学会副会长，中国区域经济学会副会长兼理事长。曾获 20 余项国家级和部级优秀科研成果奖及“享受政府特殊津贴的专家”等荣誉。）

上海转型：打造高端集群　做优发展环境

上海市经济和信息化委员会总工程师　马　静

富有成效的“三部曲”

经济实力之曲。在790平方公里的规划面积内，上海开发区经济规模接近5万亿元，工业产值已占全市的3/4，上缴税收比重超过40%，从业人员接近300万人；第二、第三产业营业收入超千亿元的开发区（产业基地）已达11个，工业产值超千亿元的开发区（产业基地）达到7个，以漕河泾、张江、金桥、闵开发、临港和化工区等为代表的上海开发区品牌，在国内外享有盛誉。

结构调整之曲。业已形成电子信息、汽车、石化及精细化工、精品钢材、成套设备、生物医药等六大支柱产业集群，成为上海先进制造业核心集聚区，工业集中度更是从2003年的45%提高到2012年的74.83%；工业用地年平均产出率67.91亿元/平方公里，其中，国家级开发区达到142.16亿元/平方公里。更应关注的是，市级以上开发区第二、第三产业营业收入之比已达49.77∶50.23，第三产业营业收入首次超过第二产业，产业结构调整取得较好成效。

体制深化之曲。浦东新区借助原南汇区并入浦东的区划调整机遇，建立起“7+1”的管理体制，将产业关联度大、区域位置接近的开发区域归并到相应管委会，加快产业融合和要素融合步伐；国际汽车城将安亭镇和黄渡镇行政区划“撤二建一”，加大了资源整合利用的力度；市政府专门设立了长兴岛开发建设管委会和临港产业区管委会，统筹组织长兴岛及临港新城的开发建设。管理体制的改革实践，有效促进了开发区向资源要素联动整合的方向深化发展。

创新转型的核心理念

党的十八大指出：“以经济建设为中心是兴国之要，发展仍是解决我国所有问题的关键”。作为上海市经济发展的重要空间载体，开发区承载着推进上海产业转型升级的重大历史使命，在新的机遇和形势下，要以更加奋发有为的精神状态努力开创上海开发区“创新驱动、转型发展”的新局面。

做好创新转型，就要围绕上海产业发展总体目标，提升核心竞争力和可持续发展能力，努力将上海开发区建成“生产先进、生活和谐、生态文明”的新型工业化园区，推动上海形成与国际大都市和建设“四个中心”相适应的高附加值、高科技含量和高集聚度的现代产业体系。

做好创新转型，就要牢牢围绕“集聚发展、集约发展、创新发展、错位发展、融合发展”的基本原则，推进开发区走内涵式发展道路，努力成为上海市“推进新型工业化和带动区域经济转型发展的引擎”；建设成为培育战略性新兴产业、推进高新技术产业化的平台，发展先进制造业的平台，推进第二、第三产业融合发展的平台和促进科技创新的平台。

做好创新转型，就要做好新的空间布局安排，围绕推进上海产业升级和转型的总体目标，加快促进中心城区老工业基地的转型，打造主导产业核心竞争力，推进郊区新城的产城融合。到2015年底，基本形成外环内以研发设计、创意创新、商务贸易、核心制造为主的产业中心区域；以郊区重点工业区为主体，支持郊区新城建设发展的九大产业功能组团；以及涵盖全市战略性新兴产业、高新技术产业化领域及支柱产业的20个新型工业化产业示范基地，形成“一环九组团、二十个基地”的产业空间布局。

转型发展的重点路径

打造园区高端产业集群。在新能源、民用航空制造业、先进重大装备、电子信息制造业等重点领域，加快推进高新技术产业化和战略性新兴产业发展。在传统产业重点技术领域，形成若干具备技术创新优势、产业链完整的高新技术产业集群和高新技术产业基地。紧紧抓住产业链和价值链高端环节，提高园区高端技术、高端产品、高端环节、高端领域的比重。以加快向服务经济为主的经济结构转变为目标，鼓励基础较好的开发区通过培育市场、政府采购、组建产业联盟、制定促进政策等手段，大力推动制造业企业向设计研发、营销服务和品牌管理等领域延伸发展，加快第二、第三产业融合发展。

推动生产性服务业发展。通过开放式创新，着力推动“产学研”深度融合，实现产业核心技术的再开发和再创新。构建产业链的创新模式，在保持技术进步与国际同步的基础上，切实增强产业发展后劲，实现产业化关键瓶颈的持续突破。鼓励园区与高等院校、科研院所、企业等多元主体联合创办各类专业孵化器。通过市场化手段运营科技企业加速器，打通高科技企业成长通道。培育一批“专精特新”的中小企业，形成以大带小、以小促大的大中小企业协同发展格局。大力支持园区、企业、技术专业学校进行专业技术实训合作，建立区域人才培训体系，加强对高水平的产业技术工人的培训，加快建设面向全球的研发基地、知识扩散中心和人才积聚高地。

提升土地集约利用水平。进一步完善工业用地标准和体系，建立产业用地保障机制，在新增建设用地指标中保证一定比例的新增产业用地，并加以刚性约束。积极探索国有建设用地弹性年期出让制度，根据产业生命周期和企业规模，合理确定工业用地出让年期。鼓励经市政府认定的开发区前期开发主体，通过一级市场取得土地并建设标准厂房，提升园区土地利用水平。推进开发区制定盘活存量工业用地行动计划，支持园区企业进行增资扩建或实施技术改造，提高厂区土地利用率。

优化园区投资环境。实现开发区招商引资、土地开发、企业服务、产业培育等全过程的功能集成。管理机构要按照“行政效率最高、透明度最高”的要求，进一步提高政府效能和服务水平，不断完善园区企业全生命周期服务机制。强化开发区开发企业市场化经营模式，提高自我造血能力，积极拓展证券、企业债券、信贷、金融租赁等多层次、多类型融资渠道。大力培育促进产业发展的第三方中介服务机构，作为政府服务的延伸，发挥其在产业研究、要素引进、技术支撑和企业服务中的重要作用。要以改革创新精神为核心，挖掘、凝练和提升富有浓郁特色的文化内涵，增强改革意识和创新活力。

推进开发区品牌建设。重点培育若干个在国内具有较强竞争力的开发集团公司，在开发区发展领域形成园区开发、产业培育、物业经营、服务集成的产业链。大力推进品牌开发区连锁经营和管理输出，鼓励同周边镇区、工业小区等实现联动发展。

江苏奥秘：理念与时俱进 路径多元并举

江苏省商务厅副厅长 王润亮

江苏省是全国兴办开发区时间最早、发展最快、规模最大、效益最优的省份之一。经过近30年的发展，开发区已形成了类型多样、布局合理、功能齐全的开放格局，成为江苏省经济发展的重要增长极。131家各类开发区，以占全省2%的土地面积创造了50%的地区生产总值、67%的工业增加值、40%的地方一般预算收入、75%的对外贸易，并吸纳了75%的实际到账外资。

如今，开发区不仅加快了江苏省工业化、城市化、市场化和国际化进程，而且作为改革创新的先行区和迅速崛起的新城区，已成为推进全省“两个率先”的重要支撑和保障。

现在，不仅每个省辖市都设立了国家级开发区，而且每个县（市）也都建成了省级开发区，呈现出苏南、苏中、苏北开发区互动发展的良好格局。江苏省22个国家级经开区和10个国家级高新区的总数量均位居全国第一；21个海关特殊区集中发展，也成为数量最多、功能最全、建设水平最高的省份之一。

审时度势 创新发展

从发展机遇看，国际金融危机正在催生新一轮的全球科技创新和产业重组；推进长三角一体化和加快江苏省沿海开发上升为国家战略；江苏省委、省政府把创新驱动作为核心战略等，为开发区加快创新发展提供了良好契机。

从产业规模看，一方面，开发区集聚形成了相当规模的高新技术产业和新兴产业。外商在江苏省投资的高新技术企业，90%以上设在开发区；全省开发区高新技术产业产值、新兴产业产值占开发区工业总产值的比重分别超过30%和23%。另一方面，开发区打造了一大批具有竞争力的创新载体，已有省级以上高新技术创业服务中心298个，研发中心3300余家，各类孵化器孵化面积超过1000万平方米。

从创新环境看，一批由科研院所创办的高质量的大学科技园和虚拟大学科技园集聚在开发区；区内大专以上各类专业人才达到190余万人，科技领军人才超过1000人。江苏省政府新出台的《加快开发区转型升级的政策意见》，鼓励各开发区强化政策支持，建立促进高新技术企业良性发展的投融资体系、创业孵化体系、知识产权保护体系、中介服务体系等，将形成有利于开发区创新发展的体制、机制。

转变理念 内涵发展

江苏开发区规模化扩张的形态开发已经结束，正在向特色化、精细化的“一区多园”形态发展。

路径一：走特色产业园区之路。引导开发区从资源条件、产业基础、核心技术等方面出发，突出产业特色，带动和促进上下游企业集聚和产业链延伸，形成先进制造业、高新技术产业和现代服务业等不同类型的特色产业园区。

路径二：走生态绿色低碳之路。推广低碳技术，促进开发区加快由粗放型、消耗型发展向集约型、再生型发展转型。加快生态工业示范园区建设，推进国际合作生态园建设。集中做好环境保护工作，引导和鼓励开发区外中小企业向开发区集聚，引导村镇企业向开发区标准厂房集中。

路径三：走宜居、宜商、宜业之路。通过科学规划，引导全省开发区优化空间布局，积极与主城区对接，优化人居环境。加快建设一批重点创意产业园、服务外包基地、总部经济区、中央商务区等城市新载体。逐步完善城市功能，加快社会事业发展，加强教育、医疗、文化、体育等功能设施建设，将开发区建设成为宜居、宜商、宜业的新城区。

路径四：走内涵创新转型之路。从招项目向招人才、创项目转变，推动从“集聚人气”向“集聚才气”转变。实施“创新型开发区建设计划”，加快引进国内外顶尖创新型人才，筑更美的“巢”，引更好的“凤”，造就一批具有国际影响力的创新型领军企业。加快建设开发区创新载体和平台，推动创建更多的开放式产学研联合平台，重点建设好一批集知识创造、技术创新和新兴产业培育为一体的创新核心区。

路径五：走功能叠加互补之路。推进开发区与出口加工区、综合保税区以及保税港区实现功能叠加、资源共享和优势互补。加大对海关特殊监管区的整合力度，支持有条件的出口加工区、保税物流中心升级为综合保税区。建立各特殊监管区域之间以及与口岸之间的便捷通关联运机制，推进通关区域“一体化”建设。积极探索在特殊功能园区基础上开展自由贸易园区试点。

路径六：走合作共建的升级之路。促进省内南北共建园区加快发展，积极推进苏北、苏中开发区与上海开发区合作共建园区。鼓励支持中央企业、省内外大型企业集团与江苏开发区合作共建园区。推动江苏开发区与兄弟省市开发区的合作。巩固和深化与重点国家（地区）的合作，积极探索江苏开发区与境外区域合作开发新模式。引导有条件的江苏开发区加快“走出去”步伐，积极参与境外合作区和集聚区的建设。

路径七：走结构调整并举之路。坚持大中小项目并举、内资外资并举、第二、第三产业并举、存量升级与增量引进并举、引资引技与引智并举。在着力提高先进制造业竞争力、壮大提升高新技术产业、大力发展战略性新兴产业的同时，创新发展现代服务业的商业模式，形成先进制造业和现代服务业联动发展、相互促进的发展格局。

浙江动力：创新机制　整合提升

浙江省商务厅副厅长　胡潍康

浙江省118个各类开发区依据新的发展形势，努力以大战略和大举措推动转型升级进程。2012年，开发区以约占全省5%的土地面积，贡献了28.5%的财政收入、39.2%的出口额、50.1%的工业增加值和53.8%的实际外资额。

创新的思路带来“1+1>2”的最佳成果

如何破解发展空间的难题？是各开发区在发展中面临的最大的“成长的烦恼”。由于浙江省要素资源禀赋所限，更使这一问题的攻关难上加难。因此，走小而优、小而特、小而强的“以亩产论英雄”的精耕细作的发展方式，以及通过体制创新、整合资源实现空间拓展、产业提升的路径，成为尝试性地突破这一瓶颈的主要思路。

沿循这一创新，2008 年下半年以来，浙江省在全国率先探索了一条在不改变原有“四至范围”、不突破国家核准面积的前提下，拓展开发区发展空间的道路和办法，即以“整合提升”实现“强强联手”。至今，全省共有 65 个开发区（园区）整合了 200 余个各类功能区，辐射带动区域达 6000 余平方公里，开发区的平均单体面积也由 8 平方公里拓展到 106 平方公里，形成了开发区与辐射带动区域资源整合、要素流动、统筹联建、成果共享的管理体制和发展格局，有效实现了“1 + 1 > 2”的现实成果，推动了开发区近年来的大发展。湖州、嘉兴、绍兴、金华等 13 个省级开发区也在整合提升中迅速发展，成功升级为国家级经济技术开发区。

2013 年，浙江省将继续以深化整合提升为抓手，积极扩大开发区的单体规模和发展空间，增强开发区核心竞争力和辐射带动力：要在实施浙江四大国家战略举措中发挥支撑促进作用、在加快浙江经济转型升级中发挥示范引领作用、在促进区域经济发展中发挥辐射带动作用，以“进一步拓展发展空间、优化产业布局、创新体制机制、提升发展水平”为目标，构筑浙江区域开放创新的新高地。

创新的理念推动整体跨越的最终实现

浙江省现有 18 个国家级开发区、4 个国家级高新区和 7 个海关特殊监管区，初步形成了布局优化、分工有序、相互支撑的开放格局。全省 11 个设区市中，有 9 个实现了园区类型的“大满贯”，还出现 7 个设在县（市、区）的国家级开发区。

随着数量规模的增加和综合实力的壮大，浙江省开发区以国家级开发区为核心，利用其品牌、政策、人才、资金、产业、管理等优势，通过功能互补或强强联合的模式，对各类园区进行整合、吸纳和重组，解决目前各类园区“多而散、小而弱”的问题。这一思路，也避免了同一区域不同园区出现的多头管理、各自招商、产业同构、资源分散等现象，为形成航母式的开发区、构筑若干个“少而优、大而强”的区域经济发展大平台奠定了坚实基础。

创新的体制机制激发无限活力源泉

浙江省委书记夏宝龙同志在全省开发区工作会议上指出：“如果说，过去开发区的发展主要靠政策，那么如今的发展关键要靠体制”。随着实际管辖区域的扩大、日常管理事务的增多以及省级开发区的不断升级，原有的开发区管理体制和运行机制已不适应承担当前日益繁重的经济社会发展任务。为此，从 2011 年下半年开始，浙江把“创新开发区管理体制”作为重点推进工作之一，由省政府办公厅协调省级相关部门，合力推进开发区体制机制创新。2012 年 10 月，出台了《浙江省人民政府关于进一步提升全省开发区发展水平的指导意见》，明确提出要把“推进自主创新和体制机制创新作为开发区落实科学发展观、实现又好又快发展的重要突进和突出抓手”。

在深化开发区新一轮整合提升工作中，为加大体制机制创新力度，浙江省将从三个方面加以推进：

一是发挥市县和开发区的首创精神。积极引导开发区探索建立统分结合的领导管理体制、便捷高效的运行服务机制和成果共享的利益平衡机制。

二是注重加强省级层面的顶层设计和整体推进。按照科学、合理、规范的原则，对国家和省级开发区的管理机构、领导干部配备、人员编制等有关问题，由省级相关部门尽快予以明确。

三是不断完善全省开发区综合考核评价体系。根据不同发展阶段对开发区的不同要求，修订调整开发区考评指标体系，发挥开发区综合考评的导向、推动作用。着重强化开发区争先进位意识，探索建立末位退出机制，进一步促进浙江开发区做强、做优。

产业可持续发展的关键：保持劳动力成本优势还是向“去劳动密集型”发展

国家发展改革委宏观经济研究院产业经济与技术经济研究所工业室副主任　付保宗

改革开放以来，我国出现农村剩余劳动力向城市转移的现象，尤其是加入 WTO 之后，劳动力转移一直保持较高增量。至 2011 年，我国农民工总量已达 2.53 亿人，其中外出农民工 1.59 亿人。但另一方面，自 2004 年起，“民工荒”这一现象开始出现，农业剩余劳动力无限供给的局面正逐步转向有限剩余；加之，吸引农村劳动力转移的成本日益提高，一种结构性民工短缺现象逐渐在东部沿海地区蔓延开来，并从数据上表现出两个变化：

一是农业劳动力转移数量趋于下降。1998—2007 年，外出农民工总量增加 9000 万人，平均每年新增 900 万人左右；2007—2011 年，外出农民工总量增加 3000 万人，平均每年新增 600 万人左右，年均新增量比前十年减少约 300 万人。

二是转移劳动力的工资呈现加速上升态势。根据相关调查，2003—2006 年，到本村以外从事生产经营活动的农民工人均月工资由 781 元增加至 953 元，增长 22.0%，年平均增长率仅为 6.93%；2007—2011 年，外出农民工月工资年均增长 16.4%，远远高于之前的增速。其中，除 2009 年受国际金融危机影响增速较低外，其余 4 年增速均高于 10%。在劳动力供给形势日趋紧张的背景下，各地纷纷上调最低工资标准。从 2008—2012 年，全国最低工资标准年均增幅达到 12.6%，部分省份超过 20%。据此推断，工业部门只有提高工资才能吸引更多的农业劳动力发生转移。

工业高增长的“黄金时代”是否即将终结

一直以来，工业尤其是制造业是吸纳农民工最多的领域。因此，工业也成为受劳动力供给形势变化影响最大的领域。

（一）低成本劳动力的工业竞争优势是否依然存在

2000—2011 年，规模以上工业企业工资总额占销售收入的比重持续降低，从 4.44% 下降到 2.37%，而销售收入利润率则总体呈现上升态势，从 5.22% 提高到 7.29%。目前，即使考虑到社会保险费和其他劳务支出（合计约占工资基数的 40%），我国工业企业劳动成本占销售收入比重也只不过在 5% 左右，明显低于发达国家 10% 以上的水平，为我国工业参与经济全球化竞争提供了重要动力。2011 年，从事制造业的农民工占农民工总数的

36.0%。大量农村剩余劳动力向非农部门转移，使充足的低成本劳动力供给打破了资本报酬递减规律，工业利润率长期保持在较高水平。

但还应看到，随着近年来新一轮重工业发展阶段的到来，资本密集型产业在制造业中的占比不断提高，整体工业领域的资本深化极大地促进了短期内劳动生产率的提高。与此同时，由于社会资源过度集中于投资领域，对劳动力素质和技术投资明显不足，劳动生产率提升缺乏可持续性，随着资本密集型产业增速的放缓，劳动生产率提升将面临日益增大的压力。2004—2008 年，我国制造业人均增加值年均复合增长率为 15.7%，同期人均工资年均复合增长率 17.3%，明显超过劳动生产率增速。特别是 2008 年以来，受全球经济危机影响，许多制造业生产率增长大幅放缓，但劳动工资增长下降幅度较小。以占出口四分之一的通信和电子设备业为例，2008 年和 2009 年，该行业人均增加值分别下降 4.5% 和增长 2%，而其人均工资仍然分别增长 23.6% 和 10% 以上。

因此，从国际比较看，尽管我国的工资水平远远低于发达国家甚至新兴工业国家，但考虑到劳动生产率仍低于上述发达经济体，如果按单位产出衡量劳动力成本，我国与发达经济体之间的差距将会大幅收窄。并且，同其他发展中国家相比，在劳动力成本的比较优势正在逐渐丧失。2009 年，我国制造业就业人员小时工资达到 2.04 美元，高于越南（0.89 美元）、泰国（1.96 美元）等周边发展中国家，也高于墨西哥等同类国家。未来，如果工业劳动生产率增长不能适应劳动力工资的上升，劳动力名义工资的提高必将转化为实际成本的上升，最终将导致资本边际报酬递减现象。

（二）劳动报酬上升是否将抑制以高投资推动工业增长的模式

在二元经济发展条件下，由于劳动者收入长期保持在较低水平，很大程度制约了居民消费能力的提升，从而导致消费率偏低而储蓄率偏高，间接提高了资本的积累率，并推动了工业投资的增长。2000—2005 年，我国劳动报酬与 GDP 的比率呈现的现象，由 51.4% 下滑到 41.4%；同期最终消费在 GDP 中的占比由 62.3% 下降至 53%；而投资在 GDP 中的占比由 35.3% 提高到 41.5%。资本的高积累率以及高回报率，形成了近年来以高投资为动力的工业增长模式。

这种模式具体表现在工业投资增长明显快于产出和就业增长。2004—2011 年，工业领域的固定资产投资年均增长 19.7%，而工业增加值和工业领域的就业人数年均增长分别为 11.5% 和 3.7%。与此对应的是，工业企业人均固定资产拥有量持续增长，资本深化趋势十分明显。以不变价计算，2004—2011 年，工业企业人均固定资产净值由 11.5 万元增加到 18.4 万元，增长了 60%。

从目前趋势看，劳动力短缺将推动劳动者收入增长，并对资本积累形成一定的抑制作用。从日韩两国发展历程看，在农业劳动力短缺到来之际，劳动者报酬在国民收入中的比重呈现明显上升态势。1961 - 1966 年，日本劳动报酬与 GDP 的比率由 44% 提高到 47.6%，到 1975 年最高达到 58.5%；1981 - 1983 年，韩国劳动报酬与 GDP 的比率由 38% 提高到 39.9%，1991 年提高到 45.9%。我国近年来也出现了相似变化。2005—2011 年，劳动者报酬与 GDP 的比率从 41.4% 上升到 44.9%，这一时期，消费率下滑的趋势明显放缓，2006 年和 2011 年分别为 50.8% 和 49.1%。

显然，随着劳动者在收入分配中受到更高的重视，劳动报酬与 GDP 的比率或将继续上升，劳动者实际工资和即期收入将步入上升通道。同时，社会也更加重视分配问题，并致力于建立更为完善的社会保障体系。因此，劳动者消费能力和消费倾向都将有所提高。居民消费水平上升将给依靠高投资推动的工业增长带来一定的抑制作用。

（三）数据变化是否说明工业在经济中的地位即将见顶？

我国第二产业和工业占 GDP 比重经历了先降后升而后在高点徘徊的过程。2006 年，第二产业和工业占 GDP 比重分别为 48% 和 42.2%，两者均达到了自 1981 年以来的最高点。但近 5 年开始呈现逐渐下降趋势，也同日韩两国发展规律极为相似。20 世纪 60 年代中后期，日本第二产业（主体为工业）占 GDP 的比重在经历了高位趋稳后开始显著下降。1960 年和 1965 年，日本第二产业占 GDP 比重分别为 46.5% 和 46.4%，而从 1970－1975 年则由 46% 下降到 41.7%，5 年下降了 4.3 个百分点。1985 年，韩国第二产业（主体为工业）占 GDP 的比重在达到 40% 左右的高点后，保持基本稳定，并在 1995 年之后逐步下降。

按照世界银行统计，2006 年，我国人均 GDP 约 2000 美元左右，与日本 1970 年（1974 美元）和韩国 1985 年（2368 美元）的水平相当，也就是与日、韩两国遭遇农村劳动力供给紧张的时期相当；同时，也与日、韩两国第二产业占 GDP 比重开始见顶而趋于下降时期的收入水平相当。当然，与日、韩两国相比，我国存在人口基数大、地区发展不均衡的自身特点，仍然可以在较长时期通过内部产业结构升级和产业区域转移的方式来延续工业的惯性增长；但在劳动力成本上升条件下，面对资本报酬率递减和资本积累率降低带来的压力，工业在经济中的比重或将见顶，并进入趋势性下降通道。

日、韩经验的现实启示：走向“去劳动密集型”

（一）产业结构的显著变化

在 1960 年之前，日本食品饮料、纺织品、造纸印刷等劳动密集型产业在制造业中比重较高，之后开始持续下降；1960 年之后，金属、化学、石化等资本密集型产业占比提高后保持相对稳定态势；同时，通用设备、电子设备等技术密集型产业占比则持续提高。韩国在相似阶段，制造业结构呈现与日本类似的变化，同样是食品饮料、纺织品等劳动密集型产业比重持续下降，而石化、金属及其制品、机械、电子设备、交通设备等资本和技术密集型产业成为其重要的产业。可见，在经历农业劳动力供给约束之后，工业结构均产生明显变化，从最初劳动力密集型产业向资本密集型产业再向技术密集型产业转型升级。

（二）引进海外技术推动产业升级

面对农业剩余劳动供给的深刻变化，日、韩两国通过技术进步推动制造业由低端劳动密集型环节向高端环节迈进。日本为迅速缩小与欧美国家的技术差距，大力引进和消化吸收海外技术。1950－1959 年间，平均每年引进 103 项海外技术；1960－1967 年间，平均每年引进 469 项海外技术；实行自由化后，1968 年和 1969 年分别引进 1061 项和 1154 项技术。通过发挥后发优势，日本企业的技术力量具备了相当强的国际竞争力。到 20 世纪 60 年代末期，日本的产业技术水平基本上已达到欧美国家水平。韩国同样重视技术结构升级。1962－1993 年，韩国共引进国外技术 8766 项。到 20 世纪 90 年代，韩国在一般技术领域已经与发达国家相差无几，产品国际竞争力与日俱增。

日、韩两国通过技术进步，使多数制造业实现了由低端加工制造向高端研发设计环节的升级，较大程度上化解了劳动力成本上升带来的冲击。

（三）走提升价值链分工的新路

2000－2010 年，我国劳动密集型产业产值占制造业的比重由 28.4% 下降到 17.8%，资本密集型产业比重由 35.9% 提高到 38.3%，技术密集型产业则由 35.7% 提高到 43.1%。显然，当前我国工业行业内部结构的变化与先行工业国家的发展规律基本吻合。工业结构的“去劳动密集型”变化，有利于提升工业整体劳动生产率，并对消化劳动力成本上升、化解劳动力供给约束起到一定的积极作用。

但与日、韩等先行国家发展的同一阶段相比，我国工业技术结构和价值链升级的进程又相对滞后。尽管技术密集型行业在制造业中的比重不断提高，但劳动生产率提高仍然更多地依靠高投资条件下的资本劳动比率升高，技术进步对提高劳动生产率的贡献则相对偏小。根据相关估算，从1978－1994年间，资本劳动比提高对劳动生产率的贡献为45.3%；2005－2009年间，则提高到64.7%，相应的全要素生产率对提高劳动生产率的贡献从46.9%大幅降低到31.8%。

还应看到，当前，我国制造业整体研发投入强度不仅与国际先进水平存在较大差距，甚至低于世界平均水平。2011年，我国R&D经费支出相当于国内生产总值比率为1.84%，而2007年世界平均水平已达到2.07%；日本和韩国分别为3.44%和3.21%。研发投入强度较低导致多数行业的自主创新能力和技术水平不高，即使在电子信息等典型的技术密集型产业领域，我国企业也主要集中在劳动密集型的加工制造环节，长期处于产业价值链的低端，形成了“技术密集型产业无技术”的尴尬局面。与其相关的是我国工业由于劳动密集度较高，对劳动力成本变化的敏感度也相对较大；而由于产业分工地位不高，企业利润水平被压制在较低水平，劳动力成本上升的压力却难以通过提高产品价格向下游转嫁。

综上所述，在新的发展阶段，单纯依靠工业行业结构调整难以完全达到提升产业竞争力的目的。只有调整工业技术结构并提升价值链分工地位，才能有效推动工业持续健康发展。为适应形势变化，从需求方面，应通过提高工业发展质量，降低劳动力供给紧张的压力；从供给方面，应通过提高农业产出率和提升劳动者素质，进一步挖掘劳动力的供给潜力。

对我国人力资源市场发展的思考

国家发展改革委宏观经济研究院社会发展研究所助理研究员　王　阳

当前人力资源市场呈现格局趋势变化

（一）供需格局向有利于供方转变

从2011年全国117个城市监测公共就业服务机构的市场供求状况信息表明，城市用人单位全年通过市场招聘各类人员累计达到2068万人次，进入市场求职的人数累计达到1956万人，人力资源总量需求略大于供给，岗位空缺与求职人数的比率约为1.06。从2001年以来的变化趋势看，市场用人需求和求职人数总体上保持上升态势，人力资源需求增速高于求职人数增速，2010年达到1.01，2012年达到1.06，呈上升趋势，反映了我国人力资源市场供求格局发生了有利于供方的转变。

（二）就业区域格局发生深刻变化

农业人口是流动人力资源的主体。产业梯度转移和中部崛起、西部大开发等区域发展战略的实施，带动中西部地区人力资源需求快速增加，农业转移人口就近就地转移就业的数量逐步增加。2012年，东部地区城镇新增就业比例占全国就业份额首次下降，中部地区保持平稳，西部地区占比有所上升。这与经济增速东低西高的区域特征基本吻合。与此同时，在劳务输出大省中，继河南省之后，四川省在2012年省内转移就业人数超过省外转移人数。2012年，四川省内转移就业1291.81万人，增长18.33%，省外输出1117.27万人，减少7.3%。江西省、安徽省等地农业人口在省内转移就业的增速也开始超过省外。这说明就业的区域格局已发生变化。

人力资源市场发展中呈现三大现象

（一）非正规就业快速发展加剧人力资源流动性

据《中国城乡统筹发展报告（2012）》发布，2000－2010年，农村外出人力资源占城市非正规就业的平均比重达到75.1%，已成为城市非正规就业的主体。另有调查显示，2011年，被调查者中非正规就业数量占全部非农就业人数达到60.4%，其中，在非正规单位就业的比重达67.1%。从非正规就业群体的构成看，72.1%的是农村外来务工人员。除了缺乏劳动合同保障，非正规就业群体在享有社会保障方面也明显不如正规就业群体。就业权益无保障，又处于社会政府部门的服务与监管范围之外，加剧了农村人力资源的流动性。

（二）就业质量出现新的评判标准

按照国际劳工组织（ILO）对“就业质量”的定义，指“在自由、公平、安全和具备人格尊严的条件下获得体面的、生产性的可持续工作机会”。近年来，我国部分地区出现的“用工荒”现象，在某种程度上显示了劳动者的就业价值取向已经发生变化，正在从“有工作干”到“干得体面”方向提升，就业质量问题正在成为人力资源供求双方矛盾的焦点。具体表现在四个方面：

1. 分配不均衡。突出表现在劳动者收入增长速度长期低于经济增速，并承受通货膨胀带来的损失；社会保障覆盖面不足，相当一部分企业只是按照最低限度为员工缴纳社保，农民工群体甚至没有或只有单项保险。根据国研中心课题组近期的相关调查，农民工最不满意的因素是收入水平低，选择比例达59.7%，而在农民工最希望政府做的事情的选项中，排在第一位的仍然是提高最低工资水平（65.90%）。

2. 工作环境不安全。据国家人口计生委发布的2012年流动人口监测报告，60%的农业流动人口就业于工作条件差、职业病发生率高和工伤事故频发的低薪、高危行业。新生代农民工发生工伤事故时，仅有60%的用人单位为其支付医疗费用。

3. 就业不平等。突出表现在城乡差异带来的同工不同酬等一系列就业质量问题中。同时，劳务派遣在部分单位被滥用，超出临时性、辅助性、替代性岗位范围，损害派遣工合法权益的问题比较突出。

4. 权益缺保障。集体协商制度的覆盖面窄，职工参与民主管理程度低，劳资协调机制不能充分发挥作用。特别是2008年《劳动合同法》正式颁布实施后，劳动争议案件呈现井喷式增长，当年就较上年上升了98%。同时出现的一个新特征是，由于劳资纠纷处理渠道不畅，劳动纠纷向劳政矛盾转化趋势明显。

（三）农民工的就业需求没有得到充分重视

农民工主要就业于城市，但有些城市往往仅考虑本地户籍人口的就业，而对外来农民工只是从经济发展需要角度间接考虑，甚至有些地方提出要把已就业的所谓“低素质”的农民工挤出去；不发达地区农村中年为主的富余劳动力就业，有赖于县域小城镇的产业发展和农民及回乡农民工创业，但相关支持政策仍需完善；就业服务信息化程度低，乡镇就业服务十分薄弱，相关政策和用工信息难以及时传递到农民手中。而城市公共就业服务机构组织招聘洽谈会或登记介绍，一般等待时间长、花费大，不适应农民工的需求。

建立适应全新环境的人力资源市场的对策建议

（一）以政策创新引导企业建立规范制度

1. 引导企业根据生产经营情况合理提高员工工资水平，完善工资指导线、人力资源市场工资指导价位和行业人工成本信息指导制度。

2. 建立“化税为薪”、激励提高劳动者报酬的机制，对有条件自主提高劳动工资水平的企业给予税收优惠、一次性补贴等手段进行鼓励。

3. 对受教育水平和生产率较低的工人采取与工资直接相关的补贴政策。

4. 通过财政、银行信贷等政策手段积极引导和鼓励微型企业规范制度。鉴于目前中小企业社会保险缴费负担较重的情况，建议参照国际金融危机时期“五缓四减三补”的经验，对经营确实困难但促进就业较为明显的中小企业予以社保补贴或岗位补贴。

5. 对中小企业给予财税、金融等方面支持，并借鉴日本、德国等国经验，采用研发补贴、人员培训、技术指导、新技术推广等措施推动中小企业技术升级，依托中小企业服务体系提供技术研发和员工培训等咨询服务。

（二）加快实现就业服务工作的全程信息化

1. 在统筹规划、整合现有资源的基础上，建立一体、多元的就业公共服务体系和服务制度。面向人力资源提供同等的市场信息（包括职业供求信息、职业培训信息、市场工资指导价位信息、人力资源市场分析信息等）、政策咨询、上岗培训等基本就业服务，以及根据人力资源的就业需求，提供菜单式的补充服务。

2. 完善城乡互通的政府公共就业服务信息网络。建立外来农村人力资源就业信息平台，加强对劳务供需双方的信息收集、分析、归纳并定期发布。推进市域网向乡镇、行政村延伸，为用工单位和农村人力资源择业提供技术支持和信息服务。加强各地就业信息共享，建立农村人力资源供求信息预警和指导工资发布制度。推进各省市区间公共就业服务机构之间的信息对接，引导农村人力资源转移就业和合理流动。

3. 鼓励公共就业服务机构和社会各界开展广泛合作，联合建立公共就业信息服务平台，借助现代通信、呼叫中心、互联网技术等，创新就业服务方式。

（三）建立劳动关系多方治理机制

1. 加强协调劳动关系三方协调机制建设。进一步扩大三方机制范围和实效，向乡镇、街道和社区延伸，建立基层协调劳动关系的对话平台。

2. 推进建立健全协调劳动关系三方委员会试点工作。调整充实专业委员会，加强对劳动关系形势的分析和研判，开展劳动关系矛盾纠纷排查。

3. 促进企业积极履行社会责任。大力改善劳动条件和生活环境，自觉遵守劳动法律法规，规范劳动管理行为，加强人文关怀和文化建设，实行人性化管理。

4. 建立和谐劳动关系的激励机制，形成企业劳动关系诚信公示制度，可设立和谐劳动关系奖励基金，对积极履行社会责任的企业予以表彰奖励，在政府采购、工程承包中把履行社会责任情况作为一项重要考核指标，鼓励金融机构、监管机构等采取相关措施，推动企业履行社会责任。

（四）健全农村转移就业培训体系及制度

1. 形成一主多辅、多层购买式农村转移就业培训体系。加大对农村人力资源职业教育和技能培训的投入力度，以流出地政府为主导，教育、人社、农业等职能部门协同，集中建设高水平综合性公共实训基地，同时整合各系统的教育培训资源，建立若干专项技能公共实训基地。

2. 按照产业发展需要与人力资源供需预

测，制定农村职业技能培训工种和相关规划。利用订单定向培训、就业定向培训等方式，形成多层次的农村职业教育和技能培训体系。

3. 健全农村转移就业培训补贴和职业技能鉴定补贴制度。探索实行“就业公共服务补助券”政策，将国家转移支付用于农村人力资源教育培训的财政资金，以“教育券”、“劳动技能培训券”等方式下放，“券随人走”，由外出就业农村人力资源在流入地支付。逐步形成培训面向市场、机构平等竞争、农民自主选择和政府购买服务的农村转移就业培训机制，在相关政策资金使用上，鼓励跨地区、跨部门、跨行业、跨机构购买服务。

服务企业的“保鲜法”

上海市开发区协会会员部主任、企业评价服务中心副主任　姚向东

开发区不是一般意义上的工业房地产商，因为其从事的不是一次性或短期的房产销售行为，而是一个承担经济发展使命和管理责任的具有实现可持续发展目标的，包含“售前、售中及售后服务”的区域性经济发展载体。在这里，必须要思考“如何营造一个适合企业成长及发展的社会小环境”的问题。

提供企业需要的服务

阶段性的服务重点。早期建设与招商阶段提供给企业的服务重点主要着力于“七通一平”的基础设施建设与政府行政审批等“一条龙”服务。在发展时期，不仅要继续完善上述服务内容，还要考虑增加并完善配套服务体系。而且身处发展的不同阶段，配套服务的重点也不尽相同，要从交通、餐饮、医疗、娱乐、学校、购物等生活配套服务，过渡到通信网络、人力资源、政策扶持、法务咨询、产业发展信息、公共资源共享平台等生产性配套服务。

专业化的需求分类。制造业在生产流通方面，需要便捷的原材料、产品运输条件，并对厂房与用电负荷条件有特殊需求。而以研发、销售、地区总部类为主的园区或公司，则特别关注通信设施、空运环境和可供共享的资源服务平台。尤其是供电的稳定性对于研发单位而言是最重要的基本保障，要求能满足其 24 小时的供应。另一方面，这些企业不需要早期传统的通用厂房，而是需要各类档次的商务楼，其对办公场所设计分割也会有许多自身风格方面的特别要求，有些园区甚至特别重视按企业需求量身定制。以漕河泾松江园区为例，为了满足生产性服务业的需求，园区不同于其他产业园以建造一至两层的通用厂房为主的做法，而是以建设 6—8 层甚至 20 多层的高档服务式办公和酒店式公寓等建筑为主。其中一个以信息、网络、通讯、软件类研发为主要功能的科技绿洲分区，在总建筑面积 25 万平方米范围内，就建有 2 栋高层、共 14 栋楼宇。

规模化的判断诉求。中小企业，尤其是民营企业中的微小企业，特别需要开发区提供信息、技术和管理方面的公共服务。如关键技术的攻关、产品研发中的检测、标准的认证推广、专利申请代办、法律事务咨询与维权服务、市场开拓服务和融资理财服务等。多元化的服务方式。闵行开发区早在 1987 年就成立

了开发区管理服务中心。由市外资委牵头、市各有关单位采取派员进驻的方式，将行政服务引入开发区内。漕河泾开发区则采取分别和所在的徐汇区、闵行区、松江区建立“区区合作办公室”的机制方式，不仅将政府、工商、税务、公安、城管、环卫等相关服务延伸到开发区内，而且共同搭建了联合招商、安全管理、综合治理、园区环境管理和社会公共卫生管理等多个公共服务平台。同时，与市相关行业协会、社会团体和中介机构合作，开展多项服务性活动，实现了整合政府行政服务资源、社会服务资源和开发公司自身服务资源于一体，充分发挥各自优势，共同服务企业的目标。

提供企业满意的服务

园区对企业服务管理的方式是多样的，依据所提供的各类服务内容，基本可分为社会生活性便捷服务和社会生产性配套服务两类；依据开发区不断发展进程，园区服务形态也基本可分为基础服务和拓展服务两种形态。基础服务是开发区为满足入驻企业基本需求而必须提供的一般性服务；拓展服务（即延伸服务）是由开发区依据自身不断发展和入驻企业发展中遇到的新情况、新需求而主动向企业提供的不断增加的服务。拓展服务内容必须符合园区企业客观需求，也是开发区实现可持续发展的需要。例如，奉贤区经委企业服务中心针对开发区内劳动密集型企业外来务工人员春节后返沪不足和用工管理可能出现的问题，在节前就主动开展调研工作，帮助企业领导分析原因、制定预案、完善劳务服务，在薪酬待遇、员工事业发展空间和人性化管理等多方面采取改进措施，保障了园区企业在节后的正常生产经营。

还应注意的是，在拓展服务中往往会产生两种情况：

一种是受企业欢迎的服务项目。如上海紫竹园区，为帮助企业引进高层次科研人才和回国留学人员，主动与区高端人才服务中心合作，举办人才政策和服务内容推介会，推出人才政策实施操作细则，解决人才公寓、高层次人才购房补贴和生活待遇等实际问题，并和政府共同建设“人才特区”，推进人才发展。园区还在服务中“不分份内份外、不计事务大小、只讲客户需求”，开拓了一系列新的服务项目。如帮助“朝九晚五”的白领付电费，甚至将拼车预约等个人生活琐事也都揽入服务范畴，受到企业和员工的热烈欢迎。

还有一种是不受企业欢迎，甚至被认为是干扰了企业正常生产经营活动的服务项目。一般可表现为“过度”服务、“主观”服务和“负担”服务。过度服务是指有的服务项目企业虽有需求，但在服务过程中应掌握一个“度”，不能“穷追猛打”，搞“轰炸式”服务。“主观”服务是指服务部门（人员）并不实际了解企业的真实需求，自以为服务项目或方式是好的，就主观组织安排活动，但结果并不受企业欢迎。所谓“负担”服务，主要是向企业搞摊派、拉赞助，硬性组织企业参加与其业务无关或企业不感兴趣的各类讲座、论坛等活动，使这类服务成为了企业负担。

由此可见，“服务管理没有最好，只有更好”，这是园区服务管理的追求目标；而树立“人人都是服务环境”的理念，则是建设园区服务环境的基本保障。为提供企业需要且满意的服务，建立属于企业自身的、能真正代表企业利益的社会组织也是一种有效方式。这种方式不仅可以反映企业合理诉求、平衡各方利益、规范企业自律和行业竞争，调解经济和贸易中的纠纷，促进行业信用建设和公平合法的市场环境建设，促进企业技术升级和行业的产业升级；而且也能加强企业与园区管理者和政府的沟通，发挥其独特的、积极的重要作用。因此，建立园区企业协会、商会等社会团体也是可资借鉴的一种服务新方式。

找准服务工作的切入点

在这里，举三个案例说明：

适应产业升级的服务。浦东新区启动了全国第一个总部经济共享服务中心（平台），推出了14条服务总部经济发展的创新举措，优化吸引总部经济落户浦东的运营环境。同时，通过组织海关、检验检疫、外汇和出入境管理等多家部门，采用线上咨询与线下活动相结合的方式，辅之网络平台及时在线互动和定期组织“总经理沙龙”等活动，实现沟通信息、了解需求、对口联系，向总部企业提供自行选择的“菜单式”的个性化服务目标。

适应产业发展的服务。漕河泾开发区企业协会依据开发区招商引资的产业结构和发展布局，先后建立了通信、集成电路、软件、金融、汽车研发和零部件、生物医药、人力资源、现代服务业和法律事务等九个专业委员会（以下简称“专委会”）。专委会的建立不仅体现了开发区内行业的代表性，还能通过其作用的发挥，较为全面地反映和了解开发区内不同所有制企业、不同行业在经营与发展中的情况。同时，通过专委会这个活动平台，还可帮助园区企业积极参与全市同行业以及政府组织的相关经济交流活动。

适应产业创新的服务。紫竹商会重视挖掘园区内企业的人才优势资源，先后多次组织园区企业高层领导和研发人员与上海交大、华师大等高校的科研专家进行学术交流，并组织了园区内数十家企业分别参加闵行区服务大学生就业创业活动和就业见习招聘活动，共提供了约520多个包括软件、硬件工程师、IT技术支持工程师和销售工程师在内的就业和见习、实习岗位，促进了园区“产、学、研”紧密结合。漕河泾开发区企业协会从2009年起，倡议并组织了开发区内企业联合签订《服务平台公约》，利用区内企事业单位的285台仪器设备，先后为17家企业提供了3566次服务，累计服务金额达2255万元，不仅受到园区企业热烈欢迎，还得到了政府的充分肯定与政策性补贴的支持。

推进中国产业转移的园区之路

曲　建　刘容欣

自20世纪50年代开始至21世纪第一个10年的60年间，全球范围内已完成了三次产业转移浪潮，从平均每20年一次的规律可见，第四轮产业转移已经开始，我国东部沿海地区正逐渐成为本次产业转移的主动力源，并呈现出以下特征：

从总量规模看，根据区域投入产出模型测算，1997－2007年区域间的产业转移总规模约4.5万亿元。其中，东部沿海、南部沿海和京津区域转出量最大，合计约2.88万亿元，占全部转出规模的64%。中部区域、北部沿海和东北区域的转入量最大，合计约2.56万亿元，占全部转入规模的57%。

从产业转移方式看，采用扩张性转移方式进行投资的企业数占比最高，达到53.0%；以新投资转移、整体转移和部分转移的形式转出的企业数次之，占比分别为25.3%、14.7%和7.0%。

从产业转移的行业类别看，占比最高的前6位行业依次为服装鞋帽、建筑建材、电子信息、化工、机械、农副食品，分别占比为15.3%、11.3%、10.0%、7.0%、6.7%和6.7%。

从产业转移的动因看，按重要性排序依次为拓展市场空间、降低要素成本、获取政策优惠和利用当地资源。

从产业转移的制约因素看，依次为承接地基础设施建设较为滞后、承接地产业配套能力相对不足、部分承接地建设用地规模受限、承接地人力资源供应结构性短缺、转出地政府优先支持区域内转移。

政府推进产业转移的主要方式

市场机制在产业转移中发挥着基础性的主导作用，而政府公共政策也起到了较大影响作用，政府科学有效的推动产业区域间转移意义重大。从政府推动产业转移的操作模式看，建议采用三类模式：

一是主动招商模式，即欠发达地区前往东部沿海发达地区，组织针对各类企业的大型投资促进活动，积极引进东部沿海发达地区的产业投资。

二是区域协作模式，即通过产业承接地和输出地的地方政府之间建立一种协调机制，针对产业转移中引起的问题进行协商解决，建立起利益分享、互助合作的机制，使后发展地区和发达地区在发展方向上实现一体化。

三是对口支援模式，通过相互之间的交流合作引导欠发达地区通过承接东部发达地区产业转移而加快发展。

园区推进产业转移的主要方式

在园区促进产业转移方面，目前主要有三种方式予以借鉴：

缔结友好合作园区。双方签订战略合作协议，输出发达园区的开发、建设、运营、管理、服务经验以及产业转移项目信息，推动承接地园区开发理念和招商理念创新。

建立产业转移促进服务平台。一是宣传平台，为承接地投资环境推介提供支持；二是招商平台，承接地可依托该平台经常性地组织招商活动；三是对接平台，承接地派驻代表入驻，能有效跟踪、对接投资项目。

探索“一区多园”发展模式。以资产为纽带，共建园区、共享收益，通过建立两级合作架构，保障园区顺利的开发和建设。一方面，转出园区与当地政府双方主要领导成立领导小组，双方派驻人员成立综合协调管理办公室；另一方面，双方以股权投资方式成立投资开发主体，重点抓好规划、建设、招商、管理四条线的对接和突破。

企业推进产业转移的主要方式

市场开拓型产业转移。中国沿海地区企业特别是民营企业在发展壮大的过程中，往往寻求打破地域局限，跨区域拓展市场。如福建谷翼崎服饰公司（赣县增设新厂）的市场结构从之前8:2（外销:内销）调整为目前的5:5；赣县鞋业基地引进的深圳龙岗30余家制鞋企业之前85%以上为外销产品，目前市场结构调整为6:4（外销:内销）。根据课题组对产业转移代表性企业的问卷调查结果，在投资本地的原因中，选择“拓展内地市场”的占比超过50%。

成本降低型产业转移。较之沿海地区，中西部等欠发达地区具有要素成本优势。问卷调查显示，在投资本地的原因项下，选择“当地劳动力成本低、当地土地容易获取”的占比分别为32.3%、30.6%。

资源利用型产业转移。中西部等地区是矿产资源与农产品资源的富集区。例如，湖北黄冈利用境内丰富的长江岸线资源，引进了湖北华海船舶重工、华涌造船有限公司、江润造船有限公司等一批造船项目。

集群吸引型产业转移。通过引进产业领域的龙头企业，吸引其上下游配套项目竞相投资。例如，河南鹤壁依托当地金属镁产业集群，引进了青岛地恩地、浙江创世科技、山东明镁等镁金属加工企业入驻；河南新郑在富士康的带动下，仅基地一期生产项目即吸引了30余家配套企业进驻，初步显现了电子信息产业集群的雏形。

策略投资型产业转移。以多元化经营为目标的企业，利用中西部等地区经营不善的企业，通过合资合作、改制并购等方式注入新投资，接继原公司的业务、技术或品牌，从而进入一个新行业、拥有一项新技术或一个新品牌。例如，赣县红金稀土、赣县新盛稀土分别被中国五矿集团、浙江东磁集团控股或收购，使收购方得以快速进入当地稀土加工产业；中石油收购钦州东油沥青有限公司，迅速占领了北部湾经济区的相关市场份额。

创业回归型产业转移。在“乡土情结”或“家乡招商”的吸引下，带着资金回到内地进行创业的一种模式。中国农业部乡镇企业局公布的数据显示，全国约2亿农村劳动力外出务工人员中，已有近500万农民工回到农村发展现代农业、开办工商企业。

产业转移的国际经验总结与借鉴

注重环境引商。美国致力于营造自由平等的投资环境和高效率的投资体制，吸引了世界范围内大量优秀企业前来投资。韩国也在改善产业转移环境、吸引外商投资方面进行了多次改革尝试，如逐步放宽产业领域及业务限制，放宽企业股权限制，提高投资自由化率等。印度在1991年新经济政策中取消了外商直接投资必须进行技术转让的限制，逐步允许外资进入金融业、航空业、邮政业等领域。除此之外，各国政府将大量资金投入于运输、通讯、电力等基础设施建设上，保障产业发展所需外部条件。因此，中西部地区在承接产业转移过程中，应进一步提高产业转移政策的透明性、审批服务体制的高效性、土地、税收政策的宽限性，从而提升本地产业转移承接的吸引力。

注重市场均衡。过往产业转移的共性特征是侧重于发展外向型经济，实行出口导向战略，但这种模式会使经济体对抗国际市场波动风险的能力较差。因此，在承接本轮产业转移时，应坚持市场结构均衡化发展战略，实施以平衡贸易为特征的开放型经济战略，更加注重引导企业立足于国内需求，加强内销市场的开拓和经营，建立根基扎实、结构完善的产业体系。

坚持技术创新。东亚国家和中国东部沿海地区在承接产业转移过程中，往往采取“两步走”策略。第一步依靠要素价格的比较优势获得快速发展，以量取胜；第二步在经济总量得到显著提升后，开始大力推动自主创新和产业升级。但目前中国沿海地区仍然处于推动自主创新和产业升级的初级阶段，产业结构中研发、品牌、营销的比重仍然不高，产品缺乏国际定价权，处于国际产业分工弱势地位。反观外资企业，一边通过加工组装产业的转移取得低成本优势，一边通过关键技术和关键零部件的研发取得高技术产品优势，截取了国际产业链的高附加值环节。2011年，最新发布的《世界品牌500强》中，美国拥有品牌数多达239个，名列第一位，中国仅用于品牌数21个。因此，中西部地区要从综合竞争力提升的长期战略角度出发，高度重视提升产业的自主创新能力，加强高附加值的技术密集型产业的承接力度。

从宏观层面指导实施产业转移

编制产业转移总体布局规划。为更好统筹推进全国产业转移工作，建议编制产业转移总体布局规划。规划在确定推进本轮产业转移的指导思想基础上，重点明确转移的主要行业及其重点转出地、转入地分布，力争细化到城市或开发区。同时，进一步明确政策支持、组织领导、监督检查等一系列措施保障。

制定产业转移导向目录。充分发挥政府在宏观信息方面的优势，为潜在的产业转移企业提供投资指引。其中，应紧密结合《全国主体功能区规划》（国发〔2010〕46号），制定转出地导向目录、转入地导向目录和重点园区导向目录；并针对上述各重点区域实际情况，制定产业转移的行业性和产品性导向目录。此外，应以国家环境保护标准为基准，明确限制高污染型产业项目向生态承载能力较差的中西部地区转移。

成立产业转移工作领导小组。产业转移工作是一项系统性工程，建议组建强有力的协调推进机制，定期召开产业转移工作联席会议，重点解决政策实施、资源分配过程中横向部门间的协调衔接问题，并对产业转移过程中出现的新情况、新问题及时研究。

引导资金进入产业转移领域。为更好地推动中国产业转移工作，建议引导中国政策性银行、亚洲开发银行、世界银行等资金进入中国产业转移领域。在园区开发方面，支持重点产业园区基础设施建设、环保设施建设、标准厂房建设、其他产业转移平台建设等；在平台建设方面，对国家级产业转移项目库、培训平台的建立和建设给予资金支持，促进产业转移信息沟通和人才培养。

实施开发区分类指导。研究设定中国开发区评价指标体系，将全国各级开发区进行汇总分类，目标核心是对处于不同发展阶段的承接地开发区实行不同的扶持措施。在优化开发区域内，以经济开发强度和生态承载能力较高的开发区为重点转出地，引导其转出产业合理有序的向低梯度地区转移；在重点开发区域内，以经济开发强度较弱、生态承载能力较高的开发区为重点承接地，建议条件相对较好的中西部地区采取主动招商模式、发达省份内欠发达地区实施区域协作模式进行转移；在限制开发区域内，建议重点生态功能区接受对口支援模式，承接资源依托型产业转移；在禁止开发区域内，原则上不引进产业转移项目，以保护环境为主要职责。

实施产业转移试点区域工程。通过认定国家级产业转移试点园区（示范区）的方式，扩大主要承接地园区（示范区）的影响力和知名度。同时，针对试点园区（示范区）给予融资、专项资金、政策措施等方面的优先扶持。其中，评定产业转移试点园区可在欠发达地区选取一批产业转移试点园区进行评估审核，通过评估审核的试点园区优先享受各项政策扶持；评定产业转移示范区可继续扩大区域性产业转移示范区的影响力，引导东部地区转移企业有序进驻。

建立产业转移监测系统。建议成立产业转移信息监测中心，重点监测内容包括合同引资项目数、合同引资金额、实际到位金额、来源地结构、行业流向结构、重大引资项目等，指导各省市及重点开发区做好引资情况专项监测和分析。

从地方层面切实支撑产业转移

解决平台建设资金需求。与上一轮承接产业转移的方式不同，本轮产业转移中的工业项目全部采取入园发展的“圈养模式”。因此，平台建设就成为欠发达地区承接产业转移的重中之重。园区平台是指基础设施、环保设施及其他公共服务设施的建设，突破点在于建设资金的筹措问题。支持园区通过BT、BOT、PPP、直接融资、财政直投、外国政府或非盈利性金融组织贷款融资等五种融资模式解决资金瓶颈问题。

实施工业园区科学开发。合理划定园区面积，总结中国东部沿海发达地区工业园区开发经验，坚持走集约化开发道路，减少地方政府资金投入压力，提高单位面积产出强度；完善公共服务设施，遵循第四代工业园区开发理念，合理配置市政配套设施，实现500米半径范围内全覆盖，解决员工业余生活需求问题。

做好产业转移项目引入。吸取沿海地区承接全球第三轮产业转移的经验教训，转变“遍地开花”铺摊子式的粗放布局模式，遵循产业集聚一般规律，引导关联转移企业向工业园区集聚，从而构筑一个在地理空间上相对集中的企业群体，为区域性特色产业集群的形成创造有利条件。

[本文摘自亚洲开发银行委托课题“中国产业转移状况与政策研究”。笔者均为亚行专家，曲建为（中国·深圳）综合开发研究院副院长，刘容欣为（中国·深圳）综合开发研究院区域发展规划研究所所长]

经济全球化视野下的“临港经济”

交通运输部水运局副巡视员　杨利华

在国内外重要的港口周边都会形成较为发达的临港产业，并且会呈现出产业聚集程度高、专业化协作体系完善、具有典型集群特征的共同点。如今，面对日趋激烈的全球化竞争，建设和发展临港产业集群，有利于港口区域资源的有效利用，有利于集群内企业的不断创新协作，也有利于进一步提高临港产业集群的核心竞争力，从而带动和强化全部区域和经济腹地的竞争优势。

经济全球化引发临港经济快速发展

从发达国家及地区临港经济的发展历程看，最初模式源自于自由港贸易——1547 年，意大利西北部热那亚湾的里南那港，正式定名为世界上第一个自由港。17 世纪以后，为扩大对外贸易，一些在国际贸易中处于优势地位和航海业发达的欧洲国家，陆续把沿海的一些著名港口城市辟为自由港和自由贸易区，如德国的汉堡和不莱梅、法国的敦刻尔克、丹麦的哥本哈根等。到 20 世纪 50 年代，临港经济在自由港和自由贸易区的基础上发展和演变，以出口加工区为主要形式，主要发展“出口替代”工业，有些还发展了对外贸易、转口贸易和旅游业，并开展综合经营。

随着经济全球化时代来临，世界各国经济和贸易相互依赖，跨国公司为降低成本、提高效益，开展即时运输和就地生产，引发了对集海、陆、空等运输方式为一体的多式联运和在港口设立仓库和配送中心的需求。世界主要港口都专门开辟特定区域，配备设施为企业提供所需的全部服务。加之现代技术进步的迅猛发展、集装箱运输船舶的大型化以及国际班轮公司向全球承运人和全球性联盟的转化，港口已不再仅仅是运输枢纽，其在国际经贸和综合物流中的战略意义和特殊地位日益增强，逐步成为全球化大生产的主要组成部分。多数国家认为，港口及航运业是国家的基础性行业，是国家发展国际经贸、参与国际经济大循环的重要支柱。港口创造的经济增加值以及就业机会也成为发达国家衡量港口对国民经济贡献大小的重要指标。因此，港口经济的发展不再局限于单一追求港口吞吐量和企业经济效益的最大化，而是以实现港口长期价值最大化为主要目标，即：利用港口优势发展相关产业，增加就业机会，带动地区经济发展。

在这一趋势引领下，临港经济应运而生。其特点是依托港口及港口城市发展相关产业（如石化产业、钢铁产业、装备制造业、粮油加工业、海洋运输业、现代物流业、金融保险业和高新技术产业等），形成沿海区域经济增长极。同时，可以较为便利地得到国外及区域外的资源，利用出口加工区内的加工工业集聚和加工贸易，进一步带动本地区的经济发展。一些发达国家和地区的实践证明：依托沿海优势，利用港口及港口城市的集聚辐射等功能实行外向型经济战略、临港产业带动战略和贸易促进战略，实现临港工业、临港物流业、临港商贸业的协调发展，对于拉动区域经济发展、增加劳动力就业和培植新的经济增长点均具有重要意义。

港航发展与临港经济的互生共荣

时至今日，“以港兴区、港为区用、区以港兴”的发展思路较为明晰，港口已成为服务所在城市和腹地经济发展的重要基地。同时，腹地经济的繁荣与发展又对港口提出更高要求，要加速形成以港口和其临近区为中心、港口城市为载体、综合运输体系为动脉、相关产业为支撑、海陆腹地为依托的港口特色经济。

区位优势可以有效增强对社会经济的辐射能力。港口城市可以在世界范围内吸收人流、物流、信息流，使不同生产资源要素得到不断优化和配置，最终形成物流网络的枢纽。而生产要素的聚集和区域外物质需求的形成，又为社会经济发展注入了强大动力。因此，应着力加强临港经济的规划，营造加快发展的氛围，从国家工业经济布局、战略布局的高度规划临港经济，促使区位优势转变为经济优势。

港航业可提高区域内产品的竞争力。在经济全球化浪潮中，技术扩散速度极快，标准化生产方式日益普及。因此，提高产品竞争力的手段主要是降低成本和改善服务，其中，运输成本作为产品成本的重要组成部分越发受到企业重视。如此，以港口为整个工业物流的配送中心，可以降低整个区域内的物流成本，提高产品竞争力。

港航业可以推动区域内社会经济产业结构变迁。港航业不仅自身能够创造国民生产总值、国民收入、就业机会和税收，还与社会其他部门之间存在着较强的前后向关联，能够使社会经济产业结构向偏重港口方向发展。

港口和内河水运建设带来临港经济新机遇

“十二五”时期，我国将继续有序推进沿海港口基础设施建设，优化结构与布局，着力拓展港口功能，提升港口的保障能力和服务水平。一批水运基础设施建成投产，将为临港经济和园区发展创造有利条件，提供新的发展机遇。

有序推进沿海港口建设。贯彻落实国家区域发展规划，结合产业布局，科学推进服务于区域经济发展的新港区开发。重点推进大连市长兴岛、唐山市曹妃甸、天津市大港、连云港市徐圩、海峡西岸港口、湛江市东海岛、防城港企沙等港区建设。加快推进煤炭、原油、铁矿石和集装箱码头建设，新增深水泊位440个。继续推进主要港口大型综合性港区建设，充分发挥主要港口在综合运输体系中的枢纽作用，提升对腹地经济社会发展的综合服务能力。

发展内河规模化港区。推进重庆长江上游航运中心和武汉长江中游航运中心建设，以主要港口为重点，加快内河港口规模化和专业化港区建设，建成一批集装箱、汽车滚装、大宗散货等专业化泊位。加强内河主要港口铁路、公路集疏运通道建设，发展港口物流，拓展港口功能，增强港口对临港工业和腹地经济发展的支撑带动作用。

加快发展内河水运。实施长江干线航道系统治理，加快以高等级航道为重点的内河航道建设。到2015年末，长江干线以及西江航运干线、京杭运河和珠江三角洲高等级航道网全面或基本达到规划标准，长江三角洲高等级航道网60%达到规划标准。推进内河船型标准化，到2015年末，长江干线、西江航运干线和京杭运河船型标准化率达到70%。

提升运输装备水平。调整运力结构，促进运输船舶向大型化、专业化方向发展，到“十二五”末，远洋、沿海、内河船舶平均吨位分别提升到25000吨、6500吨和800吨。

临港产业新命题：港城区的一体化联动发展

加速港城区一体化进程，推进自由贸易区（自由港区）建设。从国外成功经验看，国际航运中心大都实行自由港政策，自由贸易区有助于国内外航运企业集聚，进而加速临港经济发展。因此，要重新认识港城关系，即由“以港兴市、以市促港”深化为“港城区一体化”的发展思路。一是通过设立连接保税区和港区的国际物流园区，优化保税区与港口的物流监管，促进保税区和港口在地域、功能和运作等方面的有机结合，实现保税区与港口的功能联动、优势互补、共同发展；二是通过在港口与城市之间建立临港产业园区，进一步密切城市与港口关系，以港口优势整合现有生产要素，以大项目为龙头，发掘新的经济增长点，加速港城共荣。

精细化管理临港产业园，培育临港产业集群。加快高新技术园区、石化工业园区、装备制造园区和造船园区等临港产业园建设，进一步整合资源，大力推进园区规模化、特色化发展，提高产业集聚度和投资强度，促进临港产业的集群与集聚。

加强与临港产业园区相配套的基础设施建设，在以大企业为龙头的前提下，实行公司制的市场化运作，广泛引进国内外中心企业，建成开放式的临港产业园。区内企业可以实施产业联系，采取产品链集群与创新链集群相结合的成长路线，通过实施产业规划、优惠政策、产业配套等措施推动产业集聚；同时，通过相关产业链接招商，打造和延长临港产业链，提高产业竞争力和盈利能力，进而有效提高产业整体的竞争实力和对经济发展的支撑力。

结合上游经济规模的快速扩张和今后发展规划，按照“大项目—产业链—产业集群—制造业基地”的思路促进产业升级。特别是加快下游相关项目的引进和原有工业的整合，尽快完善下游产业配套，形成并提高临港产业园区规模。

大力发展现代服务业，加快高新技术与临港产业的融合。现代港口网络的发展，已使现代枢纽港成为综合运输系统的“神经中枢”，这也决定了临港产业的发展必须依靠金融、保险、信息、咨询、商务、订货、外汇结算和电子无纸报关等现代服务业，以此确保能够准确无误地同临港企业实现对接。

提高临港产业竞争力。加强科技研发力量，努力了解国际临港工业先进技术的发展动态，加强引进、消化、吸收、再创新。

推进信息技术的应用，提升产业层级，建设优势互补的高科技产业基地和研发基地。

根据临港产业发展需要，加快培养和引进一批高素质的专业人才，对临港产业发展中的一些重大关键技术，实施产、学、研相结合的联合攻关，并由政府给予一定的资金补助。

加强政府引导，实施科学管理。发展临港产业需要政府和企业共同抓好岸线开发，做到统一规划、统一布局和统一建设。同时，对港口项目实行“分开建设、同步使用”，即属于经营性基础设施，如港区陆域内的码头、仓库及其他配套设施，可由港口企业筹资建设使用；属非经营性基础设施，如港外铁路、公路、供水、供电、通讯等，应由地方政府部门负责筹资建设管理；且经营性和非经营性基础设施建设可同步建设、协调施工，一齐投入使用，以在缩短建设周期、尽快发挥投资效益的同时，减少港口项目的投资规模，提高港口企业投资效益，吸引外资参与港口项目建设。对于周围土地捆绑开发的港口岸线，可以大胆尝试把经营权交给企业，在管理模式上借鉴国际“地主型”港口的管理经验，在“港口下放”、“政企分开”的基础上进一步改革，打破港口管理中条块分割局面，建立新型的综合型港口管理模式，实现从港口行业管理机构向港口地区管理机构的角色转变。

现代物流业发展趋势及对临港园区的影响

国家发展和改革委综合运输研究所副所长、中国物流学会副会长 汪 鸣

目前，我国GDP的60%以上产生于临港地区，外贸进出口总额的93%以上集中在沿海区域。并且，随着产业规模的扩大和产品辐射范围的扩张，逐步产生了具有较高产业聚集度的各类港口产业园区。可见，临港经济已经成为我国经济发展的重要模式和产业发展的重要载体。正因如此，各沿海地区甚至远离港口的内陆腹地，建设各种临港园区和内陆港的热情一直较为高涨。但也因此引发了园区产业布局趋同和低端竞争日益激烈的问题——如何充分发挥不同区域港口资源的优势，实现园区的差异化发展，使临港园区在内需培育和区域经济发展战略中取得竞争优势？如何在现代物流运行环境不断改善且服务创新领域层出不穷的情况下，在临港园区及其影响区域范围内，既优化园区的产业布局方式和运行模式，又提高园区的企业运行效率和市场竞争能力？都成为必须思考的热点问题。

发展逻辑的客观使然

总体看，当前我国物流业发展出现了五个新动向：

物流产业聚集区（包括物流基地、物流园区）的发展取得成功经验，使依托物流产业聚集区的物流产业开始出现规模化、网络化和信息化的发展格局。对于产业高度聚集和具有一定规模的临港园区，培育具有较强辐射和服务能力的、与临港产业配套的物流服务系统成为可能。

物流企业以网络化发展为方向的节点布局处于激烈的竞争状态。临港园区属于内生物流需求较为旺盛和服务水平亟需提升的区域，自然成为节点竞争的焦点。

网络化、规模化物流企业发展迅速。在本轮经济危机中，许多物流企业通过兼并、整合、提升，实现了扩张发展，对于处于物流服务体系建设关键时期的临港园区而言，需要思考如何通过整合物流企业，营造更好的物流服务环境，为今后发展奠定基础的问题。

物流企业信息化进入相对成熟阶段。搭建物流信息平台和实现物流管理与服务的信息衔接，已经成为基本方向。临港园区具备实现各个环节信息共享与沟通的条件，需要加快推进这种进程。

重点领域、重点地区物流系统建设取得进展。“物流通道＋节点＋运作”的物流服务系统建设已经较为成熟。

临港园区转型发展和现代物流产业培育的内在发展逻辑是通过建立适应园区产业特点的、完善的临港园区物流服务系统，使临港园区成为区域性的产业聚集区和产业服务组织中心。

成为区域性的产业聚集区。按照产业链构建要求和产业集群形成的需要，在物流服务体系的支持下，通过原材料供应组织、产品库存管理和产业辐射的物流服务方式，形成依托但不局限于临港园区地理范围的开放性产业组织方式，不断扩大依托临港园区的产业组织范围和扩张发展能力，改变过去单纯依靠园区土地供应和其他资源消耗发展产业的模式，实现临港园区由产业发展的物理承载者向区域产业组织者角色的转变，提高发展质量和水平。

成为区域性的产业服务组织中心。在临港

园区产业组织格局改变的基础上，围绕临港产业形成与生产紧密结合的贸易、物流、信息、金融、法律、通关等服务产业体系，改变过往仅仅通过消耗资源获取加工利益和简单运输、通关等服务的低端产业发展局面。尤其是具有产业组织和服务业培育先导性的现代物流服务产业，对临港园区成为区域性的产业服务组织中心具有非常重要的意义和作用。

实现运行模式创新。一言概之，就是要从产业布局发展中心向产业发展与组织中心转变，提高园区的产业组织化程度，拉长临港园区的产业链，有效提升经济发展层次和水平。特别是改变临港园区的产业布局发展规划范式，形成较为完整的产业链和产业集群发展方案，并通过配套的物流等现代服务产业的组织与发展，形成按照产业发展方案进行招商的模式，改变传统的单纯以资源性政策招商的局面。

适应全新趋势环境

趋势一：运作环境改善。随着我国物流业发展的运输基础设施与服务环境的不断变化，尤其是运输能力适应经济发展和产业布局局面的形成，港口发挥作用的方式将从以港口为中心的水路衔接服务向水路一体化运输服务发展。在这一形势下，临港园区如果不能在产业组织层面和物流服务系统建设层面获得优势，竞争能力定会被内陆地区所削弱。因此，必须适应新的运作环境格局，扩大产业组织与辐射范围。

趋势二：运作模式的创新。由于物流运作资源不再约束物流服务体系的建设，物流服务的创新就成为重要的竞争手段和形态。同样，临港园区也需要积极抓住物流一体化服务的机遇，使临港产业与物流服务进一步融合，提升临港产业的增值价值，为形成具有服务产业支撑的临港产业集群奠定良好的物流服务基础。

趋势三：产业发展的低碳环保化趋势。未来，绿色物流会成为影响物流发展的重要环节，临港产业应抓住机遇，促进临港产业绿色发展。

加快建设临港物流服务体系

当前，我国物流业发展政策针对性日益增强，从切实减轻物流企业税收负担、加大对物流业的土地政策支持力度、促进物流车辆便利通行、加快物流管理体制改革、鼓励整合物流设施资源、推进物流技术创新和应用、加大对物流业投入、优先发展农产品物流业和加强组织协调等诸多方面，均拥有相应的鼓励和扶持政策。临港园区作为产业聚集和物流业服务集中的区域，应按照物流业发展的特点和趋势，积极建设临港物流产业体系，支撑临港产业转型升级发展。

（一）重视物流企业体系建设

深化临港物流服务市场分工，形成大企业与中小企业的合理经营组合架构和关系，完善临港物流市场的组织结构，是未来物流体系建设的重要方向。由于企业的发展涉及政府政策与管理理念、手段、市场监管等一系列变革，因此，也需要良好的包括税收政策在内的具有系统化政策的支撑。

推进在各种运输方式中具有领导地位的运输企业的发展。物流业的发展不排斥传统的专业化运输企业的发展，此类企业恰恰是物流服务走向现代化、网络化和高效化的重要基础，必须加快这类企业在临港区域运输的现代化步伐。

积极培育多式联运的发展。鼓励和扶持各种模式联运发展，形成运输服务的衔接效应和提升服务效率。尤其是加快依托临港区域的运输枢纽、物流节点设施联运的组织与服务的发展，为物流的网络化、集约化和规模化运作提供手段支持。

加快具有创新性的运输服务的发展。加快包括快递、快运、零担、集装箱、驼背运输、陆桥运输、信息网络平台支持的代理服务的发展，形成具有网络化和规模化的临港物流服务能力。

创新仓储企业的服务与管理。依托临港园区既有的仓储企业，以及加快建设的各种运输枢纽、场站、物流设施等，积极推进管理模式、经营方式和服务水平的提升，形成可适应现代条件下临港企业生产、流通和物流服务所需要的仓储服务与运作能力。

扶持第三方物流企业的发展。在良好的运输和仓储环境条件下，积极扶持具备网络化运作与服务的物流企业的发展。特别是加快物流企业的市场分工步伐，形成服务专业化程度更高的物流企业体系，适应临港园区各种经济模式、产业运作模式发展的需要。

（二）明确临港物流企业发展战略

按照临港园区影响范围内物流企业体系的建设要求，以及物流企业自身特点，培育企业的战略能力，提高物流企业服务、引导临港产业提升发展的能力和水平。

为此，要加强临港物流服务企业发展战略问题研究，重点是针对临港产业组织、产品辐射所需要的物流业态、模式、组织方式等的研究，为临港产业升级奠定基础。要积极推进临港物流网络化服务创新的发展，编制在网络结构、载体方面支持临港产业辐射的物流服务系统。要重视临港物流企业的信息化建设，使信息化成为物流系统建设和服务网络建设的重要支撑。要提升企业的经营管理能力，形成对临港产业物流管理水平的提升与服务外包企业管理环境的优化。要积极提高临港物流企业之间的合作水平，为形成具有高端服务为特征的临港物流企业系统创造企业合作环境。要加快培育临港物流企业核心竞争力，促使物流支持和临港产业服务的提升与发展。

“精打细算”中挖潜临港园区土地资源新价值

国土资源部土地利用司市场处处长　王　薇

为贯彻落实《国务院关于促进节约集约用地的通知》（国发［2008］3号）等文件精神，着力推进开发区节约集约用地，切实提高开发区土地利用效率，2012年，国土资源部组织开展了第三次开发区土地集约利用评价工作，对341个国家级开发区和1200多个省级开发区的土地利用状况进行评价，重点考察“四至”范围内的土地利用现状。其中，也对42个临港经济开发区的土地利用状况进行了系统的梳理和比对。

单位面积产出强度亟待提高

临港开发区作为沿海区域经济增长极的作用不断突显，在引导和带动区域经济社会发展、推动产业结构调整升级、促进土地高效利用和转变发展方式等方面发挥了重要作用。

截至2011年底，42个临港经济开发区土地总面积678.46平方公里，占国家级开发区土地总面积（3546.47平方公里）的19.13%；平均土地面积16.15平方公里，比国家级开发区平均水平（10.40平方公里）多5.75平方公里；累计完成工业（物流）企业固定资产投资总额1.35万亿元，占国家级开发区的21.14%；单位工业用地固定资产投资达到5611.35万元/公顷，略高于国家级开发区平均水平（5407.31万元/公顷）；实现工业（物流）企业总收入2.88万亿元，占国家级开发区的18.80%；工业用地产出强度达到

11983.89万元/公顷，低于国家级开发区平均水平（12984.94万元/公顷）。

从土地建设状况看，截至2011年底，临港开发区已建成城镇建设用地417.36平方公里，占开发区土地总面积的61.52%；开发区尚可供应土地148.21平方公里，占开发区土地总面积的21.85%。同时，工业用地率为48.46%，综合容积率达0.75，建筑密度为31.19%，工业用地固定资产投入强度约为5611.35万元/公顷（国家级经济开发区上述指标依次为52%、0.83、29.28%和5407.31万元/公顷）。

由指标对比不难发现，近来年，部分临港开发区在土地利用和管理中仍存在土地开发程度不高、产业用地比例偏低、工业用地利用强度不高、投入产出水平较低等问题，影响了临港园区整体集约用地水平的提高。

破解土地供需矛盾的“六大途径”

从“十二五”时期的土地供需情况看，根据《全国土地利用总体规划纲要（2006—2020年）》安排，今后五年，新增建设用地规模为3000万亩。综合分析各地“十二五”经济增长和城镇化发展目标，预计全国新增建设用地需求4000万—4500万亩，超出规划安排规模1000万亩以上（近几年，国家每年安排的新增建设用地计划总量约为670万亩），供需缺口明显。

当前，我国经济社会发展阶段决定了工业化、城镇化在“十二五”甚至以后更长的时期内，仍将保持较快的发展速度，也将使用地需求仍继续保持上升趋势。但受土地供给刚性约束，土地供需矛盾将长期存在，妥善解决这一“瓶颈”问题，就必须全面推进并长期坚持最严格的节约集约用地制度。因此，临港开发区也必须按照转变经济增长方式、走新型工业化道路的客观要求，探索出一条推动资源利用方式根本转变、大幅降低土地消耗强度、提高利用效率和效益的节约集约的用地之路。

途径一：坚持精细化的土地用途管制。实践证明，好的规划是决定土地能否节约集约利用的首要关键。因此，临港经济开发区的建设要严格依据经批准的土地利用总体规划，纳入城市统一规划管理，不得违法下放农用地转用、土地征收和供地审批权。

途径二：坚持集中配套、滚动开发的方式。应坚持量力而行、循序渐进的滚动开发方式，集中建设企业非生产性配套设施，进一步提高基础设施共享程度和利用程度，减少因重复建设而造成的土地和其他要素的低效利用。同时，必须避免土地长期闲置。

途径三：坚持有偿使用、市场配置。开发区是最早实行土地有偿制度的区域，也是土地有偿使用比例最高的区域。尽管一些开发区仍存在压低地价进行恶性竞争的问题，但实践证明，越是土地价格高的开发区，越是发展势头好、竞争力强，土地利用集约水平也越高。因此，临港开发区应积极推进土地使用制度改革，通过分期供地、租赁供地、鼓励建设多层标准厂房等方式，切实提高土地利用效率。

途径四：坚持“二次开发”提高土地利用效率。支持和鼓励临港开发区结合产业转型和结构调整，加强用地动态监管，积极盘活废弃或低效利用土地，实施“产业梯度转移”和“厂房升级改造”，不断提高单位面积土地的投资强度和产出率，降低单位GDP地耗，防治闲置土地和低效用地。特别是要以增加产业承载空间资源为目标，以促进产业用地的集约节约利用为核心，研究制定存量土地二次开发的政策措施。

途径五：坚持有保有压，分类指导的差别化政策。按照“十八大”关于支持实体经济发展的要求，通过开发区这一平台和载体，充分发挥国土资源部门在“保发展、促转型”中的作用。综合考虑资源环境、区位条件、经济发展水平、产业定位等因素，加强对不同类型、不同区域的开发区节约集约用地管理的分类指导。特别是要研究支持战略性新兴产业发展的地价和供地等政策，促进新兴产业在开发区集聚。

途径六：健全评价考核机制和退出机制。以土地利用和规划实施情况作为主要依据，鼓励地方对土地利用程度高的临港开发区在土地计划指标上给予倾斜。对土地利用效率低、发展水平差的开发区，由主管部门予以通报限期整改，整改不到位的，应予以核减面积或撤消土地。

以工业化推进新型城镇化的园区之路

广州经济技术开发区规划国土局副总工程师 林兴良

改革开放以来，我国城镇化进入快速发展时期。从区域层面看，集中体现在城市人口比重的提高、城市规模的扩大以及城市数量的增加等方面；与此同时，也出现了城镇化效率低下、城乡发展均衡等传统城镇化的弊病。

新型城镇化是有别于传统城镇化而提出的新模式，其特点是在“坚持实现可持续发展战略目标，坚持实现人口、资源、环境、发展四位一体的互相协调，坚持实现农村与城市的统筹发展和城乡一体化，坚持实现城乡公共服务的均质化的原则下，以城乡之间和城际之间攫取财富和分享财富的机会平等为标志，逐步减缓和消解城乡二元结构，达到社会和谐”。概括而言，就是要强调城乡共建共享，推行循环经济，实现生态文明；要以人为本，走人与自然和谐、人与人和谐的可持续发展之路，实现人的全面提高和发展。

城镇化发展与产业演进

（一）单轮驱动阶段（设立至2005年萝岗区成立前）

这一阶段，广州经济技术开发区（以下简称“广州开发区”）已实现工业总产值1608亿元，地区生产总值（GDP）653亿元。此时，开发区城镇化的动力是以工业为主导的第二产业，城镇化的核心任务是通过招商引资推动园区开发，城镇化空间的重点是传统的产业园区（西区、东区、永和区）和作为高新技术产业园区的科学城。

（二）双轮驱动阶段（2005年萝岗区成立至2010年）

萝岗区的行政管辖面积增加至393平方公里，设立了“五街一镇”的行政管辖架构，乡村城镇化进程大大加快。除继续强调招商引资、强化工业的优势地位外，萝岗区大力推进以“十公里地带”为载体，以行政服务中心区为重点的萝岗新城建设。产业发展的重点也随之调整为“工业+服务业”。这一阶段，广州开发区GDP从2005年的653亿元提高到2010年的1618亿元，年均递增20%，工业总产值从1608亿元提高到4228亿元，年均递增21%。萝岗区第三产业增加值占地区生产总值的比重由2005年的20.49%提高到2010年的26.01%。

（三）混合动力阶段（整合提升阶段）

2010年后，中新广州知识城项目全面启动。在市域层面，按照广州市“123”功能布局规划，萝岗区除西区、东区以外的区域均纳入广州市东部山水新城的范畴（还包括增城市的朱村、中新镇）。随着知识城项目和东部山水新城规划的推进实施，萝岗区城镇化格局也面临深刻演变。在知识城和长岭片区成为重要城镇化空间后，先进制造业、现代服务业、知识型创新型产业将形成混合动力，推进城镇化进程。

新型城镇化发展中的“瓶颈”

产业发展支撑的困惑。当前，在优惠政策已从区域优惠向产业优惠转变的大背景下，依托工业起步的开发区，产业用地日益匮乏，仅仅依靠工业项目招商，带动区域发展的模式难以为继。此时，第二产业、第三产业及其内部行业孰轻孰重、孰先孰后便成为必须思考的问题。同时，在产业功能区布局方面，传统工业园区、科学城、知识城、东部山水新城、生物岛等功能区相对独立又相互联系，且有些区域在地理边界上相互交叠，如何理清各自功能定位并实现错位发展，也是形成困惑的一大因由。

土地空间资源的困境。根据萝岗区土地利用总体规划，至2020年，萝岗区393.22平方公里范围内的建设用地总规模为144平方公里，其中，城乡建设用地规模仅为103.7平方公里。而萝岗区第二次土地调查数据显示，2009年，现状建设用地已达99.98平方公里，其中，城乡建设用地已达79.40平方公里，这意味着“十二五”和“十三五”期间可供开发的城乡建设用地仅有24.3平方公里。包含市政道路等城市基础设施在内，年均可用于开发的城乡建设用地不超过2.4平方公里（可供出让的用地约在1.5平方公里以内）。而从实际发展看，目前，全区年均净出让用地约为3平方公里，如计算其他未出让而用于开发的城乡建设用地在内，年均开发的城乡建设用地约在4平方公里以上。可见，如果仍然倚重土地拓展推动城镇化发展，“十二五”期末后将面临无地可用、动力不足的尴尬局面。

城乡融合发展的困局。从用地构成看，根据萝岗区第二次土地调查数据，农用地为281.05平方公里（占全区用地的71.59%），其他土地（水域和自然保留地）11.52平方公里，上述两项非建设用地占全区总用地面积的74.53%。从人口构成看，据统计，截至2011年，萝岗区常住人口约为52.8万人，户籍人口19.5万人。7年间，常住人口增长了近26万人（以居住半年以上的外来务工人员为主），而户籍人口仅增长3.2万人，远低于常住人口的增长。通过这组数据，印证了通过产业项目带来人口集聚，以工业化推进城镇化发展的主要脉络。但同时，如何推进本地居民、外来务工人员的共建共享也成为需要研究破解的新课题。

以质取胜的战略选择

目前，萝岗区正处在经济社会发展的全面转型期，新型城镇化发展必须围绕“质”来做文章，要依托开发区勇于特色创新，敢于不断突破，具有实用高效产业体系的良好基础，在推进城市化发展过程中，力求制度创新、重点突破和统筹转型。

制度创新策略——释放城镇化发展的源动力

要为制度创新提供更加有力的体制机制保障，允许试点，鼓励创新，以此释放城市化发展的动力。

在规划引领方面，可率先开展“三规合一”（国民经济和社会发展规划、城市总体规划和土地利用总体规划）工作的基础上，继续梳理各类专项规划，探索各部门专项规划、村庄规划等各类规划整合协调的全方位、全区域的规划编制体系。

在土地集约节约利用方面，应研究建立可持续的土地供给机制，用足用好广州市开展城乡统筹土地管理制度创新试点政策，对全区可建设用地继续挖潜。各部门要联手研究，建立低效企业的清理退出机制，出台推进“腾笼换鸟”的配套措施，推进空置和低效土地的再开发。同时，研究集体建设用地和集体留用地管理办法，探索农村集体建设用地使用权的流转，盘活村集体留用地和集体建设用地，推进其高效开发利用。继续提高招商项目的供地门槛，对能进标准厂房的项目，原则上不单独供地，对供地的项目提高其开发强度。大力发展楼宇型经济，开展无地招商。

在户籍管理方面，探索外来人口的入户及管理体制改革试点，逐步出台公共服务供给由户籍人口向常住人口覆盖的配套措施，建立起以常住人口为基准的社会保障体系。

城乡统筹策略——实现村庄和城区的并举发展

在财政支持方面，为顺应社会转型发展，应从以改善投资环境为主向以生活环境改善为主的民生工程倾斜，以最广大群众的需求为出发点进行城市环境建设，实现城乡公共服务均等化，逐步消除城乡居民养老、医保等福利供给的差别。

在设施配套方面，要对全区村庄规划进行梳理，分类别各有侧重地实施城乡统筹规划。对建成区的村改居社区或毗邻建成区的村居，实行城乡公共服务的全覆盖，完善配套设施，消除城乡公共服务的二元供给，推进村居整治，并多渠道统筹解决好村改居居民的就业和再教育等问题，提升城镇化的质量。加快推进城市公共服务设施向以农业为主体的远郊型村庄延伸，大力发展都市型现代农业和特色乡村旅游业，多渠道提高村民收入，建设美丽乡村。对近中期（五至十年）即将城镇化的村庄（萝岗中心城区和知识城、镇龙片区的部分村庄），应落实并引导利用好村集体用地，鼓励利用村留地兴建城市配套商服设施，推进相对集中的村庄搬迁和安置，对具备条件的旧村，利用“三旧改造”政策进行改造，实现村庄与城市发展同步。

转型升级策略——培育产业发展新支撑

狠抓产业升级转型。城镇化进程与产业结构存在互动关系，因此，推进新型城镇化就必须走集约、创新的产业发展之路，实现从投资驱动为主向创新驱动为主、多轮驱动并驾齐驱转变。在提升开发区现有六大支柱产业发展水平、推动先进制造业集群化发展的基础上，优先发展创新型、智慧型、知识型产业，建设现代产业体系。确立今后十年乃至更长一段时期发展的重点产业，并针对确立的重点产业开展定向招商。同时，大力推进“智慧萝岗”建设，将物联网等最新的创新技术应用于城市建设和管理。

推进园区功能提升。为解决资源“瓶颈”问题，应大力提高土地集约化水平，推动从规模拓展型向功能提升型转变。西区功能提升的重点是加大旧厂房改造力度，实施“腾笼换鸟”，改善对外交通，提高公共配套服务供给水平，与黄埔、东莞麻涌等区域开展协作，提高宜居宜业环境水平，建设以先进制造业为先导的综合性城区。东区和永和区的重点是利用“三旧改造”政策，推进旧厂和旧村改造，对有污染的工业采取土地置换和清退，建设生态型产业园区。科学城要加快园区转型，从以科技研发和制造为主的科技型园区向以科技研发和科技服务为主导的科学和服务之城转型。知识城和生物岛作为广州市新确立的战略平台，应坚持创新发展、高端发展、精品化发展的定位，将其打造成为产城融合的创新高地，广州市乃至广东省知识型产业和生物研发产业发展的高端平台。

萝岗区的其余地区（萝岗新城、长岭一带和镇龙片区）作为广州市东部山水新城的重要载体，应充分依托“千山之城”的良好生态基础，不断完善配套设施，吸引高端人才集聚，突破行政区划的藩篱，与增城中新镇做好基础设施和相关产业的协调对接，共同建设成广州市东部新型城镇化发展的宜居示范区。

重点突破策略——提升城镇化整体宜居水平

在战略性基础设施方面，虽然萝岗区与城市中心区交通联系的便捷度不断提高，但在轨道交通方面至今仍是空白，严重制约了社会功能的发展。因此，应重点推进以轨道交通为重点的城市对外交通基础设施建设，并以此提高新城区的综合承载力和辐射力。

在城镇化空间方面，将生态良好、便于实现基础设施延伸和集中连片发展的长岭路一带打造成为新型城镇化发展的宜居示范新区。同时，为适应萝岗区人口结构和居民需求结构的新变化，还应面向居民的实际需求，重点发展商贸服务业，开发城市综合体，完善整个区域的教育、医疗等民生服务，提升整体的宜居环境水平。

审慎决策　勿入“云战略”陷阱

赛迪顾问云计算产业研究中心　李　游

2010年以来，各地政府纷纷制定云计算发展计划，通过为当地云计算产业提供税收、土地、资源等多方面政策支持，鼓励发展云计算产业，将其作为战略性新兴产业的重要组成部分。特别是2012年7月，《国务院关于印发“十二五”国家战略性新兴产业发展规划的通知》发布以来，云计算几乎成为各地政府发展地区经济和实现工业结构转型升级的“杀手锏”，纷纷上马数据中心项目。

赛迪顾问曾参与国内数个代表性很强的云计算产业园区的规划工作，通过大量实地调研发现，目前，各地在启动云战略、实施云规划过程中，存在投资过热、重复建设、运营效率较低等亟待解决的问题。对此，赛迪顾问认为，启动“云”发展，首先要思考明白三个最具代表的性问题——当地是否有必要建设数据中心；数据中心应选择怎样的运营方式；数据中心建成后能否有足够的市场需求支撑其运营。

建设数据中心是否真的必要？

因地制宜地综合考察自身基础条件和产业现有基础。

充分考虑先天禀赋。数据中心运营中50%以上的总耗电用于散热和其他损耗，不能形成直接收益。因此，在园区进行云计算数据中心规划时，应立足本地区自然气候条件，特别对于年均气温在25摄氏度及以上的地区更要十分慎重，必须全面评估数据中心的散热效能，否则能耗问题将成为制约日后发展的一大“瓶颈”。此外，对于处在地震带及其附近的地区，也不推荐建设永久性大型数据中心。

充分了解投资回报。建设数据中心是一项投资巨大且收效期较长的工程。据统计分析，国内中型数据中心的建设投资一般在亿元以上，投资回收期在5—10年左右，PUE值大多集中在2.0以上，这表明数据中心在最初几年是不能收回成本的。因此，当地的经济承载力能否接受“一个投资几亿元的大型项目在短期内难以形成直接效益”的现状，应成为各地政府以及数据中心建设和运营主体，在进行云规划时必须要面对的实际问题之一。以西部某省会城市开发区为例，该园区数据中心建设的总投入在6000万元左右，在政府不提供相关扶持政策的条件下，大约需要8—9年时间收回投资成本。由此说明，数据中心的盈利能力并非如想象般的强大。

充分审视产业基础。园区的云规划不是凭空造就的，而是必须立足当地产业发展基础和优势。因此，以传统农业或手工业为产业支柱、电力和网络带宽资源紧缺的经济欠发达地区，不适合建设数据中心。

数据中心应选择怎样的运营模式？

结合园区定位和招商情况，合理进行阶段性选择，实现企业与政府双赢。

从全球范围看，园区的运营模式大致可划分为五种类型，即：政府主导、政企共建、企业为主体、官助民办和完全市场化运作。其中，政府主导模式又可分为完全主导模式和政府主导的市场化机制运营管理模式。

完全主导模式由于政府管控色彩过浓，易造成园区科技成果产业化和商业化效果不佳，进而引致投入产出效益不明显等问题。而政府主导的市场化机制运营模式，实际正在被广泛采用。这样的模式，一方面，政府可以出台一系列扶持政策，推动企业在园区聚集；另一方面，园区在引进项目、吸引人才、资金扩张等途径上，遵照市场化模式运营，通过科学优化资源配置，推动园区发展。

在进行云规划发展模式的选择时，应尽量避免政府完全主导模式，建议结合园区定位和招商情况，分阶段进行谋划。在规划阶段，可及时与意向投资企业协商发展；在建设阶段，可选择企业独资或政企共建方式；在后续运营管理阶段，原则上尽量交由企业承担，政府仅在税收、土地、能源方面给予适当支持。如果运营管理方面采用政府入股模式以股份制企业经营，则应充分考虑运营风险、全面评估数据中心的盈利情况，审慎做出决策。

此外，在数据中心用电等方面，政府可考虑依靠税收政策进行扶持。以西南某地建设数据中心为例，税收可来自数据中心运营企业的营业税、所得税以及当地电力企业的增值税，如果政府全额拿出这部分税收补贴电价，那么补贴部分将超过当地峰值电价的三分之一，而数据中心运营的最初三年，平均每年可从电价补贴中节省电费2000多万元。这对企业而言是极具吸引力的，实现了政府和企业的双赢。

是否有足够的市场需求支撑数据中心发展？

在对本地产业发展情况进行充分调研的基础上，全面评估本地能源和周边产业转移需求，合理规划数据中心规模和园区产业发展路径。

（一）全面盘点清查企业的云服务需求

要充分了解三方面主要情况：一是园区企业在信息化方面的投入规模；二是愿意使用云服务平台业务的企业数量和类型；三是企业感兴趣的“云平台”服务业务。这些调研将有助于确定园区的数据中心规模及业务范围。以西部某省会城市开发区云服务平台规划为例，该区有各类企业9000余家，其中规模以上（年销售额2000万元以上）企业130多家，其余均为中小企业。通过实际调研发现，尽管园区内企业数量众多，但真正对云服务业务感兴趣且有实际需求的企业数量集中在5%—10%之间；另外，中小企业每年的信息化投入规模大都集中在20万元以下，规模以上企业大都集中在100万元左右。结合这一调研结果，该开发区对数据中心投资的建设规模就可以做到量体裁衣。

（二）筹划建立企业真正需要的“云平台”

目前，对于部分实力雄厚的规模以上企业而言，其迫切需要的并不是公共“云平台”，而是搭建更具针对性和专业性的私有云平台。对此，园区的云规划，应考虑为企业提供“私有云”解决方案的服务。一方面，可以实现云服务业务的增值化，提高业务收入；另一方面，也解决了规模以上企业的实际迫切需要。

（三）对照产业链环节梳理“云方向”

从国内云计算产业空间布局看，基础设施主要集中在经济发达地区，如环渤海、长三角和珠三角三大经济区；云平台和软件产业大多集聚在地区中心城市；运行支撑业务则集中在如曙光、浪潮等国内少数几大解决方案提供商中。

目前，国内大多数园区的云战略侧重于应用服务层的规划。对此，应结合本地优势产业和代表性企业，从产业链全景图的高度审视本地云计算产业发展情况，既要从省内外对标园区的分析中找出园区发展差距的主要原因，又要理清重点细分产业链的薄弱环节并进行分析总结，制定切实可行的发展战略。

对于园区的优势细分行业，应突出重点，充分发挥产业和人才洼地效应，以产品和服务的差异化进一步拉开与周边地区差距；对于园区的劣势细分行业，应明确其在云计算产业链中的地位和产业拉动作用，集中力量发展拉动作用明显的细分行业，瞄准高端，整合资源，通过引进方式重点突破几大领域，弥补短板。紧密关注国内外相关产业发展动态，参照近年来当地 GDP 增长率及未来预期、云计算产业要素对 GDP 贡献率、园区拟引进企业数和国内同类企业平均产值等关键数据，科学制定园区云计算产业总体发展目标和分行业目标，从核心产业、配套产业等方面对园区的产业布局进行合理规划。同时，应及时把握国际战略性新兴产业的发展前沿，适时抓住先机，抢位发展诸如大数据、数据决策与分析等依托数据中心的高附加值服务，摆脱目前各地数据中心服务千篇一律的状况，创新数据中心服务模式和商业模式，并结合调研数据，制定科学可行的分行业发展目标。

以绿色、循环、低碳理念推进园区循环化改造工作

国家发改委环资司副司长　马　荣

2013 年，国务院印发的《循环经济发展战略及近期行动计划》提出，到 2015 年，我国 50% 以上的国家级园区和 30% 以上的省级园区要实现循环化改造。

园区是产业发展的集中区域，也是国民经济和地区经济发展的重要载体。根据测算，目前我国 60% 以上的 GDP 集中在园区，部分省市地区生产总值的 70% 都在园区实现。但同时，园区也是能源资源消耗的集中区域，部分园区因在前期规划建设阶段缺乏系统安排，导致经济发展方式较为粗放，土地集中利用程度不足，能源资源使用效率不高，可持续发展面临挑战。因此，必须尽快树立绿色、循环、低碳的发展理念，加快推进发展方式的转变。

目前，循环经济正逐渐成为一些园区破解资源环境约束、增强活力和提高竞争力的有效途径。2013 年国务院印发的《循环经济发展战略及近期行动计划》提出，到 2015 年，我国 50% 以上的国家级园区和 30% 以上的省级园区要实现循环化改造，这就要求各类园区按照循环经济的要求，优化园区空间布局，调整产业结构，推行清洁生产，合理延长产业链并循环链接，搭建共享基础设施平台和公共服务平台，实现园区土地的集约利用、资源的高效利用、企业废物间的交换利用、能量的梯级利用以及废水的循环利用。推动园区循环化改造

不仅可以拉动投资、促进经济稳定增长，更可以实现经济增长、资源节约和环境保护的有机统一，是打造我国园区升级版的必由之路和建设生态文明的重要途径。

推进园区循环化改造的主要要求

2011 年，国家发展改革委和财政部联合印发《关于推进园区循环化改造的意见》，围绕布局优化、产业成链、企业集群、物质循环、创新管理、集约发展等总体目标，提出园区循环化改造的七个具体要求。

一是空间布局合理化。根据物质流和产业关联性开展园区总体布局设计并进行布局优化，改造区内企业、产业和基础设施的空间布局，体现产业集聚和循环链接效应，实现土地的集约和高效利用。

二是产业结构最优化。结合本区域产业和资源的比较优势，考虑园区环境的承载力和地方发展需求，围绕提高资源产出率和提高园区综合竞争力，加大传统产业升级改造力度，培育和发展战略性新兴产业，不断调整优化园区的产业结构。

三是产业链接循环化。按照“横向耦合、纵向延伸、循环链接”的原则，实行产业链延伸招商和补链招商，建设和引进产业链接或延伸的关键项目，实现项目间、企业间、产业间的首尾相连、环环相扣；通过物料闭路循环促进原料投入和废物排放的减量化、再利用、资源化，以及废弃物资的资源化和无害化处理。

四是资源利用高效化。按照循环经济减量化优先的原则，积极推行清洁生产，促进源头减量；开发能源资源的清洁高效利用技术，开展清洁能源的替代改造，提高可再生能源的利用比例；推动余热余压利用、企业间废物交换利用和水的循环利用，推进水资源替代，沿海地区可适当开展海水淡化，减少淡水使用。

五是污染治理集中化。加强污染集中处理设施建设及升级改造，培训专业化的废弃物处理服务公司，实行园区污染集中治理，强化园区的环境综合管理，开展企业环境管理体系认证，构建园区企业和产品等不同层次的环境治理和管理体系，最大限度地降低污染物排放水平。

六是基础设施绿色化。对园区内的运输、供水、供电、照明、通信、建设、建筑、环保等基础设施进行绿色化、循环化改造，促进各类基础设施的共建共享、集成优化，降低基础设施建设和运行成本，提高运行效率，使园区生态环境更为优美。

七是运行管理规范化。建立园区循环化改造的指导协调机制，建设废弃物交换平台、循环经济技术研发及孵化中心等公共设施；制定并实施循环经济相关技术研发和应用的激励政策机制，制定入园企业、项目的准入标准和招商引资指导目录；强化对园区内企业资源环境保护的执法监管，开展宣传教育，促进公众参与，形成优美、清洁、和谐的环境氛围。

六项举措扶持园区循环化改造试点

自 2011 年起，国家发展改革委和财政部在甘肃省和青海省选择基础条件好、改造潜力大的园区率先设立循环化改造试点，目前已经确立了三批共 50 个试点园区，并先后安排循环经济专项资金 30 多亿元予以支持。下一阶段，国家发展改革委和财政部将在总结园区循环化改造试点经验的基础上，继续加大力度，采取积极有效措施，推进园区循环化改造，特别是加大在园区循环化改造过程中的技术创新。

一是制定推进计划。目前，全国共有 1500 多个园区，仅仅依靠国家支持难以完成改造目标。为此，各地要制定本地区的园区循环化改造推进工作方案，确定改造目标、重点任务和推进措施，并安排配套资金，启动本省市的循环化改造示范试点工作。今后，在安排园区循环化改造资金方面，国家发展改革委也将考虑地方的工作进展情况，对自主开展并进一步推动循环化改造的省市，将会安排国家试点。

二是加强技术指导。研究编制园区循环化改造指南指导各地开展工作，组织成立园区循环化改造专家组，提供技术服务支持。

三是创新改造模式。鼓励园区引进和培育专业化的公司为废弃物管理提供嵌入式服务；鼓励采用合同能源制的管理方式推进园区及企业改造；鼓励创新环境服务模式，积极推进污水、垃圾处理等基础设施建设和运营的专业化、社会化的管理。

四是完善控调政策。继续实施园区循环化示范改造工程，加大对重点项目的支持力度，健全金融支持政策，研究完善促进园区零排放的政策。

五是强化监督检查。汇集有关部门组织专家对各地园区循环化改造成效开展评估工作，总结成功经验，提出合理化的改进建议，督促各地加大改造力度。

六是加强宣传推广。对循环化改造成效明显的开发区，要优先确定为国家循环经济示范园区，并总结提炼其成功经验加以推广。

新时期的城镇化战略与城市群发展

国家发展改革委　宏观经济研究院　国土开发与地区经济研究所所长　肖金成

城镇化作为农村人口从传统分散的乡村向现代先进的城市集中的过程，是一种世界性现象。进入 21 世纪，我国明确提出城镇化战略，城镇化速度不断加快。党的十八大报告中，将城镇化与新型工业化、信息化、农业现代化相并列，提出要“科学规划城市群规模和布局，增强中小城市和小城镇的产业发展、公共服务、吸纳就业和人口集聚等功能。加快改革户籍制度，有序推进农业转移人口市民化，努力实现城镇基本公共服务常住人口全覆盖。”由此可见，城镇化战略的总体框架已清晰地勾画出来。

城镇化的载体：以中心城市与小城镇为主要依托

近年来，区域性中心城市逐渐成为带动区域经济走向现代化的火车头，日益受到各级决策者的关注。随着我国城镇化水平的不断提高，各个城市积极调整发展战略，更加注重以市场为导向，功能定位各具特色，规模和质量迅速提高。

从城市和城镇数量看，进入新世纪以来，我国城市由 1998 年的 668 座下降到 2012 年的 657 座，其原因是一些县级市逐渐转变为临近中心城市的辖区，成为城市组团的一部分。从逐年变动的趋势观察，城镇数量在 2002 年曾达到 20601 个，此后不断减少，其原因主要有三个：一是县级市的主城区由城关镇改为街道办事处；二是沿海地区的城镇合并，如江阴市的建制镇曾超过 20 个，但后来合并为 10 个左右；三是中心城市的外延扩展，将建制镇内部化为城区的一部分。当然，在城镇数量减少的同时，也有一部分乡政府所在地被改为建制镇，所以谓之有增有减。

从人口规模结构看，至 2012 年，人口超过 100 万人以上的特大城市从 2000 年的 40 座增加到 73 座；50 万至 100 万人口的大城市数量从 2000 年的 53 座增长到 99 座；20 万至 50 万人口的城市数量由 2000 年的 220 座增长到

267座；20万以下人口的城市数量由2000年的355座下降到218座，减少137座。城市结构的一个明显特征是，特大城市和大城市的数量在增加，中小城市的数量在减少，城市结构渐趋合理。

小城镇是农村之首、城市之尾，既便于接受大中小城市的经济辐射，又便于向广大农村扩散。因此，发展小城镇是目前更为重要和快捷的途径。我国有657座城市、19410个建制镇，近1.6亿人居住在建制镇的镇区内。同时，1.4万个乡政府的所在地多数也是小集镇，聚集了一定数量的非农人口，乡镇合计总人口超过两亿人。加快这些城镇的建设，对于带动我国经济尤其是农村地区的经济发展意义重大。按照这一思路，必然会有相当一批经济发展较快、自然生态条件较好的小城镇发展为中小城市，甚至是大城市，这既是城市发展的客观规律，也是我国社会发展的必然要求。

城镇化的形态：以城市群推进新型城镇化发展

城市群是在工业化、城镇化进程中出现的区域空间形态的高级现象，能够产生巨大的经济集聚效应，是国民经济快速发展、现代化水平不断提高的标志之一。在城市群范围内，原本单独的城市和周边其他城市形成了互补关系，大城市的功能不断升级，这也给小城市和小城镇带来了机遇。在城市群范围内，小城市和小城镇产业和人口集聚度不高的区位劣势正逐渐弱化，而各种要素的低成本优势正逐步强化。正是这些因素，引致长三角城市群、珠三角城市群中许多小城镇能够集聚零部件生产等诸多产业。此外，在城市群中，大中小城市和小城镇能够协调发展，且基础设施能够共享共用。

笔者研究认为，中国已经形成了十大城市群，即长三角城市群、珠三角城市群、京津冀城市群、辽中南城市群、山东半岛城市群、海峡西岸城市群、长江中游城市群、中原城市群、川渝城市群和关中城市群。这十大城市群的面积约占全国国土面积的11%，承载人口占全国人口三分之一以上，GDP占全国的比重近2/3。从这些数据可以得出两个结论：第一，城市群将是中国经济的重要支柱，十大城市群即是中国经济的十大支柱；第二，我国区域之间的差距仍然较大。

进一步探究缩小区域间的差距，主要有两个途径：一是城市群内的产业向城市群外转移；二是城市群外的人口转移到城市群中。实际情况不可能仅是单向流动。从难易程度看，人口向城市群内转移的成本较低，因为现在许多城市群内的城市和城镇经济发展的空间还很大。

未来，我国可能还将形成六大城市群，即湘东城市群、江淮城市群、北部湾城市群、吉林中部城市群、黑龙江西南部城市群和天山北坡城市群。在长株潭城市组团的基础上，带动益阳、衡阳、岳阳、娄底、常德等周边城市的发展，将形成以长株潭为核心的湘东城市群。同时，长沙、合肥、长春、哈尔滨、南宁、乌鲁木齐等城市近年来发展速度较快，随着辐射半径的扩大和周边城市的联系不断加强，也有可能形成新的城市群。

城镇化的核心：以人口福利和保障为关键

根据国家统计局公布的数据：2009年，全国农民工总量为2.3亿人，外出农民工数量为1.5亿人，其中16—30岁人口占比61.6%。据此推算，2009年外出新生代农民工数量在8900万人左右，如果将其中8445万人就地转移农民工中的新生代群体考虑进来，我国现阶段新生代农民工总数约在1亿人左右。

与传统农民工相比，新生代农民工具有一些新的特点。一是其平均年龄在23岁左右，未婚者比例较大。据全国总工会研究室2009年的调查结果显示，新生代农民工中已婚者仅占20%，而传统农民工中80%以上已婚，这意味着至少将有8000万人左右的新生代农民工要在外出务工期间解决恋爱、结婚、生育甚至子女上学问题。二是多数人初、高中一毕业就进城务工，缺乏从事农业生产劳动的经历和经验。据调查，目前89.4%的新生代农民工不会干农活。三是受教育和职业技能水平有所提高，对工作性质和工作环境的要求相对较高，且职业更换频繁。四是自我认同和留城意愿与传统农民工差异明显，更倾向于认为自己是城市的一员，强烈希望融入城市社会环境和在城市长期定居。

城镇化的本质是实现人口由农村向城镇的转移，其最终目的是要为人的全面发展创造条件，让进城的农民进得来、住得下、活得好。因此，城镇化的核心是人口的城镇化，城镇化政策的核心也应是促进人口的城镇化。

一是在流动人员个人养老保险账户的可转移问题上，应加快在农民工输入和输出大省之间进行养老保险关系转移的对接试点工作，并在取得经验的基础上向全国推广；尽快研究社会保障全国统筹问题，使农民工群体全面建立社会保障制度尽快成为现实。

二是应多层面完善住房保障机制。一方面，要制订解决外来务工人员住房的长期政策，如参照城市住房公积金制度，制订并实行外来务工人员住房公积金制度，允许其以公积金购房和支付房租；另一方面，要针对农民工住宿房源极其紧缺的现状，采取多种渠道增加农民工住房的有效供给，如建设一批小户型的廉租房，向包括外来人口在内的无力购房的低收入群体出租。

三是应研究建立有序的户籍准入制度。城市应该宽容、主动、创造条件去接纳农民工成为城市居民，如进一步降低门槛，允许具有可靠职业和稳定收入的外来人口在经常居住地落户，引导流动人口融入当地社会。再如鼓励家庭移民，家庭中凡有一人在城镇有固定职业者，即可允许其家庭成员落户。

城镇化的未来：城市人口将如何分布

2002年以来，我国各个层面均对城市化道路进行了卓有成效的探索。“十五”期间，我国城镇化水平由37.66%提升至42.99%，年均提高1.066个百分点；“十一五”期间，由42.99%提升至49.95%，年均提高1.392个百分点；至2012年，城镇化水平已经达到52.57%。

未来20年，将是中国城乡变动最为剧烈的时期。笔者研究预测，到2030年，我国总人口将超过15亿人，其中居住在城市和城镇的人口将超过10亿人，城镇化水平将达到70%；我国农村的人口将减少1/3以上，未来20年将有3亿人由农村移居到城市和城镇。

到2030年，我国城镇化的发展规模

1000万人以上的城市将有10个左右，承载人口约1亿人。这10个城市可能是上海、北京、天津、重庆、广州、深圳、武汉、杭州、南京、沈阳。上海和北京两市目前人口均已超过了1000万人，未来很可能超过2000万人。

500万人左右的城市将有20个，承载人口约1亿人。这些城市可能是成都、西安、长沙、南昌、郑州、苏州、宁波、佛山、济南、青岛、石家庄、大连、长春、哈尔滨、南宁、兰州、温州、福州、乌鲁木齐、昆明等。

100万人左右的城市将有200个左右，承载人口约2亿人。目前的地级市人口多数都将超过100万人。

50万人左右的城市将超过500个，承载人口约2.5亿人。目前，我国约660个城市中，扣除200个超过100万人口的城市，其余460个城市都将达到50万人口。此外，一部分县城的人口也将超过50万人。

10万人左右的城市将有1000个左右，承载人口约1亿人。目前的1600多个县中，约有1000个县的中心县城将成为10万人口左右的小城市。

1.5万人左右的建制镇将有1.7万个左右，承载人口约2.55亿人。目前，我国约有1.9万余个建制镇，这个数量将不断减少；建制镇的镇区人口多在5000—10000人区间，这个数字将有所增长，达到3—5万人之间。

成功PK对手的决胜之招

脱建梁

严谨精细的选址判断

2002年，赢创在中国选址建立自己的产业园区时，笔者曾参与对长三角地区各产业园区的走访和评估工作。按照赢创的评估表格，500分的总分涉及200余个不同问题，分值从0.5分—5分，每个问题之下又细分为不同内容。例如，在“电的供应保障”这一指标中，包括电站的数量、等级、发电方式、容量、可控量、是否双电路、电力价格（包括高谷价格和低谷价格）、是否有详细的维修计划、过去十年中停机时间如何等多项不同内容，这些内容的分数总和为5分；在“周边学校的配备”指标中，主要内容为是否有国际学校、双语学校、德国学校等，分值为0.5分。在对诸多园区进行测评之后，赢创选择了上海市。

值得一提的是，许多人认为上海市成本较高，不适合投资。但依据我们的测算，德国的土地使用期为15年，中国为50年，相比德国而言，上海的土地价格并不高。类似的，许多中西部地区的园区在招商时不断强调其人力成本的低廉，但在赢创的投资成本核算中，人力成本占比不超过2%。因此，在提升园区竞争力时，可以更多地考虑在基础设施配备、软环境建设以及节能减排等方面加以完善。

产业链条是首要关注点

在选址过程中，跨国公司首先关注的，往往是某个园区区别于其他园区的特点和差异性。因此，具有十分清晰的产业定位的园区，会因具备完整的产业链条而更能吸引跨国公司的注意力。以德国的支柱产业之一——化工产业为例，其投资发展十分强调丰富的上游原材料和下游市场，所以，完善的循环经济产业链条是吸引跨国化工企业的最重要因素。上海市曾经提倡过“一个原料打五份工”的理念，将原材料不断地循环利用，这个理念无论从企业经营角度，或是绿色生态发展角度，都是十分值得倡导的。

环境评价是重要判断标准

绿色生态的可持续发展，也是十分重要的判断标准，其中涉及环保、节能、安全等多个方面。一个园区是否具有区域环评和安全环评、对能量排放的总体控制是否有严格规定、应急响应体制是否健全等，都是跨国公司选址的主要关注点。在这里，建议园区将消防、三废处理等服务通过市场机制引进投资者，以提升园区的竞争力。

特别值得一提的是，许多园区在招商过程中更多地强调优惠政策和税收的减免，事实上，许多跨国公司并不会特别关注这些数据，如果开发区能够在绿色发展、生态环保、节能减排等方面给予承诺，可能效果会更好。

对外贸易的便利性是核心因素

当前，许多跨国公司在选址投资时，不仅仅着眼于国内市场的需求，而是更多地考虑到未来亚洲市场的需求。如在中国大陆地区投资设厂的企业，产品可能销往东盟、日本、韩国等市场。在这种情况下，物流能否保证充分顺畅、关税条件如何，都将成为跨国公司考量的重要因素。例如，赢创2013年的一个投资项目选址于新加坡而非中国大陆，其中的一个重要原因即是新加坡的物流和贸易条件更为便利。

招商团队的专业素养是关键

一般而言，跨国公司的选址过程通常分为海选、精选和比选三个阶段，因此，组建专业的招商队伍和在不同阶段提供更具针对性的招商服务，是园区招商成功的关键。具体而言，跨国公司在海选过程中往往希望能够全面了解整个园区的发展状况，建议园区在充分展现热情和诚意的基础上，全面细致地介绍园区的实际情况；在精选过程中，跨国公司的实际业务部门人员和工程技术人员需要对园区各项功能配套、具体指标进行比较，建议招商团队派出熟悉相关产业专业知识的人员提供更为专业的建议和数据参考；在最后的比选过程中，跨国公司管理层需要进行最后的实地考察，建议招商团队重点为其解决具体问题，在尚未明确的议题上进行澄清，有针对性地进行更为有效的讨论和沟通。

特别值得强调的是，目前，许多园区的招商部门已十分专业化，有的园区甚至按照产业门类划分招商团队，这是非常科学的招商方法。但同时，还应注意在专业团队中配备相应的专业技术人员，试想，一个不懂化工的招商人员，在与化工企业进行投资成本测算等方面的专业对话时，必然困难重重。

同时，目前中国有许多类型的开发区以及区中园，这不免会给考察人员造成较大困惑，不清楚园区具体属于什么类型和级别。因此，园区应给投资者一个清晰的概念——是一个怎样的开发区？目前情况如何？未来发展定位以及现阶段可以享受的政策有哪些？一般而言，多数跨国公司到中国投资的主要目的是增资和扩大产能，以及提升产品的质量和档次。因此，在与其谈判时，一定要从投资者的角度考虑其未来5—10年的发展需求，并提供一个可供长远发展的长期方案。

公共设施的市场化更具魅力

对于化工产业而言，水、电、气等公共设施的配套水平是选址过程中必须认真谨慎考量的指标。在过去几十年的发展中，大多数园区选择由园区管理部门或当地行政区政府投资建设公共配套设施，往往造成服务垄断的局面，形成官僚体制。如今，国内已经有部分园区打破传统体制，将水、电、气等公共配套设施实行商业化、市场化运作，引进投资者进行开发。这一成功模式不但可以使投资者得到利益的最大化，同时也进一步增强了园区的竞争力。

（本文摘自赢创德固赛中国副总裁脱建梁在“国家级经济技术开发区对话世界500强论坛”上的发言，刊登时有删节）

新时期的引资之道

叶 珺

环境与市场的重要性

如今，外商在选择投资地点时的衡量依据正在悄然变化。成本已经不再是企业考虑的唯一因素，投资地的产业基础、政府服务、商业氛围，特别是当地的市场容量，才是外商选择投资地点的重要依据。

例如，一家在纽约上市的大型高端户外运动用品生产公司已经在珠三角地区建有一个生产工厂，但随着土地租金、人力成本等要素不断攀升，这家公司有意向将工厂迁至中西部地区。在为这家公司进行投资地点的筛选时，为其制定的选择依据共划分为六个维度，并赋予每个维度不同权重。排名第一位的考虑因素是官僚体制。在衡量这一因素时，企业更多考虑的是投资地所在的省、市的口碑和社会印象，权重为 30%；其次是经济发展的稳定性、现代化的生产配套水平、供应商集群等。在六个维度中，成本并不作为一个单独的因素进行考虑。最终，这家企业并没有选择继续在大陆投资，主要有三点原因。一是高端雪橇、滑雪板等产品的设计和精细化操作需要大量高技能人才，但我国中西部地区中高技能人才仍然十分短缺；二是中西部地区缺乏浓厚活跃的设计氛围，工作环境相对不足；三是企业产品较为高端，市场仍以欧美为主，国内市场需求不足。

另一个案例是一家德国汽车零部件生产企业考虑是否应在中国做第一次投资。这一次的考虑依据包括人力资源、物流体系、营运成本等因素，但最终也没有选择投资。原因是德国企业较为看重员工的生活质量和文化氛围，而我国中西部地区国际性学校配备不足，且缺少教堂教会等场所，德国员工很难在中国生活。

本地企业将成引资关键力量

目前，在华外资企业的发展呈现出一些新趋势。一方面，我国对外资企业的优惠政策已经逐渐减弱，在无法为外资企业提供完善知识产权保护的情况下，外资企业面临的市场环境相比之前将更为严峻。另一方面，在华外资企业的根植性不断增强：一是在区域上已从东部沿海地区向中西部地区加速扩张；二是更注重国内消费市场从一、二线城市向三线城市以及中小城镇的扩张；三是更倾向于与国内企业以收购、兼并、合作等多种方式提升投资质量。综上而言，借助本地企业、本地资源招引外商投资合作，可能将成为开发区吸引外资的一个新的有效渠道。

提升园区综合竞争力

按照目前全国园区发展的趋势看，未来，园区将不断从单一的产业集聚区向功能复合的活力新城区转变，从产业功能主义向新都市主义转变，从机械地安排向自然式生长转变。因此，打造新一代具有较高竞争力的园区，应从以下六个方面着手：一是理清园区的主导产业，管理团队尤其是招商团队应对产业链条有透彻的研究；二是规划产业和城市融合发展的路径；三是定位区域客户群体；四是测算开发投资；五是预测区域经济发展态势；六是提升业务管控水平。

（本文摘自罗兰贝格中国合伙人叶珺在“国家级经济技术开发区对话世界500强论坛”上的发言，刊登时略有删节）

更新观念　激发活力　提升园区发展的整体实力

中国开发区协会副会长　上海虹桥经济技术开发区联合发展有限公司党委书记、董事长
上海闵行经济技术开发区董事长　辛继平

党的十八届三中全会在实现中华民族伟大复兴的历史进程中具有重要的里程碑意义。全会审议通过的《中共中央关于全面深化改革若干重大问题的决定》（以下简称《决定》），对新时期、新阶段我国改革目标、改革路径、改革领域等各方面内容进行了全方位阐释，为全面深化改革做出了顶层设计，构划了路径蓝图。

从国务院批准首批国家级经济技术开发区到如今各级各类开发区覆盖全国，形成全方位、宽领域、多层次的对外开放格局；从起步于“白手”开发、举债建设到成长为中国经济的重要一极，这些事实无不充分表明：改革开放催生了中国开发区，并为开发区的成长提供了引擎和动力；与此同时，开发区也为改革开放创造了丰厚的物质基础和宝贵经验，可以说，中国开发区“天生”注定与改革开放生生相伴、息息相关，面对全面深化改革的新要求，开发区人必须抓住机遇，乘势而为，以全面深化改革为动力，破解难题，激发活力，续写创业发展的新篇章。

加速更新思想观念

思想观念更新的速度和程度，决定着开发区改革创新的进度和力度。为此，开发区人特别是管理者，要以时不我待、只争朝夕的精神认真学习贯彻十八大精神，把各方面思想尽快统一到中央作出的大政方针和重大部署上来。当前和今后一段时期，重点要学深学透《决定》的内容要领，弄懂弄通《决定》的精神实质，尤其是对于贯穿其中的根本原则、基本理念、重要观点，应反复推敲研读，切实对应落实到开发区的建设管理工作中，澄清模糊认识，破除思想障碍，凝聚改革共识，营造改革氛围，以强烈的使命感、责任感、紧迫感投身于开发区深化改革的伟大事业中。

加强统筹规划协调

根据城市和区域发展总体战略，加强开发区产业定位和布局的统筹规划，兼顾制造业与服务业的协调发展、产业发展与环境保护的均衡推进、经济与社会发展的和谐共赢，体现合理布局、有序竞争、科学发展的要求。

以上海为例，目前全市共有41个公告开发区和104个产业区块，这些特殊经济功能区遍布在各个区县，产业门类多种多样，开发建设涉及投资、规划、土地、产业、建设、外资、环保等众多政府职能部门。如果能够在市一级层面建立一个统筹管理全市各级各类开发区的协调机构，负责同各政府部门之间的沟通协调和宏观政策规划的制定，综合指导各级各类开发区的发展规划、产业布局及定位、项目资源及土地资源，必将有效扭转当前开发区存在的“多头管理、无所适从”的局面，有利

于整合各种资源，全面提升上海开发区的整体品牌形象。

推进体制机制创新

开发区在体制机制方面曾经进行了许多积极的探索和实践，并取得了丰富的有效经验。但面对内外部发展环境的快速变化，开发区体制机制仍存在许多不适应、不匹配的问题。例如，上海虹桥和闵行开发区都是以企业运作方式从事开发建设、经营管理的开发区，这一模式在应对市场、搞活经营方面具有特殊优势，但在管理协调的力度和范围上则存在相当的局限性，无法与开发区性质功能和所承担的目标任务相匹配。

惟有不断地深入改革创新，才能长久地保持发展的动力和活力。因此，下一阶段，开发区要继续完善管理体制，对公司制和管委会制进行分类指导，扬长补短；政府主管部门下放相关的行政权力，赋予开发区更大的管理自主权；要按照不同产业类型、不同发展阶段设定符合开发区实际、体现开发区特点、贯彻产业发展导向的科学发展体系。

实施区区联动协同

经过多年发展，中国开发区已经形成了自身独特的品牌优势。以上海为例，张江、漕河泾、闵行、虹桥等一些国家级开发区，在开发、招商、管理等方面都积累了丰富经验和一定影响力。但同时，土地空间普遍不足的瓶颈也严重制约了这些成熟开发区的进一步发展。与之相反，上海市内也有部分开发区土地空间优势较大，但由于开发较晚或开发实力较弱等因素，缺乏项目资源和成熟的运营经验。因此，如果能够推动区区之间联动发展、实现优势互补，必将提升全市开发区的整体能级。

今后，要进一步支持品牌开发区做优做强，重点培育和扶持若干在国内具有较强实力和竞争力的开发集团公司，并整合其在园区开发、产业培育、物业经营、服务集成等方面的运营资源，引导品牌开发区与其他各层次开发区和产业园区之间开展合作，实现先进运营经验的扩散辐射和各开发区之间的产业链合作分工，共同打造整体竞争力。同时，应积极推动品牌开发区同省外各级开发区和产业园区进行深度合作，通过联合招商、相互持股等形式带动后发开发区的发展。在此基础上，有关部门也应适时出台促进开发区联动发展的政策意见，鼓励各级各类开发区扬长避短，合作共赢。

推进园区上市融资

在开发建设过程中，开发区的开发建设主体往往面临较大的资金压力：承担动拆迁和基础设施建设等一级开发职能后经常会出现收不抵支的问题，如果土地出让收支预算管理一时难以落到实处，开发主体只能垫资开发；一些发展相对成熟的开发区，也面临园区内低效土地的二次开发任务，同样需要大量的资金回购土地。目前，开发区的融资渠道相对单一，多数以银行贷款为主，财务成本较高，以上海为例，全市开发区中有 43 家开发公司的资产负债率超过 70%。

《决定》中，关于完善金融市场体系的一系列举措为破解开发区建设发展中的资金瓶颈提供了法律依据和政策条件。例如，可以更好地鼓励开发主体通过直接融资、债券融资、与金融机构实现战略合作、扩大授信额度等方式拓展融资渠道。其中，直接融资即鼓励开发区上市，此方式不失为一种有效途径。从全国范围看，以开发区为基础的开发公司上市不乏成功案例，如上海陆家嘴、外高桥、金桥等公司。应特别注意的是，开发区在上市主体的选择上，不能定位为一般性的房地产开发商；在上市的方式上，也应尽量整合开发区资源、减少开发区数量，形成以几个优秀开发区为龙头、一般开发区为依托的开发集团，并以此为平台实现上市。

提高人才培养力度

当前，开发区管理运营人才的培养是一个薄弱环节。在上海的许多开发区中，由于缺乏制度化、机构化的人才培养机制，许多在园区开发建设和初期运营管理中积累的丰富经验和知识，已经难以得到系统化的总结和传承，后继人才不足也已成为开发区进一步对外拓展中的一大“瓶颈”。就全国而言，开发区系统不仅缺乏高等学院类的专门人才培育机构，国内高等院校也缺乏相应的专业设置。

因此，建议面向全体开发区系统，建立起培养开发、管理和建设人才的培训机构。在培训方式上，可以依托高等院校实行人才订单式培养，也可依托开发区协会等社会团体进行创办；在培训内容上，应根据开发区开发、建设、运营、管理、产业、招商和服务等一系列实际工作环节设计培训课程；在师资配备上，可以邀请从事开发区研究的专家学者，也可聘请开发区经验丰富的工作者授课，以此达到扩散、辐射和传承开发区建设发展有效经验的目的。同时，也要注重按照《决定》的精神，解放思想，拓宽视野，破除体制壁垒，扫除身份障碍，择天下英才为“我”所用。

中国对外直接投资新模式初探

中国人民银行济南分行　王国鹏
北京市西城区金融服务办公室　滕洪达

自实施“走出去”战略以来，我国对外直接投资保持了快速增长势头，已经成为积极应对全球化挑战、参与国际分工并有效利用国内外两个市场、两种资源的重大举措。然而，当前国际形势日趋复杂，社会和环境责任风险、合规反腐风险、高冲突地区风险等国际直接投资的非传统风险不断增加，我国的特殊国情和企业特征也决定了我国投资发展路径的特殊性。在此形势下，探索新时期我国企业“走出去”的新模式显得尤为重要。

多元化的协同模式

加强“走出去”的协同模式，能够降低风险和不确定性，增加谈判能力和竞争力，有利于增加东道国的认同感，对我国企业自主构建国际生产与经营网络具有重要意义。

企业协同模式。市场竞争环境的剧烈变化使企业之间协同的必要性和重要性日益凸显。在制定长期目标、发展方向和资源配置的战略过程中，企业发挥各自的比较优势，合理运用技能、资源等要素，构建企业“联合体”内部的核心竞争力，更有利于实现资源配置的合理化、效率的最大化和成本最小化。作为中国企业协同“走出去”的成功案例，中国铝业公司、宝钢集团、中非发展基金、中铁建股份公司和中国交通建设股份公司联合成立“中方联合体”，共同参与开发中铝与力拓的几内亚西芒杜铁矿项目。在“中方联合体”中，各企业发挥自身专业和比较优势，分别参与铁矿开发、输送矿石的铁路和港口建设等环节，成为开发西芒杜铁矿项目的重要组成部分。

供应链协同模式。现代企业竞争是包含原材料与零部件供应商、制造商、分销商、零售商以及第三方物流企业在内的系统性的供应链竞争。许多发达国家的跨国公司在进入我国市场初期，就要求本国供应商一并投资中国，以确保企业供应和分销网络安全。在经济全球化的今天，实施与优化供应链管理、加强供应链上下游企业之间的协同与合作、创造供应链的全局优势，更已成为成功企业的重要标志。在这一趋势下，全球供应链战略也将成为中国企业的必然选择。因此，我国企业应实施供应链上下游企业协同“走出去”策略，发展配套产业，降低企业特别是中小企业的投资风险。自2006年开始建设境外经贸合作区至今，我国已在东盟、俄罗斯、埃及、葡萄牙、赞比亚、巴基斯坦、尼日利亚、毛里求斯、委内瑞拉、墨西哥、韩国等国家和地区建立了19个境外经贸合作区，对于推动中国企业“走出去”发挥了重要作用。

外资协同模式。外资协同“走出去”主要依托三种方式，即中外建合资企业“走出去”、借道香港和国外借壳方式。

中外建合资企业“走出去”是指我国企业与在我国投资的跨国公司建立合资企业，并进入东道国进行投资。在这一方式中，中外双方以全球视角审视自身市场定位，通过“优势互补”确立全球化的发展战略。对于我国企业而言，其优势在于能够充分利用合作跨国公司的经验、技术、管理和国际市场等方面资源，减少企业国际化进程的阻力，并在合作中不断学习和提升，强化自身竞争力。

香港作为世界上自由度最高的经济体之一，投资环境具有政府审批简便、税负低廉、税制简单且透明等诸多优势。尤其对于内地企业而言，相通的文化和语言、与西方相通的制度和金融环境，都使香港成为内地企业学习国际市场和投资知识、获得国际认可、提高海外市场知名度以及减少企业国际化初期风险的最佳跳板。此外，香港资质较好、数量众多的国际投资咨询公司也可为企业进一步提升国际化水平提供咨询服务，扶持企业顺利“走出去”。

当前，我国企业在“走出去”以及国外并购时，往往遭遇如安全审查等诸多阻力。因此，建议采取收购当地企业、海外信托或与国外企业建立“联合体”等方式借“壳”收购，这不仅能够降低收购国外重要企业的敏感性，控制负面舆论影响，也有助于我国企业把握当地政策，提高收购的成功率。同时，这一方式也能够促进收购后，企业在文化和组织等方面加速国际融合，提高企业的国际化水平和竞争力。

打造中国的跨国公司品牌

我国实施二十余年的“引进来”战略是以跨国公司为主导的外资企业将中国的产业、资源作为全球产业链附加值最低环节的全球整合模式，是中国企业的“被动国际化”。与之相反，我国企业的“走出去”则是服务于中国企业的跨国战略整合。因此，能否培育具有全球竞争力的跨国公司、打造中国跨国公司品牌，成为新时期“走出去”战略成败的关键所在。有专家测算，2010年，中国内地拥有的跨国公司母公司数量约有5000家，占全球总数的5%左右。由此可见，目前我国跨国公司仍处于发展的初级阶段，面临三个主要问题。

一是跨国指数和国际化程度仍处于较低水平。据中国企业联合会、中国企业家协会在“第二届中国海外投资年会”发布的数据显示，2012年，中国前100家跨国公司平均跨国指数仅为12.93%，远低于62.25%的世界平均水平和38.95%的发展中国家平均水平。同时，虽然入围世界500强的跨国公司数量呈现持续增加态势，但入围前100强的企业仍然仅有中信集团一家。

二是自主构建的国际生产与经营网络尚未形成。当前，大多数国内企业仍属被动参与国外知名跨国公司主导的国际生产和经营网络，处于全球价值链的中低端，未能形成具有代表性的、自主构建的国际生产和营销网络。

三是亟需政府的政策扶持和有效培育。政府应着力建立完善的对外投资法律体系，健全对外投资的行政审批制度，提高企业对国际法律的认知及理解能力；构建海外投资风险防范制度，建立健全境外投资保险制度，为企业“走出去”做好风险防控工作；建设有关各方共享的境外信息服务系统，降低企业信息成本；对部分有潜力的跨国公司进行重点扶持，加强对中小企业的引导并提供融资支持，为我国跨国公司的成长构建健全和完善的市场经济环境。此外，也应强化企业的海外社会责任意识，提高中国企业的海外信誉。

鼓励私营企业对外投资

在全球直接投资活动中，私人资本始终占据主导地位，国有资本则处于从属地位。有数据表明，全球国有企业对外直接投资流量仅为全球总额的11%、存量的6%。与之相反，我国国有企业约占对外直接投资存量的70%，而私营企业不足2%，与发达国家相比相距甚远。究其原因，在国内市场化融资体系尚不健全、企业海外投资面临严重资本约束的情况下，私营企业较之国企更加难于融资，这直接导致其发展动力的严重不足。因此，政府应积极实施金融补贴、提供国有银行低利率贷款等支持措施，帮助私营企业摆脱海外扩张面临的资本约束，支持企业扩展战略选择空间，使企业选择需要大量资本投入的跨国并购和独资方式成为可能。

借力海外技术进入产业高端

上世纪，日本依靠对美国的大量投资实现了技术突破，带动了电子、汽车等行业的腾飞，进而成功实现了经济增长方式的转变。对于正处于产业转型升级关键时期的中国经济而言，境遇与之类似。一方面，许多企业在人力资本、技术、管理经验等方面基础相对较好，具备接收更高技术、引入国际品牌、管理国际营销系统的基本条件。另一方面，国际次贷危机余波未息、欧债危机持续发酵引发了美日及部分欧洲国家经济衰退，这为中国企业获取技术、品牌等优势以及进入产业链的高端环节提供了契机。

面对这一形势，部分知识或资本密集型行业可采取技术、品牌、国际营销网络海外寻求模式，即进入发达国家投资或兼并当地企业，获取高端技术、品牌或营销网络后，再进入其他发达国家进行拓展。我国的海尔、联想、华为等公司都曾经采取类似的模式。

可以预见的是，在较长时期内，中国对外直接投资在保持高速增长的同时，“走出去”企业的微观竞争优势较弱的局面仍将持续。在今后实施“走出去”战略的过程中，应不断探索适合企业“走出去”的新模式，注重培育知名跨国公司，打造国际品牌；充分发挥政府对中小企业“走出去”的支持力度，形成我国对外直接投资的综合竞争优势，提升我国企业在全球供应链中的地位，推动企业更好、更快地“走出去”、“走下去”。

打造“大平台经济”建立全球化经济网络的重要节点

昆山市委书记　昆山市经济技术开发区党工委书记　管爱国

昆山市经济技术开发区（以下简称“昆山开发区”）、昆山市高新技术开发区、花桥经济技术开发区“三大园区”是昆山经济社会转型发展的主战场，在全市率先基本实现现代化进程中占据着举足轻重的地位。在新的发展阶段，如何立足昆山、放眼全球，重新思考在新一轮发展中的定位和地位？如何为国际、国内资源要素相互流动和优化配置搭建一个广域平台？如何推动园区经济向“大平台经济”转变，从而提升昆山作为全球经济网络节点的能级？这些问题都是当前亟需思考的重要课题。

化挑战压力为前行动力

在“改革、创新、责任、担当”的理念下，昆山开发区充分发挥转型主战场、建设主阵地、发展主力军的龙头带动作用，2012 年全年实现生产性服务业投资增长 21.6%，服务业增加值增长 19.4%，特别是实现进出口总额 690 亿美元，占全市总额的 80.6%，为全市外贸保持平稳发展作出了突出贡献。昆山高新区作为后起之秀，服务业增加值增长 22.5%，占比超过 50%；引进培育国家“千人计划”人才 10 人，高新技术产业产值占比超过 60%。以能讯公司为例，在从建设到投产不到一年的时间里，实现产值 20 亿元。花桥国际商务城地区的生产总值和公共财政预算收入增幅均超过 20%，服务业增加值增长 41.8%，第三产业占比近 70%，为全市服务经济发展起到引领带动作用。

（一）发展环境不容乐观

发达经济体财政金融风险没有得到根本缓解，货币超发的通货膨胀压力再度加大，国际贸易保护主义进一步强化，全球经济复苏不容乐观。国内企业生产经营仍比较困难，提升产业发展质量和效益的任务紧迫而繁重。从昆山市看，外需市场短期内难有较大起色，在笔记本电脑消费市场萎缩的同时，产业转移风险持续加大，在高平台上保持经济平稳健康发展的压力与日俱增。2012 年，昆山市新办企业数量比 2011 年下降 40%，这说明民众创业热情和企业投资热情没有得到根本恢复，同十年前的“投资什么，成功什么”的局面迥然不同。

（二）改变被动介入的“代工经济”身份

昆山市曾经的深度国际化不是主动介入，而是被动分工，是总部在外、研发在外、市场营销在外、所有通路都在外的加工贸易型经济；能够在国际市场上争得国际地位的企业，特别是具有自主创新能力的企业不多。必须认识到，这种经济结构是不可靠、不稳定的。因此，在进入工业化后期阶段，昆山市的发展更要依靠智慧和知识，要从以两头在外、加工贸易为主的“代工经济”和全球化经济的“飞地”，转变成为以货物贸易、服务贸易为主的“大平台经济”和连接国内外两个市场、两种资源的全球化经济网络的重要“节点”。这就要求经济部门的相关人员、招商人员和研究人员一起思考：要招什么商、如何招商、怎样“腾笼换凤”的问题。同时，转型要科学有序，注意节奏，平稳过渡，实现传统产业有序转移和新兴产业、服务经济培育壮大的协调同步。

（三）地域优势和基础优势共同作用

在经济全球化和信息化两大潮流交互作用下，与国际化接轨的开放型经济和服务品牌，为昆山市成为全球资源要素大规模流动及其配置的重要节点打下了坚实基础；随着中国经济规模的急速增大和经济实力的显著增强，世界经济中心东移的趋势日益明显，上海市成为全球城市指日可待。杜克大学选择在昆山市建设综合性大学，就是看重这里位于上海市经济圈中最重要的位置。因此，要学习“上海理念”，有效利用上海市的溢出效应和影响，争取更高层次的经济体到昆山市发展；要依托台资密集的经济优势和台商云集的人脉优势，当好国内企业“走出去”发展的“起锚地”和海外企业抢滩大陆市场的“桥头堡”。实际上，通过近几年和我国台湾省进一步加深交流，不仅在产业结构上从普通加工制造业发展到研发创造业，而且从深化两岸产业合作试验区的建设和海峡两岸商贸城的合作中，学到了更多新知识、新理念。

走出新的“昆山之路”

在新时期，昆山开发区要以综保区扩容为支撑、雄厚的产业为基础，加强与海内外行业团体、专业协会、关键厂商的合作，积极打造国际产业合作和货物贸易平台。昆山高新区要丰富创新资源、完善创新体系、强化要素支撑，努力搭建国际创新服务平台和新兴产业发展平台。花桥国际商务城要发挥国家现代服务业综合试点区优势，加快建设海峡两岸商贸服务平台和全球金融服务外包平台。

（一）加快产城融合步伐

把握产城高度融合发展的趋向，主动调整和优化城市空间结构，进一步全面提升城乡一体化水平，为大平台经济发展创造空间载体。明确新城的主导功能定位，把握好产业和城市发展中的动态结构均衡，处理好资源时空上的合理分配，实现产业集群培育壮大和城市功能完善丰富的平衡协调发展。在为居民提供多元化、综合化的城市服务的同时，更加注重人口规模与就业容量之间相平衡，促进不同社会、经济群体与阶层的协调。

（二）加快产业转型步伐

在招商选资上，通过提高土地利用效率和产出效益抬高准入门槛，以大项目招商、以商引商、基金招商等多种方式拓宽招商渠道，引进一批占据产业链高端的龙头企业、品牌公司和成长性项目。电子信息一直是昆山市的主导产业，今后，要重点引进具备自主创新能力和市场控制能力的企业。并且，高度重视新显示产业的快速发展，尤其是以 OLED 为代表的新照明行业。

在招商方式上，要研究“抱团发展”模式，重视发展楼宇经济，集聚企业总部。开发区的“好孩子”通过双百亿计划（贸易一百亿、制造一百亿），到我国台湾省内湖建立了全球第五个工业设计中心。因此，要鼓励更多企业“走出去”，同时注意搜集其“走出去”后获得的各种信息，接触更多招商引资的好项目。

在扶持企业转型升级上，要更加注重技术改造对产业高端发展的支撑引领改造作用，大力支持重点企业加大技改投入，减少劳动用工，提升企业竞争力；鼓励支持有条件的企业立足昆山市，跨市、跨省、跨国设立或并购研发中心、知名品牌、制造中心和营销网络，做强优势产业集群的对外辐射能力和协调性功能。

在盘活存量资产上，正视部分行业产能过剩的现状，通过扶新、扶优、扶强，调整产业结构，推动企业兼并重组，有序转移产能，整合盘活一批存量资源；通过严格执行环保、安全、能耗等市场准入标准，下决心淘汰一批落后企业，为“退二优二”、“退二进三”腾出足够的发展空间。

（三）加快产业创新步伐

大力发展新兴产业。本着“今天的全力支持换取明天的产业支柱”的思路，重点围绕以AMOLED为代表的新显示、以机器人等为代表的高端装备制造、以小核酸为代表的生物技术，集中力量、集中资源、集中政策，举全市之力抢占产业未来发展的“制高点”。

加快发展服务经济。进一步优化城市生产要素配置、加强三次产业联动发展、促进社会分工细化、优化，大力发展生产性服务业。围绕加快总部经济集聚、放大会展经济效应、扩大商贸物流规模、提高电子商务份额、提升服务外包层次等方面，推动重点领域服务业加快发展、服务业集聚区提档升级和服务业企业创新发展。

着力推动产业融合。在广泛利用电子信息网络平台的基础上，打破传统产业边界及其各自发展模式，实行业务交叉和产品融合，形成“一条龙”的生产服务模式，实现先进制造业与现代服务业的一体化发展。加快制造业服务环节的剥离，促进制造业部门服务化，使其经济活动由以制造为中心转向以服务为中心；大幅增加生产性服务业投入，加快发展与制造业直接相关的工程装备、工业设计、管理咨询、信息服务、现代物流等配套服务业。

增强自主创新能力。利用实体经济雄厚、对外开放先发“两大优势”，进一步加大人才科技投入，提高政产学研协同创新能力，充分发挥科技创新在转型升级中的支撑引领作用，加强产品创新、品牌创新、产业组织创新、商业模式创新，增强产业发展创新驱动力。

强化金融服务支撑。发挥金融街、基金园、财富广场的集聚效应，大力引进银行、证券、保险、租赁、信托等金融机构入驻，通过加快母基金建设，吸引股权投资、财富管理机构落户昆山市。丰富金融生态主体、优化金融生态环境、拓宽企业融资渠道，构建以创新型企业为主体、科技金融和产业金融为核心、多层次资本市场为支撑的金融服务体系，加快产业资本、金融资产和创新资源在昆山市集聚，为产业创新提供强大动力。

（四）加快改革开放步伐

积极推动区镇合一发展模式。全面推进区镇资源协调发展，深化“全域规划”理念，统筹资源配置，精简发展主体，加大各开发区与相邻各镇的资源整合力度，加快优化功能布局，有效利用发展空间，以开发区的优势资源带动各镇发展。积极探索区域合作发展模式，集中力量与挂钩地区合作开发，打造企业“走出去”的良好载体。同时，高度重视“人”的现代化，优化人口空间布局，促进人口分布均衡化；提高劳动就业层级，促进人口结构优质化。

建立全新的市场合作平台。梳理整合昆山市及其周边地区的产业、载体、功能优势，加强与太仓港、上海空港、高雄港的联动发展，初步形成实体经济与虚拟经济相互融合、货物贸易和服务贸易协同发展、生产服务与生活服务共同发展的国际贸易服务平台，建立有形市场和无形市场并存、国际市场与国内市场相通、经营拓展和环境营造相互促进的市场形态，实现昆山市经济的再次腾飞。

以“省直管县”为契机深化重点领域改革。在行政管理体制改革上，进一步减少审批事项，提升行政效率，优化政府服务。在国资企业发展上，鼓励国资集团特别是开发区三大资产经营公司，在功能项目建设、基础设施完善、重点区域开发等方面发挥龙头带动作用。在项目建设开发中完善管理机制，培养管理人才，掌握优质资产，形成“造血”功能，通过主导昆山市的开发建设形成自己的核心竞争力，做好条件成熟时“走出去”发展的准备，支持城市的永续经营和长远发展。

以港兴区的新内涵

天津港保税区管委会研究室主任　董维忠

早在400多年前，一些交通发达的港口就开始划出特定的区域作为非关税区，并通过实施与东道国不同的特殊政策，吸引外国船只和厂商自由进出及提供商品免税自由出入的优惠，借以达到发展贸易、增加财政收入、创造就业机会的目的。到20世纪80年代中期，全世界已有629个港口自由区，而目前全球港口自由区总数已超过1200个。

从广义上讲，港口自由区主要有四大作用：一是提高港口对船东和货主的吸引力，扩大港口吞吐量，提高港口的中转功能；二是促进港口向综合性、多功能性的方向发展，提升所在地区外向型经济水平；三是最大限度地适应国际贸易的灵活性要求，提高各方经济效益；四是促进港口自由区及毗邻地区的就业和第三产业的繁荣。

截至2012年底，我国已有27个省（市、区）设立了保税区、出口加工区、保税物流园区、保税港区、综合保税区、跨境工业园区等6类特殊区域110个。2012年，全国投入营运的98个特殊区域实现进出口总额6057.6亿美元，占全国外贸进出口总额的15.7%。其中，保税区实现进出口总额2537亿美元，同比增长29.9%；保税港区实现进出口348.6亿美元，同比增长54.1%；保税物流园区实现进出口总额165.4亿美元，同比增长31.3%。

天津港保税区的中国香港嘉里粮油、中盛粮油、马来西亚龙威粮油、中纺油脂和惠鑫大豆科技5个大型食用油加工企业，食用油年产能超过400万吨，年产值超过420亿元，成为我国最大的食用油加工基地之一。上海市外高桥保税区已有127家世界500强企业投资了近300家贸易公司。其中，进口化妆品、钟表、医疗器械、洋酒、药品分别占全国的34%、37%、17%、35%和21%。同时，以浦东综合配套改革为契机，以启动营运中心为抓手，推出鼓励营运中心发展的政策。截止目前，共培育了200家营运中心、31家地区总部和50家国际贸易结算中心。这些企业以占保税区3%的企业数量，创造了50%的经济总量，成为引领保税区经济快速发展的核心力量。2012年12月，上海市综合保税区启动了亚太营运商计划，目标是用3年时间，将有条件的区内企业培育成为具有订单销售、物流运作及资金结算等功能的实体运作型营运总部的“亚太营运商”。

港口产业类别应顺势确立

时至今日，港口与工业已经是紧密联系的综合体——港口不仅仅为现代工业提供运输服务，更成为提供现代加工制造业发展的理想场所。从20世纪50年代开始，随着世界经济的复苏，原先位于原材料场地的制造业开始向临海地区转移。例如，位于煤炭产地或矿石产地的钢铁厂纷纷将厂址迁往港口或港口附近地区。炼油厂、石油化工、炼铝场和发电厂也随之而来。一般而言，港口工业的门类结构以石化工业、船舶、汽车装配、粮食加工等为主。具体看，以港口为依托而建立的港口工业，可选择以下五种类型：

一是利用海运的工业。即工厂原材料和产

品总运量的一半需要利用港口海运完成，或需要修建专用码头进口原材料和出口产品的工业。如某些石油化工业和冶金工业，其原材料和产品出口大都在国外，即属于这类工业。

二是利用海域的工业。这类工业周边需有一定的海域，并邻近港口或利用港口的某种功能。如修造船厂、航修站、海上石油大型构件等。

三是利用海水的工业。一方面，需要利用海水资源；另一方面，需要利用港口运输其原材料和产品，如海洋化工厂、海水淡化、用海水冷却的石油化工厂等。

四是为港口服务的工业。如港口起重机厂、叉车厂、港口装卸设备厂等。

五是出口加工和来料加工业。这类工业的原材料主要依靠进口，产品主要依靠出口，适宜选择在邻港区发展。

港口物流园区的增值效应

自20世纪80年代后期以来，依托优越的地理位置和港口集装箱运输量的持续增长，一些大型跨国企业开始在鹿特丹港及周边地区建设Eemhaven、Botlek、Maasvlakte等港口物流园区。其用户主要为：一是能够辐射欧洲的区域性配送中心；二是服务范围较广的大型航运公司；三是开展区域性服务业的大型物流企业；四是全球性的物流服务供应商；五是海运出口基地的欧洲出口商。

（一）港口物流园区建设的内容

因此，从国际经验看，建设港口物流园区是港口经济中最具优势、最为复杂和最有潜力的内容。

第一，港口物流园区是为多家物流服务供应商或是需要在港口从事物流活动的生产商、贸易商服务的，已经成为众多物流企业和物流活动的汇集地。

第二，港口物流园区是汇集多种物流服务的综合性服务平台。作为大量货物的集散地，由于货物种类、贸易性质、运输流量流向的千差万别，直接决定其对物流服务要求的多种多样。

第三，港口物流园区一般是以国际物流和集装箱货物为主要服务对象，随着全球运输和贸易集装箱化的发展，集装箱货物在港口中的份额和重要性日益突出。并且，与煤炭、矿石、石油等大宗散货相比，集装箱货物具有价值高、操作环节复杂等特点，其物流服务的需求更多，要求也更高。

第四，港口物流园区应汇集各类综合物流及衍生服务设施，建设货运站（CFS）及开展配送作业的物流仓库、存储库场、商品展示与交易场所、检验设施、管理及各类办公设施、相关的金融服务和生活服务。

（二）深水港物流园区的目标定位

深水港物流园区的目标应该定位于：建设成为高效率、低成本、现代化、可持续发展的第三代港口配套物流示范园区，并具备港口内陆辅助作业功能（主要包括集装箱重箱堆存、集装箱拆装箱、修箱及危险品箱的集疏运等）、离岸港口口岸监管功能（主要包括海关、检验检疫、边检、海事等部门对港口和物流园区的监管）、多式联运立体枢纽功能（在深水港与腹地之间的由铁路、水路、公路、航空构成的发达的集疏运网络中居于重要地位）、物流信息枢纽服务功能（借助数字港城信息库，将园区、企业和客户联结，实现全方位的信息采集、存储、发布和共享，提供电子政务和电子商务）、综合物流增值服务功能（全面开展加工制造、国际中转、国际配送、国际采购、国际转口贸易等各类综合物流增值服务）和物流园区配套服务功能（提供通信、金融、保险、旅店、餐饮、法律等相关服务）。同时，要建设一个综合政府监管、生产作业、物流服务、电子商务四大功能的开放式、模块化信息平台。

总之，港口物流园区的建立可以使物流诸多功能的实现更为便捷。更多的企业入驻不仅带来稳定货源，创造更好的就业机会，提高港口竞争力；而且可以使商品流通渠道更为畅通，通过提高企业的消化能力促进企业生产，带动本地经济和腹地经济共同发展。

赋予港口产业园区全新内涵

（一）我国港口产业园区开发建设的三个发展阶段

第一阶段：20 世纪 90 年代以前，开发建设以土地开发为主要特征、“三来一补”产业为基本形态。多数园区与城市功能分割，实行封闭性发展。

第二阶段：20 世纪 90 年代—2000 年，开发建设以产业导入为主要特征，开始考虑主导产业的发展方向，实现产业集聚和生产配套齐全。但多数招商项目求大求洋、产业单一，园区活力不足。

第三阶段，2000—2010 年，开发建设以产业链为主要特征。园区开始追求税收和产出，强调经营。即以制造业为主，形成产业集群，实现土地多元化开发，区内多种主题园区综合发展。

在经历了以上三个阶段后，园区的发展已经具备了一定的基础，但同时也暴露了不少矛盾。如吸引外资与引进技术不均衡、制造业与服务业发展不均衡、经济发展与环境保护不均衡、以及优惠政策淡化、政策趋同等。

（二）全新模式下，港口产业园区建设的内涵

2010 年以来，新的港口产业园区正孕育全新模式，偏向市场主导，坚持以人为本和以企业为本，力求营造舒适的工作氛围和生活环境，并不断注入三大内涵：

1. 均衡开发理念。主要表现在：港口产业园区与城区均衡、工作与生活均衡、垂直现代服务集聚与水平先进工业集聚均衡、分工与协作均衡、即期税收与长期产出均衡。

2. 以市场为导向、“创富中心”为核心功能。摒弃一味注重招商引税的模式，通过引进服务体系和创新金融等核心产业，使园区具备创富功能，实现为区内企业和区外相关机构创富。

3. 追求新的园区氛围。摒弃单一的产业功能，发展复合产业，丰富企业形态，集聚现代服务业；聚集高智力人才、注入智慧元素，体现园区的价值观和质感，打造知识型创新、创意的智慧产业区；满足高智力人员对办公场所“有工作、有生活”的办公潮流追求；建筑、设施充分体现节能、环保理念，营造富有特色的绿化与休闲空间，创造自由、平等、愉悦的社区氛围和生活气息。

全新发展态势下，港口产业园区的开发建设的新视野

（一）增强港口在国土开发方面的先导作用

国家和地方政府对港口设施进行了先行建设，并把经济技术开发区、保税区、物流园区等大部分功能区建在港口附近。但总体而言，对港口的开发与利用仍然不够。从国外经验可见，增强港口在国土开发方面的作用，实现港口与产业园区共同发展，关键是要搞好港区一体规划，充分体现港口产业园区对港口的最大效用。

（二）发展和升级港口产业园区

以产业园区为发展区域，形成以海岸为生产轴心的世界性自动化生产销售流水线，并以大吨位运输船舶连接成全球性的运输网络，这是港口与产业园区的重要选择。因此，应追求土地价值的持续再升，实现土地资源最大利用；实现柔性规划与弹性开发相融合，满足产业不断升级与土地功能的不断转换。

（三）提高港口产业园区竞争力

在降低经营成本、人力资本的同时，更加注重打造良好的创业环境。这不仅仅表现在高新技术企业以及 R&D 机构的数量多少上，还表现在创业投资服务中心（孵化器）的数量上。大量孵化器的存在，可以充分改善开发区的创业环境，吸引新兴企业投资，从而提高聚

集资源的能力。通过提高区域的开放度，营造有利于发展的政策环境、服务环境和市场环境。

借力循环化改造实现传统园区的绿色发展

天津市经济技术开发区环保局总工程师 卫红梅

2012年，天津市经济技术开发区（以下简称“天津开发区”）实现GDP 2201亿元，可比增长20.4%；工业总产值6969亿元，可比增长14.2%；财政收入490亿元，可比增长25.1%；完成出口220亿美元，可比增长11.1%，并分别占滨海新区的30.6%、48.1%、29.7%和71.4%。在实现经济较快平稳增长的同时，对于产业发展已具一定规模的传统工业园区而言，如何在一个产业门类较多、企业类型多样，同时兼具社会发展责任的开发范围内，创新绿色低碳发展的新模式，推进循环化改造和建设，也是亟待解决的重要课题。

天津开发区历来十分重视资源节约和环境保护，2012年，实现万元GDP能耗148.05公斤标准煤，万元GDP水耗4.39立方米，“十一五”期间累计分别下降22%和46%；二氧化硫、化学需氧量的排放量超额完成“十一五”减排任务，整体环境质量保持良好稳定水平。

确立循环化改造的经济系统

针对一区多园、类型综合的特征，天津开发区参照循环经济的3R原则，着眼于“资源投入—生产消费—废物处理”的经济系统，采取“中间升级、两头优化”战略，把已建成部分的循环化改造和新开发部分的循环化建设有机结合，在优化空间布局和产业结构、推进产业链化、共享基础设施服务、提高资源效率、控制污染排放、建立循环经济长效机制等方面开展工作。

根据安排，到2015年，产业体系、基础设施体系、管理体系得到系统优化；“国内领先，世界一流”的绿色园区形象基本建立；“产业绿色升级发展创新、清洁技术应用集成创新、生态经营管理机制创新”三个层面的示范作用不断凸显。

明确各子园区的特色定位。通过合理规划空间布局，实现各产业间、企业间的良好关联，是现实运行中最为集约和经济的发展模式。经过20多年发展，天津开发区各子园区业已形成较为鲜明的产业特性，在循环化改造的思路指导下，需要强化分区控制，实现对各子园区的统筹管理，避免重复建设。为此，天津开发区对各子园区进行了细致分析和清晰定位，塑造集群发展的空间支撑体系：东区重点提升高端产业发展与城市服务功能；西区塑造绿色制造园区品牌形象；微电子小区集聚发展绿色电子产业；逸仙园构建绿色零部件制造基地；现代产业园区打造创新性科技园区；泰达慧谷建设中国智慧城市先导区；南港工业区在集聚石化产业的同时，承接其他分区淘汰和退出产业。

推动与周边区域耦合发展。通过与周边区域形成互利互补的产业集群式发展格局、共建共享社会服务设施和环保设施实现耦合发展。如在共享环保设施方面，天津开发区取消了在泰达慧谷建设污水处理厂的原计划，选择与毗邻的中新天津生态城共享污水处理厂和再生水利用公共设施，充分体现了发展的集约化和经济性。

动静结合完善循环产业链。鼓励根据现有支柱产业配套建设相关静脉产业，而不是一味在综合园区引进资源循环利用的静脉产业。在工作中，主要从适度延长产业链和对大宗废物进行循环利用的角度构建产业链：

以手持终端设备为主体的电子通讯产业链。考虑到电子通讯产业会产生许多电子废弃物，因此，在招商时同步引进环保企业进行相关处理。

以轿车为龙头的机械设备产业链。如丰田汽车在天津开发区建厂后，引入与其配套的铝合金、铸钢、再生胶粉等生产企业，在园区内实现了废钢废铝资源的循环利用，同时减少了运输过程中产生的碳排放等污染。

石化产业上下游联动发展的循环产业链。针对生产过程中的副产品及废弃物，以及中低压蒸汽、能源梯级利用等方面进行专业设计。

以绿色食品为主体的总部型食品饮料产业链。针对食品饮料产业，引入可以集中处理有机废物的饲料和添加剂生产企业，并构建废弃包装材料的回收平台，确保提升产业的清洁化水平。依据现有企业发展情况，开拓贯穿企业生产上、中、下游各个环节，并可提供全方位服务支持的生产性服务业，拓展经济发展空间；引进应用清洁技术为社会经济发展提供服务的产业，减少环境污染，降低资源依赖，实现资源的高效利用。

科学引导企业生态化发展

提高能源利用效率。企业生态化发展对于整体经济系统的健康与否起到至关重要的支撑作用。为使2000多家企业避免出现污染集中化的倾向，必须对各企业进行严格管理和生态化引导。因此，要提高清洁能源使用比例和能源生产输送效率，加快提升工业节能水平，推进建筑节能工程。

推进企业源头减量。加强污染物的源头控制，实施减排工程，强化园区VOC污染防治，督促企业建立相关排障设施，开展工业区异味污染防治，深化颗粒物污染控制。力争到2015年，实现清洁生产企业通过验收比例达到100%，通过ISO14001认证的企业数量达到300家。

加强企业间关键链接。建设开发区冷凝水回收系统、6MW炭黑尾气发电及脱硫和金耀生物园节能减排、循环利用改造项目，实现能量梯级利用；建设再生水管网拓展及膜系统改造和天津滨海工业危险废物处置中心工程项目，实现区内企业间资源共享。

提升共享与集约化运营水平

加强区域污水再生设施建设。在建设污水处理厂、再生水输送设施以及再生水厂后，天津开发区东区再生水的输送能力已经达到3万吨/日。下一阶段，将着力完善再生水管网系统，扩大东区再生水输送能力；建设西区人工湿地减排示范工程，在产生良好景观效应的同时，达到减排效果。

实现企业与园区的能源设施共享。针对区内化工企业和医药企业提出两个项目：一是实施东海碳素（天津）有限公司尾气余热发电项目。利用该公司生产过程中产生的尾气进行余热发电，部分余热发电供企业内部使用，部分与园区管网进行对接，进入整个园区供热系统。二是实施金耀生物园循环化改造项目。针对生物医药企业产生的污水中氯含量较高的问题，通过污水排放至污水处理厂进行发酵，开展沼气发电项目。

培育专业化废弃物处理服务公司。建设滨海新区再生资源回收基地，主要对西区的废物资源进行整体回收和资源化利用；建设南港工业区危险废物处理中心暨固废分拣及再利用服务中心示范工程；推进污水处理污泥资源化项目；同时，建设与园区内电子产业配套的废旧锂离子电池资源化项目和与汽车产业配套的废旧铅酸蓄电池资源化项目。

促进支撑平台设施建设与共享。建设产业共生信息管理平台项目，构建固体废物的信息交流平台；依托泰达低碳经济促进中心，建设循环经济技术研发孵化推广基地项目，为区内企业提供循环经济、低碳发展等方面的技术支持和商业服务。

长效经济的全新管理体系

探索建立工业固废全过程管理模式。在危险废物的管理方面，我国具有较为完善的制度体系，但在一般工业废物的管理方面还存在欠缺。天津开发区在与日本的国际合作中引入一般工业固废管理联单制度，先行开展试验，使固废的污染降到最低的同时，固废资源得到更好的规模化利用，也使区内的再生产品得到高品质地发展。

建立信息管理体系和多种载体平台。尝试建立园区循环经济的数据统计体系，构建循环经济发展绩效测度的指标和评估体系，以及循环经济发展趋势预测与预警体系。创建天津市产业共生技术创新联盟，形成企业和产业之间的对接；建设循环经济技术、产品和综合解决方案推广展示公共服务平台。同时，借鉴国外在循环经济、资源节约利用等方面的成功经验，提升开发区的整体循环经济发展水平。

生态生活生机
——中新生态城的绿色实践

中新天津市生态城管委会副主任　杨志泽

生态城不仅仅意味着绿色环保，还意味着创造生机勃勃的经济，为居民提供舒适的家园和更加美好的生活；生态城不仅仅意味着先进的技术或者醒目的标志性建筑，还意味着切实可行的成熟的解决方案，更意味着城市精神、市民价值观和社区发展，以及在满足居民日常生活需求的同时，开创可持续的生活方式。因此，作为全球第一个国家间合作开发建设的生态城市，中新天津市生态城不断创新理念、探索路径，努力建设成为我国乃至世界其他城市可持续发展的样板，为生态理论创新、节能环保技术使用和展示先进的生态文明提供国际平台，为我国今后开展多种形式的国际合作提供示范，也要努力探索出一条通过服务可以实现盈利、创造税收、增加就业的全新模式。

以生态理念确立可持续机制

根据规划，到2020年生态城建设完成时，在国家动漫园、国家3D影视园、生态科技城、环保产业园、信息产业园等五个园区范围内，将形成35万人口规模。如果在传统工业区，实现这一目标至少需要100平方公里的土地，但在新兴城市发展现代服务业的过程中，按照“转变经济发展方式和构筑高端、高质、高新产业体系”的目标要求，在不到3平方公里的土地上，即可实现这样的发展。

编制科学的指标体系。突破传统城市建设模式，依据指标体系指导城市建设，是生态城建设的一大特色。按照科学性与操作性、前瞻性与可达性、定性与定量、共性与特性相结合的原则，在生态环境健康、社会和谐进步、经济蓬勃高效、区域协调融合四个方面，制定了22条控制性指标和4条引导性指标。这些指标对总体规划布局、交通组织、生态修复、能源供应、社区体制、水系以及绿化均进行了量化处理，形成了指标体系框架下的城市构架、城市形态和城市组织发展模式。同时，指标体系也成为规划设计和开发建设的纲领性、控制性文件。

建立引导性的建设体制。初步建立了“政府主导、企业主体、市场运作”的开发建设体制；按照国务院当年给予的人与人和谐共存、人与经济活动和谐共存、人与环境和谐共存的“三和”目标以及能实行、能复制、能推广的“三能”理念建设；通过战略目标引导、资源有效配置、政策法规支持和社会主体运作，使政府、企业和公众对生态城的生态、节能、环保、自然、宜居、和谐的理念高度认可，不仅在实施方案和建设路径上形成共识，而且在具体操作中形成强大合力。

奠定可持续的综合基础。在形成生态城市可持续发展的经济基础的同时，对区域性生态建设、节能减排、绿色建筑、绿色交通等方面进行积极探索，实现技术、效益与创新的紧密结合。例如，针对大都市普遍存在的“乱停车”问题，生态城创新技术性理念，设计了独特的不可见的小区大门。在生态城内，业主可从专门入口将车直接驶入地下停车场，而小区的步行入口为用绿树遮挡起来的较高台阶，实现了小区附近的安静整洁。

以多元探索实现生态改造

改造区域环境是中新生态城建设过程中的一个重要任务。目前，已完成污水库治理现场扩大试验和造岛填埋工程，启动了底泥脱水减容工程；起步片区8平方公里的盐碱土地改良工作已基本完成，绿化面积达100多万平方米；修复水体面积3.5平方公里，并正在进行区内河道治理和改造工程；围绕污水库重度污泥处理进行科技攻关，创造了一批具有自主知识产权的关键技术。创造区域生态改造的经济效益。过去，许多城市投入大量精力进行工业区无害化的环境改造，但由于资金消耗多、成效显现慢，实施过程十分困难。对此，生态城采取更为经济和科学的方法，使区域环境改造得以实现盈利。如生态城附近的营城水库多年来由于周边工厂的废水排放而十分污浊，通过争取优惠政策、实施改造工程、借力环保公司等措施，将其改造为环境优美的景观湖泊。而这些来源于实践的样板工程，形成了治理污水库的可行模式，当其他城市或地区需要改造此类项目时，即可通过市场化手段给生态城带来环保方面的利润和收入。

创新实现能源的综合开发利用。根据生态城可再生能源专项规划和实施计划，启动风力发电、光伏发电项目建设，开展再生能源与建筑一体化的大规模推广应用；与国家电网公司合作建设国内首个智能电网示范区项目，为可再生能源的利用提供有利条件；按照“因地制宜、多能互补”的思路，协同推进风能、太阳能、地热能和生物质能等可再生能源的开发利用，解决单一能源开发利用成本较高的问题。

制定绿色交通的新型路网配置。在我国，许多城市效仿欧洲城市发展环线，但因人口规模的显著差异，导致我国的环线治理出现了无穷无尽的改造问题。相比之下，管道模式更适合现有情况。为此，生态城规划城市路网合理分工，构建人性化的绿道系统，行人通道和车辆通道不在一个道路平面交叉；建立智能交通系统，出台绿色交通管理办法，完善推行清洁能源公交；利用社区细胞发展方案（即每一个400m×400m的方块称为一个细胞，每四个细胞组成一个社区，每四个社区组成一个片区），就近配套生活、生产设施，从减少交通流量角度进行技术控制，缩减城市刚性交通需求。

以完善管理打造生态城市

中新生态城是目前我国为数不多的实施大

规模生态修复、综合性推进节能减排事业、全方位实施绿色能源、绿色交通、绿色建筑的全要素生态区域。因此，在新型社区管理制度方面也进行了初步探索。

创新管理体系。建立多层次、服务型、参与式的社区管理体系，借鉴新加坡等先进国家的社区管理经验，结合生态城三级生态居住模式，创新社区管理和服务体制机制，避免了居委会的官民差别思想，形成全民参与的社区管理委员会。

构建生态社区。依托邻里中心建立社区管理机构，创立生态城社区理事会，设置分区事务署和社会工作站，延伸公共服务，提高民众对社区生活的归属感和社会责任感。

实现市场运营。邻里中心提供统一、标准、规范的商业服务，满足居民日常生活需要。建设社区居民文体活动中心和社会交往中心，创造居民愿意停留、访问和社交的场所，形成邻里和睦、充满亲和力的健康社会细胞。

以优势集聚范式解读中国开发区发展

广州市开发区政策研究室副主任、经济学博士 李耀尧

在国家级经济技术开发区即将迈入而立之年时，每一个开发区人都应重新审视反思：在改革开放的大潮中，开发区应遵循怎样的逻辑演变规律？又应如何延伸发展方向和承担新的历史使命？从国家开放战略与空间发展布局看，中国开发区从比较优势集聚起步，依次经历竞争优势集聚阶段和创新优势集聚阶段，未来将继续向财富优势集聚阶段迈进。

比较优势集聚：如何实现自身成本的最小化

开发区作为空间经济集聚载体，只有集聚优势资源，才能获得发展的集聚效应。按照经济学理论，贸易存在的基本前提是构建使交易双方均获得利益的比较优势。如果将开发区视为一个贸易主体，那么在创造收益前必须具备比较优势，且这一优势发挥得越好，开发区的收益则越大。

1984 年，中国开发区在国家给予有限资源的条件下，首先推动比较优势集聚，逐步形成了区位比较优势、政策比较优势、硬件比较优势、软件比较优势等先发优势。其中，区位比较优势包括当时相对低廉的土地价格、中心城市（母城）的辐射带动影响以及优越区位的其他外部经济亮点等；政策比较优势即拥有国家给予的办区政策，在土地、招商、税收、通关、贸易等方面取得良好发展机遇，可利用国家级品牌开展招商引资，构筑区域核心发展载体；硬件比较优势则要求建立国际资本流动环境，打造具有优越基础设施与配套服务的国际仿真投资环境。软件比较优势是在前述优势基础上创造包括科学管理、办事规程、服务机制等方面的优势。在当时，软件比较优势还较为少见，开发区正是凭借“对外开放的窗口”，洞察国际投资环境建设，并根据自身实际，确立了以优化服务与管理为载体的投资软件建设。

总体而言，比较优势集聚阶段的核心问题是如何实现自身成本的最小化，低成本扩张成为开发区这一阶段的关键要素。其发展路径

为：土地开发→要素集聚→加工出口→换取外汇→滚动发展，在这一过程中，每个环节都力求精打细算、节约开发建设成本。

在比较优势集聚模式下，中国开发区初步闯出了一条新路，显示出集聚经济发展的效果。1995年，32个国家级开发区实现工业总产值1429亿元、税收95亿元、出口创汇67亿美元，环比增长速度均保持在50%以上；合同利用外资110亿美元、实际利用外资37亿美元，利用外资占全国比重超过10%，经济带动与辐射作用显著。

竞争优势集聚：如何实现市场需求的最大化

从一定意义上讲，竞争优势内生于比较优势，是比较优势的创新型延伸，是动态化的比较优势。从1996年起，国家对开发区政策进行了重大调整，开发区所享受的优惠政策不再突出，比较优势不断削弱，进而面临发展中的“孤岛”瓶颈。如何走出“孤岛”和“比较优势陷阱”，进而变比较优势为竞争优势，成为中国开发区发展的现实抉择，开发区也由此步入竞争优势集聚阶段。

竞争优势集聚表现在多个方面，即把各类竞争性要素进行全面组合集中，形成开发区具有强大向心力、竞争力的竞争优势系统，包括要素竞争优势、产业竞争优势、企业竞争优势、环境竞争优势等。例如，以高素质外资企业集聚竞争优势，以产业集群集聚竞争优势，以优美园区建设打造竞争优势，以政府优质服务集聚竞争优势等。

竞争优势集聚阶段的核心问题是如何实现市场需求的最大化，开发区产品的市场占有率成为该阶段考核的关键要素。因此，竞争优势的突出绩效是开发区产品竞争力强、产销率高和工业经济效益好。在总量规模推动下，中国开发区经济结构也在不断优化升级，完成了政策淡化后的结构转型，工业结构实现从初级加工向高新技术产业转变，区内经济由单纯的工业结构向工业与服务业并重发展的结构态势转变。在1988—2009年的21年间，国家级开发区的工业增加值从757亿元增长至12827亿元，增长超过15倍，形成了极具竞争力的电子信息、汽车、装备制造、化工和食品饮料五大支柱产业，占开发区工业总产值的比重近70%。

创新优势集聚：如何实现规模报酬的最大化

发展的持久动力必须依靠创新优势的集聚与推动。一旦获得了竞争优势，则必须进一步将其转变为创新优势，使各种创新型要素优化配置和集聚，最终形成持久优势。创新集聚包括创新载体集聚、创新技术集聚、创新政策集聚等有助于创新推动的要素集聚，其评价标准主要是以高新技术产值比重、科技进步贡献率、生态产业集群度、政府管理与服务水平等指标进行客观衡量。创新优势集聚阶段的核心问题是如何实现规模报酬的最大化，要在不完全竞争条件下获得可持续的发展动力。因此，这一阶段的目标是全方位实施高新技术产业发展战略，大力建设高科技产业服务园区以及高新技术极化核心园区。

沿循这一思路，近年来，国家级开发区科技创新能力进一步提升，已成为国家重要的高新技术研发与成果转化基地。2009年底前批准设立的56个国家级开发区中，已建立国家级研发中心100家、省级研发中心500多家、引进外商投资研发中心近1000家、高新技术企业超过2250家。2010年，广州开发区内研发投入占地区生产总值的比重达到2.9%；“十一五”期末高新技术产值达到33922亿元，占工业总产值的44%。但目前，多数开发区仍然处于竞争优势发展阶段，只有少数国家级开发区正在步入创新优势集聚的转化阶段，这一阶段的任务还远没有完成。

财富优势集聚：如何实现软财富运用

按照比较优势、竞争优势、创新优势集聚

的发展轨迹，今后的逻辑次序是财富优势集聚范式，即由竞争、创新积累进入自我发展、自我内生的科学发展环节。开发区近30年发展的实践证明，中国开发区已经是所在地区、所在城市的经济增长极，也可称之为社会财富的核心创造载体。但是，开发区经济发展并不仅仅以产值增长为核心，而是转换到以价值驱动为核心的轨道，即要实现以价值驱动为主体的商业模式变革，由此产生强大、可持续的科学发展动力。同时，开发区不能仅仅满足于物质财富创造，其现代化的目标是要如美国硅谷、英国剑桥、日本筑波等高科技园区一样，在物质财富与精神财富上成为中国发展的典范，形成科学发展的内生机制，完全以财富创造与集聚为特征。

财富优势阶段的核心问题是如何实现软实力发展和软财富运用，大力推动科学发展内生化，以达到自我良性循环发展，其关键要素是自组织系统的完全建立。财富优势集聚阶段设置的指标，主要是现代化所代表的各类指标，如物质文明指标体系与精神文明指标体系，涵盖人类发展指标（HDI）、文明程度高低等。因此，要积极推进财富增长与文明发展同步协调，成为带动周边区域发展的核心，真正进入内生型科学发展的轨道。

领航新型城镇化发展之我见

广州市开发区政策研究室主任　陈永品

近十年来的城镇化进程，其正面效应不言而喻，但负面结果也开始逐渐显现，其中一个较为突出的问题就是房地产价格居高不下。对此，许多人不禁开始反思：何为真正的城镇化？又该如何推动新型城镇化？几经讨论，各方已经深刻认识到，城镇化不是单纯的开发房地产，而是要突出以人为本，与人的发展结合起来。没有人的城镇化不具生命力，更不能可持续发展。基于这一共识，国家级开发区的优势恰被突显出来。

开发区的城镇化进程，是伴随着其定位变化变迁而来的。从“三为主、一致力”（以工业为主，以利用外资为主，以出口创汇为主，致力于发展先进技术）的定位可见，开发区早期目标就是一个工业园。在具体实践中，各开发区执行尺度不尽相同：有的严格遵守这一定位，把有限的土地主要用于发展工业，只拿出少量的土地进行公共服务配套和生活配套，因此城镇化程度较低。但也有的开发区一开始就考虑到配套问题，在规划上预留了生活服务区，城镇化程度相对较高。

2004年，国家级经济技术开发区成立20周年之际，国务院提出开发区新的发展方针，即“三为主、二致力、一促进”（以提高吸收外资质量为主，以发展现代制造业为主，以优化出口结构为主；致力于发展高新技术产业，致力于发展高附加值服务业；促进国家级经济技术开发区向多功能综合性产业区转变），这次定位最大的变化是允许开发区大力发展服务业，从工业园区向多功能综合性产业区转变。这个定位大大推进了开发区的城镇化进程，从全国开发区的实践看，大多数开发区都进行了内涵提升和外延扩张，面积都达到了上百平方公里。

“十二五”时期，“三并重、二致力、一促进”（坚持先进制造业与现代服务业并重，利用境外投资与境内投资并重，经济发展与社会和谐并重；致力于提高发展质量和水平，致力于增强体制机制活力；促进国家级开发区向以产业为主导的多功能综合性区域转变）的定位，明确了开发区要扩大内需，重视社会和谐，继续向多功能综合性区域发展的目标。显然，目前的开发区已经不再是单一的产业园区，经过近 30 年的发展，成为了一个强大的经济体。

由此可见，开发区作为以产业为主导的经济功能区，在促进产业发展的同时，自觉或不自觉地推进了自身的城镇化发展。如今，许多开发区正在进化成为现代化新城区、新社区。而从开发区的发展情况和当前形势看，开发区的城镇化无疑最有生命力，也最有条件成为中国新型城镇化发展的引领者。

客观需要的城镇化

历数城镇化成效显著的开发区，其城镇化发展的内在动力各有不同。一般而言，大致可分为三种模式：

产业驱动模式。早期成立的开发区，大多选址在离主城区 20 公里以外的“孤岛”。出于满足区内就业人口的居住生活需要，开发区必须围绕产业发展就地造城，如天津市开发区、大连市开发区等。

母城带动模式。部分开发区布局毗邻母城，以“新城区”为定位，通过产业和人口的集聚，与母城联系日益密切，甚至互动融合发展。在这一过程中，开发区逐渐由单一加工制造业向先进制造业与现代服务业并举转型，由只注重经济发展向统筹经济社会协调发展转型，城镇化水平也随之不断提升。

外向推动模式。为更好地招商引资、吸引各类人才扎根发展，营造良好的创新创业环境，近年来，许多开发区积极主动推进城镇化建设。随着与周边行政区之间以及开发区内的交通路网、商业等配套设施的不断完善，开发区的城镇化进程也不断加快。

多元并举的城镇化

开发区有条件在中国实施城镇化发展战略中发挥主力军作用，成为中国新型城镇化发展的引领者，大体可从五个方面进行分析。

产业支撑较强。开发区建立在以产业为核心的实体经济基础上，有较强的产业支撑能力，依此聚集大量就业人群和海外归来的高端人才的模式，完全顺应新型城镇化发展理念。而以房地产主导的新城、新区，缺乏产业支撑能力，极易形成产业空心化，这与新型城镇化发展理念是相背离的。

规划科学完善。开发区一般具有科学完善的规划和设施配套，且通常采取渐进方式推进城镇化发展，即先发展产业，再完善城市功能，通过融合调整促进城镇化。而目前许多地区一哄而上、一蹴而就地发展城镇化，很难经得起历史检验。

城乡统筹推进。随着近些年的快速发展，许多开发区通过托管乡镇、与周边行政区合并融合等方式拓展空间范围。在此情况下，开发区按照城乡统筹发展的理念，承担了一系列社会管理事务，并不断加大民生福利投人，极大地带动了周边区域发展，提高了区域城镇化水平。

生态环境优美。开发区高度重视低碳发展、绿色发展，大力推进节能环保建设，营造宜居宜业的生态环境，在构建资源节约型、环境友好型社会的道路上探索了一条新路。部分开发区还创建成为国家生态工业示范园区和国家循环经济试点园区等。

创新活力充裕。开发区集聚了一大批创新创业人才，气氛浓郁、平台多样、活动多元，形成了敢为人先、务实进取的创业精神，充满着创新的活力、希望的活力和向上的活力。

率先推进的关键机遇

具备一定的发展空间。有的城市将开发区规划为城市副中心或新城区，即利用开发区的经济实力优势辐射带动周边区域发展，缓解中心城区人口压力。如广州市将广州市开发区规划为广州东部山水新城核心区，带动区域发展。

产业升级潜力较大。站在全球视角审视，开发区的产业链和价值链大部分还处于全球产业链的中低端。在当前由开发区向城区功能转型的发展阶段，迫切需要加快推进产业转型升级，促进产业发展与新型城镇化内涵特征相协调，引领城市发展。

国家提供改革政策。党的十八届三中全会提出了一系列改革措施，开发区可以主动创新、先行先试，在享受改革红利的同时，为新型城镇化发展创造新的体制机制优势。如土地改革中提出的集体土地入市政策，如果开发区可以利用好，必将推动新一轮大发展。

新型城镇化的引领者

要站在引领中国新型城镇化发展方向的高度对开发区的未来走向进行定位，围绕“新”字下功夫，在智慧城市、低碳生态城市、创新型城市、和谐幸福城市的建设中争当引领者。

做智慧城市的引领者。在国家大力推动信息化和工业化深度融合、工业化和城镇化良性互动的机遇下，开发区要充分利用新一代信息处理技术和物联网技术，科学整合各种信息资源，大力推进以智能电网、智能家居、绿色医院、智能建筑、智能安防、智能交通、智能市政和智能政务等为主的智慧城市建设，把开发区建设成为高效快捷的智慧之城。

做创新型城市的引领者。充分利用开发区对外开放优势，以开放创新为主线，加速整合国内外创新资源，主动链接全球创新网络，集聚创新型人才和创新型产业，构建开放型区域创新体系，促进经济发展方式从外向带动、资源驱动型向内生增长、创新驱动型转变。

做和谐幸福城市的引领者。构建适应开发区产业特点的就业体系，促进城乡居民收入持续增长，切实建设好关系人民群众切身利益的教育、医疗、体育、文化等公共服务设施，实现城乡基本公共服务均等化，并全面建立覆盖城乡及外来务工人员的社会保障体系，创造安居、乐业、和谐的社会环境，建设互惠共生的幸福之城。

做低碳生态城市的引领者。顺应绿色低碳发展新趋势，坚持经济转型与低碳化并重方针，树立人与自然和谐共生理念，以技术进步和制度创新为动力，以发展低碳产业为抓手，以大力节约资源、优化能源结构、加强环境保护和生态建设为突破口，逐步形成低碳经济的增长方式和消费模式，实现经济发展与环境保护双赢，打造成为低碳经济示范区和宜居宜业的生态新城。

谋定而动打造精品

纵观国内外城市建设经验，过度城镇化的区域总是会出现许多“城市病”。因此，开发区在推进新型城镇化发展过程中，要坚持谋定而动，循序渐进，打造精品。

产城融合。产业与城市融合发展，是开发区未来发展的方向。要按照以新型工业化推进新型城镇化的思路，坚持“产城一体”的规划理念，结合开发区自身产业发展特点，打破工业园区的单一状态，规划布局配套设施，促进生产区与生活区相融合，促进“以产兴城、以城促产、产城相融”。

产业升级。围绕构建现代产业体系，加快产业结构调整，提升优化产业层次，培育与发展多元支柱产业，实现先进制造业与现代服务业的双轮驱动、融合发展，加速推动制造业向产业高端、价值链高端攀升，促进传统产业高级化、优势产业高端化、新兴产业规模化、产业园区现代化。

创新引领。进一步主动落实创新驱动发展战略，把创新摆在更加突出的位置，摆脱对物质生产要素的过度依赖，提高科技创新对经济发展的贡献率，尽快走上创新驱动、内生增长的轨道，推动经济发展模式由传统的“拼土地、拼资源、拼成本”向“拼人才、拼知识、拼创新”转变，不断增强经济发展后劲。

城乡一体。按照城乡统筹、融合发展的总体思路，合理规划城市发展格局、规模和城市功能，统筹考虑城镇和农村的实际需要，最大限度地实现城区建设与农村建设的资源共享，建立城乡均等化的公共服务保障体制和覆盖城乡居民的社会保障体系，形成城乡发展一体化格局。

思变而后动：以城镇化发展寻求园区突围之路

南京新港开发总公司　赵　智

经过20余年的高速发展，开发区已经成为中国开放型经济的重要组成部分，大多数开发区已经进入到一个相对成熟稳定的发展阶段，不仅产业基础较为雄厚，而且结构愈发契合区位特点。但同时，开发区的发展也面临新一轮挑战，如土地资源减少、招商引资竞争激烈、环境保护压力加大、经济高位增长难以为继等。为此，许多开发区提出“二次创业”，力图在新一轮发展中寻求突围和重生之路。

以南京经济技术开发区（以下简称“南京开发区”）为例，业已形成的光电显示、生物医药、高端装备、现代物流和科技服务业五大特色产业已经成为南京市重要的工业支撑。2012年，全区实现地区生产总值320亿元，公共财政预算收入18.3亿元。但同时，南京开发区最初的规划理念已经无法匹配目前的发展趋势，按照工业园区的标准和原则进行的规划设计难以承载日益重要的城市功能，城市中心的不断扩张和开发区增长极效应的持续凸显，使开发区与市中心的距离不断拉近，南京开发区正逐渐向城市功能区转型。

后工业化阶段的多重挑战

发展要素制约明显。经过多年高速发展，南京开发区的土地资源、环境容量、资金成本等发展要素的制约日益凸显。目前，南京开发区新港片区的土地存量十分有限，区内环境保护标准也一再提高，且随着东区基础设施建设的推进，开发资金压力明显加重。

产业结构抗风险能力低。南京开发区的五个主导产业中，重点企业对产业的支撑作用十分明显。如2012年光电显示产业工业总产值1400亿元中，LG显示和夏普电子两个龙头企业贡献了550亿元，占比近40%。但是，这种“一两个企业撑起一个产业”的情况一旦遭遇行业波动，则会对整体经济发展产生重大影响。2009年显示行业出现全球性衰退，LG显示和夏普电子年产值下滑近20%，进而导致了全区光电显示产业总产值的严重下降。

第三产业发展缓慢。区域内科技研发、零售、餐饮等第三产业的发展，一般与该区域的“人气”密切相关，即第三产业发展的基础和环境。南京开发区是一个以制造业为主的纯工业区，大量从业人员白天在园区工作；晚上回到开发区之外的住所，使开发区夜晚几乎变成一座“空城”。

以城镇化引领开发区的未来

城镇化发展并非一剂包治百病的良药，但

却是解决现存诸多瓶颈问题的有效途径。结合南京开发区实际情况，笔者认为，开发区的城镇化发展战略应着重注意以下三个方面：

完善交通基础设施，加快对接主城。开发区距南京主城约 20km，但长期以来，进入主城的通道仅有 2—3 条。交通方式的相对单一影响了开发区和主城之间的交流对接，也对开发区城镇化发展造成了严重制约。下一阶段，应重点推进地铁一号线北延至开发区项目，随之出现的交通时间缩短、沿线土地升值等效应，将对南京开发区城镇化发展带来难以估量的利好影响。

建立服务配套设施，突出城市功能。对于新托管的区域，应从整体发展角度考虑，采用全新理念和科学规划为未来发展留足转型空间。对于已建成区域，应从目前发展现状出发，逐步完善开发区城市功能，建成一批住宅和商业设施，集聚人气。

加快产业优化升级，集聚高端人才。南京开发区以制造业特别是劳动密集型制造业为主导产业，多数从业人员收入水平较低，难以在区内形成消费规模，推动开发区服务业发展。因此，应积极推进产业结构升级，鼓励大型企业在区内设立研发机构、地区总部、销售中心等功能性机构，吸引更多高端人才在区内工作、生活、消费甚至创业。

充分发挥市场机制的引导作用

长沙市经济技术开发区党工委副书记、管委会主任　李科明

党的十八届三中全会明确提出，要“使市场在资源配置中起决定性作用”。根据这一要求，开发区如何能够既引进资金雄厚、技术领先的优质项目，又避免资源浪费、环境破坏和产能过剩等负面效应，成为当前必须思考的核心工作。

完善评价机制　确保产出效益

一般而言，由投资商提供的项目可行性分析报告同实际发展中的情况并不一定完全吻合。因此，建立一套数据分析模型和评价体系，对企业入区的整体过程进行动态分析和跟踪评价十分必要。

为此，长沙市经济技术开发区（以下简称“长沙开发区”）邀请专业团队建立了一整套招商引资项目评价体系，对照签约合同和项目可行性分析报告，对项目的综合质量、产业升级、土地利用、偿债能力、批后管理、研发创新、节能减排、社会责任等方面进行全面评估和全方位的量化分析，运用经济容积率和经济密度等相关数据算出投入产出账。同时，结合园区“企业信用评估体系”，定期发布、通报企业信用等级。长沙开发区通过开展项目评估，能够及时准确地摸清项目投资强度、容积率水平、土地闲置、实际产能以及排污处理能力等情况，促进项目尽快开工、开建、投产，提高了全区的项目产出效益。

确立退出机制　促进转型升级

竞争是市场机制的灵魂，能够在优胜劣汰中促进资源不断优化配置，倒逼技术改进升级、经营管理改善、资源集约节约和生产力不断提高。

通过对引进项目的跟踪评价，长沙开发区

及时梳理实时资料并进行分类指导，引导企业整改或逐步退出。对于拖欠土地款未能按期交付或者土地荒芜闲置的企业，采取行政或法律手段，限期催交土地款和开发土地；对于不具备开发实力的项目，及时签定中止合同，通过“腾笼换鸟”引进新的项目；对于未能达标排放的项目，要求企业限期治理；对于开发前景较好、实力暂时不足的项目，为其在规划区内预留用地，待其条件成熟后予以供地。通过以上措施，长沙开发区清理了一批投资实力不足和产能落后项目，优化了园区生态环境，加快了产业升级转型。

建立准入机制提高项目质量

依靠有限的土地资源引进更多大项目、好项目，是开发区新时期转型升级和跨越发展的重要课题。为此，长沙开发区建立了项目准入机制，摒弃“饥不择食”的心态，将“选资”落在实处。

严格把关项目准入指标。为坚决杜绝高耗能、高污染、科技含量较低的项目入区，出台了《长沙经济技术开发区投资项目准入及用地有关规定》，对入区项目的投资强度、产品导向、用地需求、容积率标准和污染物排放等情况作出具体规定。特别是在用地面积、土地价格、环境影响、能耗标准等方面严格把关，致力于开展高端项目、低碳项目的招商。目前，全区项目发展整体处于较高水平，企业成长性较好，高新技术企业占企业总量的49%。

围绕主导产业链条招商。出台《关于加快工程机械、汽车及零部件产业发展的若干意见》，促进园区主导产业发展；突出抓好产业链招商，引进辐射带动能力强的龙头企业和战略投资者，以及关键零部件、核心零部件项目；配套引进生产性高端服务业，着力延伸产业链、壮大产业群，形成配套完整、体系齐全、特色鲜明的产业发展格局，提高产业的整体抗风险能力。目前，工程机械和汽车两大主导产业创造了全区80%以上的产值和税收，吸收了80%以上的就业人口，为打造“中国工程机械之都”和“湖南汽车产业走廊”奠定了坚实基础。

综 合 篇

2013年北京市开发区发展情况综述

一、北京市开发区2013年数据情况

1. 开发区主要经济指标稳步增长。2013年1-11月，北京市开发区实现总收入30342亿元，同比增长25.5%；全年投产（开工）企业28978家，同比增长8.3%；全市开发区实现工业总产值8517亿元，同比增长21.3%。其中，国家级开发区实现工业总产值为7098亿元，同比增长22.12%，占全市开发区工业总产值的83.35%。市级开发区实现工业总产值为1418亿元，同比增长17%。开发区从业人员期末人数为218万人，同比增长14.9%。

2. 开发区税收贡献进一步提高。全市开发区实现应缴税金1545亿元，同比增长11.12%。其中，国家级开发区实现应缴税金为1388亿元，同比增长10.57%，占全市开发区应缴税金的89.8%。市级开发区实现应缴税金为136亿元，同比增长16.2%。

3. 开发区盈利能力增强。2013年1-11月，全市开发区实现利润总额1944亿元，同比增长37.42%。其中，国家级开发区实现利润总额为1745亿元，同比增长35%，占全市开发区利润总额的89.8%；市级开发区实现利润总额为198亿元，同比增长62.3%。

4. 开发区招商工作成效显著。2013年1-11月，全市开发区实现招商企业4533个，同比增长16.35%；全年招商项目总投资1868.6亿元，同比增长81.8%。其中，国家级开发区实现招商企业2825个，同比增长22%；全年招商项目总投资1666.4亿元，接近上年同期的2倍。市级开发区实现招商企业1708个，同比增长8%；全年招商项目总投资202.2亿元，同比增长10.9%。

5. 外商投资步伐减缓。2013年1-11月，全市开发区外商实际投资额11.1亿美元，同比降低23.7%。其中，国家级开发区外商实际投资额为9.3亿美元，占全市开发区总额的83.7%，同比下降23.2%。市级开发区外商实际投资额为1.8亿美元，同比下降26%。

二、组织创建新型工业化产业示范基地，着力推动开发区特色发展

1. 积极开展市级新型工业化产业示范基地认定工作。为提高北京市工业园区发展水平、促进产业集群转型升级，北京市开展了市级新型工业化产业示范基地的创建工作。截至2013年11月北京市共有2批32家园区获批。通过规范产业集聚区发展，为北京市工业发展提供更多空间载体，促进产业链的延伸与配套发展，实现产业空间布局和功能的协同发展。

2. 加强对示范基地的跟踪评价。完成北京市首批19家市级示范基地的创建考评工作，形成《北京市首批新型工业化产业示范基地综合发展评价报告》，加强对示范基地创建发展情况的跟踪研究。

3. 出台支持资金管理细则。为进一步优化产业示范基地服务功能，优化项目落地空间环境，促进产业向基地集聚，推进示范基地特色发展，北京市出台《北京市支持新型工业化产业示范基地资金管理实施细则》，通过以奖代补、贷款贴息、拨款补助等方式支持园区

公共服务平台、标准化厂房（试验用房）等项目建设。

4. 组织推荐国家新型工业化产业示范基地。依据工信部《创建国家新型工业化产业示范基地管理办法（试行）》组织开展了第五批国家新型工业化产业示范基地创建工作。经评审和公示，工信部同意批准北京雁栖经济开发区为国家新型工业化产业示范基地，定名为“食品饮料·北京雁栖经济开发区”。

自2009年创建国家新型工业化产业示范基地工作开始，截至2013年11月北京市共有5批8家示范基地获批。通过新型工业化产业示范基地的创建，极大调动了各区县推动开发区升级改造的积极性，进一步提高开发区的发展质量和水平。

三、加强基础工作，重新构建开发区管理体系

1. 明确北京市工业开发区、产业基地目录和发展方向。为落实《北京市2013—2017年清洁空气行动计划》的工作要求，北京市政府要求市经信委会同区县政府、相关委办、区县经信委、开发区，通过实地调研，召开座谈会等方式，对北京市工业开发区、产业基地目录及发展方向进行确认和明确，确定了工业开发区、产业基地的名录和发展方向，为开发区的规范化、差异化发展提供重要保障。

2. 修订北京市市级以上工业开发区统计体系。北京市经信委与市统计局进行多次对接，针对市级以上工业开发区、产业基地，重新建立以工业地块为基础的统计体系，并对部分统计指标进行修订，以更适应新形势需要。目前已确定了纳入统计的工业开发区、基地和地块名录并联合市统计局召开了报表工作部署会，为开发区的管理、评价工作打下基础。

四、开展了北京市产业发展重点及空间布局研究

为贯彻落实《国务院关于同意调整中关村国家自主创新示范区空间规模和布局的批复》精神，进一步优化北京市产业空间布局，北京市开展了产业发展重点和空间布局研究，紧抓中关村国家自主创新示范区扩区机遇，进一步强化区域产业功能定位，提出了北京市产业布局的整体思路，明确了电子信息等八大产业的发展思路、重点领域和具体布局，推动解决各区县和开发区产业特色化、差异化发展问题。

五、建立北京市生态工业园区评价指标体系，提高开发区绿色发展水平

为落实《北京市2013—2017年清洁空气行动计划》中“到2017年市级以上工业开发区基本建成生态工业园区”的任务分工，开展生态园区调查研究工作，启动《北京市开发区生态化建设水平调研和评定标准体系研究》课题，研究制定符合北京市实际的生态化园区评定指标体系。生态园区的评价指标明确了48个市级以上工业开发区（地块）作为工业生态园区建设和评价的重点，为下一步推动园区生态化改造，促进开发区转型升级提供支撑。

（北京市开发区协会）

2013年上海市开发区发展情况综述

一、经济能级持续提升，区域间产业结构更趋合理

2013年上海市开发区实现第二、第三产业营业总收入57182.10亿元，增长9.9%，其中工业企业实现主营业务收入29317.31亿元，第三产业实现营业收入27864.79亿元。2013年全市第二、第三产业营业总收入超千亿元以上的开发区（产业基地）有14个，其中上海综合保税区产业规模接近1.5万亿元，上海金桥经济技术开发区和国际汽车城成为超5000亿元的园区，漕河泾新兴技术开发区和松江工业区（试点园区）双双超过3000亿元，张江高科技园区和嘉定工业区超2000亿元，康桥工业区、莘庄工业区、宝山钢铁基地、青浦工业园区、金山石化基地、上海化学工业经济技术开发区（合计）和上海市市北高新技术服务业园区等超1000亿元，成为上海市开发区经济能级持续提升的龙头和重要引擎。

第三产业比重持续提升。2013年本市开发区第三产业完成营业收入27184.7亿元，同比增长14.44%，增速保持平稳。2013年本市开发区第二、第三产业营业收入之比为51.3∶48.7，产业结构中第三产业所占比重比2012年提高1.7个百分点，本市开发区整体产业结构趋于合理，产业结构调整取得较好的成效。

二、上海市开发区占全市比重持续增加，工业向园区集中进一步提升

2013年上海市开发区规模以上工业企业完成工业总产值24077.6亿元，占全市规模以上工业75%，可比增长3.6%，开发区工业生产全年总体平稳。本市开发区规模以上企业工业生产占全市工业生产的比重从2010年的72.91%增加到2013年的75.03%，比重增加超过2个百分点。

2013年上海市开发区规模以上企业出口交货值实现6766.57亿元，占全市工业出口产值的85%以上，同比下降3.6%。开发区工业企业外向依存度逐年下降，更加重视国内市场。

全市开发区的工业产业集聚度达到80.1%。浦东新区、嘉定区和松江区是本市开发区生产规模最大的前三个区县，三个区县规模以上企业共完成产值13900.76亿元，占全市开发区规模以上企业完成产值的57.73%。

三、工业投资占全市比重有所提升，上缴税金增长平稳

2013年全市开发区完成固定资产投资金额为1667.88亿元，同比下降7.5%，但国家级开发区投资增长6.8%。据不完全统计，2013年全市开发区累计完成工业固定资产投资964.09亿元，同比下降9.4%，占全市工业投资的78%。市级以上开发区完成工业固定资产投资金额666.96亿元，同比下降1%。

上海市开发区工业用地2013年平均产出率为74.4亿元/平方公里（按已经建成工业用地计算）。其中国家级开发区高达134.07亿元/平方公里，单位土地产出水平逐步提高。

2013年本市开发区上缴税金3962.91亿元，同比增长7.04%，高于全市税收增幅，占全市税收的36.28%。

四、产业集群规模化发展成效显著，重点行业增长出现分化

2013 年上海市规模以上工业企业行业超过 500 亿元的有 10 个，其中规模最大的为计算机、通信和其他电子设备制造业，完成 5177.99 亿元，其次是汽车制造业达到 4514.93 亿元，化学原料和化学制品制造业超过 2000 亿元产业规模。十大行业的规模以上工业企业共完成工业总产值 20305.86 亿元，占全市开发区完成工业总产值的 84.34%。

从行业增长分析，2013 年上海市开发区 34 个行业大类中，20 个行业可比增长，其中医药制造业、汽车制造业和其他制造业增幅超过 12%、化学纤维制造业、石油加工、炼焦和核燃料加工业和水的生产和供应业 6 个行业增长超过 10%，排名前 6 位。

五、外资项目持续增加，内资注册资本金大幅增长

2013 年上海市开发区累计引进外资项目 1596 个，同比增长 7.7%，占全市外资项目数的 42.67%。上海市开发区累计吸引合同外资金额 103.13 亿美元，同比下降 3.97%，占全市合同外资金额的 41.87%。陆家嘴金融贸易区、中国（上海）自由贸易试验区、张江高科技园区、上海化学工业经济技术开发区和漕河泾新兴技术开发区等国家级开发区对外招商形势较好。

2013 年全市开发区引进内资项目 17164 个，同比增长 40.29%，落户内资企业注册资本金为 1822 亿元，同比增长 102.6%，其中国家级开发区为 1376.86 亿元，同比增长 186.19%。

六、中国（上海）自由贸易试验区取得开门红，张江自主创新示范区和临港产业区快速发展

2013 年 9 月 29 日中国（上海）自由贸易试验区正式启动运作，全年自贸试验区投资企业可完成经营总收入 14200 亿元，同比增长 10.5%。其中商品销售额 12260 亿元，增长 11.5%；航运物流服务收入 1000 亿元，增长 17.6%；工业总产值 645 亿元，下降 10%。四个区域共完成进出口总额 1130 亿美元，同比基本持平，完成工商税收 472 亿元，同比增长 10%。工商税收和商品销售额在全国 111 个海关特殊监管区域中的比重分别达到 53.4% 和 51.6%。自贸区外资项目逐月走高，12 月引进 143 个外资项目。

张江高新区积极推进构建亚太地区知识产权中心、国家知识产权试点园区和市级知识产权公共服务平台建设步伐，尤其是在完善知识产权作价入股和参与分配等激励制度的创新，在服务平台、专利受理点、知识产权质押融资、促进专利技术成果产业化 4 个方面取得了成效。2013 年上海张江示范区内企业总数已达 5 万家，各类研发机构达 1400 余家，高新技术企业和技术先进型服务企业分别增加到 2067 家和 163 家，占全市总量的 40% 和 54%，拥有国家知识产权示范园区 1 家、市级知识产权示范园 8 家、市级知识产权试点园 15 家，实践表明，张江高新区的科技创新工作走在了全国前列。

2013 年 3 月，上海市政府正式对外公布临港“双特”30 条配套政策，随着这些政策的正式实施，临港地区步入了加速发展的快车道。2013 年，临港产业区的企业营业总收入 4496 亿元，同比增长 23.83%；工业总产值达到 1654 亿元，同比增长 4.25%；园区企业利润 179 亿元，同比增长 22.29%；园区企业属地税收达到 163 亿元，同比增长 6.89%。各园区招商引资项目总投资达到 347 亿元，固定资产投资达到 175 亿元，进出口额 234 亿美元。

同时，上海开发区落实工信部关于省市级示范基地创建工作的要求，积极推进市级新型工业化产业示范基地创建工作。按照“创建一批、培育一批”的原则，培育一批符合国家要求、体现上海特点的市级产业示范基地。

（上海市开发区协会）

2013 年江苏省开发区发展情况综述

2013 年，在江苏省委、省政府的领导下，全省开发区认真贯彻落实党的十八大和十八大三中全会精神，围绕全面深化改革，全力实施“八项工程”，以提高发展质量和效益为中心，加快调整结构和转型升级，统筹推进稳增长、促转型，走可持续发展之路。全省开发区主要经济指标保持较快增长，经济建设发展持续保持良好态势。

一、江苏省开发区综合情况

江苏省开发区综合实力进一步增强。全省开发区完成业务总收入 174624.54 亿元、公共财政预算收入 3282.22 亿元，同比分别增长 15.0%、15.0%。国家级开发区完成业务总收入 100529.11 亿元、公共财政预算收入 1901.34 亿元，分别增长 8.7%、12.3%。全省开发区呈现出苏南、苏中地区在高平台上稳定发展，苏北地区快速发展的态势。

二、工业经济发展情况

江苏省开发区产业规模进一步提升。全省开发区结合自身特点，着力加快重点产业发展，企业集聚效应明显，产业规模进一步扩大。全省开发区完成工业总产值 121955.10 亿元，其中规模以上工业总产值 105855.21 亿元，同比分别增长 10.1% 和 11.3%。国家级开发区完成工业总产值 67624.93 亿元，其中规模以上工业总产值 59826.35 亿元，分别增长 3.5% 和 4.1%。开发区完成规模以上工业增加值 21975.96 亿元，同比增长 4.3%（现价，下同）。其中，国家级开发区完成规模以上工业增加值 12437.5 亿元，增长 0.5%。

开发区产业结构进一步优化。围绕转型升级目标，全省开发区内产业不断调整、优化和集聚，结构进一步优化。全省开发区完成主导产业增加值 21256.05 亿元，同比增长 11.4%。其中，国家级开发区完成主导产业增加值 12007.43 亿元，同比增长 10.4%。

三、固定资产投入情况

全省开发区根据产业特点和发展要求，持续增加投资，推进项目建设，提升产业配套能力。全省开发区完成全社会固定资产投资 23927.86 亿元，其中工业项目固定资产投资 15282.85 亿元，同比分别增长 6.3% 和 4.9%；完成基础设施投入 3390.88 亿元，同比增长 10.4%。国家级开发区完成全社会固定资产投资 11133.15 亿元，其中工业项目固定资产投资 6721.13 亿元，分别增长 1.1% 和 5.0%；完成基础设施投入 1587.20 亿元，同比增长 5.3%。

四、招商引资情况

江苏省开发区实际使用外资占全省比重持续增加。全省开发区积极营造良好的投资环境，不断创新招商方式，外资项目的规模和质量进一步提高。全省开发区实际使用外资 271.37 亿美元，占全省比重 81.5%，比上年提升 3.2 个百分点，其中国家级开发区实际使用外资 164.56 亿美元。全省开发区新批外商投资企业 2750 家，同比下降 3.7%，占全省比重 79.6%。其中，国家级开发区新批外商投资企业1578家，同比增长0.5%。

开发区吸引内资企业稳中有升。全省开发区新增内资企业注册资本4971.78亿元，同比增长14.5%，其中工业项目注册资本2170.09亿元，同比增长5.9%。国家级开发区新增内资企业注册资本2728.27亿元，同比增长3.2%，其中工业项目注册资本999.16亿元，同比下降6.1%。全省开发区新增内资企业48495家，同比增长22.0%，其中国家级开发区新增内资企业30089家，同比增长24.6%。

五、对外贸易情况

江苏省开发区进出口总额保持稳定增长。全省开发区奋力开拓国际市场，对外贸易成效显著。全省开发区完成进出口总额、出口额和进口额分别为4461.21亿美元、2627.83亿美元和1833.38亿美元，同比分别增长2.7%、3.3%和1.9%，分别占全省的81.0%、79.9%和82.6%。国家级开发区完成进出口总额和出口额分别为3794.05亿美元和2178.62亿美元，分别增长0.7%和1.2%。

六、科技创新情况

全省开发区积极推进科技创新载体建设，努力营造良好的创新发展环境。全省开发区内设有高新技术创业服务中心（孵化器）400家，中心（孵化器）内共有21998家企业，同比增长14.9%。全省开发区当年新增授权、申请专利为400580项。全省开发区内现有高新技术企业5806家，完成业务总收入36633.45亿元，同比增长14.3%。其中，国家级开发区内有高新技术企业3597家，完成业务总收入21867.10亿元，同比增长1.9%。

七、社会贡献情况

江苏省开发区和谐社会构建步伐进一步加快。全省开发区的发展有效地扩大了就业，推动了区域共同发展。全省开发区期末从业人员达1243.05万人，同比增长12.3%，其中工业从业人员835.53万人，同比增长4.2%。境外人士在开发区从职人员8.57万人，同比下降8.7%。国家级开发区期末从业人员710.37万人，同比增长11.6%，其中工业从业人员453.64万人，同比增长3.6%。境外人士在开发区从职人员6.82万人，同比增长1.3%。

八、生态环境情况

全省共有100家开发区开展生态工业园的创建，比上年新增8家。其中，通过国家三部委验收并正式命名的国家级生态工业示范园有9家，同意创建的国家级生态工业示范园区12家。通过省级验收并正式命名的省级生态工业园37家，批准创建的省级生态工业园区53家。

九、海关特殊监管区发展情况

综合保税区建设稳步发展。全省现有9家综合保税区（不含张家港保税港区），其中太仓港综合保税区未封关运作。8家综保区完成境外进区货值387.39亿美元，本区至境外货值658.42亿美元；国内至本区货值664.61亿美元，本区至国内货值558.88亿美元。

出口加工区建设水平进一步提升。全省现有9家出口加工区，已全部封关运作。全省出口加工区完成进出口227.32亿美元，同比下降3.7%，其中出口111.12亿美元，同比增长7.1%。实际到账注册外资额2.72亿美元，累计实际到账注册外资23.03%。

十、共建开发区发展情况

共建园区建设向纵深发展。共建园区是江苏省委、省政府为加快苏北振兴促进区域共同发展，采取的一项重大举措。经过几年的努力，全省共建园区发展速度进一步加快，成效显著。全省共建园区数量已达38家。苏南开发区共派出224名各级各类干部及管理人员到共建园区工作。

共建园区主要经济指标增长较快。南北共建园区产出快速提升，全年完成工业产品销售收入2417.61亿元，规模以上企业工业增加值513.93亿元，地方公共预算收入47.08亿元。共建园区完成基础设施投入96.73亿元，同比增长18.6%；批准进区项目558个，内资项目注册资金398.35亿元，实际到账注册外资10.41亿美元。开工在建项目332个，建成投产项目980个。

十一、特色产业发展情况

全省开发区内累计批准设立146家特色产业园区，主导产业销售收入超百亿元的特色产业园达到45个。

十二、沿海开发区发展情况

沿海开发区利用沿海发展上升为国家战略机遇，紧紧围绕国家规划定位，按照江苏省委、省政府把沿海地区打造成“发展最快、活力最强的经济增长极”的要求，坚持建设特色产港不动摇，坚持“三港联动、以港兴产、转型发展”不动摇，坚持开发与保护并重不动摇，坚持改革开放不动摇，积极推进沿海发展，沿海大开发、大开放、大发展的格局正在形成。实现工业总产值19898.65亿元，同比增长9.1%；公共财政预算收入555.65亿元，同比增长17.5%；进出口总额331.02亿美元，同比增长14.7%；全社会固定资产投入4830.32亿元。沿海开发区的已步入稳步发展的阶段，占全省开发区的比重逐年增加。

分区域业务总收入和公共财政预算收入完成情况

单位：亿元，%

地区	业务总收入	同比	公共财政预算收入	同比
全省	174624.54	15.0	3282.22	15.0
苏南	100130.18	14.1	1916.31	15.8
苏中	39642.65	9.8	609.68	12.2
苏北	34851.71	24.8	756.23	15.4

工业增加值排位前8位的行业

单位：亿元

产业名称	完成增加值
通信设备、计算机及其他电子设备制造业	4134.87
通用设备制造业	2762.24
化学原料及化学制品制造业	2513.08
电气机械及器材制造业	2348.56
交通运输设备制造业	1798.94
专用设备制造业	1032.81
黑色金属冶炼及压延加工业	883.89
纺织业	864.19

（江苏省开发区协会）

2013年浙江省开发区发展情况综述

2013年，浙江省20家国家级经济技术开发区、宁波保税区及43家省级经济开发区深入贯彻落实中央、省委、省政府决策部署，深化整合提升工作，探索创新，着力做大做强经济规模，提升发展质量和综合效益，对全省经济、社会发展贡献明显。

一、浙江省开发区经济运行概况

（一）浙江省开发区层次升级

2013年，浙江省已有20家国家级经济技术开发区，占全部开发区的三成，相比2010年前，国家级开发区增加近4倍，目前在数量上仅次于江苏省排名全国第二位。17家主要集中在浙北环杭州湾、临沪地区，3家分布在浙中金华、衢州地区。浙江省开发区层次上升将有力提升浙江省开发区品牌，加强浙江省开发区招商引资等方面竞争力。

（二）浙江省开发区空间拓展

经过几年的整合提升及近一年的深化整合工作，浙江省开发区正在改变小而散的局面。特别是国家级开发区以品牌优势吸引整合周边省级开发区、工业园区。目前64家开发区以约620平方公里的核心区域辐射带动了周边近6800平方公里的空间发展，平均管辖面积从整合前不到10平方公里拓展到目前超过100平方公里。截至2013年末，全省开发区已建成投产用地约1000多平方公里，其中工业土地面积约653平方公里。

（三）浙江省开发区规模跃上新台阶

根据统计数据，2013年浙江省开发区首次出现工业总产值超2千亿元的开发区，超千亿元的开发区9家，比2012年增加5家，超500亿元的开发区29家，比2012年增加6家。2013年，浙江省开发区实有投产企业13.5万家，其中工业企业7.7万家，规模以上工业企业1.9万家，外商投资企业近1万家，开发区从业人口约649万人。浙江省开发区经济规模又跃上了一个新台阶。

（四）浙江省开发区继续成为外资落户主平台

2013年浙江省开发区集聚全省3成多的新批外资项目、4成多的合同外资和5成以上实际外资；合同外资和实际外资双双实现10%以上增幅，增幅较上年有所突破；项目质量规模继续领先全省水平：新批外资项目平均利用合同外资1883万美元，高出全省水平21.4%；引进投资总额1000万美元以上项目353个，占新批外资项目的66.0%，占全省1000万美元以上新批项目的53.9%，分别比上年增10个和4.8个百分点。

二、2013年主要经济指标及增长情况

2013年浙江省开发区各项经济指标稳步增长，其中合同外资、实际外资、规模以上工业总产值、税收收入和固定资产投资均实现10%以上的增幅。各指标占全省比重进一步扩大：实际外资五成以上、进出口近五成、规模以上工业总产值近六成、税收收入三成多、固定资产投资达四成。

（一）招商引资

深化整合提升后，浙江省开发区内外资并举，引高引大为主，2013年招商引资稳步推进，增幅较往年有所突破，项目质量继续提升。在利用外资方面，浙江省开发区2013年新批外资项目535个；合同利用外资102.2亿美元，同比增加11.9%，低于全省3.8个百分点；实际利用外资75.8亿美元，同比增加13.0%，高于全省增幅4.7个百分点。新批外资项目、合同外资和实际外资分别占全省的34.1%、41.9%和53.5%。在利用内资方面，2013年全省开发区新增内资注册资本金2244.7亿元，同比增加17.0%。总投资超过1亿元人民币的内资项目超千个，达1026个。

（二）对外贸易

2013年浙江省开发区对外贸易增幅与全省基本持平，出口占全省的四成以上，进口占全省五成以上。实现进出口总额1589.0亿美元，同比增加5.8%，占全省的47.3%；其中出口1074.0亿美元，同比增加10.5%，增速低于全省0.3个百分点，占全省的43.2%；进口514.9亿美元，同比下跌2.9%，跌幅高于全省1.9个百分点，占全省的59.2%。

（三）工业

通过整合带动周边小、散工业园区，2013年浙江省开发区工业经济规模进一步扩大。有规模以上工业企业18649家，占全省的51.0%；实现规模以上工业总产值35786.9亿元，增加值6746.5亿元，同比分别增长13.0%和

10.0%，增幅较上年分别提高5.2个和3.8个百分点；规模以上工业总产值和增加值分别占全省的56.3%和57.7%，比重较上年分别扩大6个和4个百分点。

（四）规模以上服务业

2013年浙江省开发区实现规模以上服务业企业主营业务收入1719.5亿元，同比增加9.7%，占全省的22.9%。

（五）税收收入

2013年浙江省开发区实现税收收入2140.1亿元，同比增加13.7%，占全省财政总收入的31.0%。

（六）固定资产投资

2013年浙江省开发区固定资产投资7803.2亿元，同比增加23.3%，占全省的38.6%；其中基础设施投入1545.3亿元，同比增21.4%，占全省的32.8%；工业技术改造投入2734.9亿元，同比增加19.5%，占全省的58.7%。

三、发展质量和综合效益情况

全省开发区高度重视发展质量和效益的提升，积极推进“四换三名”提质增效工程。

在发展质量方面，整合提升后的64家开发区，在空间问题得到缓解的情况下，更加重视发展质量和效益的提升，努力追求依靠先进产业、项目、人才和科技创新推动发展。2013年底，浙江省开发区拥有省级以上高新技术企业2524家，占全省的50%，开发区规模以上工业产值中高新技术企业占32.7%；当年企业技术改造投入2735亿元，占固定资产投入的35.0%，占全省的58.7%；三年内新设或通过复审的研发、技术中心数1334家，获知名品牌、商标数、出口名牌3356个；当年设立备案总投资1亿以上内资项目1029个，引进投资总额1000万美元以上外资项目353个，大项目引进较上年增加162个；2013年浙江省开发区企业专利创造能力进一步提升，新增企业专利授权量65216件，占全省专利授权量的32.3%，其中企业发明专利授权量4700件，同比增加880件，增幅23.0%。

在综合效益方面，浙江省开发区土地利用效益逐年提高，节能降耗指标保持小幅下降。2013年底，浙江省开发区累计出让出租土地面积151万亩，其中已建成投产工业土地面积98万亩，累计投资密度269万元/亩，比上年提高23万元/亩；当年工业土地产出率371万元/亩，比上年提高31万元/亩；当年年均土地税收产出率14.3万元/亩，比上年提高0.6万元/亩。浙江省开发区企业平均水耗、能耗比上年下降4.2%和2.1%。有3195家企业通过ISO14001环境管理体系认证，比上年增加609家。全省开发区吸纳从业人员约649万人，人均创税3.3万元，比上年提高0.1万元。

四、浙江省国家级经济技术开发区发展情况

2013年，浙江省的20家国家级经济技术开发区及宁波保税区纳入统计的区域3251平方公里，占全省开发区的43.7%。2013年实际外资、对外贸易、规模以上工业总产值、规模以上服务业主营业务收入及税收收入等重要经济指标值都达到全省开发区的60%左右，外资、外贸和规模以上工业达到全省的30%。

浙江省国家级开发区2013年质量及效益指标依然领先全省开发区，但由于2013年整合区块较大，个别效益指标较上一年有所下降。国家级开发区亩均产出率明显优于全省开发区水平，其中，土地税收产出率高出3.5万元/亩，工业土地产出率高出96.4万元/亩，外资投资总额1000美元以上大项目占全省开发区的58.6%，内资总投资超过1亿人民币大项目占全省开发区的49.6%。但与上一年数据相比，效益指标有所下降，主要原因是国家级开发区整合提升后，区块调整中整合了较多缺乏效益、质量优势的工业园区，如柯桥、金华和嘉兴开发区都整合了周边工业园区或省级开发区，效益指标较上年都有较大幅度下降。

（浙江省商务厅开发区处）

2013年山东省开发区发展情况综述

2013年，在山东省委、省政府的正确领导下，全省经济开发区（以下简称“山东省开发区”）面对错综复杂的国内外经济环境，紧紧围绕主题主线，积极作为，改革创新，主要经济指标呈现出稳中有进、稳中向好的发展态势。

一、综合经济实力继续增强

2013年，山东省开发区实现地区生产总值27832.9亿元，占全省的50.9%。实现公共财政预算收入1830.4亿元，增长24.2%，占全省的40.1%。到2013年底，开发区内实有注册企业已达149160家，其中内资企业136069家，外商投资企业9106家，年末实有注册资本合计15053.7亿元。

全省开发区年末单位从业人员944.3万人，其中，第二产业从业人员592.3万人，第三产业从业人员255.8万人。

二、规模以上工业保持增长

全省开发区规模以上工业实现总产值86713.5亿元，增长23.9%；主营业务收入84924.3亿元，增长22.4%，占全省规模以上工业主营业务收入的64.2%；利税总额8166.5亿元，增长21.6%，占全省规模以上工业利税总额的59.7%。

三、开放型经济保持增长

全省开发区实现进出口总额1506.5亿美元，其中出口756.7亿美元，进口749.8亿美元，分别增长12.3%、11.8%、12.8%，占全省的56.4%、56.3%、56.5%。实际到账外资78.6亿美元，增长12.4%，占全省的55.9%，低于全省实际到账外资增幅1.4个百分点。

四、“一圈一带”内开发区

2013年，“一圈一带”内100家开发区共实现地区生产总值13626.4亿元，公共财政预算收入917.9亿元，规模以上工业总产值41824.6亿元，分别占全省开发区的49%、50.1%、48.2%。实现进出口总额303.6亿美元，占全省开发区的20.5%。实际到账外资29亿美元，占全省开发区的37%。

五、“蓝黄”两区内开发区

2013年，“蓝黄”两区内72家开发区共实现地区生产总值15646.3亿元，公共财政预算收入995.4亿元，规模以上工业总产值49878.7亿元，分别占全省开发区的56.2%、54.4%、57.5%。实现进出口总额1399.7亿美元，占全省开发区的94.5%。实际到账外资63.1亿美元，占全省开发区的80.6%。

六、国家级经济技术开发区引领作用明显

2013年，国务院批准聊城、滨州、威海临港经济开发区升级为国家级经济技术开发区，山东省国家级经济技术开发区达到15家。国家级经济技术开发区实现地区生产总值6585.5亿元，公共财政预算收入402.6亿元，规模以上工业总产值19971.9亿元，进出口总额701.6亿美元，其中出口327.6亿美元，实际到账外资34.4亿美元。公共财政预算收入、规模以上工业总产值、进出口、出口、实际到账外资分别占全省开发区的22%、23%、

47.4%、44.1%、43.9%。

七、海关特殊监管区域平稳发展

山东省海关特殊监管区域7家。其中，保税港区2家、综合保税区2家、出口加工区3家。2013年，7家海关特殊监管区进出口总额272亿美元，同比下降2.5%。其中进口143.6亿美元，同比增长0.8%；出口128.4亿美元，同比下降5.8%。实际到账外资2.9亿美元，同比增长36.4%。规模以上工业总产值1138.4亿元，税收总额65.6亿元，区内从业人员13.4万人。

八、西部开发区建设稳步推进

全省西部开发区共完成固定资产投资额7731.8亿元，增长24.3%，基础设施投入1089.5亿元，增长17.7%。批准进区项目3831个，其中内资项目3669个，外资项目84个。年末实有注册资本5768.2亿元，其中内资4953.6亿元，外资71亿美元。

九、科技创新能力持续提升

全省开发区科技活动经费支出总额1370.7亿元，增长11.7%，其中研发经费支出937.6亿元，增长8.4%。全年专利授权量28939件，增长18.2%，占全省的37.7%。其中，发明专利5790件，增长23.8%，占全省的71.4%。截至2013年底，开发区高新技术企业已达4665家，规模以上高新技术企业实现工业总产值30826.4亿元，增长20.3%。

十、固定资产投资稳步增长

全省开发区完成固定资产投资额18132.8亿元，增长23.7%，占全省固定资产投资额的50.5%。其中，基础设施建设投资2865.3亿元，增长31.3%。施工项目16416个，增长20.3%。

备注：

1. 文内所指的山东省开发区包括省级经济开发区、国家级经济技术开发区和海关特殊监管区域。
2. 西部开发区包括枣庄、济宁、泰安、莱芜、临沂、德州、聊城、滨州、菏泽9市的经济开发区。
3. 特殊监管区域指保税港区、综合保税区、出口加工区。

（山东省开发区协会）

2013年福建省开发区发展情况综述

一、发展规模

截至2013年底，福建省共有各类开发区100个，其中国家级开发区28个，省级开发区72个；按类型划分，经济开发区77个、台商投资区6个、高新区8个、海关特殊监管区7个、旅游度假区2个。核定土地规划面积945.21平方公里。

二、发展特点

福建开发区坚持走新型工业化、国际化、城镇化特色发展道路，已成为产业集聚、外资密集、技术先进、带动力强的经济增长极和增长带。主要呈现五个特点：

一是成为福建经济发展的重要引擎。2013年，地区生产总值6006.43亿元，增长18.1%；工业增加值4443.86亿元，增长15.7%；完成固定资产投资3839.02亿元，增长23.8%；税收收入784.16亿元，增长24.2%；财政收入829.86亿元，增长14.6%。地区生产总值、工业增加值、固定资产投资、税收收入、财政收入分别占全省的27.6%、47%、24.7%、20.5%和24.2%。全年新注册内资企业7994家，注册资本金630.73亿元；新批外资项目371项，合同外资（验资口径，下同）31.47亿美元，实际利用外资26.85亿美元，分别占全省的44.2%、37.8%和40.2%。出口总额496.83亿美元，进口总额350.41亿美元，分别占全省的46.6%和55.8%。

二是成为特色产业集群的培育载体。厦门海沧台商投资区已形成生物医药、电子信息、机械制造等产业集群，其中"厦门生物医药港"已成为全国三大生物医药产业基地，产值占全省1/4，新药创制占全省八成，成功研发了全球首支戊肝疫苗等高精尖产品。泉州经济技术开发区已形成纺织服装、体育用品、电子信息、机械制造等特色优势产业集群，成为国内知名的民生产品制造基地。

三是成为吸引台商投资的集聚区。截至2013年底，福建省6个台商投资区累计引进台资项目1102个，累计合同台资92.06亿美元，累计实际利用台资75.82亿美元，分别占全省吸引台资项目的9.6%、43.42%、62.15%，为促进闽台经贸合作发挥了重要作用。

四是成为技术创新的关键平台。如厦门火炬高新区高新技术企业总数达到292家，占全市35.6%；已有企业技术中心38家，占全市23%；博士后科研工作站8家，占全市近1/4。共拥有中国驰名商标3件，中国名牌产品2件，福建省著名商标34件，福建省名牌产品50件，厦门市著名商标41件。

五是成为工业化城镇化并重发展的综合体。开发区在经济发展、产业集聚的同时也聚拢了人气，设施配套逐步完善，载体功能进一步提升，产城融合发展趋势明显，如厦门海沧台商投资区、宁德东侨经济技术开发区已建成环境优美、社会和谐的现代化新城区。

三、升级、新设和扩区

国务院批准漳州高新技术产业园区升级为国家级高新技术产业开发区。福建省政府先后批准新设柘荣经济开发区、龙雁经济开发区和三明埔岭汽车工业园等3个省级开发区；批复同意三明高新区金沙园和将乐经济开发区扩区。

四、招商引资

在第17届中国国际投资贸易洽谈会上，共有9个开发区56个展位布展招商。在第11届海峡项目成果交易会上，泉州台商投资区签约12个项目，总投资超过140亿元。

福建省外经贸厅组织部分开发区赴台湾参加全球机械博览会并开展招商推介活动；在台湾举行园区管理高级培训班，听取台湾工业园区管理专家授课，学习考察台湾园区先进管理经验，并开展项目对接和招商推介活动。

五、山海协作

福建省政府印发实施《福建省山海协作共建产业园区规划纲要》，对批准共建的产业园区，采取财政政策支持、加大金融扶持力度、加强企业用工培训，以及执行用地指标有偿调剂、先期收储土地等优惠措施给予扶持。首批12个共建产业园区经福建省委农办、省外经贸厅等部门共同认定。

六、陆地港

2013年，晋江、龙岩、三明、武夷山四个陆地港进出口集装箱货物吞吐量12.89万标箱，货值30.47亿美元。其中，晋江陆地港进出口集装箱吞吐量11.88万标箱，同比增长171%，占全省陆地港总吞吐量的92.16%；

货物总额20.5亿美元，同比增长167%，成为福建省建设运营最好的陆地港。

在福建省直机关“学厦航、学先进、打造优质软环境作表率十佳举措”评选活动中，福建省外经贸厅推荐的《大力推进陆地港建设》在福建省直机关上报的100多个举措中进入前20名，获得“十佳举措提名奖”。

七、海关特殊监管区

福州港江阴港区汽车整车进口口岸通过国家验收。厦门海沧保税港区管委会被确定为正厅级机构，福州保税港区管委会被确定为副厅级机构。

八、环保绿化

截至2013年底，全省省级以上开发区（工业园区）已全部开展规划环评，其中，已按规定完成规划环评并经环保部门审查通过的有69个开发区，正在开展规划环评有15个，审查未通过有16个。已实现污水集中治理75个开发区100个片区，尚有24个开发区29个片区未实现集中治理。全省已创建完成60个绿色开发区。2013年已创建完成17个绿色园区，新增绿地面积496.78公顷，植树62万株，投入资金16694万元，绿化覆盖率达35.17%。

九、政策扶持

福建省商务厅安排1500万元用于支持开发区提升发展水平。重点对全省省级以上开发区开展年度投资环境综合测评，沿海前10名和山区前5名的开发区给予奖励；对新设和扩区的台商投资区基础设施建设给予补助；对开发区主导产业集聚度超70%、利用外资年增幅5%的开发区给予奖励。

（福建省开发区协会）

2013年江西省工业园区发展情况综述

2013年，在江西省委、省政府坚强领导下，江西省工业园区紧扣“发展升级、小康提速、绿色崛起、实干兴赣”总方针，深入实施工业强省战略，着力推进园区提升工程，园区经济稳中有进、稳中提质，实现主营业务收入19503.4亿元、工业增加值4478.8亿元、上缴税金837.4亿元，分别增长17.2%、14.1%和37.3%。

第一，主抓百亿元级园区，经济实力不断增强。认真落实江西省政府《关于深入实施工业强省战略加速推进新型工业化的意见》（赣府字［2013］15号），配套制定《关于全省重点工业园区发展推进工作方案》，对列入重点调度的77个园区经济运行情况实行月调度、季分析，加快推动一批园区做强做大。据统计，过百亿元园区达到69个（其中筹建省级园区1个），同比增加10个，其中过300亿元园区20个、过500亿元园区8个，南昌高新区成为江西省首个过1000亿元园区。上缴税金过10亿元园区26个，新增11个。同时，积极支持工业园区发展升级，宜春经济区、龙南经济区、瑞金工业园区成功升格为国家级经济技术开发区，全省国家级开发区总数达到18个；余江工业园、上高工业园、横峰经开区、沙河工业园被江西省政府认定为重点省级工业园区，全省重点省级工业园区总数达到22个。

第二，狠抓产业集群，增长动力明显提升。坚持把产业定位、产业规划、产业布局以及相配套的产业政策相结合，重点抓好规划编制、龙头企业培育、产业配套三个核心要素和环节，科学制定园区产业规划，促进园区产业发展形成特色。各设区市工业园区产业集群发展规划已基本编制完成，26 个园区的产业集群发展规划通过省级专家评审。全省园区主导产业主营业务收入过 10 亿元的 119 个，其中过 100 亿元的 20 个。针对产业集群发展缺乏龙头带动问题，每年筛选一批有潜力的成长性企业，按照“上市路线图”举办了两期工业园区拟上市企业总裁班，其中有 20 家企业被江西省政府确定为 2013 年全省上市改制重点企业。创新园区产业集群支持方式，探索建立产业集群发展风险补偿金，按照“三聚焦、一放大”（聚焦特色产业、聚焦成长性企业、聚焦技改项目和放大贷款倍数）原则，支持帮助部分有潜力成为产业龙头的企业进行技术改造，增强园区产业集群发展水平。2013 年底已成功为 14 家生物医药企业提供 2.88 亿 GMP 技术改造固定资产贷款和 1000 万元财政贴息资金支持。

第三，重抓生态建设，园区绿化覆盖率持续攀升。在全面推进生态工业园区建设的同时，加强园区绿化工作，每年挑选 20 个左右园区开展绿化试点，扎实开展公共绿化、企业绿化和苗林一体化建设。全省 94 个园区生态工业园区建设规划已全面完成，南昌高新区、南昌经开区、赣州经开区创建国家生态工业示范园区工作稳步推进；第二批 19 个绿化试点园区验收合格，共完成绿化面积 8.46 万亩，绿化覆盖率超过 30%。探索新能源利用建设新模式，开展了分布式光伏电站试点，九江经开区、上饶经开区、新余高新区、莲花工业园和抚北工业园列入了全省首批试点园区。严格控制高能耗、高污染、低附加值项目入园，促进园区产业结构优化，节能减排。2013 年，全省园区全员劳动生产率达到 104 万元，同比增长 20.9%；万元主营业务收入耗电量 254.7 千瓦时，同比减少 9.8%。

第四，真抓优化服务工作，激发发展活力。认真总结新余等地园区改革经验，积极推进体制机制创新，凝聚加快园区发展合力。充分发挥考核引领和激励作用，进一步完善重点省级工业园区有关考核办法，规范考核认定，形成激励机制。加快未设立园区平台的县（市、区）筹建省级工业园区工作，将进贤经开区、新余袁河经开区列入省级工业园区序列管理。大力推广标准厂房和新市民公寓建设，支持工业园区采取“政府主导、市场运作”相结合的方式，统一建设新市民公寓、人才公寓、物流中心等生产生活性服务业，配套完善园区的学校、商业、医院、酒店等生活设施，构建配套完善的社会化服务体系，有效解决了园区企业用工难、留工难问题。2013 年，全省园区吸纳从业人员 187.5 万人，同比增长 7.6%。探索开展管理信息化试点，应用省电信开发的管理软件，支持 13 个试点园区建设信息网络服务平台，利用信息化技术提升园区管理和服务水平。

（江西省中小企业局）

2013年新疆维吾尔自治区园区发展情况综述

一、园区经济快速增长，对全区工业经济增长拉动作用明显

2013年，新疆自治区级及以上园区（以下简称“园区”）规模以上企业工业增加值982.2亿元，增长22.5%；占全区比重的33.9%；入驻园区企业23000多家，其中规模以上企业995家，“世界500强”企业62家，“中国500强”企业170家；期末从业人员超过55万人；园区经济对全区工业增加值的贡献率达到55.3%，拉动工业经济增长7.1个百分点，园区经济对拉动全区工业经济增长作用明显。

二、园区布局基本合理，“两带三区”产业集聚园区发展格局初步形成

2013年，新批准设立阿拉尔台州产业园、焉耆工业园区、麦盖提工业园区、库尔勒上库综合产业园、阿克陶江西工业园区等5家自治区级园区。截至2013年底，经国务院和自治区人民政府批准设立的园区81家，分布在全疆17个地（州、市）的65个县（市、区）（含县级直辖市）；其中，国家级园区19家，自治区级园区62家，园区总体布局得到进一步优化，以“地州首府城市、沿边重要口岸、国家战略区域”为依托的“两带三区”（即天山北坡产业带、天山南坡产业带、吐鲁番-哈密产业集聚区、南疆三地州产业集聚区、北疆沿边产业集聚区）产业集聚园区发展格局初步形成。“两带三区”产业集聚园区工业增加值分别占到全区园区的69.3%、14.8%、8.8%、3.9%、3.2%。

三、重点园区发展态势良好，千亿元园区实现零突破

2013年，乌鲁木齐经济技术开发区、石河子经济技术开发区、准东经济技术开发区、五家渠经济技术开发区、阜康产业园区等重点园区经济实现快速增长，增速均在30%以上；园区工业总产值超过百亿元的园区从2012年的13个增加到16个，其中乌鲁木齐经济技术开发区在八一钢铁、金风科技、三一重工、陕汽重卡等龙头企业的带动下，工业总产值突破1000亿元，成为自治区首个突破千亿元的园区。

四、对口援疆合作园区建设成效明显

2013年，对口援疆的19省（市）对冠名的20个对口援疆合作园区投入资金9.86亿元。支持各对口援疆合作园区建设。其中：山西省投入3.1亿元帮助阜康产业园区建设，江苏省投入1.25亿元支持阿图什昆山产业园建设，江西省投入5000万元建设阿克陶江西工业园区，山东省投入1.47亿元支援英吉沙工业园区、麦盖提工业园、岳普湖等县园区建设；上海市投入1.03亿元支持叶城、莎车、泽普、巴楚等地园区建设；广东省投入1.57亿元推进伽师、疏附等地园区建设。黑龙江省组织哈尔滨市经济技术开发区和大庆高新技术开发区等国家级园区与受援地开展园区合作共建。援疆省市通过资金投入，加快园区配套基础设施建设，构筑当地工业发展平台的同时，

利用与受援地之间的优势互补，积极推进产业合作项目，组织开展招商、引智和产业转移对接活动，扶持当地优势产业发展。

五、新型工业化产业示范基地建设积极推进，示范带动作用明显

2013 年，7 个国家新型工业化示范基地完成工业总产值 2658.9 亿元，同比增长 17.3%，其中示范产业实现工业总产值 954.9 亿元，同比增长 15.6%；实现工业增加值 457.6 亿元，同比增长 36.1%；当年完成工业固定资产投资 601.6 亿元，同比增长 20.7%；进出口额 50.2 亿美元，同比增长 32.6%；示范企业较上年增加 53 个，研发投入 13 亿元，同比增长 21.9%，有效发明专利数量较 2012 年增加 117 个；自治区级新型工业化产业示范基地研发投入 7.6 亿元，有效发明专利数 386 个，研发机构 41 个。克拉玛依石化园区威奥公司在压力容器、工业管道、风电塔筒设备应用等方面在全国同行业处于领先地位；石河子开发区天业集团通过技术创新，将循环经济贯穿于企业发展的整个过程，构筑了煤—电—电石—电石炉气 - 丁二醇（BDO）和乙二醇完整的循环经济产业链。库车经济开发区国电集团库车火电厂的等离子点火技术处于国内领先水平。

［新疆维吾尔自治区园区（开发区）协会］

国家级经济技术开发区篇

大连经济技术开发区（金州新区）

【经济发展】 2013年，大连经济技术开发区（金州新区，以下简称“大连开发区”）实现地区生产总值1603.2亿元，比上年增长9.1%；公共财政预算收入119.62亿元，比上年增长13.7%；全口径税收总额231.15亿元，比上年增长2.3%；全社会固定资产投资1467.7亿元，比上年增长15.3%；规模以上工业总产值3082.4亿元，比上年增长11.4%；实际利用外资39亿美元，比上年增长5.4%；实际利用内资390.4亿元人民币，比上年增长23.4%；进出口总额262.33亿美元，比上年增长4.3%；完成社会消费品零售总额346亿元，比上年增长15%；城镇居民人均可支配收入比上年增长9.8%；城镇登记失业率2.8%；万元生产总值能耗比上年下降3.9%；主要污染物排放总量平均削减3.8%以上。

【产业发展】 2013年，全区第一产业增加值58.15亿元，比上年增长5%；第二产业增加值1069.56亿元，比上年增长9%；第三产业增加值475.48亿元，比上年增长9.6%。三次产业比重为3.6∶66.7∶29.7。截至年末，大连金渤海岸现代服务业发展区、大连小窑湾国际商务区、金石滩国家旅游度假区、金石文化旅游产业园区4个现代服务业集聚区累计进驻企业105家，累计实现投资1129亿元，当年实现销售收入91亿元，上缴税金16.46亿元。石油化工、装备制造、电子信息、汽车及零部件、精品钢材、生物医药六大产业集群实现销售收入2960亿元，比上年增长18.1%以上；石化产业集群突破1000亿元大关；生物医药产业集群实现新突破，销售收入达100亿元。

【企业发展】 2013年，大连开发区共有规模以上工业企业589家，比年初增加46家。实现规模以上工业总产值3082.4亿元，比上年增长11.4%；实现规模以上工业企业增加值796.4亿元，比上年增长11.2%。实现社会消费品零售总额342亿元，比上年增长13.7%；服务业增加值463.7亿元，比上年增长6.9%。民营经济增加值789.6亿元，上缴税金58.9亿元，出口创汇28亿美元，固定资产投资564亿元；工业用电量63.9亿千瓦时（小口径）。新增销售收入超10亿元企业1家，总数达到36家；新增销售收入超百亿元企业2家。5个项目被列入市级并购重点项目，并购总额约6.5亿元人民币。完成技术改造项目29个，总投资额31.8亿元。20余家中小企业与金融机构达成意向融资近15亿元；5家企业获得4200万元贷款扶持。43家企业45个项目（产品）获得省中小企业“专精特新”产品（技术）认定。

【对外贸易】 2013年，大连开发区实现进出口总额262.33亿美元，比上年增加10.73亿元，比上年增长4.3%。其中，进口额141.13亿美元，比上年下降3.4%；出口额121.2亿美元，比上年增长13.5%。年内，完成机电产品出口额42.1亿美元，比上年增长25.7%；完成高新技术产品出口额15亿美元，比上年增长1.4%。在出口总额中，电子产品出口额24.5亿美元，占出口总额的20.2%；化工产品出口额23.9亿美元，占出口总额的19.7%，比上年增长24%；通用设备制造业出口额14.7亿美元，占出口总额的

12.1%；汽车及零部件产业出口额5.2亿美元，占出口总额的4.3%；其他行业产品出口额52.9亿美元，占出口总额的43.6%。全区出口产品位居前十位的国家和地区出口总额83亿美元，比上年增长12%，占全区出口总额的68.5%。日本仍为主要出口国家，2013年出口额24.5亿美元，占全区出口总额的20.7%。对东盟出口保持高增长态势，出口马来西亚4.1亿美元，比上年增长1.7倍；出口菲律宾7417万美元，比上年增长75%；出口泰国1.9亿美元，比上年增长31%；开辟非洲和拉丁美洲市场，全年出口份额比上年增长61%。

【招商引资】 2013年，大连开发区实际到位外资39亿美元，内联引资390亿元，全年实际到位外资39亿美元，比上年增长5.4%。新批准外商投资项目84个，进资额1000万美元以上企业25家。全年实现内联引资390亿元，比上年增长21.2%。新注册内资企业1971家，新增注册资本69亿元；引进千万美元以上外资项目25个、亿元人民币以上内资项目28个。那贺日造设备（大连）有限公司、大连住化金港化工有限公司等14个超千万美元的重点项目竣工投产，总投资逾10亿美元；推动大连蒂业技凯瓦轴工业有限公司、大连世杰航空锻造有限公司等8个重点项目开工建设，总投资超过7.5亿美元；促进德国柏德汽车皮革制品、大连中泽巨子模具城、联东U谷·大连国际企业港等9个超千万美元项目签约，总投资9.5亿美元。逸盛大化石化有限公司投资PTA装置节能减排技术改造项目、国电电力大连开发区“上大压小”热电联产新建工程等6个亿元以上重点项目竣工投产，总投资额81.2亿元；大连德豪光电科技有限公司芯片项目二期、大连雄伟老年用品产业园等11个亿元以上重点项目开工建设，累计投资48.96亿元。实现56个产业项目开工建设，总投资36亿元。至2013年末，历年累计来自49个国家和地区的2730个外商投资项目落户金州新区，其中世界500强企业73个，投资额超1000万美元的项目598个，平均投资规模达到7000万美元。

【项目建设】 2013年，大连开发区确定重点项目200项，年度计划投资343亿元，当年完成投资226.6亿元（含12月份新增投资10.1亿元）。在上年结转续建的106个项目中，恢复施工项目99项，复工率为93.4%。市级以上重点项目15个（含省级重点项目3个），其中金州湾古城文化产业示范区、大连湾跨海交通工程、大连国际博览中心3个项目为前期项目，珍奥集团股份有限公司大连市珍奥生物谷项目、大连天宝绿色食品股份有限公司新建物流库（冷库）项目和冰淇淋加工项目、大连金州新区花卉基地、大连汇程高精铝业有限公司特种大型铝合金型材的生产和加工（二期）项目、大连世茂嘉年华、大连金石文化旅游区、金州新区蓝莓谷庄园、大连棒棰岛辽参生态科技产业园区、七顶山和大魏家蔬菜基地基础设施建设工程9个项目为续建项目，傅氏国际（大连）双金属线缆有限公司金属线缆生产加工、大连金泰海洋生物科技有限公司、大连海洋岛水产集团股份有限公司总部3个项目为新开工项目。

【科技创新】 2013年，大连开发区高新技术企业产值884.19亿元，占规模以上工业总产值的28.7%。全区有区级以上技术研发机构251家，研发机构有科技人员1.4万人；企业研发经费占产品销售收入的比例达1.6%。全区新增国家级高新技术企业20家，国家级科技企业孵化器2家，面积26万平方米，在孵企业157家。新认定科技创新平台35个，全区各类科技创新平台达95个，其中，科技研发平台52个。安排区级科技计划项目435项，拨付研发资金7700.97万元。全区参与实施区级科技计划项目的科研人员3106人，其中具有中级以上技术职称的人员2204人，占科研人员总数的71%。获得省级以上科学技术奖励6项，申请专利4989件，其中，发明专利2352件，实用新型2478件，外观设计159件；全区专利授权总量为2371件，其中，发明专利193件、实用新型专利2042件、外观设计专利136件。对知识产权试点示范单位、专利产业化单位予以科技立项11项，拨付扶持资金215万元；对符合条件的141家企业的1513件专利兑现扶持政策，补贴资金367.6万元。

【投融资建设】 2013年，大连开发区共完成融资额117.92亿元。其中，德泰控股融资76亿元，土地储备中心融资24.22亿元，金州开发区融资5亿元，金建投融资8亿元，医院融资1亿元，公路集团大连银行续贷1.7亿元。至2013年末，正在推进的项目涉及融资额度共257亿元。派思燃气申请国内中小板上市，大连开发区管委会对其上市中介费用补贴150万元年初到位。棒棰岛海产上市准备工作基本就绪。与北京汉鼎金融集团、上海万得信息技术股份有限公司等专业机构展开多轮会谈，对金州新区企业金融服务平台建设方案进行研究商讨。与大连证监局签署《关于促进资本市场建设合作备忘录》，中国证监会大连监管局金州新区企业上市指导工作站在金州新区挂牌。

【生态环保】 2013年，大连开发区被国家环境保护部列入第五批全国生态文明建设试点地区，申报省级生态街道4个，完成减排化学需氧量1467吨、氨氮511吨、二氧化硫1230吨、氮氧化物219吨。完成37家新增产废工业企业和19家重点医疗机构（1家停业）规范化整治，转移危险废物总量5.8万吨，实现危险废物100%规范化处置。全年完成建设项目验收473件，累计征收排污费2973万元，核发环保专项补助资金462.5万元。新增“环境自律企业”20家，在全省率先建成环境监控和信息管理系统（环境监控中心），对辖区实行全天候远程自动在线监测、现场视频监控及数据管理。近岸水质各项监测指标年均值及一次值均符合国家相应标准，功能区环境噪声加权均值昼间为51.4分贝，夜间为42.6分贝。

【人才建设】 2013年，大连开发区设立6个博士后创新实践基地，占全市总量的75%。组织申报辽宁省海外研发团队项目，获批8项，获项目资助1600万元。10位外国专家获大连市星海友谊奖，占全市获奖专家总数的50%。完成辽宁省“百千万人才工程”人选选拔推荐工作，金州新区共有8人入选，其中，百层次1人，千层次1人，万层次6人，在大连市各区、市、县中位列第一。发放高层次人才、紧缺人才专项奖励200万元。申报留学人员回国创业启动支持计划1项，获选并获得资助20万元，成为大连市2013年唯一获得该计划支持的项目。以大连富生天然药物开发有限公司博士后工作站研究员富力为首的博士后团队承担的金州新区重大科研项目《一类单体中药新药参一胶囊创制的关键技术及应用》获得2013年度国家技术发明二等奖。全区3个博士后工作站项目获得中国博士后科学基金项目资助，10个海外高层次研发团队项目得到省、市资助近1000万元，配套引进国内外高层次专家60余人，带动企业研发投入近1亿元。与海外人才9人达成初步合作意向，引荐国家级院士专家5人为企业出谋划策。

【信息化建设】 2013年，大连开发区投资220万元，扶持大连佳林设备制造有限公司、逸盛大化石化有限公司、大连大耐泵业有限公司等6家企业“两化”融合项目实施。加强“无线城市”建设，行政办公场所、交通枢纽、商业街、广场、景区、公园等45个公共场所实现WLAN无线网络覆盖。采取先进的车载移动测绘技术，对主城区150平方公里的公共设施、道路交通、市容环境、园林绿化4个类别36项城市部件进行测绘，建立全区城市地表基础数据库，搭建城市基础设施GIS平台和市政设施移动养护平台。10月22~25日，组织开展以“‘两化’融合促工业发展 智能制造让产业腾飞”为主题的第三届信息化宣传周活动。

【基础设施建设】 2013年，城乡建设完成固定资产投资44亿元，全年投资2.8亿元，完成道路管网新建、引碧管线保护迁移等工程58项。总投资约1.6亿元的金州新区百里香径绿道工程建成并投入使用；全年投资1.4亿元，完成新建、改造绿化项目26项，绿化面积50万平米，绿化覆盖率达到44%。投资1750万元，解决金水路、北山路北段、建设街等9条“摸黑路”问题；投资4049万元，完成“五个一”工程的路街改造、广告牌匾改造、停车场建设和健身场所建设工程。66千伏赵屯变电站竣工送电，华家变电站、拓展变电站开工建设；着力完善污水处理体系，西海污水处理厂二期工程前期工作启动，围堰工程开工建设；完成登华水厂配水管线工程总工程量的85%；完成湾里街道2个小区供水管网改造工程。环境监控和信息管理系统启用，在建设2条绿标路基础上，成功创建4个绿标区，改善区域空气质量。

【管理与服务】 2013年，大连开发区设行政服务中心办公室，辖开发区、金州两个“一站式”行政大厅，进驻部门35个，受理许可、审批及服务事项360项412321件。全区行政许可事项131项全部可在行政服务中心办理，并纳入行政审批系统，受理行政许可件34635件，办结34617件。编制《行政服务中心窗口部门行政许可事项授权目录》等6个目录及《行政审批服务指南》，修订并完善规章制度14项。设立综合服务窗口，组织相关窗口为投资项目开展“会商、会审、会签”和并联审批，规范办理流程，减少申报材料74项，实现提前预审20项，审批时限比上年缩减18%。举办“政务公开日”系列活动，全区23个部门、17家驻区单位、10个园区和20个街道参与活动，发放各类宣传资料20万余份。受理有效行政件925件，办结率100%。

【社会事业】 2013年，大连开发区龙山小学、大连开发区新桥小学、金州区爱民小学等6所学校投入使用。投入286万元，高标准建设社区教育数字化平台。投资2亿元，完成第十二届全国运动会棒球和激流回旋比赛场馆建设；景泰蓝唐卡博物馆开业，7·29艺术空间、神秘东方主题公园建设加快推进。大连小黑山风景区等3个景区被评为辽宁省省级沟域旅游示范区。盛京（大连）妇女儿童医院完工，大医附属医院医疗中心项目开工建设，省级慢性病综合防控示范区、省级示范社区卫生服务中心创建工作通过验收。全年投入1528万元，为特殊社会群体群众11.1万人提供医疗服务；实现实名制就业约4万人，城镇登记失业率2.8%。大商金石商业中心、董家沟雅达商场竣工；安盛总部大厦、金玛国际大厦、威远农贸市场、斯大林路地下商业街等项目建设稳步推进；2013年初，金州新区所确定的“民生工作双十工程”涉及建设项目99个，总投资56.2亿元。

【党建工作】 2013年，大连开发区（金州新区）有基层党组织2675个，党员46761人。下发《关于表彰金州新区首批党建工作示范点、党员示范岗、党建创新项目的通报》，调整干部11批。召开“作风建设年”动员大会，出台《金州新区改进工作作风 密切联系群众的实施办法》。组织召开全区副处级以上干部900余人参加的廉政警示教育大会。制定《金州新区2013年评议管委会机关事业单位中层以上领导干部行政效能和工作作风的实施方案》，开展对职能部门副处长以上干部进行社会满意度测评，此项工作在中纪委监察部网站上予以报道和宣传。扎实推进岗位廉政风险防控机制建设，形成以岗位定职责、以制度限权力、以监督保落实的岗位廉政风险防控机制。

【机构设置与管委会领导】 2013年，大连开发区（金州新区）党工委、管委会下设党工委机构7个；管委会机构23个，分别是：发展和改革局、经济发展局、教育文化体育局、科学技术局、民政局、财政局、人力资源和社会保障局、土地房屋局、环境保护局、规划建设局、城市管理与行政执法局、交通局、农林水利局、海洋与渔业局、经济贸易局、卫生与人口计划生育局、审计局、食品药品监督管理局、安全生产监督管理局、旅游局、信访局、建筑工务局、行政服务办公室；

至2013年末，金州新区党工委、管委会在职领导人员如下：金州新区党工委书记、管委会主任，金州区委书记徐长元，金州区（金州新区）人大常委会党组书记、主任赵相友，金州新区党工委副书记、管委会副主任，金州区委副书记、金州区区长李莉，金州区（金州新区）政协党组书记、主席郭杰，金州新区党工委副书记、金州区委副书记赵立民，金州新区党工委委员、金州区委常委、政法委书记纪政，金州新区党工委委员、李巍、石传东，金州新区党工委委员、管委会副主任宋海清、滕人贵、赵敏、陈杰、解学慧、丛克、李光。金州新区党工委委员、纪工委书记、监察局局长秦淑华。

大连经济技术开发区（金州新区）主要经济综合指标一览表

项目	单位	2012年	2013年	增减
开发区生产总值	亿元	1472.1	1603.2	9.1
第二产业	亿元	995.7	1069.6	9
工业（规模以上）	亿元	839.8	906.1	10.1
第三产业	亿元	421.2	475.5	9.6
工业总产值（现价）	亿元	3074.4	3424.9	11.4
高新技术企业	亿元	491	884	80
销售（营业）收入	亿元		7531.9	
第二产业	亿元		7204.0	
工业	亿元	2206.3	2490.9	12.9
第三产业	亿元		328	
利润总额	亿元		168.1	
第二产业	亿元		134.1	
工业	亿元	121.1	100.7	-16.8
第三产业	亿元		33.9	
进出口总额	亿美元	251.6	263.6	4.8
出口	亿美元	105.7	121.2	14.7
财政收入	亿元	105.2	119.6	13.7
税收收入	亿元	225.8	231.1	2.4
财政支出	亿元	106.6	127.78	19.9
外商及港澳台企业	个	62	77	24.2
新批企业投资额	亿美元			
外商及港澳台企业	亿美元	5.86	18.11	209.04
合同外资金额	亿美元	12.7		
外商实际投资	亿美元	37	39	5.4
固定资产投资	亿元	787.6	945.1	20
年末从业人员数	个	213649	207396	-2.9
在岗职工数	万人	20.53	23.5	13.5
在岗职工平均工资	元	49728	56953	11
规模以上企业个数	个	5800	6100	5.2
工业	个	584	589	1.4
万元GDP能耗	吨标煤/万元	0.638	0.613	-3.92

［大连经济技术开发区（金州新区）管委会］

秦皇岛经济技术开发区

【经济发展】 秦皇岛经济技术开发区（以下简称“秦皇岛开发区”）2013年完成地区生产总值253.9亿元，规模以上工业增加值158.3亿元，分别增长7.1%和5%；实际利用外资1.9亿美元，内资110.6亿元，分别增长0.8%和10.5%；固定资产投资119.8亿元，增长10.7%；财政收入40.4亿元，公共财政预算收入13.6亿元，分别增长7%和6.8%。秦皇岛开发区被河北省委、省政府授予“2013年经济发展先进开发区”称号。

【工业产业发展】 2013年，秦皇岛开发区工业生产低速增长，企业效益显著回升。全区规模以上工业企业144个，累计完成增加值158.33亿元，同比增长5.0%，其中轻工业完成25.36亿元，下降5.9%；重工业完成132.97亿元，增长7.3%。规模以上工业企业主营业务收入724.23亿元，增长1.0%。实现利税43.33亿元，增长29.1%，其中实现利润21.71亿元，增长34.2%。产品产销率100%。

【项目建设】 2013年，全区新开工项目37项，在建千万元以上项目82项，完成投资88.9亿元。24项列入省市重点。嘉隆光电、戴卡KSM、中兴智慧城市等大项目陆续开工；银亿外包、光大金融港、北大医疗健康产业基地、中科院技术创新成果转化基地等项目正式落户；联彩储油即将注册；北斗数据、华泰汽车、京能热电、汉能太阳能等14个重点项目，取得积极进展。

【新兴产业发展】 2013年，秦皇岛开发区积极改造传统产业，完成技改投资50.9亿元，新增规模以上企业20家，同比增长35%。加快发展数据产业，中关村海淀园全国首家分园落户开发区，22个项目进驻北大科技园和中科院技术成果转化基地，数谷翔园具备项目摆放条件，数据产业方兴未艾，荣膺河北省“首批省级国际科技合作基地”和“数据产业国际创新园”称号。着力发展节能环保产业，积极创建省级节能环保产业园，全区拥有各类企业90多家，年产值192亿元，占规模以上工业1/3强。

【高新技术产业发展】 2013年，秦皇岛开发区完成高新技术产业产值280亿元，利润19亿元，分别占全区总量的42.6%和88%，以不到一半的总量创造了全区近90%的利润。开发区实现规模以上工业企业利润21.7亿元，以占全市44.7%的总量创造了全市88.9%的工业利润。

【基础设施建设】 扎实改善基础环境、配套环境、服务环境，综合承载能力不断提升。完成长江道与外环楼交叉口改造、龙海道景观提升、峨眉山路亮化等工程，新增绿地18万平方米；泰盛商务大厦提前封顶；数谷大厦荣获“鲁班奖”。深入开展海域环境治理、农村面貌改造提升、大气污染防治，实施城乡一体化垃圾收运、龙海道污水处理厂二期、重点村改造等一批工程，有效改善了环境。

【投资环境】 千方百计破解融资难题，争取贷款1.58亿元，发行债券7亿元，为13家企业担保融资1亿元，有力支持了企业发展。服务环境持续改善，顺利通过

ISO9001 体系认证，成为河北省首家获此认证的开发区。

【生态环保】 2013 年，秦皇岛开发区节能降耗趋势向好，全区 GDP 能耗降低率 -3.35%，好于目标任务（-3.33%）；全区规模以上工业增加值能耗降低率 -12.7%；规模以上工业能耗总量 74.94 万吨，同比下降 8.33%，坚持“以查代管”，在重点抓好金海粮油、山船重工、中信戴卡等 34 家耗能大户日常节能监管的基础上，周密谋划，对康泰医学、海湾股份、天业通联等 40 家年耗能 500 吨至 3000 吨的规模以上工业企业进行首次节能监察，实现规模以上工业企业节能监察“全覆盖”。2013 年，秦皇岛开发区污染减排工程共计 10 项，实现削减 COD134 吨，氨氮 31.56 吨，SO_2 777 吨，NO_X 61 吨。节能环保产业得到省领导重要指示，实现迅速崛起，全区节能环保产业实现年工业总产值 227 亿元，占全区总量的 35%，成为开发区新的支柱产业，正式向省政府申请建设“河北省节能环保产业示范园”。

【社会事业】 加大民生投入，全年投资近 2 亿元，占可用财力的 1/7，建成老年幸福院 10 所，社区日间照料站 2 所，深河安置小区主体竣工，民政事业服务中心即将投入使用。全年发放低保、社会救助和各类奖励补贴 6379 万元，失业、医疗、养老等各项保险继续增量扩面。新增就业 2873 人、转移农村劳动力 309 人。投资 5641 万元，有效改善了办学条件，燕大附中高考上线率超过 90%，再创历届新高。深入开展感恩教育，举办“文化月”、文化下乡活动，丰富了干部群众文化生活。

【科技创新】 编制出台 2 个科技创新扶持政策，其中包括指导全区科技创新驱动发展的重要核心政策 1 个；组织承办全区科技工作会议、秦皇岛科技周等多个重要会议和活动，继续开展优秀创新企业评选，15 家获评企业中有 8 家是新涌现出来的优秀创新企业，新增评选 10 位优秀创新先进个人；区内 145 家企业被认定为河北省科技型中小企业；科技项目申报、孵化企业培育、科技企业调研和战略性新兴产业项目管理等科技服务工作提升了新的水平，开发区科技局连续 3 年被河北省科技厅评为“全省科技管理工作先进县（市、区）科技局”；2013 年，秦皇岛开发区构建“政府政策引导扶持，区内企业主导推进，科研机构技术支持，院士专家指引创新，先进成果批量转化”的创新体系。全区 27 家优秀创新企业实现产值 38.7 亿元，同比增长 47%，高于全区高新技术产业 40% 的平均增速；实现研发投入 2.3 亿元，研发投入强度为 7.3%，远大于全省高新技术产业研发投入强度 2.9% 的平均值；申报知识产权 112 项，其中发明专利 10 项，实用新型专利 75 项，软件著作权 27 项；申报国家、省、市各类科技项目 74 项，获资金扶持 2530 万元，全区省级以上企业技术研发机构新增 1 家，达到 23 家，占全市总量的 62%。

【机构设置及管委会领导】 秦皇岛开发区工委工作部门分别是：工委办公室、纪律检查工作委员会、政法委、法院、检察院、编办。管委工作部门分别是：管委办公室、财政局、城市发展局、经济发展局、建设规划管理局、社会发展局、审计局、人力资源和社会保障局、政策法制局、监察局、公安分局、国土分局（海洋局）。直属事业机构：招商局、科技局、大项目办、农村工作局、教育局、安全生产监督管理局。群众团体：工会、妇联、团委、国际商会。另有出口加工区管理委员会。

秦皇岛开发区工委书记郑宝亮，工委副书记胡英杰、李生、周雁、陈永富、郝凤斌、郑新。秦皇岛开发区管委主任胡英杰，管委副主任郑宝亮、李生、邵宏根、李颖熹、扈秋宁、郭晓城、刘洪柱、何华庆、吕爱国。

秦皇岛经济技术开发区主要经济综合指标一览表

项目		单位	2012年	2013年
开发区生产总值		亿元	240.58	253.91
第二产业		亿元	168.73	181.42
工业		亿元	156.43	168.60
第三产业		亿元	69.68	70.33
工业总产值（现价）		亿元	671.06	686.01
销售（营业）收入		亿元	1092.42	1097.65
工业		亿元	744.16	754.23
利润总额		亿元	27.22	29.85
工业		亿元	17.64	26.99
进出口总额		亿美元	33.33	32.38
出口		亿美元	16.09	15.83
财政收入		亿元	37.75	40.41
税收收入		亿元	36.31	37.94
财政支出		亿元	17.14	17.24
新批企业个数		个	339	383
外商及港澳台企业		个	3	2
内资企业		个	336	381
新批企业投资额	内资企业	亿元	9.22	13.90
	增资企业	亿美元	0.37	0.72
合同外资金额		亿美元	0.38	1.64
外商实际投资		亿美元	1.88	1.90
固定资产投资		亿元	108.20	119.81
年末从业人员数		个	140957	139159
在岗职工数		个	46657	47662
在岗职工平均工资		元	47806	50978
规模以上企业个数		个	310	323
工业		个	144	149

（秦皇岛经济技术开发区管委会）

天津经济技术开发区（南港工业区）

【经济发展】 2013年，天津经济技术开发区（南港工业区）（以下简称“天津开发区”。“泰达”是天津开发区的英文缩写音译）实现地区生产总值（GDP）2502.27亿元，按可比价格计算，比上年增长17.5%。其中，第二产业增加值完成1946.31亿元，可比增长18.8%；第三产业增加值完成555.95亿元，可比增长12.1%。第二、第三产业结构比例由上年的78.2∶21.8变化为77.8∶22.2。全员劳动生产率44.26万元/人，可比增长8.3%。全区完成财政收入547.11亿元，比上年增长11.6%，税收收入446.01亿元，增长13.5%。其中，增值税181.67亿元，消费税39.52亿元，营业税37.93亿元，企业所得税121.27亿元。全年地方财政收入214.85亿元，比上年增长5.90%，其中，公共财政预算收入195.74亿元。财政支出202.88亿元，比上年增长4.32%。其中，公共财政预算支出187.60亿元。

【工业产业发展】 2013年，全区工业增加值1929.35亿元，按可比价格计算，比上年增长18.9%。其中，规模以上工业增加值1924.72亿元，可比增长18.8%。全部工业总产值8069.25亿元，比上年增长13.0%。其中，规模以上工业总产值8052.98亿元，增长13.0%。在规模以上工业中，外商及港澳台投资企业工业总产值6218.38亿元，增长10.9%，内资企业工业总产值1834.60亿元，增长21.0%。全区有289家企业工业总产值超过1亿元，产值合计占全区工业总产值的比重为98.6%。其中，86家企业超过10亿元，产值合计占比为90.5%；17家企业超过100亿元，产值合计占比为64.0%。三星集团、俊安集团、一汽丰田、中石油集团、顶新集团、长城汽车、奥的斯电梯、立中集团、伟创力、鸿海集团等大型企业发展规模不断壮大。

在规模以上工业企业中，电子、汽车、装备、食品、石化、新能源新材料、生物医药、航天等八大行业共完成工业总产值5920.29亿元，比上年增长9.7%，占全区规模以上工业总产值的比重为73.5%。其中，电子行业2114.66亿元，增长18.2%，占全区规模以上工业总产值的26.3%；汽车产业1246.70亿元，增长5.8%，占全区规模以上工业总产值的15.5%；装备行业765.14亿元，增长0.4%，占全区规模以上工业总产值的9.5%；食品行业617.22亿元，下降5.8%，占全区规模以上工业总产值的7.7%，石化行业611.32亿元，增长13.6%，占全区规模以上工业总产值的7.6%；新能源新材料行业372.14亿元，增长19.9%，占全区规模以上工业总产值的4.6%；生物医药行业183.30亿元，增长16.0%，占全区规模以上工业总产值的2.3%。

【科技创新】 2013年，全区规模以上高新技术企业产值1646.54亿元，比上年增长0.8%，占全区工业总产值的20.4%。设立泰达中小企业发展服务中心，满足科技型中小企业需求。建立“中关村高科技企业滨海转移发展基地”，启动“津京互联创业咖啡”创业孵化平台。在全市率先设立风险补偿资金池。推动58同城、中环系统电子、浩元精细化工在资本市场挂牌和上市。其中，58同城在纽交所上市，实现海外上市零突破。全年共协助110家科技企业融资8.00亿元。科技发展金和科技风险金投入2.61亿元，累计投入29.23亿元。

2013年，泰达服务外包产业园二期、生物医药产业园中试大厦、科技发展中心一期等项目全面推进。全年新增科技孵化载体面积10万平方米。至年末，全区共有各类孵化器14家，孵化载体面积68万平方米，在孵企业580家，工程技术研究中心36家，企业技术中心47家，跨国公司研发中心58家，风险投资公司110家。2013年，全区共申报各类科技创新项目520多项，获立项支持350个项目，获得政府扶持资金2亿元。年内新认定高新技术企业25家，软件企业3家，科技型中小企业922家。至年末，累计认定高新技术企业234家，软件企业83家，科技型中小企业3734家，科技小巨人280家。全年技术合同登记472份，累计登记3011份；技术合同成交额10.90亿元，累计成交53.90亿元；科技成果鉴定登记70项，累计登记264项。

【对外贸易】 2013年，天津开发区进出口总额508.65亿美元，比上年增长9.6%。其中，出口224.17亿美元，增长1.7%；进口284.48亿美元，增长16.7%。按贸易方式分，一般贸易出口32.15亿美元，增长20.9%；加工贸易出口188.96亿美元，下降1.5%。全区工业产品外销率17.3%。2013年，高新技术产品出口161.75亿美元，占全区出口总额的比重为72.1%；机电产品出口201.07亿美元，占全区出口总额的比重为89.7%。在654家出口企业中，出口额超过1000万美元的有124家，出口合计214.13亿美元，占全区出口额的比重为95.5%；出口额超过1亿美元的有25家，出口合计184.59亿美元，占全区的比重为82.3%，比上年提高0.1个百分点。

2013年，与天津开发区发生贸易关系的国家和地区有184个，比上年增加2个。其中，出口产品涉及的国家和地区176个，比上年增加3个。按贸易份额分，对美国出口45.99亿美元，欧盟34.95亿美元，东盟31.24亿美元，韩国27.71亿美元，香港17.49亿美元，日本14.67亿美元。全年服务外包接包合同额8.30亿美元，比2012年增长31.7%。其中，离岸接包合同额7.43亿美元，增长28.1%。服务外包合同执行金额7.32亿美元，比上年增长66.3%。其中，离岸执行金额为6.38亿美元，增长55.6%。

【招商引资】 2013年，新批外商及港澳台投资项目126家，办理增资项目206家，项目投资总额124.28亿美元；合同外资金额77.85亿美元，增长12.0%；实际使用外资金额54.95亿美元，增长9.8%。新设立登记内资企业468家，增加注册资本企业433家，新增内资企业注册资本289.40亿元，其中，新增民营企业360家，注册资本21.76亿元；全年新批外商及港澳台项目合同外资平均规模3037万美元。投资规模在1000万美元以上项目90家。新批《财富》全球500强项目3家。外商及港澳台项目合同外资增资金额45.27亿美元，平均增资规模4175万美元，增资额超过1000万美元的项目有26家。全年新设立内资企业平均注册资本671.02万元，注册资本在1000万元以上的74家；新批制造业外资项目14项，增资项目163项，合同外资金额31.72亿美元。引进托普索、伟创力、可果美食品、浦项世亚等知名企业，大众变速器、三星电机、顶益食品、三星视界、一汽丰田、信诺制药、养乐多、壳牌润滑油、中俄东方石化等优势产业项目增资。新批服务业外资项目111项，增资项目43项，合同外资金额46.11亿美元；新注册内资企业432家，新增注册资本29.17亿元。永旺梦乐城投资、俊安投资、泰瑞、中安联合、荣联国际商业保理、神州数码保理、嘉德、中联、狮桥等一批总部型、金融创新型企业落户或增资。

至年末，天津开发区累计批准来自88个国家和地区的外商及港澳台投资企业5282家，项目投资总额916.61亿美元，合同外资金额673.19亿美元，实际使用外资金额410.17亿美元。其中，投资规模超过1000万美元的项目有1162家，投资规模超过1亿美元的项目有72家。设立登记内资企业8709家，注册资本2914.79亿元，注册资本在1000万元以上的内资企业达2228家，其中民营企业1485家。2013年《财富》全球500强企业中，共有来自境内外的90家在天津开发区投资，投资项目达230个。一大批国际著名跨国公司，如美国联合技术、约翰·迪尔、摩托罗拉、惠普、可口可乐、百事可乐、哈里伯顿、霍尼韦尔、邦基，日本丰田汽车、丰田通商、松下电器、电装、京瓷、出光兴产、伊藤忠商事、丸红商事、住友商事、三菱商事、永旺商业、三井物产、爱信、普利司通、邮船、川崎重工，韩国三星、现代、乐喜金星国际、浦项制铁，德国大众、巴斯夫、大陆、蒂森克虏伯，瑞士雀巢，法国施耐德、拉法基、威立雅，英国葛兰素史克、渣打，荷兰阿克苏诺贝尔、壳牌，芬兰诺基亚，丹麦诺和诺德、维斯塔斯，台湾地区鸿海、顶新，以及中石油、中石化、新兴重工、长城汽车等已经成为天津开发区的投资主体。

【生态环保】 2013年，全区细颗粒物（PM2.5）年均浓度80微克/立方米，臭氧（O_3）年均浓度146微克/立方米。区域环境噪声平均值为昼间51.6分贝，夜间45.0分贝，达到国家区域环境噪声标准。集中式饮用水水源地水质达标率为100%，污水处理厂出水水质达标率为100%。市控重点水污染源在线监控率达100%、烟气在线监测率达100%。9个国家循环化改造重点支撑项目获得国家启动资金3935万元。发布《开发区节能降耗、环境保护鼓励名录（第五批）》。热源二厂、滨能五厂脱硫设施改造按期完工，国华能源脱硫设施提高效能。启动“中美清洁生产与服务展示中心项目”、欧盟“天津滨海新区企业环境信息公开试点项目”，做好欧盟“滨海产业共生项目”。至年末，有265家企业通过ISO14001认证。全年新增绿地面积143.53万平方米。至年末，全区绿地面积1916.69万平方米。其中，公园面积151.30万平方米。建成区绿地率19.1%，绿化覆盖率27.1%。通过环保部污染物减排年度核查和重金属减排核查。2013年，全区万元地区生产总值能耗141.99公斤标准煤，比上年下降4.1%，万元工业增加值能耗135.07公斤标准煤，下降0.7%；万元地区生产总值耗电374.38千瓦时，比上年下降8.2%，万元工业增加值耗电361.88千瓦时，下降7.9%；万元地区生产总值新鲜水消耗4.06立方米，比上年下降7.6%，万元工业增加值耗水3.32立方米，下降6.3%。

【项目建设】 2013年，全区完成全社会固定资产投资635.00亿元，比上年增长15.4%。其中，外商及港澳台项目129.06亿元。至年末，全社会固定资产投资累计完成4499.82亿元；工业项目投资182.23亿元，占全部固定资产投资的比重为28.7%。其中，超过1000万元项目有114个，超过1亿元项目32个。大众变速器、一汽丰田新卡罗拉和新威驰、中石化液化天然气、艾达扩建、壳牌润滑油北方基地、长城汽车整车二期、合佳威立雅、壳牌成品油库、航天资源循环等重大项目顺利推进。长城二期、三星电子、鸿富锦、森精机等工业项目相继竣工投产；第三产业完成投资452.75亿元，比上年增长20.4%。渤海银行后台服务中心竣工投入使用。现代服务产业区（泰达MSD）拓展区、一重研发大楼、腾讯数据中心及研发中心、泰奥石化码头一期、金耀制剂园规划改造、周大福滨海中心、奥德费尔化工码头、中国石油天津大厦、俊安大厦等服务业大项目快速推进。华纳、时尚广场社区服务中心建成投入使用。

【管理与服务】 2013年，全区积极推动全区依法行政考核工作，实行行政执法公开制度，实行行政许可、行政处罚监管评查制度，全年受理企业政策兑现申请5027个，申请兑现金额12.88亿元。强化政府廉政、监察、审计工作，国企经营和管理水平继续提高，坚持网上办事大厅、远程视频咨询等信息化咨询平台建设。顺利完成“六五”普法中期推动检查工作。加强社区矫正工作，做好特殊人群帮教管理。全区共有律师事务所25家，工会会员单位3783个，工会会员人数18.57万人。

【人才建设】 2013年，全区举办各类人才招聘会136场，共吸引10.7万人次、1000家单位参加。组织开展各类培训230批次，培训人数3.50万人。其中，技工1.93万人，中级工以上4739人。全年引进各类人才2.38万人。其中，高层次人才1270人，高级人才160人，领军人才14人。至年末，引进高级人才总量1168名，企业博士后工作站和博士后创新实践基地86家，在站博士后56名。人力资源中介服务机构19个。其中，民营机构17个。共有青年见习基地87家，当年新建10家。

【基础设施建设】 2013年，全区共完成基础设施投资181.96亿元，比上年增长41.9%。至年末，基础设施投资累计完成1067.49亿元。年内，国华热电厂扩建、时尚广场35kV站增容、西区大众变速箱和南大街110kV变电站及南港应急污水处理厂相继建成。东区燃气管网改造、4号110kV变电站、西区第三热源厂、南港千米桥220kV变电站、精细园110kV变电站、腾飞路220kV变电站、润滑油35kV变电站、燃气应急锅炉等公共基础设施建设稳步展开。南港工业区新增造陆面积7平方公里，整备土地累计77平方公里。化工码头主体和1-4#通用泊位等工程建成。南港铁路、10万吨级航道疏浚和导助航设施开工建设。西区医院、邻里中心等24项重点生活配套项目快速推进。

【社会事业】 至2013年末，全区户籍人口总数为6.38万人，比上年增加0.59万人。全区从业人员55.72万人，比上年增长8.7%。按投资方式分，外商及港澳台投资企业从业人员33.68万人，比上年增长11.0%；内资企业22.03万人，增长5.5%。全区从业人员劳动报酬总额377.63亿元，比上年增长17.3%。其中，外商及港澳台投资企业225.87亿元，增长15.5%；内资企业151.75亿元，增长16.0%。全区从业人员人均劳动报酬6.98万元，比上年增长7.4%。城市居民人均可支配收入46256元，比上年增长11.5%。人均消费支出33514元，比上年增长11.0%。全年新增就业岗位8.75万个，协商企业3083家，覆盖职工23.07万人。富士康蓝灰领公寓、大火箭蓝白领公寓建成投入使用。共有政府公屋、高级人才公寓、蓝白领公寓30处，总面积220万平方米。参加基本养老保险人数28.10万人，共向1.13万名离退休人员发放养老金3.11亿元。全区共有各级各类学校27所，一次性通过现代化学校建设综合评估验收。共有10家综合性医院、3家专科医院。泰达图书馆档案馆全年档案借阅利用0.95万人次，接待读者用户85.02万人次，图书借阅量14.19万册次，提供文献检索1.30万次。泰丰社区获“全国科普示范社区”称号。

【政策发布】 2013年，制订《天津经济技术开发区促进高新技术产业发展规定（试行）实施细则》、《天津经济技术开发区促进集成电路设计产业发展的暂行办法》、《天津南港工业区业主企业优先使用权码头建设经营暂行管理办法》、《天津经济技术开发区科技型中小企业创新融资风险补偿专项资金管理办法（试行）》、《天津经济技术开发区科技型中小企业创新融资风险补偿专项资金操作细则（试行）》、《天津经济技术开发区国家园区循环化改造示范试点实施细则》、《泰达中小企业发展中心暂行办法》、《天津经济技术开发区城市管理考核通报办法（试行）》等文件。

【党建工作】 2013年，开发区管委会（党组）组织、推动开发区群众路线教育实践活动开展，组织开展纪念建党92周年系列活动，刻录发放《房》《官箴》《贪官心理档案》《廉城警示》《四风之害》《小金库引发的大案》等教育片十余部。高度重视对从事管人、管钱、管物、管工程等人员的教育，高度重视以政风行风为核心的投资软环境建设，不断优化服务意识和工作作风。坚持开展投资环境调查，坚持以政务网为主要载体的政务公开，坚持通过主任早餐会、企业服务办公会、监督员反馈、信访办、呼叫中心等渠道对企业及公众的咨询和投诉实施快速反应。企业党委继续采取“独立组建”、“联合组建”等模式，加强基层党组织建设。全年新组建党总支部2个，独立支部15个。至2013年底，企业党委系统共有7个党委，29个党总支，373个独立党支部，108个联合党支部。

【机构设置与管委会领导】 2013年，天津开发区（南港工业区）管委会及党组下设28个工作部门，即：管委会（党组）办公室、党建工作部、企业党委、开发区工会、西区办公室、财政局、人力资源和社会保障局、政策研究室（法制局、司法局）、经济发展局（滨海新区工商行政管理局开发区分局）、投资促进领导小组办公室、投促一局、外事局、贸易发展局、建设和交通局（规划和国土资源管理局）、教育文化卫生体育局、城市管理局、安全生产监督管理局、公用事业局、科技发展局、审计局、发展和改革局、环境保护局、南港综合办、南港规建局、南港经发局（投促四局）、投促二局、投促三局、南部新兴产业区。

天津开发区（南港工业区）管理委员会主任许红星（党组副书记），中共天津经济技术开发区（南港工业区）管理委员会党组书记王盛（管委会副主任）。天津开发区（南港工业区）管理委员会副主任王强、张军、艾亚民、张东昇、郎东、施扬、马玫、李泽民、张国盛。天津经济技术开发区管理委员会副巡视员王俊明、宋卫群、贾守月。天津经济技术开发区管理委员会主任助理王雪佳。

（天津经济技术开发区管委会）

青岛经济技术开发区

【区情概况】 青岛经济技术开发区（以下简称“青岛开发区”）1984年10月经国务院批准，目前已建成青岛前湾港、黄岛油港、胶黄铁路、环胶州湾高速公路、胶州湾跨海大桥、胶州湾隧道、国际国内电话交换站、移动通讯基站等一批大型交通通讯能源设施以及区内的道路、供排水、供电、供热、供气等市政环保设施。青岛流亭国际机场距开发区53千米，通过环胶州湾高速公路可直达。目前开通国际航线的国家、地区和城市有：洛杉矶、东京、台北、仁川、福冈、釜山、大阪、香港、新加坡、名古屋、法兰克福。同三高速、青兰高速纵横区境。

【经济发展】 2013年，完成地区生产总值1537.37亿元，增长11.9%（可比价）。完成第二产业增加值1000.46亿元，增长10.4%（可比价），占GDP的比重为65.1%。完成第三产业增加值525.17亿元，增长15.4%（可比价），占GDP的比重为34.2%。完成规模工业总产值4876.80亿元，增长12.6%；完成财政收入470.06亿元，增长10.8%，其中完成公共财政预算收入141.18亿元，增长14.5%；完成固定资产投资750.48亿元，增长20.3%；实现社会消费品零售总额180.39亿元，增长14.0%；金融系统本外币各项存款余额达到743.44亿元，各项贷款余额701.71亿元；城镇居民人均可支配收入38751元、农民人均纯收入17282元，分别增长9.6%、12.1%。全区合同外资金额28.6亿美元，增长7.5%；实际利用外资23.1亿美元，增长18.2%。

【对外贸易】 实现外贸进出口258.5亿美元，同比增长6.0%，其中出口103.9亿美元，同比增长5.2%，进口154.5亿美元，同比增长6.6%。完成高新技术产品进出口97.8亿美元，同比增长5.8%。完成机电产品进出口136.1亿美元，占全区进出口总额比重为52.6%。

【工业产业发展】 海洋产业增加值增长保持20%以上，成功创建省级海洋生态文明示范区，初步形成了凤凰岛国际旅游岛、青岛信息谷、前湾第四代新港城、海西湾船舶与海洋工程产业基地、中德生态园、山东通用航空产业园、国家家用电子产品产业园等“一岛、一谷、两湾、多园区”的蓝色经济发展格局。做强石化、汽车、家电电子、船舶和海洋工程、机械装备、服装、橡胶、食品、电子信息等9个优势产业集群，2013年，千亿级产业链企业完成工业产值占规模工业产值的比重达到85%以上，高新技术企业工业产值占规模工业产值的比重达到55%以上。我国首艘300米饱和潜水母船“深潜号”在此建造并交付使用。

【科技创新】 2013年，新认定高新技术企业11家，拥有省部级以上科研机构59家，成立创新战略联盟6个、院士（专家）工作站5家，是全国科技进步考核先进区、科普示范城区和国家知识产权试点园区，荣获“全国科技进步考核先进区”，顺利通过国家知识产权试点园区验收。新注册青岛奥泽利电子科技有限公司等6家，开工建设正大海尔制药项目等3家。2013年，高新技术企业完成工业产值2922亿元，占规模以上工业总产值的59.9%。新引进青岛红金光电科技有限公司等

12家中小科技企业入驻创业中心，育成青岛精益优化能源科技有限公司等毕业企业4家。目前，入驻创业中心的在孵企业达到82家，累计培育毕业企业74家。全年专利申请8456件，其中发明专利申请4825件，分别同比增长82%和205%，新增发明专利授权251件，其中年度专利申请和发明专利申请数量均位居全省第一。共组织24家企业申报市级工程技术研究中心，其中青岛武船重工有限公司的“青岛市海洋平台与工程船舶工程技术研究中心”等5家单位获批组建。加强品牌创建，共组织企业申报技术创新项目计划115项，年内创建市级企业技术中心2个，省级企业技术中心2个，获批青岛品牌产品1个。

【招商引资】 实际利用区外内资项目558个，利用内资突破160亿元。其中，市外500万元以上内资项目310个，利用资金138.8亿元，同比增长19.6%。市外2000万元以上项目利用内资124.39亿元，占总利用内资的89.6%，增幅17%。新注册注册资本2000万元以上市外投资项目72个，利用内资79亿元。市经合办认定开发区当年度新开工且利用内资项目5亿元及以上项目6个。全年新批准外商投资企业70个，增资项目45个，总投资合计37.3亿美元，合同外资金额28.6亿美元，同比增长7.5%。全年新批及增资过千万美元以上的项目62个。

【投融资建设】 2013年，城发集团企业债券发行审批材料已提报国家发改委审批，中国银行间市场交易商协会已同意其发行五年期15亿元的中期票据；对适合区属国有企业融资建设的项目，积极研究完善“借、用、还”一体化的投融资模式；通过“签订协议、委托建设”等方式引导社会资本参与项目投资和建设；采用BOT、经营权转让等方式，吸引社会资本参与建设运营公用事业行业；通过盘活管家楼水厂资产，与中国水务合资成立碧海水务公司，负责建设运营红石崖水厂，并融资3.6亿元实施了棘洪滩引水复线BT项目建设；就市政（供热、供水）管网、公交车辆融资租赁等事宜，与工商银行、招商银行等金融机构进行了对接，探讨利用融资租赁方式解决融资问题。

【生态环保】 2013年2月5日，青岛经济技术开发区正式获得国家环保部、商务部与科学技术部三部委的批复（环发［2013］26号），同意青岛经济技术开发区创建生态工业示范园区。稳步推进园区循环化改造工作。采取季度调度措施，积极推进国家拟给予资金扶持的13个大项目（30个小项目）建设。召开了园区循环化改造资金申请对接会，指导已投产和开工的15个项目编制资金申请报告。分两批组织9个已完工项目参加了专家评审会，包括青岛炼化余热利用和催化裂化装置烟气脱硫脱硝项目，美隆建材干混砂浆项目等第一批5个项目已获得994万元扶持资金。制定《青岛经济技术开发区循环化改造项目专项资金管理办法》和《青岛经济技术开发区园区循环化改造示范试点管理办法》，包括管理机构和主要职责、项目及资金申请、拨付、管理监督、考核验收等内容。

【人才建设】 2013年，全区人才总量22.78万人，同比增加1.27万人；市级以上人才平台载体251家，较2012年增加28家；全区共引进和培育“千人计划”专家8人，其中，2013年，新引进和培育“千人计划”专家2人；2013年，全区新认定高新技术企业11家，拥有省部级以上科研机构59家，成立创新战略联盟6个，有院士工作站4个、博士后科研工作站2个、博士后科研流动工作站13个，区本级财政投入人才工作资金2560万元，是全国科技进步考核先进区、科普示范城区和国家知识产权试点园区，荣获“全国科技进步考核先进区”。2013年4月，出台《“智岛计划”高层次人才引进暂行办法》（青西委［2013］14号），6月出台《“智岛计划”高层次人才扶持资金实施细则》（青黄组［2013］6号）等4个配套实施细则。2013年，青岛经济技术开发区平台载体新认定省级企业技术中心

2家，占青岛市总数的五分之一，新增市级企业技术中心2家；继续实施年度区级技改专项资金申报工作，初选17家工业企业进入评审范围，涉及总投资6.5亿元，其中设备投资2.5亿元，预计达产新增产值27亿元。

【社会事业】 全区共有普通中小学55所（普通高中3所，初中13所，小学39所），职业中专1所，成教中心4处。各类卫生机构达406处，实有各类卫生技术人员5234人，医疗病床达到3040张。保障性住房开工建设2670套、基本建成344套、配售2004套。设立全民创业扶持基金，以创业带动就业，城镇登记失业率保持在3%以内。养老、医疗等社会保障实现全覆盖，保障标准居全国前列。城乡居民收入分别增长10%和12%，城镇登记失业率保持在2.2%以内。大力推进全域城市化，城市化率提升至84.5%。以绿化提升城市品质，全区林木绿化率35.3%，城区绿化覆盖率45.5%。开通全省首个县区级政务微博发布厅，启用首家国家级开发区社情民意中心，创新流动人口积分管理制度，群众安全感和满意度始终保持在95%以上，成功创建平安山东建设先进区和全国模范劳动关系和谐工业园区。成功承办首届"留动中国"总决赛、第十四届"金凤凰奖"颁奖典礼、蓝色高端产业发展论坛活动周等一系列重要展会活动，连续举办十五届凤凰岛文化旅游节。

【机构设置与管委会领导】 青岛经济技术开发区设置工委工作部门7个、管委工作部门20个（含下划的工商、质监、食药），人大机关和政协机关与黄岛区合并，人大机关设置工作机构6个、政协机关设置工作机构5个。青岛经济技术开发区设置事业单位310个，正处级14个，副处级23个，正科级134个（含医院2个），街道所属正科级事业单位73个。青岛经济技术开发区管理委员会主任：孙恒勤，副主任庄贵相、明秀云、高嵘、解宏劲、王艳、韩冠智、孟庆胜，主任助理：陈国良。

青岛经济技术开发区主要经济综合指标一览表

项目	单位	2012年	2013年	增减（%）
开发区生产总值	亿元	1365.01	1537.37	12.6
第二产业	亿元	857.88	1000.46	16.6
工业	亿元	797.79	934.57	17.1
第三产业	亿元	502.57	525.17	4.5
工业总产值（现价）	亿元	4401.06	4999.67	13.6
高新技术企业	亿元	2655.11	2921.56	10.0
销售（营业）收入	亿元	7183.75	7958.02	10.8
第二产业	亿元	5305	5858.69	10.4
工业	亿元	4434.01	4861.7	9.6
第三产业	亿元	1749.74	1942.33	11.0
利润总额	亿元	435.82	482.66	10.7
第二产业	亿元	317.00	351.85	10.9
工业	亿元	250.08	271.07	8.4
第三产业	亿元	118.82	123.25	3.7
区内主导产业及产值				

续表

项目		单位	2012 年	2013 年	增减（%）
主导产业	1. 石油加工、炼焦业	亿元	881.22	929.58	5.5
	2. 电器机械及器材制造业	亿元	655.72	738.97	12.7
	3. 汽车制造业	亿元	425.43	513.19	20.6
	4. 计算机、通信设备制造业	亿元	564.64	472.70	-16.3
	5. 船舶及其他运输设备制造业	亿元	270.00	308.68	14.3
	6. 专用设备制造业	亿元	257.33	288.64	12.2
进出口总额		亿美元	243.80	258.50	6.0
出口		亿美元	98.81	103.95	5.2
财政收入		亿元	424.06	470.06	10.8
税收收入		亿元	302.04	347.00	14.9
财政支出		亿元	116.08	136.65	17.7
新批企业个数		个	2906	3693	27.1
外商及港澳台企业		个	101	115	13.9
内资企业		个	2805	3578	27.6
新批企业投资额	外商及港澳台企业	亿美元	19.22	21.36	11.1
	内资企业	亿元	155.32	200.68	29.2
	增资企业	亿美元	9.1	10.8	18.7
合同外资金额		亿美元	26.60	28.60	7.5
外商实际投资		亿美元	19.54	23.10	18.2
固定资产投资		亿元	623.70	750.48	20.3
年末从业人员数		个	361989	402808	11.3
在岗职工数		个	319823	358956	12.2
在岗职工平均工资		元	50474	54957	8.9
规模以上企业个数		个	999	1104	10.5
工业		个	383	433	13.1
万元 GDP 能耗		吨标煤/万元	0.4371	0.4143	-5.2

（青岛经济技术开发区管委会）

南通经济技术开发区

【经济发展】 2013年，南通经济技术开发区（以下简称“南通开发区”）完成地区生产总值691.5亿元，增长17%；完成工业总产值1965.8亿元，增长12.3%；完成规模工业增加值468.1亿元，增长30%；完成地方公共财政预算收入37.7亿元，增长14%；完成进出口总额43.75亿美元，其中出口27亿美元，增长7.3%；固定资产投资450.6亿元，增长20.8%；新增工商登记注册外资8.8亿美元，增长12.1%；实际利用外资6.62亿美元，增长4.8%。

【园区特色】 精密机械产业园、电子信息产业园、装备制造产业园、医药健康产业园、新材料产业园以及能达商务区、综合保税区、品牌商业集聚区等“5+3”特色产业园区基础配套逐步完善，水、电、气、道路、通信等设施建设基本完成。南通综合保税区于2013年1月成功获批，2013年12月通过国家十部委的联合验收，正式封关运作。新材料产业园在江苏省特色产业园建设发展评比中位居前列。光纤通信产业基地获批为市级新兴产业基地。能达商务区内总部经济、服务外包、电子商务等现代服务业项目超过240个，总部、商务楼宇40多幢。东方国际汽车城实现营业收入近60亿元。项目建设加快推进，2013年全年工业投入200.8亿元，增长16.7%。日本丝路咖精机、台湾美利达自行车、日本大王生活用品、瑞士斯福瑞制药、日本镀铜钢板、东丽高新聚化无纺布四期、奇华顿香精香料、旭化成HDI聚合物、帝人纤维商品研究所等重大项目进展顺利。SKC功能薄膜、科聚亚聚氨酯一期、日立化成导电膜、昭和电工铝箔、迈图高新材料、中天太阳能电池背板一期等总投资66.7亿元的41个重大项目投产运营。

【产业发展】 全年实现高新技术产业产值551.6亿元，增长14.5%；新兴产业产值535.3亿元，增长23.4%；大力发展软件与信息技术、服务外包、商贸流通等产业，新开工规模以上服务业项目26个，总投资119亿元；完成服务业投入249.8亿元，增长25.3%；服务业增加值占GDP比重同比提高了2个百分点；服务外包合同额10.7亿元，执行额9.8亿元，其中离岸服务外包合同额、执行额分别约占全市总量的50%。罗莱家纺、携程被认定为南通市电子商务十大领军企业应用类和服务类第一名。中开院产业园、苏富特金融产业园、新思软件园、浪潮科技园、德圣保险、华泰证券、联讯证券、香港汇丰银行、清宫文化博览园等一批现代服务业项目成功落户。

【招商引资】 围绕电子信息、精密机械、医药健康、现代装备制造、新材料、现代服务业等重点产业，以及日韩、港台、欧美等重点区域，大力实施“10·100项目招引”计划（即引进10个重大项目、100个优质项目），招商引资规模与质态不断提升。新批外资项目33个，总投资15.23亿美元，其中3000万美元以上项目14个，台湾永磁马达、日本丝路咖精密机械、香港雅居乐、德国默克制药、美国邦吉融资租赁、英国得福乐科技、香港华强科技、台湾恺誉汽车配件、瑞典奥托立夫汽车安全气囊、台湾大毅科技电子等重大项目成功落户，新增世界500强跨国公司设立企业6家。

【科技创新】 南通开发区研发投入占地区生产总值比重达2.37%。8家企业获批国家高新技术企业，5家企业获批江苏省高新技术企业，2个产品获批国家重点新产品，62个产品获批江苏省高新技术产品、优秀新产品，3个产品获评江苏名牌产品。新批省级工程技术研究中心、技术中心和工作站15家，新批市级工程技术研究中心7家。获批国家、省、市级科技项目50项，共获扶持资金5345.5万元。申请专利4109件，授权专利1539件，其中发明专利授权101件，万人发明专利拥有量全市第一。创业外包服务中心二期投入使用，新增孵化器面积8万平方米，累计达30万平方米，在孵企业122家，从业人员近5000人。

【人才建设】 国家“千人计划”水处理研究院、生物医药研究院和西北工大工业设计研究院成功运营。新引进国家“千人计划”人才13名，累计吸聚“千人计划”人才26名；新入选省“双创计划”人才8名，新引进省“双创计划”人才5名，累计吸聚省“双创计划”人才35名；引进市“江海英才计划”人才20名，累计吸聚市“江海英才计划”人才65名。总投资4.8亿元的欧进萍院士创业团队土木工程结构振动控制装备与系统产业化项目成功落户，成为南通首家“院士企业”。

【基础设施建设】 全年新开工基础设施和城建项目39个，总投资27亿元。东方大道快速路建成通车，通盛大道路面提升改造、新开路北延、朝阳河南侧路等重点道路工程竣工。新通海沙三期围垦主体工程基本结束，万顷良田工程一期通过省级验收。新开工安置房面积160.5万平方米，目前在建安置房和农民集居区面积达到355.5万平方米；上海世茂公元、碧桂园、香港雅居乐等大型住宅社区，世茂·悦活城、通商华富、涌鑫国贸、飞马国际中心等重点项目加快推进。

【生态环保】 国家生态工业示范园区创建即将迎接省级验收，被认定为“省循环化改造示范试点园区”，被列入国家级分布式光伏发电18个示范园区之一。中水回用科技示范工程如期竣工，一污提标、二污扩容、固废处置场升级改造、垃圾中转站等工程加快推进。化工行业专项整治行动扎实开展，5家重点化工企业挥发性有机物回收和13家加油站油气回收改造基本完成，总投资7.88亿元的天星湖应急水源暨湿地公园湖面基本形成；总面积300多亩的能达中央公园对外开放；总面积120多亩的通沪大道小海出口门户景观工程主体完工；朝阳河南侧路绿化、常兴路道路绿化、通江大道道路绿化以及汽车城周边道路绿化等工程基本建成。

【社会事业】 农民人均纯收入达1.4万元，增长12%。举办现场招聘会47场，开展就业创业培训3000多人次，新增高技能人才（高级工以上）1201人，促进就业和再就业8000多人，促进区内群众创业709人，帮助148人申请创业小额贷款1174万元，失业率控制在2.5%以内。投资26亿元将失地农民全部纳入职工养老保险体系，投资2100万元对城乡居民医疗保险个人缴费部分进行补贴，投资4000万元的敬老院二期工程基本完工，河道综合整治、老小区综合改造、天然气进老小区、新建公厕等实事工程基本完成。第二实验小学主体工程基本建成，竹行中学新建工程完成工程量的60%。基本药物制度继续巩固，公共卫生服务水平进一步提升。街道文化站和社区文化活动室按省级标准升级改造，完成送戏52场、送电影81场、送书5000余册，组织开展“星湖之夜”等文化活动100多场，第十一届群众运动会成功开展。公益品牌“星湖讲坛”被授予“全国职工教育培训示范点”称号，青年交友品牌“星湖有约”参与面和影响力不断扩大。

【机构设置与管委会领导】 党工委、管委会下设党工委、管委会办公室（文明办），纪工委（监察审计局），组织部（人力资源和社会保障局、编办、民政局），政法委（综治办、610办、依法治区办），群工部（总工会、商会、妇联、团委），机关党工委，人武办公室，农村工作局，社会事业局，经济发展局，投资服务中心，招商一局，招商二局，财政局，规划房产局，建设局，行政执法局，安全生产监督管理局，综合保税区管理局，深圳招商局，对台招商中心，服务业招商中心。

中共南通市经济技术开发区工作委员会书记屈宝贤，副书记羌强、董克新、丁秉华、陈本高、周建。南通市经济技术开发区管理委员会主任羌强，副主任董克新、张海涛、陈强、陈琦、王世瑞、范志强、李晓斌、刘碧云、成晓静、王康力、范结兵。

南通经济技术开发区主要经济综合指标一览表

项目		单位	2012年	2013年	增减（%）
开发区生产总值		亿元	590.7	691.5	17
第二产业		亿元	464.9	529.8	13.96
工业		亿元	442.1	503.4	13.9
第三产业		亿元	123.8	159.7	28.9
工业总产值（现价）		亿元	1750.5	1965.8	12.3
高新技术企业		亿元	242.4	314.4	29.6
销售（营业）收入		亿元	2436.8	3048.7	25.1
第二产业		亿元	1816.7	2061.8	13.4
工业		亿元	1729	1960.4	13.3
第三产业		亿元	617.1	983.4	59.4
利润总额		亿元	157.9	197.7	25.2
第二产业		亿元	125.1	141.9	13.4
工业		亿元	119.1	135.2	13.5
区内主导产业及产值					
主导产业	1. 化学新材料	亿元	407.8	496.7	21.8
	2. 现代纺织	亿元	150.2	184	22.5
	3. 精密机械	亿元	89.8	110.5	23
	4. 通用设备制造	亿元	93	99.4	6.3
进出口总额		亿美元	43	43.75	0.3
出口		亿美元	25.2	27	7.3
财政收入		亿元	81.2	93.3	14.8
税收收入		亿元	50.1	59.8	19.4
财政支出		亿元	51.5	58.24	13.1
新批企业个数		个	662	783	18.3
外商及港澳台企业		个	39	40	2.6
内资企业		个	623	743	19.3

续表

项目		单位	2012 年	2013 年	增减（%）
新批企业投资额	外商及港澳台企业	亿美元	13.59	15.23	13
	内资企业	亿元	59.4	71.9	21.1
	增资企业	亿美元	3.2	3.75	17.2
合同外资金额		亿美元	7.86	8.81	12.1
外商实际投资		亿美元	6.32	6.62	4.8
固定资产投资		亿元	373	450.6	20.8
年末从业人员数		个	97580	98690	1.14
在岗职工平均工资		元	47149	53986	14.5
规模以上企业个数		个	709	752	6.1
工业		个	470	474	0.85
万元 GDP 能耗		吨标煤/万元	0.539	0.507	-5.94

（南通经济技术开发区管委会）

连云港经济技术开发区

【经济发展】 连云港经济技术开发区（以下简称“连云港开发区”）是1984年12月成立的首批国家级开发区，区内设有国家级出口加工区、省级高新区，管理面积162平方公里，管理范围包括三个街道（朝阳街道、中云街道、猴嘴街道）和两个盐场（台北盐场、青口盐场），总人口约10万人。2013年，连云港开发区实现地区生产总值412亿元，同比增长23%；规模以上工业生产总值1250亿元，同比增长24.4%；公共财政预算收入38.6亿元，同比增长17%。2013年，形成产值过100亿元企业1家，11家企业进入连云港市产值20强；13家企业进入全市纳税30强。

【对外贸易】 2013年，全区实现进出口总额34.7亿美元，其中出口总额14亿美元，增长2%，分别占全市总量的52%、37.3%。龙头企业迅速扩量，中外运保税、锦达保税等外贸企业不断扩大贸易。在稳定现有企业出口业务的同时，做好潜力出口企业的帮扶，恒瑞、豪森等公司抓住通过美国、欧盟等FDA认证的机遇，迅速开拓欧美市场。

【产业发展】 连云港开发区抗肿瘤新药、风电装备、汽车零部件、油脂深加工四大特色产业迈入百亿产业行列。集聚了恒瑞、康缘、豪森等一批知名医药企业30多家，形成了新型抗肿瘤药、新型肝病药物、麻醉镇痛药物、新型中成药、新型药用包装材料、医用消毒灭菌设备等六大特色医药集群，建成国家靶向药物工程技术研究中心、中药制药过程新技术国家重点实验室等科技研发平台，是国家级新医药产业基地和全国最大的抗肿瘤药物、抗肝炎药物生产基地。新材料产业方面，培育中复神鹰碳纤维、江苏奥神、汉高华威、中复碳芯电缆、杜钟氨纶等新材料企业近40家，拥有国家级新材料高技术产业基地、高性能纤维及复合材料高新技术产业化基地和国内首家高性能纤维专业质检中心，是全国最大的环氧模塑料生产基地和最大的碳纤维研发生产基地，碳纤维、超高分子量聚乙烯纤维等技术水平国内领先，正加快建设万吨碳纤维生产基地。装备制造业方面，拥有中复联众、重山风力等风电装备制造企业，构建了集风电整机、关键零部件、控制系统、风电场配套发展的研发生产完整产业链形成了风电设备研发生产的完整产业链，成为亚洲最大的风电装备基地。大陆汽车电子、启创铝制品、东方集装箱等企业不断扩大生产，智能制造装备、汽车及零部件、海洋装备制造等水平稳步提升，正着力打造全省重要的先进制造业基地。伍江数码科技有限公司自主研发的云端教育中文频道已在澳大利亚成功开通。

【招商引资】 2013年新批内资项目62个，投资额138.6亿元；新批外商及中国港、澳、台投资项目25个，实际利用外资3.5亿美元，取得历史性突破。建立“一统多专”的招商新架构，设立1个综合招商局和4个专业招商局，围绕生命健康、先进材料、现代服务业等特色主导产业方向，大力推进产业招商。突出欧美、日本、韩国、中国港台和北京市、深圳市、长三角、珠三角等重点国家和地区，组织针对性招商推介活动十余场。全年共招引不锈钢产业园、围海工程设备等内外资项目 87 个，正道新能源五电系统等 22 个重点项目顺利开工，韩华新能源切片、中复碳芯电缆等 23 个重点项目实现竣工投产。

【科技创新】 2013 年全区研发投入占 GDP 比重达 2.8%，高新技术产业产值占工业总产值比重达 58%。中科院能动中心初具中试条件，高效低碳燃气轮机装置申报“十二五”国家重大科技基础设施项目，全国首家省级高性能纤维及复合材料生产示范区成功创建。新批 10 个省级以上科研载体，新增政产学研合作机构或项目 46 个，开发新产品新技术 320 个；新承担国家级重大科技专项 7 个，获得国家重点新产品立项 7 个；完成专利授权量 306 件，其中发明授权 74 件，豪森、恒瑞等 6 家企业获著名商标 6 件。高性能碳纤维、热毒宁注射液获评国家战略性创新产品，豪森获国家科技进步二等奖，恒瑞、康缘荣获中国专利金奖。中复碳芯公司获得“中国航天事业合作伙伴”称号，成为我国电线电缆行业内唯一获此殊荣的专业碳纤维复合芯导线生产企业。中复神鹰碳纤维公司“干喷湿纺高性能碳纤维工程化关键技术及设备研发”项目通过国家级鉴定，成为我国唯一、世界上第三个攻克该工艺的企业。

【人才队伍建设】 深入开展“三百引才工程”，新引进高级管理人才、高端专业人才和复合型领军人才 109 人。“千人计划”连云港新医药研究院成功设立，国家级博士后科研工作站顺利获批。新入选省“333 工程”增选培养计划 15 人，获批省“创新团队”2 个、省“双创计划”5 人、省“企业博士集聚计划”8 人。全区累计引进“千人计划”人才 11 人，建立国家级博士后科研工作站 6 家，成功蝉联省人才工作先进区。

【投融资建设】 成功获批省科技金融合作创新示范区，全省首批、苏北首家科技金融服务中心开始运行，在全市率先设立科技银行。区国有资产管理平台新海连集团公司深入推进实体化运作，资产总额达 230 亿元，实现新增融资 19.44 亿元。新海连集团香港公司成功设立，国有资产国际化平台初步搭建。加强政银企合作，推动金融服务创新，积极探索知识产权质押、科技担保、科技风险投资等路径，帮助园区企业破解融资瓶颈。

【城市建设】 2013 年全年完成城建投入 41 亿元，高标准打造一批公共服务平台，生命健康产业公共服务平台展示中心投入使用，研发楼等工程主体完工，工业邻里中心基本建成，中德园一期 6 万平方米标准厂房完工。突出创智街区的核心引领作用，工业展览中心启用，金融大厦 A 楼主体完工，北极星商业广场启动建设。猴嘴旧城改造项目快速推进，3 个安置小区交付使用，实现安置 367 户。新建改建道路 14 条、20 公里，新增绿化 61 万平方米，疏浚河道 31 公里，西北组团污水处理厂主体完工，大浦工业区专项整治完成，国家生态工业示范园区获批建设。

【社会事业】 三个街道公共财政预算收入实现 4.7 亿元，同比增长 21.4%。全区集体经济收入过 50 万元的村居 30 家，占总数的 88%，其中 22 家过 100 万元。投资 3.3 亿元，完成向阳大道改造等民生项目 41 个；开工建设校舍 4.1 万平方米，全国义务教育发展基本均衡区创建通过省评估；在全市率先实现城乡低保标准一体化，社区卫生服务机构标准化建设和基本养老实现全覆盖，新农合参保率达 99.8%。推进城市管理数字化平台建设，构建“网格化”排查预警体系，基本实现社会管理服务平台全覆盖。

【管理与服务】 坚持以园区企业化运行、招商市场化运作、项目全程化服务为重点的体制机制改革方向，探索构建“公司 + 平台 + 产业”的基本运作框架。依托新海科公司，加强对公共服务平台建设和运营管理。发挥行政服务中心、企业服务中心载体作用，构建“一条龙、全覆盖、零障碍”的保姆式全程化服务体系。建立企业家联谊会，改善企业生态环境，服务企业快速发展。制定出台《关于加快生命健康产业公共服务平台建设与发展的若干政策》、《关于加快现代服务业发展的若干政策》和《新医药产业促进政策》等，全面落实科技、项目、人才等政策保障措施。

【党建工作】 扎实开展村（社区）党组织集中换届，组织开展新一届村社党组织书记培训班、村级党建创新“书记项目”。着力推动“三务公开”和“四议两公开”民主决策机制常态化。建立连云港开发区个、私企业党群工作站，建成非公党群工作服务站2个。做好非公企业党员发展工作，新发展党员63名。制定下发《连云港开发区2013年纪检监察工作要点》，完善《2013年党风廉政建设考核细则》，与各直属党组织签订《目标责任状》，切实推进工作作风转变。综合运用纪检、监察、审计、督查等多种手段，全面加强对工程招投标、政府采购等关键领域的专项治理。

【机构设置和管委会领导】 连云港开发区管理委员会是市政府的派出机构，代表市政府在开发区内行使管理职能。管委会下设党政办公室（政策研究室）、纪工委（监察局）、党群工作部、总工会、经济发展局、安全生产监督管理局、出口加工区管理局、社会事业局、农村工作局、环保局、财政局、建设局、企业服务中心、信访办公室、综合招商局以及4个产业招商局等共计19个部门。中共连云港市委常委关永健任经济技术开发区党工委书记。

连云港经济技术开发区主要经济综合指标一览表

项目	单位	2012年	2013年	增减（%）
开发区生产总值	亿元	330	412	23
第二产业	亿元	269.7	334.9	22.8
工业	亿元	256.4	318.8	23.2
第三产业	亿元	59.8	76.5	24.5
工业总产值（现价）	亿元	1025	1276	24.4
高新技术企业	亿元	408	514	26.1
销售（营业）收入	亿元	1635	2050	25.4
第二产业	亿元	1067	1332	24.8
工业	亿元	1008	1260	25
第三产业	亿元	567.8	717.8	26.4
利润总额	亿元	141.5	164	15.9
第二产业	亿元	119	138.5	16.4
工业	亿元	116	135	16.4
第三产业	亿元	22.4	25.4	13.4
进出口总额	亿美元	44.3	34.7	-21.7
出口	亿美元	13.8	14.1	2.2
财政收入	亿元	93.6	65.4	30.1

续表

项目	单位	2012年	2013年	增减（%）
税收收入	亿元	60.8	55.4	8.9
财政支出	亿元	72.3	36.8	49.1
新批企业个数	个	41	87	112.2
外商及港澳台企业	个	17	25	47.1
内资企业	个	24	62	158.3
新批企业投资额	亿美元			
外商及港澳台企业	亿美元	5.9	10.5	78
内资企业	亿元	70.5	138.6	95.7
增资企业	亿美元	2.3	0.8	-65.2
合同外资金额	亿美元	2.5	4.4	76
外商实际投资	亿美元	1.9	3.5	84.2
固定资产投资	亿元	234.4	281.3	20.1
年末从业人员数	个	64343	70712	9.9
在岗职工数	个	57822	63640	10.1
在岗职工平均工资	元	36567	39458	7.9
规模以上企业个数	个	417	466	11.2
工业	个	151	154	2
万元GDP能耗	吨标煤/万元	0.21	0.2	4.8

（连云港经济技术开发区管委会）

上海闵行经济技术开发区

【经济发展】 2013年，上海闵行经济技术开发区（简称“闵行开发区”）贯彻落实上海市委市政府提出的“创新驱动、转型发展”的工作要求，采取一系列有力措施，园区主要经济指标继续保持平稳较快发展水平。2013年，闵行开发区实现工业总产值505亿元、销售收入558亿元、利润53.9亿元、税收51.7亿元，同比上年增长分别为8.4%、9.7%、16.1%、3.6%。

【招商引资】 2013年，闵行开发区以优化产业机构、提升产业能级、推动园区转型为目标，将土地集约节约利用与招商引资有机结合，使区内优势企业不断发展壮大、以研发中心为代表的生产性服务业集聚效应日趋明显。

闵行开发区临港园区以中国（上海）自由贸易区建设、上海临港地区管理体制调整和“双特”政策出台实施为契机，加快园区建设与发展。临港园区全年主要经济指标实现快速增长，全年实现工业总产值37.3亿元，同比增长16.9%；上缴税收4.5亿元，同比增长28.57%。临港园区狠抓项目落地开工，艾港风电、中曼石油、海越安全工程等项目陆续开工建设，园区二期标准厂房、临港主城区酒店式公寓等项目全面开工，经济型酒店（一期）进入竣工结算阶段。闵行开发区临港园区凭借其在上海临港地区得天独厚的区位优势和日臻完善的投资环境，吸引了一大批高端装备制造企业在园区集聚，园区内新能源装备、大型船舶关键件、海洋工程装备、大型工程机械等装备产业已形成一定规模，产业集聚效应日益显现，已有华锐风电、上海电气、中船集团、ABB、苏尔寿等40多个项目落户临港园区。

【产业布局】 闵行开发区闵行园区推进产业结构不断优化升级，已逐步形成以先进重大装备制造、生物医药、新材料等为主导的产业格局并吸引一批具有国际先进水平的研发机构入驻园区。2013年，ABB电机维修车间、三菱自动扶梯新工厂、富士施乐高端彩色复印机生产线等项目开工建设，苏尔寿MIXPAC闵行工厂二期以及以研发中心为代表的生产性服务业项目——亨斯迈新材料亚太研发中心（二期）、圣戈班研发中心（二期）项目相继竣工并投入使用。配套服务进一步完善，积极引进品牌企业以加盟方式开设园区餐饮、酒店等商业设施，满足园区企业需求，提升开发区服务能力。

【投资环境】 闵行开发区坚持以“低碳制造先行区、土地集约利用样板区、企业履行环境责任示范区”为目标，自2008年起按照国家生态工业园区建设各项要求，紧紧围绕“清洁生产”，探索产业低碳转型、环境管理一体化、污染物总量控制、企业共建环境责任示范等模式创新，积极推进国家生态工业示范园区的各项创建任务，不断优化开发区投资环境。已达到了建设国家生态工业示范园区的“九项基本要求”、“24个规定指标”和“5个自我加压指标”。2013年12月11日，此项工作正式通过国家环保部、商务部、科技部联合组织的现场验收，创建目标如期完成。

【机构设置与领导成员】 上海闵行经济技术开发区由上海闵行联合发展有限公司（简称“闵联公司”）以企业化、市场化的方式负责规划建设和经营管理。闵联公司内设9个部门，分别是办公室、组织人事部、计划财务部、投资部、招商中心、房地产事业部、党群工作部、管理协调部、项目审批办公室。

闵联公司领导成员（2013年度）：

董事长辛继平，党委书记、总经理叶建华，常务副总经理冯晓明，党委副书记、副总经理周布宪，副总经理邱彤。

上海闵行经济技术开发区2013年主要经济指标（全口径数据）

经济指标	外资企业（79家）	内资企业（1家）	当年合计	上年同期合计	同比增减
工业总产值	5013525.9	41059.0	5054584.9	4662867.3	8.40%
销售收入（万元）	5533930.2	42288.0	5576218.2	5081746.5	9.73%
利润总额（万元）	541067.7	-2001.2	539066.5	464481.2	16.06%
实缴税金（统计口径）	515121.0	2106.7	517227.7	499438.0	3.56%

（上海闵行联合发展有限公司）

上海虹桥经济技术开发区

【概况】 上海虹桥经济技术开发区（以下简称“虹桥开发区”）占地区面积0.652平方公里，其中建筑开发面积只有0.304平方公里，是全国最小的国家级开发区。也是目前唯一以外贸中心为特征，集展览、展示、办公、居住、藏馆、购物为一体的新兴商贸区和商务区。

虹桥经济技术开发区位于上海西部，区内道路全部贯通，紧傍内环线和延安路高架道路，距人民广场6.5公里，虹桥国际机场5.5公里，开发区内建有轨道交通10号线伊犁路站，距离二号线娄山关路站1公里，此外，区内设有多条公交线路，交通位置十分便利。区内采用雨、污水分流、双路供电、自控灯光系统及宽带有线网络系统，建有专用加油站和电信局，并建有大型绿地、大型购物中心、大型地下停车场等。

【招商引资】 截至2013年底，开发区累计引进外资项目484个，总投资47.07亿美元，合同外资36.91亿美元，实际利用外资35.57亿美元；开发区累计实现营业收入1432亿元，利润总额126.4亿元，上缴税金106亿元。已开发土地每平方米实际引进外资超过5400美元。

【园区特色】 经过20多年的开发建设，虹桥开发区已经初步形成了现代服务业的集聚。以世界贸易商城、国际展览中心为主体的会展商务区营造了国际一流的会展贸易氛围，构筑了中外客商发展事业的理想平台，成为人流、物流、信息流的集散地，成为上海国际商贸的中心之一。

上海世界贸易商城、上海国际展览中心两个展览、展销场所，已成功地举办了各类展览会1400多个，参展的客商超过1600万人次，成为上海三大会展业集聚区之一。在会展业的辐射和带动下，目前入驻开发区的中外客商和贸易机构已达2000多家，各办公楼的出租率长期保持在90%以上，宾馆的客房利用率常年保持在85%以上，各配套产业效益显著。

虹桥开发区在功能上定位于以商贸中心为特征、以展览展示为龙头、以现代服务业为核心的新兴商贸区。迄今为止，开发区内建成楼宇项目25个，总投资达13.42亿美元，其中外商直接投资7.88亿美元；建筑总面积138万平方米，其中展览展示场馆30万平方米，写字楼宇48万平方米，商住楼宇26万平方米，宾馆饭店24万平方米，生活娱乐配套设施10多万平方米。

开发区绿地面积总计20万平方米，约占开发区总面积的三分之一，其中有占地13万平方米的大型绿化项目——新虹桥中心花园，营造了完好的生态环境。

唯一设有领事馆的国家级开发区，开发区内辟有领事馆小区，现有日本、美国、韩国、新加坡、澳大利亚、巴基斯坦、印度、泰国等国在开发区借地建馆，古巴、丹麦、智利、哈萨克斯坦、印尼、白俄罗斯、捷克、乌克兰等国在开发区租房设馆。

【管理与服务】 上海市外国投资促进中心、对外投资促进中心、外商投资企业协会等都设在开发区内。同时开发区拥有“一站式服务”机构，海关、商检、外税、银行、保险、邮政、运输、进出口代理等单位都在开发区设有办事机构，按国际规范和市场需求，为投资商提供全方位、高效率、优质化的咨询服务，极大地方便了中外客商在开发区投资经营。

【机构设置】

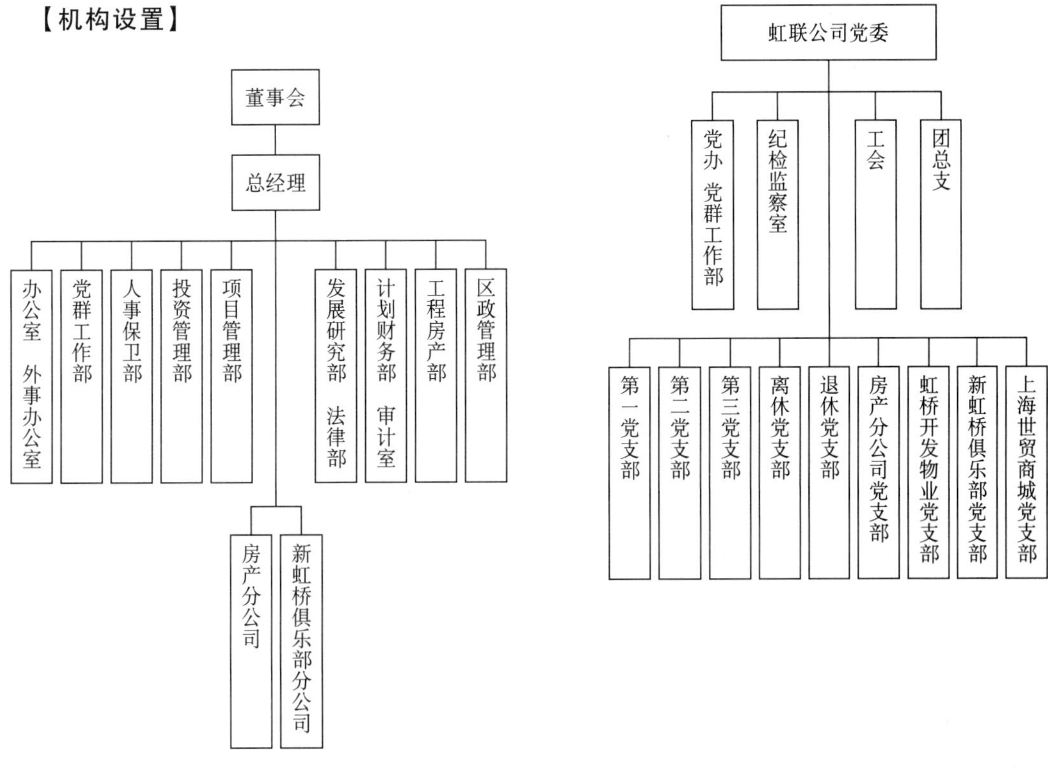

（上海虹桥经济技术开发区管委会）

上海漕河泾新兴技术开发区

【经济发展】 2013年，上海漕河泾新兴技术开发区（以下简称“漕河泾开发区”）主要经济指标稳中有进，产业结构进一步优化转型。2013年，漕河泾开发区实现销售收入2778亿元，同比增长11.7%，其中第三产业收入1571亿元，同比增长18%，占总销售收入比例达到59%；地区生产总值（GDP）906亿元，同比增长10%；税收总额（含关税）92.9亿元，同比增长6.2%。

【工业产业发展】 漕河泾开发区注重创新驱动转型发展，在优化产业结构、集聚总部经济等方面实现了新的提升。继续大力发展战略性新兴产业和现代服务业，形成新“一五一”产业格局，即电子信息支柱产业，生物医药、新材料、高端装备、汽车研发配套和环保新能源重点产业，以及现代服务业支撑产业。现代服务业继续呈现良好发展态势，销售收入再创新高，已成为加速发展的新引擎。第三产业收入比例已近六成，园区经济发展对传统工业的依赖进一步减弱。总部经济集聚效应进一步显现。漕河泾开发区继续将招商引资重点放在体现国家战略、上海优势和漕河泾特色的项目，特别是世界500强、行业领军企业以及战略性新兴产业的“一部三中心”项目，跨国公司总部竞相落户。

【招商引资】 2013年，新设跨国公司地区总部和投资性公司7家，占上海市同期总数的13.5%；新引进世界500强日本住友化学子公司住化电子、世界500强韩国现代子公司现代威亚和现代电梯、全球LED行业巨头中国台湾亿光照明、日本恩欧富（汽车防锈涂料行业全球排名第一）、日本安立通讯（通信测试领域全球排名第一）、美国科多尼克（医学影像行业全球排名第一）等。

【园区特色】 提升漕河泾开发区品牌知名度，丰富“漕河泾”品牌内涵。2013年，漕河泾开发区总公司获评“2011—2012年上海市房地产开发企业50强”、“全国实施卓越绩效模式先进企业”和“全球卓越绩效奖”；董事长刘家平获评“上海市十大品牌领军人物”；在上海市开发区综合评价中，漕河泾开发区综合发展指数排名中型园区第一，资源利用和投资环境两项分项指数排名第一，土地集约、环境保护、产业发展环境及管理服务等专业评价指数均排名第一。漕河泾开发区通过厦交会、工博会、绿创展等展会以及报纸、网站、官方微博等多种形式，加强品牌对外宣传力度，提升品牌知名度和影响力。坚持“走出去”战略实践，探索多形式“走出去”模式。新与国内6家园区、国外1家园区签订友好合作协议，至2013年底，国内外友好园区达到58家。产业转移促进中心（商务部上海基地）全年共有36个产业转移项目，实现落地15个项目，累计金额160亿元，其中外资2亿美元；成立上海－都江堰产业转移促进中心，帮助中西部地区“筑巢引凤”，拓展漕河泾开发区品牌的对外影响力。

【科技创新】 深入推进企业认定服务等工作；推动新认定高新技术企业15家，漕河泾开发区高新技术企业总数增至285家，约占全市总数的7%；服务外包企业147家，其中经认定的服务外包重点企业10家；技术先进型服务企业23家；国家规划布局重点软件企业9家。加快国家知识产权服务业集聚发展试验区建设，成立漕河泾开发区知识产权办公室，协办第十届上海知识产权国际论坛，举办知识产权宣传周活动，漕河泾开发区累计申请专利12829件，授权发明专利2083件。聚焦原创型企业，加强孵化服务，扶持孵化企业做大做强，十家中小企业从基地内毕业，澜起科技在美国纳斯达克上市，晟东电力被中小板上市企业金智科技以5000万元收购并增资扩股，易同科技、连能环保、建中医疗和行悦信息等4家企业挂牌新三板。

【投融资建设】 全年向51家次企业发放贷款2亿元，累计向191家次企业发放贷款5.6亿元；与弘视通信等5家企业达成服务入股意向；深化与17家银行的战略联盟，拓宽企业的信贷融资渠道；牵线搭桥，帮助企业获得风险投资2.5亿元。延伸服务“走出去”，扩大品牌辐射效应。在临港产业区组建双创服务团队，建设科技创新服务体系；浦江双创园新引进20个苗圃项目，新吸引50个优质项目入驻刚竣工的二期办公楼。

【人才建设】 编制完成漕河泾开发区三年人才规划，完成“临港地区人才现状与需求调查研究”，完善人力资源数据库。线上线下联动招聘，将“漕河泾开发区人才网”和“临港人才网”合并为“人才绿洲网”，试运行漕河泾开发区人才市场，同步开设“人才自助银行”、“人才招聘信息栏”，与人才网形成线上线下联动的招聘服务机制。拓展临港人才工作，为126家企业提供人才招聘服务；获得了非上海生源大学生落户、引进人才户籍挂靠、外籍员工证件办理的“绿色通道”；举办各类培训，获批“漕河泾开发区高技能人才培养基地（临港分基地）”，与漕河泾形成一体两翼、各具特色的两大技能人才培养基地。

【生态环保】 持续推进“三大园区”建设。编制“一区多园”生态工业示范园区建设管理标准，将生态园区建设从本部延伸至浦江园区；实施一批绿化景观工程，在国际商务中心实施屋顶绿化，争取桂果路命名为上海市“林荫道”、浦江地铁广场一期景观绿化工程获评“上海市园林杯优质奖”；完成集聚区能源中心锅炉扩容工程，每年节省运行费用45%以上。

【管理与服务】 聚焦“三箭齐发”，综合服务环境建设得到进一步提升。聚焦双创服务、人才服务、区域服务“三箭齐发”，进一步创新服务机制，并将服务逐步延伸覆盖至各分园区，形成“大服务”格局，进一步提升了园区核心竞争能力。多方位做好对客服务，通过“对客服务协同响应平台”、官方微博、4008热线等渠道开展对客服务。强化园区商业配套招商，继续对漕河泾开发区商业配套进行“腾笼换鸟”，与18家商户签订租赁合同；引荐7-ELEVEN、星巴克、麦当劳、新食尚、苏浙汇等品牌服务提供商与浦江园区、松江园区、临港奉贤园区等进行服务对接和延伸。集成各类服务资源，构建“漕河泾e服务”平台，成立“上海临港漕河泾企业服务有限公司”，将具备市场资源要素的公司作为开发区大服务平台的载体予以运作。

【管委会机构设置及领导】 上海市漕河泾新兴技术开发区发展总公司成立于1988年，为国有有限责任公司，注册资金8.1亿元。根据1990年4月上海市九届人大常委会通过的《上海市漕河泾新兴技术开发区暂行条例》，由上海市人民政府全面领导漕河泾开发区的建设和发展；市、区两级政府各职能委、办、局在开发区内行使各自的职权；上海市漕河泾新兴技术开发区发展总公司则具体负责漕河泾开发区的开发、建设、经营、管理和服务。上海市漕河泾新兴技术开发区总公司下设党委、总经理室，党办、办公室，工会，招商中心，建设部，土地管理部，企业服务部，园区管理中心，投资经营部，组织部、人力资源部，计划财务部，审计室，战略发展部，科技部。

上海新兴技术漕河泾开发区主要经济综合指标一览表

指标名称	计量单位	2013 年	同比增减（%）
地区生产总值	亿元	905.6	10.0
其中：工业增加值	亿元	300.6	-1.0
销售收入	亿元	2778.3	11.7
其中：外商投资企业	亿元	1873.0	4.1
其中：第三产业总收入	亿元	1571.3	18.0
工业总产值（现价）	亿元	1043.9	-1.0
其中：外商投资企业	亿元	929.1	-4.6
税收收入（含异地及关税）	亿元	92.9	6.2
利润总额	亿元	164.0	33.4
出口总额	亿美元	114.1	-1.2
进口总额	亿美元	40.0	-11.9
新引进企业数	家	345.0	—
其中：外资企业	家	72.0	—
新增外资注册资本	亿美元	3.1	—
年末全区从业人员	万人	21.7	—

（上海漕河泾新兴技术开发区发展总公司）

宁波经济技术开发区

【经济发展】 2013年，宁波经济技术开发区（以下简称“宁波开发区”）强化九大产业功能区建设，谋划峙南、台塑周边新装备、新材料产业发展平台，启动宁波进出口商品采购贸易改革示范区建设，加大出口信用保险扶持力度，鼓励企业开拓国内外市场。2013年，宁波开发区实现地区生产总值645亿元，比上年增长12.7%，实现财政一般预算收入180亿元，增长15.3%，完成全社会固定资产投资268亿元，增长17.5%。实现外贸进出口总额190亿美元，增长8.5%。2013年规模以上工业总产值1908亿元，利润124亿元，实现服务业增加值236亿元。

【工业产业发展】 全力开展有效投资提升年活动，浙江LNG接收站二期等20个重大项目开工，腾龙不锈钢深加工等12个重大项目建成投产，完成工业投资188亿元，工业技改投资150亿元，均居浙江省前列。

【特色发展】 宁波开发区通过国家生态工业示范园区现场验收。2013年12月10日，由国家环保部、商务部、科技部和多位专家组成的验收组来宁波开发区现场验收开发区国家生态工业示范园区创建工作，一致同意宁波经济技术开发区通过验收。来自中国环保产业协会、环保部环境规划院、中国环科院、清华大学、山东大学、上海大学等单位的学者、教授等7人组成的专家组，现场走访核查了北仑环境监测监控中心、吉利汽车、岩东排水有限公司、海伦钢琴等地，就国家生态工业示范园区建设提出意见和建议。

【科技创新】 完善科技创新体系，中科院宁波城市环境观测研究站试运行，组建高新技术企业促进会，新增省市级企业工程技术中心12家、院士工作站1家、高新技术企业10家。完成智能装备研发园改造，成立智能装备技术联盟，集聚智能装备研发生产企业50家，实施“机器换人”改造项目42个，项目人均产出提升30%以上。

【招商引资】 坚持招强选优，引进千万美元以上项目27个，实际利用外资9.3亿美元，实际利用内资110亿元，浙商回归资金102亿元，均居宁波市首位。

【生态环保】 实行环保一票否决制，编制落实淘汰落后产能专项规划，开展“八大重污染行业”整治提升，关停整治落后产能企业87家。宁波开发区热电脱硝、岩东污水处理厂三期等重点减排工程加快推进，52家企业实现清洁生产。深入实施空气质量提升、内河水质治理、森林绿网建设等生态提升工程，开展工业废气、扬尘、机动车尾气治理和废弃矿山复绿，率先实施黄标车、无标车限行，新增LNG车辆296辆，森林覆盖率达50.5%，空气质量优良率80.8%，居全市前列，成功创建省级生态区和国家生态工业示范园区。推行环保共同责任机制，组建“环保110”执法检查队，实现敏感区域、重点企业全天候执法巡查和环保投诉24小时即时响应。

【人才建设】 深化人才特区建设，逐步健全人才政策体系，制定金融支持创业创新政策，推进建设人力资源产业园，新引进科技创业项目21个，新增国家、浙江省“千人计划”项目7个，人才总数达14.5万人，科技创业园成为浙江省海外高层次人才创业创新基地。

【管理与服务】 贯彻落实中央关于改进工作作风、密切联系群众的八项规定，深入开展“三思三创”主题教育实践活动，推进服务型政府建设。推行基层工作准入制度，出台机关事业单位工作人员行为规范，加强公务员队伍作风建设。实施新一轮行政审批制度改革，集中审批率达 98.5%，现场办结率达 92.4%。加强督查考核，推进实施中层干部效能评价和政府工作群众满意度测评，提高政府执行力。深化“阳光政府”建设，在环境保护、义务教育招生、土地房屋征收、保障性住房分配等方面扩大信息公开范围，完成区主要负责人经济责任审计。加强廉政风险防控，强化领导干部 8 小时外监督，开展会员卡专项清退工作，清理楼堂馆所和办公用房，“三公”经费下降 18%。

【社会事业】 深入推进宜居城区和民生实事工程建设，投入财政资金 43.7 亿元，增长 36.5%。大力促进就业，新增城镇就业岗位 11732 个，城镇登记失业率 3.02%。广泛开展全民健身活动，经常参加体育锻炼人口比例达 50%，成为全国群众体育先进区。深化中小学课程改革，加强名优骨干教师培养，滨海国际学校、梅山学校等 17 项新建和改扩建工程完工。加强社会治安防控体系建设，刑事案件发案率下降 10.7%。完善矛盾纠纷排查预警、调处化解机制，实施重大事项社会稳定风险评估制度。深入开展安全生产大排查大整治专项行动，实行安全生产重大隐患挂牌督办制，企业安全生产诚信机制和安全生产党政同责、一岗双责、齐抓共管的工作机制逐步确立。流动人口服务管理工作进一步强化。加强互联网运用和管理，做好新形势下舆论引导工作。

【机构设置与管委会领导】 宁波经济技术开发区管委会领导成员有：管委会党工委书记、主任陈利幸、副主任胡奎、副主任史卫国、副主任沈恩东、副主任陈旭勤、副主任王一鸣、副主任胡培良、副主任张国平、党工委委员谢开定、副巡视员吕焕忠，控股公司总经理徐响。

宁波经济技术开发区主要经济综合指标一览表

序号	指标名称	计量单位	2013 年	2012 年	增减（%）
1	地区生产总值	万元	6861277	6035240	13.69
2	其中：第二产业	万元	4102067	3929366	4.40
3	其中：工业	万元	3766176	3678400	2.39
4	其中：高新技术企业	万元	1365817	1077575	26.75
5	第三产业	万元	2676261	2093491	27.84
6	工业总产值	万元	21141806	19686573	7.39
7	其中：规模以上工业企业	万元	19391806	18000476	7.73
8	其中：外商及港澳台商投资企业	万元	14416767	13947315	3.37
9	高新技术企业	万元	7542538	5361068	40.69
10	“四上”企业主营业务收入	万元	36788905	31362615	17.30
11	其中：规模以上工业企业	万元	19455485	17847742	9.01
12	有资质的建筑业企业	万元	1170713	867952	34.88
13	限额以上批零住餐企业	万元	13735128	10643241	29.05
14	房地产开发经营业企业	万元	827121	474559	74.29
15	规模以上服务业企业	万元	1600458	1529121	4.67
16	其中：外商及港澳台商投资企业	万元	482416	440821	9.44
17	其中：高新技术企业	万元	7644060	5368475	42.39
18	“四上”企业利润总额	万元	1880146	1511178	24.42

续表

序号	指标名称	计量单位	2013 年	2012 年	增减（%）
19	其中：规模以上工业企业	万元	1259008	857578	46.81
20	有资质的建筑业企业	万元	54919	42708	28.59
21	限额以上批零住餐企业	万元	152733	181730	-15.96
22	房地产开发经营业企业	万元	63989	2752	2225.18
23	规模以上服务业企业	万元	349497	426410	-18.04
24	其中：外商及港澳台商投资企业	万元	200781	250318	-19.79
25	其中：高新技术企业	万元	581825	390629	48.95
26	财政收入	万元	1801122	1428480	26.09
27	其中：公共财政预算收入	万元	1596326	1231977	29.57
28	税收收入	万元	1567333	1211345	29.39
29	其中：外商及港澳台商投资企业	万元	654258	596016	9.77
30	政府性负债总额	万元	687210	574127	19.70
31	其中：短期负债额	万元	93550	179300	-47.82
32	中长期负债额	万元	593660	394827	50.36
33	当年固定资产投资（不含农户）	万元	3912898	2853235	37.14
34	其中：基础设施投资	万元	1176889	911290	29.15
35	出口总额	万元	1566943	1211878	29.30
36	其中：高新技术产品	万元	21553	18439	16.88
37	进口总额	万元	1562704	1376395	13.54
38	其中：高新技术产品	万元	56754	48557	16.88
39	新增外商及港澳台商投资企业数	个	62	47	31.91
40	合同外资金额	万美元	136400	97953	39.25
41	实际利用外资金额	万美元	92975	73138	27.12
42	历年累计实际利用外资金额	万美元	913498	820523	11.33
43	期末实有内资企业注册资本	万元	3256087	2748685	18.46
44	期末实有企业数	个	8154	6629	23.00
45	其中："四上"企业	个	1321	1201	9.99
46	其中：规模以上工业企业	个	546	513	6.43
47	有资质的建筑业企业	个	82	72	13.89
48	限额以上批零住餐企业	个	230	192	19.79
49	房地产开发经营业企业	个	68	69	-1.45
50	规模以上服务业企业	个	395	355	11.27
51	其中：外商及港澳台商投资企业	个	40	39	2.56
52	其中：高新技术企业	个	117	100	17.00
53	年末全区从业人员	人	261651	230064	13.73
54	安全生产事故死亡人数	人	1	1	0.00
55	社会保险参保企业数	个	7654	6629	15.46
56	其中：外商及港澳台商投资企业	个	753	750	0.40
57	期末实际管辖面积	平方公里	70	70	0.00
58	期末已开发用地面积	平方公里	37.53	35.49	5.75
59	全区能耗总量	吨标煤	4086237	3910275	4.50
60	全区取新鲜水总量	立方米	194859115	189830986	2.65
61	其中：规模以上工业企业	立方米	138350000	134780000	2.65
62	废水年产生总量	吨	15110617	16368880	-7.69
63	固废年产生总量	吨	335451	331056	1.33

（宁波经济技术开发区管委会）

福州经济技术开发区

【经济发展】 2013年，福州经济技术开发区（以下简称“福州开发区”）完成生产总值382.90亿元，同比增长13.8%；工业总产值948.47亿元，同比增长14.8%，其中规模以上工业产值939.99亿元，同比增长14.8%；地方财政收入27.95亿元；全社会固定资产投资145.54亿元，同比增长50.4%。

【工业产业发展】 全区149家规模以上工业企业完成总产值849.73亿元，同比增长14.2%。企业自主研发能力显著提升，全区企业参与制（修）订各级标准81项。产业转型步伐加快，科立视触控面板一期试产，中国普天项目落地，开发区被认定为省物联网示范区，完成物联网国家新型工业化产业示范基地申报，物联网相关企业实现产值270亿元。

【园区特色】 福州开发区是中国首批14个国家级经济技术开发区之一，现在与马尾区实行“两区合一”的行政管理体制。已经形成以高新技术产业、金属冶炼和压延加工、船舶制造业以及食品加工产业为主导的现代化工业新区。

【招商引资】 全年签约对接“三维项目”36项，总投资116.5亿元，中建海峡、大德总部等10个“三维”对接项目落地。引进台资项目11个，投资额1.4亿美元。

【投融资建设】 创新投融资模式，成立新城投资、建设发展、水利建设、船政文化保护开发4家投资公司。整合现有国有资产，启动城投债券发行工作，对成长型企业进行股权投资。

【生态环保】 国家生态区创建工作通过环保部技术评估。完成青洲污水处理厂生化技术改造工程、快安污水处理厂2.5万吨改造扩建工程，全区污水处理率达83.6%，基本完成全年节能减排任务。新建雨污管道40.2公里。新建、改造5座生活垃圾转运站。白眉水库成为琅岐主要供水水源，全区饮用水水质达标率100%。空气质量优良率达98.9%。建成东江滨公园、魁岐生态休闲公园。全区新增各类绿地面积12.65万平方米，建成区绿化覆盖率达42.29%，森林覆盖率达48.1%。

【管理与服务】 认真贯彻落实中央“八项规定”，压缩“三公”经费450万元，为基层解决问题1746个。推行并联审批，梳理383个审批项目及流程，293个事项承诺时限压缩至法定时限的30%以内，完成39件行政机关规范性文件清理工作。对全区20位有行政审批职能的部门领导开展民主评议。

【人才建设】 创新人才引进机制，完善人才引进的配套措施，设立开发区国际人才项目孵化器和留学人员创业园。

【社会事业】 完成教育“两项督导”省级评估迎检工作。加大校安工程和学校标准化建设力度。师大二附小等13个项目开工建设，福州三中江滨分校、教育学院一附小魁岐分校、二十四中初中教学楼投入使用，新增学位1800个。师大二附中进入省一级达标校行列。全区新增51名卫生技术人员，开发区医院引进市二医院管理团队，琅岐闽江口医院动工建设，完善马尾镇卫生院设备配套。成功举办

“两马同春闹元宵”、“两马”体育联谊赛、两岸船政文化研讨会、海峡论坛暨闽台（福州）特色庙会等系列活动。开展马限山景区整体提升工程，改造船政博物馆立面，复建船政衙门和前后学堂。建成马江壹号科技文化创意园。将罗星塔、亭江炮台、戍守台湾将士墓群列入全国重点文物保护单位，闽安古镇列入闽台十大乡村旅游试验基地。

【机构设置与管委会领导】 福州开发区管委会下设管委会办公室、发展和改革局、经济贸易局、教育局、民宗局、监察局、科学技术局、公安局、民政局、司法局、财政局、人力资源和社会保障局、国土资源局、住房和城乡建设局、市容管理局、交通运输局、农林水局、文化体育局、卫生局、人口和计划生育局、审计局、环境保护局、安全生产监督管理局、统计局。管委会主任许毅青，管委会副主任高洪霖、杨木泽、陈禺。

福州经济技术开发区主要经济综合指标一览表

项目	单位	2013 年	2012 年	增减（%）
开发区生产总值	亿元	382.90	340.67	13.8
第二产业	亿元	273.09	243.12	13.8
工业	亿元	256.09	228.53	13.7
第三产业	亿元	104.18	92.13	14.3
工业总产值（现价）	亿元	948.47	843.52	12.4
高新技术企业	亿元	315.17	265.70	18.6
销售（营业）收入	亿元	1654.73	1403.46	17.9
第二产业	亿元	1086.00	939.40	15.6
工业	亿元	880.57	800.17	10.0
第三产业	亿元	568.74	464.06	22.6
利润总额	亿元	89.54	69.76	28.4
第二产业	亿元	52.47	49.03	7.0
工业	亿元	46.20	42.54	8.6
区内主导产业及产值				
1. 计算机、通信和其他电子设备制造业	亿元	320.32	254.18	26.0
2. 金属冶炼和压延加工业	亿元	105.16	89.19	17.9
3. 电气机械和器材制造业	亿元	82.99	74.89	10.8
4. 铁路、船舶、航空航天和其他运输设备制造业	亿元	58.19	48.12	20.9
5. 农副食品加工业	亿元	74.60	58.15	28.3
第三产业	亿元	37.07	20.73	78.8
进出口总额	亿美元	45.81	42.40	8.0
出口	亿美元	28.78	25.67	12.1
财政收入	亿元	73.79	43.26	70.6
税收收入	亿元	44.56	35.78	24.5
财政支出	亿元	66.68	19.69	238.7
新批企业个数	个	518	389	33.2
外商及港澳台企业	个	16	17	-5.9

续表

项目	单位	2013年	2012年	增减（%）
内资企业	个	502	372	34.9
外商及港澳台企业	亿美元	4.02	2.06	95.1
内资企业	亿元	120.21	82.98	44.9
增资企业	亿美元	1.57	0.08	1745.7
合同外资金额	亿美元	2.94	2.50	17.3
外商实际投资	亿美元	1.51	1.02	48.0
固定资产投资	亿元	145.24	96.79	50.1
年末从业人员数	个	103461	114732	-9.8
在岗职工数	个	101036	112763	-10.4
在岗职工平均工资	元	50626	47041	7.6
规模以上企业个数	个	522	357	46.2
工业	个	171	148	15.5
万元GDP能耗	吨标煤/万元	0.2255	0.2415	-6.6

（福州经济技术开发区管委会）

广州开发区

【经济发展】 2013 年，广州开发区实现生产总值 2110 亿元，比上年增长 12.1%；工业总产值 5116 亿元，增长 13.9%；财政总收入 543.06 亿元，按可比口径增长 12.9%；固定资产投资 559.83 亿元，增长 22.2%；合同利用外资 22.06 亿美元，增长 5.06%；实际利用外资 14.96 亿美元，增长 6.8%；地区生产总值、财政收入、税收收入等主要效益指标在全国国家级开发区中继续位居前列。

【工业产业发展】 广州开发区充分发挥支柱产业、重大项目的支撑带动作用，着力优化产业布局，推动“产业园区化、园区特色化”发展。第三产业增加值占地区生产总值比重达到 24%，高新技术产品产值占工业总产值比重达到 51%，内资企业产值比重达到 11%，以上三项指标占比均比上年提高 1 个百分点以上。全区共筹建企业 259 家，开工建设 103 家，国际香料二期、铭康生物等 62 家企业投产，LG 面板项目完成厂房建设。出台了鼓励工业和服务业企业扩大生产的扶持办法，切实解决企业发展中的难题，推动索尼电子、广州数控等 116 家企业增资扩产，区内 200 多家规模（限额）以下中小企业转为规模（限额）以上企业。

【园区特色】 广州开发区成为全国首个中欧区域政策合作试点地区。2013 年 11 月 21 日上午，第八次中欧区域政策合作高层对话会在国家发改委举行。国家发改委副主任杜鹰等相关负责人代表中方与欧盟委员会委员乔汉斯·哈恩、欧盟内阁成员艾玛·乌德温女士一行举行会谈。会议结束后，杜鹰与乔汉斯·哈恩签署中欧区域政策合作高层对话会联合声明。声明中确定“双方同意将广州开发区作为中欧区域政策合作的试点地区”。广州市委常委、副市长陈志英，广州开发区管委会副主任、萝岗区区长李红卫应邀参加会议并见证签约仪式。

【科技创新】 广州开发区深化与国际创新资源的合作，大力推动产学研协同创新，努力促进创新驱动发展。筛选培育“瞪羚企业”124 家，培育认定区级孵化器及试点园区 26 家，新增孵化面积超过 100 万平方米，孵化器引进项目 349 个。629 个项目获市级以上科技经费支持 5.61 亿元。生物产业基地获评省第二批战略性新兴产业基地，个体化医疗和生物医药产业集群被科技部列为创新型产业集群试点。军事医学科学院华南分院、北航新兴产业技术研究院等重大科技创新平台进驻，金发科技建成“塑料改性与加工国家工程实验室”。全年专利申请 5028 件，同比增长 17%，授权 3234 件，同比增长 24%。举办第三、四届“中英生物科技之桥”项目对接会，引进生物医药项目 53 个。

【招商引资】 与美国硅谷科技协会、英国贸易投资署等海外商务机构签订合作协议，在英国伦敦设立招商办事处。加大协同创新和国际教育枢纽园区招商，落实浙江大学华南工业技术研究院等高校合作项目。积极实施“靶向”招商，先后开展国内外招商活动 60 次，全年共洽谈招商项目 600 余个，新引进项目 232 个，批准新设外商投资企业 97 家，其中新批投资超 3000 万美元的外商投资项目 31

个。引进山煤德正等总部项目40个，引进本田汽车研发中心等世界500强项目4个。全区孵化器、加速器新引进项目349个。筹建企业259家，102家企业完成投试产，其中箭牌糖果、国际香料等62家企业完成投产，日立电梯、苏宁电器等40家企业完成试产。LGD8.5代液晶面板项目主体工程基本完工。推动高露洁、瑞仪、金博等116家企业扩大产能，成立区中小民营企业协会和扶持联盟，促进218家规模以下中小企业转为规模以上企业。引导外商投资加工贸易企业设立研发机构7家，获得广东省名牌产品1个，加工贸易企业设计生产和自主品牌生产产品出口占全区出口总值的66.43%。

【投融资建设】 广州开发区广州金融创新服务区聚集股权投资机构和投资管理机构达到46家，广州股权交易中心挂牌企业达到556家，其中广州开发区企业82家；新增1家上市公司、3家小额贷款公司，建成10家社区金融服务站，获批1家村镇银行，区内科技金融企业注册资本累计达到145.8亿元，建立广州开发区天使投资联盟。

【生态环保】 广州开发区环境保护工作扎实推进，水、气、声等环境质量保持稳定。完成19个社区垃圾分类验收评价，合格社区居民垃圾分类知晓率达90%，参与率达80%。推进省、市下达的“一镇一站”和区垃圾压缩转运站的建设项目。完成科学城垃圾二次分拣中心投入试运行工作；推进社区环卫公厕修缮。环卫基础设施建设不断完善。顺利通过国家病媒生物防治工作达标检查。夏港街成功申报广州市第一批三星级卫生街道。九龙镇洋田村、永和街禾丰新村成功创建“广州市卫生村”。广州开发区根据对区ISO14001环境管理体系文件进行修订；并组织各贯标单位参加培训。

【管理与服务】 广州开发区改革重点领域机构配置，优化中新广州知识城开发建设工作机制。再造行政审批流程，全区951项限时办理的行政审批事项，平均办理时间由13.16天压缩为6.54天，压缩率50.3%。围绕建设全天候即时在线政府的目标，加快推进网上办事大厅建设。该区第五轮行政审批改革保留的行政审批备案事项网办大厅入驻率100%，行政审批一级网办事项254项，网办深度100%；二级网办事项237项，网办深度93.3%；三级网办事项234项，网办深度92.1%。社会服务类事项215项，网办率68.8%。

【人才建设】 出台《关于推进人才集聚工程的实施意见》，进一步完善该区人才总体规划。在产业提升、科技创新、城乡一体、文化引领、民生幸福、国际交流六大方面提出27个人才项目，突出集聚人才的政策效应。修订完善《吸引高层次人才实施办法》，优惠政策覆盖面进一步扩大，个人扶持力度加大，对高层次人才更具吸引力，全年为区内93名高层次人才购房、租房、交通、学术交流等补贴费用约550万元。全面修订《骨干人才和紧缺人才薪酬补贴实施办法》，每年评出1000名企业骨干人才和紧缺人才，给予2000元、3000元两个档次的薪酬补贴。共计评出创新创业骨干人才和紧缺人才821人，补贴企业361家，补贴金额1300多万元。高层次人才个性化服务。创建人才服务“一包通”，将人才所需的政策、办事指南等整理收纳为一个文件包，“一包通”成为创新创业人才“身边的创业引导员”“办事的百事通”。截至年底共汇聚两院院士27名、享受国务院特殊津贴专家13名、国家“千人计划”创业人才35名、省创新科研团队11个、省领军人才5名、入选“南粤百杰工程”专家4名、市区两级科技领军人才97名，吸引了2000多名海外留学人员在该区创新创业。

【社会事业】 全年推荐就业1.9万人，区公共实训基地实训技能人才超过1万人。区农民人均纯收入22025元，同比增长13.25%。户籍人员养老保险参保率超过96%，新农合和城镇居民医保参保率达99%。

与北师大合作建设基础教育质量提升试验区，完成二小改造和香雪、天鹿幼儿园建设，实施14个学校改扩建工程。图书档案大楼、玉岩书院修缮主体工程完工，新文化馆投入使用。医改工作考核成绩连续两年排名全市首位，在全省率先启动村（居）民健康管理签约服务试点。推动中新广州知识城中方公司实体化，实施国企全面预算管理。

【机构设置与管委会领导】 广州开发区由广州经济技术开发区、广州高新技术产业开发区、广州出口加工区、广州保税区4个国家级经济功能区及中新广州知识城组成，以上5个经济功能区的管委会合署办公，均为广州市政府派出机构，广州开发区管委会又与行政区萝岗区合署办公。广州开发区党工委、管委会工作部门17个，萝岗区党政工作部门20个，广州开发区管委会与萝岗区合署的工作部门14个。

广州开发区领导成员有：党工委书记、管委会主任骆蔚峰，党工委副书记李红卫、陈小华，管委会副主任为李红卫、郑锡雄（2013年4月退休）、蔡刚强、郭粤明、孙秀清，纪工委书记崔世刚，秘书长陈杰。

广州开发区主要经济综合指标一览表

指　　标	单位	2013年累计	同比增长（%）
地区生产总值	万元	21100057	12.08
规模以上工业总产值	万元	51159152	13.90
工业增加值	万元	13976108	11.58
规模以上工业企业用电量	万度	662346	6.42
规模以上工业利润总额	万元	3649067	20.18
固定资产投资	万元	5598256	22.21
其中：基础（公共）设施	万元	1600595	22.97
其中：工业项目	万元	1758421	6.37
财政收入	万元	5430628	12.86
税收收入	万元	4254639	5.89
国内投资企业			
批准项目数	个	1218	—
其中：第三产业项目	个	1053	—
注册资本	万元	640776	165
其中：第三产业项目	万元	595555	166
外经贸指标			
项目（合同）数	个	97	—
合同利用外资	万美元	220627	5.06
实际使用外资	万美元	149634	6.83
进出口总值	万美元	3564724	-6.17
出口总值	万美元	1535647	-4.47
进口总值	万美元	2029077	-7.43

（广州开发区管委会）

湛江经济技术开发区

【经济发展】 2013年，湛江经济技术开发区（以下简称“湛江开发区”）实现生产总值283.51亿元，同比增长15.0%；公共财政收入11.4亿元，增长21.1%。规模以上工业总产值256.7亿元，增长13.9%；固定资产投资140.2亿元，增长24.1%；社会消费品零售总额84.4亿元，增长13.1%；外贸进出口额10.4亿美元，增长12%。

【工业产业发展】 重点抓好亿元以上企业如中海油、湛江电厂、国联水产、冠豪高新等的服务工作，同时抓增长较快的企业如海滨船厂、科龙水产、晨鸣公司等，作为重点服务对象，做到“一站式”服务；继续推进钢铁、石化、造纸等重点项目建设。钢铁项目的高炉、炼钢、连铸、热轧、冷轧等主体工程已全面动工建设；中科炼化项目总体设计已全面完成，主厂区场平已完成，围堰疏浚吹填工程已开始施工。中海油年产80万吨重交沥青升级技改项目动工建设，冠豪高新、双林医药已竣工。石化园区和围海造地工程加快建设。此外，中国纸业、鹏尊能源、京信电力、华南联合等12个投资额50亿—200亿元的项目也按计划推进。

【园区特色】 湛江开发区的工业园区主要以广州（湛江）产业转移工业园为主，园区规划面积38.18平方公里，由建成区和东海岛的重化工业区组成，于2009年3月被省政府认定为省产业转移工业园，同年9月被评定为省产业转移工业园示范园，并成功竞得“省产业转移竞争性扶持资金”5亿元。到目前止，园区已获评为“广东省产业转移工业园重点园区”、“第一批广东省循环经济工业园”、“广东省现代服务业集聚区”、“广东省产业转移工业园人才培训示范基地”。

【科技创新】 2013年，实现高新技术产业产值91亿元，同比增长15%，湛江开发区现有高新技术企业19家，占全市的38%，区属企业拥有市级工程技术研发中心23家，占全市的33%，新增省级高新技术产品12个，全年获专利授权113项，承担国家、省、市科技项目11项，获省科技进步三等奖1项。到2013年，开发区累计获得国家级奖项2项，广东省科技进步奖15项和湛江市科技进步奖28项，开发区技术创新奖32项。从2000年到2013年，承担国家火炬计划7项、星火计划5项、高新技术产业化发展专项2项，省科技项目32项，实施市级科技专项43项。科技对经济的贡献率从2000年的31%上升到2012年的45%。

【招商引资】 全年招商融资签约项目13个，其中新建或投产项目7个，投资额182.35亿元。新引进中国500强或省重点大型企业7家。成功向国家开发行、农业发展行、南粤银行等金融机构贷款，并分别与国开行、南粤银行、广晟公司签订了经济合作协议，将为湛江开发区建设发展提供资金支持。

【城市建设】 编制完成了《东海岛总体规划（2013—2020）》，把东海岛定位为“一城三区三基地”（“一城”即“宜业宜居宜游的现代化大工业新城”；“三区”即“建设国家级一流经济技术开发区、国家级海洋经济示范区、国家级循环经济示范区”；“三基地”

即“建设中国南方现代钢铁基地、中国南方现代石化基地、中国南方海洋装备制造业基地”），重点规划建设“六大主体功能区”（钢铁产业区、石化产业区、高新科技产业区、现代制造业区、中轴线中央商务区、龙海天旅游休闲区）。总长15.3公里的东腾路等6条道路正在加快建设。东简污水处理厂已竣工验收，总长34公里的外围管网正在铺设。鉴江供水枢纽工程已完成东海岛管线埋设并试通水，东海岛水厂已完成立项和项目选址工作。500千伏输变电工程正在施工建设。完成龙潮东路等14条长7.2公里的市政道路建设，平乐再生水厂及其管网工程已动工建设。冠豪高新等4家企业的“三旧”改造方案已经市批准实施。11个第三产业重点项目加快建设，中国100大跨国公司万达等企业强势进驻，城市品位进一步提升。

【社会事业】 至2013年底，钢铁项目安置小区工程已建好安置房70幢2520套。中科炼化项目安置小区一期工程已完成前期工作，二期工程已动工建设。开展创建生态文明村活动和扶贫“双到”工作扎实推进。实施农村硬底化道路建设、安全饮水、危房（茅草房）改造等民生工程，群众生产生活条件明显改善。实现城乡居民基本医疗保险全覆盖，城乡居民养老金、低保、五保补助标准有所提高。投入7215万元推进“校安”和教育“创强”工程，民安、东简街道教育创强工作通过省验收；高考升本率大幅上升，中考全市排位居第三位。文化工作取得新进步，东海岛人龙舞荣获中国民间文艺最高奖“山花奖”。坚持稳定是第一责任，安装2000多个视频监控摄像头，加强社会治安综合治理。

【机构设置与管委会领导】 湛江开发区党委和管理委员会设置17个行政机构和2个参公管理事业单位：纪委机关、党政办公室、组织部、政法委、发展改革和招商局、经济贸易和科技局、财政局、交通运输局、安全生产监督管理局、教育局、人口和社会事务管理局、农业事务管理局、住房和规划建设局、国土资源局、环境保护局、城市综合管理局、社工委、机关事务管理局、旅游局、市公安局开发区分局。

2013年湛江开发区领导班子构成情况。湛江开发区党委设立委员11名，管理委员会设主任1名，副主任6名，党政班子成员大部分实行交叉任职：党委书记、管委会主任陈吴（6月26日调离）、许顺（6月26日继任），党委副书记、管委会第一副主任、广州（湛江）产业转移工业园管委会主任冯军，党委副书记、政法委书记庞振银，党委副书记、管委会常委副主任王再华，党委委员、管委会副主任李国良，党委委员、管委会副主任周广超，党委委员、管委会副主任温汝浪，党委委员、管委会副主任曹栋，党委委员、纪委书记潘旺，党委委员、管委会副主任林小逊。

湛江经济技术开发区主要经济综合指标一览表

项目	单位	2012 年	2013 年	增减（%）
开发区生产总值	亿元	246.53	283.51	15.0
第二产业	亿元	172.56	192.47	11.5
工业	亿元	158.15	177.12	12.0
第三产业	亿元	50.68	60.49	19.4
工业总产值（现价）	亿元	470.81	573.66	21.8
高新技术企业	亿元	42.14	45.99	9.1
利润总额	亿元			
规上工业	亿元	-1.738	18.3968	—
第三产业	亿元			
进出口总额	亿美元	9.31	10.44	12.0
出口	亿美元	6.9	7.48	8.4
财政收入	亿元	81.07	99.996	23.3
税收收入	亿元	59.44	78.81	32.6
新批企业个数	个	261	295	13.0
外商及港澳台企业	个	2	1	-50.0
内资企业	个	259	294	13.5
合同外资金额	亿美元	1.42	0.35	-75.35
外商实际投资	亿美元	0.4322	0.0421	-90.3
固定资产投资	亿元	112.96	140.18	24.1
年末从业人员数	个	62025	63002	1.6
在岗职工数	个	34332	46630	35.8
在岗职工平均工资	元	49987	55752	11.5
规模以上企业个数	个	178	223	25.3
工业	个	66	61	-7.58

（湛江经济技术开发区管委会）

温州经济技术开发区

【经济发展】 2013年，温州经技术开发区（以下简称“温州经开区”）地区生产总值、工业总产值、工业增加值、外贸进出口等经济指标增速走在全市前列。地区生产总值175.15亿元，可比价增速9.7%；财政总收入40.5亿元，增长10.7%，其中公共财政预算收入8.58亿元；社会消费品零售总额44.58亿元，增长9%；外贸出口总额10.2亿美元，增长11.74%；城镇居民人均可支配收入36282元，农村居民人均纯收入20717元，分别增长9.1%、9.8%；单位生产总值能耗下降2.5%，化学需氧量、二氧化硫、氨氮和氮氧化物排放量分别削减28.5%、4.7%、42.6%、4.7%。

【工业产业发展】 2013年，温州经开区工业总产值588.7亿元，增长9.2%；工业增加值113.47亿元，增长11.5%。其中通用设备制造业产值42.88亿元，同比增长14.2%；汽车制造业产值14.45亿元，同比增长12.9%；电商与物流业发展迅速，主营业务收入同比增长29.3%。全年完成“个转企”629户，“小转规”43家，“规转股”8家。新增市长质量奖1家，温州名牌7家，著名商标2枚，知名商标4枚。引进明泰标准件、力天汽车梦工场等回归项目列入浙江省重点产业项目，汽车制造、先进装备、现代物流、传统优势产业等主导产业发展势头见好。天河民用电器获“中国建筑电器产业基地”国家级名片。温商回归成效明显，完成温商到位资金23.1亿元，增长48.1%。

【园区特色】 温州市委、市政府确定温州经济技术开发区扩容整合提升方案，跨区域合作，构建“一区七园”发展格局，顺利通过浙江省政府评审。温州经开区以整合提升与建设温州大都市区东部滨海新城为战略目标，“产城一体”为战略方针，培育“四大主导产业”为战略重点，构成了一个有机整体，形成了一个较为完善战略体系。

【科技创新】 2013年，温州经开区研究与试验发展经费支出占生产总值比重2%。其中，推进技术创新平台建设，新增浙大与开发区技术转移中心，4个街道“一街一业”获批市级特色产业科技园，推进海洋科技创新园、科技孵化器等创新载体建设。加大企业技术创新力度，新增高新技术企业6家、累计达47家，国家创新基金、火炬计划、重点新产品项目立项数创历史新高，新产品产值增长达61.3%，比全市平均高15个百分点。

【生态环保】 2013年，温州经开区绿地率达38.4%，人均公园绿地面积达到17.65平方米，完成山地造林1310亩，启动平原水库建设，完善河网体系；新建道路17条26.33公里，新建河道4条8.9公里；17条市、区级黑臭河基本消除黑臭现象。星海明珠路、沙城中心街、天河永丰西路获评全市最美街区，海城电镀中心成为全市电镀企业入园的示范点。

【管理与服务】 2013年，温州经开区推出项目首席代办员制、多部门窗口联合办理、精简审批项目流程等三举措推进行政审批“提速”；启动“两全一万”行动送服务、红色直通车进企业、企业指导员驻点指导等三模式推进服务企业“提质”，帮助企业化解实际难题1151件。领导包案解难题、“三夜制度”

集民智、廉政建设控风险等三制度推进政府工作“提效”。“智慧城管”连续10个月考核列全市第一，垃圾无害化处理率达到100%。深入开展驻企服务，积极探索综合执法模式，深化平安开发区建设。

【人才建设】 2013年，温州经开区建成人力资源市场，帮助企业招聘各类人才8865人，高校毕业生初次就业率达94%。强化人才保障，推出已建成3.2万平方米人才公寓服务，新增省“千人计划”人才2名，市“580计划”人才1名。

【基础设施】 2013年，温州经开区投入社会事业建设资金5.46亿元，同比增长47%。滨海大道至飞云江三桥路段全线贯通；新增公交线路2条延伸到金海园区；建成60个公共自行车服务站点。打造“20分钟医疗圈”，规范和提升6个社区医疗机构。着力根治青山白化，完成1260座坟墓生态化改造。推行社会保险五险合办“一条龙”服务，超额完成社保扩面工作任务。滨海高级中学一期工程结顶，滨海第一幼儿园竣工，依托职业技术学院推进与哈工大战略合作；成功举办全省开发区排舞大赛并获金奖。

【党建工作】 深入开展中国梦主题教育活动，强化各级领导干部思想政治建设。全区42个行政村和2个城市社区全面完成换届工作。在全市率先开展“红色直通车”主题实践活动，成功培育星海非公党建示范群和8家非公企业党建示范品牌。海城“党员志愿者网络工作室”获市基层党建创新项目，星海“流动党员新家园”获全市最富成效项目三等奖。星海街道望海社区、天河街道天乐社区创成4星级“幸福社区”。启动基层党组织“五星争创”、“红色细胞工程”建设。开展学习型组织创建活动，党委及2个街道党工委获市“学习型领导班子”、3个基层党组织获市“学习型党组织”，15名党员获市“学习型党员”标兵称号。认真落实党风廉政建设责任制，严格执行“八项规定”，全年接待费同比下降65%。

【机构设置与管委会领导】 2013年，温州经济技术开发区直属机构有：党政办公室、纪委（监察室）、组织宣传部（统战部）、社会管理综合治理委员会办公室、经济发展局、科技局、人力资源局、文教体工作局、民政卫生和计划生育局、公安分局、住房与建设局、市政环保局、商务局、安全生产监督管理局、海洋渔业与农林水利局、城市管理与行政执法局、总工会、团委。

管委会领导成员有：徐蓬勃、郑俊、黄伟龙、陈叶挺、郑炳停、夏禹桨、虞立清、董学德、应士杰、林志佩、王松龙。

温州经济技术开发区主要经济综合指标一览表

项目	单位	2013 年
开发区生产总值	亿元	324.15
第二产业	亿元	257.11
工业	亿元	237.55
第三产业	亿元	66.42
工业总产值（现价）	亿元	1039.78
高新技术企业	亿元	325.93
销售（营业）收入	亿元	1206.92
工业	亿元	784.63
利润总额	亿元	48.01
工业	亿元	41.16
进出口总额	亿美元	37.52
出口	亿美元	32.39
财政收入	亿元	64.73
税收收入	亿元	52.9
外商及港澳台企业	个	1
合同外资金额	亿美元	0.242
固定资产投资	亿元	221.23
年末从业人员数	个	230276
规模以上企业个数	个	766
工业	个	699

（温州经济技术开发区管委会）

昆山经济技术开发区

【概况】 昆山经济技术开发区（以下简称“昆山开发区”）创建于1984年，1992年8月成为国家级经济技术开发区。至2013年底，辖区（含代管区）面积为115平方公里，常驻人口为47万，辖5个街道、24个（村）社区，建有省部共建昆山留学人员创业园、昆山光电产业园、昆山综合保税区、昆山企业科技园、昆山金融街、东部新城、中央商贸区、中华商务区等一批特色功能区和产业载体。2013年2月，国务院批准设立昆山深化两岸产业合作试验区，昆山开发区是主要功能性平台。

【经济发展】 至2013年底，昆山开发区集聚了46个国家或地区2003个外资项目，投资总额339亿美元，注册外资183亿美元，形成电子信息、光电显示、精密机械、装备制造、民生轻工五大主导产业和特色产业。全区全年实现地区生产总值1496.23亿元，同比增长3.86%；工业产值5311.93元，同比增长1.46%；服务业增加值364.93亿元，同比增长13.7%；全口径财政收入202.37亿元，同比增长11.27%，公共财政预算收入71.5亿元，同比增长5.63%。战略性新兴产业和现代服务业成为新的增长引擎，其中服务业增加值占比同比提高2个百分点，从2009年的16.8%提高到24.4%，对全区经济增长的贡献率提高到79.1%；高新技术产业产值2086.65亿元，占比提高到43.9%，与2009年比提高了17.4个百分点。由加工贸易“一业独大”向多种贸易并存转变，加工贸易全年50%的占比，与2009年比下降了30个百分点，较上一年度下降了近10个百分点。以“零土地”招商为目标的外商投资企业增资额与合同利用外资的占比，在2012年66.96%的历史最高的基础上，再创历史新高达93.94%。全区研发投入占地区生产总值比重达2.6%。在发展动力上，外贸依存度占比232%，同比下降2.9%，与过去13年中最高峰值相比下降了267个百分点。

【园区建设】 2013年，昆山开发区积极推动昆山深化两岸产业合作试验区的政策落地，有效推进昆山综合保税区、昆山光电产业园、昆山金融街、省部共建昆山留学人员创业园的载体建设和功能建设。完成企业科技园二期及前进东路沿线地块城市设计、体育公园规划设计、两岸产业创新园的城市设计及市政府周边地块城市设计、《昆山开发区市政公用及交通设施用地选址规划》，对开发区的环境设施（排水设施、环卫设施），供应设施（供电设施、通信设施），安全设施（消防设施、防洪设施），交通设施（交通枢纽设施、交通场站设施、交通服务设施）和绿地设施（十分钟健身圈）进行规划，全区建设工程全年新开工面积303万平方米，竣工247万平方米，在建1095万平方米，新增绿化面积96万平方米。至2013年底，规划建设局实施基本建设完成工程量20亿元、在建开工量22亿元。新建6项、续建3项道路改造维修工程，马塘路大通路雨水管网改造、企业科技园配套道路、龙灯路改造、长江路节点改造工程已完成，盛晞路改造、金沙江路改造按序推进；续建的昆嘉路（太湖路－盛庄大桥）改造、太湖路及强巷路改造、太湖支路改造工程已全部完成。全区列入市政府重点实事工程的15个项目已全部开工，年内累计完成投资22亿元。服务业在建项目24个，在建面积282万平方米，累计完成投资35亿元。工业项目在建面积502万平方米，累计完成投资10.6亿元。

【科技创新】 2013年，昆山开发区新引进和培养国家“千人计划”人才5名，江苏省创新团队1个，省级“双创”及姑苏人才10名，全年引进博士团队10个，博士后6人，博硕76名，涉及新材料、软件及IC设计、智能装备等领域科技项目40个。把“聚焦科技创新”作为转型升级的内生动力，有效引导项目、人才和资本加速汇聚，全年新增高新技术企业30家，累计超100家；新增高新技术产品168个，软件及高新技术产品累计超1000个；组织申报20类科技计划项目297个，转化一批科技创新成果，其中，获批国家“863计划”“02专项”“火炬计划”8项，省级以上科技项目立项29个；新增国家级博士后科研工作站2家，省部联合培养国家级工程技术中心1家，研究生工作站3家，各级各类研发机构、工程中心64家，推进产学研项目49个；全年完成专利申请超6000件，授权3700件，万人发明拥有量超20件；新增中国驰名商标1件，企业参与或主要起草国家、行业标准8项，培育省知识产权管理标准化示范企业6家、获批江苏省知识产权管理标准化示范先进单位1家，三一重机获中国专利金奖。

【招商引资】 2013年，昆山开发区全年完成合同外资7.2亿美元，到账外资6.19亿美元；实现进出口总额721.18亿美元，同比增长2.51%，其中，进口总额268.95亿美元，出口总额452.22亿美元，同比分别增长10%和-1.49%。成功引进总投资17亿美元的三星电机芯片载板项目；综保区成功引进总投资超10亿美元的昌硕电子项目；友达光电厂房已全部完工，无尘室、动力设备配置、制程设备进入采购；龙腾光电成功研发国内首款5.2英寸蓝相液晶显示面板并迈向产业化，突破“3D显示、PET广视角、氧化物TFT”等三项新技术，领跑国内显示研究领域；国显光电一期总投资31亿元项目获批，新建5.5代AMOLED生产线。精密机械产业进一步壮大，显亮汽车、乔治费歇尔增资项目等具有核心技术的大项目相继完成建设；加拿大汽车零配件龙头企业摩缇马帝落户开发区。大庚汽车配件、爱思恩梯大宇汽车部件、伟理塑汽车部件等公司纷纷增资扩产，充实了开发区汽车零部件产业链。新兴产业呈现集群发展，总投资近20亿元的金发科技项目一期已建成，将成为亚洲最大的改性塑料及化工新材料生产基地；太极能源在成功突围欧美针对大陆光伏企业的“双反调查”之后启动二期项目建设；新显示材料龙头项目落户产生了巨大的“磁场效应”，相关配套项目纷纷跟进，台玻保护玻璃项目、韩国DTC模组项目、新亚电子液晶模组项目、奇美偏光片项目、奇景光电（IC设计）项目等相继达成投资协议。

【现代服务业】 2013年，昆山开发区全年新注册服务业企业1470家，其中内资1428家，注册资本47.27亿元，三资企业42家，注册资本1.04亿美元，固定资产投资140.35亿元，同比增长13.35%。全年引进台资企业总部13家，台资制造业企业向服务业剥离累计41家，台资、外资企业新设立总部5家，制造业企业向服务业剥离生成6家新企业，到账外资1.2亿美元，全年完成服务业到账外资2.52亿美元；新设服务外包企业20家，服务外包接包合同额5亿美元，离岸执行额超1亿美元；引进一批高端服务业项目，史太白集团与昆山开发区签订总投资15亿元的汽车服务产业示范园和高端汽车零部件工艺技术开发与产业化基地项目；总投资1000万美元的固铂轮胎亚太技术研发中心入区兴业；金融产业领域里的中华金控基金项目进入募资，日本瑞穗实业银行、三井住友银行落户开业；成功引进了创博富信股权投资中心、睿德信股权投资中心、际隆投资管理等10多家股权投资企业。2013年，昆山开发区实现服务业增加值364.92亿元，同比增长速度13.7%。

【社会事业与文化建设】 2013年，昆山开发区完成村级经济收入13762万元，同比增长16%；18个村（社区）集体可支配收入完成12030万元，同比增长19%。新增收入超千万元村（社区）1个，累计达到3个。蓬欣幼儿园、阳光水世界幼儿园投入使用，绣衣幼儿园异地新建，蓬曦小学、富春江幼儿园、晨曦小学扩建工程顺利竣工，完成中华园东村、富华西村、富华东村和南苑新村等一批老小区改造，里黄河、小二河河道、祝家厍河等一批河道整治工程扎实有效，“10分钟体育健身圈”“10分钟文化圈”和新昆山人文化俱乐部建设同步推进。建立健全交警、城管、街道联动管理机制，强化路面、街面、店面和小区内外全方位管理，城市管理六大整治行动和631整治计划成效明显。

【机构设置与管委会领导】 2013年，昆山开发区管委会增设的昆山开发区科技局、昆山开发区台商投资服务办公室两个内设机构正式挂牌运作，正科级建制。全区内设办事机构还包括：党政办公室、纪工委（监察审计室）、党群工作部、招商局、人力资源和社会保障局、规划建设局、经济发展和环境保护局、社会事业管理局、综合保税区管委会和管理局、留学人员创业园管理处、科技局、台商投资服务办公室、资产经营公司等直属部门，对口昆山市委、市政府54个部门。另设公安、财政、土地、国税、地税、工商、纪检监察工作室等，为市职能部门派驻机构，受主管部门和开发区的双重领导。昆山开发区党工委书记管爱国，管委会主任路军，党工委副书记张玉林、陆宗元，纪工委书记何燕，管委会副主任张玉林、陆宗元、何燕、陈艺、石敏、潘建康、许玉连（不驻区）、盛梦龙、盛雪冬，管委会主任助理沈健。

昆山经济技术开发区主要经济综合指标一览表

项目	单位	2012年	2013年	增减（%）
地区生产总值	亿元	1440.64	1496.23	3.86
第二产业	亿元	1118.54	1130.25	1.05
工业	亿元	1094.29	1107.61	1.22
第三产业	亿元	320.96	364.93	13.70
工业总产值（现价）	亿元	5250.91	5311.94	1.16
高新技术企业	亿元	2601.56	2109.29	-18.92
销售（营业）收入	亿元	6541.8	6824.81	4.33
第二产业	亿元	5356.26	5524.98	3.15
工业	亿元	5219.93	5269.44	0.95
第三产业	亿元	1182.54	1295.83	9.58
利润总额	亿元	338.59	305.15	-9.88
第二产业	亿元	280.83	256.52	-8.66
工业	亿元	275.43	250.53	-9.04

续表

项目		单位	2012 年	2013 年	增减（%）
区内主导产业及产值					
主导产业	1. 计算机、通信和其他电子设备制造业	亿元	3655.73	3720.58	1.77
	2. 通用设备制造业	亿元	218.84	206.18	-5.78
	3. 汽车制造业	亿元	142.72	152.19	6.64
	4. 专用设备制造业	亿元	100.70	90.60	-10.03
	5. 橡胶和塑料制品业	亿元	67.03	82.36	22.87
	6. 铁路、船舶、航空航天和其他运输设备制造业	亿元	66.65	74.55	11.85
进出口总额		亿美元	703.55	721.18	2.51
出口		亿美元	459.05	452.23	-1.49
财政收入		亿元	181.88	202.37	11.27
税收收入		亿元	145.17	158.06	8.88
财政支出		亿元			
新批企业个数		个	1533	1885	22.96
外商及港澳台企业		个	83	62	-25.30
内资企业		个	1450	1823	25.72
新批企业投资额	1. 外商及港澳台企业	亿美元	17.66	10.37	-41.28
	2. 内资企业	亿元	61.67	85.38	38.45
	3. 增资企业	亿美元	11.94	8.59	-28.06
合同外资金额		亿美元	8.39	3.78	-54.95
外商实际投资		亿美元	7.33	6.19	-15.55
固定资产投资		亿元	234.81	235.99	0.50
年末从业人员数		个	498237	526202	5.61
在岗职工数		个			
在岗职工平均工资		元	39740	43436	9.30
规模以上企业个数		个	815	827	1.47
工业		个	427	434	1.64
万元 GDP 能耗		吨标煤/万元	0.148	0.1464	-1.08

（昆山经济技术开发区管委会）

威海经济技术开发区

【经济发展】 2013年，威海经济技术开发区（以下简称“威海开发区”）总面积为277平方公里，建成区面积为39.3平方公里，辖3个镇、3个街道，108个村、35个社区，常住人口21.5万人，其中户籍人口15.5万人。全区实现生产总值179.5亿元，比上年增长11.3%；固定资产投资110.6亿元，增长27%；社会消费品零售总额94亿元，增长13.8%；外贸进出口总额50.5亿美元，增长0.7%；公共财政预算收入18.1亿元，增长7.6%；城镇居民人均可支配收入3.1万元，增长10%；农民人均纯收入1.4万元，增长11%。

【工业产业发展】 完成规模以上工业总产值372.39亿元，增长0.2%；实现销售收入354.21亿元，增长2.5%；利税24.03亿元，增长3.6%；利润13.85亿元，增长3.9%。新增规模以上工业企业9个，总数达到116个。新登记注册企业625个，增长19.5%；新增纳税过百万元企业9个，总数达到207个。创建全国“守合同重信用”企业2个，新增市长质量奖和省级服务标准化试点单位、省著名商标、服务名牌各1个，全区省级以上知名著名商标品牌达到38个。

【园区特色】 海洋船舶及装备特色产业园获批，成为山东省首批海洋特色产业园，规划面积18.1平方公里，已聚集规模以上企业16家，拥有省级行业技术中心3个，省级工程技术研究中心1个，省级企业技术中心3个。11月，迪沙药业集团与复旦大学、上海药物研究所、中国海洋大学等高校和科研院所达成人才引进协议，组成以复旦大学教授李英霞为领军人才的海洋生物研发团队，被列为省、市蓝色产业领军人才团队支撑计划重点企业。

【科技创新】 全年新签产学研合作项目19个，批准设立国家级企业技术中心1个、省级工程实验室1个、省级企业技术中心1个、市级工程实验室1个、市级企业研发中心3个；获得省级科技进步奖2项、市级科技进步奖7项；新认定高新技术企业4家；威海华东数控股份有限公司增设威海海外学人高科技创新园博士后科研工作站分站获得批准。完成发明专利申请229件，发明专利授权24件，万人平均授权1.57件。引进博士后研究人员3人，泰山学者药学特聘专家1人；新增高级工395人，其中技师、高级技师45人。现有科技企业孵化器3个，总孵化面积4.86万平方米，在孵企业34家，毕业企业11家，涉及生物医药、软件及服务外包、船舶、新材料及节能环保等高新技术领域。

【招商引资】 促成总投资120亿元的九龙湾城市综合体、15亿元的中航威海工程装备基地等45个大项目落户经区，推进日月光半导体、宣杨数码等17家企业追加总投资2.6亿美元，全年实际利用外资1.4亿美元、内资46.6亿元，分别增长203.3%和14.43%。新批境外投资项目5个，中方投资额1.47亿美元，增长446.5%，占全市对外投资总额的53.4%。全区进出口总额达50.3亿美元，占全市1/3。其中过5000万美元企业达到11家，过亿美元企业7家。经区被评为威海市首批机电产品出口基地，宣杨数码等4家企业荣获山东省外经贸先进企业称号，日月光等6家企业荣获威海市进出口先进企业称号，华岳建设获威海市进出口标兵企业称号。

【投融资建设】 积极探索融资平台体系建设，9月，国家发改委批准国资公司发行不超过10亿元、期限7年的企业债券，为威海国家级开发区融资平台发行的首只债券，所筹资金主要用于九龙河、逍遥河、五渚河等3条河流综合整治项目建设。至年末，共到位中长期银行贷款金额7.8亿元，获授权审批资金23.2亿元，其中银行授信13.2亿元，批准发行企业债券10亿元；与各专业银行在谈融资15.8亿元。通过科学运作共融集资金规模40亿元。

【生态环保】 通过省级生态市技术核查及验收。11月25日，泊于镇岛邓家村、崮山镇鲍家村、桥头镇观里西村被省环保厅授予“省级生态村”称号。11家重点企业完成排污许可证发放工作。威海友邦汽车零部件有限公司等7家企业被经区管委授予“节能减排先进单位”称号。至年末，全区有市以上重点监控企业26家，其中省重点监控企业5家，国家重点监控企业3家。至2013年上半年，化学需氧量、氨氮排放量分别减少6%左右，二氧化硫、氮氧化物排放量分别消减8%左右，主要工业固体废物全部综合利用或有效处置，污水及垃圾无害化处理率保持100%，森林覆盖率达到38%，海洋功能区水质达标率100%。

【管理与服务】 年内全区6个镇、街道全部建成启用镇级便民服务中心，107个村和32个社区设立村级便民服务代办点。经区行政服务中心更名为政务服务中心，集行政审批服务、社会服务、效能监察三大平台于一体，设服务窗口46个，进驻部门35个，可提供192项行政许可及服务事项。设立“建设工程项目联审联批受理区”，对建设工程项目采取“整合流程、一门受理、联审联批、信息共享、限时办结”方式，审批流程由42道环节调整为5个模块38环节，审批时限压缩到28个工作日。

【人才建设】 新增泰山学者药学特聘专家1名。威海华东数控股份有限公司、迪沙药业集团有限公司国家级博士后工作站分别于3月18日、8月21日获人力资源和社会保障部、全国博士后管理委员会批准。全年办理小额担保贷款153笔、1527万元，帮扶153名创业者成功创业，带动565人实现就业、再就业。扶持51名大学生自主创业成功，带动就业800多人。组织3656名在岗职工开展技能提升培训、748名职工参加“金蓝领”高级工培训、975名失业职工开展创业培训。引进博士后研究人员3人，新增高级工395人，其中技师、高级技师45人；共有高级职称365人，中级职称1386人，初级职称2763人。

【社会事业】 新建34个社区就业服务平台和1处大学生创业孵化基地，发放鼓励创业小额担保贷款1700万元，新增社会就业7000人，城镇登记失业率控制在1.2%以内。连续9年调高退休人员养老金。全区省级规范化学校创建比例达到79%，蒿泊小学等5所学校被评为市级特色培育学校。新建公租房619套、经济适用住房180套，改造农村危旧房屋368户。累计发放各类救助款、补助金1891万元。

【政策发布】 2月8日，出台《关于镇域农村居民购房补助和奖励的意见》；3月20日，出台《科技企业孵化管理办法》；7月1日，出台《威海经济技术开发区大学生创业孵化基地管理办法》。

【党建工作】 出台《关于进一步改进工作作风密切联系群众的实施意见》，建立健全各级议事、决策、执行、监督、会议、学习等规章制度，调整理顺社会事业局等15个部门内部机构设置。新提拔副县级干部7人、科级干部82人，公开考录公务员和事业单位工作人员49人，选派农村“第一书记”15人。出台进一步从严管理干部五项规定，开展机关事业单位工作人员平时考核，加强重大事项监督、考核，完成新城建设、土地出让、政府采购、工程招投标等领域项目监督177项。

【机构设置与管委会领导】 至2013年末，经区管委设管委办公室、监察局、住房和城乡建设局、经济发展局、工业和信息化局、财政局、社会事业局、出口加工区管理局8个正县级机构；商务局、法制局（司法局）、市政公用事业管理局、农业经济发展局4个副县级机构；人力资源和社会保障局、审计局、教育局、社会管理信息中心（市长公开电话办公室）、城市管理办公室［威海市城市管理行政执法局经区分局（大队）］、科学技术局（科协、地震局）、经济合作局、项目推进办公室、统计局、服务业发展局、安全生产监督管理局（安全生产监察大队）、交通运输局（农村公路管理局）、环境卫生管理局（环境卫生督察大队）、园林绿化管理局（公园管理办公室）、金融工作办公室、国内招商局、招商信息综合办公室17个正科级机构。

中共威海市委经济技术开发区委员会有：书记孙开连、吕晓东，副书记王秉刚、杨万友，委员张天泉、宋克军、郭传利、王祖友、姚桂礼、谭乐胜、乔军、梁永波、刘建平、汤华海、张刚、许宏妮（女）、毕建忠。

威海经济技术开发区（出口加工区）管理委员会有：主任孙开连，副主任王秉刚、吕伟、张天泉、宋克军、郭传利、王祖友、姚桂礼、谭乐胜、乔军、梁永波、汤华海、张刚、许宏妮（女）。

威海经济技术开发区主要经济综合指标一览表

项目	单位	2012年	2013年	增减（%）
开发区生产总值	亿元	164.27	179.51	9.28
第二产业	亿元	94.12	108.57	15.35
工业	亿元	87.19	99.00	13.55
第三产业	亿元	56.36	64.02	13.60
工业总产值（现价）	亿元	454.07	475.66	4.75
高新技术企业	亿元	95.83	108.91	13.65
销售（营业）收入（“四上”企业）	亿元	606.52	677.17	11.65
第二产业（“三上”企业）	亿元	378.04	411.42	8.83
工业（规模以上）	亿元	357.55	389.59	8.96
第三产业（限上贸易业+重点服务业）	亿元	228.48	265.76	16.31
利润总额	亿元	21.71	26.20	20.65
第二产业（“三上”企业）	亿元	14.42	15.98	10.82
工业（规模以上）	亿元	12.74	13.85	8.72
第三产业（限上贸易业+重点服务业）	亿元	7.29	10.21	40.05
进出口总额	亿美元	52.43	55.13	5.15
出口	亿美元	22.09	22.97	4.00
财政收入	亿元	44.15	34.88	-20.90
税收收入	亿元	32.16	34.83	8.31
财政支出	亿元	21.49	36.27	68.80
新批企业个数	个	527	628	19.17

续表

项目	单位	2012 年	2013 年	增减（%）
外商及港澳台企业	个	12	19	58.33
内资企业	个	515	609	18.25
新批企业投资额	亿美元	1.89	5.69	201.06
外商及港澳台企业	亿美元	0.93	2.42	161.35
内资企业	亿元	2.31	4.25	83.98
增资企业	亿美元	0.59	2.58	337.29
合同外资金额	亿美元	0.62	1.58	154.84
外商实际投资	亿美元	1.10	1.40	27.27
固定资产投资	亿元	87.13	110.63	26.98
年末从业人员数	个	81756	83211	1.80
在岗职工数	个	81751	83157	1.72
在岗职工平均工资	元	38799	45322	16.80
规模以上企业个数	个	313	310	-0.96
工业	个	113	114	0.88
万元 GDP 能耗	吨标煤/万元	1.31	1.19	-9.16

（威海经济技术开发区管委会）

沈阳经济技术开发区

【概况】 沈阳经济技术开发区（以下简称“沈阳开发区”）创建于1988年6月22日，1993年4月经国务院批准为国家级经济技术开发区。2002年6月18日，沈阳经济技术开发区与铁西区合署办公，辖区面积达到74平方公里。2003年8月18日，又将原属于洪区的2个乡镇25个自然村划归铁西，辖区面积达到128平方公里。2007年6月25日，铁西区与沈阳细河经济区合并重组，辖区面积达到目前的484平方公里，人口120万。其中，开发区面积为444平方公里。

【经济发展】 2013年，沈阳开发区实现地区生产总值954.91亿元，同比增长9.6%；规模以上工业总产值2881.91亿元，同比增长11.7%；规模以上工业增加值740.42亿元，同比增长9.2%；固定资产投资467.39亿元，同比增长16.4%；公共财政预算收入51.38亿元，同比增长12.4%；直接利用外资9.86亿美元，同比增长24.6%；社会消费品零售总额80.67亿元，同比增长12.8%。

【项目建设】 2013年，实现新开工项目139个，竣工项目112个，完成投资560亿元，增长21%。随着宝马新工厂产能的不断释放，西班牙海斯坦普、彼尔纳、德国DB汽车模块、德国慕贝尔、日本丰田纺织等项目入驻。联东工业园、新加坡环普产业园、意大利维龙等一批工业地产项目落户铁西。引进并建设东方银座莱茵城、台商·东北国际经贸会展中心等生产性服务业项目。东药、沈化、普利司通、有色冶金等重大搬迁改造项目进展良好。华晨宝马新工厂二期、米其林环保搬迁和改造及扩产、延锋彼欧汽车内饰部件等项目的建成投产。

【两化融合】 重点企业“两化融合”加速向深度融合发展，重点企业“两化融合”达到70%以上。北方重工的重矿装备物联网技术得到成功应用，提高了产品智能化水平，三一重装协同控制中心、沈鼓云制造平台等列入市“两化”融合重点支持项目，沈鼓集团被评为国家“两化融合标杆企业”。

【产业集群】 依托机床、沈鼓、北方重工等龙头企业及引进的德国宝马、慕贝尔、日本安川、NSK、西班牙海斯坦普等一批世界500强企业和跨国公司项目，形成了产业关联度高、上下游产业链较为完善的机床、电气、汽车及零部件、通用及石化装备、煤机及重矿装备五大装备制造产业集群。2013年，装备制造产业集群实现产值2020亿元，增速高于全区工业0.7个百分点，占全区工业70.6%，重点主机企业生产的19类产品能够实现区域内配套，2013年采购量达190亿元左右，涉及机阀泵等配套产品104个种类；引进日本积水、法国圣戈班、中南建设等200余个项目，规模以上企业达到60余家。2013年，现代建筑产业集群实现产值600亿元，占全区工业总产值的20.7%。依托东药、沈化、米其林等重点企业，规划了占地面积30平方公里的医药化工产业园，目前已建成区占地约14平方公里，规模以上工业企业达到79家，2013年实现产值330亿元，精细化工率达到45%。米其林千万条轮胎、普利司通一期、东药搬迁等一批重大项目加快建设，CPP炼化一体化项目加快推进。

【生态环保】 2013年，沈阳开发区创建国家生态工业示范园区验收获得成功，成为东北地区首个国家生态工业示范园区。坚持做实产业结构优化、生态产业补链、物质代谢工程、节能减排、污染治理、水资源集成与污染控制、生态景观、环境管理和保障体系等7大类32项重点工程。重点打造了绿色工厂、新型工业化、节能产品、绿色制造、循环经济等13家环境示范项目建设。投资8亿元完成浑河总面积10平方公里、水域轴线10公里的流域生态修复建设，细河生态廊道主要以公园和30万平方公里湿地建设为主，形成了一套完整的流域生态恢复体系。目前，开发区污水处理能力达到16万吨/日，污泥处置能力1000吨/日；绿化覆盖率42.5%，绿地率39.1%，人均公园绿地面积19m^2。截至2013年底，开发区共开展清洁生产审核企业105家，2013年新增54家企业实施中高费方案200余项。10家企业陆续开展锅炉“煤改气”工作，成为全国首个通过验收的区县级环境应急能力标准化建设试点单位。

【三大建设】 通过实施大企业总部基地建设，实现生产性服务业的有效聚集，加快提升装备制造业的市场化、社会化和国际化的水平；通过实施公共服务平台建设，推动产品创新、技术创新和产业创新，加快装备制造业向高端化、集成化和成套化发展；通过实施生活服务区建设，完善城市功能，满足企业员工居住和生活需要，吸引各类人才加速聚集。截至2013年底，总部基地建设全面启动。机床、沈鼓、北方重工、特变、东药、沈化6家大型企业完成各自规划和选址。十大公共服务平台建设扎实推进。科技研发平台、现代物流平台、检验检测平台、人力资源平台、工业设计平台、商务会展平台建设进展顺利。东方银座项目一期13万平方米土地已开工建设。

【生产性服务业】 2013年，开发区11户工业企业分立生产性服务业企业实现营业收入40亿元。沈阳机床集团在筹建金融租赁公司的基础上，分立成立优尼斯工业服务公司，组建了33家机床4S店，构建起了新型市场经销体制；特变沈变集团成立了沈阳现代物流国际贸易有限公司，面向社会化提供服务，年营业收入达到13.5亿元；远大集团成立沈阳科正建筑工程检测有限公司和远大科技园有限公司，面向国内外提供建筑幕墙产品性能检测的第三方认定服务，检测设备和技术能力均达到世界领先水平。

【机构设置与管委会领导】 沈阳经济技术开发区管理委员会是沈阳市人民政府的派出机构，局级建制，拥有市级经济管理权限，负责行使开发区的管理职责。管委会内设机构：办公室、人社局、财政局、审计局、发改局、经发局、农发局、安监局、行政审批大厅、公共资源管理办公室、信访局、外经贸局、建设局、两河流域工程指挥部办公室、征收办、房产办、金融办、企业服务局及机关工委、总工会。此外，设有招商机构7个，事业单位11个。管委会领导主要有区委副书记、区长、管委会主任阎秉哲，区委常委、管委会常务副主任张坚强，沈阳化学工业园管委会主任李纪宁，区委常委、区政法委书记、滨河生态新城管委会主任杨松涛，管委会副主任包括：王玉辰、黄士硕、李慈、张洪利、年军、李景祥。

沈阳经济技术开发区主要经济综合指标一览表

项目		单位	2012 年	2013 年	增减（%）
开发区生产总值		亿元	867.3	954.91	9.6
第二产业		亿元	734.41	810.26	9.7
工业		亿元	716.05	790.36	9.6
第三产业		亿元	123.41	134.71	9.4
工业总产值（现价）		亿元	2573.67	2881.91	12.0
进出口总额		亿美元	30.04	34.09	13.5
出口		亿美元	17.8	20.51	15.2
财政收入		亿元	72.53	75.18	3.7
税收收入		亿元	57.04	57.21	0.3
外商及港澳台企业		个	12	14	16.7
新批企业投资额	外商及港澳台企业	亿美元	3.03	5.25	73.3
	增资企业	亿美元	5.81	0.92	-84.2
合同外资金额		亿美元	0.81	2.05	153.1
外商实际投资		亿美元	8.44	9.79	16.0
固定资产投资		亿元	401.53	467.39	16.4
万元 GDP 能耗		吨标煤/万元	3.77	3.77	

（沈阳经济技术开发区管委会）

杭州经济技术开发区

【经济发展】 2013年，杭州经济技术开发区（以下简称“杭州开发区”），实现地区生产总值585.46亿元，比上年增长7.2%。杭州开发区工业经济平稳增长，全年完成工业总产值2100.75亿元，比上年增长6.6%；完成工业销售产值2107.58亿元，同比增长6.3%。全区主导产业产值1861.87亿元，同比增长6.7%。全年完成财政总收入127.23亿元，比上年增长8.0%，财政支出83.67亿元。

【产业发展】 机械制造、电子信息、食品饮料、生物医药、汽车及零部件、新能源产业全区主导产业产值1861.87亿元，比上年增长6.7%。其中，机械制造业销售产值530.39亿元，同比增长6.8%；电子通信业销售产值334.08亿元，同比增长5.8%；食品饮料业销售产值308.26亿元，同比下降2.8%；生物医药业销售产值93.61亿元，同比增长53.5%；四大优势产业分别占全区规模以上工业销售产值比重24.61%、15.50%、14.30%、4.34%。新汽车及零部件产业实现规模以上工业销售产值574.58亿元，同比增长6.8%；新能源产业实现规模以上工业销售产值20.94亿元，同比增长27.2%。

【招商引资】 全年累计引进合同外资16.95亿美元，比上年增长2.2%。其中，新批项目45个，增资、减资及股权转让项目31个。全年实际利用外资8.77亿美元 。实际利用外资1000万美元以上项目23个，其中，制造业项目9个，服务业项目14个；完成实到内资52.12亿元，完成全年任务目标的175%，同比增长24.1%。到位资金6000万元以上大项目12个，其中，制造业项目8个，服务业项目4个。至2013年末，杭州开发区累计引进外资企业753个，合同外资109.21亿美元。

【对外贸易】 2013年全年完成进出口总额87.2亿美元，比上年增长4.2%。完成进口总额28.75亿美元，比上年下降7.7%，其中，外商投资企业完成25.19亿美元，比上年下降10.5%；完成出口总额58.45亿美元，比上年增长11.3%，其中，外商投资企业完成46.60亿美元，比上年下降3.6%。杭州开发区被浙江省商务厅评为“全省外贸十强区”。出口产品中以机电产品、高新技术产品为主，其中，机电产品出口总额为33.71亿美元，同比增长2.58%；从贸易方式来看，进料加工29.39亿美元，同比下降4.5%，一般贸易10.35亿美元，同比增长1.84%。从出口市场看，对亚太经合和日本的出口量较大，分别占到全部出口额的57.2%和30.4%。

【科技创新】 2013年，杭州开发区加快推进“东部科技港”建设，坚持构建以企业为主体、市场为导向、产学研相结合的区域创新体系，实现规模以上工业企业高新技术产业销售产值481.7亿元，占全区工业总产值的30.98%。实现新产品产值373.3亿元，新产品产值率24.3%。当年限额以上高技术服务业营业收入占限额以上服务业比重8.15%。全年新增市级高新技术企业29个，累计325个；新增国家级高新技术企业14个，累计80个。全年新认定市级以上企业研发（技术）中心25个，其中省级研发（技术）中心5

个、市级研发（技术）中心20个。至2013年末，杭州开发区市级以上研发（技术）中心累计146个。全年新增省专利示范企业1个，新增区级专利试点企业9个。专利申请量6382件，比上年增长19.6%；专利授权量3645件，其中，企业专利授权量1087件，同比增长31.6%。发明专利申请量2015件，同比增长35.78%，发明专利授权量549件，同比增长2%。

【前进工业园区】 前进工业园区是杭州开发区在杭州大江东区域的功能拓展区，面积40平方千米，2002年7月批准成立。2006年4月明确四至界线。2007年8月进入实质性开发阶段，首期启动5.35平方千米开发建设。2013年，园区完成固定资产投资75亿元，其中，基础设施建设投资11亿元、工业项目投资64亿元；实现合同外资4.31亿美元，实际利用外资1.83亿美元，实到内资19.24亿美元。至2013年末，园区累计投入建设资金100亿元，建成主骨架道路11条，通车里程27千米，供电能力28万千伏安，日供水能力15万立方米，日污水处理能力6万吨；引进项目31个，其中，外资项目14个，总投资19.24亿美元；内资项目17个，总投资163.4亿元。

【功能配套】 2013年，杭州市德胜东路高架快速路建成通车，下沙至萧山国际机场大巴开通营运，新开、优化公交线路9条，增加自行车服务点20处。杭州市下沙医院（邵逸夫医院下沙院区）投入运营，东方医院二期项目结顶，3所学校和幼儿园建成投用，8.4万平方米公共租赁房和41.5万平方米人才专用房建设加快推进。实施现代服务业发展三年行动计划，建成投用商业平台83.6万平方米，业态涵盖金融服务、高端商务、现代商贸等领域。

【社会事业】 2013年，全区有中小学校13所，在校学生1.7万人，在册教职工1156人。义务教育阶段在校学生1.67万人，其中外来务工人员随迁子女1.2万人。成立养老服务指导中心，增加养老床位180张，新建居家养老服务工作站8个、社区居家养老服务照料中心1个、老年食堂7个。发放抚恤补助37.01万元，重点优抚对象医疗报销2.22万元，发放补助32.7万元、立功奖励2925元。全区28个社区帮扶救助服务站，全年向低保家庭发放低保金7.11万元，发放残疾人生活保障金等44.17万元、物价补助7.36万元。开展慈善救助，全年善款支出409万元。其中，助学助困支出70万元，单位、个人捐款定向支出262.62万元，日常救助支出36.5万元，甘霖教育基金救助支出39.23万元，四川雅安地震解缴市慈善总会16.46万元。

【机构设置与管委会领导】 杭州开发区下设监察局、管委会办公室、人事劳动社会保障局、政法委、机关党委、杭州开发区人民法院、杭州开发区人民检察院、经济发展局、社会发展局、公安分局、财政局、国土分局、规划分局、建设局、招商局、卫生分局、城市管理办公室、出口加工区综合管理局、总工会、残疾人联合会等行政部门。

杭州开发区管理委员会党工委书记陈晨，党工委副书记邵立春。杭州开发区管理委员会主任陈晨，党工委委员、管委会副主任詹国平、何铨寿、王永芳、姚利民、马佳骏、郝大龙。杭州开发区管理委员会纪工委书记俞斌，工委委员虞付月。

杭州经济技术开发区主要经济综合指标一览表

项目		单位	2012 年	2013 年	增减（%）
开发区生产总值		亿元	546.85	585.46	7.2
第二产业		亿元	431.43	445.17	7.1
工业		亿元	418.47	432.07	7.2
第三产业		亿元	114.18	139.18	7.5
工业总产值（现价）		亿元	1970.09	2100.75	6.6
高新技术企业		亿元	1306.17	1391.25	6.5
销售（营业）收入		亿元	2355.60	2514.02	6.7
工业		亿元	1982.17	2107.58	6.3
利润总额		亿元			
工业		亿元	156.43	158.14	1.1
区内主导产业及产值		亿元	1744.63	1861.87	6.7
主导产业	1. 机械制造	亿元	496.39	530.39	6.8
	2. 电子通信	亿元	315.83	334.08	5.8
	3. 食品饮料	亿元	316.99	308.26	-2.8
	4. 生物医药	亿元	60.97	93.61	53.5
	5. 汽车及零部件	亿元	537.98	574.58	6.8
	6. 新能源产业	亿元	16.47	20.94	27.2
进出口总额		亿美元	133.42	126.55	-5.1
出口		亿美元	69.49	72.72	4.6
财政收入		亿元	117.77	127.23	8.0
税收收入		亿元	117.77	127.23	8.0
财政支出		亿元	78.81	83.67	6.2
新批企业个数		个	1633	1648	0.9
外商及港澳台企业		个	44	45	2.3
内资企业		个	1589	1603	0.9
新批企业投资额	外商及港澳台企业	亿美元	26.92	13.52	-49.8
	内资企业	亿元	96.85	78.57	-18.9
	增资企业	亿美元	1.54	3.15	104.5
合同外资金额		亿美元	16.58	16.95	2.2
外商实际投资		亿美元	10.03	8.77	-12.6
固定资产投资		亿元	262.69	308.52	17.4
年末从业人员数		个	255409	257100	0.7
在岗职工数		个	255409	257100	0.7
在岗职工平均工资		元	65995.00	69818.00	5.8
规模以上企业个数		个	450	610	35.6
工业		个	339	365	7.7
万元 GDP 能耗		吨标煤/万元	0.12	0.13	8.3

（杭州经济技术开发区管委会）

武汉经济技术开发区

【经济发展】 2013年，武汉经济技术开发区（以下简称“武汉开发区”）完成地区生产总值848.8亿元，同比增长13.3%；实际利用外资3.15亿美元，同比增长17.5%；固定资产投资350亿元，增长36.6%；财政收入282.8亿元，增长15%。地方公共财政预算收入56.92亿元，增长18.1%。

【工业产业发展】 全年完成工业总产值4160亿元，增长25%；规模以上工业总产值2361亿元，增长23%；规模以上工业增加值682亿元，增长22%。

【项目建设】 神龙三厂顺利投产。东风雷诺整车项目正式开工建设。东本三厂、东风乘用车新能源汽车、东风史密斯半挂车、东风格特拉克、武汉理工通宇电驱动自动变速箱和新能源专用汽车、武汉理工大学新能源汽车工业技术研究院等整车、零部件和研发项目顺利落户武汉开发区，投资总额超过350亿元，新引进整车产能达106万辆。成功引进江城亚洲心脏病医院、中交二航局投资建设大厦、武汉市政科技信息研发中心等项目。总投资15亿元的永旺梦乐城项目顺利开工。全面跟踪在建、新开工、新投产项目情况，定期召开项目协调会，大力推动企业信息化服务平台建设。

【园区特色】 在发展汽车及零部件和电子电器两大支柱产业的同时，大力发展高端装备制造、新一代信息技术和现代服务业。以申办中国飞行者大会为契机打造国家通用航空产业基地。国家卫星产业国际创新园获国家科技部认定，将发展成卫星通讯、导航、遥感、装备制造等产业的聚集区。微软武汉分公司落户武汉开发区，与开发区在智慧城市项目、扶持新创企业、建立智慧城市创新中心、微软IT学院以及微软技术实践中心等5个方面展开合作。

【科技与融资】 建立高新技术产品备案奖励制度，31家企业获高新技术企业认定，法雷奥、康明斯东亚研究中心等7家企业获批省级企业技术中心。促进企业上市融资，成立武汉开发区民营企业上市促进会，25家企业进入湖北省和武汉市上市后备企业名单，同济现代医药成功在新三板挂牌。经开公司探索筹建中小企业创业创新金融服务平台，获国家开发银行湖北分行10亿元集合贷款，其融资服务能力达到50亿元以上。

【管理与服务】 完善开发区工委、管委会领导和部门对口联系企业制度，建立横到边、纵到底的运行保障体系，及时处理企业反映的困难和问题。推进民营经济发展，建立涵盖763家民营工业企业的信息库，制定《民营三十条实施细则》。多渠道帮助企业申报国家、省、市各类专项资金，累计获得各类资金支持超5000万元。发起设立武汉经源融资租赁有限公司，投资参与设立武汉环保创业投资基金，为解决中小企业融资困难提供多种渠道。

【基础设施建设】 以“十个突出问题”整改公开承诺和“大城管”考核为主线，以创卫工作为抓手，解决一批城市管理的重点难点问题。建立健全市政安全管理责任体系与日常巡查防控工作机制。启用数字化城市管理平台，实现武汉开发区范围内网格化管理，提高市政基础设施精细化管理水平。城管工作单月考核排名多次位列全市第一，总分继续保持全市领先。完成绿化建设投资3.4亿元，新增绿化面积80.1万平方米，城市绿地率达到34.4%，人均公园绿地面积14.3平方米。

【社会事业】 完成从“出生到养老”的社会事业发展规划，完善社会事业项目整体布局，全方位建设15分钟社会服务圈，促进开发区社会公共服务均等化。全年新增就业人数6152人，劳动关系保持了总体和谐稳定。把丧失劳动能力的成年三级精神和智力残疾人纳入最低生活保障范围，设立城乡困难群众临时救助基金及大病医疗救助基金各300万元。

【机构设置与管委会领导】 工委：市委常委、开发区工委书记、汉南区区委书记朱毅，区委副书记、管委会主任李忠，工委委员、纪工委书记柴文圻。

管委会：管委会主任李忠，工委委员、管委会副主任秦吉斌，工委委员、管委会副主任、汉南区区长陈平，工委委员、管委会副主任彭绪宁，工委委员、管委会副主任李林，工委委员、管委会副主任窦智，工委委员、管委会副主任周勇士。

武汉经济技术开发区主要经济综合指标一览表

项目		单位	2012年	2013年	增减（%）
开发区生产总值		亿元	749.2	848.8	13.3
第二产业		亿元	647.4	736.5	13.8
第三产业		亿元	101.2	111.6	10.3
工业总产值（现价）		亿元	2162.3	2511.3	16.1
区内主导产业及产值					
主导产业	1. 汽车	亿元	1461.2	1809.2	23.8
	2. 电子电器	亿元	382.8	368.7	-3.7
	3. 食品饮料	亿元	86.4	88.1	2.0
进出口总额		亿美元	40.7	42.5	4.4
出口		亿美元	14.1	15.4	9.2
财政收入		亿元	246	282.8	15
税收收入		亿元	216.2	244.3	13
新批企业个数		个	749	960	
外商及港澳台企业		个	13	19	
合同外资金额		亿美元	8.2	9	9.8
外商实际投资		亿美元	2.68	3.15	17.5
固定资产投资		亿元	256.2	350	36.6
年末从业人员数		个	157900	167400	
在岗职工数		个	14.8万	15.6万	
在岗职工平均工资		元	4.9万	5.4万	

（武汉经济技术开发区管委会）

惠州大亚湾经济技术开发区

【经济发展】 2013年，惠州大亚湾经济技术开发区（以下简称“大亚湾开发区”）全区生产总值468.6亿元，增长11%。其中，第二产业增加值408.7亿元，增长10.5%；第三产业增加值58.1亿元，增长15.8%。固定资产投资179.3亿元，增长22.4%，其中工业投资78.6亿元，增长14.6%；社会消费品零售总额18.9亿元，增长12.2%；税收总额199.6亿元（不含海关代征税126.7亿元），增长3.4%；公共财政预算收入29.8亿元，增长33.1%；公共财政预算支出37.4亿元，增长1.5%；农村居民人均纯收入1.46万元，增长12.3%。

【工业产业发展】 全年实现规模以上工业总产值1738.8亿元，增长11.4%。全年石化产业受中海炼油、中海壳牌、中海开氏、海能发稳定生产的带动，实现工业总产值1342.4亿元，增长8.9%，电子信息产业因比亚迪电子、比亚迪实业订单需求增多拉动，全年实现工业总产值171.7亿元，增长22.4%，汽车零配件产业因整车销售增长带动比亚迪电池订单增多，全年实现工业总产值79.5亿元，增长40.4%。

【项目建设】 2013年，重点建设项目38项，全年累计完成投资71.6亿元。其中，省、市重点项目16项，累计完成投资52.9亿元。其中，惠州历史上投资规模最大的项目——中海油惠炼二期顺利动工，奥拓LED、浩宁达物联网等15宗项目也动工建设，可隆、长润发、东方雨虹等10宗项目竣工投产。

【招商引资】 2013年，全区新引进项目31宗，总投资额约323亿元。其中，石化区项目15宗，投资额为152亿元；西区项目12宗，投资额为117.2亿元；港区项目1宗，投资额为6亿元；其他区域项目3宗，投资额为22.9亿元。东风本田一体化项目已落户新兴产业园。全区内资合同利用资金实现88亿元，资金到位率为40.8%，履约率达100%；合同利用外资实现3.9亿美元，增长6.3%；实际利用外资实现3.5亿美元，增长6.3%。

【科技创新】 2013年，共投入科技扶持资金2316万元，全社会共申报专利825件，增长88.8%，其中发明专利137件，增长63.1%。获得国家人社部人才项目2项、国家科技部中小企业创新基金2项，中山大学惠州研究院获评“中国产学研合作创新奖”；中海油院士工作站挂牌运作，引进了4位院士、9名博士和45名教授进驻园区开展创新活动，设立了博士后创新实践基地，累计引进研发机构、总部经济、检测机构、孵化项目共40宗。大亚湾检验检疫局石油与生物能源重点实验室通过验收，可对油气和石化产品开展80多项检测。

【基础设施建设】 交通路网进一步完善，中兴北路、龙山八路已贯通，进港路、疏港大道稳步推进，淡澳河两侧滨河路工程开工建设。围绕“三个节点”，即惠亚医院开业、惠州南站开通和深圳东部公交对接，优化相关公交客运线路，新增和调整了多条公交线路；完成澳头临时公交首末站发车功能区建设。板嶂岭公园、虎头山公园一期、渔人码头二期等项目加快推进。澳头沃尔玛超市顺利开业，太东时尚岛商贸城和世纪城商贸城初具规模。

【管理与服务】 深化商事登记制度和投资项目审批制度改革，社会投资项目从选址到开工的审批时限由原来约260个工作日缩短到39个工作日以内，政府投资项目从批准项目建议书到批准开工的审批时限由原来约300个工作日缩短到54个工作日以内。网上办事大厅建设顺利推进，共录入服务事项753项，行政审批事项网上办理率94%，公共服务事项网上办理率79%。建立了“网上注册易”平台，成立了大亚湾开发区公共资源交易中心。大力推进基本公共服务均等化改革，全年实施改革项目182项，其中153项提前完成。大力推进农村股份合作制改革，完成改革并验收的村（社区）委会5个、村（社区）民小组89个，农村股份制改革步伐走在全市前列。

【生态环保】 大亚湾石化工业园区绿色升级示范创建工作顺利完成，成为全省首批绿色升级示范工业园区。澳头、西区街道办成功创建为省级生态乡镇，完成首批10个村环境整治示范点建设工作，建成5个生态湿地工程，全区累计创建生态示范村23个。第二水质净化厂（西区生活污水处理厂）基本建成，第三水质净化厂（霞涌生活污水处理厂）项目进展顺利，同步实施区内配套污水管网工程建设。

【社会事业】 2013年，全区实施十大民生实事、38个子项目，共完成投资7.18亿元，涉及教育文化、医疗卫生、社会保障等多个民生领域。强化职业技能培训，培训人数达5.07万人次；举办大中型专场招聘会52场，解决高校毕业生就业1140人；完成了3个街道人力资源和社会保障服务所建设；出台《关于做好进城务工人员随迁子女义务教育工作的意见》解决随迁子女受教育问题；中大惠亚医院于11月12日正式开业，形成了以中大惠亚医院为龙头，澳头、霞涌、西区3间社区卫生服务中心为骨干，58间村（社区）卫生站为基础的三级卫生服务网络；按照“五个有”标准要求，完成了17个村级文化室建设；印发实施《大亚湾区扶持渔村集体经济转型发展暂行办法》，加强渔民技能培训和扶持渔村发展集体经济转型项目；印发《大亚湾区市民实用手册》近10万册。

【党建工作】 制定下发《大亚湾区村级党组织星级化管理实施办法（试行）》，开展村（社区）“两委”干部述职述廉考核。全区共实现跨单位干部调动45人次，其中区内调动43人。组织实施了9期培训班，累计培训党员干部2100多人次。开展首届“建功大亚湾”杰出人才奖评选活动。加强行政审批绩效测评监控，全年共受理行政审批事项33892件，提前办结29059件。加大“民意绿色通道”群众诉求的督查督办，受理4469件，办结4422件。深化区、街道、村三级纠风工作网络建设，增设区私营企业协会等6个纠风工作站。在全区开展“万众评公务”活动，对区14个单位窗口开展民主评议政风行风活动。

【机构设置与管委会领导】 惠州大亚湾经济开发区管理委员会下设两委办公室、组织部、政法委、工贸局、住建局、社管局、宣教局、人社局、交通运输局、财政局、审计局、环保局12个工作部门。大亚湾开发区委书记侯经能，区委副书记、管委会主任黄伟才，区委副书记张添才，区委常委、纪委书记曾红胜，区委常委、管委会常务副主任、管委会党组副书记吴欣，区委常委、管委会常务副主任（挂职）、管委会党组副书记陈新烈，区委常委、政法委书记巫远斌，区委常委、管委会副主任（挂职）赵岩，区委常委、管委会副主任黄辉，区委常委、组织部部长詹星，区委常委、两委办主任黄伟忠，区管委会副主任：叶光明、李耀楠、张忠、刘小林、陈东照、黄志军。

惠州大亚湾经济技术开发区主要经济综合指标一览表

项目		单位	2012 年	2013 年	增减（%）
开发区生产总值		亿元	440.8	468.6	11.0
第二产业		亿元	390.2	408.7	10.5
工业		亿元	375.2	395.9	11.5
第三产业		亿元	48.8	58.1	15.8
工业总产值（现价）		亿元	1669.6	1747.7	11.4
高新技术企业		亿元	151.8	214.6	34.6
区内主导产业及产值		亿元	1514.4	1593.6	11.4
主导产业	1. 石化产业	亿元	1316.0	1342.4	8.9
	2. 电子信息产业	亿元	140.6	171.7	22.4
	3. 汽车零部件产业	亿元	57.8	79.5	40.4
销售（营业）收入		亿元	1821.7	1851.7	1.6
第二产业		亿元	1708.8	1683.9	-1.5
工业		亿元	1706.1	1681.4	-1.4
第三产业		亿元	112.8	167.8	48.7
利润总额		亿元	34.3	61.3	78.8
第二产业		亿元	33.0	59.3	79.6
工业		亿元	33.1	59.3	79.0
第三产业		亿元	3.0	2.1	-32.3
进出口总额		亿美元	37.8	41.0	8.5
出口		亿美元	22.1	24.4	10.2
财政收入		亿元	398.2	342.2	-14.1
税收收入		亿元	358.3	314.1	-12.3
财政支出		亿元	36.8	37.4	1.5
新批企业个数		个	540	702	30.0
外商及港澳台企业		个	7	8	14.3
内资企业		个	533	694	30.2
新批企业投资额	外商及港澳台企业	亿美元	1.8	1.3	-28.8
	内资企业	亿元	97.3	253.3	160.3
合同外资金额		亿美元	3.67	3.91	6.3
外商实际投资		亿美元	3.29	3.50	6.3
固定资产投资		亿元	146.5	179.3	22.4
年末从业人员数		个	136700	140889	3.1
在岗职工数		个	136421	139879	2.5
在岗职工平均工资		元	48822	50972	4.4
规模以上企业个数		个	186	249	33.9
工业		个	95	102	7.4
万元 GDP 能耗		吨标准煤/万元	2.12	2.03	-4.5

（惠州大亚湾经济技术开发区管委会）

萧山经济技术开发区

【经济发展】 萧山经济技术开发区（以下简称“萧山开发区”）下辖三个新城——市北城、桥南城和江东新城，拥有三大国家级产业基地——江东新能源高新技术产业基地、装备制造新型工业化产业基地和杭州软件产业基地萧山扩展区块。2013年，萧山开发区全年实现地区生产总值254.8亿元，同比增长14.4%；实现财政总收入54.1亿元；地方财政收入25.8亿元，同比增长2.8%。实现工业总产值847.2亿元，同比增长8.1%；规模以上工业销售产值723.6亿元，同比增长4.8%；规模以上工业增加值150.6亿元，同比增长19.6%；工业利润58.5亿元，同比增长14.4%。完成出口交货值24.5亿美元，同比增长2.8%。完成固定资产投资85.2亿元，同比增长8.7%；其中工业投资47.2亿元，同比增长0.7%。三产营业收入769.9亿元，同比增长36.8%；三产增加值73.2亿元，同比增长36.7%。全年完成合同外资6.1亿美元，同比增长6%；实际利用外资4.16亿美元，同比增长7%；市外到位内资25.8亿元，同比增长48%。

【招商引资】 2013年，全年新引进项目48个，其中注册资本1000万美元以上的外资项目22个，5000万美元以上的大项目4个。总投资50亿元的欧洲高端食品项目落户江东新城，总投资20亿元的宝龙城市广场落户市北城，浙江最大的中外合资融资租赁项目杭州金投融资租赁有限公司落户市北城，总投资6000万美元的郑泰（杭州）工程机械有限公司落户桥南城。杭州湾信息港委托浙大网新运营招商，现已有80余家企业签约入驻，包括世界500强美国CHC医疗集团、阿里云创业创新园、网盛生意宝、浙江众合机电等知名企业。潮峰钢构集团利用原有厂房，成立空间结构科技产业园，招引国内外优质钢结构企业，着力打造萧山钢结构总部产业集聚区。全年新批不用地内外资项目共37个，占全部新批项目的77%。其中新批不用地外资项目18个，完成合同外资1.8亿美元。

【科技创新】 全年规模以上工业企业科研经费支出13.3亿元，同比增长44.6%；实现高新技术产业销售产值148.9亿元，增幅高于规模以上工业销售产值6个百分点。华瑞信息、方重科技、坤联网络等12家企业被新认定为国家级高新技术企业；传化精细化工被新认定为国家火炬计划重点高新技术企业；兆丰机电、圣奥家具被新认定为国家级实验室。新增省科技型企业8家，雏鹰计划企业1家，市级创新型（示范）企业2家，其中市级创新型（示范）企业累计达到9家；新增省级企业研发中心8家，累计38家。大胜达包装一项目被列入国家火炬计划，艾洛益公司一项目列为国家科技部863攻关课题，中德传动一技改项目填补国内空白，清本环保一项目被列入省重大科技专项计划。

【产业项目】 通过实施项目联系制，优化部门联动，强化要素保障，重抓考核监管，53个产业项目全年完成投资22.3亿元。越西客车等8个项目建成投产，椰林装饰等12个项目土建竣工，融创信息等10个项目在建。全年发放工程许可证建筑面积107万平方米，其中竣工验收103万平方米。

【现代服务业】 2013年，萧山开发区本级三产服务业的营业收入比重从上年的45%提升到55%。积极推行对楼宇企业的信息电子网络化、动态化管理。金融、商贸、信息、总部经济等一批知名企业落户开发区。创设开发区首只产业基金——中以科创产业基金；杭州国际珠宝城已成为华东地区规模第一的珠宝交易集散地；省内首家本土航空公司长龙航空开通客运航班；新世界财富中心投入运营，雷迪森铂丽大饭店开业；天辰国际、华瑞中心被认定为区级商务楼宇；程帆化工全年营业收入突破100亿元。

【生态环保】 深入实施“四边三化”、“清水治污”，进一步规范市场经营管理、道路秩序，启动“生猪禁限养”专项行动工作，“最清洁城乡工程”位列全区前列。积极做好印染、化工、铸造行业的淘汰整治提升工作。29家企业被列入淘汰整治名单；落实废气回收措施，全面完成中水回用和氮氧化物减排任务；实施重点节能改造项目18个；完成12家企业清洁生产审核和9家企业电平衡测试。全年万元GDP综合能耗比上年下降7.4%。

【人才建设】 大力加强人才工作，建成人才公寓1幢，成功创建省海外高层次人才创业创新基地，出台《2013年开发区人才工作意见》，新增省级博士后科研工作试点单位1家，市院士专家工作站1家，杭州市“131”中青年人才培养计划4人。目前，开发区共有国家、省“千人计划”人才及市全球引才“521”计划专家11人，杭州市首席技师3名，萧山区首席技师23名。

【社会事业】 江东老年房租赁工作稳步实施，完成明怡花园四期138套房子的交房工作。开发区小学挂牌开班，笑笑·蓝鲸幼儿园开工建设，江东文化服务中心启用。新增社保2633人，完成率296%；完成就业再就业893人，超额393人。做好劳资对接，为企业输送员工8800多人。完成社区支部、居委会换届。推进“平安网格”创建全覆盖，全年各类刑事案件、治安案件明显下降。钱江社区创建为市民主法治社区。

【文化建设】 开展了纪念开发区成立二十周年——“美丽之路”系列活动。创作了开发区之歌——《为开发而生》，制作了开发区宣传片和宣传册，编辑《我和开发区的故事》、《诗人走进开发区》、《激情·责任·梦想》、《美的生长》等文集，举办“开发区草根好声音”活动，进一步营造了开发区激情创业的良好氛围。

【党建工作】 成立两新党组织11家，区域联合支部3家，机关支部1家，临时党支部1家，重汽杭发党委整建制迁入开发区；规范党员发展，落实全程记实制，发展党员66名，转正党员122名；发挥党建指导员作用，两新党组织工作全面覆盖。深入开展政务环境优化年活动，不断提升党员干部的服务力、执行力；深入推进党员干部的学习教育和学习型党组织建设，举办了“国家级开发区如何转型升级”等专题讲座；开展了“学党章、守纪律、转作风”主题教育活动，开展了“走先辈路，提精气神”为主题的党性教育培训等，党员干部的业务素质、宗旨意识得到进一步加强。严格落实中央“八项规定”，全面落实党风廉政建设责任制，开展行政事业干部各类会员卡专项清退工作和违法建筑“零报告”活动，编印《党风廉政建设有关规定》，深化“效能亮剑”活动，加强工程建设效能监察，举行警示教育，严肃党纪政纪。

【机构设置与管委会领导】 管委会内设办公室、招商局、经济发展局、国土规划局、人力资源和社会保障局、社会事业发展局、财政局、政策研究室、直属党委等九个部门，下设红垦农场、钱江农场、高层次（海外）人才创业服务中心、招商中心、会计结算中心、后勤服务中心、企业服务中心、市政公用事业管理处、计划生育服务中心、江东工业园区开发建设服务中心等10家事业单位。2013年领导班子：萧山区委常委、开发区党工委书记、管委会主任裘超，党工委副书记章燕梁，党工委委员、管委会副主任周利明、陈兴康、施天　贵、顾大飞、姜国法、屠锦铭。

萧山经济技术开发区主要经济综合指标一览表

项目		单位	2012	2013	增减（%）
开发区生产总值		亿元	242.98	272.54	12.2
第二产业		亿元	178.91	188.84	5.6
工业		亿元	177.44	180.36	1.6
第三产业		亿元	54.06	73.22	35.4
工业总产值（现价）		亿元	849.75	943.71	11.1
高新技术企业		亿元	262.92	344.88	31.2
销售（营业）收入		亿元	1454.49	1753.73	20.6
第二产业		亿元	981.69	1014.53	3.3
工业		亿元	907.10	919.64	1.4
第三产业		亿元	472.80	739.20	56.3
利润总额		亿元	89.98	99.56	10.6
第二产业		亿元	63.14	67.56	7.0
工业		亿元	60.73	64.65	6.5
区内主导产业及产值					
主导产业	1. 机械	亿元	185.21	193.73	4.6
	2. 纺织	亿元	62.97	71.22	13.1
	3. 服装	亿元	55.19	55.52	0.6
第三产业		亿元	472.80	739.20	56.3
进出口总额		亿美元	33.98	30.19	-11.2
出口		亿美元	28.05	24.33	-13.3
财政收入		亿元	58.17	54.05	-7.1
税收收入		亿元	21.24	25.80	21.5
财政支出		亿元	28.65	42.35	47.8
新批企业个数		个	44.00	48.00	9.1
外商及港澳台企业		个	29.00	29.00	0.0
内资企业		个	15.00	19.00	26.7
新批企业投资额	外商及港澳台企业	亿美元	5.74	9.14	59.2
	内资企业	亿元	16.50	24.50	48.5
	增资企业	亿美元	2.30	2.29	-0.4
合同外资金额		亿美元	5.58	5.90	5.7
外商实际投资		亿美元	3.88	4.15	7.0
固定资产投资		亿元	78.32	97.58	24.6
年末从业人员数		个	180254	174179	-3.4
在岗职工数		个	180254	174179	-3.4
在岗职工平均工资		元	40888	47753	16.8
规模以上企业个数		个	586	600	2.4
工业		个	380	383	0.8
万元 GDP 能耗			0.44	0.67	52.3

（萧山经济技术开发区管委会）

北京经济技术开发区

【经济发展】 2013年，北京经济技术开发区（以下简称“北京开发区”）完成地区生产总值913.5亿元，同比增长10.4%。完成规模以上工业总产值2292.9亿元，增长4.8%。完成全社会固定资产投资375.2亿元，增长10.4%。完成出口总额110.3亿美元，增长2.6%。完成税收收入298.5亿元，增长13.4%。规模以上企业实现收入4786.2亿元，同比增长10.6%，利润总额276.6亿元，增长30.4%；汽车与交通设备产业实现产值492.7亿元，同比增长26.5%，对全区产值增长的贡献率达98.3%；现代制造业完成产值1852.7亿元，占全市现代制造业产值的近1/4；每公顷土地完成投资、税收分别为2056.7万美元、1292.3万元，同比增长26.5%、8.7%，单位地区生产总值能耗仅为北京市的1/3。

【工业产业发展】 北京开发区确立四大主导产业，总产值2059.2亿元，占开发区产值的89.8%。其中，电子信息产业产值865.2亿元，占工业总量比重为37.7%；装备制造产业产值466.7亿元，占工业总量比重20.4%；生物工程和医药产业产值234.6亿元，占工业总量比重为10.2%；汽车及交通设备产业产值492.7亿元，占工业总量比重为21.1%，同比增长21.5%。

【科技创新】 新增市级研发机构35家，4家孵化器进入市级孵化基地行列。新培育“小巨人”重点企业、北京市专利试点企业等共76家。3家企业入选第一批国家级知识产权优势企业。发布“德勤亦庄高科技高成长20强”，其中7家跻身德勤中国50强。成为全市首个国家生物医药国际创新园，国家知识产权试点园区申报通过初审。区内有国家级高新技术企业344家，国家级、市级研发中心140多家。高新技术产业产值占工业总产值连续九年超过80%，有64家企业的243种产品被认定为北京市自主创新产品。

【对外贸易】 外贸进出口211.8亿美元，下降3.4%。其中，出口总额101.5亿美元，下降9.2%；进口总额110.3亿美元，增长2.6%。完成高新技术产品进出口134.2亿美元，下降6.9%。完成机电产品进出口182.8亿美元，占全区进出口总额比重为86.3%。

【招商引资】 设立驻德国招商代表处，加大对欧盟国家的主动招商力度；健全项目全程管理机制，强化目标责任。全年引资总额83亿美元，同比增长73%。36个重大项目签约落地，其中包括中石化新能源总部、GE医疗中国总部等一批总部类项目，以及乐视智能电视、泰德制药二期等一批高端制造业项目。

【投融资建设】 3月19日，嘉捷小微企业互助基金成立大会暨首批会员贷款放款仪式举行，北京新北铜铝业有限公司、北京祥聚斋食品有限公司等13家企业通过基金获得民生银行贷款；6月25日，在“战略资源合作产业金融创新 北京·亦庄·汇龙森科技园服务创新发布会”上，汇龙森发布了一系列金融服务项目，意欲在园区打造金融超市；8月，北京市开发区首家综合性融资租赁公司北京亦庄国际融资租赁有限公司获批成立，中信银行给予中小企业服务中心10亿元人民币的综合授信额度，标志北京市开发区 6 + 1 + N 金融服务体系进一步完善。

【生态环保】 推进国家生态工业示范园区建设，坚决落实清洁空气行动计划。现有两座污水处理厂提级改造工程竣工，亦庄水厂建设前期工作进展顺利，推广利用自有绿地就地消纳雨水。实现光伏电站并网发电超过 2000 万千瓦时，减少碳排放超过 2 万吨。

【管理与服务】 落实 AB 角工作制度，综合施策完成 17 户异地纳税企业迁入工作，增加税款 2.4 亿元。保税物流中心检验检疫业务正式启动，行政审批、外事管理等服务质量进一步提升。从简办公，压缩“三公”经费，强化工程项目招投标、入区协议履行等关键环节审计监督，完善制度、关口前移。成为国家智慧城市试点。高度重视安全生产工作，积极开展安全大检查，强化安全责任体系建设。

【人才建设】 新增中央“千人计划”4 人、北京市“海聚工程”7 人，入选首批“北京学者”1 人，新认定新区海外高层次人才 26 人。新设博士后科研工作站 3 家。出台《建设高技术制造业和战略性新兴产业领军人才发展示范区的实施意见》，进一步强化新区人才支撑产业发展的引领示范作用。

【信息化建设】 8 月 16 日，住建部公布中国第二批智慧城市试点名单，确定北京经济技术开发区为 2013 年度国家智慧城市试点。开发区针对本地区新型城镇化推进中的实际问题，制订出智慧城市创建目标，制订创建任务和重点项目的时间节点，明确责任和考核制度。不断深化网站内容管理，加大信息资源整合，2013 年全年页面浏览量超过 754 万次，同比增长 81%；其中境外浏览量超过 42 万次，同比增长 71%。

【基础设施建设】 京沪高速（四环至六环段）整体改造、博大路改造、旧忠桥建设等重点项目前期工作进展顺利。新开通和优化 10 条公交线路，交通通行能力显著提升。建成博兴路、经海路两座消防站并投入使用。有序实施城市“三化”工程，完成 6 条道路的景观提升工作。成龙世界公园项目正式入驻，同仁医院二期完成立项，十一学校实验小学等“三校三园”投入使用，新增 4 处社区文化活动场所，河西区社区卫生服务中心正式开工。加大向“综配区”投资倾斜力度，完成固定资产投资 10 亿元。

【社会事业】 6 月，滨河森林公园建成。7 月 25 ~ 26 日，选举产生了开发区第一届社区党委，并创新设置席位制委员，参与社区共建。8 月 21 日，北京经济技术开发区数字电视产业园员工之家举行了揭牌仪式，该员工之家正式向数电园广大职工开放。9 月 12 日，著名演员成龙与开发区管委会签订合作协议，正式启动“成龙世界公园”项目。

【政策发布】 7 月 15 日，北京市开发区出台《北京经济技术开发区关于进一步加强工业用地管理，提高土地节约集约利用水平的实施意见》（以下简称《意见》），提出在北京市开发区内，工业用地出让年限由原来的一次性出让 50 年调整为“一般不高于 20 年”；提出通过制定开发区产业发展规划，明确主导产业、鼓励性产业以及限制类产业名录，制定企业入区标准、工业用地标准等方式以强化工业用地供应导向；提出“代建厂房用地供应”和“工业用地使用权直接租赁”两种工业用地供应方式，保障招商工作、提高工业用地集约节约水平。11 月 14 日，新区促进科技创新发展的实施细则出台。根据《中共北京市委北京市人民政府关于深化科技体制改革加快首都创新体系建设的意见》、《北京市科技计划项目（课题）经费管理办法》，参照《促进新区产业发展指导意见》等有关规定，为鼓励和支持新区企业进行科技创新活动，提高自主创新能力，促使各种生产要素向科技创新和高端产业集聚，促进创新成果向现实生产力转化，制定实施细则。

【党建工作】 3 月 12 日，北京市开发区召开工委党群工作汇报会，研究部署 2013 年党群工作。3月16日，200多位来自开发区企业、社区基层党团组织负责人参加北京经济技术开发区2013年企业基层党团工作会。9月17日，新区召开非公企业党建工作会。12月7日，北京市开发区企业第三次党员代表大会在党群活动服务中心召开。12月20日，中共嘉捷企业汇总支部委员会成立大会在嘉捷双子座大厦召开。

【机构设置与管委会领导】 北京市开发区管委会下设管委办公室、发展和改革局（商务局）、产业促进局、科技局（知识产权局）、财政局、人事劳动和社会保障局、房屋和土地管理局、建设发展局、市政管理局、社会发展局、审计局、环境保护局、统计局、安监局、研究室、信息化工作办公室、城管执法分局、规划分局。

北京市开发区管委会领导成员有：管委会主任张伯旭，副主任赵昕昕、高言杰、王合生、绳立成、程京、袁立洪、张伟、陈小男。

北京经济技术开发区主要经济综合指标一览表

项目		单位	2013年	2012年	增减（%）
开发区生产总值		亿元	913.5	827.7	10.4
第二产业		亿元	596.6	542.0	10.1
工业		亿元	568.6	516.2	10.1
第三产业		亿元	316.9	285.7	10.9
工业总产值（现价）		亿元	2292.9	2187.9	4.8
高新技术企业		亿元	2163.2	1993.7	8.5
销售（营业）收入		亿元	4786.2	4328.5	10.6
第二产业		亿元	2712.4	2598.8	4.4
工业		亿元	2427.6	2317.0	4.8
第三产业		亿元	2073.8	1729.7	19.9
利润总额		亿元	276.6	212.1	30.4
第二产业		亿元	190.9	161.3	18.3
工业		亿元	181.2	152.7	18.7
第三产业		亿元	85.7	50.8	68.6
区内主导产业及产值			2059.2	1956.7	5.2
主导产业	1. 电子信息产业	亿元	865.2	872.8	-0.9
	2. 装备产业	亿元	466.7	457.9	1.9
	3. 生物与医药产业	亿元	234.6	236.6	-0.9
	4. 汽车与交通设备产业	亿元	492.7	389.4	26.5
进出口总额		亿美元	211.8	219.2	-3.4
出口		亿美元	110.3	107.5	2.6
财政收入		亿元	381.3	336.3	13.4
税收收入		亿元	298.5	263.2	13.4
公共财政预算支出		亿元	102.0	84.0	21.4
新批企业个数		个	1414	1210	16.9

续表

项目		单位	2013 年	2012 年	增减（%）
外商及港澳台企业		个	35	42	-16.7
内资企业		个	1379	1168	18.1
新批企业投资额	外商及港澳台企业	亿美元	40.5	5.5	635.5
	内资企业	亿元	66.9	97.2	-31.2
	增资企业	亿美元	42.7	39.2	8.9
合同外资金额		亿美元	8.0	7.3	9.9
外商实际投资		亿美元	6.3	6.7	-6.3
固定资产投资		亿元	375.2	339.9	10.4
全部从业人员年末人数		人	279462	275219	1.5
在岗职工数		人	227547	215362	5.7
全部从业人员年平均工资		元	91127	84581	7.7
规模以上企业个数		个	724	721	0.4
工业		个	259	260	-0.4
万元 GDP 能耗		吨标煤/万元	0.173	0.178	-2.8

注：开发区生产总值、万元 GDP 能耗为初步核算数。

（北京经济技术开发区管委会）

乌鲁木齐经济技术开发区（头屯河区）

【经济发展】 2013年，乌鲁木齐经济技术开发区（头屯河区）[以下简称“乌鲁木齐开发区（头屯河区）”] 实现主要经济指标“三年翻一番”，地区生产总值497.4亿元，增长15.1%；工业总产值超1000亿元，占全市总额的近40%；全社会固定资产投资320亿元，增长28%；社会消费品零售总额33亿元，增长20%；财政收入99.3亿元，增长25.4%；地方财政支出51亿元，增长34.6%；税收收入74.9亿元，增长22.4%；进出口总额62.7亿美元，增长0.5%；城镇居民人均可支配收入20780元，增长13%；人均GDP达到17.15万元；人均公共财政收入达到1.97万元；万元工业增加值能耗下降17%；直属国有企业资产总规模达到200亿元。

【工业产业发展】 乌鲁木齐开发区（头屯河区）工业总产值突破1000亿元，成为新疆首家“千亿园区”；工业增加值356亿元，增长11.2%；内资企业投资额513.4亿元，增长17.1%；外商及港澳台企业投资额2.15亿元，增长4.2%。风电设备制造恢复性增长，金属制品制造遏制下滑，机械装备制造、汽车制造、生物发酵制品成为新的增长点。引进法液空、乘用车零部件、大唐循环热电联产等28个工业项目，上海大众5万辆轿车、阜丰二期3万吨生物发酵制品等工业项目建成投产。

【园区特色】 乌鲁木齐开发区（头屯河区）集国家级经济技术开发区、国家级出口加工区、行政区、兵地合作区于一体，叠加高铁枢纽、白鸟湖高端商务区、新疆软件园、天山云计算产业园、服务外包基地、大学科技园、留学人员创业园、科技企业孵化器、高教园、哈萨克斯坦境外园等多种功能载体，是新疆承载要素最多的开发区，是乌鲁木齐市乃至全新疆的先进制造业基地。成立“1+8”功能园区办公室，加快重大项目研究推进。新疆软件园创智大厦完成外墙封闭，配套设施、招商引资、运营管理等工作同步跟进，已有近70家从事系统集成、软件开发和信息技术服务的知名企业进驻，实现经营性收入近2亿元；天山云计算产业基地规划设计、商业策划、项目引进等工作全面启动，广电网络“天山媒体云”、西北曙光“电子政务云”等大型云计算项目顺利签约落地；服务外包基地、国际纺织品服装商贸中心、现代物流、重点产业链、小微企业园前期工作进展顺利。

【科技创新】 制定《乌鲁木齐经济技术开发区（头屯河区）优秀科技创新企业评选办法》，对园区自主创新意识较强、成长性较好的10家优秀科技企业进行表彰奖励；组织实施自主创新资金、中小微企业创新基金项目61项，兑现高新技术企业奖励和知识产权奖励，共计安排资金额度达到4822万元；兑现企业扶持资金近11亿元，新增高新技术企业7家、工程技术研究中心3个、创新型示范企业10家；组织申报国家863计划、科技支撑计划和国家级中小企业创新基金项目立项16项，有27个项目获得自治区科技厅批准立项，已争取扶持资金3900万元，比上年增长30%以上；申请专利602项，授权专利量302项。

【招商引资】 进出口总额62.7亿美元，增长0.5%，其中出口额51.4亿美元，增长2.6%，进口额11.3亿美元，减少8%；新批外商投资项目2个，减少50%，投资总额2.15亿美元，增长4.2%；合同外资金额5684万元，增长29.9%；新批内资企业47个，增长74.1%，注册资本总额513.4亿元，增长17.1%；全年共引入59个项目，总投资450亿元；新疆亚欧博览会签约继续保持全市第一；高铁片区已签约万达广场、宝能综合体、湖南商会总部等6个项目，总投资220亿元；白鸟湖新区签约了宝能商业街、温商总部、苏商大厦等12个服务业项目，总投资90亿元；引进14个制造业配套项目，总投资40亿元。

【生态环保】 完成主要污染物减排任务，减少排放二氧化硫6000吨、化学需氧量700吨、氨氮140吨；八钢烧结机烟气脱硫、工业污水深度处理及综合利用工程项目开始运行；头屯河区污水处理厂改扩建工程已完成；完成辖区内2760台自采暖燃煤小锅炉的清洁能源改造任务；投入4.3亿元，建成苗圃3000亩、游园20处，新增绿地5300亩；完成小绿谷提升工程；获得国家环保部、国家商务部和国家科技部三部委联合批复的国家生态工业示范园区，成为西北地区首家国家级经济技术开发区。

【管理与服务】 注重提升管理和服务能力，紧密围绕“致力于为企业创造价值”服务理念，采取“贴上去、要需求、搭平台”的主动服务手段，加快推动政府职能转变，制定完善政府议事规则，承接市级城市管理权限290项，办理网络问政109项。

【人才建设】 引进清华大学、北京大学、北京师范大学等高校21名研究生，其中，博士2名，硕士19名；开办第二届企业总裁高级研修班和人力资源部长培训班，分别有50名总裁及企业高级管理人员和60余名人力资源部长参加培训；选派50名“党政一把手”赴清华培训；组织新疆中油管业、国药集团新疆制药厂、新疆生化药业、阿尔曼清真食品工业集团、新疆西尔丹食品有限公司等5家驻区企业申报“国家级博士后科研工作站”；乌鲁木齐开发区（头屯河区）获得新疆首家自治区级博士后创新实践基地资格，申报建立基地10家。

【社会事业】 投入20亿元用于民生建设。新增就业1.4万人、安置应届大中专毕业生近2000人；建成4个社区卫生服务中心（站）、2所社区老年日间照料中心；发放低保、助学、助残等救助金2000余万元；社会保险参保46万人次；改造棚户区近3万平方米，续建保障性住房近900套，建设富民安居房110户；完成10个老旧小区节能改造，拆除小锅炉2700余台，新增燃气供热面积760万平方米；区文体中心完成主体工程，2个街道文化站、5个社区文化室实现达标，开展“文化下乡”、“百日广场文化”、“天山放歌行”等活动120多场次；成功创建自治区文明城区。

【基础设施建设】 城市基础设施建设逐步完善。增设维修环卫设施770个，改造巷道9公里，开通延伸公交线路7条。高铁片区卫星路南延工程、北广场及配套市政工程等项目全面开工建设，白鸟湖新区主干道路、供排水、燃气等基础设施基本完成，两个新区建成路网总长120公里，累计建成楼宇体量达640万平米。安排本级财政资金10亿元，落实融资157亿元，用于推进高铁片区、白鸟湖新区、一号台地等重点工程建设。累计投入10亿元建设绿色园林城区，高标准、高起点、高效益打造宜业宜居环境。

【信息化建设】 信息化建设投入450万元，建成远程视频会议系统；新增6个重点社区的分控室及400个监控点位；启动云计算试点工作。

【党建工作】 严格落实中央“八项规定”和新疆自治区党委、乌鲁木齐市委“十项规定”，整治“四风”，反对浪费，厉行节约，“三公”经费压缩40%，文件简报减少30%。

【机构设置与管委会领导】 乌鲁木齐开发区（大屯河区）下设人力资源和社会保障局；财政局；经济和发展改革委员会；商务局；安全生产监督管理局；招商服务局；出口加工区管理委员会办公室；建设局；市政市容局；规划房产局；房屋征收与补偿管理办公室；环境保护局；科技局；农牧水务局；教育局；民政局；文化体育旅游局；卫生局；区人口和计划生育委员会；执法局；司法局；审计局；统计局；信访局；甘泉堡工业园区开发建设管理办公室；头屯河工业园区管委会办公室；社会服务管理局。

管委会领导有：管委会主任薛继海，管委会副主任杨勇、李志干、郭洪耀、张新强、李贺祖、张长林、丁彤卒、侯洁琼、韩炬。

乌鲁木齐经济技术开发区（头屯河区）主要经济综合指标一览表

项目		单位	2012年	2013年	增减（%）
开发区生产总值		亿元	432.2	497.4	15.1
第二产业		亿元	330.5	378.4	14.5
工业		亿元	320.3	356.1	11.2
第三产业		亿元	101.7	112.7	10.8
工业总产值（现价）		亿元	908.8	1002.2	10.3
高新技术企业		亿元	145	185.4	27.9
销售（营业）收入		亿元	2157.9	2427.8	12.5
第二产业		亿元	920.3	1018.1	10.6
工业		亿元	784.7	864.9	10.2
第三产业		亿元	1237.6	1409.7	13.9
利润总额		亿元	72.1	82.9	15.0
第二产业		亿元	34.8	38.1	9.5
工业		亿元	31.4	34.3	9.2
第三产业		亿元	37.3	44.8	20.1
区内主导产业及产值					
主导产业	1. 黑色金属冶炼和压延加工业	亿元	497.2	459.4	-7.6
	2. 电气机械和器材制造业	亿元	106.7	147.1	37.9
	3. 金属制品业	亿元	46.7	57.9	24.0
	4. 食品制造业	亿元	36.3	63	73.6
	5. 橡胶和塑料制品业	亿元	26.4	40.9	54.9
	6. 非金属矿物制品业	亿元	15.1	30.1	99.3
进出口总额		亿美元	62.4	62.7	0.5
出口		亿美元	50.1	51.4	2.6
财政收入		亿元	79.2	99.3	25.4
税收收入		亿元	61.2	74.9	22.4
财政支出		亿元	37.9	51	34.6

续表

项　　目		单位	2012 年	2013 年	增减（%）
新批企业个数		个	31	49	58.1
外商及港澳台企业		个	4	2	-50.0
内资企业		个	27	47	74.1
新批企业投资额	外商及港澳台企业	亿美元	2.07	2.15	4.2
	内资企业	亿元	438.6	513.4	17.1
合同外资金额		亿美元	0.4377	0.5684	29.9
外商实际投资		亿美元	0.3953	0.4058	2.6
固定资产投资		亿元	251.1	320.1	27.5
年末从业人员数		个	84933	86834	2.2
在岗职工数		个	62407	67146	7.6
在岗职工平均工资		元	63414	68251	7.6
规模以上企业个数		个	388	457	17.8
工业		个	107	116	8.4
万元 GDP 能耗		吨标煤/万元	1.33	1.17	-12.1

[乌鲁木齐经济技术开发区（头屯河区）管委会]

合肥经济技术开发区

【经济发展】 2013年，合肥经济技术开发区（以下简称“合肥经开区”）实现地区生产总值931.4亿元，同比增长21%；其中，第二产业增加值797.7亿元，同比增长20.1%；第三产业增加值133.8亿元，同比增长26.8%；第二、第三产业比例为85.6∶14.4。全年财政收入124.7亿元，比上年增长12.3%，税收收入101.2亿元，比上年增长8.3%，全年地方财政收入49.6亿元，比上年增长8.1%。

【工业产业发展】 2013年全年实现工业增加值747.7亿元，比上年增长20.8%；全年工业总产值2832.1亿元，比上年增长22.6%。在规模以上工业中，外商及中国港、澳、台投资工业总产值1697.8亿元，同比增长21.3%；内资工业总产值1104.6亿元，同比增长21.4%。规模以上工业中，家电电子、装备制造、汽车及零部件、快速消费品、电子信息、新材料、生物医药、住宅产业化等八大产业完成工业总产值2662.3亿元，比上年增长21%，占全区规模以上工业总产值的95%。家电产业相继引进海尔、美菱、华凌、美的、长虹、格力、晶弘、冠捷等知名企业。2013年，家电产业实现产值987.5亿元，增长16.3%，占全区比重为35.2%，比上年同期提高5.6个百分点。全年生产彩电277.6万台，空调399.2万台，洗衣机403.2万台，冰箱1743.8万台。

【招商引资】 2013年新批外商及港澳台投资项目18家，办理增资项目13家，项目投资总额8.24亿美元；合同外资金额2.41亿美元，同比下降24.39%；实际使用外资金额4.2亿美元，同比增长0.9%。全年新设立登记内资企业68家，新增内资企业注册资本20.4亿元；新增民营企业979家，注册资本35.1亿元。

【科技创新】 截至2013年底，全区共有各类国家级研发中心10家，省级研发中心38家，其中国家级企业技术中心数量占安徽省的20.4%。2013年，共申请专利2259件，同比增长65.6%，其中，发明专利793件，同比增长67.7%，完成目标任务120%；授权专利1386件，同比增长46.2%。合肥经开区大学城共有各类大专院校15个，在校大学生12万人；入区企业设立院士工作站3个、博士后工作站2个；2013年，全区高新技术产业产值占规模以上工业总产值的69.6%，高新技术企业96家。专利申请量达到2259件，其中，发明专利申请量达793件，同比增长67.7%；授权专利1386件，同比增长46.2%；其中，发明专利63件，同比增长50%。

【投融资建设】 建立管委会、财政与融资平台之间决策、监督、执行相分离的投融资管理体制：管委会作为决策机构，负责对全区投融资工作进行统一管理，对投融资重大事项进行研究决策；财政局作为监督管理机构，负责对投融资工作进行统一管理，编制年度投融资计划，具体包括项目建设全过程的成本控制、融资项目策划、金融机构和政府部门的协调等融资促进工作以及对贷款资金使用进行监督，对政府债务进行动态管理并建立风险预警机制；海恒集团作为投融资执行机构，负责融资、投资及到期债务偿还等落实工作。2013

年，共组织融资平台落实项目融资资金12.8亿元，其中，发行5年期中期票据融资9亿元，国开行保障性住房融资0.5亿元，商业银行产业项目融资3.3亿元。

【生态环保】 2013年，合肥经开区积极创建创建国家生态工业示范园区，新建污水管网23.3公里，污水管网累计建设达到260公里；污水处理厂日均处理量达到21.51万吨，污水处理厂三期及提标改造工程开工建设。合肥杰事杰新材料股份有限公司等9家单位通过了清洁生产审核。区内已形成蒸汽供应能力430吨/小时，配套建设了约63公里的集中供热管网，为全区75户企业集中供热。截至2013年底，全区大中型企业有51户企业使用天然气。管委会通过ISO9001质量管理体系和ISO14001环境管理体系认证审核，同时积极鼓励和支持区内企业开展ISO14000环境管理体系认证，截至2013年底，共有82家企业通过认证。2013年，共处理污水7853万吨，COD削减12861吨，氨氮削减1988吨，减排二氧化硫1.59吨，氮氧化物17.96吨，烟尘14.92吨；完成佳通轮胎密炼车间生物除臭治理工程，全年完成绿化面积91.2万平方米。

【人才建设】 2013年，合肥经开区有院士工作站3个、博士后工作站2个、千人计划1人，出台了《关于印发合肥经济技术开发区引进和培育高层次科技人才实施细则的通知》、《关于印发合肥经济技术开发区引进和培育高层次科技人才实施办法的通知》等人才引进政策。2013年，共培训技能型人才10201人，其中，初级工5652人，中级工1099人，高级工3450人。

【基础设施建设】 2013月，合肥经开区市政基础设施项目和社区及文教卫生项目累计完成投资约13.7亿元，市级投资约16亿元建成方兴大道等跨区域基础设施项目。新建宿松路（紫云路—方兴大道）等工程，改建完成汤口路（青龙潭—蓬莱、青鸾—天都）工程，续建完成桃枝路（卫星—泵站）等工程；改造完成西北生活区壶天路（金炉—笔峰）等工程，新建出口加工区1#、6#、7#等道路，全年完成18条8.6万平方米道路大修。铺设紫石路等雨污水管网约27公里，完成十五路河等污水截流及紫云路等污水管网改造维修工程。完成联想10KV，双维伊士曼、江汽纳威司达35KV供电线路工程，220KV蓬谷变建成投运，110KV天海变主体工程基本完成。

【政策发布】 2013年6月17日，发布《合肥经济技术开发区推动工业转型升级加快新型工业化发展若干政策》、《合肥经济技术开发区重大项目招商引资支持办法》、《合肥经济技术开发区鼓励和促进企业上市暂行办法》、《合肥经济技术开发区进一步推进科技创新若干政策措施》、《合肥经济技术开发区引进和培育高层次科技人才实施办法》、《合肥经济技术开发区大力发展民营经济实施办法》、《合肥经济技术开发区创业投资基金管理办法》、《合肥经济技术开发区创新创业园入园企业扶持奖励政策》、《合肥经济技术开发区集成电路设计企业研发费用补贴实施办法》，6月19日，发布《合肥经济技术开发区推进企业股权和分红激励试点实施方案》。

【管理与服务】 为项目立项等重大审批事项提供全程服务，实行24小时全天候网上审批。内资项目备案审批程序直接由经贸局领导审核就可以直接备案，缩减了办理时间。对于项目、企业和群众要求办理的事项和服务，做到“马上办、不过夜”；全力营造“四个零”良好服务氛围，即:“零关系”办事、“零利益”服务、招商引资项目“零障碍”入驻、“零干扰”企业生产经营活动；由管委会班子成员包保项目，帮扶企业，到企业走访调研，推进银企合作，组织50家企业参加银企对接，签约金额76亿元，与工商、徽商、杭州三大银行开展战略合作。为企业减免各类行政事业性收费290项共6943万元，帮助企业争取资金支持7.18亿元，为企业解决用工3.5万人。

【社会事业】 2013年，合肥经开区投入民生类资金27.2亿元。城乡居民养老保险参保18037人；6万名高刘镇居民由新农合转为城镇居民医保，建立健全“全覆盖”托底式的社会救助体系；6168人获得就业技能培训，新增就业15361人。在全省首家认定民营大学生创业孵化基地、首推劳动争议“周六仲裁庭”。天门湖公租房一期获2012年“全国保障性安居工程建设劳动竞赛优秀工程项目奖”；投入3300多万元改造提升校园环境及教学设施，与华师大合作创办翡翠学校，新增11所普惠幼儿园；成功举办第五届文化艺术节、第三届中小学运动会等群众性文体活动，芙蓉社区文化活动中心被评为安徽省城市特色社区文化中心。组织道德模范、好人和“感动经开十大人物”评选等各类活动，1人获第四届全国道德模范提名奖。不断完善社会治安防控体系，推进天网工程建设。

【党建工作】 印发《关于进一步加强社区基层党的建设若干意见》，对基层党组织开展评星定级活动。制定《关于进一步加强全区非公有制企业党的建设若干意见》，对全区非公企业进行排查摸底和集中组建党组织，建立和完善两项新机制。强化党风廉政建设责任制，与全区党建工作同布置、同推进、同检查。强化作风建设，严格执行中央“八项规定”、安徽省委“三十条规定”和合肥市委“十条工作意见”。强化执纪执法监督，保障政令畅通。完善领导干部监督管理制度，修订出台《合肥经济技术开发区效能告诫办法》。

【机构设置与管委会领导】 合肥经开区下设党工委办公室、管委会办公室、经贸发展局、建设发展局、社区管理局、财政局、社会发展局、人事劳动局、信访局、城市管理局、招商局、环保分局等17个工作部门。合肥经开区党工委书记、管委会主任姚卫东，党工委副书记、管委会副主任操云何、桑林兵；工委委员、管委会副主任孙余洲、李保国、程振革、吴昊、王家和。

合肥经济技术开发区主要经济综合指标一览表

项　　目	单位	2012年	2013年	增减（%）
开发区生产总值	亿元	769.6	931.4	21
第二产业	亿元	664.1	797.7	20.1
工业	亿元	619.1	747.7	20.8
第三产业	亿元	105.5	133.8	26.8
工业总产值（现价）	亿元	2310	2832	22.6
高新技术企业	亿元	1600.5	1950.2	21.9
销售（营业）收入	亿元	2847.9	3474.3	22
第二产业	亿元	2261.4	2815.2	24.5
工业	亿元	2063.5	2587.4	25.4
第三产业	亿元	585.5	659.1	12.8
利润总额	亿元	117.3	143.4	22.3
第二产业	亿元	103.5	128.9	24.5
工业	亿元	98.4	122.4	24.5

续表

项目		单位	2012 年	2013 年	增减（%）
区内主导产业及产值					
主导产业	家电配套产业	亿元	8492645	9875108	45.1
	汽车零部件产业	亿元	6733274	7561467	12.3
	装备制造产业	亿元	4060017	4375686	21.5
	快速消费品产业	亿元	2286167	2554131	12.1
进出口总额		亿美元	370.7	336.8	10.1
出口		亿美元	191.7	216.7	13
财政收入		亿元	111.1	124.7	12.3
税收收入		亿元	93.4	101.1	8.3
新批企业个数		个	137	163	19
外商及港澳台企业		个	12	12	
内资企业		个	125	151	20.8
新批企业投资额	外商及港澳台企业	亿美元	5.11	1.2	
	内资企业	亿元	193.9	238.5	23
合同外资金额		亿美元	12164	26767	120.1
外商实际投资		亿美元	43307	44008	1.6
固定资产投资		亿元	3957556	4670085	18
年末从业人员数		个	173331	187415	8.1
在岗职工数		个	127344	140199	10.1
在岗职工平均工资		元	51216	53576	4.6
规模以上企业个数		个	283	340	20
工业		个	208	234	12.5
万元 GDP 能耗		吨标煤/万元	0.2476	0.2321	-6.2

（合肥经济技术开发区管委会）

成都经济技术开发区

【概况】 成都经济技术开发区（简称“成都经开区”）是2000年2月国务院批准成立的国家级经济技术开发区；2005年9月被国家信息产业部批准为国家（成都）电子元器件产业园；2010年10月被国家工信部批准为国家新型工业化（汽车）产业示范基地创建单位。成都经开区是四川省重点培育的特色成长型千亿产业园区，位于成都市向东发展的主体区域，是连接成都市至重庆市、上海市、广西省出海大通道的东部门户要塞。

【经济发展】 2013年，成都经开区全年完成地区生产总值837.1亿元，同比增长（下同）19%；全社会固定资产投资500.9亿元，增长20.1%；地方公共财政收入49.2亿元，增长22.9%；社会消费品零售总额92.1亿元，增长11.3%；城镇居民人均可支配收入26992元、农民人均纯收入14098元，分别增长11.5%、12.3%；城镇登记失业率2.4%；万元GDP能耗下降3.4%。汽车制造业主营业务收入首次超过1000亿元，地方财政收入、地方财政可支配财力均突破100亿元，区域经济总量、工业增加值、工业税收跃居全省区（市）县第一。

【汽车产业】 一汽大众等重点整车企业扩产增效，沃尔沃建成投产，大运汽车加快建设，新速腾等整车（整机）实现产量73.2万辆、增长95.1%，占全省整车总产量的89.6%。富维江森等84个项目扩能增效，博世底盘等13个项目建成投产，一汽铸造等19个项目加快建设，已聚集汽车零部件项目220余个；汽车零部件地方产品配套率达21%、提高5个百分点。孔辉底盘测试中心等10个高端研发项目和经开科技孵化园二期、银河总部经济港等一批公共技术和综合承载平台建成投运；奥迪名车展销中心正式运营，银诚美车城等3个汽贸项目加快建设，一汽大众品牌4S店等3个汽贸项目签约落户。汽车制造业实现主营业务收入1093亿元、增加值390亿元、利税257亿元，分别增长60.1%、52.3%、60.7%；全区规模以上工业增加值641亿元、增长22.3%，对成都规模以上工业增加值增长贡献率达56.4%、比2012年提高18个百分点。

【对外合作】 抓住成都财富全球论坛、世界华商大会等重大节会机遇，签约引进重大项目31个，实际到位省外内资188.8亿元，实际利用外资7.5亿美元。成都经开区聚集世界500强投资企业50余家、上市公司42家。深化与泸州、宜宾等港口的合作，初步搭建了以成都经开区为起点的公水联运快速通道。巩固提升与资阳简阳的现代工业和与湖北咸宁等的现代农业区域合作。全年实现进出口总额27亿美元，增长25%。

【科技创新】 创新创业主体加快聚集，以汽车产业为重点的研发机构新增19家、达160家，高新技术、创新型企业新增27家、达139家。马尔斯光电、哈曼多媒体等10个高端研发项目建成投运。创新创业公共平台加快建设，孔辉底盘测试中心、四川装备制造信息中心等8个公共技术平台，瑞士SGS（瑞士通用公证行，是全球领先的检验、鉴定、测试和认证机构）等10个检测认证服务平台和银河、鼎峰等一批总部经济项目建成投运，入驻研发、服务企业403家。创新创业人才队伍不断壮大，新引进长江学者中南大学贺跃辉、清华李克强、吉大管欣等汽车产业领军人才10名，国内外一流高校博硕士等高层次人才820名。

【项目建设】 民生银行信用卡中心建成投运，亚太环保等15个项目加快建设，恒鼎世纪汽车总部经济大厦等7个项目签约入驻。希尔顿酒店等5个项目加快建设，福泉中心等4个项目开工建设，森悦城市综合体等7个项目签约落户。龙泉物流中心3000亩规划区域形成运营能力，成都公路口岸联检大楼主体完工，意大利维龙龙泉物流中心、上海畅联西南区域运营总部签约落户；物流企业实现主营业务收入54亿元。配气站建成投运，220千伏十陵站、110千伏书房村站等变电站项目加快建设，全区电、气、油全年供应量分别达到26.9亿千瓦时、2.3亿立方米、20.8万吨，分别增长22.3%、3%、12.7%。

【生态环保】 国家生态工业园区创建工作稳步推进，中德国际“合作开发区能效和产业共生项目”顺利实施，建立了全国国家级开发区首家能效网络小组和西部首个产业共生网络，初步实现了园区物资闭环循环与能量梯级利用，中国开发区协会联合德国GIZ授予经开区“中德合作节能示范区”称号。城市景观更加靓丽。打造三环路龙泉段等10个节点景观，新建绿道22.5公里、湿地憩园13处，新增城市绿地26万平方米。加快推进芦溪河、陡沟河等污水处理厂扩能建设，启动27条河道污染源治理和桃花湖建设。完成环城生态区植绿18.2万平方米，实施龙泉山生态植被恢复工程，新植生态公益林3000亩。顺利通过国家级生态区建设技术评估，柏合等4个乡镇成功创建国家级生态乡镇。

【社会事业】 城乡新增转移就业1.6万人，新市民集中居住区就业率达97.6%；新增创业4083户；本区生源高校毕业生就业率达96.9%；城乡各类社会保险新增参保7万人次、参保总量达138万人次，发放养老金11.2亿元；城乡养老保险参保覆盖率达95%，城乡基本医疗保险参保率达99.3%；城乡低保标准统一提高到500元/人·月。高考本科硬上线3075人、上线率57.1%，连续6年位居全市郊区（市）县第一，成功创建“全国社区教育实验区”。在全市率先实施新生儿关爱补助、乙肝疫苗免费接种等4项惠民举措；成功创建国家级卫生应急综合示范区。区图书馆洛带分馆等3个项目建成投用，举办“文化下乡”巡演200场，放映公益电影2000场，市民艺术学校免费培训1万余人次，成功创建成都市公共文化服务体系先行（免检）区。

【机构设置及管委会领导】 成都经开区党工委、管委会内设机构为“一办七局”，即党工委、管委会办公室（含机关党委）：负责党工委、管委会文秘、信息、文书、组织人事、人才开发、群团、目标管理督查、机关后勤事务、机关财务、对外联络及对外接待和会务承办等方面的工作。负责机关党的建设、纪检监察、共青团、妇联、工会、人事工资、离退休干部管理等方面工作；协助区委组织部指导园区企业党建等工作。汽车产业投资服务局、现代工业投资服务局、项目建设服务局、企业发展服务局、统筹发展局、区域合作局、汽车研发和贸易博览投资服务局。主要领导包括：成都市市长助理、党工委书记、区委书记陈争鸣，党工委副书记、管委会主任、区长何勋，区政府党组副书记、管委会副主任李桦，党工委委员、管委会副主任贾伦才，党工委委员、管委会副主任程果，党工委委员、管委会副主任蔡本刚。

成都经济技术开发区主要经济综合指标一览表

项　目		单位	2012 年	2013 年	增减（%）
成都经开区生产总值		亿元	631.4	837.1	19
第二产业		亿元	483.1	674.1	22.7
工业		亿元	457.2	644.5	23
第三产业		亿元	120.8	135.8	10
主导产业	1. 汽车工业	亿元	541.3	950.0	75.5
	2. 机械工业	亿元	78.7	86.5	9.9
	3. 食品、饮料及烟草	亿元	234.2	259.6	10.8
进出口总额		亿美元	23.7	27.2	25
出口		亿美元	4.9	6	22.3
固定资产投资		亿元	416.9	500.9	20.1
在岗职工平均工资		元	52392	56191	7.3
规模以上企业个数		个	425	460	8.2
工业		个	192	212	10
万元 GDP 能耗		吨标煤/万元	0.611	0.594	-2.81

（成都经济技术开发区管委会）

长沙经济技术开发区

【经济发展】 2013年，长沙经济技术开发区（以下简称“长沙经开区”）实现地区生产总值645.9亿元，按可比价格计算，比上年增长12.3%。其中，第二产业增加值完成513.1亿元，可比增长11.7%，第三产业增加值完成132.8亿元，可比增长14.8%，第二、第三产业比例为3.8∶1，全员劳动生产率49.5万元/人。财政收入继续保持快速增长。全年财政收入122.08亿元，比上年增长5.1%，税收收入90.13亿元，增长5.7%。

【工业产业发展】 全年实现工业增加值463.5亿元，其中，规模以上工业增加值456.1亿元，可比增长12.03%。全年工业总产值1562.1亿元，比上年增长11%，其中规模以上工业总产值1557亿元，增长11%。在规模以上工业中，外商及港澳台投资工业总产值33.9亿元，增长105.9%；内资工业总产值1223.4亿元，下降1.5%。产业结构进一步优化升级。规模以上工业中，工程机械、电子通讯、汽车等三大产业完成工业总产值1347亿元，占全区规模以上工业总产值的86%。

【对外贸易】 外贸进出口23.12亿美元，增长12.46%。其中，出口总额9.71亿美元，增长34.73%；进口总额13.41亿美元，增长0.44%。完成高新技术产品进出口7.12亿美元，增长83.63%。完成机电产品进出口19.17亿美元，占全区进出口总额比重为82.92%。

【项目建设】 全区80多个待建、在建项目全面铺开，全年完成新开工项目22个，竣工项目15个。除投资达120亿元的上海大众项目外，蓝思科技榔梨工业园、工程机械交易展示中心、山河工业城、广汽三菱扩建工程等重大项目正全力推进。

【招商引资】 全年新批外商及港澳台投资项目3家，办理增资项目8家；实际使用外资金额3.28亿美元。全年新设立登记内资企业314家，注册资本12.63亿元。完成到位外资3.28亿美元，同比增长21%。完成省外境内到位资金16.03亿元，同比增长13.95%；完成市外境内资金形成固投36.29亿元，同比增长9.42%。

【科技创新】 高新技术产业产值占规模以上工业总产值的77.5%，高新技术企业达89家。孵化器建设完成投资18.45亿元，开工建设面积65.8万平方米，建成孵化面积45.7万平方米。创业中心在孵企业达187家，中介服务机构10家。完成国家知识产权示范园区申报工作，顺利通过省局评审。新增博士后工作站1家，省工程技术研究中心1家、院士工作站3家，创新型企业6家，高新技术企业10家。建立知识产权工作站，与省知识产权局共签合作协议，开展支部双联工作，共同推进园区知识产权工作。汽车产业技术联盟举行技术对接10余次，荣获全市联盟工作第一名。成功组织科交会，50家企业实物参展，21个签约项目成功签约。

【投融资建设】 新增贷款34.8亿元（不包括中期票据15亿元），其中信用贷款10亿元、信托贷款15亿元、委托债权贷款5亿元。公司授信额度稳步增长，顺利渡过公司一期债券的首期兑付。公司中票在 12 月份获得注册发行通知。经开区获得中央财政贴息 7330 万元，再次名列全国经开区第一。积极协助园区企业申报上级各项财政资金达到 1.5 亿元。支持企业上市，推进公司参股入股。瑞翔新材料等 7 家企业进入长沙市 2013 年拟上市企业名单。先后向星沙产业基地和污水净化中心增资。工程建设公司与上海大众祥源动力成立合资公司。

【生态环保】 对原处理规模 12 万吨/天的污水处理系统进行提质工艺改造，实现对 9 家重点企业和 3 座集中污水处理厂排污状况的实时监测。对自建污水处理站企业开展第三方委托处理工作，完成环评审批 73 项，环保竣工验收 28 项，环保审查 99 项，核发排污许可证 22 个，环评“三同时”执行率达到 100%。深入开展浏阳河污染整治。联合县环保局发放整改通知 49 份，其中，完成整改的企业 30 家，正在整改的企业 14 家。获得独立能评审批及备案权，全年有 8 个项目开展节能评估与审查，29 个项目办理节能备案登记。落实园区 20MW 金太阳项目，有序推进“环保三年行动计划”项目，经开区 8 个项目纳入计划。对园区 143 家排污企业进行监测，对 90 家企业的固废和危废管理情况进行检查。

【人才建设】 出台《招才引智三年行动计划》和《加快引进和培养技能型人才三年行动计划》，3 年投入两亿元，引进培养 100 名高层次创新创业人才和 10000 名技能型人才。在美国硅谷、华盛顿及温哥华设立长沙经开区海外招才引智工作站，打造“才聚星沙”招聘会，为园区企业招揽人才 9300 人次。依托“星沙大讲堂”等平台，全年组织 14 场培训，培训 3290 人。选聘机关人员到集团公司、合作园区任职挂职，严格部门及员工绩效考核，分别在北京大学和省委党校举办干部轮训班。

【信息化建设】 2013 年，全年投入通信建设资金 3477.37 万元，新建开通 CDMA 基站 20 个，基站数累计 216 个，3G 信号覆盖长沙经开区，新建 7 个 4G 基站；模块点 447 个，有交换点 891 个，其中室内模块 200 个，室外模块 691 个。交换设备总容量 290186 门，其中：EWSD 设备容量 140720 门，商用网及综合接入设备容量 33610 门，软交换设备 110768 门。传输网络拥有 12 个 SDH 骨干环网、54 个用户网链、100 个 C 网接入链，2M 端口 29634 个；DDN 端口容量 167 个，网元出租 2M 电路 838 条。

【基础设施建设】 2013 年，共平整场地 306.67 公顷，启动大小建设项目 72 个，新建道路里程 16.5 公里，完成基础设施建设投资 6.2 亿元。人民东路顺利通车，星沙海关、长沙出入境检验检疫局综合楼项目主体工程已竣工，电力设施加快完善，榔梨公租房、板桥公租房、职工之家建设进展顺利。

【管理与服务】 落实园区工会属地化管理，获准全省试点园区。在全国首创推行园区工会会员代表常任制，推进企业工资集体协商机制建设，覆盖面达 85%。完善领导干部联系项目制度、项目调度会制度、项目现场观摩督查制度、问题集中交办制度。深入推进项目建设“全程代办”工作，制定全程代办工作手册，工商注册类项目代办办结率达 100%。持续推进企业信用体系建设，将园区 32 家施工单位纳入信用体系，努力打造诚信企业、建设诚信园区。完善 ADR 调处机制，成功率 94%。改进政务公开、窗口办公，严格落实机关干部行为规范八条，优化机关大院环境。

【社会事业】 2013 年，投入社会管理创新经费 2000 万元，启动龙华二期安置区、榔梨公租房、板桥公租房建设，完成华湘、泉塘三期安置区建筑面积 28.6 万平方米；完成企业员工集中居住小区提质改造。全面推进丁家社区办公楼、泉塘卫生院、泉塘公园等 23 个公共服务项目建设。发扬“天网工程”作用，强化信息化、网格化建设，提高社会治安动态管控能力。

【党建工作】 深化“机关党支部+企业党支部”互联共建工作，积极开展“三亮三比三创三评”为民服务创先争优活动。组织党工委中心组（扩大）学习6次，在机关组织开展先进事迹报告会等活动。严格执行机关会议制度，实行“一把手”末位表态制、票决制，进一步完善领导班子的议事规则、决策范围和决策程序。组织重要岗位廉政例行谈话、任前谈话和集中谈话。全年投资评审核减率18.46%，招投标节约率为9.46%。及时调整办公用房，取消公务用车，精简会务，规范接待，管委会机关“四费”同比下降30%。

【机构设置与工管委领导】 长沙经开区管委会下设办公室、人力资源与社会保障局、党群工作局、纪检监察审计室、招商合作局、产业环保局、财政局、建设发展局、社会事业局、经济研究室、总值班室11个工作部门和机关服务中心、投资评审中心、政府采购与招投标办公室、创业服务中心、人才交流中心、技术服务中心、征地拆迁办公室、拆迁事务所、供水工程有限公司、水质净化有限公司、工程建设开发有限公司11个企事业单位。

长沙经开区党工委书记杨懿文，党工委副书记、管委会主任李科明，党工委副书记、常务副主任吴京生，党工委副书记、纪工委书记高杰，管委会副主任陈新忠、巩固、黄瑶、刘逢春、范遵新。

长沙经济技术开发区主要经济综合指标一览表

项　　目		单位	2012年	2013年	增减（%）
开发区生产总值		亿元	577.1121	645.9733	11.93
第二产业		亿元	464.9954	513.1162	10.35
工业		亿元	421.696	463.4522	9.90
第三产业		亿元	112.1167	132.8571	18.49
工业总产值（现价）		亿元	1406.8116	1562.1272	11.04
高新技术企业		亿元	1181.8086	1210.0229	2.38
销售（营业）收入		亿元	1610.1072	1828.8705	13.58
第二产业		亿元	1465.1262	1564.3885	6.77
工业		亿元	1404.2187	1475.2306	5.05
第三产业		亿元	144.9810	264.4820	82.42
利润总额		亿元	145.9767	91.4854	-37.32
第二产业		亿元	113.1602	77.1331	-31.83
工业		亿元	105.9145	73.0295	-31.04
区内主导产业及产值					
主导产业	1. 工程机械制造	亿元	1053.3418	969.1738	-7.99
	2. 汽车及零配件	亿元	120.3751	254.3543	111.30
	3. 电子信息	亿元	60.1286	123.6616	105.66
	4. 新材料	亿元	27.8467	30.68	10.17
	5. 食品饮料	亿元	28.3573	34.8349	22.84
	6. 轻印包装	亿元	20.5987	22.5230	9.34
进出口总额		亿美元	24.0413	23.1215	-3.82
出口		亿美元	10.0243	9.7139	-3.09

续表

<table>
<tr><th colspan="2">项　　目</th><th>单位</th><th>2012 年</th><th>2013 年</th><th>增减（%）</th></tr>
<tr><td colspan="2">财政收入</td><td>亿元</td><td>113.5416</td><td>122.0750</td><td>7.51</td></tr>
<tr><td colspan="2">税收收入</td><td>亿元</td><td>85.2839</td><td>90.1340</td><td>5.68</td></tr>
<tr><td colspan="2">财政支出</td><td>亿元</td><td>45.6629</td><td>55.25</td><td>20.99</td></tr>
<tr><td colspan="2">新批企业个数</td><td>个</td><td>205</td><td>304</td><td>48.29</td></tr>
<tr><td colspan="2">外商及港澳台企业</td><td>个</td><td>7</td><td>3</td><td>-57.14</td></tr>
<tr><td colspan="2">内资企业</td><td>个</td><td>198</td><td>301</td><td>52.02</td></tr>
<tr><td rowspan="3">新批企业投资额</td><td>外商及港澳台企业</td><td>亿美元</td><td>1.0387</td><td></td><td></td></tr>
<tr><td>内资企业</td><td>亿元</td><td>15.1849</td><td></td><td></td></tr>
<tr><td>增资企业</td><td>亿美元</td><td>5.2174</td><td></td><td></td></tr>
<tr><td colspan="2">合同外资金额</td><td>亿美元</td><td>5.0829</td><td>4.312</td><td>-15.16</td></tr>
<tr><td colspan="2">外商实际投资</td><td>亿美元</td><td>2.7119</td><td>3.28</td><td>20.94</td></tr>
<tr><td colspan="2">固定资产投资</td><td>亿元</td><td>111.0975</td><td>163.6167</td><td>47.27</td></tr>
<tr><td colspan="2">年末从业人员数</td><td>个</td><td>121592</td><td>130486</td><td>7.31</td></tr>
<tr><td colspan="2">在岗职工数</td><td>个</td><td>121592</td><td>130486</td><td>7.31</td></tr>
<tr><td colspan="2">在岗职工平均工资</td><td>元</td><td>51038</td><td>139218</td><td>172.77</td></tr>
<tr><td colspan="2">规模以上企业个数</td><td>个</td><td>307</td><td>468</td><td>52.44</td></tr>
<tr><td colspan="2">工业</td><td>个</td><td>109</td><td>226</td><td>107.33</td></tr>
<tr><td colspan="2">万元 GDP 能耗</td><td>吨标煤/万元</td><td>0.191</td><td>0.189</td><td>-1.04</td></tr>
</table>

（长沙经济技术开发区管委会）

呼和浩特经济技术开发区

【经济发展】 2013年，呼和浩特经济技术开发区（以下简称“呼和浩特开发区”）实现地区生产总值96.17亿元，比上年增长5.54%。其中，第二产业增加值完成83.61亿元，第三产业增加值完成12.57亿元。财政收入继续保持稳步增长，全年财政收入23.59亿元，比上年增长3.72%，税收收入22.14亿元，同比增长4.2%。

【工业产业发展】 呼和浩特开发区规模以上工业完成工业总产值366亿元；新增4家规模以上企业，完成工业增加值58亿元。完成固定资产投资213亿元，同比增长36.9%；其中工业固定资产投资预计完成76.1亿元，同比增长237.2%。工业总产值、增加值、固定资产及工业固定资产投资总量增速居全市旗县区前列。

【科技创新】 积极构建以企业为主体、市场为导向、产学研相结合的技术创新体系，完善创新公共服务平台建设，发展高新技术产业，努力培育经济增长的“新引擎”。申报国家、自治区、呼和浩特市科技重大专项、中小企业创新、高新技术产品研发、科技计划等项目共14项，获得扶持资金4030万元；18家企业建立了市级以上研究中心，新认证高新技术企业3家；申报自治区草原英才计划4项，申报千人计划项目2项，申报中国留创园联盟百家最具成长潜力企业1项，申报留学人员回国创业启动支持计划等多项科技人才项目。金川工业园区与内蒙古财经大学共建“金川工业园区内蒙古财经大学大学生创业孵化基地”；积极申请建设自治区级电子商务平台。

【对外贸易】 2013年，出口加工区进出口总值突破1.2亿美元，同比增长100%，实现翻番，征税税款3368.7万元，同比增长637.8%，特别是保税物流进出口业务快速发展，形成了保税加工、保税物流、保税仓储齐头并进的多元化发展态势，全年实现保税物流业务进出口货值7102万美元，同比增长565.6%，占园区进出口总值的59.1%，极大地提高加工区在全市对外贸易的比重，在全国出口加工区排位中位次前移，为出口加工区转型升级，建设综合保税区奠定坚实的基础。

【招商引资】 2013年，引进国内资金67亿元，实际利用外资1.4亿美元。引进投资55亿元的金宇集团保灵生物药品厂、内蒙古西部天然气200万立方米输配气等重大项目。

【投融资建设】 整合现有资源，对原有的呼和浩特开发区投资有限责任公司进行重组，形成以投资开发公司为主要支撑的重要投资和开发建设平台，并积极与金融机构对接，为开发区特别是沙尔沁工业园区进行融资。

【生态环保】 总投资1.7亿元，日处理2万吨（远期12万吨）污水的污水处理厂已开工建设。总投资4.6亿元，日处理4万吨（远期8万吨）污水的金桥污水处理厂已经建设完工。

【园区特色】 如意工业园区积极打造集行政、商务、金融为一体的如意总部基地，自2011年4月启动以来，金泰中心、万铭广场、国际金融、乌兰财富等23个项目先后开工建设，总投资366亿元，总建筑面积650万平方米，单体建筑326个。现已完成投资276.5亿元，273个单体建筑封顶，建设面积达到500

万平方米。行政中心雏形初现，自治区及呼和浩特市29个行政单位和社会团体入驻；商务中心发展势头强劲，已入驻金融机构18家，即将入驻3家。金川工业园区正在启动总规划面积2.7平方公里的电子商务产业园项目建设，其中电子商务用地588亩；投资50亿元的江苏润恒物流园发展公司建设的现代农业产品加工冷链物流产业园项目已经入驻；阜丰科技、齐鲁制药、精诚绝缘子等重点企业，在生物制药、新能源新材料、智能工业等先进制造业方面发展势头良好。

【项目建设】 总投资超210亿元的晟纳吉3WG光伏产业链基地、投资10亿元三主粮燕麦系列产品加工、创维电子模组化及300万台整机扩建、投资22亿元麒麟明珠胶原蛋白肠衣项目、投资11亿元的勤达碳纤维复合材料制品项目、投资11.3亿元的坤瑞玻璃制品加工等项目均已开工建设，部分已经试投产；迪森锅炉制造总厂异地搬迁项目、众环数控机床项目、际华5303中高档职业服装生产项目、齐鲁制药盐霉素预混剂生产线扩建项目、红番公司番茄生产加工等一批重点项目正在快速推进中。重点孵化企业天一环境“DEP产业化项目”正式入驻如意中小企业创业园，完成投资1.3亿元。总投资3.2亿元的硕高生物公司奶牛乳腺炎治疗仪，总投资1.2亿元的昊辰纤维公司芳纶复合材料经过孵化，完成产品中试，在沙尔沁工业园区开工建设。

【管理与服务】 经市委、市政府同意，先期设置开发区规划局、土地收储中心、招商一局、招商二局等机构。在市国土资源管理局的大力支持下，拟成立市国土资源管理局开发区分局的“三定”方案已上报市委、市政府和自治区国土厅待批。

【人才建设】 2013年，呼和浩特开发区用于人才引进培养投入专项资金近2700万元，引进国内外高层次人才38人，为驻区企业引进和申报国家千人计划2名、中国留学人员回国创业启动计划4项、草原英才创新团队1项、草原英才创业团队1项、草原英才6名、自治区级企业研发中心2个、市级企业研发中心4个。9月13日，留学生创业园被自治区党委组织部正式批准认定为首批自治区级人才改革试验园区。

【信息化建设】 信息化建设持续加强，积极通过技术创新，推进信息化与工业化的融合，继续完善了开发区信息化网站，建成并全面启动了数字化城市管理中心，进一步完善了社区网格化服务管理。构建了网格巡控网、企业安保网、企业视频监控网、警企协作网。

【基础设施建设】 确立了沙尔沁工业区40平方公里起步区“六横六纵”的路网格局，完成了对4.4公里阳光大道的续建工程，新建创新北路、思源北路、丁香大道等3条道路，总长度7.96公里；完成了如意总部基地的远七纬路东段、远经一路南段，金川北区的金二道北段、南区的纬五路续建工程；投入1100万元财政支持资金，新建村级硬化道路5条，总长度26.3公里，新建5个村级阵地；总投资3.43亿元日供水10万吨水厂已开工建设，新建2座22万伏变电站前期选址工作已完成。

【社会事业】 2013年，开发区新增就业实际完成实名录入2320人，其中重点项目吸纳就业人员1090人。建筑面积1.8万平方米的沙尔沁校安工程已完工并投入使用；建筑面积23万平方米的沙尔沁工业区公共租赁房项目，已完成楼座基础出正负零的建设任务；各园区对驻区企事业单位、驻区居民建立服务管理台账，实施了动态管理，做到及时发现矛盾，及时解决问题。

【党建工作】 强化党组织建设，提高依法执政能力。制定出台了《关于进一步加强开发区党工委（党委、支部）自身建设的意见》和《党工委（党委、支部）议事决策规则》，指导协调沙尔沁镇党委开展村级党组织阵地建设工作，参与自治区组织部组织的“千村帮扶活动”，实施农村党组织晋级升位和党员承诺践诺活动，以及万名党员进社区活动；严格贯彻中央“八项规定”及自治区党委、市委配套规定，深入开展“机关作风建设年”活动，下大力气解决思想观念、履行职能、工作作风等方面存在的突出问题；认真落实党风廉政建设责任制和农村基层干部廉洁履职规定，完成村级换届选举工作，推进农村基层党风廉政建设示范村创建工作。组织开展帮扶老党员、贫困党员活动，共走访慰问25个村109名党员，全年新组建规模以上非公企业党支部2个。

【机构设置与管委会领导】 呼和浩特经济技术开发区下设党群工作办公室、管委会办公室、经济发展招商局、建设规划局、人事劳动局、财政局等6个部门。

呼和浩特经济技术开发区党工委书记李建平，呼和浩特经济技术开发区党工委副书记、管委会主任赵俊生；党工委副书记白海泉、云风英；管委会副主任白海泉（常务副主任）、那顺、杨云峰、张俊平、赵常富、张焕宏、王荣、张瑞、贺伟。

呼和浩特经济技术开发区主要经济综合指标一览表

项　　目		单位	2012年	2013年	增减（%）
开发区生产总值		亿元	96.17	91.13	5.54
第二产业		亿元	83.61	81.79	2.22
工业		亿元	81.57	80.99	0.71
第三产业		亿元	12.57	9.94	34.58
工业总产值（现价）		亿元	367.69	406.03	-9.44
高新技术企业		亿元	51.74	56.58	-8.54
工业增加值		亿元	81.57	80.99	0.71
销售（营业）收入		亿元	459.87	—	—
第二产业		亿元	367.63	—	—
工业		亿元	364.41	399.07	-8.69
第三产业		亿元	92.24	—	—
利润总额		亿元	45.61	—	—
第二产业		亿元	43.25	—	—
工业		亿元	43.21	40.31	7.17
第三产业		亿元	2.36	—	—
区内主导产业及产值		亿元			
主导产业	1. 食品加工业	亿元	77.99	84.79	-8.02
	2. 电力输变电	亿元	74.12	84.73	-2.83
	3. 电子信息	亿元	60.32	68.05	-11.36
	4. 生物医药	亿元	63.06	67.93	-7.17
进出口总额		亿美元	35.23	30.81	14.35
出口		亿美元	16.66	14.28	16.71
财政收入		亿元	23.59	22.74	3.72
税收收入		亿元	22.14	21.24	4.2
新批企业个数		个	159	128	24.22

续表

项　　目	单位	2012 年	2013 年	增减（%）
外商及港澳台企业	个	1	1	
内资企业	个	158	127	24.41
合同外资金额	亿美元	0.25	0.25	
外商实际投资	亿美元	1.39	2.12	-34.38
固定资产投资	亿元	214.52	155.62	37.85
年末从业人员数	个	26672	21400	24.64
规模以上企业个数	个	117	97	
工业	个	49	53	

（呼和浩特经济技术开发区管委会）

南京经济技术开发区

【区情概况】 南京经济技术开发区（以下简称“南京开发区”）成立于1992年9月，位于南京市东北郊，紧邻亚洲内河第一大港南京港新生圩外贸港区和龙潭深水港。2002年3月被批准为国家级经济技术开发区。2003年3月获国务院批准在区内设立国家级南京出口加工区。2011年12月，获得国家级生态工业示范园区授牌。2012年9月获国务院批准设立南京综合保税区（龙潭）片区。区内先后设立了国家级高新技术产业园、海峡两岸科工园、显示器件产业园和省级高校科工园、电子信息产业园以及市级生物医药科工园、韩国工业园、LG产业园、液晶谷、紫金（新港）科技创业特区等十多个国家和省市级特色产业园。

【经济发展】 2013年，南京开发区实现地区生产总值754亿元，比上年增长35%；财政收入140亿元，比上年增长36%；公共财政预算收入58亿元，比上年增长21%；工业总产值3430亿元，比上年增长28%；全社会固定资产投资283亿元，比上年增长12%；实际利用外资8亿美元，比上年增长31%。

【产业发展】 2013年，南京开发区光电显示、生物医药、高端装备等战略性新兴产业占全区工业比重进一步提升，现代物流等服务业发展进一步提速。2013年10月，南京综合保税区顺利通过国家海关总署等十部委的正式验收，实现出口加工区、保税物流中心和保税区的功能叠加。南京开发区现已集聚487家来自20多个国家和地区代表行业乃至世界领先水平的企业，世界500强投资企业61家，内资超亿元企业62家，已集中规模以上工业企业124家。全区光电显示产业集聚了一批液晶显示、OLED显示、激光显示、新光源、太阳能光伏、电子装备等项目。其中，中电熊猫、夏普、乐金显示等企业，总投资约115亿美元，形成了以TFT-LCD面板、模组及整机制造为核心的产业集群，成为国内液晶产业集群度最高、液晶模组生产规模第一的开发区，并全力打造全国领先、产业规模达3000亿元的“中国南京液晶谷”。

【科技创新】 2013年，南京开发区高新技术产业产值占全区工业总产值80%，高新技术产品出口额占全区出口总额90%以上；已建立市级以上研究院和研发中心近40家，2013年专利申报1421件。加速推进紫金（新港）科创特区先导区和核心区的建设，先导区通过改造装修已建成投用载体5.6万平方米，创智、兴智、龙港、红枫四大科技园载体建设全面启动，开工建设载体面积89万平方米，其中，65.7万平方米实现封顶。大力实施人才强区战略，累计引进9名院士、17名“千人计划”专家、22名省“双创”人才和78名领军型科技创业人才。积极引进高校和科研院所，推进协同创新和团队引才，与中科院上海光机所、北京大学工学院、南京大学、剑桥大学等合作共建的公共技术服务平台运行良好。项目孵化培育成果明显，已集聚科技创业企业109家，其中35家实现销售收入，南京第壹有机光电公司建成国内首条自主研发的OLED照明生产线。扎实推进国家“万人计划”基地申报工作，并已取得积极进展。

【项目建设】 2013年，南京开发区围绕主导产业发展，积极招商选资，全年新引进立升新型半导体等重大项目40个，完成合同利用外资11.3亿美元、实际利用外资8亿美元，引资规模再创新高。大力推进项目建设和有效投资，全年新开工G108、正大天晴医药研发、大族光电、太古冷链物流等重点项目42个，新竣工京晶光电、艾欧史密斯全球超级产研基地、南京电气高压套管、彩色滤光片等重点项目32个，产业集聚效应进一步凸显。

【城市建设】 2013年，南京开发区按照建设国际化、创新型、生态式现代临港产业新城的目标，对液晶谷、海港枢纽经济区、新港建成区三大片区开展了全方位的城市设计和开发建设。加强液晶谷基础设施和配套建设，一批道路、污水处理、供水、供电、经适房等建设工程快速推进，液晶谷的产业承载能力进一步提升。按照港产城一体化发展的思路，围绕综合保税区建设、集疏运体系完善、龙潭新市镇打造，加快推进海港枢纽经济区的开发建设。完成综保区龙潭片区的规划设计及一期1.15平方公里的建设，并顺利实现封关验收。龙潭新市区的规划编制和城市设计工作全面展开。新港建成区按照城市化标准，完成栖霞大道、恒通大道等一批道路改造，成功实现开发区首块经营性用地上市，翠屏国际五星级酒店启动建设。大力推进城市管理标准化建设，以网格化体系推进园区管理，南京开发区城市管理考核名列全市园区前茅。

【社会事业】 2013年，南京开发区全年新组建非公企业党组织4家、团组织4家、工会16家。按照“六统两分一提名”的框架推进街道托管工作，理顺了开发区与行政区、开发区与托管街道的关系。大力开展“送岗位进社区”、与经济薄弱村（社区）结对帮促、“千企帮千户”等活动，形成了开发区与街道融合发展的良好局面。积极承接市级下放事权，将审批事权纳入南京开发区政务中心实行阳光运行。加强学习型机关建设，认真组织干部开展各种专题培训，提升干部、干事创业的综合素质。以领导干部下基层等活动为抓手，以政务中心等平台为窗口，进一步改进机关作风。进一步建章立制，全面规范工程招投标、公务出差、公务接待等管理办法，加强工作的监督、督查和审计，坚持重大事项集体研究，保持良好的干事创业氛围。

【机构设置与管委会领导】 南京开发区管委会下设开发区工委、管委会办公室（行政审批服务处），经济发展局、投资促进局、财政局、科技局、建设局、国土与环保局、社会事业局、组织人事局（人力资源和社会保障局）、宣传局（法制办）、城市管理局等1办10局。南京开发区管委会工委书记臧正金，管委会主任、工委副书记邢正军，管委会常务副主任杨友林，工委副书记李华（5月15日任），巡视员倪德龙（1月23日任），副主任徐志国、蒋伟，纪工委书记时金峰（女，7月8日免），副主任张铁波（5月15日任）、沈吟龙（5月15日任），纪工委书记杨彬（7月8日任）。

南京经济技术开发区主要经济综合指标一览表

项　　目	单位	2012 年	2013 年	增减（%）
开发区生产总值	亿元	566.6	751.4	35.01
第二产业	亿元	505.8	683.8	35.20
工业	亿元	503.0	681.7	35.54
第三产业	亿元	50.8	67.6	33.06
工业总产值（现价）	亿元	2686.4	3430.2	27.68
高新技术企业	亿元	1443.0	1065.4	-24.24
销售（营业）收入	亿元			
第二产业	亿元	2758.0	3515.0	27.45
第三产业	亿元	492.8	620.4	25.89
进出口总额	亿美元	136.5	133.5	-2.20
出口	亿美元	64.1	61.2	-4.46
财政收入	亿元	93.8	139.8	48.97
税收收入	亿元	93.8	137.2	46.29
新批企业个数	个	124	334	169.35
外商及港澳台企业	个	23	18	-21.74
内资企业	个	101	316	212.87
合同外资金额	亿美元	8.7	11.3	29.89
外商实际投资	亿美元	5.3	8.0	50.94
固定资产投资	亿元	252.0	282.9	12.26
年末从业人员数	个	107554	108045	0.45
万元 GDP 能耗	吨标煤/万元	0.125	0.077	-38.4

（南京经济技术开发区管委会）

宁波大榭开发区

【经济发展】 2013年，宁波大榭开发区（以下简称“大榭开发区”）实现GDP 184.1亿元，同比增长8.3%；完成固定资产投资46亿元，同比增长26%；实现工业总产值515亿元，同比增长5.1%；合同使用外资10051万美元，同比增长25%；实际使用外资7064万美元，同比增长2.4%；实现进出口总额23.07亿美元，同比增长8.8%。完成港口吞吐量7530万吨，同比增长4.9%；其中集装箱吞吐量219万标箱，同比增长8.3%；原油进口量2496.2万吨，约占全国进口总量的10%；完成现代服务业收入1030亿元，同比增长13.2%。大榭开发区投入产出再创新高，2013年实现财政收入102.08亿元，单位土地投资强度达到710万元/亩，位居浙江省前列。

【工业产业发展】 2013年，全区完成工业增加值117.6亿元，同比增长10.2%，其中规模以上工业增加值115.5亿元，同比增长10.3%，占全区工业总产值的98.2%；完成工业总产值515亿元，同比增长5.1%，其中规模以上工业总产值500亿元，同比增长4.3%，占全区的97.1%；其中，规模以上外商及港澳台企业工业总产值342.5亿元，占全区的68.5%；规模以上内资工业总产值157.5亿元，同比增长22.3%，占全区的31.5%。石化产业完成规模以上工业总产值473.6亿元，同比增长5.7%，占全区的94.7%；石化产业完成产品销售收入481亿元，同比增长6.7%，占全区的94.3%。主要产品的国内市场占有率：2013年生产MDI 78.1万吨，占国内市场的50%；保险箱150万只，占国内市场的40%；缸套250万只，占国内市场的30%；节能灯2000万只，占国内市场的30%。

【园区特色】 2013年，大榭开发区顺应全球能源和石化产业发展趋势，加强产业分析和谋划，完成《页岩气综合利用及新材料产业基地规划》编制，大力发展以页岩气开发利用为基础的“轻”化工产业。专门在榭北石化园区内划出约1.8平方公里的土地，用以发展乙烯、丙烯、丁烯等基础石化原料项目，并向下游新材料产业拓展延伸。4月，总投资53亿元的东华能源丙烷资源综合利用项目正式开工，标志着大榭新材料产业园区建设正式拉开序幕。5月大榭开发区与东华能源签署全面深化合作战略协议，在加快推进丙烷资源综合利用项目的同时，适时实施200万方大型液化气基地站、乙烷裂解制乙烯等项目，致力于打造国际一流的临港产业基地、国家能源中转基地和长三角区域重要的大宗商品国际贸易基地。

【科技创新】 2013年，全区完成科技活动经费支出4.43亿元，同比上升17.93%，比规模以上工业企业总产值增速高13.4个百分点；完成高新技术产品产值205.6亿元，同比增加16.5%，占全区规模以上工业总产值的40.7%，增速比规模以上工业总产值增速高11.5个百分点；市级新产品立项36件，完成规模以上工业新产品产值121亿元，同比增长26.4%，新产品产值率24%，同比提高4.2个百分点。申请国内专利79件，其中发明专利24件，实用新型专利28件；获得国内授权专利50件，其中发明专利11件。新增1家省级企业工程技术中心，累计建成3家省级、5家市级高新技术企业研发（企业工程技术）中心。新增1家高新技术企业，累计6家高新技术企业，培育5家创新型初创企业。

【招商引资】 全年完成中海油大榭石化连续重整项目调整等3个外资项目审批，完成东华能源丙烷资源综合利用等6个内资项目审批，实现合同使用外资1.005亿元，同比增长25%。新批内资项目总投资72.6亿元，同比增长11.4倍。中海油大榭石化馏分油综合利用项目进入全面施工阶段，万华工业园内5万吨水性树脂、容威聚醚二期、等项目按计划推进建设；宁波万华MDI三期倍增和信海油品仓储一期项目完成工程建设。全年完成实际使用外资7064万美元，同比增长2.4%，新批内资项目完成投资18.1亿元。全年累计新注册内资企业189家（包括33家工业企业），同比增长48.8%，注册资金总计为6.15亿元。促成国外知名化妆品生产经营商C2O Plus Asia在大榭注册设立商贸公司，注册资金1000万美元。

【对外贸易】 2013年，全区完成进出口总额23.07亿美元，同比增长8.78%。其中，出口6.37亿美元，同比增长28.76%；进口16.7亿美元，同比增长2.7%。化工和机电产品为区主要出口产品，分别实现出口额49741万美元和9075万美元，同比分别增长65.5%和17.5%，占全区出口额的比重分别为78.0%和14.2%。化工原料、石油煤炭类和矿产类产品为区主要进口产品，分别实现进口额63699万美元、50057万美元和36391万美元，同比分别增长20.57%、6.1%和-21.2%，占全区进口额的比重分别为38.1%、29.7%和21.8%。

【生态环保】 完成国家生态工业示范园区创建规划编制，全年空气质量优良率API指数达到95.3%，AQI指数达到82.7%；全年投入节能技改资金4275万元，完成23项节能技改项目，年可实现节能量3.5万吨标煤；强化重点减排工程运行监管，保持企业综合脱硫率在90%以上，废水再利用率在60%以上；基本建成全区集中供热管网，企业集中供热率达到95%以上；截至2013年底，5家企业获评“浙江省绿色企业”，2家企业获评“宁波市环保模范企业”，17家企业通过清洁生产审核，10家企业通过ISO14001环境管理体系认证；全年造林900亩，种植各类树种15万株，抚育中幼林及其他林地3500亩。

【管理与服务】 加快行政管理机制创新，强化重点税源征管，建立重点税源企业税收预测直报制度；强化国有企业监管，深化国有企业财务委派机制，深入推进国库集中收付制度改革；落实“营改增”政策措施，试点企业增至339户；建立政府投资项目管理网络监管系统，推进行政服务中心OSM现场管理标准化工作，完善网上行政审批与电子监察系统建设，简化审批办事程序；完善招标投标、政府采购机制；获批工程性采矿权，加强重点项目用地保障，出台土地节约集约利用政策措施。深化口岸大通关建设，加强口岸查验单位协作，实现海关、国检、海事、边检等口岸服务高效对接。

【社会事业】 总投资超过1亿元的大榭剧院投入运行；公共自行车系统工程首批11个站点、300辆自行车投入运营；以图书馆、游泳馆、滨海公园、老小区改造等为代表的一批民生实事工程扎实推进。与浙大一院北仑分院的中长期合作，大榭医院挂牌“浙大一院北仑分院大榭院区”；创新思路帮扶59名大榭户籍大中专毕业生实现就业，全年累计新增就业岗位400余个；本地户籍人员各类养老保险参保率达到97.3%，持续位居宁波市前列；推进教育信息化三年发展规划实施，积极推进小班化改革；完善民政帮扶措施，制定《临时救助实施办法》和《完善残疾人社会保障体系实施意见》。

【机构设置与管委会领导】 大榭开发区管委会为宁波市政府派出机构，内设办公室、经济发展局、财政（地方税务）局、人事局、信访办、社会发展保障局、规划建设（城管）局、安全环保质监局、交通局（港口局、口岸办）、投资合作局、街道（社管局、民政局、人口计生局）、房屋征收办、行政服务中心（政府采购中心、招投标中心）等职能部门。管委会主任陈利幸，管委会副主任陈召华、张才国、王志荣、刘黎勇、郑安源。

宁波大榭开发区主要经济综合指标一览表

项　目		单位	2012 年	2013 年	增减（%）
开发区生产总值		亿元	170	184.1	8.3
第二产业		亿元	114.6	124.5	8.6
工业		亿元	112.6	122.3	8.6
第三产业		亿元	57.4	61.8	7.7
工业总产值（现价）		亿元	490.1	515	5.1
高新技术企业		亿元	100.6	133.7	32.9
销售（营业）收入		亿元	1406.4	1555.9	10.6
第二产业		亿元	496.4	525.9	5.9
工业		亿元	492.2	522	6.1
第三产业		亿元	910	1030	13.2
利润总额		亿元	39.5	55.2	39.7
第二产业		亿元	27.4	41.4	51.1
工业		亿元	26.9	41	52.3
第三产业		亿元	12.1	13.8	14
区内主导产业及产值			461.4	485	5.1
主导产业	1. 石油加工、炼焦和核燃料加工业	亿元	259.3	250.6	3.4
	2. 化工原料和化学制品制造业	亿元	184.5	215.6	16.9
	3. 电力、热力生产和供应业	亿元	6.5	7.4	13.8
	4. 金属制品业	亿元	6.0	4.7	-21.7
	5. 黑色金属冶炼和压延加工业	亿元	2.9	3.7	27.6
	6. 专用设备制造业	亿元	2.2	3.0	36.4
进出口总额		亿美元	21.2	23.07	8.8
出口		亿美元	4.94	6.37	28.8
财政收入		亿元	101.2	102.08	0.9
税收收入		亿元	99.34	100.2	0.9
财政支出		亿元	32.09	33.04	3.0
新批企业个数		个	127	190	49.6
外商及港澳台企业		个	0	1	0
内资企业		个	127	189	48.8

续表

项　　目		单位	2012 年	2013 年	增减（%）
新批企业投资额	外商及港澳台企业	亿美元	0	2500	—
	内资企业	亿元	16.96	17.1	1
	增资企业	亿美元	5.97	9.98	67.2
合同外资金额		亿美元	0.8	1	25
外商实际投资		亿美元	0.69	0.71	2.4
固定资产投资		亿元	36.5	45	26
年末从业人员数		个	42300	44300	4.7
在岗职工数		个	42000	44000	4.7
在岗职工平均工资		元	48100	55100	14.5
规模以上企业个数		个	155	157	1.3
工业		个	47	47	0
万元 GDP 能耗		吨标准煤/万元	不核算绝对值	不核算绝对值	-2.0

（宁波大榭开发区管委会）

上海金桥经济技术开发区

【经济发展】 2013年，上海金桥经济技术开发区（以下简称“金桥开发区”）实现工业总产值1962.77亿元，比上年增长5.2%，占浦东新区工业总产值比重为21.48%，比上年增长1.0%。金桥开发区营业总收入5284.59亿元，同比增长9.1%；完成税收收入316.12亿元，比上年增长17.7%；完成地方财政收入39.54亿元，比上年增长69.3%。

【工业产业发展】 金桥开发区已形成先进制造业和生产性服务业两轮驱动、融合发展格局，制造业中四大支柱产业引领工业发展，2013年完成工业产值1730.50亿元，比上年增长5.2%，其中，汽车及零部件完成961.93亿元，增长10.8%；电子信息整机及配套件完成482.51亿元，下降0.4%；家用电器及配套件完成166.81亿元，增长4.6%；生物医药及食品完成119.25亿元，下降10.0%。生产性服务业2013年实现营业收入2404.39亿元，同比增长20.1%，其中，总部经济、研发设计、商贸运营、网络文化四大生产性服务业占比达92.7%。

【科技创新】 2013年，金桥开发区高新技术企业共有113家；工业总产值为859.33亿元，占园区总产值的43.8%；经认定的独立和非独立研发机构共有102家，通用、泛亚、拜耳、贝尔、康宁、艺康、多美滋、润英联、中微半导体等世界知名企业的全球研发中心、中国研发中心均地处金桥开发区内。2013年获得授权专利1460件，同比增长21%，占浦东新区13%。

【对外贸易】 外贸进出口总额97.66亿元，增长4.4%。其中，出口总额45.98亿元，增长8.0%；进口总额51.68亿元，增长1.4%。出口交货值325.39亿元，增长0.9%。其中，高新技术企业为191.42亿元，增长5.1%。

【招商引资】 全年引进外资项目53家，其中工业项目7家，生产性服务业项目38家，其他项目8家。外商直接投资合同金额2.94亿元，独资项目51家。引进内资项目232家，新增内资企业注册资本4.25亿元。

【项目建设】 2013年，全力推进纳入浦东新区重点督查的项目——金桥通用凯迪拉克高端车项目、大治河生态走廊项目。积极引入战略性新兴产业项目，推进嵘瑞芯LED封装测试、凯琳圣商业保理、普洛斯物流等项目入驻。加大对生产性服务业、现代服务业、金融信息服务业、电子商务等平台经济和制造业服务外包（供应链企业）等新型产业的招商力度，积极推动沃尔沃地区总部增资、辉门总部升级、默克投资总部新设、艺康中国投资公司业务整合及大唐电信二期、法雷奥等大项目的落地。

【管理与服务】 金桥开发区审批大厅建筑面积450平方米。2013年，审批大厅共有窗口受理人员16人，承担审批/受理的服务事项为21项。主要完成规划类审批107件，环境保护类审批379件，建设管理类审批589件，在上海开发区中荣获管理服务环境第一名。

【人才建设】 2013年，金桥开发区共有从业人员22.05万人，其中，硕士以上学历的人员有2.4万人，归国留学人员有894人，外籍常住人员有8258人。研究拟定了《关于对金桥经济技术开发区内单位租赁房（人才公寓）工程实施财政扶持的暂行管理办法》、《关于推进金桥出口加工区优化产业结构、转变增长方式、提升经济能级的若干意见》等政策，加大人才引进、留住力度。

【生态环保】 5月16日举行了企业间水资源阶梯利用示范运行签约及通水仪式。举办了以“绿色生活、美丽家园”为主题的纪念第42个“世界环境日”暨第三届金桥生态文化节宣传活动。启动与瑞典共同建设的“中瑞金桥生态园”项目，并以此为平台加强双方在低碳、循环经济、节能环保、减缓和适应气候变化等领域的合作，初步确立了“以新带老，联动发展，按照生态理念开发建设国际新城，招商引资，汇集生态产业与技术，带动老区生态化改进”的园区建设模式。

【基础设施建设】 制订了全面提升园区综合配套环境的《“美丽金桥我的家”三年行动计划》，组织开展区域空间战略规划研究及产业、商业、生态、交通等各专题规划的研究。建设并启用金桥展示中心，已累计接待近30批/次中外来访者参观。配合轨交12号线金海路站的开设，延伸了连接巨峰路地铁站和金豫路临时公交枢纽站的短驳线路——浦东27路，推进解决园区职工“最后一公里”问题。

【党建工作】 成立七个党建工作指导小组，深入金桥开发区1000多家基层企业。组织入党积极分子培训班，80多家企业的98名入党积极分子参加培训。发展新党员29名，预备党员转正122名。转入党员636人，转出党员358人。调整支部班子71人，调整充实支部委员120名，新任书记25名。孵化党支部2个，整建制转入党支部2个，新成立党总支2个、党支部7个，建立了220人的基层党组织书记后备队伍。金桥开发区综合党委副书记吴慧芳被评为全国“最美基层干部”。

【机构设置与管委会领导】 金桥开发区管委会内设办公室、计划财务处、规划建设环境管理处、工业和服务业发展处、投资促进处5个处室。同时，下设2个事业单位即安全生产监察队、金桥经济发展促进中心（主要负责3个街道招商引资工作），2个非常设机构即海关监管区综合办公室、南汇工业园区招商一中心。金桥开发区管委会党组书记、主任朱嘉骏，常务副主任黄国平，副主任沈能、马淑燕、李幼林、奚志忠。

上海金桥经济技术开发区主要经济综合指标一览表

项　　目	单位	2012年	2013年	增减（%）
工业总产值（现价）	亿元	1886.76	1962.77	5.2
高新技术企业	亿元	811.06	859.33	7.3
销售（营业）收入	亿元	4954.52	5284.59	9.1
第二产业	亿元	2858.94	2880.20	1.3
第三产业	亿元	2095.58	2404.39	20.1
利润总额	亿元	313.18	340.77	10.0
工业	亿元	247.38	221.91	-10.2
进出口总额	亿美元	93.55	97.66	4.4
出口	亿美元	42.56	45.98	8
财政收入	亿元			

续表

项　　目	单位	2012 年	2013 年	增减（%）
税收收入	亿元	310.70	348.04	12
新批企业个数	个	256	258	0.8
外商及港澳台企业	个	35	53	51.4
内资企业	个	221	232	4.9
新批企业投资额	亿美元			
外商及港澳台企业	亿美元	5.06	5.73	13.2
内资企业	亿元	1.53	0.69	-54.9
合同外资金额	亿美元	4.88	4.60	-5.7
外商实际投资	亿美元	4	3.10	-22.5
固定资产投资	亿元	80.19	77.75	-3.0
年末从业人员数	个	157570	149375	-5.2
规模以上企业个数	个	598	541	-9.5

（上海金桥经济技术开发区管委会）

海南洋浦经济开发区

【经济发展】 2013年，海南洋浦经济开发区（以下简称“洋浦开发区”）面对成品油、PTA等区内主导产品价格下降、海南炼化停产检修近两个月等不利因素和工业总产值下降不可逆转的形势，洋浦工委管委会积极应对，一是及时解决企业在建设运营中存在的问题，充分挖掘生产潜能；二是千方百计加大投资，拉动增长；三是协调华信控股等专业公司在洋浦新增油品、化工品等业务，贸易增长额近300亿元，同时出台优惠政策吸引交通运输企业，通过增加第三产业弥补第二产业下降，实现来之不易的经济增长。全年实现地区生产总值254亿元，可比增长超过7.5%；工业总产值694亿元，同比下降5.1%；固定资产投资141.5亿元，同比增长38.3%；地方公共财政收入16.89亿元，同比增长22%。

【重点项目建设】 洋浦开发区2013年共有20个项目被列为海南省重点项目，全年完成投资144.97亿元，占省下达年度投资任务的111.01%。210万吨PTA、100万吨多功能片材、205万方成品油保税库、60万吨聚酯原料、36万吨轻烃综合利用已建成投产。300万吨LNG、华信石油储备基地（一期）、中汇油品贸易保税库、洋浦港油品码头及配套储运设施工程、160万吨造纸（二期）等项目正在加快建设。100万吨乙烯及炼油改扩建工程项目5月27日获得国家核准。全年签约9个项目，计划总投资逾270亿元，为洋浦石化产业的健康可持续发展储备了一批项目。制定《洋浦石油化工交易所有限责任公司组建方案》，并上报国务院证监会审批，交易场所装修、交易软件开发等前期工作同步推进。

【基础设施建设】 理顺管委会财政和控股公司关系，界清了两者投资范围，拓宽融资渠道。争取海南省委省政府的支持，省财政厅从省工业发展基金中支持洋浦开发区4.5亿元。通过开发银行授信、融资合作等方式，使基础设施配套等投入资金基本实现闭合。制定全区市政道路新建和改扩建计划，启动了港东路、远洋路东段等市政道路及配套建设工作，第二原水管线、公共管廊、海陆消防站建设正在加快推进，新英大道、华浦路、滨海路建设已基本完成。编制完成《供热专项规划》和《综合交通规划》，修改完善了《洋浦经济开发区近期建设规划》，开展课题研究形成《国家园区循环化改造示范试点园区申报工作方案》和《洋浦现代金融服务业发展模式与方案设计》等成果。

【生态环保】 建立招商专家评审机制，禁止项目“带病入区”；委托专家对国务院督察组、国家安监总局督察组等检查的321处隐患进行复查，整改304项，整改率达到94.7%。提高项目的安全环保投入，降低万元GDP能耗和排放。建立和完善重点企业污染排放在线监控系统，对洋浦开发区内主要企业污染物排放实施24小时在线监控；新建2个空气自动监测站，实行监测结果公布制度。成立问题整改跟踪落实工作组，约谈重点企业主要负责人，对区内有污染和安全隐患的企业进行督办和整治，有力推动了浆纸厂的臭气治理。

【党建工作】 采取集中学习、专题讲座、理论研讨、观看影片等多种方式组织党员干部集中学习，领导班子均按照要求完成了6个半天的专题学习。通过意见箱、邮箱、座谈、意见表、走访、致函等方式广泛征求群众意见，共征求意见建议11类285条。召开民主生活会，班子各成员严肃开展批评和自我批评。2013年，三公经费同比下降27.7%；全区性会议精减7个，减少53.8%；清理和撤销各类临时机构39个，精简47%；出台了主任办公会议制度、工委领导联系基层和群众制度等8项制度。调整充实控股公司董事会、监事会等领导班子成员；完成18个社区“两委”换届；邀请海南省社科联、省委党校、天津大学知名专家学者进行专题讲座；扎实开展全区公务员在线培训和36名基层工作人员农村远程教育培训；深入开展反腐倡廉宣传教育月活动，发放3000多份反腐倡廉资料；切实抓好效能监察工作，对工委管委会125项年度工作任务、20项为民增收办实事事项等进行专项督察，全年共印发效能监察通报19期；加强工程建设项目预结算审计，全年审计预算项目35个、结算项目165个。

【机构设置与管委会领导】 洋浦开发区工委书记李国梁，工委副书记、管委会主任倪强，工委副书记、管委会主任张磊，工委副书记张琦，工委副书记、管委会副主任、政法委书记徐学健，工委副书记、管委会副主任王立民，工委委员、纪工委书记王积权，工委委员、管委会副主任梁博，工委委员、管委会副主任王庆义，工委委员、管委会副主任、政法委书记王应福，工委委员、管委会副主任、洋浦开发建设控股有限公司总经理张雷鸣，工委委员、组织部部长、人事劳动保障局局长张德昌。

海南洋浦经济开发区主要经济综合指标一览表

项目		单位	2012年	2013年	增减（%）
开发区生产总值		亿元	243.27	254.13	7.9
第二产业		亿元	163.86	156.46	-1.1
工业		亿元	153.70	143.59	-3.0
第三产业		亿元	77.64	95.69	26.9
工业总产值（现价）		亿元	731.67	694.02	-5.1
高新技术企业		亿元	18.09	20.77	14.8
销售（营业）收入		亿元	999.52	1166.59	16.7
第二产业		亿元	652.05	507.47	-22.2
工业		亿元	651.50	506.76	-22.2
第三产业		亿元	347.47	659.12	89.7
利润总额		亿元	26.7	26.61	-0.3
第二产业		亿元	20.02	16.25	-18.8
工业		亿元	20.02	16.25	-18.8
区内主导产业及产值					
主导产业	1. 石化产业	亿元	630	571.47	-9.3
	2. 浆纸产业	亿元	91.91	114.92	25.03
第三产业		亿元	6.68	10.36	55.1
进出口总额		亿美元	103.19	89.0	-13.8
出口		亿美元	11.42	14.72	28.9

续表

项　目		单位	2012 年	2013 年	增减（%）
财政收入		亿元	218.55	170.68	-21.9
税收收入		亿元	211.0	164.22	-22.2
财政支出		亿元	32.57	37.97	16.6
新批企业个数		个	287	336	17.1
外商及港澳台企业		个	9	4	-55.6
内资企业		个	278	332	19.4
新批企业投资额	外商及港澳台企业	亿美元	107559	3782	-96.5
	内资企业	亿元	339413	239494	-29.4
合同外资金额		亿美元	1.2	0.05	-95.8
外商实际投资		亿美元	1.2	2.2	83.6
固定资产投资		亿元	102.33	141.53	38.3
年末从业人员数		个	16104	19347	20.1
在岗职工数		个	15867	18538	16.8
在岗职工平均工资		元	41293	52175	26.3
规模以上企业个数		个	53	112	111.3
工业		个	16	17	6.3
万元 GDP 能耗		吨标煤/万元	1.187	1.121	-5.6

（海南洋浦经济开发区管委会）

廊坊经济技术开发区

【经济发展】 2013年，廊坊经济技术开发区（以下简称“廊坊开发区”）实现地区生产总值310亿元，同比增长12%；财政收入58.5亿元，同比增长7.6%，其中，公共财政预算收入完成14亿元，同比增长19.7%；城镇固定资产投资49.4亿元，同比增长20.7%；规模以上工业销售收入352.3亿元，同比增长8.5%；实际利用外资2.9亿美元，同比增长23.8%；新增入统规模以上工业企业10家。

【工业产业发展】 云存储产业园初见规模，润泽国际信息港一期两栋数据中心楼竣工，A-1投入使用，国家计算机网络与信息安全管理中心正式入驻，国家信息中心电子政务外网基础设施建设完成；中国联通廊坊基地一期两栋数据机房即将投入使用；人保北方信息中心已完成公司注册，注册资本5000万元已经全部到位；云存储产业园启动了能源规划编制；分布式能源站项目公司已注册；总投资3700万元的梨园11万千瓦伏变电站增容工程已开工建设。此外，世界顶尖的筑养路机械设备厂商——维特根亚太生产基地、与廊坊开发区同步成长且多次增资的好丽友食品生产基地、处于国际领先水平的同方川崎吸收式热泵生产基地等增资项目开工建设；山特维克、华创天元等6家高成长企业在现址增资扩产，增资总额达5.5亿元；促成罗亚尔电气设备等20家新项目落地。目前，廊坊开发区占地项目投资总额1674亿元，每平方公里土地实际投资强度达到71亿元，每平方公里GDP达到11.8亿元、税收贡献达到2.3亿元、人均GDP达到46万元，规模以上工业企业能耗17.3万吨标煤，万元GDP能耗和规模以上工业增加值能耗仅为全市平均水平的1/5和1/10。

【项目建设】 德系汽车配套项目招商取得重大进展，投资3600万欧元的德国波森汽车尾气系统项目、投资2475万欧元的威克迈动力、投资1500万美元的美国江森汽车座椅项目等7家高端汽车零部件企业正式落户。其中，有2个世界500强投资，产业集群建设有了质的提升。稳步推动东方大学城战略重组进程，在积极履行我方义务的同时，积极敦促莱佛士方面履约，战略重组款项基本到位；促成廊坊东方职业技术学院与驻城院校深度合作，与中国民航管理干部学院联合举办了航空服务分院。区域保税物流服务平台功能进一步增强，服务区外企业增加到75家。

【科技创新】 润泽科技、新奥光伏、华创天元等22个项目进入省、市重点产业支撑项目，华日家具等8个项目进入省重点技改投资项目库；久智光电子公司成为全市唯一省级创新型企业，同方川崎吸收式热泵二期项目竣工并投产，被国家工信部授予“国家新型工业化产业示范基地”称号；科技谷园区引进3个高科技研发中试类项目，4个国家级重点实验室和工程技术中心，建设完成23.6万平方米中试孵化基地，嘉德伟业光电技术研发项目实现了当年建设当年运营；积极组织中科院科技成果与本地企业技术对接，两项科技成果被企业转化应用。

【现代服务业】 “梦廊坊”文化产业园大

剧院、红楼梦园项目正式开工建设；服务外包基地一期竣工，二期已封顶，已引进10家品牌外包服务商，就业人员800余人；“廊和坊”金融街主体完工，“廊和坊”金融街招商推进工作领导小组已经成立，中国银行廊坊开发区支行签署入驻协议；新引进注册5家现代服务业公司，总投资3.3亿元的太古冷链物流项目开工建设。

【城市建设】 调整优化城区空间布局，制定完成建成区控制性详细规划，启动高速公路以东区域规划编制工作，已完成该区域7.4平方公里工程规划。财政共投入3.34亿元，谋划实施公共服务配套设施项目62项。13万平方米的华为生活基地一期工程主体完工，已具备入住条件；人才交流中心投入使用，完成新世纪中学综合教学楼、宿舍楼加固改造，开发区医院主体工程竣工；完成23项道路交通、防洪、供热、供水等市政重点建设工程，实现希望广场景观改造提升，城区交通、供水、供热和污水处理等保障抗灾能力进一步增强。制定实施生活垃圾清运巡查制度，开辟建筑垃圾消纳场地，规范处置建筑垃圾22.7万余立方米，实施会展中心西侧九干渠段环境治理。

【生态环保】 《生态工业园区建设规划》通过专家复审并进行报批，成为河北省内第一个进入环保部受理报批阶段的国家级开发区；加强城市集中式饮用水水源地水质监管，水源地水质达标率稳定达到100%；严格建设项目环评审批和验收，完善排污申报、排污收费和排污许可证管理制度，坚持从源头上控制新污染源的产生；提升危险化学品、危险废物和放射源监管能力，保持ISO14001环境管理体系运行良好，5家企业完成了清洁生产审核方案的实施。实施污水管网扩建、锅炉脱硫改造、集中供热替代等减排工程，全区主要污染物预计减排化学需氧量87吨，氨氮14吨，二氧化硫115.7吨，氮氧化物19.64吨，完成比例分别为化学需氧量9.1%，氨氮7.5%、二氧化硫5.0%、氮氧化物4%，圆满完成减排目标任务。与48家建筑工地签订了扬尘治理目标责任书，洒水抑尘作业面积105.72万平方米，苫盖土方面积58.25万平方米，实现了6个100%目标；7台集中式燃煤锅炉完成了环保设施改造，10台分散燃煤锅炉实现“并网”或“煤改气”，3个集中供热站储煤场进行了扬尘治理，26台燃煤小锅炉被取缔淘汰，合计削减煤炭消费量9774吨；8家重点废气排放企业实施重污染天气的限排措施，7家加油站完成了油气回收治理。

【管理与服务】 加大创新企业扶持力度，出台促进服务外包基地健康发展暂行办法；财政兑现企业创新发展资金13885万元，16家企业获取各类市级以上扶持资金4500万元；建区以来首次组建3家农民专业合作社；强化税源监控、纳税评估工作，新发展注册商标5件。深入开展“双减双提”专项行动，清理规范行政许可事项92项、非行政许可事项42项、行政监管事项132项，完成电子监察系统审批项目更新，会展审批效率进一步提高。举办固定日交流会及各类专场招聘会107场，成功组织召开春秋两季大型人才招聘活动，组织126家区内企业赴北京、天津、沈阳、兰州等地市参加高级人才交流洽谈会，共引进人才4239人，其中，本科及以上学历1263人，中高级专业技术人员324人；成功建立顺平县、峰峰矿区2个劳务基地，开展人员定向输入。

【社会事业】 2013年征缴各项基金6.9亿元，完成目标任务的115%，新增参保人员3800余人；投入133万元，全面启动城乡居民最低生活保障制度；加大教育、医疗等社会事业投入力度，教育支出7496万元；安排资金210万元，用于农村危房改造、贫困残障救助建设；全年归集住房公积金2.56亿元，同比增长12%，发放公积金贷款3190余万元，144户困难家庭获得公共租赁住房。新世纪中学被授予市级“教学科研先进单位”，并成为中国教育改革与发展研究会理事单位。组织举办“文化进社区”系列活动，完成了全区20

个村的农家书屋工程建设与40个书香家庭的评选活动。人民武装和国防后备力量建设、民族宗教、残疾保障等各项事业取得新成绩。建成社区综合警务服务站36个，投入专项资金413万元完成开发区“天网覆盖”一期工程，投入480万建成电子围栏系统，建立覆盖城区和村街的立体化人防、技防治安防控体系。发放新增就业补贴、社会保险补贴、职业培训补贴等各项补贴526万元，全年实现农村劳动力向非农产业转移2823人，失业人员再就业418人，城镇登记失业率为0.63%。强力推动安全生产责任体系、机构队伍建设等十项重点工作，相继开展了16次大规模的隐患排查治理活动。

【党建工作】 进一步完善量化考评体系，对工委、管委所属27个部门（单位）和领导班子162名科级干部、319名科级以下人员2012年度工作情况进行了综合考核。以推进基层组织规范化建设为统揽，将2013年全年基层党建工作任务细化为12个方面27项具体任务。积极推行“五化”（调控目标化、程序有形化、档案条目化、内容制式化、纠错常态化）管理模式，发展党员工作的科学化和规范化水平不断提升，全年共发展新党员355名，新发展党员结构进一步优化；开展建党92周年纪念活动，对25个先进基层党组织、120名优秀共产党员和35名优秀党务工作者进行命名表彰。实现了25家符合单独组建党组织条件的非公企业党的基层组织和纪检组织两个“全覆盖”，20个村完成村监会建设并正式运转。加强对财政预算、税收征管、保障性住房、医保及新农合资金的审计检查，健全政府采购和财政投资评审制度；

【管委会领导】 廊坊开发区工委书记孟繁祥，工委副书记王金忠、王宁，管委会主任孟繁祥，管委会常务副主任王金忠，管委会副主任黎斌、孙绍虎、王保良、肖树华、田景红。

廊坊经济技术开发区主要经济综合指标一览表

项　目	单位	2012年	2013年	增减（%）
开发区生产总值	亿元	254.7	289.0	13.4
第二产业	亿元	139.2	161.3	15.9
工业	亿元	119.0	138.2	16.1
第三产业	亿元	114.8	126.8	10.5
工业总产值（现价）	亿元	432.7	466.1	7.7
高新技术企业	亿元	179.6	177.7	-1.1
销售（营业）收入	亿元	580.3	645.8	11.3
第二产业	亿元	378.4	422.4	11.6
工业	亿元	324.3	357.6	10.3
第三产业	亿元	201.9	223.4	10.6
利润总额	亿元	60.4	55.0	-8.9
第二产业	亿元	26.2	40.5	54.6
工业	亿元	21.0	34.2	62.7
进出口总额	亿美元	13.1	13.7	4.6
出口	亿美元	7.0	7.5	7.1
财政收入	亿元	69.0	75.7	9.7
税收收入	亿元	53.5	56.9	6.4

续表

项　　目		单位	2012 年	2013 年	增减（%）
财政支出		亿元	33.9	35.9	5.9
新批企业个数		个	62	31	-50.0
外商及港澳台企业		个	7	1	-85.7
内资企业		个	55	30	-45.5
新批企业投资额	外商及港澳台企业	亿美元	1.4	0.5	-64.3
	内资企业	亿元	239.6	68.0	-71.6
	增资企业	亿美元	1.3	0.6	-52.1
合同外资金额		亿美元	0.6	0.2	-71.7
外商实际投资		亿美元	2.3	2.9	23.8
固定资产投资		亿元	41.0	49.4	20.7
年末从业人员数		个	61224	61995	1.3
在岗职工数		个	57685	59875	3.8
在岗职工平均工资		元	61950	72041	16.3
规模以上企业个数		个	236	256	8.5
工业		个	132	143	8.3
万元 GDP 能耗		吨标准煤/万元	0.291	0.252	-13.4

（廊坊经济技术开发区管委会）

泉州经济技术开发区

【经济发展】 2013年，泉州经济技术开发区（以下简称“泉州开发区”）全区实现地区生产总值106.17亿元，比增11.5%，实现公共财政总收入16.12亿元，增长11.02%，其中公共财政预算收入6.2亿元。实际利用外资（验资口径）2541万美元，比增8.3%，出口商品总值（海关口径）7.6亿美元，比增45.96%，全社会固定资产投资（含房地产）10亿元，比增11.11%。

【园区建设】 清濛园区情况：优化园区规划，完成控规修编工作。开展《清濛园区控制性详细规划》修编工作，进一步明确产业功能定位，优化用地布局；推进重点片区策划与规划。加强对外通道建设规划。提升城市形象，围绕生态市建设目标，根据年度减排目标任务，加大环境保护工作。盘活存量资源，加大对低效土地的清理和处置力度；加快圣弗兰总部区项目用地的收储进展，积极引导工业企业用足用好政策，提高产能产值，充分挖掘现有建设用地，推进土地二次开发。

官桥园区情况：加强基础设施建设；推进土地征收报批；加大招商引资力度。

【投融资建设工作】 加快泉州股权投融资服务中心和海交泉州中心两个“金改”平台建设，集聚市场要素资源。目前，已引进各类创业投资、股权投资及管理机构、中介服务机构30多家；已有72家企业在海交泉州中心挂牌，85户合格投资者开户，挂牌企业实现融资3.5亿元。组织召开银企融资对接会，银企对接签约金额达3亿元。国信证券泉州营业部正式开业运营。引导支持1家企业发起设立票据服务公司试点。优化企业上市服务，举办4场专题讲座，兑现企业改制上市奖励资金497.8万元。确定上市后备企业13家，其中，2家企业确定于2014年1月在香港上市，2家企业报福建证监会辅导备案，1家企业在中国证监会待审核。做好与国家新三板扩容对接和区域股权交易市场挂牌工作，3家企业启动新三板挂牌股改，10家企业在海交泉州中心挂牌。

【科技创新】 2013年财政科技支出1100.35万元，比增800.75万元，兑现落实各类扶持奖励资金近2500万元。实施企业技改项目13个，推动65家企业参与科技创新“五清零、六提升”专项行动，重点培育“科技小巨人”企业25家。全区新增高新技术企业4家、科技型企业20家；新增省级工程技术研究中心1家、市级行业技术中心2家；新增国家创新基金项目3项、国家重点新产品1项；新增市科技进步三等奖2项、专利优秀奖1项。推进知识产权工作。2013年来，全区已获专利授权206件，每万人专利拥有量达14.9件。

【项目建设】 开展“百日攻坚”行动，确定主要经济指标落实、城市建设、金改工作等13个“百日攻坚”行动重点项目。制定《2013年投资支撑项目安排表》等项目推进方案，明确项目建设相关责任单位及挂钩领导。分专题组织召开7场重点项目建设工作落实会，强化项目协调推进。实施重点建设项目86个，其中省级在建重点项目2个，市级在建重点项目6个，完成投资24.9亿元。

【管理与服务】 立足于开发区土地空间受限的实际情况，为确保开发区经济社会保持平稳较快发展，着力盘活清濛园区存量空间，组织实施存量提升工程，把全区划分为8个片区，通过领导挂钩、责任包干的方式，完成对清濛园区近300家企业的实地走访和摸底调查，较全面了解掌握了全区企业现有资源、经营情况、产值税收及存在困难等，为下一步推动转型提质奠定了良好的基础。收集企业存在的困难和问题近200个，企业意见建议40条；现场解决问题近50件，为企业提供建议100多条，移交到职能部门解决的30件，并有针对性地对企业开展个性帮扶。

【社会事业】 顺利通过教育部义务教育发展基本均衡区的评估验收，成为全省首批通过验收的县（市、区）之一；完成实验学校综合楼建设，引进1家民办幼儿园和1所培训学校。出台《进一步推动泉州开发区文化产业发展的若干措施》，组织参加第六届厦门海峡两岸文化博览交易会。卢思立艺术馆获得泉州市第三批文化产业示范基地称号。加强10家医疗机构监管，协调中医院配足配齐社区卫生服务中心医疗技术力量，推进居民医疗健康档案信息化建设，累计建档29360份。举办迎新春游园、首届文化活动周等系列文体活动，吸引近30000人次群众职工参与。

泉州经济技术开发区主要经济综合指标一览表

项目		单位	2012年	2013年	增减（%）
开发区生产总值		亿元	100.69	106.17	11.5
第二产业		亿元	89.14	93.35	11.5
工业		亿元	88.66	92.87	11.4
第三产业		亿元	11.55	12.76	11.5
工业总产值（现价）		亿元	391.57	397.27	1.45
高新技术企业		亿元	242.43	235.14	-3
销售（营业）收入		亿元	429.63	439.27	2.24
第二产业		亿元	366.76	376.13	2.55
工业		亿元	366.11	375.42	2.54
第三产业		亿元	62.87	63.14	0.43
利润总额		亿元	53.69	52.17	-2.83
第二产业		亿元	43.92	42.26	-3.8
工业		亿元	43.49	41.66	-4.2
区内主导产业及产值		亿元	391.57	397.27	1.45
主导产业	1. 体育用品	亿元	204.8	205.99	0.58
	2. 纺织服装	亿元	112.38	116.92	4.04
	3. 机械装置	亿元	32.97	33.35	1.15
	4. 电子信息	亿元	24.2	27.6	14
	5. 工艺礼品	亿元	10.96	8.05	-26.55
	6. 生物医药	亿元	6.25	5.36	-14.24
第三产业		亿元	62.87	63.14	0.04
进出口总额		亿美元	7.87	8.99	14.23
出口		亿美元	6.68	7.69	15.12

续表

项　　目		单位	2012 年	2013 年	增减（%）
财政收入		亿元	14.52	16.12	11
税收收入		亿元	14.52	16.12	11
财政支出		亿元	2.72	3.82	40.44
新批企业个数		个	150	186	24
外商及港澳台企业		个	2	5	150
内资企业		个	148	181	22.3
新批企业投资额	外商及港澳台企业	亿美元	0.82	0.48	-41.46
	内资企业	亿元	5.92	5.23	-11.66
	增资企业	亿美元	0.34	0.1	-70.59
合同外资金额		亿美元	0.32	0.36	12.5
外商实际投资		亿美元	0.25	0.25	持平
固定资产投资		亿元	9	10.42	15.8
年末从业人员数		个	61654	73021	18.4
规模以上企业个数		个	39000	40000	2.5
工业		个	97	97	持平
万元 GDP 能耗		吨标煤/万元	0.105	0.038	-24

（泉州经济技术开发区管委会）

张家港经济技术开发区

【经济发展】 2013年，张家港经济技术开发区（以下简称“张家港经开区”）实现地区生产总值700亿元，同比增长8.1%。其中，第二产业增加值完成551.7亿元，第三产业增加值完成147.3亿元，同比分别增长5.7%、18.2%，第二、三产业比例为78.8:21。完成企业经营收入2425亿元。财政收入110.9亿元，同比增长15.3%，入库税收99.5亿元，增长10.8%。完成固定资产投资228亿元，增长10.5%。

【工业产业发展】 全年实现工业增加值544.1亿元，其中，规模以上工业增加值465.4亿元，同比增长5.7%。全年工业总产值1910亿元，同比增长8.2%，其中规模以上工业总产值1628亿元，增长7.5%。实现新兴产业产值1075亿元，占规上工业产值比重超过65%。

【园区特色】 机器人产业园列入国家工信部重点支持建设园区。培育销售超10亿元企业28家、上市企业7家，拥有5家出口超亿美元企业，澳洋集团入围中国企业500强，江苏张家港农村商业银行股份有限公司、张家港市第一人民商场有限责任公司、江苏国泰国际集团有限公司3家企业入围中国服务业500强，东渡集团获评省级外贸出口名牌企业。形成以精密机械、成套装备、特种设备等机械制造业为支撑，以智能装备（机器人）、再制造、新材料等新兴产业为导向，以现代物流、服务外包、软件动漫等现代服务业为特色的现代产业发展格局。2013年，机械制造业及电子制造业完成工业总产值649.6亿元，同比增长17.6%，占全区规模以上工业总产值比重39.9%。

【科技创新】 投资25亿元建设沙洲湖科创园，总建筑面积达32万平方米，打造集孵化培育、技术研发、成果转化为一体的综合性科技创新园区，入驻清华大学华东锂电技术研究院、哈尔滨工业大学张家港智能装备及新材料技术研究院、西北工业大学（张家港）智能装备技术产业化研究院、南京理工大学张家港工程技术研究院等4家高校研究院，成立产业化公司15家，获批江苏省科技企业孵化器。全年新增创新创业载体面积7.2万平方米，累计18.6万平方米。获批省级以上科技项目24项。新增高新技术企业20家，累计97家。专利授权3035件，其中发明专利156件。

【招商引资】 新增世界500强投资企业1家（韩国韩华集团）。全年新批外资项目54个，注册外资7.43亿美元，增长15.2%，实际利用外资3.3亿美元。全年新设立登记内资企业973家，新增内资企业注册资本57.5亿元，增长4.2%。全年完成进出口总额77.7亿美元，增长9.2%。其中，出口总额57.8亿美元，增长10%；进口总额19.9亿美元，增长6.9%。完成高新技术产品进出口47.6亿美元，增长7.4%。

【生态环保】 铺设管网16公里，整治河道102条，拆坝建桥34座，新增绿地面积1224亩。全年淘汰落后企业30家，腾笼换凤土地面积956亩，化学需氧量、二氧化硫、氨氮和氮氧化物四项主要环保指标均下降5%以上，获批江苏省两化融合示范园区、省级生态工业园区。

【人才建设】 全年自主申报国家“千人计划”人才4名，累计7名；柔性引进国家“千人计划”人才10名，累计16名。新增省“双创”人才5名、“姑苏领军人才”5名，累计20名。新增省研究生工作站4家，累计37家；新增省工程技术研究中心3家，累计21家。

【社会事业】 农村居民人均纯收入达到26103元，城镇居民人均可支配收入达到44683元，分别同比增长15.9%和7.7%。新建及扩股重组富民股份合作社4家、各类专业合作社10家，实现村级可用财力3.7亿元、增长10%，村均可用财力达到902万元。全年完成8.2亿元民生实事工程投入。创新开展“民生面对面”活动，全年共开展活动46场，办理民情民意1850件。建成江苏省首家24小时自助借阅图书馆——梁丰社区图书馆，幸福晨阳网格书友会、“你阅，我悦”社区全民阅读活动、老年读报小组获评2013年中国社区乡镇阅读推广活动优秀案例。

【机构设置与管委会领导】 张家港经开区管委会内设党政办公室（宣传文明办公室）、招商局（商贸局）、发展改革局（科技人才局）、经济服务局（安全环保局）、建设局、财政局、组织人事局、社会事业局、农村工作局、政法和社会管理办公室、行政服务中心（招投标中心）等11个工作部门。2013年，张家港经开区党工委书记张伟，副书记葛晓明、谢刚，委员：陶惠兴、李良、庞立新、张跃、常征，纪律检查工作委员会书记庞立新。张家港经开区管理委员会主任葛晓明，副主任谢刚、陶惠兴、李良、张跃、常征、赵志凯。

张家港经济技术开发区主要经济综合指标一览表

项目		单位	2012年	2013年	增减（%）
开发区生产总值		亿元	647.10	699.70	8.13
第二产业		亿元	521.89	551.76	5.72
工业		亿元	515.39	544.14	5.58
第三产业		亿元	124.65	147.30	18.17
工业总产值（现价）		亿元	1765.15	1910.26	8.22
高新技术企业		亿元	529.80	565.39	6.72
销售（营业）收入		亿元	2229.30	2424.34	8.75
第二产业		亿元	1563.97	1680.30	7.44
工业		亿元	1472.93	1582.14	7.41
第三产业		亿元	665.33	744.03	11.83
利润总额		亿元	88.15	94.54	7.25
第二产业		亿元	46.10	48.18	4.52
工业		亿元	42.01	43.82	4.30
区内主导产业及产值					
主导产业	1. 机械电子制造业	亿元	552.58	649.64	17.56
	2. 金属冶金加工业	亿元	501.93	502.52	0.12
	3. 纺织、服装制造业	亿元	387.18	400.83	3.52
第三产业		亿元	42.05	46.36	10.25
进出口总额		亿美元	71.18	77.71	9.19

续表

项　　目		单位	2012 年	2013 年	增减（%）
出口		亿美元	52.57	57.81	9.97
财政收入		亿元	96.15	110.87	15.30
税收收入		亿元	89.86	99.55	10.78
新批企业个数		个			
外商及港澳台企业		个	49	54	10.2
内资企业		个	955	973	1.88
新批企业投资额	内资企业	亿元	55.177	57.519	4.24
合同外资金额		亿美元	6.45	7.43	15.24
外商实际投资		亿美元	4.15	3.31	-20.13
固定资产投资		亿元	206.48	228.19	10.51
年末从业人员数		个	164330	168450	2.51
在岗职工平均工资		元	59660	65720	10.16
规模以上企业个数		个	1050	1169	11.33
工业		个	455	461	1.32
万元 GDP 能耗		吨标煤/万元	0.41	0.34	-17.07

（张家港经济技术开发区管委会）

如皋经济技术开发区

【区情概况】 如皋经济技术开发区（以下简称“如皋开发区”）位于中国沿江经济带和沿海经济带T型交汇处的南通市，于1993年12月经江苏省人民政府批准设立，2013年1月17日，成功获批为国家级经济技术开发区。

【经济发展】 2013年，如皋开发区实现地区生产总值365.12亿元，按可比价格计算，比上年增长18.45%。其中，第二产业增加值完成243.0亿元，第三产业增加值完成109.67亿元，可比增长18.73%，第二、第三产业比例为2.21∶1。财政收入继续保持快速增长。全年财政收入54.86亿元，比上年增长22.58%，税收收入53.61亿元，增长19.79%，全年地方财政收入36.25亿元，比上年增长54.1%。外贸进出口16.68亿美元，增长32.68%。其中，出口总额12.13亿美元，增长32.25%；进口总额4.55亿美元，增长33.82%。全社会固定资产投资215.86亿元，比上年增长19.76%，其中基础设施投入16.5亿元，比上年增长18.78%。全年新开工亿元以上项目15个，总投资69.63亿元；新竣工项目7个，总投资16亿元。全年工业项目投资95.99亿元，新增规模以上企业21家。建成省级生态工业园区。

【工业产业发展】 如皋开发区全年实现工业增加值228.74亿元，可比增长16.71%，其中，规模以上工业增加值193亿元，可比增长27.46%。全年工业总产值1185.62亿元，比上年增长16.04%，其中高新技术企业328.95亿元，比上年增长19.23%，规模以上工业总产值789.50亿元，增长19.81%。在规模以上工业中，外商及港澳台投资工业总产值304.85亿元，增长17.10%；内资工业总产值484.64亿元，增长21.58%。产业结构进一步优化升级。规模以上工业中，新能源汽车、电子电力及装备制造、新能源新材料、长寿生物科技等4大产业完成工业总产值892.67亿元，比上年增长25.92%，占全区规模以上工业总产值的90.74%。

【招商引资】 全年新批协议注册外资33973万美元，实际到账注册外资17253万美元，新批外商投资企业数33个；新增内资企业注册资本38.56亿元，新增注册内资企业数320个，新增内资企业注册资本38.56亿元，其中第一产业项目4个，第二产业项目14个，第三产业项目15个，形成了三次产业良性互动招商新局面。康迪（吉利）电动车项目、法国欧尚集团、巴西机电等一批世界500强的企业签约落户；协调促成碧空氢能科技南通有限公司与加拿大巴拉德公司签署合作协议，转让整套燃料备用电源生产技术。

【嘉定如皋产业园】 2013年10月，上海嘉定工业区如皋产业园在如皋开发区内揭牌成立。该产业园规划面积5平方公里，由上海市嘉定区、江苏省如皋市共同出资，逐步承接上海嘉定区新能源汽车产业、新材料、软件等产业到如皋落户。进入产业园的企业比照上海方面政策，在项目审批、产业发展等方面享受优质服务。至2013年底，汉德家电、嘉好热熔胶、双钱轮胎等10多家企业落户嘉定如皋产业园。

【科技创新】 如皋开发区强化“科技、人才为第一生产力”理念，狠抓人才培育力度、企业技改提升、平台搭建完善。2013 年，拥有高新技术企业 75 家，高新技术创业服务中心 132 家，全年完成高新技术产业投入 31 亿元，高新技术产业产值占规模以上工业总产值的 41.67%，实现高新技术产业增加值 92.56 亿元，高新技术企业工业产品销售收入 302.56 亿元，增长 24.65%，高新技术企业进出口总额 6.8 亿美元，其中出口额 5.38 亿美元，比上年分别增长 22.48%、24.62%。科技项目立项 84 项，新认定驰名商标 15 个，著名商标 32 个，授权发明专利 60 件。

【人才建设】 2013 年累计引进研究生、博士、高级技术人员等各类人才 415 人，国家“千人计划”专家 3 人，省“双创计划”专家 2 人；加强与区内、区外高校对接，定点、定向、定岗培育专业人才。积极创建江苏省知识产权、双创人才两个示范区和中小企业创业基地、科技企业孵化器、重点实验室、公共技术服务中心、企业院士（研究生）工作站等 12 个省级载体平台，北大产学研合作基地项目正式启动。

【政策发布】 如皋开发区鼓励科技创新，出台了《关于促进工业经济转型升级的实施意见》，重点支持企业技术改造投入、信息化建设、科技创新、品牌创建、人才引进、企业上市和企业家培育，每年投入人才发展资金、科技创新专项奖励基金和重大科技成果转化资金超千万元，对高端人才及团队，给予最高 1000 万元的资金扶持。作为江苏省级科技金融合作创新示范区，如皋开发区对科技含量高、市场前景好的潜在新兴产业、高新技术项目提供多元化的资金支持。不断创新股权投资模式，大力拓展债权投资渠道，充分发挥风险补偿优势，运用省科技风险补偿专项资金鼓励企业知识产权质押，支持高技术新兴产业的小企业成果转化项目。

【项目建设】 2013 年，办成千万美元以上外资项目 77 个，其中总投资 5000 万美元以上外资项目 11 个，1 亿美元以上外资项目 4 个，新开工亿元以上项目 15 个，总投资 69.63 亿元，新竣工项目 7 个，总投资 16 亿元，完成规模工业投入 62 亿元，高新技术产业投入 31 亿元，工业项目投资 95.99 亿元，工业用电量 102085 万千瓦时，新增规模企业 21 家，亿元企业 12 家，5 亿元企业 4 家，10 亿元企业 3 家。新能源汽车产业年内完成销售总额 169.72 亿元，初步形成了由陆地方舟（江苏）、康迪（吉利）和英田（金杯）3 家新能源整车厂、改装车厂以及双钱轮胎、风迅锂电池、美国百应和碧空氢燃料电池、延康、创源电化学等汽车零部件企业组成的协调发展的产业集群。

【城市建设】 高标准编制完善城北新城总体规划、道路交通专项规划、供热专项规划、新能源汽车产业发展、长寿生物医药科技等专项规划。着力打造国家级科技孵化器、人才职工公寓、金属表面处理中心以及标准工业厂房等基础性生产、生活配套设施。成功创建省级生态工业园区，积极启动创建国家级生态园区。投入 5.1 亿元完善功能配套，推进修路、修桥、景观打造、管网连接等市政工程建设。

【社会事业】 如皋开发区亮化“爱心城市”品牌，成立“爱心慈善基金”，首期募集 388 万元，打造友爱人文大环境。全年新增就业岗位 6865 个，回引在外劳动力 1580 人，扶持就业困难人员 228 名，辅导技能培训 1750 人；完成农保扩面 50898 人，社保扩面 1490 人，土地换社保 7166 人，合作医疗 105458 人；累计送戏下乡 30 多场，送电影下乡 400 多场，送图书 5000 余册。教育教学质量全面提升，中心初中荣获 2012—2013 学年度如皋市义务教育阶段教学工作一等奖。成功创建国家级卫生街道，创新建立流动调解室、医患纠纷工作站，成功创建 12 个省级民主法治示范村（居），25 个南通级民主法治示范村

(居)。

【党建工作】 实行“三级联建”，立足“区域、产业、企业”三个层面，构建以园区党委为主导、产业园区党总支、规模企业党组织为基础的三级党组织管理体系；强化“三人必建”，营造党建兴企、党建强企的良好氛围；推进“三位一体”，形成“组织、人才、科技”相互促进、协调发展的良好格局。在实践中，总结提炼了双钱党建“统合工作法”（被评为2013年全国非公党建优秀案例），深入推广双钱集团“一张皮、双肩挑、三同时”的做法；健全“四项机制”，建立目标管理机制、调研指导机制、工作交流机制、定点联系制度，采取“领导挂点、部门联线、属地包片”的模式，进行全覆盖联系指导。开展“双培双推”计划，开展“把优秀员工培养成党员，把党员推荐到关键岗位；把优秀党员培养成党组织负责人，把党组织负责人推荐到企业决策层”为主要内容的“双培双推”工程；开展“双创双争”活动，开展“党员争先进，创优秀共产党员；组织争示范，创先进基层党组织”活动。

【机构设置与管委会领导】 如皋开发区管委会下设党政办公室（党群工作局）、招商局、发展改革局（统计站、安全监督局）、规划建设局（城管执法局）、社会事业局（人社局、政法综治中心）、财政局（金融办）、环保局、国土局等8个工作部门。如皋开发区领导成员有：党工委书记马金华、管委会主任石兵。管委会副书记副主任郝晓东、曹汉清、薛煜、缪永辉、宗爱君、倪新福。

如皋经济技术开发区主要经济综合指标一览表

项目	单位	2012年	2013年	增减（%）
开发区生产总值	亿元	308.256	365.1209	18.45
第二产业	亿元	205.6407	242.9983	18.17
工业	亿元	190.985	228.744	19.77
第三产业	亿元	92.3701	109.6716	18.73
工业总产值（现价）	亿元	1021.725	1185.620	16.04
高新技术企业	亿元	275.893	328.9478	19.23
销售（营业）收入	亿元	1345.264	1589.563	18.16
第二产业	亿元	1039.0228	1208.1099	16.27
工业	亿元	815.4687	977.4194	19.86
第三产业	亿元	306.2412	381.4531	24.56
利润总额	亿元	98.8357	111.8939	13.21
第二产业	亿元	58.92	62.8455	6.67
工业	亿元	54.8444	57.6705	5.15
第三产业	亿元	39.9157	49.0484	22.88
进出口总额	亿美元	12.5714	16.6802	32.68
出口	亿美元	9.1747	12.1336	32.25
财政收入	亿元	44.7513	54.856	22.58
税收收入	亿元	44.7513	53.606	19.79
财政支出	亿元	24.661	36.527	48.12
新批企业个数	个	477	353	26

续表

项　　目	单位	2012 年	2013 年	增减（%）
外商及港澳台企业	个	25	33	32
内资企业	个	452	320	-29.2
新批企业投资额	亿美元	3.1874	3.3973	6.59
外商及港澳台企业	亿美元	3.1874	3.3973	6.59
内资企业	亿元	414317	385640	-6.92
增资企业	亿美元	0.0288	0.0382	32.64
合同外资金额	亿美元	3.1874	3.3973	6.59
外商实际投资	亿美元	1.1071	1.7254	55.85
固定资产投资	亿元	180.2583	215.8620	19.7
年末从业人员数	个	54696	58820	7.54
在岗职工数	个	221	246	11.31
在岗职工平均工资	元	48000	65000	35.41
规模以上企业个数	个	614	816	32.9
工业	个	376	415	10.37
万元 GDP 能耗	吨标煤/万元	0.25	0.23	-8

（如皋经济技术开发区管委会）

四平红嘴经济技术开发区

【经济发展】 2013年，吉林省四平红嘴经济技术开发区（以下简称“红嘴开发区”）实现地区生产总值140亿元，比上年增长19.6%。其中，第二产业增加值完成135亿元，第三产业增加值完成3.3亿元。财政收入12.5亿元，税收收入12.5亿元。完成进出口总额226万美元。

【工业产业发展】 红嘴开发区共有民营企业536户，国有企业2户，规模以上企业36户。2013年完成工业总产值435亿元，同比增长25%；完成工业增加值130亿元，同比增长20%；实现GDP 140亿元，同比增长20%；固定资产投资完成43.5亿元，同比增长19.5%。固定资产投资累计完成300亿元，其中域外投资占60%。初步形成装备制造、新型建材与冶金、动漫及现代服务、食品及农副产品深加工、化工及医药等为主导的产业格局。主导产业为冶金建材，约占全区工业总产值的52%；农副产品和食品加工，约占全区工业总产值的18%。新兴产业和特色产业有先进装备制造业、文化动漫、生物医药，其中换热器产业园区和文化产业示范园区为吉林省批准的特色产业园区。2013年，填补国内空白的艾斯克禽类自动掏膛线等5个新建项目在红嘴开发区开工建设，计划投资11.3亿元，到位资金3.2亿元；15个续建项目继续推进。

【科技创新】 2013年，红嘴开发区企业开发新产品20个，实现产值1.5亿元。申报成功省级名牌产品6个。创建了四平市艾斯克机电集团有限公司、四平市艾维能源科技有限公司、四平市博尔特工艺装备有限公司、四平市海格起重机器制造有限公司、四平市四开电气设备有限公司、四平市方元恒业复合材料科技有限公司、国家换热器产品质量监督检验中心等7个省级企业技术中心。四平市方元恒业复合材料科技有限公司的“玻璃钢供热管道”获得8项专利；四平市四开电器设备制造有限公司的“矿用隔爆型永磁机构高压真空配电装置”等9种新产品，通过了国家鉴定；四平市吉利换热设备与多所院校和科研单位合作，率先研发了“换热机组及冷热水供应机组”，已获12项国家专利。四平市艾维能源科技有限公司的“全自动无人值守换热机组”，获得16项国家专利，新开发“全自动混水机组”。

【投融资平台建设】 红嘴开发区现有四平市海鑫投资开发有限公司和四平市瑞德投资有限公司两个融资平台。2013年建立土地收储中心，并已纳入国土部土地收储名录。成立金融服务办公室，结合各地成功案例，抓紧进行融资项目的策划和包装工作，已完成区内资产摸底整合等基础工作。以棚户区改造项目、中小企业园区项目、“四梨同城化”项目和开发区内基础设施建设项目为核心，进一步深化融资服务。

【基础设施建设】 拓宽了红嘴开发区迎宾街、兴红路、创业路等道路，总长6640延长米，相继铺设了供水、供热、燃气、输电、电讯管网。修建了近7000延长米的文博路、文凯路、开平街、享智街等道路，实现了与四平北环和市区的贯通，7平方公里建成区基础设施基本完善，项目承载能力明显提升。

【社会事业】 红嘴开发区提出一切工作都要坚持“心里装着群众、按政策办事、守住法规底线”三原则，建立上下贯通的农村工作机制。进行了建区以来首次“三委”换届选举，进一步夯实了农村基层组织基础。制定出台《关于加强农村集体经济组织征地补偿费监督管理意见》，切实维护群众利益。组织工作人员进村入户调查，做到低保工作公开透明，发放了农村低保金和医疗救助金。加强在乡老党员、复员老兵、两参人员、军烈属的慰问扶助工作，开展慈善救助“双日捐”，共筹得善款112287元。进行环境整治，栽植三年以上直径6公分杨树2000棵，创红嘴开发区春季义务植树历史之最。

【党建工作】 2013年红嘴开发区把基层党支部和党员队伍建设作为工作重点，进一步打牢组织建设基础。组建了环卫处党支部，改选了部分支部书记和委员；加强对党员的教育，及时传达上级党组织要求，举办新党章知识竞赛，进一步增强了党员意识。严把党员发展质量关，注重发展一线工人和农民入党。

【机构设置与管委会领导】 红嘴开发区下设办公室、经济技术合作局（加挂投资服务局牌子）、经济发展局、规划建设局（加挂城市管理行政执法局牌子）、财政审计局、社会事务管理局、安全生产监督管理局等7个机构。红嘴开发区党工委书记、管委会主任徐远征，党工委副书记、纪工委书记周冠中，管委会副主任郭殿飞，管委会副主任王巍。

四平红嘴经济技术开发区主要经济综合指标一览表

项目		单位	2012年	2013年	增减（%）
开发区生产总值		亿元	117	140	19.6
第二产业		亿元	113	135	19.6
工业		亿元	109	130	19.2
第三产业		亿元	2.57	3.3	29
工业总产值（现价）		亿元	346.8	435	25
高新技术企业		亿元	1.3	1.51	16
销售（营业）收入		亿元	186	207	11
第二产业		亿元	180	200	11
工业		亿元	175	199	7
第三产业		亿元	6	7.5	25
利润总额		亿元	8.67	11.2	29
第二产业		亿元	8.67	10.88	25
工业		亿元	8.67	10.88	25
区内主导产业及产值					
主导产业	1. 黑金属冶炼及压延加工业	亿元	174.4	208.7	20
	2. 农副食品加工业	亿元	62.36	71.8	15
	3. 烟草制品业	亿元	29	32	10
第三产业		亿元	0.2	0.3	50
进出口总额		亿美元	0.16	0.2	25
出口		亿美元	0.1	0.13	30
财政收入		亿元	13.7	12.5	-8
税收收入		亿元	13.7	12.5	-8
新批企业个数		个	78	36	-53

续表

项　目		单位	2012 年	2013 年	增减（%）
外商及港澳台企业		个	0	0	0
内资企业		个	78	36	-53
新批企业投资额	内资企业	亿元	3	0.55	-80
合同外资金额		亿美元	0.16	0.22	40
外商实际投资		亿美元	0.16	0.22	40
固定资产投资		亿元	36.4	43.5	19.5
年末从业人员数		个	31562	32000	1
在岗职工数		个	24200	26000	7
在岗职工平均工资		元	31584	36321	15
规模以上企业个数		个	36	36	0
工业		个	36	32	-11
万元 GDP 能耗		吨标煤/万元	1.29	1.16	-10

（四平红嘴经济技术开发区管委会）

德阳经济技术开发区

【经济发展】 德阳经济技术开发区（以下简称“德阳开发区”）地区生产总值190亿元，同比下降2%；2013年年初计划全口径财政收入32.6亿元。实际完成3.3亿元，占年初计划的101.2%，比上年同期下降6%。年初计划税收入库26.4亿元。实际入库26.5亿元，占年计划的100.4%，比上年同期下降3%。年初计划公共财政预算收入8亿元，实际完成8.1亿元，占年初计划的101.2%，比上年同期下降3%。年初计划基金预算收入6亿元，实际完成6.1亿元，占年计划101.7%，比上年同期下降12.85%。年初计划地方财政收入14亿元，实际完成14.2亿元，占年初计划的101.4%，比上年同期下降7%。全年完成固定资产投资110亿元，同比增长22%。全年实现进出口总额2.2亿美元，同比增长56%，其中，实现出口1.6亿美元，同比增长6.3%。

【工业产业发展】 2013年全年实现规模以上工业增加值120.6亿元，同比增长-11%；实现工业总产值504亿元，同比下降12.5%；新增规模以上工业企业9户，总量达到129户；实现工业投资100.4亿元，同比增长11%。产业结构不断调整，战略性新兴产业增加值占工业比重达到16%。开工建设德阳银行经济开发区支行、保利万豪酒店等一批重大项目。加快沃尔玛西南物流配送、沃尔玛高端商业购物中心、红星美凯龙家居广场等在谈项目进度，大力发展现代服务业，实现第三产业增加值18亿元，同比增长6.9%；实现社会消费品零售总额42亿元，同比增长28.9%。

【生态环保】 在工业节能、建筑节能、交通运输节能、公共机构节能、重点用能单位节能、排污治理等关键环节加大工作力度。加大落后产能淘汰力度，依法关停和淘汰落后产能企业3户。加大对国控、省控重点污染源的监管，重点污染源排放达标率100%。大力整顿美丰复合肥噪声治理，维达纸业水处理等限期治理项目4个。积极实施“蓝天工程”、“碧水工程”等环境整治工程，认真开展卫生城市创建工作。大力开展创国家卫生城市、文明城市、环保模范城市、园林城市、森林城市“五城联创”活动，启动和实施了省级生态工业园区创建工作，园区面貌不断美化更新。

【创新能力建设】 高新技术企业达到20家，国家级企业技术中心达到4家，省级企业技术中心达到4家。与联合国工发组织合作，建立联合国工发（德阳）高科创新投资基金，不断拓宽创新投入资金渠道。与四川大学合作建立德阳工业技术研究院，与重庆理工大学合作建立产业技术联盟，大力提高经开区创新能力建设。

【项目建设】 列入省、市重点项目10个，项目总投资87亿元，年度计划投资25亿元，全年完成重点项目投资29.1亿元，占年度投资计划的100%。狠抓项目集中开工建设，2013年共计有17个产业项目集中开工，总投资达200亿元。重点项目投资有力的带动了全社会固定资产投资的增长。加快九为投资有限公司、蘑菇现代产业园、东方电气集团示范电站、四川泰明飞机有限公司轻型运动飞机、轮船、寒车发动机等一批重大产业项目建设。加快博力迅锂离子储能电池、德国拜尔太阳能集热管、上海开旋风电控制系统等项目建设，以信义玻璃项目建设为契机，与广汉积极探索共建共享模式。以得阳科技PPS项目二期为突破，加快建设国内一流、世界领先的新材料基地。

【招商引资】 全年引进亿元以上项目17个，总投资达200亿元，实际到位资金126亿元，同比增长26%。重点引进德阳瑞隆机械制造、四川中乾机械制造、成都金桨高新材料、成都多吉昌新材料、天津天锻压力机等重大项目。实际引进外资企业4家，实际到位外资9152万美元，同比增长55.2%。支持东方阿海珐、荃盛机械等企业积极开拓国际市场，大力开展对外工程承包和劳务合作。先后成功举办无锡、东莞、厦门、北京投资说明会，赴日参加洽谈会同华南美商举办洽谈会。先后参加第4届中国－南亚经贸合作洽谈会、中芬经贸合作研讨会、四川－深圳加工贸易合作洽谈会、中阿合作论坛、西博会等一系列大型经贸交流活动。

【基础设施建设】 加快总投资3500万元、建筑面积1万平方米的新建金沙江路学校扩建工程建设；完成投资380万元、建筑面积1720平方米的市第六中学（通威中学）学生宿舍扩建工程；完成投资200余万元的市第六中学（通威中学）、雅居乐泰山路小学运动场改造工程；投入110万元完成经开区医院东河卫生院改造工程。加快推进德阳海关、德阳国检业务技术用房建设。加快推进华山南路二期改造、鞍山路、峨眉山路二期、范堰等在建市政道路设施项目建设。围绕玉龙管业、北京瑞辰、博力迅、信义玻璃、东锅二期等一批重点项目，完成正式用电、临时施工用电、线路迁改等配套项目建设。投资约4000万元完成博力迅电池10千伏配电新建工程。投资900余万元，建成宏山路开闭所工程，确保了项目用电需求。投入1000余万元实施10千伏旌叶路迁改工程、10千伏庐合支线等迁改工程，加快信义玻璃项目配套服务项目实施。投资近400万元，完成信义玻璃项目电力线、通讯线迁改，厂区沟渠改道等配套服务工程；配合做好环中国自行车赛配套服务等工作，投入1100余万元，对辖区30余段市政道路实施维护、维修和改造，共计维修改造市政道路12000余平方米、人行道66000余平方米、路沿石12000余米。

【社会事业】 2013年，完成了辖区7所民办幼儿园，6所民办培训机构从旌阳区移交经开区管理的工作。完成了经开区学校同市名优学校的结对帮扶活动。加快推动经开区医院建设，深入实施“两费免收”等医卫惠民工程，惠及群众2.8万人次。建成2000平方米的健身苑，承办“中国梦·健康行”2013年德阳体育日活动。建成社会组织孵化实验基地两个，吸纳志愿者2000人次；“一战式”便民服务体系不断深化，互助服务、法律援助和居家养老等个性化服务不断完善。旌东、八角建成文化阵地4个，新建文化活动室、阅览室5个。

【管委会机构设置】 德阳经开区管委会（党工委）下设党政办公室、纪工委、群众工作局、发展和改革局、工业和信息化局、环境保护和安全生产监督管理局、住房和城乡建设局、商务局、投资促进局、财政局、社会事业局、社会保障局等12个工作机构。德阳经开区管委会党委书记杨建明，党委副书记、管委会主任李成金，党委副书记简鸿彬，党委委员、管委会副主任李本林，管委会副主任孙振国，党委委员、纪委书记雷彬，党委委员、管委会副主任胡洪立。

德阳经济技术开发区主要经济综合指标一览表

项目		单位	2012年	2013年	增减（%）
开发区生产总值		亿元	183.5	193.5	6.47
第二产业		亿元	165.9	174.1	6.3
工业		亿元	164.4	172.5	6.4
第三产业		亿元	16.3	18.0	8.2
工业总产值（现价）		亿元	490.2	504.4	2.9
高新技术企业		亿元	295.9	249.3	-15.7
销售（营业）收入		亿元	598.8	662.7	10.7
第二产业		亿元	454.3	505.2	11.2
工业		亿元	444.8	496.6	11.6
第三产业		亿元	144.5	157.5	9
利润总额		亿元	4.65	1.62	-65.2
第二产业		亿元	-3.55	-7.68	/
工业		亿元	-3.7	-7.8	/
区内主导产业及产值					
主导产业	1. 装备制造业	亿元	372.2	383.7	3.1
	2. 新材料	亿元	77.3	69.1	-10.6
	3. 服装及轻工业	亿元	21.6	22	2
第三产业		亿元	8.2	9.3	13.4
进出口总额		亿美元	1.5238	2.1656	342.1
出口		亿美元	0.7541	1.6311	116.3
财政收入		亿元	36.88	33.03	-10
税收收入		亿元	28.64	25.88	-10
财政支出		亿元	14.89	15.71	5
新批企业个数		个	293	328	11
外商及港澳台企业		个	1	1	
内资企业		个	293	328	11.9
新批企业投资额	外商及港澳台企业	亿美元	3	1.12	
	内资企业	亿元	8.54	8.25	3.4
	增资企业	亿美元	0.5896	0.9152	264.3
合同外资金额		亿美元	0.7	1.7	142.8
外商实际投资		亿美元	0.5896	0.9152	2.2
固定资产投资		亿元	90.1	100.4	11.4
年末从业人员数		个	78959	79832	1.1
在岗职工数		个	77189	78513	1.7
在岗职工平均工资		元	42589	44321	4.1
规模以上企业个数		个	120	129	7.5
工业		个	378	389	2.9
万元GDP能耗		吨标煤/万元	0.27	0.26	-3.7

备注：由于经开区统计职能不健全，表中第二产业收入、利润、在岗职工数、在岗职工平均工资、工业企业个数、万元GDP能耗及2012年第三产业收入、利润指标均为估计数。

（德阳经济技术开发区管委会）

漳州招商局经济技术开发区

【经济发展】 2013年，漳州招商局经济技术开发区（以下简称“漳州开发区”）完成生产总值29.5亿元；社会固定资产投资34.3亿元；公共财政总收入11.8亿元，增长5.6%，其中：地方级公共财政收入7.8亿元，增长15%；出口总值2.35亿美元；实际利用外资（验资）0.3亿美元；社会消费品零售总额4.9亿元，增长11.4%。全区完成公共财政总收入11.19亿元，同比增长10.57%；其中：地方级公共财政收入6.81亿元，同比增长5.68%；全社会固定资产投资完成50.9亿元，同比增长7.04%；引进合同资金额完成3.81亿美元，完成计划的127%，实际到资额完成5.32亿美元，完成计划的152%；工业总产值完成93.8亿元，出口总值完成2.7亿美元。

【项目建设】 加大高科技产业、服务业引进力度，成功引进格绿能光电、嘉荣食品等一批项目，积极对接海洋工程、生物制药、综合交易市场等项目。依托木材进口大港优势和港口资源条件，加快引进木材交易中心、水产品市场等项目，全年共引进项目合同资金1.6亿美元。通过召开银企座谈会、工业企业座谈会、房地产企业座谈会和用工推介会，解决企业融资、用工、审批等瓶颈，全年累计为企业和项目争取各类扶持资金近3000万元，协调区内金融机构净增加放贷11亿元。全区“五大战役”、“十项竞赛”均完成年度计划目标，12个省市重点项目加快推进。厦漳跨海大桥、招银疏港高速建成通车。双鱼岛造岛工程基本完成，开始启动市政基础配套建设，累计完成回填方量3000余万方，完成工程投资9.8亿元；港尾铁路建设加快推进，累计完成投资9.1亿元，完成总投资的45.3%。南滨大道改造工程基本完成，累计完成投资6800万元。

【产业发展】 通过编制《转型升级发展战略规划》，确立了“以临港工业为基础产业，积极引进高新技术产业，着重发展现代服务业和旅游文化产业”的产业发展思路。全年港口货物吞吐量累计完成2125万吨，增长1%，其中，集装箱吞吐量58.6万标箱，增长26.5%。10#泊位正式建成投用，后石港区3#泊位启动建设。路易达孚、嘉吉饲料、伟成油脂等一批临港工业加快建设；诺尔公司等三家企业入选全省海洋产业龙头企业，豪氏威马获评全省海洋产业“十佳”龙头企业；招商局码头公司全年吞吐量增长19%。全年第三产业增加值6.42亿元，增长9.8%。组建文化与旅游发展局，着力推动旅游产业发展，积极推进山地生态园、南太武黄金海岸、南炮台公园、双鱼岛等旅游资源开发建设，旅游吸引力不断增强。服务业加快发展，新引进港航物流企业5家；新注册住宿、餐饮项目47个、个体工商户205家。

【科技创新】 高新产业加快发展，浦和光电项目正式投产，多肽制药等项目进展顺利。积极利用产学研平台，推进厦门大学产业研究院、欧中研发中心研究成果的产业化。鼓励企业实施技术改造提升发展水平，加快推进漳州中集、首钢凯西、方明环保等5个省市重点技改项目建设。积极协助欧中研发中心、博欣公司申报国家创新基金项目，科之杰公司成功获评省级高新技术企业。开发区综合管线管理信息系统获全省优质测绘地理信息工程三等奖。

【城市建设】 全年基础设施配套累计完成投资 3.79 亿元。以厦漳大桥通车为契机，开通厦漳城际公交和“海上巴士”，完成客运站改造，加快沿海大通道建设，积极推进疏港路改造、厦漳海底隧道建设。提升城市信息化建设水平，“智慧开发区”项目被住建部确定为“国家智慧城市”试点。加快完善区内路网、管网设施，实施城市道路、污水管网改造。积极推进农村社区改造，加快四区综合楼、110 千伏大径输变电工程、半山西片区道路、污水处理厂扩建等基础设施建设，城市功能逐步完善。编制“项目引领发展”研究报告，明确了近三年的重点项目建设计划。通过开展山地开发概念性规划、绿道网规划、枪城片区规划等工作，进一步提升城市风貌。建成澎湖湾、花溪谷等一批精品小区，继续完善山地生态园、黄金海岸等景观，打造区域特色环境。加强城市综合管理，制定《市容环境卫生管理办法》，凌波社区获“福建省卫生社区”荣誉称号。

【生态环保】 编制《绿色低碳生态文明建设指引》，推进 PM2.5 空气质量监测站建设，开通“12369”环保举报热线，加大违法排污企业专项整治，加强环保重点单位环境监管。全年完成造林面积 990 亩，开展居民饮用水质量检测，合格率达 100%，被水利部评为“国家水利风景区”。大力开展环境综合整治、“绿色家园”清洁行动、道路交通安全综合整治等活动，促进城市绿化、亮化、美化。

【社会管理】 全年累计投入民生资金近 4 亿元。加快静湖、湾桥水库、院桥水库等除险加固工作；实施“菜篮子”工程建设，推进社区活动中心建设。累计发放各类养老金、抚恤金、低保金、扶残助残金 534 万元，城镇居民医疗保险参保覆盖率达 100%。实施公共租赁住房制度，积极推进医疗救助等工作。加强就业服务平台建设，收集就业岗位 5106 个，先后帮助 728 名社区居民实现就业。加强文化市场管理，加大对金水仙大剧院等文化经营场所的财政扶持力度。组建漳州开发区第一医院，加快完善医院设施。编制完成 2014—2016 年教育发展规划，制定《非公办幼儿园财政补助实施办法》，继续完善中小学、幼儿园教学设施。厦大附中通过“省三级达标高中”评估验收，2013 年高考再创佳绩，本一达线率近 70%。开展“孝顺好儿女”、“和谐好家庭”十佳评选活动，积极构建和谐社区。加快社会管理服务中心、社区网格化建设，加强政法队伍配备，确保“人员到位、场所到位、制度到位、保障到位”。

【管理与服务】 启动实施“作风建设三年行动”，深入开展“四下基层”活动，大力推行“马上就办、办就办好”。深入开展党的群众路线教育实践活动，受到中央第 37 督导组的充分肯定。重新调整机构设置及部门职责，顺利完成管委会机构改革。加快引进优秀人才，开展“每周一课”培训、学习考察等活动，加强审计监督，扎实推进廉政建设，强化工作督查。大力弘扬艰苦奋斗的创业精神和“勇于承担、敢于负责、求真务实、拼搏进取”的实干精神，不断增强干部责任意识，工作作风明显改进，精神面貌焕然一新。

漳州招商局经济技术开发区主要经济综合指标一览表

项　　目		单位	2012 年	2013 年	增减（%）
开发区生产总值		万元	350164.00	308779	3.31
第二产业		万元	290726.00	230072	2.21
工业		万元	242075.00	184579	1.1
第三产业		万元	58574.00	64157	9.82
工业总产值（现价）		万元	938140.00	759143	1.3
高新技术企业		万元	9823.40	16047	-85.72
销售（营业）收入		万元	1039151	1208023	16.25
工业		万元	865817	768845	-11.20
利润总额		万元	27385	45984	67.92
工业		万元	10228	-707	-106.91
区内主导产业及产值					
主导产业	1. 交通设备制造业	万元	201615	179797	-7.95
	2. 粮油食品加工业	万元	131277	148109	16.45
	3. 金属制品加工业	万元	367612	234254	-34.23
进出口总额		万美元	38595	37706	-2.30
出口		万美元	27192.00	23516	-13.52
财政收入		万元	111889.00	118114	5.56
税收收入		万元	109748.00	115884	5.59
财政支出		万元	66690.00	61101	-8.38
新批企业个数		个	65.00	83	27.69
外商及港澳台企业		个	2	1	-50.00
内资企业		个	63.00	82	30.16
新批企业投资额	外商及港澳台企业	万美元	1658.00	2535	52.90
	内资企业	万元	59730.00	45769	-23.37
合同外资金额		万元	1658.00	2535	52.90
外商实际投资		万元	3538.00	2919	-17.50
固定资产投资		万元	508999.00	343727	-32.47
年末从业人员数		人	17073.00	17956	5.17
规模以上企业个数		个	40	51	27.50
工业		个	19	18	-5.26

（漳州招商局经济技术开发区管委会）

赣州经济技术开发区

【区情概况】 赣州经济技术开发区（以下简称“赣州开发区”）是国家级经济技术开发区，与国家级赣州出口加工区合署办公。赣州开发区位处赣州市中心城区，辖5个镇街道，面积219平方公里，人口28万人。前身是1990年7月成立的赣州黄金岭经济开发区，先后于2007年5月、2010年3月被国务院批准为国家级出口加工区、国家级经济技术开发区，2013年，全区实现生产总值增长16%，财政总收入增长20%，工业主营业务收入增长20%，完成固定资产投资增长30%。

【经济发展】 2013年，赣州开发区生产总值较上年增长16.6%；其中第二产业增加值同比增长18%，占GDP的比重为75%；第三产业增加值同比增长25.1%，占GDP的比重为8.29%。其中财政总收入同比增长20.1%，税收收入同比增长42.1%，进出口额同比增长12.99%，完成固定资产投资增长30.4%，社会消费品零售总额增长18%。综合实力在全国90家国家级经开区中列第50位、前移12位。

【工业产业发展】 2013年，工业总产值同比增长20%；规模以上工业总产值同比增长20%；工业增加值同比增长18%；规模以上工业增加值同比增长18%；规模以上企业113户，新增12户，总数保持全市第2位；规模以上企业工业中的外商及港澳台投资工业总产值同比增长34.1%；规模以上企业工业中的内资工业总产值同比增长5.0%。产业集群发展成效显现，规模以上稀土和钨及其应用等主导产业工业总产值同比增长32.5%，占全区规模以上工业总产值的21.4%，主导产业对工业增长的贡献率达79.21%，主要工业品的产值371.83亿元。

【园区特色】 积极申报赣州综合保税区。积极创建国家级产业发展平台，申报并获批创建国家高新技术产业标准化示范区、国家生态工业示范园区，园区循环化改造成功列为国家园区循环化改造试点。积极参加赣台会、光彩事业赣州行、央企入赣等活动，引进项目17个、签约资金261.4亿元，其中央企入赣投资洽谈会引进央企项目5个、签约资金190亿元。争取国家部委对口支援，国家工信部出台《对口支援赣州市章贡区（含赣州经济技术开发区）三年2014—2017年工作方案》，国家公安部出台对口支援赣州市章贡区（含赣州经济技术开发区）工作规划（2013—2020年），对口支援力度加大。

【科技创新】 2013年，高新技术企业产业产值153.3亿元，同比增长9.3%。中小企业孵化基地拥有标准厂房2.3万平方米，已建好厂房3栋，每栋4层，总面积为23000平方米，已有企业50家，其中已毕业企业6家。专利授权130项。2013年新增省级高新技术企业4户、省级重点新产品5个、工业企业授权专利79项；江钨新材公司废杂铜再生利用技术、孚能科技公司新能源汽车动力电池技术处于国内外领先水平，澳克泰涂层刀片加工技术位居世界前列，江钨拉法格高铁钢材有限公司取得铁路产品认证证书，成为江西省唯一获得参与铁路产品项目招标资质的企业。

【招商引资】 2013年，引进项目120个，签约资金340亿元、较上年增长21%，其中签约亿元以上项目62个，同比增长87.8%；实际利用内资88.5亿元，同比增长18.1%；实际利用外资1.67亿美元，同比增长26%。新批外商投资项目9个，项目投资总额1.34亿美元，同比增长42.37%；合同外资金额1.34亿美元，同比增长42.37%；增资项目6个，同比增长500%。全区进出口总额6.54亿美元，同比增长12.99%；主导产业产品出口5.97亿美元，同比增长18.07%；进口0.57亿美元，同比增长10%。引进北斗产业园、韶钢赣州产业基地等央企项目6个，其中北斗产业园项目是全区历史上首个投资超百亿元的工业项目。

【投融资建设】 加大对金融机构支持地方经济发展考核奖励，鼓励金融机构加大对区内企业的借贷支持。全面完善中小企业融资担保体系，形成企业、银行、担保公司、政府四位一体的融资担保模式。依托建设投资公司融资平台，实现合同融资23.3亿元、增长23.5%，实际到位资金23.7亿元、增长48.5%。积极向上争资争项。用好《国务院关于支持赣南等中央苏区振兴发展的若干意见》（国发［2012］21号）带来的利好政策，向上申报中央预算内投资计划、园区循环化改造、重点产业振兴和技术改造、科技创新等类别项目60余个，44个项目获得国家扶持资金1.06亿元。利用全省首批“财园信贷通”重点试点园区平台，通过“财园信贷通”金融杠杆撬动4亿元信贷额度，75户企业获得2.91亿元贷款支持，极大的解决了中小微企业融资难题。

【生态环保】 成功列为国家园区循环化改造试点，获批创建国家生态工业示范园区。大力发展低碳生态产业，严把项目入园关，对三高一低高投入、高消耗、高污染、低效益项目坚决不引进，婉拒52个项目入园。节能减排工作扎实推进，污染物减排控制在规定标准。完成园区绿化5.2万平方米。

【人才建设】 完善《赣州开发区鼓励引进高层次紧缺人才实施办法》，充分激发企业创新活力。格特拉克江西公司黄宁入选“江西省突出贡献人才”，睿宁高新材料技术有限公司袁永文列为国家“千人计划”候选人，并入选“赣鄱英才555工程”；研创光电公司黄信二列为国家“千人计划”候选人，澳克泰工具技术有限公司设立了院士工作站。全区现有企业经营管理人才2819人，技能型人才4442人，其中院士3人，博士30人，硕士161人。

【社会事业】 2013年投入民生资金同比增长25%，占一般预算支出的27%。天骄小学、香港工业园小学建成并投入使用，引进文清实验国际学校和厚德外国语学校在区内办学，完成各类校建项目32个。赣南医学院第一附属医院黄金分院建设进展顺利，潭东卫生院、蟠龙社区卫生服务中心投入使用，56所村级卫生院全面实施基本药物制度，国家免规疫苗接种率95%以上。完善新农合制度，开展先诊疗后付费服务，启动按床日付费改革，参合农民14.5万人、参合率98.34%。全区77家文化产业企业预计实现主营业务收入10亿元、增长62.4%，实现增加值2.3亿元、增长28%，其中年产值2000万元以上文化企业9家。新引进锦绣新城横店影视城等文化产业项目3个。落实就业失业登记等各项就业政策，开展园区企业定向培训、工匠培训等项目。加强区、镇、村劳动保障队伍建设，建立村居劳动保障服务站。完善服务企业招工平台，建立了功能齐备的区级人力资源市场，2013年协助企业招工1.4万余人。

【机构设置与管委领导】 赣州开发区党委、管委会工作部门主要包括：党政办公室、机关事务与政府采购管理中心、党群工作部（人力资源和社会保障局）、劳动保障监察大队、纪委（监察局）、发展规划局、招商局（商务局）、企业服务局、财政局、会计核算中心、机关党委、项目建设办公室、市科技创业服务中心、征地拆迁办公室、农村工作办公室、公用事业管理处、疾控中心、计生服务站、新农合管理中心。

中共赣州经济技术开发区委员会领导成员：书记廖长荣，副书记李明生、王扬金，党委委员杨仁荣、缪小征、郭声琪、卓邦友、黄蕙。

赣州经济技术开发区管理委员会领导成员：主任李明生，副主任王扬金、靖大伟、杨仁荣、缪小征、郭声琪（纪委书记）、黄蕙、罗富杨、卓邦友、刘文彦、刘建国、郑武岳、韩芳。

赣州经济技术开发区主要经济综合指标一览表

项目		单位	2012 年	2013 年	增减（%）
开发区生产总值		亿元	136.68	160.01	16.60
第二产业		亿元	112.42	129.70	18.00
工业		亿元	103.72	120.00	18.00
第三产业		亿元	21.47	27.18	25.10
工业总产值（现价）		亿元	440.00	528.00	20.00
区内主导产业及产值			389.23	458.52	17.80
主导产业	1. 钨、稀土及应用	亿元	115.36	153.66	33.20
	2. 铜铝加工	亿元	148.51	155.24	4.60
	3. 新能源	亿元	0.27	6.46	2707.20
	4. 机械加工	亿元	22.43	27.07	20.70
	5. 电子信息	亿元	29.14	37.77	29.60
	6. 食品药品	亿元	73.52	78.22	6.40
进出口总额		亿美元	6.12	6.54	12.99
出口		亿美元	5.28	5.97	18.07
财政收入		亿元	22.00	26.42	20.10
税收收入		亿元	9.35	15.33	42.10
财政支出		亿元	14.28	21.57	51.10
新批企业个数		个			
外商及港澳台企业		个	8	9	12.50
新批企业投资额	外商及港澳台企业	亿美元	1.04	1.73	66.34
	内资企业	亿元	—	—	—
	增资企业	亿美元	0.17	0.39	129.40
合同外资金额		亿美元	1.176	1.73	47.10
外商实际投资		亿美元	1.034	1.139	10
固定资产投资		亿元	140	182.1	30.40
年末从业人员数		个	54888	60497	10.22
在岗职工数		个	54853	58235	6.17
在岗职工平均工资		元	30269	37920	25.28
规模以上企业个数		个	101	113	11.90

（赣州经济技术开发区管委会）

杭州余杭经济技术开发区

【经济发展】 2013年，杭州余杭经济技术开发区（以下简称“余杭开发区”）实现地区生产总值366.49亿元，同比增长15.08%；第二产业增加值24.89亿元，同比增长17.89%；第三产业增加值103.51亿元，同比增长18.34%；财政收入67.49亿元，同比增长25.08%；税收收入43.68亿元，同比增长24.89%；销售（营业）收入1452.34亿元，同比增长18.62%；进出口总额32.27亿元，同比增长23.26%；固定资产投资179.57亿元，同比增长2.33%；主导产业中装备制造业实现产值345亿元，同比增长28.25%；新能源新材料实现产值207亿元，同比增长31.85%；纺织服装113亿元，同比增长15.31%；电子电气84亿元，同比增长23.53%；生物医药37亿元，同比增长76.19%。

【工业产业发展】 2013年，余杭开发区规模以上企业个数达1231个，规模以上工业企业个数达598个；工业生产总值22.09亿元，同比增长20.37%；固定资产投资达179.57亿元，同比增长2.33%。开发区共计55家企业实现产值超亿元，其中，产值超30亿元企业3家，产值10亿—30亿元企业4家，产值5亿—10亿元企业7家。杭州老板实业集团有限公司、贝达药业股份有限公司、华润雪花啤酒（杭州）有限公司、浙江华鼎集团有限责任公司、浙江春风动力股份有限公司实现税收超亿元。全年共推进服务工业项目40个。其中新开工项目13个，竣工项目16个。累计实现工业投入43.2亿元，增长19%，占全区总量三分之一。

【科技创新】 2013年，余杭开发区实现高新技术产值49.58亿元，同比增长14.19%。2013年度，杭州余杭高新园区创业中心有在孵化企业80余家，在孵化企业实现销售收入2亿元，上缴税收500余万元。2013年8月，2.2万平方米的国家级孵化器三期红丰科创园正式开工建设，并于11月建成投入使用。至年末，已有9个项目入住。至此，开发区孵化器面积增加至4.6万平方米，累计在孵企业81个。全年新增贝达药业股份有限公司、杭州科汀光学技术有限公司国家火炬高新技术企业2家，新增杭州大东南高科包装有限公司、杭州新纪元安全产品有限公司国家重点支持领域高新技术企业3家，新增16家研发（技术）中心，其中，新增杭州东华链条集团有限公司、杭州老板实业集团有限公司2家国家级技术中心，新增杭州微光电子股份有限公司、浙江铁流离合器股份有限公司2个中国驰名商标。专利“零突破”工程成绩显著，全年新增专利551项。

【招商引资】 2013年，余杭开发区新批企业个数为94个，其中外商及港澳台企业18个，内资企业76个。新批外商及港澳台企业投资额6.47亿美元，内资企业投资额为106亿元。其中总投资3亿元以上项目达10个。引进长江总投资26亿元的长江汽车纯电动新能源汽车项目，全部建成达产将实现年产值600亿元以上，是余杭建区史上最大的工业投资项目；引进总投资7亿元的瑞银海洋装备项目，全部建成达产将实现年产值30亿元以上。

【生态环保】 实行污染物源头削减和总量控制等工作，建立区域IOS14001环境管理体系，建立工业固废和危废收集系统，工业固废由区外相关企业收购后进行综合利用，危险固废委托杭州大地海洋环保有限公司收集至区外处置。2013 年，余杭开发区规模以上工业企业综合能耗总量 28.58 万吨标煤，单位增加值能耗为 0.45 吨标煤/万元，同比下降 3.5%。开发区年综合能耗在 3000 吨标煤以上的企业 18 家，其中，8 家属于纺织服装行业，占 44.44%。10000 吨标煤以上的企业有杭州诺贝尔陶瓷有限公司等 4 家企业，年综合能耗在 5000—10000 吨标煤的企业有浙江华鼎集团有限责任公司等 8 家企业。先后关停了杭州余杭临平印染厂、杭州余杭禾丰印花厂、杭州润宇制衣有限公司等印染企业，督促浙江海联热电股份有限公司等企业做好锅炉的脱硫改造工作，对杭州余杭福顺涂层有限公司、杭州腾飞涂层有限公司等 7 家单位开展有机工业废气污染整治工作。

【人才建设】 余杭开发区积极强化产业紧缺高端人才的招引和培育，新增国千和省千人才 2 名，市“131”人才 12 名，区“139”人才 20 名；积极组织各类专业技能培训班 31 个班次，培养 2200 人，其中高技能人才 603 人，为科技创新提供有力支撑。

【管理与服务】 进一步深化项目代办服务，着力提高项目审批代办水平，不断完善便民服务体系建设，进一步方便群众办事。进一步倡导求真务实的工作作风，努力在开发区上下形成敢于负责、勇于担当、狠抓落实的工作氛围，切实提高领导干部执行力。进一步落实党风廉政建设责任制，严格执行廉洁从政各项规定，树立党员干部廉洁形象，有效巩固“勤廉开发区”建设成果。

【社会事业】 全年投入 2630 万元资金用于公共卫生、合作医疗、疾病防控、救助救扶等工作。建立了突发性公共卫生事件和食品安全事故应等急预案，建立了无偿献血应急名库；成立筹建海珀、映荷、茅山三个社区公共服务站，强化社工队伍建设。帮扶 1426 名失业人员实现再就业；扎实做好 20540 人的城乡居民基本医疗保险参保和报销；强化 11821 名社会化管理退休人员的服务；做好近 7 万外来流动人口的服务工作；加强社区卫生服务站的整合提升，开展健康创建促进活动；民政、计生、劳保等各项民生服务得到进一步深化。

【机构设置与管委会领导】 余杭开发区下设职能处室（中心）16 个：党政办、组织人事处（挂纪检监察处牌子）、社会事务处、综治信访处（挂司法所牌子）、招商服务处、征地拆迁处、规划工程处、经济发展处（挂高新技术产业处牌子）、投资管理处（挂财政分局牌子）、综合治理工作中心、农民多层公寓建设管理中心、城市管理服务中心、高新技术产业服务中心、项目管理服务中心、人才服务中心、生物医药产业服务中心。同时，余杭开发区下设杭州余杭经济开发建设有限公司、杭州余杭高新园区孵化器有限公司、杭州余杭生物医药高新园区开发有限公司等 8 家国有公司。

余杭开发区领导名单包括区委常委、余杭经济技术开发区党工委书记陈金生，党工委副书记、管委会主任沈世杰，区委组织员项茶英，党工委副书记金根火，党工委委员、纪工委书记刘红，党工委委员、管委会副主任喻爱彬，党工委委员、管委会副主任徐坚，党工委委员、管委会副主任俞列明，党工委委员、管委会副主任诸春法，党工委委员、管委会副主任沈华强。

杭州余杭经济技术开发区主要经济综合指标一览表

项目		单位	2012年	2013年	增减（%）
开发区生产总值		亿元	318.46	366.49	15.08
第二产业		亿元	21.11	24.89	17.89
工业		亿元	18.36	22.09	20.37
第三产业		亿元	87.47	103.51	18.34
工业总产值（现价）		亿元	956.94	1148.79	20.05
高新技术企业		亿元	43.41	49.58	14.19
销售（营业）收入		亿元	1224.34	1452.34	18.62
第二产业		亿元	707.98	881.04	24.44
工业		亿元	610.03	771.71	26.50
第三产业		亿元	516.58	571.29	10.66
利润总额		亿元	67.06	72.27	7.77
第二产业		亿元	43.27	45.95	6.20
工业		亿元	40.60	43.03	5.98
区内主导产业及产值					
主导产业	1. 装备制造	亿元	269	345	28.25
	2. 新能源新材料	亿元	157	207	31.85
	3. 纺织服装	亿元	98	113	15.31
	4. 电子电气	亿元	68	84	23.53
	5. 生物医药	亿元	21	37	76.19
进出口总额		亿美元	26.18	32.27	23.26
出口		亿美元	23.74	29.55	24.47
财政收入		亿元	53.96	67.49	25.08
税收收入		亿元	34.97	43.68	24.89
新批企业个数		个	104	94	-9.61
外商及港澳台企业		个	36	18	-50
内资企业		个	68	76	11.76
新批企业投资额	外商及港澳台企业	亿美元	4.69	6.47	37.95
	内资企业	亿元	95	106	11.58
合同外资金额		亿美元	4.69	6.47	37.95
外商实际投资		亿美元	2.84	3.84	35.21
固定资产投资		亿元	175.49	179.57	2.33
年末从业人员数		个	205182	251790	22.72
规模以上企业个数		个	1051	1231	17.13
工业		个	432	598	38.43
万元GDP能耗			0.2721	0.2276	-16.35

（杭州余杭经济技术开发区管委会）

常熟经济技术开发区

【经济发展】 常熟经济技术开发区（以下简称“常熟开发区”）成立于1992年8月，1993年11月经江苏省政府批准为全省首批11个省级开发区之一，2002年8月经江苏省委、省政府批准比照国家级开发区享有相应的经济审批权限和行政级别，2005年6月经国务院批准在区内设立常熟出口加工区，2010年11月经国务院批准升级为国家级经济技术开发区。区内拥有国家一类对外开放口岸常熟港，苏通长江大桥连接沈海高速公路跨境而过。

2013年，实现地区生产总值772亿元，比上年增长14.94%；工业销售收入2381亿元，比上年增长11.41%；公共财政预算收入46.8亿元，比上年增长26.35%；实现进出口总额112亿美元。

【工业产业发展】 2013年，汽车及零部件产业实现产值180亿元，其中，住友橡胶48亿元，汽车饰件34亿元，通润零部件15亿元。年产40万辆乘用车的观致汽车正在小批量试产，2014年初正式上市销售；一期年产13万辆的奇瑞捷豹路虎汽车正在厂房施工，2014年底实现投产。装备制造产业实现产值220亿元，其中，苏南重工55亿元，开关厂18亿元，达涅利冶金设备18亿元。

特殊钢铁产业实现产值400多亿元，其中，五矿物产46亿元、烨辉科技40亿元。年产各类特殊板材及特殊钢铁600多万吨。烨辉科技总投资近3亿美元的年产100万吨汽车钢板项目正在建设，2015年初实现投产。

精细化工产业实现产值250亿元，其中，长春化工83亿元，三爱富化工20亿元、理文化工12亿元。

绿色造纸产业实现产值近百亿元，其中：芬欧汇川40多亿元，理文造纸35亿元。

全区建成13个码头、41个泊位，其中万吨级泊位22个，2013年货物吞吐量7202万吨。

【基础设施建设】 完成开发区循环化改造申报工作，被省发改委列入首批省级循环化改造试点园区，并获首期667万元资金补助；新一轮国家级生态工业示范园创建工作顺利推进；启动开发区安全环保监控预警及应急指挥系统建设，制定了碧溪新区企业污水接入管理办法。着力推进区域节能减排，完成常熟电厂1#、2#、4#机组和华润电力1#、2#、3#机组的脱硝改造，康博固废二期工程试生产、三期项目正抓紧推进报批，滨江污水处理厂提标改造二期工程正加紧建设中。2013年新增“能效之星”三星以上企业2家，循环经济示范企业3家，节能技改企业6家，能源审计2家，ISO14001认证企业6家，清洁生产企业5家，通过“市级重点能耗”节能考核企业14家。滨江国际社区、森活树广场、汇金商务广场、滨江邻里中心等加快建设。实施了江海路、常熟科创园、滨江商业广场等滨江新市区配套绿化6.5万平方米，渡口饭店新城店周边临时绿地7.3万平方米，东张邻里中心一期、奇瑞物流通道、路虎路、捷豹路等工业区配套绿化6.2万平方米，此外顺利获批设立190公顷的常熟滨江省级森林公园。

【项目建设】 全年完成注册外资9.93亿美元、到账外资6.59亿美元、注册内资113

亿元。观致汽车第一款车型“观致3”分别在日内瓦车展和上海车展向全球发布，在广州车展发布新车价格并正式上市。奇瑞捷豹路虎公司主体厂房封顶，开始安装设备。本特勒、瑞利、泰山友获原、李尔等一批核心零部件厂商顺利投产，新中源、江森座椅、延锋彼欧等配套商正加快建设。长兴高性能材料、普洛斯物流仓储2只超亿美元新项目和神隆医药三期、理文白卡纸2只超亿美元增资项目，英国发电机、维苏威铸造科技、卡彭特特种金属、福耀玻璃等一批重点项目成功落户。全年开、竣工项目57只，总建筑面积250万平方米，其中超过100万平方米的工业项目竣工投产。

【科技创新】 全年引进双创项目21只，累计入驻运行98只；入选国家“千人计划”6人，省“双创人才”3人、省博士集聚计划3人，苏州“姑苏人才”6人，常熟市领军型人才11人；通过培育，53家双创企业实现销售，科创企业销售收入目前接近1亿元、合同订单额超2亿元；累计申报各级各类科技项目25大类，涉及企业130多家次。2013年，常熟科创园获得国家级科技项目和科技计划6项。其中列入国家火炬计划1项；获国家留学人员重点创业扶持计划1项；国家级科技型中小企业创新基金扶持项目3只；另有7只项目分别列入江苏省创新资金项目、省产学研前瞻性项目和省国际科技合作项目。香港浸会大学常熟研究院、中国人民大学常熟研究院正式运行，北京电影学院常熟影视文化产业园落户园区。

【社会事业】 城乡一体化顺利推进，聚和佳苑一期竣工交付，二期开始地面施工，东张安置房主体封顶，累计开工面积达到74万平方米。深入推进“校安工程”，浒浦学校、浒浦幼儿园等加快改造，滨江实验中学和东张集宿区幼儿园动工建设，浒浦高级中学高考本二上线率74%。建立和完善村庄环境整治长效机制。碧溪新区完成1家省三星级康居村验收和13家省级卫生村复查，成立滨江社区居委会，建立城管、城建监察队伍一体化管理机制。

【管理与服务】 新建装备产业园、汽车产业园等区域党总支，和观致汽车等非公企业党支部，组织覆盖率进一步提高。建立开发区党员干部勤廉预警管理系统，党风廉政建设进一步深化。荣膺“江苏省工会工作模范开发区”、“苏州市劳动关系和谐园区”称号。两家企业工会被评为江苏省模范职工之家。开发区二运会成功举办，苏州市六运会成绩取得突破。开发区区内企业踊跃参与社会文明公益活动，烨辉科技被评为常熟市慈善企业，华润电力和芬欧汇川获江苏省文明单位荣誉称号。“开发区发布” “灵动碧溪”政务微博开通运行。

【机构设置与管委会领导】 常熟经济技术开发区党工委、管委会内设机构共有8个职能局室、2个公司，分别是党政办公室、劳动人事局（党群工作办公室、科创园）、招商局、经济发展局（科技工作办公室、环境保护办公室、社会管理综合办公室）、投资发展局（汽车产业发展局、港口公司）、规划建设局、财政局、出口加工区管理局和滨江城投公司、经济开发集团有限公司，另按有关规定，设立纪工委和总工会、团工委、妇工委。

党工委书记惠建林，党工委副书记、管委会主任王飚，党工委副书记、管委会副主任桑五官、张建忠，党工委委员沈鸣，党工委委员、管委会副主任樊钢，管委会主任助理孙雪良、许晓波。

常熟经济技术开发区主要经济综合指标一览表

项　　目	单位	2012 年	2013 年	增减（%）
开发区生产总值	亿元	671.87	772.28	14.94
第二产业	亿元	515.75	583.67	13.17
工业	亿元	478.75	547.48	14.36
第三产业	亿元	146.94	174.69	18.88
工业总产值（现价）	亿元	2243.99	2508.11	11.77
高新技术企业	亿元	299.89	404.72	34.96
销售（营业）收入	亿元	2512.03	2808.35	11.80
第二产业	亿元	2137.07	2380.95	11.41
工业	亿元	2102.12	2343.42	11.48
第三产业	亿元	370.06	427.40	15.49
利润总额	亿元	84.01	93.39	11.15
第二产业	亿元	68.47	74.90	9.40
工业	亿元	67.29	73.62	9.40
第三产业	亿元	15.44	18.48	19.68
进出口总额	亿美元	116.73	112.03	-4.02
出口	亿美元	67.84	62.81	-7.41
财政收入	亿元	87.48	116.06	32.66
税收收入	亿元	80.16	96.18	19.99
财政支出	亿元	43.45	55.28	27.23
新批企业个数	个	615	678	10.24
外商及港澳台企业	个	31	34	9.68
内资企业	个	584	644	10.27
新批企业投资额	亿美元	48.92	60.30	23.26
外商及港澳台企业	亿美元	29.23	39.41	34.81
内资企业	亿元	124.06	129.57	4.44
增资企业	亿美元	18.50	19.29	4.25
合同外资金额	亿美元	11.75	10.83	-7.80
外商实际投资	亿美元	7.05	6.09	-13.64
固定资产投资	亿元	311.57	391.24	25.57
年末从业人员数	个	283066	296161	4.63
在岗职工数	个	278478	291416	4.65
在岗职工平均工资	元	54953	56985	3.70
规模以上企业个数	个	1018	1186	16.50
工业	个	720	848	17.78
万元 GDP 能耗		0.36	0.32	-9.68

（常熟经济技术开发区管委会）

衢州经济技术开发区

【经济发展】 2013年，衢州经济技术开发区（以下简称“衢州开发区”）实现地区生产总值287.76亿元，按可比价格计算，比上年增长11.5%。其中，第二产业增加值完成209.48亿元，同比增长12.6%，第三产业增加值完成67.77亿元，同比增长25.3%，第二、三产业比例为72.1∶23.6，全员劳动生产率27.67万元/人，可比增长35.6%。财政收入继续保持快速增长，全年财政收入45.65亿元，同比增长32.1%，税收收入40.51亿元，同比增长30.8%，财政支出38.35亿元。外贸进出口20.38亿美元，其中出口总额10.1亿美元，进口总额10.28亿美元。完成高新技术产品进出口2.12亿美元，占全区进出口总额比重为10.4%。其中核心区进出口总额13.08亿美元，同比增长8.2%；出口总额4.8亿美元，同比增长9.8%；进口总额8.28亿美元，同比增长7.3%。其中核心区装备制造业出口额3007万美元，同比下降18.4%，装备制造业出口额1.73亿美元，同比下降18.9%。

【工业产业发展】 全年实现工业增加值207.33亿元，同比增长12.7%，其中，规模以上工业增加值172.33亿元，可比口径增长13.7%。全年工业总产值741亿元，同比增长15.1%，其中规模以上工业总产值728.3亿元。在规模以上工业中，外商及港澳台投资工业总产值79.85亿元，内资工业总产值648.45亿元。规模以上工业中，氟硅新材料、装备制造、金属制品等3大产业完成工业总产值461.67亿元，占全区规模以上工业总产值的58.2%。其中核心区3大主导产业完成工业总产值367.11亿元，比上年同期增长11.1%，占全区规模以上工业总产值的81.4%。

【园区特色】 2013年11月24日，浙江中关村科技产业园开园暨项目签约仪式在衢州经济技术开发区举行，标志着衢州市已成为中关村科技成果产业化的重要基地。浙江中关村科技产业园是由浙江省政府、衢州市政府和中关村科技园区管理委员会合作设立的高新技术园区，由“一心一城四园”组成。签约仪式上，共有29个首批项目签约，总投资额达215.46亿元。

【科技创新】 高新技术产业产值占规模以上工业总产值的23%，共有高新技术企业30家。孵化器建设完成投资0.35亿元，建成孵化面积2.5万平方米。研发机构19家。专利申请量达到495件，其中发明专利申请量达197件，同比增长112%；专利授权量达到424件，其中发明专利申请量达43件，同比增长177%。

【招商引资】 衢州开发区全年共新引进项目55个，项目投资总额249亿元，其中工业项目48个，投资总额222.6亿元，其中投资额10亿元以上项目8个，亿元以上项目27个，同比增长285.7%；服务业项目7个，投资总额26.4亿元。全年新批外商投资项目2个，实际使用外资金额3259万美元，同比增长16.4%。碧桂园、顺络电子、华友钴新材料、旺旺食品、环新氟材料等一批大项目落户。全年共有11个项目建成投产，3个项目完成全部证照程序办理，新开工建设11个项目，23个项目在做开工前期准备工作。新设立登记重点服务业企业5家，其中，新增重点服务业民营企业3家。决策咨询工业项目59个，固定资产投资总额50.74亿元人民币。总用地面积708.87亩，平均投资强度300万元/亩。

【投融资建设】 对外融资金额为23.68亿元，其中向国资公司借款3.8亿元，银行融资15.8亿元，通过国资公司向国家开发银行借款4.08亿元。

【生态环保】 东港污水处理厂进入调试运行，沈家污水厂开工扩建，高新片区一期企业工业污水管铺设到位，高新片区生活污水泵站及管网建设完成。投资1000万元启动高新片区3个水质和1个大气在线自动监测站点建设。推进四大行业污染整治，推动电镀基地建设。推行“河长制”，开展河道“两清”污染整治行动。将全区42家主要污染物排放企业纳入环境统计，完善污染减排数据库。加大执法力度，建立环保公安联合执法机制和重大环保事件紧急应对机制。规范49家重点环保管理企业的排污口，启动第一批5家环保规范化试点。

【管理与服务】 衢州市委市政府授予衢州开发区市级经济管理权限和相应的社会管理权限，使衢州开发区成为浙江省和周边地区授权最彻底、最充分的产业园区。涉及24个市级部门的166项权限在区内办理。出台了《工业企业投资项目（备案）并联审批实施办法》。《投资项目前置审批事项统一办理方法》，《重大产业项目审批绿色通道实施办法》。办事大厅窗口增至28个，参与服务的单位有18个，工作人员28名，窗口业务量1.5万件，办理代办项目20余个。

【人才建设】 2013年3月，集聚区正式建立人才工作办公室，同年4月，成立集聚区人才工作领导小组。积极组织参加各类人才招聘、人才交流活动，累计引进各类海外高层次人才、“千人计划”人才、国内硕士以上的高端人才200余名，其中，被评为“千人计划”人才10名（国家“千人计划”人才1名，浙江省“千人计划”人才9名）。2013年，全区建立中硅电子、永力达公司、英格兰公司3个院士专家工作站，杭甬变压器等8家市级专家工作站。2013年5月，市委常委会研究决定建设衢州“千人计划”创业园，首次项目申报工作于2013年11月正式启动，共收集申报项目62个。

【社会事业】 2013年，累计投保单位达到1376家，全年养老保险征缴达到4万余人。养老、医疗、失业、工伤和生育五个社会保险征缴额为33172.37万元，比上年增长10.99%，其中养老保险缴费额为22069.11万元，医疗保险缴费额为7036.13万元，失业保险缴费额为2240.67万元，工伤保险缴费额为1048.18万元，生育保险缴费额为788.30万元。教育事业方面，2013年教育投入1441万元。目前共有黄家小学、新星小学、新星初中和东港学校四所义务教育学校，在校学生6046人，教职工360余人。举办区职（青）工技能大赛，有4名选手获得国家二级（技师）职业资格证书。

【机构设置与管委会领导】 衢州开发区设16个职能局（室）：党政综合办公室、组织宣传部（挂两新工委牌子）、社会管理综合治理工作部（挂政法委、610办、法制办、信访局牌子）、经济发展局（挂发改委、经信局、科技局牌子）、财政局（挂国有资产管理办公室牌子）、建设管理局、征迁事务管理局、投资促进局、服务业局、统计局（挂政策协调办公室牌子）、安全生产监督管理局、社会事务和农村工作局、行政审批服务办公室、高新技术产业片区管理服务办公室、综合物流片区管理服务办公室、人才工作办公室。审计室和监察室合署办公。市委常委、区党工委书记傅根友，党工委副书记、管委会主任傅炎康，党工委副书记、常务副主任徐常青，党工委副书记姜良米，党工委副书记余建军，党工委委员、管委会副主任傅金生，党工委委员、纪工委书记季太昌，党工委委员、管委会副主任李韬，党工委委员、管委会副主任方圆，党工委委员、管委会副主任曾建民，党工委委员、管委会副主任何斌。

衢州经济技术开发区主要经济综合指标一览表

项目		单位	2012年	2013年	增减（%）
开发区生产总值		亿元	140.41	287.76	104.9
第二产业		亿元	96.5	209.48	117.1
工业		亿元	88.96	207.33	133.0
第三产业		亿元	43.66	67.77	55.2
工业总产值（现价）		亿元	401.86	792.84	97.3
高新技术企业		亿元	77.3	178.52	130.9
销售（营业）收入		亿元	528.85	1033.98	95.5
第二产业		亿元	401.19	747.38	86.3
工业		亿元	339.29	741.00	118.4
第三产业		亿元	127.66	287.58	125.3
利润总额		亿元	28.65	38.14	33.1
第二产业		亿元	22.11	36.75	66.2
工业		亿元	15.75	36.6	132.4
区内主导产业及产值					
主导产业	1. 氟硅新材料	亿元	72.34	136.95	89.3
	2. 装备制造	亿元	61.21	107.05	74.9
	3. 金属制品	亿元	146.05	217.67	49.0
进出口总额		亿美元	11.85	21.38	80.4
出口		亿美元	4.15	10.10	143.4
财政收入		亿元	16.10	45.65	183.5
税收收入		亿元	9.15	40.51	342.7
财政支出		亿元	5.28	38.35	626.3
新批企业个数		个	223	303	35.9
外商及港澳台企业		个	1	2	100.0
内资企业		个	220	297	35.0
新批企业投资额	外商及港澳台企业	亿美元	0.02		
	内资企业	亿元	9.5	17.7	86.3
合同外资金额		亿美元	0.6	0.75	25.0
外商实际投资		亿美元	0.86	0.72	16.3
固定资产投资		亿元	42.17	174.04	312.7
年末从业人员数		个	51268	104133	103.1
在岗职工数		个	51747	105121	103.2
在岗职工平均工资		元	30120	31031	3.0
规模以上企业个数		个	170	472	177.6
工业		个	103	355	144.7
万元GDP能耗			1.65	1.60	3.1

（衢州经济技术开发区管委会）

临沂经济技术开发区

【经济发展】 2013年临沂经济技术开发区（以下简称“临沂开发区”）实现业务总收入1030亿元，增长29%；实现财政总收入27.7亿元，增长26%，其中，地方财政收入21.6亿元，增长20%；实现进出口总额8.7亿美元，其中，出口总额4.6亿美元，增长22.4%。

【工业产业发展】 全年实现工业总产值820亿元，增长23.5%；规模以上工业总产值716.5亿元，增长33.8%；实现规模以上工业增加值167.6亿元，增长17.7%。规模以上工业企业中，外资工业总产值231.5亿元，增长40%；内资工业总产值485亿元，增长31%。高端装备制造、新材料、精细化工、新能源及节能环保、生物医药等五大支柱产业集聚发展，实现产值663亿元，增长19.2%，占全区规模以上工业总产值的92.5%。

【园区特色】 成立高端装备制造、新能源及节能环保、新材料、精细化工、信息（电子）技术、生物医药、现代农业（农副产品加工）、现代服务业、文化旅游、城市综合体十大园区管委会。园区75%的企业推行6S、六西格玛、5M1E等现代管理模式，累计培育或引进36件世界名牌、中国名牌、中国驰名商标。新增“四上”企业117家，净增数量全省第一，总数达到332家。其中，高端装备制造产业发展迅速，沃尔沃大型装载机、沃尔沃变速箱、鲁一矿山机械等相继开工或投产，投资100亿元的众泰汽车临沂产业基地项目签约落户，形成以世界500强沃尔沃、德国道依茨、山东临工、山重建机、柳工集团、三一重工等企业为龙头，70余家企业配套集聚的千亿产业集群。

【科技创新】 3家企业获评省级企业技术中心，48个项目列入省技术创新项目，高新技术产业产值占比33%。积极引导企业上技改、扩规模，投资70亿元对161个重点项目进行技术改造，技改投资占规模以上固定资产投资比重达到48%。强化和大专院校、科研院所交流合作，高新技术企业数量达到20家。中关村成功在临沂开发区设立临沂软件产业基地，先后引进世界500强美国IBM、清华同方、清华紫光、软通动力、北大国家软件工程研究中心等，中印国际软件园、皇山文化硅谷、机客科技鑫城、上海晟峰软件园等相继投入运营，软件研发企业超过80家。其中，与世界著名软件企业印度SRM集团合作建设的中印国际软件园从印度引进48名软件研发专家，主要从事物联网、云计算、应用软件等产品研发和服务。

【招商引资】 全年新签约项目135个，合同投资额740.5亿元，其中，过亿元项目76个。国产小型SUV第一品牌——众泰汽车、全球顶级发动机制造商——德国道依茨、世界500强美国IBM、中国投资市场领军企业——中科招商集团、中国汽车零部件百强——今飞凯达等一批大好项目相继签约落地。高端工程机械产业园区、东部铜业再生铜产业园、七河整治及生态修复工程等7个项目列入山东省西部经济隆起规划。全年新批外商及港澳台投资项目9家，办理增资项目2家，项目投资总额2.53亿美元；合同外资金额1.41亿美元，增长121%。

【投融资建设】 围绕打造一流金融环境，中信银行、中国人保寿险等在临沂开发区设立市级机构，开发区金融机构突破30家；积极搭建银企合作平台，2013年各金融机构在开发区贷款余额达307亿元，占全市22.8%；创新融资方式，细化企业上市扶持政策，与多家知名证券公司建立业务合作关系，为拟上市企业提供专业指导服务；发挥会展优势，举办大型会展40余场，参展人数超过60万人次，交易金额约85亿元。

【生态环保】 邀请全国顶级设计院对整体环境进行景观提升，打造覆盖全区的“城市绿道”系统；积极推动皇山东夷文化休闲旅游区、临沂动植物园获批国家4A级旅游景区。投资17亿元开展“七河”生态治理，治理河道总长100公里，成功创建“山东沂沭河国家湿地公园”。顺利通过国家生态工业示范园区综合验收，成为创建时间最短、速度最快的国家生态工业示范园区之一，也成为全国革命老区中首家通过验收的国家生态工业示范园区开发区。

【人才建设】 全年投入2.4亿元经费用于招才引智，高科技人才创业创新载体平台扩大到50万平米，80%的规模以上企业至少与1家科研院所或1名知名专家建立实质性合作关系，人才工作连续三年获评全省优秀。目前，临沂开发区共有合作院士、“千人计划”专家、“泰山学者”及享受国务院津贴等省级以上重点高层次人才60余人。拥有国家级科技孵化器、国家级火炬计划重点高新技术企业、国家级工程机械高新技术产业化基地、国家级企业技术中心、省级企业技术中心、省级工程实验室、省级工程技术研究中心、省级工业设计中心等共计50余处。

【管理与服务】 率先开展“联系群众、服务企业、转变作风”活动，联系群众5.5万余户、企业200余家，协调解决各类问题诉求2700余条。深入开展领导干部大接访活动，建设开发区“天网”工程，扎实开展“基层组织突破年”活动，强化村级班子治理，调整行政村规模。坚决落实中央“八项规定”，严厉查处“四风”行为，规范行政审批和收费，推动行政审批提速72%，行政事业性收费项目减少60%。

【社会事业】 全年实现民生支出8.3亿元，占公共财政预算支出的77%；城镇居民人均可支配收入达到3.2万元、农民人均纯收入突破1万元。新建、扩建21条道路，绿化面积累计1200万平方米；启动12个村居整体拆迁，新建社区服务中心7个、社区楼房106栋；新建3处综合性养老机构，福利中心成功创建“全国模范五保供养机构”；新建、改扩建中小学16所，新增省级规范化学校3所，与加拿大SBS合作打造的临沂外国语（国际）学校成为中国革命老区首个国际教育机构；国家教育部、财政部批准建设的临沂青少年综合实践基地国家示范项目全面建设。在全市率先推行基本药物制度，扩大医疗保障面，确保新农合与“先诊疗后付费”诊疗模式全覆盖。

【机构设置与管委会领导】 临沂开发区设置党工委办公室、党工委组织部、项目管理安置办公室、财政局、社会发展局、经贸发展局、招商局、科技信息局、建设局、人力资源和社会保障局、文化体育旅游局、水利水产水务局、市场监管局、监察室、市场监督管理局等15个行政机构。

党工委书记徐福田，党工委副书记段卫东、王文元、陈永生、张雷，管委会主任朱玉良，管委会副主任段卫东、王文元、陈永生、周希伟、尤柳生、汲长骞、王淑太、李乃然、赵立新、尚海、刘发舜、张世彬、王彦华，纪工委书记王汝兵。

临沂经济技术开发区主要经济综合指标一览表

项　　目		单位	2013 年	2012 年	增减（%）
开发区生产总值		亿元	265.27	234.22	13.3
第二产业		亿元	186.04	167.13	11.3
工业		亿元	172.63	142.41	21.2
第三产业		亿元	72.61	61.55	18.0
工业总产值（现价）		亿元	820.13	664.21	23.5
高新技术企业		亿元	320.15	265.45	20.6
		亿元	1034.73	812.39	27.4
第二产业		亿元	733.60	585.63	25.3
工业		亿元	729.45	581.46	25.5
第三产业		亿元	301.14	226.76	32.8
利润总额		亿元	66.92	52.20	28.2
第二产业		亿元	41.62	38.04	9.4
工业		亿元	41.18	37.44	10.0
第三产业		亿元	25.30	14.16	78.7
区内主导产业及产值					
主导产业	1. 高端装备制造产业	亿元	320.00	264.00	21.2
	2. 新材料产业	亿元	205.00	186.00	10.2
	3. 现代服务业产业	亿元	203.00	126.00	61.1
	4. 精细化工产业	亿元	75.00	63.00	19.0
	5. 新能源及节能环保产业	亿元	45.00	29.50	52.5
	6. 生物医药产业	亿元	18.00	13.90	29.5
进出口总额		亿美元	8.91	7.75	14.9
出口		亿美元	4.75	3.79	25.4
财政收入		亿元	27.66	21.97	25.9
税收收入		亿元	27.86	19.94	39.8
财政支出		亿元	11.10	10.03	10.7
新批企业个数		个	364	320	13.8
外商及港澳台企业		个	9	8	12.5
内资企业		个	355	312	13.8
新批企业投资额		亿美元	14.35	10.23	40.4
外商及港澳台企业		亿美元	2.52	1.10	129.1
内资企业		亿元	69.93	54.09	29.3
增资企业		亿美元	0.18	0.11	63.6
合同外资金额		亿美元	1.37	0.63	118.2
外商实际投资		亿美元	0.78	0.71	10.0
固定资产投资		亿元	194.24	142.35	36.4
年末从业人员数		个	76321	74139	2.9
在岗职工数		个	53167	49647	7.1
在岗职工平均工资		元	3608	3209	2.4
规模以上企业个数		个	332	215	增 117 个
工业		个	208	144	增 64 个
万元 GDP 能耗			0.39	0.41	-4.9

（临沂经济技术开发区管委会）

江宁经济技术开发区

【经济发展】 2013年，江宁经济技术开发区（以下简称“江宁经开区”）实现地区生产总值609亿元，同比增长17.3%；工业总产值2263亿元，同比增长15.8%；公共财政预算收入92亿元，同比增长20.0%；地方外贸出口54.1亿美元，同比增长4.3%；自主品牌占GDP比重超过10%，文化产业增加值占GDP比重4.2%以上。

【工业发展】 2013年，江宁经开区实现规模工业总产值2263亿元，同比增长15.8%；工业增加值425亿元，同比增长16.1%；销售收入1942亿元，同比增长12.2%；利税342.9亿元，同比增长29.7%；利润230.9亿元，同比增长38.5%；工业固定资产投入310亿元，同比下降5.5%；新增规模企业50家。上海大众、爱立信、长安马自达3家企业产值超百亿，实现工业总产值1059亿元，销售收入823亿元，利税226.7亿元，利润151.6亿元，分别占开发区总量的46.8%、42.4%、66.1%、65.7%。南瑞继保、华宝通讯等产值超10亿元企业21家，实现工业总产值548.4亿元，销售收入520.6亿元，利税62.5亿元，利润42.7亿元，分别占江宁经开区总量的24.2%、26.8%、18.2%、18.5%。

【产业发展】 汽车产业产值1082.2亿元，同比增长36%，成为园区破千亿产业集群，爱立信、华宝等电子信息龙头企业加快产品高端化步伐；智能电网产业获批筹建“全国知名品牌创建示范区”，并列入国家战略性新兴产业区域集聚发展试点，国电ABB、国网科研产业基地一期等龙头项目建成投产；通信与未来网络产业建成全国首个未来网络小规模试验设施，完成芯片检测、毫米波亚毫米波计量、精密加工、通信设备性能和应用测试、通信产品环境试验等5个公共技术服务平台建设；实现软件产业收入625亿元、服务外包离岸合同额16.98亿美元、离岸执行额5.4亿美元，引进了微软、甲骨文、惠普等世界500强项目3个；航空产业成立了南京·航空航天产业联盟，引进了美国安博物流、新加坡丰树物流、普创航空等项目，西工大南京航空科技园签约落户；生命科学产业新引进中国核子医疗、美国斯泰潘、金斯瑞二期等22个项目，与葛兰素史克、礼来制药、百时美施贵宝、美国安进等跨国药企建立战略合作关系。

【科技创新】 全年新增“千人计划”人才15人、“万人计划”人才5人；15人入选省“双创计划”；“三创”载体竣工50.8万平方米，新增市级认定孵化器孵化面积15.4万平方米，引进入驻孵化科技型企业145家，孵化毕业企业17家；成功培育24家高新技术企业，完成专利申请量7071件，专利授权量3310件，发明专利申请量2326件，发明专利授权量502件；培育驰名商标2个、省著名商标11个、市著名商标10个，新增注册商标40件；“千人计划”大厦正式开园运营，南大科技园获批为市级大学科技园，东大科技园一期投入使用；成立了全国首家区县千人计划联合会，牵头建立了南京科技中介协同创业创新联盟；全年实施产学研合作项目53项，举办专场产学研对接活动7场。

【招商引资】 2013年，江宁经开区完成合同外资9.17亿美元，实际使用外资6.49亿美元。新批外资企业59个，其中千万美元以上项目21个，投产开业千万美元以上项目10个。新批内资企业150个，注册资本29亿元。

【管理与服务】 对总公司、空港枢纽经济区、江苏软件园、中创科技、无线谷、创启科技、现代置业、综保区物流公司等内设部门职能职责及竞聘职位进行了重新核定，中层干部全部通过竞聘走上新的岗位；推进复建房建设36.5万平方米，江宁区社会福利中心一期主体工程、明德医院一期主体工程竣工；全年开展职业技能培训2020人，新增参保单位325家，净增参保人数6010人；国家生态工业示范园区创建获国家三部委正式批准，“12345”政府服务热线办件满意率达91.3%；城市社区“10分钟体育健身圈”覆盖率达80%，体育健身俱乐部建设率达100%；加强人才与党建互动，强化党组织和工作双覆盖；人大政协、安全生产、社会稳定、法制建设以及社会事业等工作统筹协调推进。

【机构设置与管委会领导】 根据南京市对江宁经开区新“三定”方案规定，江宁经开区下设12个内部机构。戴华杰任开发区工委副书记、管委会常务副主任，全面负责开发区各方面工作。

江宁经济技术开发区主要经济综合指标一览表

项目		单位	2012年	2013年	增减（%）
开发区生产总值		亿元	574	704.08	22.66
第二产业		亿元	478.4	572.98	19.77
工业		亿元	433.36	519.46	19.87
第三产业		亿元	93.48	131.1	40.24
工业总产值（现价）		亿元	2133.53	2551.64	19.60
高新技术企业		亿元	715.47	870.93	21.73
销售（营业）收入		亿元	2620.4	3184.58	21.53
第二产业		亿元	2280	2680.35	17.56
工业		亿元	1980	2368	19.60
第三产业		亿元	396.8	504.23	27.07
利润总额		亿元	245	318.5	30.00
第二产业		亿元	210.8	268.5	27.37
工业		亿元	207.9	248.3	19.43
区内主导产业及产值					
主导产业	1. 交通运输设备制造业	亿元	809.7	1131.8	39.78
	2. 电气机械及器材制造业	亿元	422.7	480	13.56
	3. 通信设备、计算机及其他电子设备制造业	亿元	401.3	390.4	-2.72
第三产业		亿元	34.2	50	46.20
进出口总额		亿美元	89.1	87.5	-1.80
出口		亿美元	55.3	54.1	-2.17
财政收入		亿元	183.2	227.2	24.02
税收收入		亿元	180.5	217.2	20.33

续表

项　　目		单位	2012 年	2013 年	增减（%）
财政支出		亿元	35.2	42.02	19.38
新批企业个数		个	314	209	－33.44
外商及港澳台企业		个	102	59	－42.16
内资企业		个	212	150	－29.25
新批企业投资额	外商及港澳台企业	亿美元	18.99	10.2	－46.29
	内资企业	亿元	27	29	7.41
	增资企业	亿美元	10.3	3.53	－65.73
合同外资金额		亿美元	17.9	9	－49.72
外商实际投资		亿美元	8.6	6.6	－23.26
固定资产投资		亿元	380.7	393.8	3.44
年末从业人员数		个	151456	169327	11.80
规模以上企业个数		个	676	716	5.92
工业		个	344	368	6.98
万元 GDP 能耗			0.099		

（江宁经济技术开发区管委会）

绍兴袍江经济技术开发区

【概况】 绍兴袍江经济技术开发区（以下简称“袍江开发区”）成立于2000年7月，2010年4月升级为国家级经济技术开发区。全区下辖斗门、马山、孙端镇，常住人口30万，户籍人口15万，辖区面积118.3平方公里，规划建设面积66平方公里。地处沪杭甬高速公路绍兴出口处，距离上海160公里，杭州50公里，宁波90公里，水路、陆路、高铁、航空等交通十分便利。

【经济发展】 2013年，袍江开发区规上工业企业实现产值728.9亿元，增长8.6%；实现主营业务收入720.8亿元，增长8.8%；完成全社会投资133.6亿元，增长6.92%，其中工业投入100.5亿元，增长11.5%，服务业投资33.2亿元；完成进出口总额42.4亿美元，增长16.02%；实现自营出口26亿美元，增长19.85%；完成实到外资1.32亿美元；实现利税总额47.5亿元，增长21.9%，其中实现利润总额30.7亿元，增长25.6%；工业用电28.14亿度，增长9.2%，规上工业企业用蒸汽353.6万吨，增长8.2%。

【工业产业发展】 初步形成了以向日葵光能科技、环球光伏、德创环保为代表的节能环保产业，以新和节能灯、三圆石化、中成有机硅为代表的新材料产业，以苏泊尔家电、康思特动力、博盟精工、金道齿轮箱为代表的机械制造产业，以加多宝、重庆啤酒、古越龙山黄酒为代表的食品饮料产业，以古纤道化纤、新纵横、汤姆斯服饰为代表的现代轻纺产业，以震元制药、埃斯特维华义、东灵保健品、易邦医用品为代表的生物医药产业等“六大产业体系”。2013年，开发区获得“浙江省纺织新材料产业示范基地”称号。

【园区特色】 袍江开发区以占绍兴市1%的土地面积，实现了占全市的7.86%的规上工业总产值。全区规上工业企业主营业务收入由2000年的32亿元增长到2013年的720.8亿元，是2000年的22.5倍；进出口总额由2000年的2734万美元，增长到2013年的42.4亿美元，是2000年的155倍；累计实到外资16.22亿美元。到2013年底，全区内已入驻来自美国、日本、韩国、意大利、西班牙、德国和中国香港、台湾等40多个国家和地区的企业3600余家，其中规模以上工业企业300余家，主营业务收入超亿元工业企业113家，超10亿元工业企业16家，超50亿元工业企业3家。

【科技创新】 充分依托区内“四院一中心”（中国纺织科学研究院江南分院、北大工学院绍兴技术研究院、浙江加州国际纳米技术研究院绍兴分院、绍兴市科技创业中心）和330产业化基地，积极推进科技创新。2013年，全区科技活动经费支出总额9.29亿元，同比增长24.4%，规上工业科技活动经费支出占主营业务收入比重较2012年提高0.29个百分点；新引进科技型孵化企业10家，其中海外人才创业项目7只；新获省名牌产品称号4个，市名牌产品称号4个；当年授权发明专利41件，新申报省级研发中心6家，申报市级以上高新技术企业（创新型企业）19家，申报国家高新企业5家，新实施院校合作项目22项，新申报省级新产品计划20只，完成新申请、授权专利210项。

【招商引资】 2013年，全区共签约落户意向工业项目34只。其中，总投资10亿元项目2只，5亿元项目5只；新引进工业项目投资强度达到760.1万元/亩，同比增长23.4%；区内中国汽车城全年销售新车41300台，总营业额实现134.5亿元，新引进宾利、玛莎拉蒂等品牌4S店4家，已累计引进汽车品牌4S店45家；中国安防城项目综合楼主体全部结顶，达成入驻意向企业250余家。

【科技创新】 2013年，新引进航天科工智慧安居研究院等4个科技产业化平台，新引科技型孵化企业10家，其中海个人才创业项目7只；引进绍兴市330人才计划14人，其中A类计划3人，“国家千人计划”2人；新实施院校合作项目22项，新建绍兴市市级以上院士专家工作站2家；新认定省重点企业研究院1家、国家级高新技术企业6家；成功组建“绍兴群英汇精英俱乐部”，经常性地开展联谊交流、实地学习、主题沙龙。

【生态环保】 全面实施“四减两提高”技术改造行动，强化用能“双控”管理，先后完成13家企业107台定型机“煤改气”改造和中成热电6台锅炉脱硫脱销任务；成立全市首支环保志愿者服务队，建立污染物排放巡查考核制度和环境污染举报奖励制度，切实加大对环境违法案件打击处置力度，查处偷排污水、废气等各类环境违法行为。

【城市建设】 通过组织做好债券发行、项目贷款融资等方式，积极筹措资金，按照“产城融合、注重特色、多出精品、展示形象”的新城建设要求，以城中村改造和市政基础设施配套为重点，切实加大专项投入，有效提升了城市品位。2013年，先后完成“两湖”控制性详规编制和土地政策处理工作，洋泾畈湖环湖路道路建设和景观一期工程进场施工，两湖2#路、9#路建成通车；区内镇海路、江海路等8条市政道路建设工程和马海区域人行道及绿化工程顺利竣工；大潭路、小潭路新建和三江路改造工程完成形象进度50%以上。

【管理与服务】 实施区镇机关岗位目标责任制“双百分”绩效考核，加强对各部门工作的流程管理；组织机关干部职工岗位“双向”选择，开展内设机构职务竞争上岗；以“作风建设年”活动为抓手，深化机关效能建设“双评”和“群众满意基层部门”创建活动，深入开展“密切联系群众、关爱困难群众”试点工作，组织区镇两级干部职工、企业党员结对853个帮困对象；坚持委领导联系重点项目、机关干部联系规上工业企业制度，以行政审批改革和事权下放为契机，推进投资服务中心规范化建设，启用国内首款行政服务电子管理监控“二维码”系统，对各办事窗口业务环节全程记录监控，按期办结率达100%。

【社会事业】 先后完成1个精品村和3个小康示范村建设，组建完成3个新城市社区组织，基本完成2个村级资产量化试点工作，组织建成4个村级文化礼堂；对教育质量优秀的学校和师生进行专项奖励，投资1.5亿的马山镇中异地新建工程完成形象进度80%，投资4000万元的袍江文化体育广场开工建设。成功举办二次劳动力招聘会，推出就业岗位8300个，签订用工意向5000余人。积极构建人防、物防、技防相结合的立体防控体系，启动新建283个治安视频监控探头。严格落实安全生产责任制，全面推进安全生产标准化建设。

【机构设置与管委会领导】 市编办核准的正科级局办单位13个：办公室、政治处、经济发展局、安全生产监督管理办公室、对外经济贸易局、建设局、社会事业局、房屋征收办公室、城市管理局、财政审计办公室、商贸服务局、绍兴市统计局袍江经济技术开发区分局、监察分局。除市编办核准局办外，区机关自设局办4个，市编办核准的正科级事业单位5个，市编办核准的副科级事业单位2个，市编办核准的无在编在岗人员的正科级事业单位3个。主要领导有区党工委书记、管委会主任陈泉标，区党工委副书记、管委会副主任邓大庆，区党工委委员、纪工委书记朱才祥，管委会副主任徐彪、张永春、赵文栋、陶百坤、朱如华。

绍兴袍江经济技术开发区主要经济综合指标一览表

项目		单位	2012 年	2013 年	增减（%）
开发区生产总值		亿元	188.91	212.75	12.6
第二产业		亿元	146.33	162.10	10.78
工业		亿元	132.14	151.85	14.92
第三产业		亿元	43.37	49.33	13.74
工业总产值（现价）		亿元	804.60	924.86	14.95
高新技术企业		亿元	195.26	218.47	11.89
区内主导产业及产值					
主导产业	1. 纺织业	亿元	170.34	183.19	7.54
	2. 化学纤维制造业	亿元	126.39	153.93	21.79
	3. 化学原料及化学制品制造业	亿元	97.70	104.95	7.42
进出口总额		亿美元	36.63	42.42	15.8
出口		亿美元	21.76	26	19.49
财政收入		亿元	26.67	30.09	12.82
税收收入		亿元	26.04	27.43	5.34
新批企业个数		个	449	607	
外商及港澳台企业		个	10	6	
内资企业		个	439	601	
新批企业投资额	外商及港澳台企业	亿美元	0.38	0.31	-18.42
	内资企业	亿元	10.89	10.25	-5.88
	增资企业	亿美元	21.51	23.34	8.51
合同外资金额		亿美元	0.59	1.04	76.3
外商实际投资		亿美元	1.25	1.32	5.6
固定资产投资		亿元	126.18	138.54	9.8
年末从业人员数		个	143734	154445	7.45
工业		个	245	260	6.12

（绍兴袍江经济技术开发区管委会）

淮安经济技术开发区

【概况】 淮安经济技术开发区（以下简称“淮安开发区”）2010年正式升格为国家级经济技术开发区。全区辖三个乡和六个办事处，管辖面积196平方公里，常驻人口30万人。区内建有综合保税区、留学人员创业园、软件产业园等“国家级”平台，科教产业园、空港产业园、物流园、海关通关点等一批各具特色的省级功能区，载体综合功能江北领先。

【经济发展】 2013年度，地区生产总值533.98亿元，增长率24.2%，占所在地区比重为24.8%；第二产业增加值459.95亿元，增长率23.5%，占所在地区比重为35.8%；第三产业增加值72.59亿元，增长26.8%。财政总收入104.13亿元，增长率12.9%，占所在地区比重为21.1%；其中税收收入84.865亿元，增长率13.4%。财政总支出42.99亿元，增长率13%。企业业务总收入2537.99亿元，增长率18.5%；第二产业2094.36亿元，增长率20.2%；第三产业493.63亿元，增长率23.6%。外贸进出口20.57亿美元，增长率1.3%，占所在地区比重为52.1%；其中出口13.48亿美元，增长率1.7%，占所在地区比重为47.5%。全社会固定资产投资457.71亿元，增长率16.6%，占所在地区比重为29.8%。

【工业产业发展】 工业经济继续保持较快增长，实现规模以上工业增加值430.89亿元，增长21.8%，占所在地区比重为35.2%；实现销售收入2026.3亿元，增长20.5%，占所在地区比重为34.8%。工业主导产业进一步突显，全年电子信息产业累计完成产值696.03亿元，增长28.6%，占全区规模以上工业总产值34.3%金属冶炼产业完成产值223.84亿元，同比增长1.5%，占全区比重为11.1%；化工（盐化工）产业完成产值216.78亿元，同比增长20.3%，占全区产值比重为10.7%；上述三大产业总产值约占到淮安开发区规上工业总量的56.1%，较上年同期提高2.4个百分点。

【园区特色】 综合保税区顺利通过国家十部委联合验收，建成并正式启用口岸作业区，一期实现封关运作，已有60多家区内外企业利用综合保税区开展业务；留学人员创业园创成省级文明单位，新入驻20家科技企业，节能环保科技企业加速器、淮安工业研究院正式运营；科教产业园创成省级大学科技园，成功举办首届产学研协同创新推进会，引进研发机构6家，淮安“智慧谷”首期工程正式开工；软件产业园成功举办中国互联网产业峰会，全球最大呼叫中心——中国移动呼叫中心开工建设，浙大网新独幢办公楼封顶，微软、搜狐、阿里巴巴等一批知名企业入驻园区；空港产业园完成行政区划调整，积极推进临空经济区规划，完成空间和产业规划初步方案；盐化工园区完成重组，实联化工、实联长宜竣工投产，发展进入快车道。

【科技创新】 2013年专利申请量1100件，其中发明专利356件，占比32.4%；专利授权685件；完成产学研签约项目51项，其中大院名校合作项目8个，实施率在90%以上；申报省、市级高新产品19项；获批国家级以上高新技术企业10户，目前全区总计省级以上高企31户；技术开发项目备案项目数27个，企业科技政策减免税额0.65亿元；成功申报省高层次创新创业人才2名（李兵辉、周志刚）、企业科技创新领导型人才培育工程5名、企业创新团队建设培育工程8名、高层专家挂靠工程8名、科技创业人才引进工程7名；完成国家“千人计划”9名，市科技人才“千人计划”32名；全区成功获批省级工程技术研究中心3个，省重大成果转化1个，国家重大仪器研发设备专项1个。

【招商引资】 已逐步形成以富士康为代表的IT、以台玻为代表的新型化工、以卧龙电机为代表的先进装备制造三大支柱产业，以敏实电动汽车为代表新能源汽车、以晟德医药为代表的生物医药两大新兴产业。2013年成功招引新型半导体等超亿美元项目6个，新批外资项目25个，招引欧美日韩企业5家，实际到账外资3.04亿美元，其中开工项目到账2.44亿美元。新招引的项目中，总投资1亿美元的晟德大药厂项目实现淮安生物医药科技产业的重大突破，敏安电动汽车制定全国电动汽车行业标准。

【城市建设】 2013年实施建设项目191个，竣工项目72个，完成投入143.27亿元。市政道路及基础设施配套建设项目46个，重点工程有枚皋路下穿新长铁路立交工程、开发大道、国际呼叫中心公交枢纽站，市盐化工业园区铁路专线、康马路（铁路大桥）匝道改造、韩泰路改造等，完成投入10.652亿元。新建道路34.1千米，铺设自来水管道21千米，污水管道40.9千米，雨水管道51.2千米，架设供电线路31.4千米。生态景观项目先后建设深圳东路沿线绿化、南马厂片区道路绿化、综合保税区绿化提升等23个项目，完成投入2.756亿元。商贸流通及城市功能区提升项目建设实施了亿丰时代广场、悦达商业广场、海通物流、锦绣家居广场二期等17个项目，完成投入31.26亿元，涉及建筑面积237.34万平方米。

【管理与服务】 组织评选全区创新创优项目，国家级循环化改造示范试点园区获批，省级现代服务业集聚区、省电子商务示范基地获批，成功入选首批省级重点文化园区。人大工委服务大局、积极作为，法院、检察院正式成立运行，提升了依法治区能力；党建品牌富有影响，扎实推进“五德”教育，切实加大效能督查、效能问责和案件查办力度，开展“在岗在位成就一方造福一方”主题实践活动，创新绩效考核办法。以深入推进行政审批制度改革为契机，全面丰富服务内涵，提升服务质效，塑造服务品牌，着力打造一流的专业服务团队，体现一流的服务效率。

【社会事业】 建设淮安市李集中学、徐杨中学、淮阴卫校新校区等6个教育设施项目，完成投入3.625亿元，涉及总建筑面积约16万平方米，与清中共建启明实验中学取得成功。建设了景会寺、中华文字园两个文化旅游项目，涉及总建筑面积8.7万平方米，完成投入1.665亿元。创建国家级体育俱乐部，加快城市10分钟健身圈建设，完成体操馆、曲棍球场馆建设和装备运行。建设枚乘路社区卫生服务中心、张码社区卫生服务中心门诊楼两个医疗设施项目，涉及总建筑面积4.23万平方米，完成投入9110万元。苏北首创“公建民运”模式养老服务机构投入运营。完成城乡低保提标，土地换城保完成当年目标的100%，共有1.6万人当年领取养老金。

【机构设置和管委会领导】 淮安市有关部门设立淮安市人大党委会经济技术开发区工作委员会、中共淮安市纪律检查委员会经济技术开发区工作委员会（淮安经济技术开发区监察审计局与其合署办公）2个派出机构。淮安经济技术开发区党工委、管委会设置党政办公室、组织部、经济发展局、招商局、住房和城乡建设局、人力资源和社会保障局、财政与国有资产管理局、社会事业局、城市管理局、政务服务管理办公室、监察审计局等10个内设机构。

领导任职情况为：淮安经济技术开发区党工委书记周毅，淮安经济技术开发区党工委副书记、管委会主任陶光辉，淮安经济技术开发区调研员刘建华，淮安经济技术开发区人大工委主任冯大勇，淮安经济技术开发区党工委委员、管委会副主任王立喜、徐业恕、刘晓录、张玉和、王晓霖、陈国平、张明、刘峰、曹玉山、刘钢。

淮安经济技术开发区主要经济综合指标一览表

项目	单位	2012 年	2013 年	增减（%）
开发区生产总值	亿元	429.93	533.98	24.2
第二产业	亿元	372.51	459.95	23.5
工业	亿元	360.99	445.89	23.5
第三产业	亿元	56.34	72.59	28.8
工业总产值（现价）	亿元	1687.64	2027.41	20.1
高新技术企业	亿元	458.95	687.59	49.8
销售（营业）收入	亿元	2141.33	2537.99	18.5
第二产业	亿元	1742.0	2094.36	20.2
工业	亿元	1682.01	2026.31	20.5
第三产业	亿元	399.33	493.63	23.6
利润总额	亿元	82.86	99.89	20.6
第二产业	亿元	70.5	84.09	19.3
工业	亿元	62.65	76.35	21.9
区内主导产业及产值				
1. 通讯设备、计算机及其他电子设备制造业	亿元	418.18	572.49	36.9
2. 黑色金属冶炼及压延加工业	亿元	226.64	198.31	-12.5
3. 电气机械和器材制造业	亿元	149.81	187.45	25.1
4. 烟草制品业	亿元	135.51	148.03	9.2
5. 农副食品加工业	亿元	93.61	118.33	26.4
6. 化学原料和化学制品制造业	亿元	86.65	109.8	26.7
进出口总额	亿美元	20.31	20.57	1.3
出口	亿美元	13.25	13.48	1.7
财政收入	亿元	92.272	104.13	12.9
税收收入	亿元	74.823	84.865	13.4
财政支出	亿元	38.04	42.99	13.0
新批企业个数	个	751	645	-14.1
外商及港澳台企业	个	35	25	-28.6
内资企业	个	716	620	-13.4
新批企业投资额	亿元	402	443.5	10.3
外商及港澳台企业	亿美元	7.1	7.0	-1.4
内资企业	亿元	263	291.5	10.8
增资企业	亿元	95	109.32	15.1
合同外资金额	亿美元	6.04	6.88	13.9
外商实际投资	亿美元	5.50	5.54	0.6
固定资产投资	亿元	392.48	457.71	16.6
年末从业人员数	人	173510	182660	5.3
在岗职工数	人	98780	103820	5.1
在岗职工平均工资	元	39970	44810	12.1
规模以上企业个数	个	516	636	23.3
工业	个	239	296	23.8
万元 GDP 能耗	吨标煤/万元	0.3513	0.3095	-11.9

（淮安经济技术开发区管委会）

吉林经济技术开发区

【经济发展】 2013年，吉林经济技术开发区（以下简称“吉林经开区”）实现地区生产总值139.4亿元，同比增长15.1%。其中，第二产业增加值完成123.5亿元，同比增长13.7%；第三产业增加值完成14.4亿元，同比增长15.6%，第二、第三产业比例为88.6∶10.3。固定资产投资完成182.7亿元，同比增长0.6%，社会消费品零售总额完成4.89亿元，同比增长12%。全年实现工业增加值114.8亿元，同比增长13.3%，全年工业总产值完成450亿元，同比增长12.7%，其中，规模以上工业总产值完成418.4亿元，同比增长12.9%。在规模以上工业中，外商及港澳台投资工业总产值149.8亿元，同比增长10.8%。

【工业产业发展】 2014年，全区实现工业增加值114.8亿元，可比增长13.3%，其中，规模以上工业企业实现增加值107亿元，可比增长13.5%。实现工业总产值450亿元，比上年增长12.7%，其中规模以上工业企业实现总产值414.5亿元，增长11.8%。全区规模工业企业实现利润同比增长26.8%，实缴税金同比增长16.3%。在规模以上工业中，外商及港澳台投资工业总产值149.8亿元，增长10.8%；内资工业总产值268.6亿元，增长14.2%。主导产业不断发展壮大，对经济增长拉动作用显著。在规模以上工业中，精细化工、医药、农副产品及品牌食品、非金属建材、装备制造等五大产业完成工业总产值385.7亿元，比上年增长12.3%，占全区规模以上工业总产值的93.1%，同比提高0.4个百分点。其中：精细化工产业完成产值290.7亿元，比上年增长17.2%，拉动规模工业增长11.5个百分点；医药产业完成产值5.8亿元，比上年增长14.6%，拉动规模工业增长1个百分点；农副产品及品牌食品产业完成产值58.8亿元，比上年下降8.9%；装备制造业完成产值16.6，比上年增长11.8%，拉动规模工业增长0.4个百分点。

【科技创新】 2013年，吉林经开区战略性新兴产业实现产值164亿元，战略性新兴产业产值占规模工业总产值的56%，高新技术企业达到6家。碳纤维公共应用研发服务平台建设完成投资3000万元，开工建设面积11200万平方米，建成孵化面积11200万平方米。吉林省精细化工创业孵化基地在孵企业达9家。建有国家、省及市级企业技术中心14个。专利申请量达到35件，其中发明专利申请量达19件，同比增长72.73%。

【对外贸易】 2013年，外贸进出口实现11033.9万美元。其中，出口总额8814.7万美元，同比增长22.44%；进口总额2219.3万美元。完成高新技术产品进出口9552.5万美元，同比增长25%。完成高新技术纤维进出口9114.8万美元，占全区进出口总额比重为82.6%。

【招商引资】 2013年，新批外商及港澳台投资项目1家，项目投资总额1250万美元；合同外资金额9050万美元，同比增长16%；实际使用外资金额8650万美元，同比增长15.3%。全年新设立登记内资企业63家，新增内资企业注册资本4.65亿元。

【项目建设】 2013年，开工建设总投资额超3000万元以上项目84项，其中总投资额超亿元以上项目52项。84个开工项目中新建项目51项、续建项目33项，中粮集团30万吨/年稻米综合加工基地、吉林康乃尔化工集团公司27万吨/年硝酸等51个项目年内建成投产，全年完成工业投资182.2亿元，同比增长0.3%。新建项目主要有：吉林市乖乖食品有限公司总投10亿元的膨化食品项目、吉林市盛业工贸有限公司投资4.5亿元的民营经济工业园标准厂房项目、吉林普瑞特生物科技有限公司投资3.75亿元的年产3500吨医药中间体项目、吉林市顶津饮品有限公司投资2亿元的康师傅饮料生产线等项目。

【投融资建设】 与中国银行吉林省分行及中信证券公司等多家合作单位紧密配合，全力推进5亿元信托贷款。推进项目开发建设、土地储备等经营活动，大力开展BOT、BT等资本运营模式。先后利用九新集团化工有限公司、吉林市鑫海实业有限公司等为平台，成功在中国银行、华夏银行申得近亿元流动资金贷款。通过授予特许经营权的方式，实现多元化融资机制，吉林市九新热力公司、吉林市宇成燃气公司、吉林市北鑫供水公司等民营企业资本陆续进入。建立收益分成和企业退出机制，获得收益注入城镇化发展专项基金。

【人才建设】 吉林经开区成功晋升为吉林省创新创业人才基地，实现了人才工作新跃升。建立吉林省精细化工孵化园、众鑫精细化学品科技园、院士工作站、硕士工作站、大学生创业园、中试基地等6个基地。聚集了一大批高水平的管理人才和高新技术人才，其中外籍专家40余人、博士31人、硕士500余人、本科2000余人、专科2000余人、专业技术人员近万人。正高级职称73人、副高级职称550人、中级职称2114人。市级创业人才基地1处，市级青年拔尖人才2名、省级拔尖人才1名、省级高科技管理人才1名、农民专家3名，申报省高级专家3名。

【信息化建设】 采用北京中科辅龙公司龙驭网站管理系统，对原经开区门户网站予以全新改版升级。完成了网站后台功能模块搭建、网站WEB页面全新设计，网站后台管理更加人性化。严格实行上传、审核、发布工程流程和信息安全审核审批制，网站信息安全水平进一步提高。

【基础设施建设】 2013年，吉林经开区基础设施完成投资6.3086亿元。具体完成情况如下：四号道工程总投资0.857亿元，完成投资0.4285亿元，完成了路基及雨排水工程；吉孤路拓宽工程总投资0.3427亿元，已全部竣工；和达街总投资0.5亿元，完成投资0.15亿元，完成了工程前期准备工作；平安路总投资0.2774亿元，已全部竣工；金珠大桥总投资2.8亿元，完成投资1.96亿元，完成了桥梁下部工程及引桥桥墩和基础工程；秀水大桥总投资3亿元，完成投资2.7亿元，完成了主桥主体工程及引桥基础工程；经开变电站总投资0.5亿元，完成投资0.45亿元，完成变电站主体工作。

【管理与服务】 继续深入践行“跑步式、保姆式、精准式”服务理念，组织开展“百名干部包联百户企业”、“服务企业百日会战”等有效活动，创新推出企业综合服务模式，加强产需衔接、银企对接、要素保障等助企措施，全力帮助企业开拓市场、降低成本、减亏增盈，经济运行质量显著提升。

【社会事业】 2013年，吉林经开区筹措资金4700余万元，全面落实了安居、就业、卫生、教育、交通等89项民生实事，惠及百姓5万余人。西山棚户区、沿江棚户区三期、城市危房等改造工程按期开工建设，77栋“暖房子”工程提前竣工。三级卫生监督网络基本建立。慈善救助、圆梦大学、廉租公寓分配、低保家庭再保障等关爱活动深入开展。制定《吉林经开区“促发展、惠民生”立功竞赛活动方案》，编印《吉林经开区“促发展、惠民生”包联手册》，共联系走访驻区企业

110户、困难家庭303户，送去慰问金和物资合计245余万元。

【党建工作】 开设社区党建和服务民生综合平台建设培训班，交流社区党建典型经验，社区基层组织建设水平显著提升。以村级“三委”换届为契机，深入开展“基层组织建设提升年”活动，加强农村基层党组织书记队伍建设。建立完善非公企业台账和党员名册，健全完善非公企业党组织各项功能，组织非公企业党组织开展“促企业发展，尽社会责任”立功竞赛活动，提高非公企业党组织凝聚力，在吉林市方祺水泥管有限公司等6户企业中建立党组织。

【机构设置与管委会领导】 吉林经开区管委会内设29个工作部门：党工委办公室（纪检监察室）、管委会办公室、人事局、财政局、经发局、统计局、经合局（招商办）、金融服务局、投资促进一局、投资促进二局、投资促进三局、投资促进四局、投资促进五局、投资促进六局、投资促进七局、投资促进八局、化工产业规划发展局（内部称投资促进九局）、信访局（维稳办）、投资服务中心、国土资源局、国有资产管理局、安监局（安委办）、环保局、建设局、开发总公司、城市建设发展公司、市政公用局、城管执法局、科技局。

2013年1月，郑国学任吉林经开区管委会主任，吴琼任吉林经开区党工委书记，刘慧军任管委会副主任、党工委副书记，徐有吉任管委会副主任、党工委委员、纪工委书记，其他管委会副主任、党工委委员有：高迎、王立宽、郭树明、冷伟，谢显平任主任助理。2013年9月，郑国学任吉林经开区管委会主任，宋杰任吉林经开区党工委书记，刘慧军任管委会副主任、党工委副书记，徐有吉任管委会副主任、党工委委员、纪工委书记，其他管委会副主任、党工委委员有：高迎、王立宽、郭树明、冷伟。2013年10月，郑国学任吉林经开区管委会主任，宋杰任吉林经开区党工委书记，刘慧军任管委会副主任、党工委副书记，徐有吉任管委会副主任、党工委委员、纪工委书记，其他管委会副主任、党工委委员有：王立宽、郭树明、葛春艳、赵争涛、战铁功、冷伟。

吉林经济技术开发区主要经济综合指标一览表

项　　目	单位	2012年	2013年	增减（%）
开发区生产总值	亿元	121.1	139.4	15.1
第二产业	亿元	108.6	123.5	13.7
工业	亿元	101.3	114.8	13.3
第三产业	亿元	12.5	14.4	15.6
工业总产值（现价）	亿元	399.1	450.0	12.7
高新技术企业	亿元	32.5	44.7	37.5
销售（营业）收入	亿元			
工业（规上）	亿元	363.9	408.5	12.3
利润总额	亿元			
工业（规上）	亿元	23.1	25.9	11.8
第三产业（规上服务业）	亿元	0.06	0.07	13.4
进出口总额	亿美元	1.2	1.1	-8.3
出口	亿美元	0.7	0.9	28.6
财政收入	亿元	11.2	11.5	2.0

续表

项 目	单位	2012 年	2013 年	增减（%）
税收收入	亿元	10.8	10.9	1.3
新批企业个数	个	83	110	32.5
外商及港澳台企业	个	1	1	0.0
内资企业	个	82	109	32.9
新批企业投资额	亿美元			
内资企业	亿元	2.4	3.5	45.8
合同外资金额	亿美元	0.78	0.9	16.0
外商实际投资	亿美元	0.75	0.87	15.3
固定资产投资	亿元	181.7	182.7	0.6
年末从业人员数	个	45975	48968	6.5
规模以上企业个数	个	107	116	8.4
工业	个	70	78	11.4

（吉林经济技术开发区管委会）

靖江经济技术开发区

【经济发展】 2013年，靖江经济技术开发区（以下简称“靖江开发区”）实现地区生产总值459.8亿元，同比增长15.95%。其中，第二产业完成327.21亿元，可比增长15.97%，第三产业增加值完成129.02亿元，可比增长16.14%，第二、第三产业比例为28.3:71.7。财政收入由于受大环境影响有所下降。全年财政收入54.3亿元，同比下降15.19%，税收收入为51.45亿元，同比下降16.77%，一般预算收入30.87亿元，同比增长9.8%。

【工业产业发展】 全年实现工业增加值315.65亿元，工业总产值1839.04亿元，比上年增长15.01%，其中规模以上工业总产值1322.59亿元，增长9.14%。在规模以上工业中，外商及港澳台投资工业总产值653.71亿元，增长16.56%；内资工业总产值668.88亿元，增长2.75%。

【园区特色】 着力打造先进制造业基地和现代物流基地，重点发展船舶、装备制造、新材料、新能源、粮油、木材六大产业。船舶产业，重点围绕船用导航、船用电子，实现全链式发展。目前，开发区拥有新时代造船、东方重工、南洋船舶三大造船企业，以及安泰动力、格菱动力等一批配套企业，是全国最大的民营造船基地和国家级船舶出口基地；粮食产业，重点围绕粮食贸易、粮油副产品，进一步拉长产业链条，提高税收贡献份额，重粮集团已正式入驻开发区；木材产业，重点围绕高档木制品、地板、家具等成品加工制造项目，加快推进木材交易市场建设，进一步做精做优木材产业园，成功招引了香港上市公司大自然家居总投资2.6亿元的木地板项目和总投资2亿元的东顺木业集装箱地板项目。

【科技创新】 开发区依托科技孵化中心，提供创业启动资金，大力引进和培养创新领军人才，加强与清华大学、复旦大学、中科院等知名院校的合作，加快产学研步伐。全年开发区内新认定先锋半导体、久联机械等2家企业为高新技术企业；申报高新技术产品共计20项；新增省确认科技型中小企业9家；新增省民营科技企业4家；申报市级新产品120项，组织实施3项国家星火计划。通过国家部委关于国家可持续发展实验区的联系评审，高新技术产业产值占规模以上工业总产值的27.05%，高新技术企业达29家。专利申请量达到2195件，其中发明专利申请量达411件，同比增长21%。

【招商引资】 全年合同外资金额7.5亿美元，增长12.55%，实际使用外资金额4047万美元，下降82.35%；外贸进出口26.11亿美元，增长1.2%。其中，出口总额15.47亿美元，增长－24.20%；进口总额10.64%，增长97.4%。完成高新技术产品进出口0.48亿美元。全年新签约项目30个，计划总投资48.22亿元，在手洽谈项目15个，总投资143亿元。总投资3亿元的衡阳金化科技高压气瓶、高温润滑新材料项目，带动金属材料产业链延伸发展；围绕高端高新产业，开展政产学研深度合作，与中科院理化所共建靖江高科技产业园，建设理化所高科技成果产业化基地，一期落户4个高新成果产业化项目，总投资

6.6亿元，涉及高端装备、新材料、核电配套等领域，招引了总投资10亿元的中崇集团物流项目。

【投融资建设】 积极探索多种融资模式，多渠道筹措资金，融资平台建设以华宇公司为母公司，其他公司交叉持股，分别成立华阳、华鼎和华晟，专门从事开发区土地整理、路网、水电等基础设施建设；在加大与商业银行合作，做大金融信贷规模的同时，积极与其他性质金融机构合作，加强与大企业、大财团的对接，不断创新融资方式，壮大投融资平台实力。

【生态环保】 区内主要水体水质均达到了《地表水环境质量标准》（GB3838－2002）相应地表水环境功能区划要求。环境空气质量达到国家《环境空气质量标准》（GB3095－96）中的二级标准。区域环境噪声各功能区均达到了《声环境质量标准》（GB3096－2008）中的相应标准，区内重点排污单位稳定达标率100%。生态工业园区基本条件和各项指标已基本符合创建要求。构建了船舶制造、金属材料、粮油加工、木业建材等循环经济产业链。2007年11月，园区船舶产业集群即入选“江苏省重点培育产业集群”，2007年至今连续入选“中国百佳产业集群”。开展化工、涉铅等行业专项整治工作，共关停靖江市三益化工有限公司、靖江滨江化工厂、靖江市江帆蓄电池厂等6家企业，佐仕化工厂进行含铅整改。大力引导企业进行技术改造，坚持实施苏源热电 SO_2、氮氧化物减排项目，实现废气稳定达标排放，加强工业噪声污染源防治，确保设施正常运行。共完成新增建筑共计187.4万平方米，对工厂企业、市政景观照明、写字楼、公用设施等进行高效节电系统改造，建立政府机构节约资源的量化管理体系和信息化管理平台。

【人才建设】 全区现有省级工程技术研究中心6家，泰州市级工程技术研究中心6家，江苏省认定企业技术中心4家，省级博士后科研工作站6家，企业院士工作站2家，科技企业孵化器1家，以及人才创新载体汇聚各类优秀人才1000多名；组团赴外进行高新技术项目、高层次科技人才的“双招双引”，通过企业院校行、科技项目对接会、科技经贸洽谈会、科技成果推介会等活动，加强优秀人才、高新项目和先进技术的引进；采用聘任制公务员模式，通过引入视频面谈、软件评估、岗位调研、背景调查等现代化选拔手段和选拔程序，多重考量候选人的能力经验和岗位匹配性，建立“薪酬能高能低、人员能进能出、收入待遇与工作实绩成正比、价值认可与作用发挥相一致”的管理模式；出台《实施“532双高人才引进计划”》、《实施“518优秀人才培养计划”》，《推进人才强镇工作意见》围绕推进人才强市战略，争取3—5年内引进高层次创业人才（团队）50名、创新人才300名、高素质紧缺急需人才2000名。

【社会事业】 建立科学的社区管理机制，分类建立社区党员、低保户、困难户、残疾人、优抚对象、退休职工等台账，提高社区管理针对性和实效性。积极建立由公安、综治、计生等部门共同参与的联合执法机制，形成资源共享、齐抓共管、专群结合、全面覆盖的新型社区管理模式。社区服务方面，结合各自实际，有序打造布局合理、设施完善、功能齐全、管理规范的社区服务中心，将社区服务延伸到8小时工作时间外，满足社区居民多元化、个性化的服务需求。

【机构设置与管委会领导】 江苏省靖江经济开发区总部下设党政办、招商局、公用事业局、经济发展局、财政局。除总部外，分别成立有城北园区、城南园区、新桥园区、新港城、江阴—靖江园区办事处。管委领导主要包括市委常委、党工委书记尤红，党工委副书记兼、管委会主任王绍斌，党工委副书记、管委会副主任刘定邦，管委会副主任有：刘志明、朱俊、李建新、傅彬、闻亚星、张劲松、罗晓东、王靖。

靖江经济技术开发区主要经济综合指标一览表

项　　目	单位	2012 年	2013 年
开发区生产总值	亿元	396.55	459.8
第二产业	亿元	282.16	327.21
工业	亿元	271.22	315.65
第三产业	亿元	111.09	129.02
工业总产值（现价）（规模以上企业）	亿元	1211.79	1322.59
高新技术企业	亿元	154.86	187.23
销售（营业）收入（规模以上）	亿元		
第二产业	亿元	1164.87	1268.55
工业	亿元	1090.13	1192.98
第三产业	亿元	203.1	250.79
利润总额（规模以上企业）	亿元		
第二产业	亿元	120.14	105.12
工业	亿元	111.33	95.38
第三产业	亿元	4.81	6.18
进出口总额	亿美元	28.8	26.11
出口	亿美元	20.41	15.47
财政收入	亿元	64.02	54.3
税收收入	亿元	61.82	51.45
财政支出	亿元	17.79	17.86
外商及港澳台企业	个	11	10
合同外资金额	亿美元	6.67	7.50
外商实际投资	亿美元	2.29	0.4
固定资产投资	亿元	140.29	163.6
年末从业人员数	个	141182	142801
在岗职工数（四上单位）	个	52692	57219
在岗职工平均工资（四上单位）	元	49679	52406
规模以上企业个数	个	300	320
工业	个	168	160
万元 GDP 能耗	吨标煤/万元	0.321	0.296

（靖江经济技术开发区管委会）

上饶经济技术开发区

【经济发展】 2013年，上饶经济技术开发区（以下简称“上饶开发区”）实现地区生产总值130亿元，按可比价格计算，比上年增长24%。其中，第二产业增加值完成119亿元，第三产业增加值完成5.5亿元，可比增长20%，第二、第三产业比例为91∶4，全员劳动生产率25.2万元/人，可比增长2.1%。财政收入继续保持快速增长。全年财政收入9亿元，比上年增长15.5%，税收收入8亿元，比上年增长14.3%，全年地方财政收入5.8亿元，比上年增长21.8%，财政支出6.6亿元，比上年增长15.8%。

【工业产业发展】 2013年实现工业增加值119亿元，其中，规模以上工业增加值115亿元，可比增长25%。全年工业总产值560亿元，比上年增长28.6%，其中，规模以上工业总产值522亿元，比上年增长25%。在规模以上工业中，外商及港澳台投资工业总产值315亿元，比上年增长27%；内资工业总产值245亿元，比上年增长26%。

【科技创新】 高新技术产业总产值占规模以上工业总产值的71%，高新技术企业达12家。研发机构11家，研发投入占GDP比重2.8%。专利申请量达到239件，其中，发明专利申请量达75件，同比增长19%。

【对外贸易】 2013年外贸进出口13.93亿美元，同比增长24%。其中，出口总额12.82亿美元，同比增长18.7%；进口总额1.1亿美元，增长175%。完成高新技术产品进出口6.29亿美元，同比增长72.8%。完成机电产品进出口0.43亿美元，占全区进出口总额比重为3%。

【招商引资】 2013年新批外商及中国港澳台投资项目9家，办理增资项目7家，项目投资总额1.69亿美元；合同外资金额1.6亿美元，同比增长13.2%；实际使用外资金额0.4亿美元，同比增长16.5%。全年新设立登记内资企业141家，增加注册资本企业56家，新增内资企业注册资本9.87亿元，其中，新增民营企业98家，注册资本5.9亿元。

【投融资建设】 2013年实现新增6亿元融资资金，区内小额贷公司有两家：国昌小额贷公司2013年放贷累计达12610万元、其中，个人贷款9360万元、企业类贷款3250万元、不良贷款200万元；和济公司2013年放贷累计达30000万元，其中，个人贷款23450万元，企业类贷款6550万元，不良贷款0元。通过走访摸底、组织企业参加银企对接。联系省工行、建行、农行等近13家银行走访区内60多家企业，帮助解决了区内30余家企业融资难的问题，协议融资金额24.8亿元，较上年增加18%。

【生态环保】 启动了上饶开发区污水处理厂建设，累计投入资金8000多万元，已完成整体项目工程90%，在2013年12月23日环保部的减排核查中得到认可，国家责任状项目已书面审核通过。2013年完成凤凰片区4家企业整体搬迁工作及结构减排、完成华丰铜业废气治理工程和在线监控系统安装并网及工程减排、完成晶科能源生产废水治理工程项目及工程减排。对新进企业污染物总量分配方面严格根据企业类型、规模、治理设施把控总量审核，2013 年共计为 35 家企业出具了总量核定函。

【基础设施建设】 2013 年基础设施项目总投资 23.6 亿元，主要有主干道 4 条，分别为凤凰西大道、上三路、滨江大道一期及工业污水处理厂、沪昆高速公路互通及连接线等项目。

【项目建设】 2013 年列入省级重点项目 2 个，分别是晶科能源有限公司太阳能二期工程项目、上饶中材机械有限公司大型输送设备制造项目。其中，晶科能源有限公司太阳能二期工程项目计划投资 75 亿元，2013 年累计完成投资 646299.31 万元；上饶中材机械有限公司大型输送设备制造项目固定资产投资 10 亿元，一期项目 2013 年已经投资 1.3 亿元，建成 8.8 万平方米厂房主体。列入市级重点项目 2 个，分别是凤凰光学仪器集团光学项目、沪昆高速西出口西移项目（含挂线马鞍山大道）。凤凰光学仪器集团光学项目投资 5 亿元，2013 年计划投资 1062.4 万元，全年累计完成投资 961.49 万元；沪昆高速西出口西移项目（含挂线马鞍山大道）总投资 3 亿元，2013 年计划投资 28000 万元，全年累计完成投资 12282 万元。

【人才建设】 开展“博士进园区入企业活动”，11 月 26 日在上饶开发区召开的上饶市“博士专家进园区”活动对接会，市博士联谊会秘书长代表博士联谊会分别与晶科能源有限公司和远泉集团签订了全面合作框架协议。推进落实中央、省、市引人育才工程，选拔推荐晶科能源有限公司金浩博士为“千人计划”人选。推荐选拔上饶开发区企业的 8 名高层次人才为上饶市 2013 年度“信江英才 866 工程”人选。2013 年区晶科能源有限公司获批准设立博士科研工作站。

【信息化建设】 开展了项目信息公开和诚信体系建设，每个项目都进入信息平台管理，接受公众监督。完善了项目审批资料台账，并得到了上饶市通报表彰。

【社会事业】 2013 年新建新农村建设点 8 个、投入配套资金 340 万元。农村 3025 人、城市 899 人纳入低保对象，大病救助 240 人。2013 年完成 650 名企业新招用工提供免费岗前培训，制定了《上饶开发区 2013 年为企业提供招工、培训服务工作的实施方案》举办了为期 4 天的春季现场招聘大会，并开展了规模缺工企业下达周边县（市、区）及乡镇巡回宣传招聘、“三八节’妇女专场招聘会、残疾人专场招聘会等活动；组织了新余太阳能光伏学院、上饶职院、信州理工等学校与区晶科能源、博能客车、一舟电子等企业进行用工对接。

【党建工作】 建立区级党员领导干部基层党建联系点 29 个，非公企业党（工）委 3 个，企业党支部 68 个。确定区党工委委员非公有制企业示范点 14 个，选派党建工作联络员和指导员 59 名，争取市委组织部选派 10 名市直单位优秀后备干部挂任区企业党组织负责人。2013 年已培养 13 名企业人员入党，其中，出资人 4 名。确定入党积极分子 200 人，举办了入党积极分子培训班，乡村 120 余人参加培训。开展了“百名党员看新区，百名干部访党员”活动，组织 100 多名农村党员参观区内重点企业、重点工程项目。

【机构设置与管委会领导】 上饶开发区管委会下设党政办、纪工委（监察局）、劳动和安全局、办证服务中心、招商局、招商二局、规划建设局等 25 个工作部门及区属江西和济集团公司。上饶开发区管委会党工委书记汪友良，党工委副书记、管委会主任郑卫平，党工委副书记李建华，党工委副书记叶震春，党工委副书记危岩，党工委委员、纪工委书记况华；管委会副主任包括：夏毅、杨一虎、王河、叶和彬、林伟、聂玉平、章仕根、郭锦亮。

上饶经济开发区主要经济综合指标一览表

项　目		单位	2013 年	2012 年	增减（%）
开发区生产总值		亿元	130	104	24.6
第二产业		亿元	119	95.5	24.9
工业		亿元	119.3	95.5	24.9
第三产业		亿元	5.6	4.7	19.7
工业总产值（现价）		亿元	560	435.7	28.6
高新技术企业		亿元	371.3	249.6	48.8
销售（营业）收入		亿元	582.5	505.5	15.2
第二产业		亿元	556.6	490.1	13.6
工业		亿元	556.6	490.1	13.6
第三产业		亿元	30	25	20
利润总额		亿元	40	37.2	8
第二产业		亿元	38.3	35.1	8.9
工业		亿元	38.3	35.1	8.9
第三产业		亿元	1.1	1	10
区内主导产业及产值					
主导产业	光伏	亿元	323	250	29.2
	机械电子	亿元	40	32	25
	光学仪器	亿元	32	27	18
进出口总额		亿美元	13.9	11.2	24.1
出口		亿美元	12.82	10.8	18.7
财政收入		亿元	9	7.8	15.3
税收收入		亿元	8	7	14.3
财政支出		亿元	6.6	5.7	15.8
新批企业个数		个	150	118	32
外商及港澳台企业		个	9	2	450
内资企业		个	141	116	25
新批企业投资额		亿美元			
外商及港澳台企业		亿美元	1.64	0.04	4000
内资企业		亿元	1.02	4.08	-75
合同外资金额		亿美元	1.6	0.04	3900
外商实际投资		亿美元	1.64	0.04	4000
固定资产投资		亿元	109	88.29	19
年末从业人员数		个	50636	49116	3
在岗职工数		个	50636	49116	3
规模以上企业个数		个	85	84	1
万元 GDP 能耗		吨标煤/万元	0.14	0.16	-12.5

（上饶经济技术开发区管委会）

吴江经济技术开发区

【经济发展】 2013 年，吴江经济技术开发区（以下简称“吴江开发区”）完成地区生产总值 349.2 亿元，占吴江全区比重为 24.67%。其中，工业增加值完成 265.77 亿元；服务业增加值完成 71.94 亿元，同比增长 18.9%。财政收入继续保持快速增长，全年全口径财政收入 75.5 亿元，同比增长 8.6%，其中公共财政预算收入 32 亿元；全社会固定资产投入 172.9 亿元，同比增长 9.3%。

【工业产业发展】 吴江开发区 2013 年实现工业增加值 265.77 亿元，其中，规模以上工业增加值 228 亿元；全年工业总产值 1257.82 亿元，其中，规模以上工业总产值 1170.48 亿元。产业结构进一步优化升级。全年实现新兴产业销售 794 亿元，在全区工业销售中占比 64%。其中，装备制造业实现销售 205 亿元，同比增长 26.3%；新材料和新能源产业实现销售 133 亿元。

【园区特色】 2013 年，吴江开发区资本运作取得实质性突破，鲈乡小贷公司在美国纳斯达克上市，成为中国首家在美上市的小贷公司。江苏润扬股权投资公司在上海股权交易中心挂牌。成功获批国家广告产业试点园区，全年文化产业主营业务收入 117.6 亿元。

【科技创新】 2013 年，吴江开发区完成全社会研发投入 15 亿元，占 GDP 比重达 4.3%。全年新增企业研发机构 8 家，新增产学研联合体 9 家，新批高新技术企业 22 家（累计 67 家），新批高新技术产品 45 项（累计 267 项）。清华汽研院获批江苏省级车联网工程实验室。全年申报专利申请 2834 件、授权 2262 件，其中发明专利授权 108 件。

【招商引资】 2013 年，吴江开发区新增注册外资 9.63 亿美元，到账外资 4.75 亿美元，新增民资注册 55.6 亿元；新批项目 42 个，注册资本 8.78 亿美元；增资项目 36 个，增资额 1.69 亿美元；其中出口加工区新批项目 6 个，注册资本 1.75 亿美元。

【生态环保】 同里古镇获得联合国“人居环境奖”，并入选全国首批“美丽宜居小镇”。全年完成绿化造林面积 4700 亩。同里湿地公园成功获批国家湿地试点建设公园。北联村入选全国美丽乡村创建试点。

【人才建设】 吴江开发区管委会获批国家级博士后科研工作总站。2013 年新增国家千人计划 2 名（累计 13 名），新增省双创人才 5 名（累计 14 名），新增姑苏人才 8 名（累计 25 名），新增吴江领军人才 13 名（累计 151 名）。

【社会事业】 实现城镇居民人均可支配收入 44498 元、农村居民人均纯收入 24386 元，分别增长 13.9% 和 14.9%。新增就业岗位 1.3 万个，城镇登记失业率控制在 5% 以下。开工建设建筑面积达 3.7 万平方米的乐龄公寓，建成助餐点和日间托养中心 8 个，创建居家养老服务示范点 2 个。山湖花园荣获中国科协、财政部表彰的“2013 年基层科普行动计划科普示范社区”称号。

【党建工作】 圆满完成“区镇合一”后新同里镇人大、政府班子选举工作。认真落实关于改进工作作风、密切联系群众的规定，全年公务接待费用同比下降 22.6%，考察费支出同比下降 57.5%，会议费下降 52.4%，公车使用经费下降 4%。继续开展"党员干部进万家"及"两代表、一委员"接访等活动，深入实施"融入式党建"创新工程，完善"红领同心圆"非公有制企业党建网格化管理模式，开展"三全六服务"社区党建品牌建设活动。圆满完成 41 个村（社区）"两委"换届选举工作。

【机构设置与管委会领导】 吴江开发区党工委管委会、同里镇设置内设机构 10 个分别是党政办公室、招商局、建设局、财政局、组织人事和劳动保障局（非公企业党委）、经济发展局、农村发展局（农村党委）、社会事业局、科技局、政法和社会管理办公室。吴江开发区党工委书记为梁一波，副书记为沈国芳、盛红明、李党民；管委会主任为沈国芳，副主任为盛红明、李党民、张金政、杜建华、范建龙、金建伟、陈建忠，主任助理为吴卫中；同里镇党委书记为盛红明，副书记为李党民、张金政；同里镇镇长为张金政，副镇长为杜建华、金建伟、陈建忠。

吴江经济技术开发区主要经济综合指标一览表

项　　目	单位	2013 年	2012 年	增减（%）
开发区生产总值	亿元	331.71	349.21	5.3
工业增加值	亿元	259.13	265.77	2.6
工业销售收入	亿元	1303.15	1243.88	-4.5
装备制造业销售收入	亿元	135.89	205	50.9
新能源与新材料销售收入	亿元	139.46	133	-4.6
进出口总额	亿美元	170.03	159.24	-6.3
出口	亿美元	89.61	86.18	-3.8
进口	亿美元	80.41	73.05	-9.2
财政收入	亿元	69.53	75.54	8.6
地方一般预算收入	亿元	30.00	32.09	7.0
新批企业个数	个	673	741	10.1
外商及港澳台企业	个	47	48	2.1
内资企业	个	626	693	10.7
增资企业	亿美元	1.67	1.70	1.8
新批注册外资	亿美元	8.60	9.63	12.0
到账外资	亿美元	5.54	4.75	-14.3
固定资产投资	亿元	158.13	172.87	9.3
年末从业人员数	个	204300	200420	-1.9
综合能耗	吨标煤/万元	303442	292939	-3.5

（吴江经济技术开发区管委会）

北辰经济技术开发区

【概况】 2013年3月2日，北辰经济技术开发区（以下简称“北辰开发区”）被国务院批准晋升为国家级开发区。年内，北辰开发区先后获批国家级经济技术开发区、国家级新闻出版装备产业园和国家级新型工业化装备产业示范基地，集开发区、科技园区、新闻出版、高端数字装备和新型工业化5个国家级于一体。

【经济发展】 2013年，北辰开发区完成生产总值191.43亿元，占年计划的100%，同比增长22.3%；规模以上工业总产值725.4亿元，占年计划的100%，同比增长20%；社会消费品零售总额1002万元，占年计划的100.2%，同比增长92.7%；商品销售总额155.2亿元，占年计划的100.1%，同比增长31.7%；出口创汇17.85亿美元，占年计划的100%，同比增长10%；完成三级税收32.28亿元，同比增长14.8%；本级税收7.93亿元，同比增长14.7%。

【招商引资】 通过“走出去”和“请进来”相结合，组织招商推介活动21次，参加印刷技术博览会、装备制造展会等活动22场，推动了远大住工、罗普斯金等一大批项目谈成落地。与中国印刷工业协会、北京天创基业公司等9家中介机构建立合作关系，延伸了招商手臂。充分利用地区优势主动承接功能转移，引进了信威产业园、百发博威等一大批优质项目。注重吸引具有行业影响力的项目落户新闻装备产业园，先后有长荣印刷、健豪云印刷、永太和数码、太川科技等项目实现入驻。随着信威宽带产业园、百博投资等旗舰型项目的相继引入，以及华夏麒麟、博威动力等科技“小巨人”企业的加速聚集，更加备足了开发区的发展后劲。2013年，开发区共引进内资项目77个，内资到位94.93亿元，占年计划的100.7%，同比增长27.6%。引进外资项目25个，实现合同外资2.53亿美元，占年计划的100.1%，同比增长25.7%。完成外资到位2.89亿美元，占年计划102.1%，同比增长25.5%。全年引进亿元以上项目25个，投资总额278亿元。

【项目建设】 对所有项目均实行“帮办负责制”，按时限要求由专人跟踪流程服务；通过采取项目联审会、项目开工推动会、项目进度表上墙等有力措施，年内先后完成中捷、欧梯克等17个项目的临时水、电、气的接入，富州、莱福温、台力3个项目的正式送电等项工作。配合区政府出台了《开发区企业用地管理的规定》，从制度上保证了土地开发的有序进行。2013年，开发区共有在建项目59个，在建面积205.45万平方米，启动亿元以上项目20个，竣工项目30个，竣工面积61.01万平方米。固定资产投入完成125.7亿元，占年计划的100.4%，同比增长25.5%。

【基础设施】 新区所有道路及排水工程实现贯通，路灯照明、通讯基站、交通信号灯等附属工程顺利完成，基础设施达到“九通一平”的标准。东西横穿新区6条（4条11万伏、2条3.5万伏）高压线切改工程圆满完成，及时启动了50万伏高压线路由切改工程、九园11万伏变电站建设工程和电力排管二期建设工程，完成了九园公路以南第五功能区的城市设计规划。

【基础设施】 大力实施清水工程，完成大双污水处理厂及基础配套工程，实现正式投产运营；北区污水管网改造全面完成，东区排水主管网实现了区域排沥系统与泵站的顺利连接。新区沿湖楼宇总部经济带加快建设，中乾、盛景等工程进展顺利，商务中心实现入驻，成为全市第三批重点支持亿元楼宇。分布式能源站开工建设、消防特勤站正式竣工并投入使用。四项主要污染物减排均超额完成全年任务，顺利完成10个企业项目和31个市政工程的环保验收。

【科技创新】 新认定科技型中小企业135家，累计认定378家；新认定“小巨人”企业15家，累计达92家；认定高新技术企业3家，累计达47家；企业新增著名商标4项，累计达42项。得益于近年来知识产权工作的快速发展，高端装备产业园获批“知识产权试点示范园区”。协助申报国家、市、区各级各类项目40余项，获得政策扶持资金超亿元。大力培育市级、区级专利试点单位，完成专利申请500件，累计达到13092件，继续在全市开发区领跑。既济、莱福温、沃德三家企业获批市级企业技术中心，华通辰泰公司成功获得市级孵化器载体认定。

【资金运行】 依托现有资源，制定切实有效的融资方案，为载体建设和招商引资备足资金，在继续巩固传统融资方式的基础上，总公司开拓新的融资渠道，发行了18亿元企业债券，已进入国家发改委申报阶段。采取增加注册资本金、BT回购资金差额处理等措施，完成了平台债务率下降至规定范围，确保了融资平台的可持续增量。通过合理调配融资贷款和财政资金等手段，全年实现资金流入达到18.63亿元。

【投资环境】 在1000平方米综合服务大厅内，各部门及各驻区职能单位协同配合，共同为企业提供一站式服务；筹集资金，主动协调主管部门，引进公交车，帮助企业员工解决出行问题，实现了通行公交化；成立欧铂城社区居委会并建成社区服务站，便利了辖区居民生活；完成了道路企业标志牌设置和道路技防设备监控安装，逐步完善了区域基础配套功能。努力做大做强中小企业担保中心平台，增进“政银企”合作力度，共完成担保贷款41笔，担保金额3.28亿元，为企业解决了融资担保大问题。

【管理与服务】 为更好地服务企业，年内机关进行了迁址，实现了办公环境的彻底改善。补充和完善了考勤、值班等17项制度规范，做到事事有据可依。制定并严格执行岗位目标考核办法。开展了“我为园区发展献良策”活动，积极申报并顺利通过了ISO14001环境体系和9001质量体系评价认证。实施了基层党建工作项目化管理模式，不断夯实基层党组织建设，全年新建党组织4家，新建工会企业15家，10家企业获批A级劳动关系和谐企业，201家企业签订工资集体协议，30家企业成立基层团组织。

【社会事业】 投资90余万元，建成覆盖新区10个主干路口40个监控点位技防监控网络。通过安全标准化工作推动安全生产隐患治理，积极开展对食品生产企业和企业食堂的“大排查、大清整”食品安全专项行动。组织了全区参与规模最大的“开发区春季大型人才招聘会”等招聘活动8场，为企业与求职者搭建了平台，全年共为企业推荐用人3400人，安置就业1072人。

北辰经济技术开发区主要经济综合指标一览表

项　　目		单位	2012 年	2013 年	增减（%）
开发区生产总值		亿元	161	191	18.63
第二产业		亿元	158	176	11.39
工业		亿元	158	176	11.39
第三产业		亿元	3	16	533.33
工业总产值（现价）		亿元	607	706	16.31
高新技术企业		亿元	300	364	21.33
销售（营业）收入		亿元	735	887	20.68
第二产业		亿元	607	713	17.46
工业		亿元	605	710	17.36
第三产业		亿元	99	174	75.76
利润总额		亿元	43	56	30.23
第二产业		亿元	41	51	24.39
工业		亿元	41	51	24.39
区内主导产业及产值					
主导产业	1. 装备制造	亿元	456	512	12.28
	2. 生物医药	亿元	57	70	22.81
	3. 新能源新材料	亿元	40	47	17.50
第三产业		亿元	4	5	25.00
进出口总额		亿美元	21	22	4.76
出口		亿美元	17	18	5.88
财政收入		亿元	32	36	12.50
税收收入		亿元	28	31	10.71
新批企业个数		个	132	102	-22.73
外商及港澳台企业		个	15	25	66.67
内资企业		个	117	77	-34.19
新批企业投资额	外商及港澳台企业	亿美元	2.07	2.52	21.74
	内资企业	亿元	74	94	27.03
	增资企业	亿美元	0.93	1.01	8.60
合同外资金额		亿美元	2.07	2.52	21.74
外商实际投资		亿美元	2.07	2.83	36.71
固定资产投资		亿元	105	126	20.00
年末从业人员数		个	55847	59422	6.40
在岗职工数		个	59637	50553	-15.23
在岗职工平均工资		元	67738	70268	3.73
规模以上企业个数		个	187	214	14.44
工业		个	156	160	2.56
万元 GDP 能耗			0.12	0.155	29.17

（北辰经济技术开发区管委会）

珠海经济技术开发区

【经济发展】 2013年，珠海经济技术开发区（以下简称“珠海经开区”）按照“以港促产，以产兴城，港产城国际化、一体化发展”的工作思路，全方位推动港口建设和港区发展向纵深拓展，实现了亿吨大港的战略目标。全年实现地区生产总值190.77亿元，增长11.0%；规模以上工业总产值683.8亿元，增长9.3%；规模以上工业增加值144.14亿元，增长12.9%；社会固定资产投资163.25亿元，增长26.0%；实际利用外资41059万美元，增长11.6%；外贸进出口总额73.2亿美元，增长5.8%；公共财政预算收入18.15亿元，增长14.8%；全港货物吞吐量1.0083亿吨，增长30.18%，成功迈进亿吨大港的行列。

【产业发展】 珠海经开区致力打造珠海科学发展的重要引擎、珠海全球化发展的大平台、现代化的临港经济示范区、国际化的港口城市和体制机制创新的先行区，形成了以海洋工程装备制造、石油化工、清洁能源和港口物流为主导的临港产业格局，成功引进了包括英国BP、英荷壳牌、美国路博润、比利时苏威、香港和记黄埔以及中国海油、中国石油、华润集团、神华集团、港中旅、中化集团、中远集团等一大批世界500强企业、央企和大型民企。2013年，珠海经开区与国际知名机构开展国际化港口规划战略合作，完成《产业发展规划提升研究》、《珠海港总体规划战略提升》、《港口物流产业规划》和《智慧港口行动方案》编制工作。港航EDI数据交换系统在全港推行，航道监控信息系统投入使用，实现无纸化报关和报验服务。神华码头、LNG接收站码头、秦发10万吨级煤码头、南海深水天然气高栏总站码头建成投产，10万吨级集装箱码头加快建设，15万吨级主航道工程开工建设。汇通物流园成功入选广东省首批20个重点培育示范物流园。

【招商引资】 2013年，珠海经开区共有17个重大项目纳入珠海市十大重点建设项目计划。美国路博润添加剂、中海油海洋工程装备制造基地、LNG接收站一期等19个项目建成投产，中海油天然气热电联产、中海油精细化工园、三一海洋重工产业园、海泉湾二期等20个在建项目加快建设。钰海电力热电联产项目前期推进取得重大进展。围绕“3+1”产业链，成功引进了美国碧美特殊化学品、中海油管道涂敷、万华华南综合产品及服务基地等13个项目，总投资220亿元。此外，珠海港总体规划以及珠海经开区装备制造、石化产业规划整合提升基本完成，为加快构建现代产业体系奠定了基础。

【人才建设】 2013年，珠海经开区20多人获得国家高级技能人才资格，4人入选珠海“高层次人才”，11人入选珠海“青年优秀人才”。成功引进第四批广东省创新创业团队OTL团队带头人（广东省给予专项资金资助2000万元）叶伟博士及其4名团队成员，初步实现了海洋工程装备产业人才创新创业目标。实施“双招双引”战略，创新项目人才一体化引进机制，依托重大项目的招商，先后引进了几十名海洋工程装备制造高层次人才，引育了十几名清洁能源石化方面顶尖人才和港口物流高级管理人才。针对重点产业，实施“产业紧缺人才聚集工程”和“百家创新创业载体建设工程”，吸引培育了大批产业紧缺人才，建成广东省质量监督游艇材料检验站和广东省江龙船舶博士后创新实践基地，国家船舶及海洋工程装备材料质量监督检验中心正在加紧建设，围绕三一海洋重工研究院等构筑高端科技研发平台，已建成2家省级企业技术中心，11家市级重点企业技术中心，3家市级工程技术研究开发中心，建成区级创业孵化基地2家。

【生态环保】 2013年，珠海经开区辖区南水镇3个社区、4个行政村及平沙镇9个社区成功创建市级生态示范村（社区），两镇达到市级生态村（社区）的比例均超过80%。完成4万平方米山体复绿，建设生态景观林带6000亩。南水公园主体工程、高栏港大道延长段道路绿化工程、南虎湖项目园林绿化工程、装备区道路绿化工程顺利完成，新增绿化面积92万平方米。建成供热管道19公里，26家企业使用集中供热；实施清洁空气行动计划暨天更蓝工程、南粤水更清行动计划，完成珠海电厂和金湾电厂4个机组脱硫及脱硝工程。南水污水处理厂升级改造、平沙水质净化厂升级改造工程加快建设。

【城市建设】 通过发行企业债券、股权融资、项目贷款等多种举措，完成融资43.5亿元，完成政府基础设施投资约26.12亿元，填海造地面积约3平方公里，完成港区规划展示厅、中海油陆上终端110KV电缆线路工程、公共管廊B段以及园区一批市政基础设施建设。平沙新城建设加快推进，委托英国阿特金斯公司编制平沙新城交通规划、平沙湖景区概念规划、航道及水系规划、中心城市片区规划，起步区一期工程主干道立新路、扬帆路路基填土工程加快推进，次干道路铭恩路、文楼路、傍德路、邻善路动工建设，二期工程平海路等7条市政道路计划动工。

【社会事业】 2013年，全年涉及民生投入7.5亿元，实施了改危安居工程、农村环境综合整治，建成农村“三资”监管平台，实施“一村一品”战略，大力发展台创园旅游观光型特色农业和华侨农场文化，大力支持村（社区）通过发展第三产业增强集体经济实力。完善全区中小学校10项重点基础设施建设，与市人民医院合作共建高栏港医院，15家规范化、标准化农村卫生服务站全部投入使用。启动宝镜湾摩崖石刻保护工程，“南水数码影院”（第二期）建设基本完成，推进飞沙、高栏等5个村居文体活动中心建设。城镇新增就业岗位、城镇下岗失业人员再就业等指标超额完成年度任务。农渔民人均收入13288元，增长9.8%。

【机构设置】 珠海经开区目前设置的机构主要有：党政办公室、党群工作部、统筹发展局、产业发展局、建设局、财金事务局、环境保护局、安全生产监督管理局、社会工作局、人口计划生育与卫生局、海洋和农渔局、综治信访维稳办公室、城市监督管理局以及规划分局、国土分局等。

珠海经济技术开发区主要经济综合指标一览表

项目		单位	2012年	2013年	增减（%）
开发区生产总值		亿元	170.65	190.77	11
第二产业		亿元	134.84	152.51	12.3
工业		亿元	131.17	147.27	11.6
第三产业		亿元	32.03	34.20	4.9
工业总产值（现价）（规模以上）		亿元	625.72	683.85	9.3
高新技术企业（规模以上）		亿元	86.97	75.56	19.1
销售（营业）收入		亿元			
工业（规模以上）		亿元	624.75	698.28	11.77
利润总额		亿元			
工业（规模以上）		亿元	10.45	18.51	77.13
区内主导产业及产值（规模以上）					
主导产业	1. 石油化工	亿元	328.13	336.31	2.49
	2. 钢铁制造	亿元	86.47	94.79	9.62
	3. 电力生产	亿元	71.98	71.04	-1.31
	4. 海洋装备制造	亿元	11.92	15.32	28.52
	5. 游艇制造	亿元	10.75	13.11	21.95
进出口总额		亿美元	69.20	73.22	5.82
出口		亿美元	22.59	25.04	10.86
财政收入		亿元	15.8054	18.4161	14.8
税收收入		亿元	10.6216	12.2029	14.9
财政支出		亿元	16.4573	18.4627	12.2
合同外资金额		亿美元	4.67	5.90	26.45
外商实际投资		亿美元	3.68	4.11	11.64
固定资产投资		亿元	129.5	163.25	26.05
年末从业人员数		个	55085	54121	-1.75
在岗职工数		个	53590	52877	-1.33
规模以上企业个数		个	170	175	2.9
工业		个	122	126	3.28

（珠海经济技术开发区管委会）

六安经济技术开发区

【经济发展】 2013年，六安经济技术开发区（以下简称“六安开发区”）实现地区生产总值54.4亿元，占全市总量的5.4%，其中：完成全社会固定资产投入53.7亿元，占全市总量的6.4%，同比增长9.7%，其中工业项目完成投入41.5亿元，占全市总量的10.1%，同比增长12.5%；完成财政收入11.13亿元，占全市总量的8.7%，同比增长15.8%，总量位于全市第四；利用外资达到2343万美元，占全市总量的7.7%，同比增长38.5%，总量位于全市第四、增幅第一；进出口总额实现9540万美元，占全市总量的11.9%；社会消费品零售总额16.8亿元，占全市总量的3.9%，同比增长16.8%。

【工业产业发展】 2013年，全区实现规模工业总产值149.3亿元，同比增长17%；规模工业增加值39亿元，占全市总量的9.5%，同比增长16.1%，增幅列全市第二。

【科技创新】 2013年，全区高新技术企业达到15家，实现工业总产值44.9亿元，净利润36.1亿元。研发费用支出3.6亿元，占总产值的8%。省级创新型企业2家、省级工程技术研究中心3家，省级企业技术中心6家、市级工程技术中心7家，市级知识产权优势企业5家、市级创新型企业3家、省级高新技术产品90个。2013年全区申请专利564件，其中发明专利136件；授权专利424件，同比增长47.7%，其中发明专利21件。获得安徽名牌14个，六安名牌17个，六安市政府质量奖3家。新增国家级高新技术企业1家，省级高新技术产品36个，博微长安荣获“国家认定企业技术中心”称号。

【招商引资】 2013年引进新项目28个，其中1亿~5亿元项目11个，5亿元以上项目2个，总部经济项目11个；境内到位资金72.5亿元。投资10.8亿元的纺机农机产业园、2.2亿元的汉康物联网产业园以及耐圣卡兰环保成套设备、巨鑫塑胶等一批前瞻性强、科技含量高、产业带动性好的项目签约入区，完善了产业链条。

【投资融资建设】 全年财政预算安排2.3亿元，土地出让收入8.5亿元，争取保障房专项资金7208万元，金融机构融资3亿元，清收各类欠款7422万元；做好土地“双清”工作，清理闲置土地24宗1757.5亩，清收土地出让金1.3亿元，保障基础设施建设资金需求。总投资4亿元的基础设施BT项目正式启动。

【人才建设】 2013年，园区从业人员3.5万人，其中，具有大专以上学历人员1.09万人，占总数的31%；具有中高级职称人员1050人，占总数的3%；科技人员3500人，占总数的10%。建立博士后科研工作站4个。全区每年对人才工作的经费投入达到上一年GDP总额的0.5‰以上。

【社会事业】 全年民生类财政总支出4.3亿元，占财政总支出的90.9%，其中14项民生工程和19项惠农补贴投入4266万元。扎实推进居民收入倍增规划，城镇居民人均可支配收入21275元，农民人均收入7430元，同比增长9.8%、13.7%。城乡居民养老保险基本实现全覆盖。新农合参合率达99.5%，兑付补偿金1339万元。百胜社区城市生活e站顺利通过省级验收并授牌，成功创建市级示范社区。皋城中学和皋陶学校实现联合办学，新建社区卫生服务中心投入使用，积极创建省级示范中心，“双创”工作取得实效，城区面貌大幅改观。加强依法行政工作和法治政府建设，同步推进工会、共青团、妇联等工作，确保全区社会和谐稳定。

【管理与服务】 继续实行定期调度制、绿色通道制、限时办结制、计划倒排制和审批代办制，一岗双责，责任到人。新组建安商协调服务工作办公室，由各相关部门明确一名副科级干部组成，实行“大安商”服务机制，统一调度，部门联动，合力解决项目推进过程中存在的问题，全力以赴推动项目早开工、早建设、早投产。

【机构设置与管委会领导】 六安开发区机构设置为：六安开发区工委管委为六安市委市政府派出机构，内设职能局室7个：工委管委办公室、经贸发展局、财政局、国土资源分局、规划建设环保局、社会发展局、招商局。

工委管委领导班子组成人员包括：工委副书记、管委会副主任夏伦平，工委委员、管委会副主任熊伟，工委委员、纪工委书记吴卫平，工委委员、管委会副主任闫浩滨，管委会副主任潘攀，工委委员、管委会副主任张成刚，工委委员、工委管委办公室主任王燊。

六安经济技术开发区主要经济综合指标一览表

项　　目	单位	2012年	2013年	增减（%）
工业总产值（现价）	亿元	175.8	187.9	6.88
高新技术企业	亿元	32.3	44.9	39.11
销售（营业）收入	亿元	187.1	215.2	15.04
第二产业	亿元	118.5	141.2	7.66
工业	亿元	115.2	137.5	19.45
第三产业	亿元	68.6	77.7	13.27
利润总额	亿元	12.2	13.9	14.21
第二产业	亿元	4.4	5.3	20.45
工业	亿元	4.3	5.2	21.24
区内主导产业及产值	亿元	172	215	25
第三产业	亿元	23	28	21.73
进出口总额	亿元	7.1412	6.2134	-12.99
出口	亿元	6.6375	5.6097	-15.48
财政收入	亿元	9.61	11.13	15.83
税收收入	亿元	3.5	4.06	15.77
财政支出	亿元	4.2535	4.6891	10.2
新批企业个数	个		173	

续表

项　　目		单位	2012 年	2013 年	增减（%）
外商及港澳台企业		个		1	
内资企业		个		172	
新批企业投资额	外商及港澳台企业	亿美元		0.2367	
	内资企业	亿元		72.5	
合同外资金额		亿美元		0.8548	
外商实际投资		亿美元	0.1818	0.2367	30.2
固定资产投资		亿元	48.9	53.7	9.7
年末从业人员数		个	35900	38000	5.85
在岗职工数		个	34000	37500	10.3
在岗职工平均工资		元	30574	32684	6.9
工业		个	70	82	17.1

（六安经济技术开发区管委会）

宁国经济技术开发区

【区情概况】 宁国经济技术开发区（以下简称“宁国开发区”）2000年12月经省政府批准成立，2013年3月2日，经国务院批准，升级为国家级经济技术开发区。经过十余年发展，开发区已形成“一区三园一拓展”发展格局，中远期规划面积55.2平方公里。截至2013年底，园区注册企业1189家，工业企业685家，规模以上工业企业180家，亿元级企业52家，高新技术企业46家，上市企业4家。

【经济发展】 2013年，宁国开发区地区生产总值117.9亿元，同比增长21.4%；第二产业增加值96.7亿元，同比增长19.6%；第三产业增加值21.1亿元，同比增长30.3%；财政收入15.2亿元，同比增长15.9%；税收收入13.6亿元，同比增长17.2%；全区经营收入383.8亿元，同比增长24.2%；进出口额5.9亿美元，同比增长27.1%；固定资产投资90.5亿元，同比增长23.3%。

【工业产业发展】 2013年，宁国开发区突显工业经济主体地位，扶优扶强、持续创新，保持良好的工业经济发展态势。2013年全年工业总产值351.7亿元，同比增长21.9%；工业增加值为93.2亿元，同比增长19.6%；规模以上工业增加值为89.8亿元，同比增长20.4%。开发区汽车零部件、耐磨铸件、电子元器件三大主导产业完成规模以上工业产值242.58亿元，同比增长18.26%，占全区规模以上工业产值的72.4%，其中汽车零部件产业成为开发区首个“百亿元产业”。电子信息、节能建材与新能源应用、生物医药等处于发展初期的三大新兴产业共实现规上工业总产值113.0亿元，同比增长13.8%，占全区规模以上工业总产值比重达33.7%。

【科技创新】 2013年，在“百企升级”行动的带动下，科技创新能力持续增强，全年新增授权专利492件，总数达2375件；新增高新技术企业10家，总数达46家；新增高新技术产品65件，总数达250件；新增保隆、东方碾磨2家省创新型试点企业，总数达8家；新增安泽电工、飞鹰2家省级企业技术中心，总数达16家；瑞泰科技不定形与功能耐火材料工程技术研究中心新增为省级工程技术研究中心，总数达5家；新增詹氏食品省级博士后工作站1家，总数达3家；新增司尔特、安泽电工2家省级两化融合示范企业，总数达到6家。同时，“詹氏”被认定为中国驰名商标，总数达6件；新增安徽省名牌产品6件，总数达39件。

【招商引资】 2013年，宁国开发区完成签约项目39个、开工项目58个、投产项目35个，其中，保隆公司空气弹簧内高压成型项目、香港三鑫航空用高强力输送带、美国AMI公司汽车零部件、拜尔集团纸面石膏板、万佳石膏板等项目成功签约，远航科技、龙驰科技、泰顺设备、伽宝真空等项目开工建设，金瑞电子、源光电器、安泽电工、新宁装备、保隆气门嘴和平衡块等项目建成投产。2013年，全区进出口总额5.9亿美元，同比增长27.1%；新批内资企业196家，同比增长

34.2%；新批内资企业注册资本6.5亿元。

【投融资建设】 2013年，宁国开发区通过已建基础设施、优质企业转贷、产业集群企业联保贷款等多种方式，新增融资10亿元，其中项目贷款5.8亿元，企业转贷2.3亿元。

【生态环保】 培育了一批以华普建材、惠云塑木等为代表，以资源节约型、清洁生产型为导向的环保节能新型产业。华普建材经过技术工艺创新设计，在生产过程中实现100%的水循环再利用率，并大量利用工业固废及地方性废弃资源生产新型建材产品，每年可节约用水近15.2万吨，综合利用各类工业固废近10万吨；惠云塑木利用废弃农作物秸秆（稻草秆、油菜秆、棉花秆等）和壳类（山核桃壳、笋壳、板栗包）进行粉碎加工，研成粉末，替代木粉，加工合成为环保新型塑木型材。以凤形耐磨为代表的耐磨铸件产业采用先进的节能铸造工艺和装备，将能源由冲天炉燃煤改为电能，然后向天然气转型，年节能2.82万吨标准煤。司尔特肥业开创了废弃余热发电、废水循环利用、废渣提炼铁粉、磷石膏制造建材板及土壤调理剂等新产品的循环经济发展模式，利用硫酸生产过程产生的余热进行发电并网，每年发电量为4800万千瓦时，同时对副产品80万吨/年的磷石膏进行综合利用，用于石膏板的生产，解决对环境的污染。

【管理与服务】 服务效能进一步提升，2013年，开发区全面推行“帮办联络制”、“一线工作法”、“一站式服务”，每个部门指定帮办联络员负责帮办服务，选派了部分工作人员进入各园区办公室从事一线工作。投资服务中心大楼正式启用，工商、国税、地税、项目服务、招商等部门入驻办公，并在一楼大厅设置服务窗口，为企业提供一站式服务。

【人才建设】 截止2013年底，开发区共拥有省级以上企业科研机构25家，其中国家级企业技术中心1家，省级企业技术中心15家，省级工程技术研究中心5家，国家级博士后科研工作站1家，省级博士后科研工作站2家，省级重点实验室1家；创新型（试点）企业8家，其中国家级创新型企业1家，省级创新型企业4家，省级创新型（试点）企业3家，园区企业与40多家高校建立了产学研合作关系。2013年，宁国开发区与合肥工业大学、安徽大学、西安电子科技大学等十余所高校签订了合作协议，建立“大学生教育实践基地”。出台《宁国经济技术开发区中长期人才发展规划纲要》、《宁国经济技术开发区高级管理人才培训实施方案》，举办“浙江大学·宁国经济技术开发区创新升级与人才强区高级研修班”。投资1.2亿元建设松岭人才社区，其中学士苑已于2013年7月正式投入使用。

【社会事业】 搭建就业服务平台，破解企业用工难题。2013年，开发区通过为企业免费发布用工信息、组织企业参加大型招聘会、赴中西部地区和大中专院校开展专题招聘等形式，累计解决企业用工四千余人。

【机构设置与管委会领导】 机构设置：宁国市委、市政府设立了开发区党工委和开发区管委会（副县级），对开发区进行统一领导和管理，开发区共设立“一室四局一中心”六个正科级机构（即党政办公室、财政局、建设局、经济发展局、社会事业局、投资服务中心）和三个副科级机构（即房屋征收管理办公室、武装部、总工会），各园区分别设立园区办公室。

管委会领导班子成员包括：管委会主任张永强，党工委书记、管委会副主任王炳根，管委会副主任俞丽俊，管委会副主任、投资服务中心主任奚修维，纪工委书记余小平，管委会副主任周文革，管委会副主任梅长顺，宁国市招商局局长、管委会副主任汪伟平。

宁国经济技术开发区主要经济综合指标一览表

项 目		单位	2012 年	2013 年	增减（%）
开发区生产总值		亿元	97.13	117.87	21.35
第二产业		亿元	80.90	96.74	19.58
工业		亿元	77.91	93.21	19.64
第三产业		亿元	16.22	21.13	30.27
工业总产值（现价）		亿元	288.55	351.75	21.90
高新技术企业		亿元	172.75	213.42	23.54
销售（营业）收入		亿元	309.03	383.82	24.20
进出口总额		亿美元	4.68	5.94	26.92
出口		亿美元	4.09	5.38	31.54
财政收入		亿元	13.14	15.23	15.91
税收收入		亿元	11.60	13.59	17.16
新批企业个数		个	147	197	34.01
外商及港澳台企业		个	1	1	0.00
内资企业		个	146	196	34.25
新批企业投资额	外商及港澳台企业	亿美元	0.18	0.20	11.11
	内资企业	亿元	9.80	6.46	-34.08
合同外资金额		亿美元	0.07	0.08	14.29
外商实际投资		亿美元	1.25	1.45	16.00
固定资产投资		亿元	73.38	90.5	17.12
年末从业人员数		个	46232	48611	—
规模以上企业个数		个	181	241	—
其中：工业		个	129	180	—

（宁国经济技术开发区管委会）

宿迁经济技术开发区

【经济发展】 2013年，宿迁经济技术开发区（以下简称“宿迁经开区”）实现地区生产总值381.5亿元，同比增长28.6%，其中实现第二产业增加值255.2亿元，同比增长27.9%；实现第三产业增加值124.5亿元，同比增长30.5%。完成固定资产投资260.2亿元，同比增长17.4%，其中工业固定资产投资185.4亿元，同比增长18.3%。实现财政收入61.6亿元，同比增长4.1%；公共财政预算收入22.8亿元，同比增长10.5%。

【工业产业发展】 宿迁经开区实现工业增加值221.9亿元，同比增长29.0%；其中规模以上工业增加值202.0亿元，同比增长29.6%。全部规模以上工业总产值786.5亿元，同比增长29.2%；其中规模以上工业中的外商及港澳台投资工业总产值217亿元，同比增长28.9%；内资工业总产值501.2亿元，同比增长29.3%，工业经济平稳较快发展。

【园区特色】 宿迁经开区2013年1月经国务院批准升格为国家级经济技术开发区，位于宿迁中心城市南部，是宿迁市最主要的政策、资本、技术和人才高地，也是宿迁中心城市的重要板块、现代化的“南部新城”。宿迁经开区加速构建“以家电、光电为主导产业，食品、机电、轻纺为支柱产业”的“2+3”产业体系。其中，食品产业已拥有5个“国家驰名商标”旗舰型食品企业以及20多家品牌食品及配套企业。全力推进台商创业创新科技产业园东区、西区，三棵树全民科技创业园和南蔡全民科技创业园四大中小企业集聚区建设。

【科技创新】 通过建设科技公共服务平台，大量集聚创新要素，提升自主创新能力，集聚高新技术产业，园区科技创新水平持续提升。工业技术研究院投入使用，世界之窗科技园、光电研究中心等功能平台加快推进，为企业发展提供各类技术支撑。东南大学、南京工业大学等高等院校与进区企业积极开展产学研合作，为进区企业解决技术难题。42家单位设立了工程技术中心，10家企业被评为省级以上高新技术企业。专利申请量429件，专利授权量290件。

【招商引资】 签约亿元以上项目38个，合同引资额396亿元，其中10亿元以上项目20个。新批外商投资企业10个，其中工业项目7个，新批协议利用外资1.43亿美元，其中增资额为0.97亿美元。全区实际使用外资5665万美元，同比增长15.9%。全区实现进出口总额4.02亿美元，其中出口额2.14亿美元，进口额1.89亿美元。全区新批内资企业1230个，其中工业企业560个；全部注册资本73.8亿元，其中工业注册资本32.2亿元。

【投融资建设】 建立以宿迁市经济开发总公司为主、各子公司为辅的投融资平台体系，累计有国有公司17家。在融资模式上同时采取直接融资和间接融资两种方式，直接融资以发债、信托、融资租赁为主，间接融资以银行贷款为主。发行债券1支、信托3支、租赁3支；与本地和外埠的14家银行建立良好的合作关系，所融入资金全部用于道路、河道、搬迁及公用配套设施建设。在融资体制建设上采取“项目化管理、责任化推动”的管理模式，出台《宿迁市经济开发区融资管理办法》，提升融资的科学化、法制化、正规化水平。

【生态环保】 鼓励企业积极实施清洁生产，研发节约原材料和能源的新工艺，保护生态环境。完成生态工业园区创建成果现状调查及验收文本编制工作，顺利通过江苏省生态工业园区建设协调领导小组技术考核。列入江苏省第九批（含增批）强制性清洁生产名单的企业全部通过清洁生产验收。积极开展生态创建和绿色创建活动，累计创成省级生态村 1 家，市级生态乡 1 家，市级生态村 6 家，市级绿色学校 4 家。

【人才建设】 大力开展“百名专家进园区”活动，年度引进各类高层次人才 105 名。其中，引进 1 名国家千人计划专家，2 名创业类人才入选省双创计划，2 名入选江苏省博士集聚计划，7 名入选宿迁市领军人才集聚计划，6 名人才获得江苏省苏北急需人才引进补助资金，1 名人才入选江苏省“科技企业家培育工程”，6 名企业家入选首批市级科技企业家培养对象。1 月，与北京大学和中国人民大学签订了《实习基地合作协议》，为园区和优秀高校在人才等方面的合作打开通道。

【基础设施建设】 紧紧围绕“南部新城”的发展定位，全面启动实施新一轮 6 大类 33 项重点工程，不断完善产业配套和城市功能。新开工 58 条道路；台商创业创新科技产业园东区一期 30 万平方米厂房全面竣工。

【管理与服务】 优化内部运行机制，对职能相近、权责相关的部门进行优化整合。制定出台经开区三大纪律、八项规定，进一步强化作风保障。全力打造“五全服务”和“三同帮办”品牌，深入推进一对一帮办、全员帮办、离岗帮办等帮办服务制度，重点在建项目帮办人员与客商同吃、同住、同劳动，有效保证项目快速推进。深入企业开展“两找两保”调研活动，切实帮助企业解决实际问题。充分发挥 365 服务大厅功能，实行一个窗口对外、一站式办结、一条龙服务的全过程服务体系，积极营建良好的投资软环境。

【社会事业】 全面启动办学条件提升、教师队伍优化、管理机制创新、特色项目培育、教干团队强化“五大工程”，新建 1 所小学，扩建、续建 1 所中学、2 所小学，启动 3 所公办幼儿园建设。全面推进园林绿化、环卫设施、市场改造、村庄环境等综合整治活动，创卫工作取得阶段性成果。城乡居民养老保险实现全覆盖，城镇居民医疗保险参保率达到 99.5% 以上。通过技能培训、专场招聘和推荐就业等措施努力提高农民、新成长劳动力和失业人员的就业能力，全年举办各类招聘会 20 余场，为企业推荐工人 8100 余名。探索推行“扶贫扶大户，大户带贫困户”的扶贫模式，让困难群众感受到党和政府的温暖。全面开展“三管一建”社会管理创新，着力打造具有宿迁经开区特色的城市社区管理新格局。

【机构设置】 宿迁经开区党工委、管委会和开发总公司三块牌子、一套班子运作，现有内设部门 10 个：党政办公室、组织宣传部、建设局、财政局、经济发展局、政务服务中心、投资促进局、综合执法局、监察审计局、政法和社会管理办公室。

宿迁经济技术开发区主要经济综合指标一览表

项　　目	单位	2012 年	2013 年	增减（%）
开发区生产总值	亿元	296.6	381.5	28.6
第二产业	亿元	199.5	255.2	27.9
工业	亿元	172	221.9	29.0
第三产业	亿元	95.4	124.5	30.5
工业总产值（现价）	亿元	608.7	786.5	29.2

续表

项　　目		单位	2012 年	2013 年	增减（%）
高新技术企业		亿元	48.6	65.9	35.6
销售（营业）收入		亿元	1096	1410	28.6
第二产业		亿元	720.6	917.3	27.3
工业		亿元	603	775.9	28.7
第三产业		亿元	375.2	482.8	28.7
利润总额		亿元	152.3	180.2	18.3
第二产业		亿元	104.5	127.3	21.8
工业		亿元	91	111.9	23.0
区内主导产业及产值					
主导产业	1. 酒、饮料和精制茶制造业	亿元	92.5	114.9	24.2
	2. 橡胶和塑料制品业	亿元	69	83.9	21.6
	3. 纺织业	亿元	48	66	37.5
第三产业		亿元	389.3	485.1	24.6
进出口总额		亿美元	4.3472	4.023	-7.5
出口		亿美元	2.6475	2.136	-19.3
财政收入		亿元	59.2	61.7	4.2
税收收入		亿元	44.9	49.6	10.5
新批企业个数		个	825	1240	50.3
外商及港澳台企业		个	9	10	11.1
内资企业		个	816	1230	50.7
新批企业投资额	外商及港澳台企业	亿美元	2.35	1.43	-39.1
	内资企业	亿元	64.2	73.8	15.0
	增资企业	亿美元	0.0135	0.97	7085.2
合同外资金额		亿美元	2.35	1.43	-39.1
外商实际投资		亿美元	0.4889	0.5665	15.9
固定资产投资		亿元	221.6	260.2	17.4
年末从业人员数		个	77850	78120	0.3
在岗职工数		个	77850	78120	0.3
在岗职工平均工资		元	32150	35200	9.5
规模以上企业个数		个	645	715	10.9
工业		个	428	460	7.5
万元 GDP 能耗			0.1906	0.1802	-5.5

（宿迁经济技术开发区管委会）

烟台经济技术开发区

【经济发展】 2013年烟台经济技术开发区（以下简称“烟台开发区”），实现地区生产总值1204.4亿元、增长7.6%，其中第二产业实现增加值898.9亿元、第三产业291.5亿元，同比分别增长6.2%、12.3%；地方财政收入67.5亿元、增长20.7%，税收收入192.2亿元、增长12%；规模以上企业经营收入4334.1亿元、增长8.1%；完成固定资产投资535.1亿元、增长17.1%。

【工业产业发展】 全年完成工业总产值3950.5亿元、增长6.6%，规模以上工业总收入4334.1亿元、增长8.1%。经过多年培育，已形成机械制造、电子信息两大主导产业和汽车、手机、电脑、船舶、装备制造等优势产品集群，成为全国重要的汽车工业基地、电子信息产业基地和装备制造业基地，其中机械制造、电子信息两大主导产业实现主营业务收入2822亿元、利税248.5亿元。

【园区特色】 位于区内的保税港区西区是全国第一家以出口加工区和临近港口整合转型升级为特色的外向型经济园区，2013年实现工业总产值953亿元、进出口142.2亿美元，进出口总额在山东省8个海关特殊监管区域中排名第1，在全国14个保税港区中排名第2；国际综合物流园区是烟台市“十二五”规划的重点项目，集仓储、配送、商贸、会展、物流总部经济等功能于一体，2013年获评“中国物流园区投资环境50强”，并独家取得“中国最具发展潜力物流园区”称号；资源再生加工示范区是全国首家进口废物“圈区管理”园区，2013年完成工业总产值20亿元，进出口总额1亿美元；留学人员创业园区是全国最早成立的留学人员创业园之一，2013年新创办留学人员创新创业项目及高科技项目31个，累计引进海外留学人员350名、创办企业550家，注册资本16.7亿元，上市企业3家，并在全省唯一荣获“中国技术创业协会科技创业服务机构社会贡献奖”。

【科技创新】 坚持创新驱动，以富士康研发中心、现代汽车研发中心、万华研发中心和斗山机械研发中心等为核心，加快打造“研发经济长廊”，全社会研发投入39.6亿元，占GDP比重3.7%；新认定省级以上高新技术企业8家、累计达到57家，规模以上高新技术产业产值1935.1亿元；全年获得市级以上科技成果27项，其中12项被认定为国际领先（先进）水平；国内专利申请10371件，PCT国际专利申请53件。

【外经外贸】 全年进出口356.5亿美元、同比增长3.6%，其中进口149.5亿美元、出口207亿美元，同比分别增长0.6%、5.9%。新批外商投资项目40个、投资总额19亿美元、同比增长9.8%；外资增资项目26个、同比增长23.8%。新批内资企业987个、同比增长11.4%，注册资本总额85.3亿元。

【投融资建设】 以市场化理念创新融资方式，在债券市场成功发行8亿元城投企业债，并在上海证交所正式挂牌上市；协调委托第三方金融机构对国有企业发放融资产品，创新实施了10亿元结构性融资；坚持传统银行贷款不放松，合理调配用款需求和资金到位时间点，最大限度压控融资成本。

【生态环保】 全区4个重点减排项目全部通过国家环保部年度减排核查，二氧化硫、化学需氧量、氨氮排放年度削减率分别达到18.1%、3.84%、4.83%。加大环境污染整治力度，开展废气异味扰民企业专项治理活动和重点河流环境综合整治行动，被联合国环境署确定为“中国工业园区环境管理示范区”，通过国家生态工业示范园区验收，成为全国首批循环经济试点单位。

【人才建设】 全力实施“筑巢引凤”工程，与22个国家和地区的4000多名留学人员、20多个海外留学人员团体建立了联系；350名海外留学人员前来创业，19人入选国家“千人计划”，17人获聘“泰山学者”，2人入选全国留学人员创业园十大创业领军人物；全区235家企业建立研发机构，建立起50多个由院士、博士领衔的创新团队。与清华大学合作建立的“抗肿瘤蛋白质药物国家工程实验室”、与同济大学合作建立的“生物新药创制联合平台及开发基地”进展顺利。

【管理与服务】 加快推进行政审批制度改革，大力压缩审批事项和时限，探索推行并联审批等新举措，办理时限平均压缩50.95%，仅占法定时限的23.33%；开通民生服务热线，进一步完善大走访机制，深入实施文明城市提升工程、乡村生态文明建设和环境综合整治等，群众满意度进一步提升。

【社会事业】 始终把民生支出作为财政保障的首要任务，全年民生投入30.2亿元、增长17.9%，年初承诺的11件为民服务实事全部完成。新增城镇就业再就业5万余人，西区适龄居民就业率达到93.9%。养老保障水平逐步提高，基本实现全覆盖，基本养老保险征缴额居全市首位。旧村改造和安置小区建设全面提速，新开工安置小区154万平方米，旧村改造37万平方米。福莱山市民文化广场、医院和学校改扩建等重点民生工程加快推进，社区网格化建设在全市、全省创出经验。

【机构设置与工委管委领导】 工委工作部门：工委办公室、纪工委、组织部、宣传部、群工部、政法委。管委工作部门：发改经信局、投资促进局、商务局、人社局、财政局、教体局、住房建设管理局、城管环保局、交通运输局、农海局、安监局、旅游局、科技知识产权局、民政局、卫生人口计生局、公安分局、规划分局、国土分局、政务服务中心管理办、保税港区西区管理局、资源再生区管理局、物流园区管委。

工委管委领导：工委书记、管委主任王曰义，工委副书记、管委副主任刘建民，工委副书记武维刚，工委委员、组织部部长高松敏，工委委员、纪工委书记邵力波，工委委员、政法委书记吕永坤，工委委员、管委副主任苏智，工委委员、管委副主任魏东，工委委员、群工部部长谭述晓，工委委员、管委副主任于少轩，工委委员、管委副主任杨林盛，工委委员、办公室主任王培海，工委委员、管委副主任张德伟，工委委员、管委副主任于玲，工委委员、宣传部部长张华志，工委委员、国际综合物流园区管委主任范吉宏。

（烟台经济技术开发区管委会）

太原经济技术开发区

【经济发展】 2013年，太原经济技术开发区（以下简称“太原开发区”）实现规模以上工业总产值521.56亿元，同比增长18.6%；工业增加值212.47亿元，同比增长19.1%；固定资产投资完成76.12亿元，同比增长77.23%；财政总收入完成25亿元，同比增长30.2%；公共财政预算收入完成8.6亿元，同比增长42.25%；社会消费品零售总额实现18.76亿元，同比增长17%。

【产业发展】 太原开发区围绕新兴产业规模化示范区和绿色生态工业园区的发展定位，依托山西省丰富的资源优势和雄厚的技术优势，形成了国际新材料加工基地、特色鲜明的国家级装备制造业基地、省级信息产业基地、省级食品及农产品加工基地和省内最具规模的生物制药产业园区的“五大产业基地”的产业发展格局。2013年，中天信科技、阳煤化机、太重高铁轮对等一大批高新技术企业陆续建成投产；久远银海、北斗卫讯等信息产业项目，昆明卷烟、中化二建等总部基地以及江铃重汽、交科院产业化项目、宇航新能源汽车等正在加紧建设。

【园区特色】 目前，太原开发区初步形成了以煤机装备、铁路装备、重型汽车装备为主的装备制造产业，和以新能源、新材料、信息产业、生物医药等战略性新兴产业相辅的园区产业特色。2010年1月，太原经济技术开发区被国家工信部授予“装备制造（能源装备）国家新型工业化产业示范基地”；2010年9月，太原经济技术开发区被国家科技部授予“国家火炬计划煤机装备特色产业基地”；2011年1月，太原经济技术开发区被国家科技部授予“国家新材料高新技术产业化基地”。

【科技创新】 太原开发区出台《科技项目发展资金使用和管理暂行规定》，支持和鼓励入区企业做大做强。截至2013年底，全区已有21家企业通过省级高新技术企业认证，2013年全区完成高新技术企业产值76.31亿元人民币。

【招商引资】 太原开发区建立和完善了《储备项目库》、《工业项目动态管理库》、《省市区三级重点项目管理库》强化项目管理，进一步推进了全区招商引资工作机制。2013年，开工建设项目33个，总投资188.1亿；储备项目85个，总投资约1941亿元。2013年，太原经济技术开发区将总部经济及大型商贸企业作为招商工作的一个重要板块，共引进商贸企业45家，注册资金总计3.72亿元。

【生态保护】 太原开发区大力发展循环经济，积极推动工业固、液体的循环利用，已经形成了“绿色生态农业产业链”，“供热建材产业链”，“铝镁合金新型材料产业链”，“铝镁合金深加工工业污泥综合利用产业链”，“水资源循环利用链”。

【人才建设】 太原开发区于2010年10月设立了博士后科研工作站，制定出台并不断完善了博士后管理政策措施，其中包括组织领导、人员招收、项目管理、经费使用、生活保障、考核评估等方面，切实做到组织落实、制度落实、经费落实、保障落实；并设有博士后择优资助专项经费，鼓励加大对博士后研究人员的培养和使用力度，造就符合产业发展需要的高端人才；与太原理工大学和山西大学及中科院生化研究所流动站建立起长期合作机制。截至2013年，已设立3个博士后企业分站，创建1个省博士后创新创业基地，在站博士后3名，发表论文20余篇，其中5篇被SCI检索，10篇被EI检索，获得国家发明专项2项，实用新型发明专利1项。

【管理与服务】 太原开发区设立了企业服务大厅，实施并联审批，精简办事程序，缩短办事时限；实行“一个窗口受理”、“一个窗口领证”、“一个窗口收费”的一条龙服务和“首问负责制”。区经济发展局、环保局、建设局、工商分局、质监分局、土地分局、规划分局、地税局、国税局、物业服务中心等审批服务部门组成审批服务窗口，银行、人才交流中心、会计师事务所等机构为入区企业提供延伸服务。建立了外商投资审批服务中心、企业项目建设服务中心、企业运行服务中心等三大服务体系。实行“三大服务中心”例会制度。所有入区企业在办理各项行政许可和审批事项以及施工建设、生产经营中遇到问题都可以直接上报议题到“三大服务中心”，目前已有40家企业上报的130个议题都有了满意的解决方案，“三大服务中心”已成为太原经济技术开发区入区企业解决问题的终点站。

【社会事业】 太原开发区坚持统筹城乡发展，出台和落实了一系列政策办法，从政策上引导农民规模化从事养殖业以及商业、饮食等第三产业。对农村转移劳动力进行加工技能、电脑应用、绿化、服装加工、保安、锣鼓等专业培训，并安排就业。成立工程协调中心，区属农村组建工程服务队，提供土方、物流等多种服务，解决部分村民的就业和收入问题。组建成立巾帼锣鼓队，参与社会化服务，解决了200个农村家庭妇女的收入问题。启动“城中村”改造工作，建设社会主义新农村。进一步完善居民社会保障体系，全区9个农村居委会60岁以上的老年人参加了养老保险，每人每月可领取200元。全区有2851户，9228名农村居民参加了新型农村合作医疗，参合率达到100%。

【机构设置与管委会领导】 太原经济技术开发区管理委员会和中共太原经济技术开发区工作委员会分别是太原市人民政府和中共太原市委的派出机构，副厅级建制，拥有市级经济管理权限和部分行政管理权限，负责行使开发区的管理职责。行政部门主要包括：综合办公室、财政局、社会事务局、经济发展局、国土建设局、安全生产监督管理局、招商发展局、环保局、人力资源局、综合执法局、新闻宣传中心、接待办、政策研究室、投诉中心（信访局）、企业服务大厅、城中村改造办公室、北京招商办、科技创新局。管委会主要领导有管委会主任刘斌，党工委书记邵秋枫，党工委副书记邢珺淼、李春友，纪工委书记郭富有，管委会副主任包括：董良、陈曦、乔建伟。

（太原经济技术开发区管委会）

南昌经济技术开发区

【概况】 1992年6月，省委、省政府批准设立南昌经济技术开发区（以下简称“南昌经开区”）。2000年4月，经国务院批准为国家级经济技术开发区。开发区辖区面积为

158 平方公里，全区人口 30 万人。全区辖有蛟桥镇、白水湖管理处、冠山管理处“一镇两处”。2013 年以来，南昌经开区紧紧围绕全市“先进制造业的主战区、鄱湖先导区主阵地、核心增长极的主板块”这一发展定位，聚力重点难点，积极开拓进取，以转变经济发展方式为主线，以项目建设为载体，大力推进“工业立区、三产富区、功能活区”发展战略，朝着一个产业强劲、功能完善、生态宜居的“现代工业区、山水空港城”不断迈进。

【经济发展】 2013 年，全区 GDP 突破 240 亿元，工业总产值突破 800 亿元，新增规模以上工业企业户数突破 10 户，固定资产投资突破 370 亿元，财政总收入突破 36 亿元，实际利用外资突破 5 亿美元，实际利用内资突破 110 亿元，外贸出口总额突破 8 亿美元，社会消费品零售总额突破 40 亿元，一般预算性收入突破 10 亿元。实现 GDP 242.43 亿元，同比增长 12.4%，列全市第三位；完成工业总产值为 809.41 亿元，同比增长 22.22%，实现主营业务收入 770.98 亿元，同比增长 28.11%；其中规模以上工业增加值 171.49 亿元，同比增长 14.1%；完成固定资产投资 370.1 亿元，同比增长23%；完成财政总收入 36.68 亿元，增长 20.5%，实现地方公共预算收入 10.04 亿元，增长 20.4%；完成出口总额 8.61 亿美元，增长 11.11%，实际利用外资 5.14 亿美元，增长 16.97%，实际利用内资 111.27 亿元，增长 23.1%；实现社会消费品零售总额 46.88 亿元，增长 30.2%；新增规模以上工业企业 15 户，新增服务业企业 7 户。

【工业产业发展】 2013 年，汽车机电、新材料、家电、电子信息、生物医药化工、食品饮料六大主导产业实现工业产值 696.9 亿元，同比增长 20.4%，占工业总产值的比重为 86.1%。其中以百路佳、格特拉克等为主的汽车机电产业完成产值 172.19 亿元，同比增长 18.21%，占比为 21.71%；以硬质合金、江钨金世纪为主的新材料产业完成产值 164.06 亿元，同比增长 6.12%，占比为 20.69%；以立健药业、诚志股份、西林科为主的生物医药化工产业完成产值 102.1 亿元，同比增长 22.45%，占比为 12.88%；以欧菲光为主的电子信息产业完成工业产值 97.82 亿元，同比增长 95.44%，占比为 12.34；以奥克斯、海立电器为主的家电产业完成产值 91.67 亿元，同比增长 10.06%，占比为 11.56%；以润田、康师傅为主的食品饮料产业完成产值 69.06 亿元，同比增长 11.69%，占比为 8.71%。

【基础设施建设】 2013 年，大力协调推进水利项目建设，高位推动“森林城乡、花园南昌”建设。大力推进绿色进企业、绿色进单位、绿色进校园、绿色进社区、绿色进村庄等“五进”工程；扎实推进新农村建设、农村清洁工程等工作；积极稳妥地推进了采砂船切割工作，深入开展了“平价砂石”进社区活动，巩固和深化了河道采砂管理专项整治成果。

【社会事业】 成立了南昌开发区城市居民家庭经济状况核对中心；切实加强了拥军优属、退伍军人安置和慈善、老龄、残疾人、地名等工作，严格落实了退伍安置和抚恤政策措施；全面完成了社区建设规划工作，并按照规划要求调整了蛟桥镇新宇社区等 10 个社区辖区范围、设立了蛟桥镇上罗村等 14 个社区工作站、新建南天阳光社区等 6 个社区居委会正在建设筹备中。

扎实推进学前教育三年行动计划和校安工程建设。“外引内强”目标初见成效，已与南昌二中达成合作意向，“南昌二中昌北校区”已于 2013 年 7 月在原实验学校顺利挂牌，9 月份已正常开学；严格实行考核激励机制，激发了教育工作活力，提高了教师队伍专业素养；加强师生安全教育和校园周边综合整治，确保了教育系统的安全稳定；

进一步巩固和完善了新型农村合作医疗制

度；组织开展了儿童“两病”和贫困家庭重症精神病免费救治工作，加强了对全区101家医疗机构的监督管理，完成了文明创建工作，保卫二次模拟测评达到了创卫标准。

【党建工作】 认真开展党建项目化申报，推动全区基层党建工作把握规律、增强实效、创新经验、夯实基础，提升科学化水平，全年后进党组织转化比例达到93.3%。2012年全区党建项目已获得市委组织部基层办的验收肯定，市组下拨了1万元的奖励基金。2013年着力打造星级村级活动场所建设，逐步完善基层党组织学习网络建设，以村级活动场所、社区市民学校为载体，进一步夯实基层干部群众的学习基地，目前已有各类藏书10万余册。依托农村党员现代远程教育网络，定期组织党员观看各类科普及党建节目，截止日前全区已组织观看220余场4000多人次。

（南昌经济技术开发区管委会）

哈尔滨经济技术开发区

【工业产业发展】 2013年，哈尔滨经济技术开发区（以下简称“哈尔滨开发区”）全年实现地区生产总值1000亿元；实现工业总产值2000亿元；实际利用外资超过10.23亿美元。全年推进开（复）工产业项目115个，推进省重点产业项目40个，开复工项目数量和投资额均位居全市前列。装备制造、云计算、食品三大主导产业规模占工业经济的比重达60%以上，现有规模以上工业企业占哈尔滨全市规模以上工业企业总产值的50%以上。哈尔滨开发区在全国国家级经开区中的位次在2011年跻身全国前16强的基础上继续前移，综合实力和发展潜力不断增强。

【基础设施建设】 全年新开发面积8平方公里，形成了75平方公里发展空间。规划建设了“五城一区”，航空汽车城、国际数据城、国际物流城、国际动漫影视城、大学职教城载体功能日益显现，中央商务区建设稳步推进。全年投入建设资金23.1亿元，进行道路改造、配套基础设施及源头项目建设，八个专业园区基础配套基本上实现了“八通一平”。大学职教城形成了近万名在校生规模，万达城市综合体、碧桂园等重大项目的签约引进及工大会展中心等4个大型城市功能型项目陆续开工建设，城市功能得到进一步提升。首批哈南智能公共自行车投入运营，地铁1号线3期工程建设前期准备工作全部就绪。扎实推进创建全国文明城市工作，通过开展环境整治、秩序改善等“五大攻坚战”，集中治理了公共环境和公共秩序。

【管理与服务】 改革项目入区评价制度，按照精明发展意识、精确招商理念、精准服务体系、精细产业配套“四精”标准引进项目。优化项目入区审批制度，在全国首家推出入门审批“一表制”、建设审批“一图制”等审批模式基础上，成立了建设联审办公室，推行了项目服务全程代办制，设立服务企业24小时热线，推行网上“一表制”审批新模式。同时，构建了金融、信息等“九大平台”产业综合服务体系，推进金融服务平台建设，发挥融资担保公司作用，切实解决中小企业融资难问题。

【招商引资】 以哈南工业新城开局以来确定的“1234”产业发展方向为主导，以调整产业结构、转变发展方式为主攻方向，以完善城市载体功能、完善产业链条、完善配套服务体系为重点，以突出抓好重点企业和重点项目实施“定点爆破”式招商，突出龙头企业和专业园区实施“按图索骥”式招商，突出上下游产业链实施“上下通吃”式招商，突出挖掘现有区域资源、嫁接战略投资者实施“筑巢引凤”式招商引资新思路。转变招商方式，理性招商、智慧招商在实践中日臻完善，全年完成产业大招商签约项目120项，其中，投资超亿元以上项目41个，超10亿元以上项目10个，超50亿元以上项目1个，超100亿元以上项目1个。

【人才建设】 积极实施哈南人才发展战略，哈经开区获批国家级博士后科研工作站，全市首个试点动漫人才工作站建成并发挥引领作用，形成了专家引领、团队协作、梯队培养的哈南人才新格局。

【项目建设】 动漫基地完成原创动画片5000分钟，基地动漫作品质量得到显著提升。扶持亿林网络公司完成天交所挂牌，实现了黑龙江省登陆场外市场科技板块零的突破。引进3D打印技术，成立全省首家3D打印体验中心。国际数据城入驻企业持续增加，云计算产业实现了集群发展。哈尔滨广告产业园、黑龙江省数字印刷新媒体基地、哈尔滨印刷出版文化科技产业园等项目进展顺利，文化与科技融合步伐明显加快。

【新区拓展】 哈南工业新城是市委“南拓”战略的核心载体，新城2009年11月正式启动建设，总规划面积462平方公里，新城建设由哈经开区牵头推进。截至2013年末，形成了75平方公里核心发展区域，并摆满了项目；地区生产总值实现了由百亿到千亿的跨越，并成为全国五个发展最快的开发区之一，工业总产值跨过2000亿元台阶，规模以上工业总产值连续多年占到全市一半以上，综合实力得到了显著增强；新引进企业超过4000户，入区企业总数已突破8000多家，28家世界500强企业先后入区发展，外资公司占到全市一半、占全省四分之一，上市公司占全市比重达66%，占全省比重为50%；以飞机、新能源装备、绿色食品、生物、新材料、云计算为引领的战略新兴产业实现了集群发展，产值规模已占到工业总产值的20%以上，产业结构得到了不断优化；从蹒跚起步到快速发展，“中国云谷”已成为全国重要的云计算产业发展基地，动漫基地、国家级广告产业园区在全省更是独树一帜，品牌影响力得到了显著提升；在全国率先推出了入门审批“一表制”、建设审批“一图制”的基础上，又成立了建设联审办公室，实行了项目服务全程代办制，设立了企业24小时服务热线，推行了网上“一表制”审批新模式，成为了全国服务企业的新高地，发展环境得到了明显改善。目前，哈南工业新城正在全力优化产业结构、壮大主导产业集群、努力推进产城融合，为贯彻落实省委提出的打造引领龙江产业发展动车组奠定坚实基础。

【机构设置与管委会领导】 哈尔滨开发区为哈尔滨市委、市政府派出机构，设党工委和管委会，内设38个工作机构和1个直属企业。

哈尔滨市委常委、市政府党组成员、哈尔滨开发区党工委书记刘忻，哈尔滨开发区党工委副书记、管委会主任、中共平房区委书记于得志，哈尔滨开发区党工委副书记、管委会副主任、平房区政府区长王立奇，哈尔滨开发区党工委委员、管委会常务副主任石永林，哈尔滨开发区党工委委员、管委会巡视员费聿海，哈尔滨开发区党工委委员、管委会副主任魏传平，哈尔滨开发区党工委委员、管委会副主任孙铁利，哈尔滨开发区党工委委员、管委会副主任温善骋，哈尔滨开发区党工委委员、纪工委书记张君，哈尔滨开发区党工委委员、管委会副主任董继文，哈尔滨开发区党工委委员、管委会副巡视员宋五四。

（哈尔滨经济技术开发区管委会）

营口经济技术开发区

【概况】 营口经济技术开发区（以下简称“营口开发区”）是1992年经国务院批准设立的国家级经济技术开发区。行政区划是营口市鲅鱼圈区，下辖熊岳、红旗、芦屯3个镇，海星、海东、红海、望海4个办事处，43个社区居民委员会，48个自然村，面积268平方公里，户籍人口36万。

【经济发展】 2013年，实现地区生产总值520亿元，同比增长（下同）9.6%。规模以上工业增加值198.9亿元，增长11.1%。固定资产投资293亿元，增长16.2%。实际利用外资3.5亿美元，增长9.3%。外贸出口21.3亿美元，增长14%。全口径财政收入59.3亿元，增长14.7%。公共财政预算收入46.8亿元，增长10.1%。社会消费品零售总额96.1亿元，增长14.1%。城镇居民人均可支配收入26918元，增长9%。农民人均纯收入16020元，增长20.6%。

【园区特色】 健全联动机制，与营口港务集团、红运集团深入合作。成立“港区联动”工作领导小组，召开联席会议4次。设立港口物流贸易园区管理委员会，制定出台了加快港口物流贸易发展实施意见和优惠政策。8.25平方公里港口物流贸易园区控制性规划和营港路两侧高端商务区详细规划完成，港前经贸中心投入使用，成套装备交易市场主体完工，现代物流服务中心即将投入运营。认购中盐、红运待售商业地产，成立金贸实业公司，实施集中招租、统一管理、属地核算，搭建港口金融、港口交易平台。中铁物资、上海霄龙、大连良运、吉林九天等43家物流企业入驻港口物流贸易园区。

【招商引资】 中小企业园开工建设，入驻企业18家。调整望儿山服务业园区功能定位和规划布局。全年开工千万元以上项目150个，其中亿元以上项目120个，包括沈阳鼓风机、无限极生产基地等工业项目23个；万科海港城、奥斯比8号等服务业和高科技项目95个。和润粮油深加工等项目签约落户。

招商银行、广东发展银行、阜新银行等外埠银行入驻营业。金融机构本外币存款余额412亿元，增长25.08%；贷款余额557亿元，增长17.74%。全年接待国内外游客1026万人次，实现旅游收入122.3亿元。新增信义玻璃、佳拓装备、圣集包装等规模以上企业12户，新增产值4.3亿元。

营口港实现吞吐量3.2亿吨，集装箱运量530万标准箱。鞍钢鲅鱼圈新厂钢产量501万吨。华能营口电厂发电量93.5亿千瓦时。沙鲅铁路公司货物运输量5000万吨。哈大高速铁路鲅鱼圈站客运量80万人次。

【生态环保】 改善生态环境。双高两河生态经济走廊项目开工建设。推进城乡绿化工作，开展“青山、碧水、蓝天”工程。熊岳镇荣获“国家级生态镇”称号。

【基础设施建设】 完善基础设施建设。高铁广场一期投入使用。道路维修工程竣工。全域供热管线改造顺利完成，新增供热269.6万平方米。创新城市管理工作机制体制，实行网格化管理，开展环境综合整治、打击违章建筑、交通安全治理等专项活动，城市环境整体水平得到提升。

【社会事业】 主城区有线电视数字化全面完工。健全公交体系，新增公交站点36个。进一步完善120急救系统。芦屯、红旗中心幼儿园主体完工。

高质量承办十二运马拉松、沙滩排球赛事。荣获“全运会赛事承办集体一等功”、“全国群众体育先进单位”称号，被评为“国家级餐饮服务食品安全示范区”、“辽宁省示范卫生城区”。

开展管理与服务进社区试点工作、安全生产工作，健全食品药品监管体系，规范市场秩序。

举办广场文化月、望儿山母亲节、海滨温泉节等重大节庆活动。荣获“2013中国优秀民族节庆最具魅力城市奖”，市民活动中心被授予“全国人文社会科学示范基地”。

【党建工作】 开展“讲诚信、懂规矩、守纪律”主题教育实践活动。首批优秀年轻干部到基层挂职锻炼工作初见成效。开展“分类定级、进位升级”等活动，加强基层组织建设。远程教育示范广场得到中组部肯定。坚持正确舆论导向，宣传工作取得新成果。认真落实中央“八项规定”和省、市“十项规定”，加强党风廉政建设，机关作风明显转变。

【机构设置与管委会领导】 营口开发区党工委书记高作平（1月免）、王立群（1月任），副书记王立群（1月免）、王百胜、郭广东（7月任）、罗奎亮（7月任）。

营口开发区管委会主任王立群（1月免）、王百胜（1月任），常务副主任杜邦安，副主任江东、赵新明、刘方辉、牛思群、郭琳（4月任 挂职）。

（营口经济技术开发区管委会）

芜湖经济技术开发区

【概况】 芜湖经济技术开发区（以下简称“芜湖开发区”）1993年4月经国务院批准设立，规划总面积约118.28平方公里，常住和就业人口超过20万。集出口加工区、汽车电子产业园、汽车零部件出口基地、新型工业化产业示范基地、高新技术创业服务中心和外贸码头六个国家级发展平台于一体。

【经济发展】 2013年，全年实现生产总值350亿元，按可比价增长11%；实现规模以上工业企业总产值1455.6亿元，同比增长9.5%；固定资产投资259.1亿元，同比增长25.6%；实现进出口总额33亿美元；完成本级财政收入53.3亿元，同比增长15%；规模以上工业万元增加值能耗同比下降12%。

【招商引资】 围绕触控显示产业，瞄准产业链关键环节企业，开展以商招商、产业链招商，促进产业聚集；围绕大型行业协会和相关展会等活动借会招商，2013年全年组织和参加大型招商活动30余次，接待来访客商60余批次、350余人次；引导本地企业和股权投资机构合作，推动企业升级发展。促成广东顺威股份与宏明塑业合作，帮助奇瑞科技与中国兵装产业基金进行对接；盘活存量资源“零地”招商。全年共清理闲置、低效土地1237.39亩；签订“腾笼换鸟”项目4个，盘活空置厂房4.7万平方米；瞄准对土地资源依赖性小、科技含量高、经济效益好的总部经济、研发中心及三产服务等新项目，促成广东顺威股份、北京杰来特等公司来区设立区域销售总部。

【项目建设】 2013年，芜湖开发区新签约亿元以上工业项目40个，其中5亿元以上工业项目7个。新引进世界500强企业投资项目2个，国内500强企业投资项目3个，上市公司投资项目1个。新注册亿元以上内资项目24个，总投资239.6亿元，其中5亿元以上项目7个。全年实际利用内资253.1亿元，同比增长20.3%；实际利用外资5.6亿美元，同比增长12.1%，连续两年位列全省省级以上开发区第一。

【基础设施建设】 2013年，正式启动国家生态工业示范园区创建工作，由清华大学编制《经开区生态工业园区建设规划》；完成经开区土地二次开发利用规划；完成凤鸣湖周边用地整合规划方案编制；完成经开区综合展览馆布展施工图设计。截至2013年底，芜湖开发区共有公租房项目四个，总建筑面积约61万平方米，九华北路秀水江南公租房正在进行大部分主体工程建设。2013年完成6.8万平方米标准化厂房建设，目前全区已建成标准化厂房40.18万平方米。

全年投入4.85亿元，开工基础设施项目255项，完成棚户区改造656户。桥北工业园区雨污水管网改造通过综合验收，天门花园、龙山花园两个老旧小区改造完成，红星垃圾中转站已启动建设，东区临时污水处理厂正式运营，天门山污水处理厂二期建设正积极推进。

大力建设以华山路商业街为主的区级商业中心，加快推进城东万春商业街、万春财富广场和万春新苑五期建设。

【管理与服务】 通过“一周一报”等活动，全年共收集企业反映各类问题481件次，其中417件已得到解决，64件正在协调处理中；加强银企政对接，推荐富春和宏景获得民强担保公司2740万元担保贷款。支持企业通过资本市场募集资金实现跨越式发展，东旭光电非公开增发A股认购完成，共募集资金50.4多亿元；鑫科材料募集资金9.1亿元非公开增发方案获批，德豪润达公开发行8亿元公司债券获批。由信义公司发起，神剑、精诚、鑫科等上市公司参股，组建并上报待批大江银行；多次召开企业上市培训会和“新三板”培训会，协调帮助楚江集团整体上市，鼓励企业境外上市，芜湖宇业集团完成对积华生物兼并重组，信义光能控股有限公司成功在香港联交所主板上市。目前经开区培育的本土上市企业8家，其中国内上市公司共6家、海外上市公司2家。

【社会事业】 全年拨付各类资金3.8亿元，全面完成24项民生工程。目前经开区职工社会保险参保人数9.8万余人，城乡居民养老保险参保人数1.4万人，城镇居民医疗保险参保人数6.56万人；全力推进义务教育均衡发展，全面完成学前教育三年行动计划，33中、凤凰城小学等和安师大附中、附小合作办学成效明显，2013年经开区中、高考成绩取得历史性突破；坚持学前教育公、民办并举，较好满足社区居民子女入园需求。2013年度经开区被评为“安徽省社区教育示范区”。

（芜湖经济技术开发区管委会）

福清融侨经济技术开发区

【经济发展】 2013年，福清融侨经济技术开发区（以下简称“融侨开发区”）实现规模以上工业总产值714亿元，固定资产投资114亿元，进出口总额（海关口径）50.56亿美元，其中出口（海关口径）36.9亿美元，实际利用外资9382万美元，财税收入17.12亿元。

【基础设施建设】 大力推动园区基础设施建设，启动福前路南段道路及桥梁修建工程，工程造价约500多万元，年内完成主车道及桥梁建设；积极推进南部片区水、电规划建设，其中关溪河道改造金印及冠辉段工程已完工，高二支渠东岭段改造工程也完成招投标工作。

【重点项目建设】 2013年重点项目30个，总投资49.6亿元，年度计划投资9.3亿元。实际完成投资16.06亿，有29个项目均达到或者超过序时进度，总体进展顺利。其中，天瞳光学、诺希新材料、融工光学（1#厂房）、融工海洋、南少林药业技改、乾丰纺织技改、宏宇电子、安德佳技改、盛辉物流等9个项目年内投产。

【科技创新】 成立科技孵化器，引进福州大学福清研究院，设立海洋生物工程、生物质能源工程和平板显示技术等三大研发中心；深化诺希靶材与清华大学、捷联电子与福州大学、宏宇电子与江南大学、武汉纺织学院等校企合作关系，有15家企业19个科技成果项目、5个技术需求参加“6.18”科技成果对接，捷星等企业申报福清市科技计划项目11项，新金星被认定为省著名商标，新金星、星泰安、帝业、吉福粮油被认定为福州市知名商标，福融辉被认定为高新技术企业。

【生态环保】 以“三城同创”为契机，积极推进园区环境管理体系建设运行，努力提升园区整体环境水平；落实新上项目环保“三同时”制度，做到环保设施同时设计、同时施工、同时投入使用，督促企业办理环评、环保工程竣工验收等手续；加大对区内重点行业、重点企业的污染排放和水、电、气等能耗情况的日常监管力度。中心区污水已实现集中收集、集中处理，市第二污水厂正筹建中。宏路、石竹街道垃圾中转站已完成改造扩建，区内企业垃圾已实现统一处置、统一管理。

【党建工作】 2013年，全区发展新党员18名，预备党员转正14名，新吸纳入党积极分子103名，办理转接组织关系171人次，新组建华顺、亿冠晶等6个党支部，重组7个党支部（现有7个党支部和9家未成立支部的企业联合共建党组织）。区内非公企业党组织的覆盖面达79%，其中规模以上企业达100%，规模以下企业达53%。

【社会事业】 组织区内缺工企业参加2013年福清市大型招聘会，协助企业达成就业意向；为区内企业解决用工难问题，通过校企合作及劳务合作等多种方式为区内企业输送劳务人员7000多人，缓解部分企业用工短缺的问题；解决企业员工子女就学问题，对区内企业员工子女就学情况进行调查摸底，帮助200多名员工解决子女就学问题；为企业搭建相互交流平台，组织企业开展篮球、拔河、登山、歌咏、业务、舞蹈等各项文体活动，组织区内企业参加市全民健身运动会，通过搭建交流平台，丰富职工业余文化生活，增进企业间的沟通交流；重要节日以及高温时期开展对困难员工、困难党员及一线员工的慰问活动。

【机构设置与管委会领导】 融侨开发区党工委、管委会合署办公，下设办公室、财政局、国土规划建设局、经济贸易发展局、劳动人事局、党群工作部，其中劳动人事局与党群工作部是两块牌子一套人马。开发区党工委设书记一名，管委会设主任一名、副主任三名，纪工委设书记一名。

（福清融侨经济技术开发区管委会）

昆明经济技术开发区

【经济发展】 2013年，昆明经济技术开发区（以下简称“昆明开发区”）实现生产总值（GDP）256.63亿元，可比增长21%。完成地方财政收入45.58亿元，同比增长33.47%，其中，地方公共预算收入23.62亿元，同比增长42.73%。完成营业总收入1032亿元，增长17.8%。园区综合实力位居西部27家开发区第5位。规模以上工业企业实现产值492.4亿元，同比增长18.57%，实现增加值146.74亿元，可比增长17.2%。规模以上工业产品产销率为94.2%。全区60户工业企业产值达到亿元以上，亿元产值企业数比2012年增加7户。规模以上工业企业实现主营业务收入478.3亿元，同比增长17.4%。实现利税31亿元，同比增长0.1%。第三产业全年实现主营业务收入670亿，实现增加值86.4亿元，同比分别增长21%和24%。限额以上批发零售贸易和住宿餐饮业实现消费品零售总额33.45亿元，同比增长6.3%。

【招商引资】 2013年，经开区在持续推进重大产业类项目的同时，有选择地引进总部经济、金融衍生及补链配套项目，全区实际到位外资2.53亿美元，引进市外到位内资147.3亿元，分别为年度目标的101.2%和101.58%。亿元以上项目开工12个，竣工7个。

【基础设施建设】 大力推进园区市政道路、给水、供电、燃气、通讯、绿化等基础设施建设工作，不断完善园区综合配套，着力提升园区整体品质。清水片区B－1号路、信息产业基地西南片区支次路网、新加坡工业园5号路延长线等11条道路工程顺利完工，启动建设呈黄路改扩建与王家营准轨场铁路立交、320国道改扩建工程Ⅰ标等重点工程项目，对拓翔路、信息产业基地北入口道路路面、交通设施等进行综合整治和提升，完成呈黄路二标、鸿运大道等10余条道路的给水、强电、弱电及煤气配套工程。共收储土地3600.834亩，累计完成基础设施建设投资13.6亿元，建设标准厂房37.52万平方米。

【科技创新】 2013年昆明开发区财政科技投入0.55亿元，占到统计财政支出比重的2.38%，全区规模以上工业企业研发投入占企业主营业务收入比例达3.7%。高新技术企业实现产值146.9亿元，同比增长21.64%，高新技术企业产值占全区规模以上工业产值的比重达29.83%，比去年同期提高0.9个百分点。新认定高新技术企业13家，省科技小巨人企业1家，省创新型试点企业5家。专利申请和授权总量达658件。引进和培养高层次人才115名（其中博士53名）。全区企业共承担国家和省、市科技计划项目31项，累计获得科技扶持资金2620万元。云内动力等企业的50余项技术改造、新型工业化项目申报了省、市企业各类专项扶持资金，累计获得扶持资金2375万元。科技创新政策服务体系不断完善，扶持规模逐年增加，科技引领作用不断增强。

【外经外贸】 2013年，经开区继续加大外贸企业政策和资金扶持力度，并通过加快经开区公共外贸服务平台的建设和运营，创新企业服务手段，提升企业服务水平，推动和吸引大批外贸企业入驻经开区，顺利实现经开区外贸进出口平稳迈进30亿美元新台阶。2013年，经开区完成地区进出口总额59.6亿美元，同比增长178.5%，完成市政府下达经开区2013年全年目标任务的102.44%。经开区外贸进出口总额完成情况位居全市各县（市）、度假、开发区前列。

【生态环保】 2013年，昆明开发区适时启动国家生态工业示范园区创建工作，编制完成《生态工业示范园区建设规划》和《生态工业示范园区技术报告》，组织开展《生态工业园区建设与产业转型升级研究》，加快绿色发展、循环发展、低碳发展。以宝象河、马料河、洛龙河为重点的水污染综合整治工作取得较好成效。全区全年完成环保投资6.1亿元，累计完成园林绿化投资0.98亿元，新增绿地面积57.1公顷。大力推动高污染燃料禁燃工作，完善节能减排协调机制和目标责任制，全区规模以上工业万元增加值能耗同比下降6%。工业固废处置利用率达100%，四项主要污染物总量减排任务顺利完成。

【社会事业】 2013年，经开区学前教育毛入园率达100%，小学学龄儿童入学率达99.97%，巩固率达99.88%；初中阶段学龄人口入学率达99.82%，巩固率达100%；全区义务教育巩固率保持在99%以上；完成经开一中、二中、三中、四中、二小等学校校舍改扩建及修缮工程，全年累计完成教育基础设施投资2390万元。开展爱国卫生月、病媒生物防治及迎南博会环境卫生整治工作，保障全区公共卫生整洁安全。以城中村改造作为全域城市化的突破口，完成公共租赁住房300套建设任务。城中村改造开工35万平方米，竣工16万平方米，全年累计完成城中村改造投资6.7亿元。积极落实各项就业再就业优惠措施，建立健全社会保障网络，全面推进园区全域城镇化工作。制定出台《关于大力发展文化创意产业的实施意见》，初步形成了相对成熟的文化产业发展基础。加大基层公共文化设施投入力度，辖区内文化站按省级标准达极率均达100%。

【管理与服务】 2013年，经开区继续严格执行首问首办、限时办结、服务承诺、责任追究和项目推进等机制，强化对干部职工的监督管理，定期收集整理办事企业和群众对管委会经办人员评价表，及时进行整改，不断优化提升服务质量。坚持实施依法治区的基本方略，组织开展《昆明经济技术开发区条例》修订工作。深入推行政务公开制度，每月由办公室收集整理各职能部门对外公开事项，在管委会官方网站对外发布，方便区内企业、群众及时掌握经开区发展动态。完善招商引资“绿色通道”制度，树立“管理就是服务”的理念，实行并联式审批、一站式服务，加快项目引进落地速度。政府行政效率不断提升。

【党建工作】 2013年，昆明开发区圆满完成社区“两委”换届选举，各级党组织创新活力进一步增强。围绕“访民情、抓落实、办实事、强组织、谋发展、促和谐”六项任务，深入开展“四群”教育和“三深入”活动，全区各级领导干部直接联系群众4170户，协调项目21个。坚持定点挂钩帮扶与“幸福乡村”工程相结合，深入禄劝县九龙镇50个自然村、79个村民小组开展帮扶活动，落实帮扶资金332万元。完善干部选拔任用机制，不断提高选人用人的透明度和公信力。落实党风廉政建设责任制，推进惩治和预防腐败体系建设，严肃查处违纪违法案件。落实中央“八项规定”，深入开展“四风”整治，加强行政效能监督，机关、街道工作作风切实得以转变。严格执行《政府采购法》和《招投标法》，充分发挥审计的监督职能，全年累计审减工程建设资金1.4亿元。

【机构设置与管委会领导】 2014年，昆明经济技术开发区的党、政内设机构为：党政办、组织部、人力资源与社会保障局、工委工作部、纪工委、监察审计局、政策研究室、机关党委、创建办、区妇联、总工会、团工委、经济发展局、投资促进局、社会事业局、法制局（司法局）、住房和城乡建设局、监管办、环保局、拆迁安置局、城乡工作局、城市管理局（综合执法支队）、安全生产监督管理局、民政局、出口加工区管理局、城改办、食品和药品监督管理局。

2014年，昆明经济技术开发区管委会领导为：管委会主任张宁，管委会副主任谭翔浔，管委会副主任吴勇刚，党工委副书记王富昌，管委会副主任宋栋，管委会副主任孟光寿，管委会副主任李丕方，党工委副书记，纪工委书记李刚，管委会副主任杨蔚玲。

（昆明经济技术开发区管委会）

南宁经济技术开发区

【概况】 南宁国家经济技术开发区（简称“南宁经开区”）位于广西北部湾经济区核心城市——南宁市南端，是广西首个国家级经济技术开发区，占地面积504平方公里，人口25万人，代管吴圩镇，托管那洪街道、金凯街道。为优化产业布局，南宁经开区由中心区和空港经济区两大部分组成，中心区主要由金凯工业园、银凯工业园、北部湾科技园、南宁生物医药产业园、中央商住区构成，产业有生物制药、机电制造、新材料、轻工食品。打造南宁生物医药产业园将成为中心区未来的重点。空港经济区将重点引进空港物流、航空食品、轻型电子和新材料、生物制药及商业住宅配套产业。

【经济发展】 2013年，南宁经开区继续保持又好又快发展，共完成全部工业总产值415.89亿元，同比增长30%；规模以上工业增加值114.16亿元，同比增长22.5%；全社会固定资产投资142.17亿元，同比增长29.02%，其中工业投资83.58亿元，同比增长77.79%；财政收入完成21.98亿元，同比增长16.56%；社会消费品零售总额69.02亿元，同比增长14.18%；区外境内到位资金72.28亿元，同比增长9.18%；直接利用外资6350万美元，同比增长16.94%。

【基础设施建设】 2013年经开区完成基础设施投资约20.3亿元。完成了11个项目的用地平整工作，平整用地约4449亩。开工建设金阳路南段等16条道路（共12.8公里），完成了友谊路北段和10条“白改黑”道路工程，大大完善了园区路网，北部湾科技园标准厂房、金凯南总部经济大楼、北部湾科技园总部基地B区5栋大楼均即将完成竣工验收；北部湾科技园总部基地C区已开工建设。吴圩空港商贸中心有41栋已竣工。对园区金凯路、国凯大道、五象大道延长线等一批道路进行绿化亮化提升。

【管理与服务】 南宁经开区继续推行“挂牌亮照”服务，每引进一个项目都安排一名管委会领导和一个部门负责统筹推进，管委会领导全程跟踪服务项目，制定项目推进表，并定期将项目推进情况公布上墙，接受公众和督查部门的全程监督，推动各项审批手续办理工作“大提速”；继续推行“一线工作法”与企业无缝对接，第一时间帮助企业协调处理遇到的困难和问题，干部职工的工作重心由办公室转移到工地或企业，把“会场”搬到现场，由“遥控指挥”转变为“实地服务”，为企业发展提供有力保障。

【项目建设】 2013 年重大工业项目建设成果显著，全年新开工项目 11 个，总投资 15.2 亿元；续建项目 10 个，总投资 13.9 亿元；竣工投产项目 25 个，累计完成投资 27 亿元。研祥集团装备制造项目、中恒（南宁）生物医药产业基地项目实现了“当年签约、当年开工、当年建设”。

源生堂化妆品南宁生产基地项目竣工投产。源生堂化妆品南宁生产基地项目总投资额 1 亿元，建筑总面积 4.2 万平方米，日生产能力为 10 吨，产值约 5.5 亿元。南宁经开区电缆桥架和母线槽生产项目、源生堂化妆品生产基地项目（一期）等 6 个项目举行开（竣）工仪式，6 个项目总投资 11.3 亿元。南宁经开区 12 个总投资 18.9 亿元的项目集中开竣工。其中，开工项目 8 个，总投资 15.4 亿元；竣工项目 4 个，总投资 3.5 亿元。全部达产后年产值 22.2 亿元，创税 2.5 亿元。12 月 17 日上午，研祥集团装备制造项目在南宁经开区举行开工仪式。项目规划建筑面积约 50 万平方米，预计项目正式运营后将实现年产值 30 亿元以上，年税收 2 亿元以上。12 月 17 日，中恒（南宁）生物医药产业基地项目在南宁经开区开工。该项目总投资约 30 亿元，全部建成达产后实现工业年产值 100 亿元，年创税 8 亿元。

【招商引资】 2013 年共引进项目 92 个，总投资 158 亿元。其中，中国特种计算机行业龙头企业研祥集团装备制造项目总投资 30 亿元，中恒药业项目总投资 30 亿元，海王集团保健品项目总投资 21 亿元，神冠生物制药项目总投资 18 亿元，科创医药产业园项目总投资 5 亿元，“百会”药业项目总投资 3.7 亿元，柳州药业中药饮片项目总投资 2 亿元，这些项目为经开区综合竞争力的快速提升奠定了坚实基础。

【产业发展】 积极为辖区企业搭建筹融资平台，共为 15 家企业争取到贷款约 3.2 亿元。共拨付企业发展扶持金 5500 万元，组织辖区企业申报各级扶持，共有 39 个项目获得各项扶持资金 2186 万元。继续组织辖区工业企业开展生产竞赛，鼓励企业快增长、扩规模、上台阶，对完成年度任务好、完成质量高的企业给予奖励。制定了《关于鼓励高新技术企业认定及创建研究技术中心的暂行规定》等一系列鼓励企业开展技术创新、创名牌产品的政策，加快推进企业科技创新工作。2013 年新增规模以上工业企业 18 家，新增亿元企业 8 家 。

【社会事业】 开展“整洁畅通有序大行动”，在全市率先实行一路一名管委会领导负责的“路长制”。率先组建了一支“整洁畅通有序大行动”监督员队伍；开展“清洁乡村”活动，在 5 个村坡开展了清洁乡村示范点建设。加大教育基础设施投入，开工建设经开区第一小学，同时筹备建设经开区第二小学（森林假日小学）；继续开展圆梦大学行动，共资助 235 名辖区企业符合条件的青年农民工、失地农民攻读大专、本科；推进保障性安居建设；强化农村基础设施和公共服务；努力提高现代农业发展水平；努力拓宽就业渠道，举办“春风行动”招聘会；强化平安园区建设，组建了经开区巡防大队。

（南宁经济技术开发区管委会）

兰州经济技术开发区

【经济发展】 2013年，兰州经济技术开发区（以下简称“兰州经开区”）实现地区生产总值132亿元，同比增长27.28%；完成工业增加值58.5亿元，同比增长29.39%；完成销售收入325亿元，同比增长35.4%；完成固定资产投资210亿元，同比增长46.5%；完成工业固定资产投资33.6亿元，同比增长63.7%。2013年，兰州经开区将工作重点转向融合兰州新区发展，负责开发建设兰州新区机场北高新技术产业园、物流产业园和现代农业示范园等三个园区（以下简称“机场北园区”），规划总面积约38平方公里，重点发展生物医药、高新技术、物流配送、生态农业等主导产业。

【招商引资】 2013年，兰州经开区通过主要领导带队招商、招商小组驻点招商、聘请区域代表定点招商、紧盯“三个500强”定向招商等形式，不断扩大在机场北园区招商引资的覆盖面，招商引资成效显著。全年新签项目28个，总投资额359.41亿元，实现到位资金41.17亿元，其中16个项目已开工建设，完成投资38.11亿元。重点引进了科创（兰州）医药产业园、四川禾邦甘肃中药现代化产业基地、河南金汇银天兰州新区不锈钢产业园、正威集团电子信息产业园等重点项目。

【投融资建设】 2013年，兰州经开区顺利向交通银行申请2.5亿元贷款和向兰州银行申请1.5亿元贷款，并全部用于兰州新区机场北三个园区道路及项目用地的征地拆迁工作。

【项目建设】 2013年当年洽谈签约并开工建设的正威集团电子信息产业园、河南金汇银天不锈钢产业园（一期）、科创（兰州）医药产业园（一期）、兰州和盛堂高新技术产业化示范工程、上海申联医药兰州分厂、四川禾邦甘肃中药现代产业基地、人为峰药业物流中心、佛慈制药科技工业园、黑果枸杞深加工及育苗基地、“民用轻型飞机和无人直升机”研发生产基地、江西益康医疗器械物流园等项目，完成投资33.24亿元。

【基础设施建设】 2013年，兰州经开区投入9.92亿元完成了机场北园区范围内10条规划道路的测绘、地质勘察、设计及道路建设工作，其中纬三十二路、纬三十四路、纬三十路等3条道路已开工建设。

【社会事业】 2013年，兰州经开区继续深入贯彻落实甘肃省委开展“联村联户、为民富民”活动，确定一个管委会领导牵头负责一个村，两个部门联系帮扶一个村的“1+2”帮扶模式，全年联系帮扶困难群众93户，入户调研370余人次，驻村帮扶共120个工作日。共投入100万元为皋兰县彬草村、榆中县吕家岘村和永登县坪城村安装太阳能路灯共105盏，为永登县玉山村挖掘机井1口，为榆中县撒拉沟村提供价值1万余元的办公设备和4万元养殖业帮扶资金，为西固区金沟乡杨家咀村提供抗旱救灾资金2万元。

【机构设置与管委会领导】 兰州经开区为兰州市委、市政府的派出机构，副厅级建制，享有市一级的经济管理权限。经开区共设置“一办七局”8个内设机构和1个直属机构，均为副县级建制。内设机构分别为党政办公室、纪工委（监察局）、组织人事局、财政局、经济发展局、规划建设和房地产管理局、国土资源局（兰州市国土资源局经济区分局）、招商服务局，直属机构为投融资中心（兰州经开区城市建设投融资发展公司）。兰州经开区党工委书记、管委会主任严志坚，党工委副书记，纪工委书记杨盛泉，管委会副主任李胜利、王友平、马立岳、孙伟。

（兰州经济技术开发区管委会）

西宁经济技术开发区

【经济发展】 2013 年，西宁经济技术开发区（以下简称“西宁开发区”）完成地区生产总值 349.3 亿元，同比增长 23.9%，占到西宁市的 35.8%，比上年提高 2.4 个百分点；完成工业增加值 281.7 亿元，同比增长 24.8%，占到西宁市的 64%，比上年提高 3.3 个百分点；实现技工贸收入 1523.6 亿元，同比增长 29.6%；实现工业销售收入 842.3 亿元，同比增长 24%；完成地方公共财政预算收入 13.6 亿元，同比增长 24.6%。

围绕打造有色金属精深加工、特色化工、太阳能光伏制造、轻金属材料、锂电池材料及储能电池、藏毯绒纺、生物制品、中藏药产业链，全力推进重点工业项目建设，全省工业“双百”项目、重大工业技术进步项目进展顺利。全年共实施重点工业项目 132 项，完成工业项目投资 312 亿元，比上年增长 23%。制订《西宁经济技术开发区工业转型升级重大产业基地建设实施方案》，围绕四大产业基地建设目标，提出重点打造 23 个产业链，实施 337 个重点项目，建设 50 个国家级、省级技术研发平台，培育 10 户销售收入过百亿元大型企业、100 户销售收入过 10 亿元骨干企业、100 户销售收入过亿元重点企业的发展规划。

【招商引资】 积极引进关联配套项目，大力开展产业链招商，引进光伏逆变器、石英坩埚、光纤预制棒、机织地毯、纺纱针织、枸杞深加工、高端铝合金等一批产业链延伸项目。全年招商引资实际到位资金达到 344.4 亿元，比上年增长 22%。“青洽会” 签约项目 20 个，合同引资额达 278.5 亿元。加大项目前期工作力度，谋划提出了 152 个前期工业项目，截至 2013 年底开发区项目库有 338 个招商项目，总投资规模达 1650 亿元。向科技部申报的“青藏高原特色生物资源和中藏药产业集群项目” 被列入国家创新型产业集群试点。

【投融资建设】 进一步创新开发区融资模式，优化开发区投资控股集团公司、园区开发建设公司资产和负债结构，创新开发区天城担保公司、小额贷款公司、土地储备中心的运营管理，加大在资本市场直接融资的力度。2013 年开发区投资控股集团公司成功发行公司债券 6 亿元、短期融资券 12 亿元，实现在资本市场直接融资的重大突破。

【基础设施建设】 加快园区新建区域的供水、供电、供气、道路等基础设施项目建设，园区工业复合体厂房、创业园、公租房、亮化美化等配套工程进展顺利。园区日供电能力达到 718.8 千伏安，比上年增加 155.6 千伏安；供水能力达到 10.74 万吨/日，比上年增加 1.14 万吨/日；供气能力达到 622 万立方米/日，比上年增加 50 万立方米/日，项目承载能力和生产配套能力不断增强。

【党建工作】 深入开展党的群众路线教

育实践活动，扎实开展“四风”整治活动，认真组织召开班子民主生活会，群众满意度测评均达到98%以上。指导园区非公企业组建党组织13个，创建省级非公经济组织党建示范点8个、标准化党建阵地10个，新组建企业工会组织59家，签订工资集体协商合同182家，为2个党政军企建设示范村筹措资金200余万元，积极开展“送温暖活动”为困难群众捐款17.6万元，开发区获得2013年青海省“党政军企共建示范村先进共建单位”和省级文明单位称号。

【管委会领导】 西宁市委常委、西宁经济技术开发区党工委常务副书记、管委会常务副主任姚琳，西宁经济技术开发区党工委副书记、纪工委书记吕品，西宁经济技术开发区党工委委员、管委会副主任郭天明。

（西宁经济技术开发区管委会）

厦门海沧台商投资区

【经济发展】 2013年，厦门海沧台商投资区（以下简称“海沧区”）坚持转型升级、统筹协调、发挥优势、引资引智，经济平稳较快发展。全年实现地区生产总值424.5亿元，增长10.1%（增速按厦门市统计局核定数）；工业总产值1023.4亿元，增长10.2%；全社会固定资产投资243.37亿元，增长13.8%；全区财政总收入140亿元，增长12.7%，区级财政总收入71.3亿元，增长18.6%，区级财政收入27.36亿元，增长17.5%；合同利用外资2.66亿美元，增长42.4%；实际利用外资1.57亿美元，增长169.8%。农民人均纯收入18552元，连续8年居全省第一。

【产业发展】 2013年完成工业总产值1023.4亿元。万泰沧海、艾德生物、大博医疗等项目扎实推进，长鸿光电等14个项目投产。中储粮产业园、IOI棕榈油深加工等项目有序推进。引进泛亚班拿－博格步亚太物流分拨中心。生物医药产业产值突破100亿元，生物医药港19栋通用厂房建成投用。厦门化学创新药研发平台项目获得市重大平台立项，开展丙型肝炎病毒分型治疗、长效干扰素等首创研究。积极培育信息消费和数字产业，推进“智慧城区”建设。厦门住宅产业现代化示范园区被列为省重点项目。扶持阿罗海、乐海等商圈发展，打造石油、汽车、红酒等专业市场，石油交易中心交易总额突破950亿元。泰地万豪、正元希尔顿等星级酒店项目顺利实施。推动玛瑙、油画等文创产业精细化发展。

【基础设施】 开展嵩鼓码头片区前期策划，开通嵩鼓轮渡航线。核心港区建设提速，东南国际航运中心总部大厦、远海自动化码头进展顺利，11#泊位泰地码头开工建设，20#、21#码头岸壁工程启动建设，集疏运体系建设加紧实施。着力完善港区集疏运体系，港中路西段建成通车，芦澳路北段具备通车条件，海沧海底隧道海沧端接线工程、324国道市政化改造等重大疏港交通项目建设先后于2013年2月、5月开工建设。东南国际铁路物流中心建设加快。新开通4条国际航线，全球最大的集装箱船舶首次靠泊海沧港。全年完成货物吞吐量5993万吨，增长31.68%；集装箱381万标箱，增长20.07%。

【招商引资】 2013年，共引进外资项目

62 个，总投资 13.46 亿美元，比增 146.6%；合同外资 2.66 亿美元，完成 106.4%，比增 42.4%；实际到资 1.57 亿美元，完成 104.8%，比增 169.8%；引进注册资金 50 万元以上的内资项目 963 个，资金总额约 62.2 亿元，完成 120%，比增 13.1%。全年引进台商投资项目数、新增总投资、合同利用台资分别比 2012 年增长 62%、143%、61%。其中，包括长鸿光电、德必碁生技等台湾百大企业和上市公司。先后承办美国药物信息协会（DIA）中国顾问委员会海沧会议、第四届国际体外诊断产业高峰论坛。引进三九医药、美商药业、瀚志生物、百美特、德必碁、柯尼卡医用胶片等知名生物医药企业；“9.8”期间共对接签约项目 120 个，总投资额 474 亿元。全省民企对接会，共对接合同项目 34 个，总投资 216.62 亿元。

【科技创新】 2013 年，共实施 4 批 154 个科技计划项目，投入科技资金 8572.937 万元，主要有厦门大博颖精医疗器械有限公司骨科内植入物及器械生产线技改、英科新创（厦门）科技有限公司承担的“丙氨酸氨基转移酶测试试条”及“易捷 QS－B 血糖测试系统”、厦门艾德生物医药科技有限公司承担的肿瘤个体化诊断系列试剂产品的研制及产业化、福建安井食品股份有限公司承担的“传统鱼皮饺类产品的改良研究与产业化”等项目；2013 年全区生物医药企业 147 家，实现工业产值 103 亿元，其中规模以上企业 32 家，实现工业总产值 98.75 亿元，增长 5.3%。专利申请量 1238 件，其中发明 250 件，实用新型 676 件，外观设计 312 件；专利授权量 1155 件，其中发明 129 件，实用新型 716 件，外观设计 310 件；共受理国际、国内发明 166 件，补助金额 102.5 万元。截至 12 月底，海沧区经认定且资格有效的高新技术企业为 85 家；其中，生物与新医药 15 家、电子信息技术领域 10 家、高技术服务业 2 家、高新技术改造传统产业领域 18 家、新材料技术领域 28 家、新能源与节能技术领域 3 家、资源与环境技术领域 9 家。高新技术领域 81 家规模以上工业企业实现产值 613.91 亿元，占全区工业规模以上产值（998.4 亿元）的 61.49%，同比增长 9.7%，其中 64 家高新技术企业完成产值 331.88 亿元。

【人才建设】 2013 年，出台教育、卫生、文化、社工四个人才专项规划及引进办法，形成“1＋7”人才政策体系。率先组建 26 人招才引智联络员队伍，继续实施“以会引才”，先后承办两场生物医药峰会，吸引 1000 多名专家、企业家汇聚海沧；持续推进“百名博士俱乐部”活动、组建全市首个生物医药企业 HR 联盟，全年累计投入人才经费 8000 多万元、协助人才申请到位市级扶持资金 2050 万元，新引进生物医药类国家“千人计划”专家 2 人、“长江学者”2 人，福建省“百人计划”14 人和厦门市“双百计划”19 人，提前完成《海沧区人才发展五年规划》提出的引才任务。

【政策发布】 出台《鼓励在海沧保税港区开展保税物流业务的意见》、《鼓励发展航运业的意见》、《鼓励在海沧保税港区开展融资租赁业务的意见》等文件。

【对台交流】 加强与台湾药技中心等行业协会和光电、生物医药企业对接联络，台商新投资、增资项目 17 个，合同利用台资 7115 万美元。日月谷二期顺利推进，海峡两岸中医药博物馆启动建设。与市台商协会签署合作共建协议。举办第六届海峡两岸保生慈济文化旅游节，完成拍摄《神医大道公前传》。支持长庚医院与社区互设实践基地，打造“台胞义工志愿行”品牌，支持台胞参与社区管理与共同缔造，全市首位台胞当选小区业委会主任。

【管理与服务】 推动“美丽厦门共同缔造”各类项目、活动，直接参与群众超 20 万人次，形成“纵向到底、横向到边、纵横交错”的社会治理新体系。首创公共公务自行车集成系统、三级便民服务体系、三级网格化综合信息平台、无围墙政府等品牌项目。率先全省在社区构筑“四民家园”作为自治孵化器，打造“网格化·微自治”等自治平台，各村（居）成立乡贤理事会、广场舞之家等社会组织60个。率先全省开展群众路线教育实践先行活动，扎实推进效廉建设，加强审计监督和行政监督，机关效能建设和纠风工作取得实效。建成全省空间最大、服务最全的区级“5+1”政务综合体，入围“中国地方政府创新奖”。行政审批时限压缩至法定时限的34.4%，“马上办结”超过70%。推动简政放权，向街（镇）下放审批服务事项85项。强化政府信息公开，政府工作透明度不断提高。在全市率先建立“三公”经费预警机制，全区“三公”经费下降25.1%。

【社会事业】 文明城区创建获得全省第二名，建成岛外首条、全市最长绿道——天竺山绿道，彩虹公园二期、廉政文化公园建成投用。完成悦实商业广场改造提升和滨湖北路、324国道等道路景观综合整治。省级生态区创建通过省环保厅验收。通过义务教育发展基本均衡区国家评估验收，符合条件新厦门人子女、民办小学在籍毕业生全部就读公办学校。推动双十中学海沧附校、体育中心小学、北师大附属小学建设，成为全省唯一承担教育部学前教育体制改革试点区。通过国家公共文化服务体系示范区验收，建成非物质文化遗产展厅。加速推进体育中心二期、东孚文体中心建设，启动海沧医院二期建设，率先全市获评省级社区中医药工作先进区。获评全国科技进步先进区、实施妇女儿童发展纲要省级示范单位。发放各类促进就业和民生保障补贴8250万元，比2012年增长57.3%。开展千户低保结对帮扶“朝阳行动”，办好整体化防控体系建设、老年大学装修改造等16项为民办实事项目。

【机构设置与管委会领导】 2003年厦门市行政区划调整，设立海沧区，保留厦门海沧台商投资区党工委、管委会，继续履行开发建设职能，管委会下设经济贸易发展局与建设局两个职能部门，主要负责招商引资、企业服务、基础配套等工作。2012年设立厦门海沧保税港区管理委员会，为福建省人民政府的派出机构，委托厦门市人民政府管理。海沧区领导成员有：党工委书记郑云峰，党工委副书记、管委会主任李伟华，党工委副书记黄锦坤，党工委委员、管委会副主任周威榕、张善美、吴顺彬，党工委委员、纪工委书记江根云。

（厦门海沧台商投资区管委会）

沧州临港经济技术开发区

【经济发展】 2013年，沧州临港经济技术开发区（以下简称“临港开发区”）全年完成地区生产总值123.69亿元，同比增长0.18%；完成工业总产值588.81亿元，同比增长14.2%；实现工业销售收入564.89亿元，同比增长13.76%；固定资产投资突破301.52亿元大关，同比增长18.57%；实际利用外资9919万美元，同比增长4.99%。年内，先后被评为国家循环化改造示范试点园区、国家新型工业化产业示范基地、中国化工园区20强、最具投资价值开发区等称号。已有5家世界500强企业落户临港开发区。

【项目建设】 2013年，临港开发区在建和新开工项目31个，年内竣工亿元以上项目4个，在谈项目33个，拟开工项目22个，以上四项总投资共计1153.5亿元。在建和新开工项目共计31个，总投资156亿元。其中，30亿元以上项目2个，包括山西阳煤集团正元化肥投资38亿元的60万吨合成氨80万吨尿素项目、香港华润集团投资33.6亿元的2×350MW热电联产项目。10亿元以上项目2个，包括冀中能源集团金牛化工投资19.4亿元的40万吨PVC及配套工程项目、大连瑞克投资15亿元的2万吨/年新能源催化剂项目。亿元以上项目19个，年内竣工亿元以上项目3个，总投资约30亿元。在谈项目共计33个，总投资830亿元。其中，百亿元以上项目1个，为投资600亿元的中阿石化产业园项目；60亿元以上项目1个，石家庄诚信有限责任公司投资65亿元的沧州渤海新区循环经济百亿产业园项目；20亿元以上项目3个，中国化工集团沧州大化聚海分公司投资27亿元的15万吨/年TDI项目、河北中成新型建材有限公司投资25亿元的200万吨/年水泥粉磨生产线及物流园项目、邢台矿业集团投资23亿元的氢氧化钾项目；10亿元以上项目3个；亿元以上项目24个。

【投资环境】 建设标准化厂房，该项目建设投资1.75亿元，总建筑面积75000平方米。建设生物医药产业园区，重点发展：生物技术药物、小分子药物、现代中药、新型疫苗药物、孵化中心、实验室等项目。谋划建设欧洲工业园、美国工业园、日本工业园等区中园项目。持续改善投资软环境，形成“三、四、五”三个特色服务体系。一是“三个一”全过程跟踪服务。建立起“直通直达服务制度”。让入区项目享受“一个项目、一位分管领导、一个跟踪服务小组”全过程跟踪服务。简化办事手续，缩短办事流程，通过采取项目代办、协办、包办的做法，全力推动早促批、早落地、早建成。二是“四个满意”。让来办事人员对招商工作人员的工作作风满意、业务水平满意、办事效率满意和廉洁自律满意。三是“五个不让”。即“不让工作在我手中积压，不让差错在我这里发生，不让来办事的人员在我这里受到冷落，不让不正之风在我身上出现，不让开发区形象在我这里受到损害。”

【新兴产业发展】 5月28日被工信部评为“国家新型工业化产业示范基地”。11月25日，被环保部确定为全国第一批6个大气环境风险预警体系建设试点之一。11月1日，成立首家院士工作站，并与天津大学化工学院建立产学研基地。11月2日，与北京大学区域经济协会联合创办全国首个区域科学研究基地。根据《沧州临港经济技术开发区循环化改造示范试点实施方案》，临港开发区共有循环化改造重点支撑项目21个，总投资252亿元。其中国家资金支持项目11个，涉及14家投资主体的15个小项目，总投资18.92亿元。开工建设的项目有11个。西区集中供热中心投入使用，区内23台小锅炉将全部限期拆除，预计每年可减少二氧化硫排放276吨，减少氮氧化物排放115吨。

【社会事业】 先后为周边村队打机井实现机井灌溉全覆盖；引黄河水入村，解决村民饮用水问题；由村民和开发区环保安监工作人员组成联合督查小组，督查企业环保问题；发放调研问卷，细致了解村民需求，完善提高工作实效。与沧州市南留舍村形成帮扶对子单位，采取多项措施，派驻扶贫干部进村，与村“两委”干部沟通联系，帮助该村修路，进行专业技能培训，搜集致富信息，走访困难户等。为当地提供一万多个就业岗位，辐射带动相关配套服务产业发展。

【机构设置和管委会领导】 沧州临港经济技术开发区管委会下设办公室、财政局、招商一局、招商二局、招商三局、招商四局、经济发展局、科技局、国土资源局、安全生产监督管理局、环境保护局、规划建设局。

临港开发区管委会领导班子成员有：党组书记、管委会主任张召堂，党组成员、管委会副主任孙俊利，党组成员、管委会副主任李盛春，党组成员、管委会副主任孙玮红，管委会副主任、央企办主任李国庆，管委会副主任于增舟、刘秀芳、唐金林。

（沧州临港经济技术开发区管委会）

宁乡经济技术开发区

【经济发展】 2013 年宁乡经济技术开发区（以下简称“宁乡开发区”）经济社会实现较好较快发展，全年完成工业总产值 558 亿元，同比增长 18.12%，工业增加值 167 亿元，同比增长 22.8%。

【招商引资】 2013 年共引进项目 20 个，合同引进县外资金 169 亿元，同比增长 69%；实际到位县外资金 68 亿元，同比增长 50%。中联重科、格力电器、洋河酒业、华润饮料华中总部、红星美凯龙等国际、国内龙头企业成功签约，格力电器项目计划投资 50 亿元，规划用地约 2000 亩，设计年产值 350 亿元，税收 15 亿元以上。该基地涵盖商用空调、家用空调、冰箱、空气能热水器、净水器等产品的研发和生产，将建成湖南最大的家电生产基地；华润怡宝（长沙）项目二期落户园区后，连同已经建成投产的项目一期在内，项目总投资额将达到 15 亿元，整体设计年产量 100 万吨，预计年产值 30 亿元以上。洋河酒业湖南基地项目总投资额超过 12 亿元。投产后年产值预计在 30 亿元以上。2013 年新签约项目按期达产后，将在五年内创造工业总产值 500 亿元以上、工商税收 20 亿元以上。

【工业产业发展】 加速培育安全食品、先进装备制造及再制造、绿色建材、商贸流通服务业等特色产业。创建“安全食品示范园区”，大力发展液态食品、休闲食品、农副产品加工产业；获批全国再制造产业示范基地，形成工程机械、药械等五个再制造产业方向；获批长沙市首批文化产业示范园区；启动总投资超过 50 亿元的未来方舟城市综合体建设。成立园区企业家协会，有序推进企业升级三年规划，根据龙头型、骨干型、成长型、整改型、淘汰型五个等级，按照一企一策原则，以分类指导的方法激活企业增量，盘活企业存量。

【项目建设】 优化项目服务流程，强化项目联系责任制度，狠抓项目分级调度实效，深入开展“一季度开门红”、“项目攻坚月”等主题活动，2013 年新竣工项目 22 个，新开工项目 36 个，在建项目 64 个，实现固定资产投资 85 亿元，同比增长 41%。加加食品工业园、绿色再生、格力区域销售中心等重大产业项目竣工投产；创业大楼等基础配套项目竣工；绝味食品、六和通食品、联塑建材、马克菲尔、金洲西线等重点项目全速推进。

【科技创新】 2013 年，宁乡开发区荣获长沙市科技考核一等奖。飞翼股份获批国家火炬计划重点高新技术企业，“院士专家工作站”成功挂牌；松井新材通过科技人才引进寻求核心技术突破，获批市级优秀技术创新示范企业、市级企业技术中心；楚天科技积极推动新一轮制药机械和技术改造升级，巩固行业战略地位，并成功实现 IPO 重启后的首批挂牌上市；盛泓机械、搏浪沙水工成功获批湖南省企业技术中心。

【投融资建设】 积极对接银信部门，创新融资方式，拓宽融资渠道，2013年新增融资17.6亿元，同比增长76%。

【生态环保】 20多个项目成功申报大河西先导区生态文明建设重点工程；组织拆除燃煤锅炉烟囱，全面完成园区清洁能源改造工作。

【基础设施建设】 启动路网建设13.17公里，竣工通车11.1公里，8条道路竣工通车；完成8个地段绿化补栽补种工作，完成电力线路架设或改迁8000米，完成给水管网安装6000米，完善路网亮化提质196000米，服务和协调解决用水用电项目20个。

【管理与服务】 市委、市政府正式明确宁乡开发区管理体制，县委、县政府将60项县级审批事项授权宁乡开发区；2013年机构升格的“三定”（定机构、定编制、定人员）工作基本完成，完成政务服务中心启动运营前期准备工作，将开设服务窗口16个，可直接受理和办结行政审批事项和公共服务事项共计78项。创新管委会内部项目化管理模式创新，推进ISO9001质量管理体系认证。

【人才建设】 坚持“凡进必考、凡提必竞”原则，形成“三年一竞”的机制，举行6次大规模的公开招聘和选聘。搭建企业劳务用工平台，全年举办各类招聘会40余次，服务求职者1000多人，为宁乡开发区企业招聘员工1200多人；马克菲尔、乐福来等企业成功申报“海外人才引智计划”。

【党建工作】 发展非公组织党员34人，基本实现企业基层党组织的全覆盖。机关工会成功创建全省园区首家“全国模范职工之家”；工会联合会组建县内首家职工服务维权帮扶中心；蓝月谷集团公司获评“市级青年文明号”。

【社会事业】 成功获批湖南省文明标兵单位，加快“全国文明单位”创建进程，道德讲堂走进企业，志愿者服务和学雷锋活动广泛开展；成功举办第五届园区运动会、“经开梦”征文比赛、文明读书活动等文体活动；楚天科技、加加食品、青岛啤酒等企业参加“美丽湖南、道德先行”主题实践成果展。

【机构设置与管委会领导】 工委、管委会下设办公室（党群工作局）、纪检监察室、经济发展局（知识产权局）、招商合作局、规划建设管理局、社会事业局、财政局、工会联合会8个部门。工委书记、县委书记黎春秋，工委副书记、管委会主任戴中亚，工委副书记、宁乡金洲新区党委书记刘永红，工委委员、管委会副主任陈海波、张君来，工委委员、纪工委书记刘辉，工委委员王子进、喻锦东、袁钊。

（宁乡经济技术开发区管委会）

增城经济技术开发区

【经济发展】 增城经济技术开发区（以下简称“增城开发区”）创建于1988年，地处广州东部和穗—莞—深等珠三角东岸城市群黄金走廊，2006年被批准为省级经济技术开发区，2010年升级为国家级经济技术开发区。

2013年全年，增城开发区核心区完成工

业总产值715亿元，比上年增长24%；实现全口径税收收入53.92亿元，增长21.4%；完成固定资产投资60.69亿元，增长21.1%；进出口总额75.53亿元，增长10.77%；实际利用外资6341万美元；合同利用外资8512万美元。截至2013年底，增城开发区成功引进约60个大型优质项目，包括广汽本田增城工厂、北汽华南生产基地、日立汽车系统、南方电网超高压、豪进摩托、福耀玻璃、广州电装、阿里巴巴华南物联网运营中心、珠江钢琴、科利亚现代农业机械、广州江铜铜材等一批具有战略性基础地位的项目，初步形成汽车及新能源汽车产业集群、高端装备制造业产业集群、战略性新兴产业集群等多个高端产业集群。

【招商引资】 增城开发区积极参加“新广州·新商机”等各种招商活动，创新实施产业链招商、发展平台招商，2013年全年签约落户广汽本田第三工厂、广本发动机、中滔环保科技总部等14个项目，投资总额约80亿元，预计年产值443亿元，税收约30亿元；意向签约21个项目，预计投资301亿元；储备洽谈广州提爱思、华德弹簧整体搬迁、汉能光伏等37个项目，接洽法国ABB集团、迪卡侬公司、日本电装等10多个重点项目；与普天新能源等企业达成合作意向，新能源汽车应用示范项目逐步进入应用示范阶段。

【高端产业发展】 汽车产业不断壮大发展，集群发展和规模优势逐步显现，广汽本田汽车增城工厂发展迅速，第三工厂及发动机项目于2013年5月28日动工建设。广州江铜铜材、珠江钢琴、日立汽车系统、广州电装、中益机械等5个项目于2013年上半年竣工投产，成为新的经济增长点；科利亚农业机械项目正在进行设备安装调试；阿里巴巴、南方电网特高压等项目加快建设。高新技术企业加快发展，已成立3个省级工程技术研发中心，培育和申报了3个国家级、2个省级著名商标和2个国家级、2个省级名牌产品，累计申请专利640项。

【企业服务】 对在建项目和已投产项目切实提供优质贴心服务，积极协调相关部门为企业解决建设报批、场地、道路、供电等问题，全年共协调办理企业员工入户86名、子女就近入学43名，解决600多名员工住宿问题，协助竣工投产项目完善综合验收手续，组织企业招收约800名本地和外来人员就业。

【发展平台建设】 增城开发区围绕推进新型城市化发展、建设广州城市副中心的要求，推动“一区多园”发展，打造广州东部高新技术产业带、构建绿色低碳现代产业体系的新平台。增城开发区被授为“广州光谷”光能量、光照明产业集聚区，将成为广州光产业的重要孵化基地、战略性基础公共技术平台及技术成果转化平台；挂绿新城高端服务业发展区、总部经济发展区、生产性服务业示范园区、装备制造业产业园、高端农业机械装备产业园等一批产业发展平台加快规划建设，签约落户工信部电子五所生产性服务业示范园区和广州增城低碳总部产业园项目。物流保税“两仓”于2013年4月通过海关验收，口岸码头恢复运营，一站式进出口服务中心加快建设，拉动增城进出口业务的增长，有效提升进出口服务能力。

【基础设施建设】 香山大道、永宁大道、创业大道等部分路段建成通车，基本打通南北区主要交通通道；新开工建设一批道路工程，与周边快速轨道和高快速路网的连接日趋完善。启动主干道沥青铺设提升改造工程及绿化升级改造工程，着力提升核心区建设档次和对外招商引资形象。广汽本田增城工厂第二回路供电工程已进场进行地质钻探；陂头、水口110KV变电站建设稳步推进，进一步提升电力供给能力。荔新公路北侧雨水工程、香山大道西侧污水管道接驳工程加快推进，新誉南路污水管网工程正在开展污水顶管工作井施工，广本增城工厂周边排水工程基本完成。南区已建道路已完成路灯照明系统主体工程前期工作，部分道路已完成路灯基础埋设工作。

【机构设置与管委会领导】 增城开发区管委会设党政办公室（与纪工委机关、监察局合署）、发展改革财政局、经贸科技信息局、国土规划建设环保局、企业建设和安全监督局等5个工作部门。增城开发区党工委、管委会领导成员有：党工委书记欧阳卫民，党工委副书记罗思源、何世光，纪工委书记何世光，党工委委员彭高峰、刘棕会、何鎏辉、丘岳峰。管委会主任欧阳卫民，管委会副主任罗思源、彭高峰、刘棕会。

（增城经济技术开发区管委会）

九江经济技术开发区

【经济发展】 2013年，九江经济技术开发区（以下简称“九江开发区”）实现地区生产总值180.33亿元，同比增长10.41%。其中第二产业增加值完成98.52亿元，第三产业增加值完成33.22亿元，同比增长10.32%，第二、第三产业比例为3:1，全员劳动生产率29万元/人，同比增长24.21%。全年财政收入21.08亿元，同比增长18.13%，税收收入19.04亿元，同比增长17.08%。

【工业产业发展】 全年实现工业增加值159.92亿元，同比增长21.02%，其中规模以上工业增加值135.11亿元，同比增长13.40%。全年工业总产值638.21亿元，同比增长19.81%，其中规模以上工业总产值415.71亿元，增长23.12%。在规模以上工业中，外商及港澳台投资工业总产值102.92亿元，同比增长6.31%；内资工业总产值312.82亿元，同比增长37.31%。规模以上工业中，新能源、新材料、电子电器、汽车及零部件、现代装备制造等五大产业完成工业总产值326.91亿元，同比增长33.01%，占全区规模以上工业总产值的76.11%。

【园区特色】 成功引进10亿元以上重大项目8个，包括投资130亿元的北汽重组昌河汽车项目、投资20亿元的中船装备产业园项目、投资5.45亿美元的瑞智机电产业园项目等。九江开发区工业主营业务收入前进三位，位居全省重点工业园区第三，创造了历年最好成绩。被评为江西省先进工业园区、江西省高新技术产业基地和江西省级民营科技园。

【科技创新】 高新技术产业产值占规模以上工业总产值的31%，高新技术企业达16家。孵化器建设完成投资3亿元，开工建设面积7万平方米，建成孵化面积11万平方米。创业中心在孵企业达124家，中介服务机构15家，研发机构15家，研发投入占GDP比重2.12%。专利申请量达到243件，其中发明专利申请量达25件，同比增长50%。

【招商引资】 全年新批外商及港澳台投资项目9家，办理增资项目3家，项目投资总额1.03亿美元；合同外资金额0.85亿美元，同比增长13.31%；实际利用外资1.72亿美元，同比增长11.51%。外贸进出口9.11亿美元，同比增长12.51%，其中出口总额7.23亿美元，同比增长13.71%；进口总额2.14亿美元，同比增长11.31%。

【投融资建设】 以九江开发区富和投资公司为主平台，以企业债、银行贷款、金融理财“三驾马车”共同拉动融资总量，积极推动富和二期债项目，全年实现融资22.81亿元，其中成功发行9亿元“13浔富和”债券。开展“财园信贷通”试点，共帮助盛祥科技、德福电子等20余家企业融资1.31亿元。

【项目百日大会战】 2013年6月20日至9月30日开展“项目百日大会战”，涉及72个项目，其中工业项目20个、基础设施和功能配套项目13个、保障房项目15个、商贸楼宇项目19个、项目引进5个。有效解决了一批项目建设过程中的困难和问题，有18个项目竣工投产或建成、4个项目新开工建设、25个项目达到进度要求、8个项目签约引进，其中华祥线路板、力达空压机等5个项目实现了竣工投产；港区二期三条路网于9月底全部建成，比预期提前了3个月；完成了8个亿元以上项目的引进，签约合同资金达36.6亿元人民币。

【生态环保】 总长7公里的忠字河、江边河整治疏浚顺利推进，官湖2万吨污水处理厂正式投入使用。新增绿化面积36万平方米，成功将八里湖新区76万平方米道路保洁实行市场化运作，开创全市先河。

【管理与服务】 积极落实市级审批权下放有关问题，撤销市行政服务中心开发区窗口，切块经营范围46.45平方公里内的市级审批权限全部下放，实行区内运行、一站式办结。全面启动网上审批、电子监察及电子评价系统建设，新增进驻部门3个，审批事项扩大到82项，启用窗口增至52个，全年接待办事人员4万人次，办件总量达2.7万件。

【人才建设】 积极做好全区3名入选市“双百双千”人才工程第一批人选项目资助工作。成功引进国家“千人计划”专家美国斯坦福大学生物专业博士后罗富原教授嫁接盘活九江乐得士公司，实现了资本、技术、资源和管理的有机结合。

【社会事业】 整合资金近10亿元，建设保障房项目17个，总建筑面积144.31万平方米、1.43万余套，完工及还房70.21万平方米、8000余套，总建筑面积50万平方米，成为全市投入资金最多、建设面积最大、社会效果最好的县区。新增城乡就业人数1.34万人，园区定向培训5318人；发放小额贷款1585万元，带动创业315人。城乡居民医疗保险受益人高达9.21万人次，受益面达100%。出口加工区学校如期建成开学，区社会福利中心、港区张家渡社区居家养老服务中心全面建成启用，社会养老走在全市前列。

【机构设置与管委会领导】 下设党群工作部、纪委（监察局）、人力资源部、招商局、经济发展局、建设环保局、社会发展局、财政局、国土分局、规划分局、审计分局、出口加工区管理局、城西港区管理局、汽车工业园管理办公室、科技工业园管理办公室。九江开发区副市长、区党工委书记、管委会主任陈和民，区党委副书记张俊，区党委副书记、管委会副主任柯尊玉、卢友华，市台办主任、区党委副书记杜少华，区党委副书记淦作乾，区党委副书记、管委会副主任黄家杰，出口加工区管委会副主任、区公安分局局长骆名远，区党委委员、纪委书记张凯，党委委员、城西港区管理局副局长刘宏，出口加工区管理局局长、区党委委员、管委会副主任李善云，区党委委员、管委会副主任刘中原，区党委委员、党群工作部部长陈晶冰，区党委委员、区国土分局局长罗智敏。

（九江经济技术开发区管委会）

萍乡经济技术开发区

【经济发展】 2013年，萍乡经济技术开发区（以下简称“萍乡开发区”）区属完成地区生产总值119.6亿元，同比增长10.4%；规模以上工业增加值82.2亿元，同比增长10.5%；固定资产投资110.6亿元，同比增长20.7%；财政总收入16.87亿元，同比增长11.3%；城市居民人均可支配收入26485元，同比增长17%；农民人均可支配收入12860元，同比增长17.9%。辖区完成主营业务收入570.4亿元，同比增长15%；工业增加值115.8亿元，同比增长20.2%；工业税金总额22.87亿元，同比增长7.1%；工业企业利润总额50.1亿元，同比增长35.5%；出品交货值49亿元，同比增长26.8%；完成从业人员6.25万人，同比增长1.8%。全区现代服务业实现增加值30亿元，占经济比重为25.1%。招商引资实际进资50.5亿元，同比增长28%；引进外资5000万美元，同比增长40%；出口创汇3.98亿美元，同比增长21%；全年完成财政收入16.87亿元，其中国税系统收入4.19亿元、地税系统收入9.9亿元，完成非税收入5315万元，鹅湖、三田、硖石、横板、田中、东壁、光丰等管理处完成税收超3000万元。

【项目建设】 全年新引进5000万元以上项目30个，亿元以上项目13个，其中机械装备项目5个、粉末冶金项目3个、新能源项目2个、食品药品项目3个；全年在建工业项目25个，其中双胞胎饲料、伟普磁性材料、九州环保、庞泰二期、禾尔斯环保、美孚仑石化等项目相继投产，蓝翔重工二期、慧成精密机电、长竣材料等项目建设稳步推进，以上项目全部投产后年产值将达200亿元以上、利税50亿元以上；全年实现百亿产业三个（现代装备制造、新材料、冶金）、超五十亿产业一个（新生物医药食品），主营业务收入破百亿企业一家（安源钢铁）、超十亿元企业14家（中煤科技、蓝翔重工、甘源食品、优锂新材、柯美纸业等）。以蓝翔重工、安源客车、安源万向、安源通风、九州压机为代表的30余家现代装备制造企业完成主营业务收入132.4亿元，占全区工业比重达23.2%。以粉末冶金为引领的新材料产业实现主营业务收入149.9亿元，比重达26.2%。特别是引进培育发展了慧成精密、伟普科技、三善机电、德博科技等4家粉末冶金企业，形成了从原材料（伟普科技和慧成精密的原材料）到终端产品（德博科技和三善机电的涡轮叶片）的粉末冶金产业链，当前还有祥能科技等6家粉末冶金相关企业已签约落户我区，三年内粉末冶金产值将超100亿元。以安源钢铁为龙头的冶金行业实现主营业务收入186亿元，比重由2010年的55.4%减少到32.7%。以甘源食品、双胞胎饲料为代表的20家生物医药食品企业完成主营业务收入58.6亿元，占全区的比重为10.3%。

【科技创新】 全年区本级财政科技投入2868万元，占一般预算支出的2.13%。深入实施科技创新“六个一”工程，新增安源通风、希尔康泰等国家高新技术企业9家，目前共拥有国家高新技术企业18家，占全市总量的50%，数量列全省工业园区第二。全年完成高新技术企业增加值52.54亿元，同比增长28.25%，占全区比重达45.37%。全年共申报专利213件，共获批国家、省级各类计划项目共78项，获批资金2583万元，其中蓝翔重工、中科凯瑞、三瑞科技3家公司获批了国家重点新产品，占全市获批总量的50%；蓝翔重工、德博科技2家企业获批江西省战略性新兴产业引导资金项目，左氏实业、安源通风、九州压机等获批江西省重点新产品计划项目22项。科技创新公共服务平台被正式批准为“国家级中小企公共服务示范平台”。

【投融资建设】 全年累计向银行融通到位资金32.65亿元，同比增长106%，创历史新高。全年直接融资占总融资规模的45%，融资平均利率为7.2%，低于业界同期融资平均利率；成功发行10亿元债券，创造利润近800万元。全市各金融机构对我区中小企业贷款余额达42.1亿元、新增11.89亿元、同比增长39.4%；汇源担保中心累计为飞虎炭黑、蓝翔重工等二十余家园区企业担保贷款2.649亿元，同比增长47.7%，连续五年实现贷款担保零代偿；在全省率先开展“财园信贷通”活动，申报贷款约1.92亿元，已到位资金5100万元。

【城市建设】 确立了“三轴三区”的新型城镇化发展格局，改造提升319国道和320国道开发区段、加快建设中环路；全面改造提升320国道以南老城区，全力推进田中新区建设，全力配合支持玉湖新区建设。完成洪山片区6.67平方公里、田中片区14.27平方公里的控制性详细规划，启动了320国道以南老城区修建性详细规划编制和迎宾南大道两侧的城市设计。完善了万新国家新材料产业化示范基地控制性详细规划。完成了原浮玻厂、彦星商贸城等11个项目用地规划条件编制。全年新建、续建和在建城市基础设施项目45个，江南路、洪山路、大星路等主要路网路基基本成型。站前高架通道、站前广场、站东路、站西路等路网工程正在进行紧张施工，投资6亿元的中环西路南段一公里已完成路基，投资1亿元的319国道改造工程已完成东侧半幅路的路基。

【社会事业】 在全市率先实现了教育、就业、医疗卫生、养老保险等四项民生政策全覆盖。全年发放城乡居民养老保险金232.48万元，完成城镇基本医疗保险参保人数59575人，新型农村合作医疗参合人数38143人，城镇新增就业人数3115人，新增转移农村劳动力3337人，“零就业家庭”就业安置率100%。为171户自主创业贷款户贷款贴息80.54万元，投资8500万元的周江公租房已完成主体施工，光丰百合冲公租房已完成主体17层施工，发放廉租住房保障租赁补贴任务数为24户。投资3000余万元新建大星、田中两所小学和萍乡七中教学楼，扩建了硖石小学，引进了深圳东升教育集团建设田中基础教育园区；投资200万元进行房相改造，投资865.5万元建设9个新农村建设示范点；全区环境空气质量达二级标准，建设项目环评率达100%、环保竣工验收率达100%。建安总公司完成2亿元产值、上交地税1100万元；启动了洪山片区土地一级开发。审计工作严格到位，审计工程项目金额2.97亿元、财务审计5.1亿元，审减资金7200万元。人大政协工作围绕项目建设和发展大局全面推进，信息化测绘稳步迈进，工会快速发展，宣传、信息、机关效能等工作成绩明显。

（萍乡经济技术开发区管委会）

钦州港经济技术开发区

【概况】 钦州港经济技术开发区（以下简称“钦州港开发区”）位于广西钦州市南部沿海，地处北部湾湾顶，面向东南亚，背靠大西南，南北、钦防、六钦、崇钦等20多条高速公路、高速铁路、高等级公路、海航干线均在此交汇。辖区面积约152平方公里，下辖7个社区（不设乡镇建制），2010年11月，经国务院批准，升级为国家级开发区。2013年末人口6万。区内规划建设石化产业园区、综合物流加工区、港口码头作业区和行政商务中心区等，内设有中国西部沿海目前唯一的保税港区—钦州保税港区。

【经济发展】 2013年钦州港开发区实现地区生产总值108亿元，规模以上工业总产值完成642亿元，财政收入完成80.4亿元，港口货物吞吐量完成6035.2万吨，其中集装箱完成60.1万标箱，外贸进出口完成29.3亿美元。

【基础设施建设】 2013年，钦州港石化园区一期10平方公里启动区三纵三横主路网基本贯通；胜科污水处理项目正式投入运营；工业管廊一期工程临海大道和勒沟东段项目已竣工验收；30万吨支航道招投标已完成；中电投临时供热工程热源部分已建成、供热管网正全面施工建设。2013年，钦州港水运建设项目23个，项目总投资136.45亿元，年度完成投资26.89亿元，新开工建设大榄坪作业区12#、13#泊位、永鑫散货码等5个项目，建成投产勒沟作业区天盛散装杂货码头和丰隆、和兴等码头项目，国投钦州煤炭码头、大榄坪南作业区北1#—3#泊位等项目建设快速推进。

【工业产业发展】 2013年，钦州石化产业园区实现工业总产值488.8亿元，占开发区工业总产值76%；税收72.7亿元，占开发区总税收95.4%。能源产业园区入驻能源项目有总规模720万千瓦的燃煤电厂项目、广西新天德能源有限公司木薯酒精项目、中电投热电项目及商业储备油库、10万吨煤炭储备基地等项目。粮油加工产业园实际完成加工大豆117.7万吨，加工菜籽34.5万吨，实现产值68.2亿元。广西金桂浆纸60万吨造纸项目全面投产，年内30万吨化机浆生产线生产纸浆36.9万吨，生产白卡纸46.94万吨，实现产值31.57亿元。

【现代物流业】 钦州港综合物流加工区规划总面积18.13平方公里，园区全部通过填海造地方式形成，园区重点规划布局汽车整车及零部件生产、修造船、重型机械装配、现代物流、商品现货及期货交易等产业。

【项目建设】 中石油广西石化千万吨炼油项目，建设规模为每年1000万吨炼油能力，总投资152亿元。2013年，中石油广西石化含硫原油加工配套工程各主要装置已进入设备安装阶段。广西金桂林浆纸一体化项目总规划为年产180万吨浆及310万吨纸，总投资约400亿元人民币。2013年1月，金桂60万吨造纸项目全面建成投产。

中粮油脂钦州项目是中粮集团在广西北部湾经济区投资建设的第一个全资油脂加工项目，总投资30亿元，占地面积348亩，2010年1月全面动工建设，2011年4月18日建成投产。

国投钦州燃煤电厂项目是国家重点电力建设工程，其一期工程建设两台60万千瓦超临界燃煤发电机组，总投资47.17亿元。2013年，国投钦州电厂二期工程全面建设。国投钦州燃煤电厂的目标是打造成为广西能源基地，建设规模为总容量为720万千瓦的全国最大火力发电厂。

【招商引资】 2013年，钦州港开发区新引进项目14个，其中产业项目12个，引进项目总投资额270亿元，实际利用外资1.43亿美元。重点跟进的项目有上海华谊煤基多联产、中石油LNG、中石油/BP公司100万吨聚酯原料生产、巴斯夫（惠生）碳一化工产业链、万港现代国际物流、万达集团260万吨/年芳烃、创纪生物能源、新行政中心配套五星级酒店开发、中石油昆仑润滑油再生利用等20个。其中，上海华谊煤基多联产项目已取得重大突破，市政府与上海焦化有限公司已于2013年10月31日签订了项目合作框架协议。

【生态环保】 2013年，钦州港开发区深化生态工业示范园区创建工作，建立创建机构，编制创建规划，开发区环保部门本着“提前介入、全程跟踪”服务原则加强对建设项目的服务工作。2013年，开发区节能和环境保护支出2945万元，同比增加1026万元，增长53.47%。

【外经外贸】 2013年，累计引进100多个项目，合同投资总额1000多亿元。新加坡、印尼等东盟各国以及美国、英国、荷兰等国家和香港、台湾地区的客商在开发区投资项目20多个，合同总投资30多亿美元；中国石油集团、中船集团、国家开发投资公司、中国石化集团、中粮集团、印尼金光集团和新加坡来宝集团等国内外知名企业纷纷抢滩登陆开发区投资开发置业。开发区有近30家企业有国际贸易往来。主要往来国家是东盟国家和南美以及澳洲、中东、西欧等地区。主要进口的货种有石油液化气、原油、锰矿、木薯干头、大豆、棕榈油、无烟煤、机械等。主要出口的货种有：高碳锰矿、磷酸、酒精、金属锰锭、机械等。2013年，开发区外贸进出口完成29.3亿美元。

【人才建设】 实施“一把手”抓人才工程，加强人才载体平台建设。建立完善了1个自治区级“人才小高地”和3个市级“人才小高地”，建立1个博士后创新实践基地，充分发挥高端人才作用。加强各类人才队伍建设，引导企业做好人才培养工作。想方设法解决企业人才引进和劳动用工问题，积极协调解决产业领军人才住房困难、配偶随迁、子女就学等困难和问题。安排人才专项经费480万元，重点支持高层次人才引进配套的安家补助、工资待遇补贴等项目，保证优惠待遇及时兑现。

【社会事业】 2013年，钦州港开发区安排财政资金实行城市最低生活保障、新型农村合作医疗、大病救助等制度，着力解决困难群众的生产生活问题。积极开展广场电影晚会、舞会等广场文化活动，积极组织电影进社区等文化惠民活动。

【机构设置与管委会领导】 钦州港经济技术开发区工委、管委是钦州市委、市政府派出的正处级机构，实行党政合署办公，一套人马，两块牌子。开发区工委设4个工作部门：工委办公室、纪律检查工作委员会、工委组织部、社会治安综合治理委员会办公室。开发区管委设6个工作部门：管委办公室（与工委办公室合署办公）、人力资源和社会保障局（与工委组织部合署办公）、经济发展局（挂招商局牌子）、社会工作局（挂计划生育局、民政局、人民武装部、教育局、残疾人工作办公室、搬迁安置办公室、扶贫开发领导小组办公室牌子）、建设规划办公室、安全生产监督管理局。

管委会领导成员有：中共钦州港经济技术开发区工作委员会书记陈润良（任至11月）、张建国（11月任职），钦州港经济技术开发区管理委员会主任陈润良（任至11月）、张建国（11月任职）。

（钦州港经济技术开发区管委会）

马鞍山经济技术开发区

【概况】 马鞍山经济技术开发区（以下简称“马鞍山经开区”）于1995年经安徽省政府批准设立，2010年升级为国家经济技术开发区，规划面积11.44平方公里，实际管辖面积34.44平方公里。马鞍山经开区毗邻长三角，接壤南京，是皖江城市带承接产业转移的“桥头堡”和核心区，拥有东部的区位优势和中部的资源成本，形成了以星马、华菱为代表的汽车及汽车零部件，以马钢晋西轮轴、方圆回转支承为代表的高端装备制造，以蒙牛乳业、福建达利为代表的食品加工三大优势产业。此外，以数字硅谷、正崴科技、康佳LED为依托的电子信息产业集聚初显。

【经济发展】 实现地区生产总值194.86亿元，比上年增长21%；“四上”企业实现主营业务收入639.02亿元，比上年增长26.8%；工业总产值542.07亿元，比上年增长25.7%；出口总额233070万美元，比上年增长148.74%；进口总额353219万美元，比上年增长265.98%；实现财政收入33.87亿元，比上年增长3.1%，其中税收收入26.1亿元，同比增长1.73%。

【招商引资】 累计签约项目50个，项目总投资160.5亿元，其中亿元以上项目43个（超10亿元项目8个）。总投资11亿元的威博电器、总投资10亿元的旗丰电子产业园、总投资10.2亿元的康佳LED照明产业化项目、总投资12亿元的易事特分布式发电设备与系统集成制造项目等一批重大项目成功签约。全年实际利用内资110.05亿元，同比增长44.8%；实际利用外资44288万美元，同比增长15.28%；新发展中小企业55户，新发展私营企业注册资本8.6亿元。

【基础设施建设】 完成固定资产投资175.28亿元，同比增长23.3%，其中基础设施投资5.38亿元。华菱车架及检测线、晋西轮轴一期、达利三期等18个亿元以上项目竣工投产，其中工业项目16个；正崴科技园、康佳绿色科技产业园、玻璃微珠、舒福特种电缆等27个亿元以上项目开工建设，其中工业项目23个，当年签约开工的项目16个。数字硅谷产业园一期部分厂房竣工；蒙牛PET项目基本建成；中国一重、西安开米、唐盛国际、三一重工、信成融资等一批重点项目建设快速推进。超山东路、金山东路、银黄路二期3条道路竣工交付；龙山路、黄山路路基施工基本完成。

【社会事业】 2013年，累计投入5.3亿元实施40项民生工程，银塘卫生院、中心小学、建安产业园等民生工程有序推进。完成新增就业7000人，其中下岗失业再就业2465人，完成就业技能培训766人、技能提升培训3600人；城乡居民养老保险参保人数8700人，城乡居民医疗、生育保险参保人数12000人。全面落实国土资源“四模”创建任务，闲置土地清理和卫片执法检查全部落实到位；积极推进文明创建重难点问题专项整治，顺利完成文明城市复查迎检工作；完成国家级新型工业化示范园区申报工作，并顺利通过审核；完成国家级生态示范园区创建规划和开发区规划环评编制和组织上报。

【机构设置及管委会领导】 管委会内设机构12个：招商一局、招商二局、规划建设局、土地房产局、经贸发展局、人力资源和社会保障局、财政局、安全生产和环境保护局、社会事务局、重点项目建设局、征迁事务局、党政办公室，设有工会、团工委、妇工委、关工委4个部门，以及二级机构行政执法局。

马鞍山经开区党工委书记、管委会主任马少华，管委会副主任缪新棠，纪工委书记、工会主席张清，管委会副主任李迎庆、赵伦华、王美姑，党工委委员隋少杰。

（马鞍山经济技术开发区管委会）

陕西航天经济技术开发区

【概况】 2013年，陕西航天经济技术开发区（以下简称“航天开发区”）以“投资拉动、产业支撑、配套优化、创新驱动”为重点，坚持产业化和城市化同步推进，着力加大产业发展，加快项目建设，加速基础配套，优化投资环境。全年实现固定资产投资增速43.1%，工业项目投资增速60.1%，规模以上工业增加值增速25%，实际利用内资增速83.3%，实际引进外资增速25%，大口径财政收入增速98.9%。

【工业产业发展】 举办和承办了北斗导航运营服务平台建设专题研讨会、2013年中国卫星导航产业发展交流会，促成了北航先进技术研究院等一批产业项目的合作。结合国家分布式电站的扶持政策和产业整合趋势，支持引导区内光伏企业把握住机会向高附加值、高端化升级的同时扩大产能。不断丰富产业门类，优化产业结构，统筹发展集成电路等高新技术类战略性新兴产业。

【招商引资】 2013年，坚持项目入区评审机制、项目经理人制度，实行项目、人员“一对一”，营造良好的招商环境。签约了睿科压裂产业化基地项目、陕西测绘地理信息局地理信息产业项目等项目28个，合同引资额194.13亿元。

【基础设施建设】 2013年，累计完成投资4.2亿元，在建道路22公里，竣工道路7.4公里，人工水系建设6.81公里进水管线全部施工完成，退水管线已完成900米施工。市政监控平台达到试运行状态，完成10kV少二线9－19#落地改造及10kV西寨线焦村支线（后）20－24#迁改工作。完成二级临时加压低区供水工作，实现了加压低区12公里管道顺利供水。新增城市绿地面积24.3万平方米。新增城市绿地面积39万平方米。

【生态环保】 全面落实治污减霾工作，环境空气质量优良天数达115天，完成3台330蒸吨燃煤锅炉除尘系统提标改造，完成拆除12台共112蒸吨燃煤锅炉，实现年化学需氧量减排2.6吨，实现减排二氧化硫231吨等5项指标均提前超额完成市政府下达的目标任务。完成年综合能耗1000吨标煤以下项目节能审查20项，年综合能耗1000吨标煤至3000吨标煤间项目节能审查3项，审批环评项目28个，竣工环保验收2家。

【科技创新】 出台《航天基地产业发展专项资金管理暂行办法》。编制了《航天基地关于促进卫星应用产业发展的扶持政策》，编写了《航天基地卫星应用产业链建设方案》。科技大市场航天基地服务中心揭牌以来，已为管委会和园区企业申报中省市各类项目资助30项，共获得资助资金4780万元。航天科技六院参研成果获得2012年国家科学技术进步特等奖。6家科技型中小企业通过科技部批准，获得国家科技型中小企业技术创新基金360万元。航天基地孵化器与美国硅谷瀚海中美企业创新中心签订跨国孵化协议，共同搭建航天基地—硅谷科技园跨国孵化平台，截至目前，已引进孵化4个科技项目。

【人才建设】 开发区企业孵化器被评为“中国中小企业创新服务先进园区”。组织开发区高层次人才申报“三秦人才津贴”并已获批2人，申报“百人计划”创新人才3人，创业人才2人；留学人员科技活动项目择优资助经费2人；中国留学人员回国创业启动支持计划2人。同时，组织申报了2013年“国家特支计划”百千万工程领军人才和“百千万人才工程”国家级人选及第四批“外专千人计划”。建立开发区人才网，为企业提供良好的人才资源服务。

【社会事业】 2013年，开发区着力于全面提升城市管理水平。扎实开展文明城市创建工作，民生项目加速推进。根据当前发展趋势，编写了《陕西航天经济技术开发区教育发展中长期规划（2012—2020）》，通过市教育局论证，已经开始实施，这是全市开发区中首家覆盖最全面的教育发展中长期规划。

【党建工作】 通过“七学”、“四项活动”促进学习教育，查摆问题，深入开展了机关工作作风问题集中整治活动。严格执行中央“八项规定”，制定下发《航天基地关于改进工作作风密切联系群众的办法》，开展作风纪律集中整顿活动。认真贯彻执行“控制总量、优化结构、提高质量、发挥作用”的总要求，共转正党员20名，新组建非公党组织5家，成立了开发区团工委，新组建工会6家。严格落实党风廉政建设责任制，签订《2013年党风廉政建设目标责任书》，进一步细化廉政工作要求，分解廉政责任。

【机构设置与管委会领导】 陕西航天经济技术开发区机构设置：党工委办公室、管委会办公室、人事劳动社会保障局、纪检监察审计局、宣传策划局、财政局、经济商务发展局、财政局、招商局、招商二局、投资服务局、统计局、国土分局、规划建设局、环保分局、房屋管理局、社会事业局、农村工作局、安全生产监督管理局、综合执法局、综合治理办公室、二期综合办公室和征地拆迁安置办公室等23个部门。

2013年，西安航天基地党工委、管委会两委领导班子成员：书记毋晖，党工委副书记、管委会主任陈长春，党工委副书记、纪工委书记逯雁春，管委会副主任李岩、张新民、张继学、刘顺利、赵舰、张营、贺延光、李希文、蒋阳、冯霈，管委会副巡视员蔡虹。刘顺利、张营、贺延光为党工委委员。

（陕西航天经济技术开发区管委会）

长春汽车经济技术开发区

【概况】 长春汽车经济技术开发区（以下简称“汽车区”）是经国务院批准的国家级经济技术开发区，主要承担加快长春国际汽车城建设、建设长春西南城市副中心和承接一汽剥离社会职能三项任务。汽车区行政管辖面积110平方公里，建成区面积23平方公里，共管辖2个街道办事处，9个半行政村。

2010年12月30日经国务院批准晋升为国家级经济技术开发区，同时定名为长春西新经济技术开发区。2012年10月31日经国务院批准更名为长春汽车经济技术开发区。

【园区特色】 区内已经形成了“中、重、轿”三大系列多个车型的产品格局，形成了年产120万辆轿车、20万辆卡车的生产能力。区内共有汽车零部件企业300余户，有麦格纳、纳铁福、富奥电装、一汽大众发动机、变速箱、一汽四环股份、杰克赛尔空调、一汽铸造、一汽锻造、一汽模具中心等一批在国际国内较有影响的汽车零部件企业，形成了较强规模的配套体系和在国内具有一定竞争优势的零部件制造企业集群。一汽技术中心、中国机械工业第九设计院、长春汽车工业高等专科学校等构成了国内汽车研发教育机构最密集地区。全国最大的汽车零部件交易集散地、东北地区最大的汽车、二手车交易市场等构成了完善的汽车后市场服务区。

【经济发展】 2013年全年完成GDP共计505亿元，同比增长15.3%；区属工业总产值91.7亿元，同比增长27.3%；全口径财政收入90.3亿元，同比增长23.3%；全社会固定资产投资完成501亿元，同比增长21%；实际利用内资110亿元，同比增长15%；实际利用外资6.04亿美元，同比增长20%。其中，固定资产投资总量、实际利用内资总量、区属规模以上工业产值增速、财政收入增速等四项指标列长春市第一位。

【招商引资】 2013年，组织了“长三角”招商活动，星宇车灯、宁波雪龙、宁波华德、宁波福尔达等部分项目已经签约；专题开展了天津一汽丰田重点配套企业推介活动，储备日系零部件招商项目50余个，与普利司通轮胎、丰铁汽车部件等10户企业初步确立了投资意向。还专门组织了江浙零部件企业专项招商活动，部分企业确定了投资意向。全年共引进重点项目70个，其中工业项目55个。

【工业产业发展】 2013年，全区新建工业项目40个。一汽大众EA211发动机项目、一汽铸造搬迁、世纪华通汽车零部件等一批重点工业项目相继开工建设。一汽乘用车研究所、轴齿工业园等一批项目进展顺利，曲轴连杆、有色铸造等项目进入设备安装调试阶段。一汽大众EA888发动机、曼胡默尔滤清器、亚普汽车油箱等15个项目相继投产，实现产值100亿元。保利地产项目在核心区开工建设，西湖中铁地产项目也已经摘牌，生命人寿商务综合体、牡丹园等项目积极推进，马自达中国总部投入使用。

【基础设施建设】 飞跃路下穿铁路隧道、富民大街下穿绕城高速公路涵洞全面通车，甲二街全线贯通，乙三街与长沈路实现连通，环外区域路网初步形成。腾飞大路绕城高速公路立交桥、解放物流通道建设积极推进。污水处理厂及污水截流干管工程全面完成，已通水试运行。一次变、轴齿二次变投入使用，大众二次变正在调试设备，完成线路敷设27.6公里。供水设施完成管线13.4公里。完成天然气储气站和调压站建设。翻修改造一汽厂区及东风大街等道路和设施，加大绿化美化力度，新增绿化面积10.5万平方米。

【服务一汽】 全力推进一汽项目建设，全年为一汽项目供地70万平方米，及时帮助解决项目建设中及投产后的各种问题。对项目实行领办、代办服务，全年代办、领办120次，走访企业52次。同时积极支持一汽配套体系建设，加强与一汽项目对接，围绕一汽配套需求强化招商，进一步减小配套半径，降低一汽的生产成本。

【社会事业】 2013年全年共开发就业岗位4923个，城镇新增就业4620人，劳务输出1100人次，城镇登记失业率3.1%，解决零就业家庭比率达到100%。全区参加城镇居民基本养老保险12628人，参加城镇居民医疗保险68890人，参加新农保的5581人，参加新农合23805人。解决了133户低保家庭廉租房问题，为387户低保家庭发放了25万元租赁住房补贴。加强教育投入，新建七小、四中等4所学校塑胶操场，改善了二十二中、西新小学等农村学校办学条件。加强了基层卫生服务阵地建设，为每村配备了专职村医，完善了医疗设施。成功承办了长春市纪念中国汽车工业60周年活动，举办了第四届群众艺术节。改善了13个社区、7个村的文化体育设施。成立了区老年体协，开展了各种主题活动20余次。

（长春汽车经济技术开发区管委会）

湖州经济技术开发区

【经济发展】 2013年，湖州经济技术开发区（以下简称“湖州经开区”）全区生产总值完成130亿元，同比增长8%；规模以上工业企业完成总产值266亿元，同比增长3.4%；规模以上工业增加值完成46亿元，同比增长10.2%。全社会固定资产投资完成98.3亿元，同比增长10.3%，其中，工业性投资完成37.5亿元，同比增长5.2%。完成合同外资2.93亿美元，同比增长8.9%；实际利用外资1.88亿美元，同比增长10.1%；完成进出口总额6.69亿美元，同比增长3.94%，其中自营出口5.47亿美元；完成体制内财政收入17.1亿元，同比增长6.2%，其中地方财政收入9.8亿元，同比增长8.5%。

【工业产业发展】 生物医药、新能源、节能环保和新材料等战略性新兴产业和汽配机电、健康食品等主导特色产业全年实现的销售收入、利税、利润分别占全部规模以上企业的78.7%、85.9%和94%。加快建设南太湖生物医药产业园，努力建成国内第一条符合cGMP标准的生物类药生产线；加快发展以膜法水处理技术研发生产为主的环保水处理产业，重点发展欧美环境膜技术、格尔塔斯环保除尘技术。全力推进装备制造业，重点做大做强轴承制造、汽配机电等板块。

【现代服务业发展】 全年服务业增加值占全部GDP比重的45.2%。服务外包产业异军突起，全区完成服务外包合同执行额2887.8万美元。其中，离岸执行金额1527.3万美元，在岸执行金额1360.5万美元。现代商贸业蓬勃发展，全区“十大”市场完成交易额157.5亿元，同比增长13%，红星美凯龙家居广场、亿丰建材城、江南车城和中钢钢铁交易市场等快速发展，湖州国际软件园等服务业重大项目建设加快推进。

【科技创新】 全年全区高新技术产业完成增加值7.44亿元，同比增长7.3%。全年37家重点扶持的高新技术企业研究与开发经费占GDP的2.9%，完成工业总产值82.74亿元、实现销售收入81.24亿元、利税总额7.99亿元，其中利润5.65亿元，同比分别增长3%、4%、9.9%和7.1%，分别占全区规模以上企业的31.1%、49%、52.8%和60.1%。企业自主创新能力加强，共申请专利970项，其中发明专利140件，占比14.43%；授权专利659件，其中发明专利53件，占比8.04%，荣获第十五届国家发明专利优秀奖1项，国家863计划专项2项，国家创新基金立项项目9项。湖州南太湖科技创新中心平台实现倍增效应，一期纳入统计的30家单位实现产值2.14亿元、同比增长5.4%，销售收入1.98亿元、同比增长3.8%，上缴税收758.1万元、同比增长8.7%。二期已引进中科院成都生物所、诺和药业、浙江中一检测研究院等项目7个。湖州经开区荣获首届浙江开发区特别贡献（科技创新）奖。

【招商引资】 全年全区共新签约项目32个，总投资454亿元；共批准外资项目30项，其中新批设立11项，增资19项。完成合同外资29260万美元，实到外资18837万美元。全力推进浙商回归，全区共完成浙商回归项目省外到位资金20.48亿元，省内市外到位资金4.21亿元。其中，总投资60亿元的联东U谷项目、总投资4.42亿美元的敏实新能源汽车产业园项目、总投资6亿元的荣达创业园项目、总投资5亿元的龙达新科生物医药项目等成功签约。成功举办“高铁新时代”投资洽谈会、第四代产业园建设（上海）研讨会等专题招商活动。

【项目建设】 2013年，全区排定的68项重点产业化项目，累计完成投资40.42亿元，已竣工投产（试生产）项目18个，在建项目32个，完成年度目标的97.9%。其中，16个湖州市“双百行动”项目完成年度目标的91.3%；18个湖州市重点项目完成年度目标的108.6%；17个湖州市工业“大好高”项目完成年度目标的114%。其中，辛子精工、日新汽车、固耐橡塑等18个重点产业项目已竣工投产；特瑞思药业、展望天明等项目已完成部分厂房竣工。38项重大城乡建设项目中，104国道改线工程完成总体形象进度的60%，西塞山分区南片、生物医药产业园等区块路网建设进展顺利，夹山漾、清河嘉园二期等6个年度投资为6.05亿元的保障性住房项目完成年度投资任务的109.2%。

【生态环保】 全年全区共实施节能技改项目21个，列入市级重点技改项目14项，累计淘汰落后产能7200吨标煤，重点限制八大高耗能行业以及能耗高税收贡献低的企业，淘汰道场电镀手工电镀线、拆除达多皮革年产羊皮折合牛皮22万标张生皮制革生产线，淘汰湖州展望天明有限公司0.5万吨甲基纤维素落后生产线，淘汰湖州市道场电镀厂手工电镀线5条，全面关停湖州红吉投资发展中心无机化工二厂年产19050吨工业沉淀碳酸钙的重质碳酸钙生产。

【人才建设】 全年全区引进各类专业人才2753余名，其中硕、博士以上高层次人才153余名、海外高层次领军人才12名，入选市“南太湖精英计划”团队（项目）9个、国家“千人计划”团队（项目）1个，新入选市南太湖特聘专家7名，市1112学术带头人8名，启动格尔泰斯和国际软件园2家院士专家工作站建设。全年组织申报精英计划项目32个，9名人才成功入选，其中创业人才7人，创新人才2人。此外，王滔博士被评为全国优秀科技工作者，崔琛焕博士入选省151人才，周儒伦博士获人社部留学人员科技项目择优资助部优项目资助，高丙利博士和鲁越晖博士分别获得浙江省和湖州市级项目资助。湖州经开区共有国家千人计划人才6人，浙江省千人计划人才13人，入选南太湖精英计划领军人才39人，分别占全市的40%、38%和19%。

【社会事业】 大力推进基本公共服务均等化。农村居民人均纯收入达到19428元，同比增长10%。在15个村开展“银龄互助”活动，帮扶老人106人，新增2家城市老年电大教学点，建成6家养老照料中心；加强城乡社区工作，创建村务公开民主管理示范村4个，新增五星级农村社区服务中心1个。

【机构设置和管委会领导】 湖州经开区管委会设12个内设机构。分别是：办公室、党群工作部、集聚区工作处、发展改革与经济贸易局、统计局、建设局、社会发展局、社会管理综合治理办公室、环境保护局、安全生产监督管理局、财政局、审计局。

湖州经开区管委会领导成员有：市政府党

组成员、集聚区管委会主任、开发区党委书记、管委会主任施根宝，集聚区管委会副主任、开发区党委副书记、管委会副主任凌建荣，开发区管委会副主任杨宇澄，开发区管委会副主任（兼）戴健、丁泉观、徐惠荣、吕立、李节、朱建祥、李强、池丽萍、姚星、徐建兵、潘郁泉、尹伟东（兼）。

（湖州经济技术开发区管委会）

苏州吴中经济技术开发区

【经济发展】 2013年，苏州吴中经济技术开发区（以下简称“吴中开发区”）实现地区生产总值432.2亿元，比上年增长3.2%。其中，第二产业增加值完成276.5亿元，第三产业增加值完成152.7亿元，同比增长10.5%，第二、三产业占比为64.0∶35.3。财政收入继续保持快速增长。全年财政收入98.5亿元，比上年增长39.7%，税收收入63亿元，增长18.0%，全年地方公共财政预算收入38.2亿元，比上年增长18.3%，地方财政支出24.3亿元，比上年增长20.4%。

【工业产业发展】 全年实现工业增加值264.6亿元，其中，规模以上工业增加值199.5亿元，同比增长4.1%。全年工业总产值1163.7亿元，比上年增长1.4%，其中规模以上工业总产值851.8亿元，增长4.4%。在规模以上工业中，外商及港澳台投资工业总产值572.3亿元，增长1.1%；内资工业总产值279.5亿元，增长11.7%。电子信息、精密制造、纺织等三大产业完成工业总产值104.5亿元，比上年增长14.2%，占吴中开发区工业总产值的67%，占比提高1.47个百分点。

【科技创新】 高新技术产业产值占规模以上工业总产值的27.7%。全年新增创新创业载体1个，累计创新创业载体18个，其中高新技术创业服务中心（孵化器）4个。全年高新技术企业新增24家，研发机构新增34家，专利申请量新增3695件，同比增长21.7%，其中发明专利申请量新增1567件，同比增长61.5%。

【对外贸易】 外贸进出口77.1亿美元，增长1.3%。其中，出口总额47亿美元，增长14.5%；进口总额30.1亿美元。完成高新技术产品进出口23.7亿美元，增长12.3%。

【招商引资】 全年新批外商及港澳台投资项目30家，办理增资项目18家，项目投资总额9.4亿美元，合同利用外资5.6亿美元，实际使用外资3.1亿美元。全年新设立登记内资企业657家，共计新增内资企业注册资本196.5亿元，同比增长16.3%。

【投融资建设】 江苏省吴中经济技术发展总公司与太平洋资产管理公司合作，成功引入5亿元5年期保险债权投资；稳步推进二期企业债的发行、持续跟进10亿元中期票据的报备工作；向江苏省发展和改革委员会上报申请发行25亿元7年期企业债，用于开发区安置房建设；通过融资租赁售后回购模式获得光大金融租赁公司3亿元5年期融资额度；抓住吴中区国资委“金蝶软件EAS”系统上线契机，完成金蝶EAS融资模块和财务金蝶软件对接。苏州吴中国太发展有限公司加大银行贷款争取力度用于太湖新城开发建设。

【生态环保】 加强环保基础设施建设，

河东污水处理厂三期项目一组2万吨/日通过验收，完成吴淞江污水处理厂项目立项报批工作，进入设计阶段；江远热电厂污泥干化焚烧综合利用项目一期300吨/日工程建成投运。东太湖综合整治工程基本完成。启动国家生态工业示范园区创建工作，14家单位通过各类“绿色”创建验收。开展苏州江远热电有限公司脱硫、脱硝、脱尘工程论证。区域水、气环境污染整治不断深入。绿化造林建设进一步完善，全年完成绿地面积46.4万平方米。

【项目建设】 共有12个项目列入苏州市重点项目，全年完成投资58亿元；55个项目列入区级重点项目，全年完成投资106.2亿元；全年完成投资超亿元的产业项目33个。汇川技术等一批在建项目加快推进，AW零部件等项目建成投产。全年完成工业投资96.7亿元，增长17.5%。

【管理与服务】 成功获批省级经济循环化改造示范试点园区。经济发展局受理总投资3亿美元以下外商投资鼓励类和允许类项目的新设和各项变更。推进“网上服务”工程，与吴中区行政服务中心实现网络对接，新增行政服务业务功能模块，设立商务审批网站公示制度，推行网上咨询预审。

【人才建设】 全年合计申报国家及省市区各类高层次人才项目34个，成功申报9个。全力推进精英创业周项目落户，共计落户双创高层次人才嘉宾项目11个，在项目评审对接与需求管理系统中落户公共项目5个。全力推进高层次人才生活配套，对在开发区成功申报区级以上创新创业项目、且无住房的各类高层次人才，明确租房补贴标准，并列入当年财政预算。

【信息化建设】 建立电力需求管理公共服务平台。国家级吴中生物医药公共服务平台建成投用。组织企业申报两化融合和星级数字企业创建，有9家企业通过省两化融合试点企业、6家企业获评市两化融合试点企业、1家企业获得市两化融合示范企业、1家企业获评五星级数字企业、6家企业获评四星级数字企业、17家企业获评三星级数字企业。组织企业申报信息化项目，26家企业的信息化项目获得区级以上资金支持。

【社会事业】 推进企业社会保险扩面工作，全年净增参保人员6000人。推进城乡居民医疗保险、城镇少儿医疗保险参保工作，参保率达100%。大力发展文化产业，宝成实业有限公司获得中央文化产业引导资金。开展毕业生就业服务“面对面、一对一”活动，就业率达99%。与南京师范大学签署联合办学协议，共同建设南京师范大学附属苏州石湖中学以及南京师范大学附属苏州石湖实验小学。

【政策发布】 制定出台《关于创新转型发展奖励扶持政策的试行办法》，大力扶持科技创新型和现代服务业企业，促进区域转型升级水平整体提升。制定出台《关于加快农村集体经济发展的意见》，强化土地供给、项目对接、资源配套、政策资金等方面的扶持，推进农村集体经济快速有效发展。

【党建工作】 加强非公企业党建示范点建设，举办全区首批“流动党课进企业，非公党建再提升”主题活动。开展非公党建“红色引航”党员专场招聘活动，进一步夯实非公企业党建基础。认真落实党风廉政建设责任制，党风廉政建设责任书单位部门全覆盖。严格执行党风廉政建设各项规定，组织开展会员卡专项清退活动，做到零持有零报告。完成《开发区党风廉政制度汇编》，制度建设进一步健全完善。

【机构设置与管委会领导】 苏州吴中经济技术开发区管委会下设党政办、政法办（综治办）、招商局（经发局）、社会事业局、建设局、组织人事和劳动社保局、出口加工区管理局等7个工作部门。苏州吴中经济技术开发区管委会主任金洁，法人代表、管委会副主任荣德明，管委会副主任王苏春、顾建明、刘叶明、朱凤泉、骆兴男、徐国雄。

（苏州吴中经济技术开发区管委会）

万州经济技术开发区

【概况】 万州经济技术开发区（以下简称“万州经开区”）前身为万州工业园区，于2010年经国务院批准升格为国家级开发区，总体规划面积58.56平方公里，按照高峰园、天子园、五桥园、盐化园、新田园“一区五园”的格局开发建设。至2013年底，建成区面积12平方公里，入驻企业179家（规模以上企业50家），初步形成能源建材、特色化工、机械电子、纺织服装、食品药品五大特色产业集群。

【经济发展】 2013年新增规模以上工业企业11户，新增就业1万人。完成规上工业产值405.46亿元，同比增长16.89%。实现工业企业利润18.34亿元，同比增长47.54%；完成固定资产投资80.34亿元，同比增长24%，其中产业投资50.12亿元；实现进出口总额2.07亿美元；完成全口径财政收入15.67亿元，同比增长13.4%，其中地方财政收入12.88亿元，同比增长24.1%。

【投融资建设】 累计争取三峡后续、中央财政贴息、保障性住房补助、对口支援等各类政策性资金3.84亿元。所属重庆三峡产业投资有限公司成功发行企业债券10亿元，正在推进二期企业债券申报工作；重庆万林投资发展有限公司注册发行私募中票，已取得交易商协会特别会员资格。不断优化资金结构，债务资金成本由年初的7.44%下降到7%。

【招商引资】 新签约项目50个，协议投资总额164.2亿元。其中，科创万州医药产业园、东方医药产业园、迪鹿特种车改装、渝东表面处理中心、北京朗途融通落地式电子商务5个项目协议投资额在10亿元以上。华歌生物年产5万吨毒死蜱中间体项目一期、施耐德电气西部智能终端生产基地、明邦建材100万立方米新型建筑材料等13个项目竣工投产；科创万州医药产业园、长江三峡流域生态经济产业林油一体化、红太阳三药中间体等30多个项目开工建设；神华神东万州港电、西部纺织城、中船重工万州船舶工业园、康师傅矿物质水及相关包装材料生产基地等8个重点产业在建项目加快推进；正在跟踪洽谈近100个项目。

【基础设施建设】 完成新田园控规规划方案，实现了各片区控规全覆盖。实施基础设施建设项目74个，其中竣工15个、续建7个、新开工31个、储备21个，总投资77亿元，当年完成投资17.2亿元。全年推进还房建设161万平方米，其中60万平方米完成主体工程。全年竣工标准厂房2.4万平方米，开工建设高峰标准厂房6.3万平方米；有序推进保障性住房建设45万平方米，基本建成15万平方米；有序推进35公里道路桥梁建设，其中经开大道、上海大道延伸段实现初通，玉城大道完成桥梁主体工程，百安大道延伸段、经开大道C段连接道、鄂楚进场道路开工建设。全年完成场平工程约2平方公里，高峰、玉城等片区高压铁塔和管网正加快搬迁，其中科创园110KV及玉城35KV高压线已完成迁建。

【生态环保】 五桥园污水收集管网系统工程、高峰污水处理厂等7个环保基础设施项目有序推进。完成科创医药园、东方医药园、超逸沥青等35个项目的环保申报预审工作。

联合区环保局、重庆华歌生物化学有限公司承办了2013年次生突发环境事件应急演练。强化日常监管，积极开展沿江企业环境管理情况调查、生产化学品环境情况调查、环境安全大排查大整治大执法大督查等专项行动，全年现场巡查企业212家，出动人员448人次，排查隐患17处，整改17处，整改率达100%。

【党建工作】 2013年，制定出台万州经开区全面贯彻落实全市功能区域划分的实施意见和招商引资、规划建设、生态文明三个方面的专项实施意见“1+3”文件，进一步明确了万州经开区在生态涵养发展中点上开发的目标、原则、重点和路径。制定了《党工委、管委会工作规则》一级制度1个，制定、修订和沿用《财政性资金支出审批暂行办法》《土地储备资金财务管理办法》《中介机构备选库管理暂行办法》等二级制度38个、各部门各单位内部三级制度110个，建立健全了一二三级制度体系。

切实加强党风廉政建设，坚持预防为主、标本兼治，2013年，“三公”经费支出同比下降28%，各类文件、简报同比下降20%，各类会议同比减少18%。

【人才建设】 2013年，对重庆三峡产业投资有限公司、重庆万林投资发展有限公司、重庆市玉罗实业有限公司3家直属公司230名招聘人员进行了测评和考核，聘用人员结构和素质进一步优化；会同区委组织部对抽借调干部进行到期轮换，抽调79名优秀干部到经开区帮助工作；党的建设、主题活动、对外宣传、提案议案等工作有序开展，严格执行党政机关、事业单位津补贴发放规定。同时，3家直属公司切实履行开发建设、服务企业、资金融通、保障运行等职能职责，内部管理不断规范，服务能力得到增强，运行效益有效提升。

【机构设置与管委会领导】 万州经开区下设办公室、经济发展局、投资促进局、财务局、建设管理局、安全生产监督管理局、环境保护局7个内设机构。

万州经济技术开发区领导：党工委书记、管委会主任谭登平、蒲彬彬，党工委委员、管委会副主任户邑，党工委委员、管委会副主任谭俊英，党工委委员、管委会副主任曾斌，党工委委员、管委会副主任张华。

（万州经济技术开发区管委会）

海安经济技术开发区

【概况】 海安经济技术开发区（以下简称“海安开发区”）地处长三角核心区北翼，隶属于江苏省南通市。海安开发区始建于1992年，先后获得“全国模范劳动关系和谐工业园区”、“江苏省先进开发区”、“江苏省国际服务外包示范园区”等荣誉称号。2012年7月，海安开发区经国务院批准，升级为国家级经济技术开发区，成为江苏省长江以北第一家落户在县级城市的国家级经济技术开发区。

【经济发展】 2013年，海安开发区实现地区生产总值449.61亿元，按可比价格计算，比上年增长16.7%。其中，第二产业产值303.66亿元，比上年增长16.2%；第三产业产值130.86亿元，比上年增长18.8%，三大产业增加值结构比为4:67:29。全年财政收入

95.24亿元，比上年增长29.7%；全年公共财政预算收入42.26亿元，比上年增长28.7%；全年税收收入59.02亿元，比上年增长16.5%。

【工业产业发展】 持续推进高端装备制造、汽车零部件、现代纺织、新能源新材料、高档家具等工业板块加快发展。联发集团、晨朗集团、鑫缘集团、海迅集团等重点龙头企业主动应对市场挑战，加强科技创新支撑，保持稳定增长态势。亚太科技、通润汽车零部件、远东新材料、上柴动力、爱登堡电梯等一批重点企业产能逐步释放。2013年实现工业增加值280.6亿元，其中，规模以上工业增加值277.87亿元，比上年增长17.1%；全年工业总产值2051.74亿元，比上年增长30.9%，其中，规模以上工业总产值1480.33亿元，比上年增长25.4%。在规模以上工业中，外商及港澳台投资工业总产值390.39亿元，比上年增长26.6%；内资工业总产值1089.94亿元，比上年增长24.88%。

【科技创新】 全面加强产学研合作，先后组织企业与天津大学、江南大学、常州工学院等高校开展对接。大力探索自主创新平台建设，先后落户"海安上海交通大学智能装备研究院"、"北京科技大学海安金属新材料研究院（筹）"。推动企业研发机构建设再提升，实现规模以上制造业企业研发机构建设、产学研合作两个全覆盖。联发集团技术中心获批国家级企业技术中心，中威重工的省工业科技支撑重点项目、联发集团的省重点实验室、莘翔机电的省重大战略产品产学研联合攻关项目等重大科技项目获批，晨朗电子与南京理工大学合作开发的"风力发动机用高性能稀土永磁体研发及产业化"项目被列为省重大科技成果转化项目，西蒙电气检测中心获得CNAS国家实验室认证。高新技术产业产值占规模以上工业总产值的44.87%，高新技术企业达101家。专利申请量达到3984件，其中发明专利申请量达1043件，同比增长17%。软件科技园2.18平方公里产业基地建设加快步伐，科技大厦、孵化器、加速器等重点项目快速推进，惠普智慧谷、晟峰科技两个园中园项目启动建设，科技门户、创新核心的作用进一步突显。

【对外贸易】 外贸进出口额为21.33亿美元，同比增长80.34%。其中，出口总额18.56亿美元，同比增长85.7%；进口总额2.77亿美元，同比增长51.3%。完成高新技术产品进出口额为8.77亿美元，同比增长26.93%，占全区进出口总额比重为41.14%。

【招商引资】 海安开发区成为外资项目、沪浙、苏南等企业投资的最佳目的地，杨浦（海安）工业园、奉贤（海安）工业园、常安纺织科技园等共建园区跨江互动发展效应持续放大。莫塔超硬材料、美加力新能源、喜来登大酒店、埃塞电子等一批重大外资项目签约落户。全年新增外商及港澳台投资项目53家，办理增资项目12家，项目投资总额11.6亿美元；合同外资金额6.39亿美元；实际使用外资金额2.50亿美元。全年新设立登记内资企业642家，增加注册资本企业92家，新增内资企业注册资本114.03亿元。其中，新增民营企业586家，注册资本46.8亿元。

【投融资建设】 大力推进融资主体多元化，组建国有实体江苏腾海股份有限公司，通过实体业务运作，实现了由平台融资向实体融资的转变。大力推进融资方式多元化，积极推进总公司一期发债进度，以发债撬动项目贷款，以流动资金贷款作为补充。大力推进融资结构多元化，以发债为主体，实现以低成本置换高成本，以期限长置换期限短，以合规的置换不合规的，促进结构优化。大力推进融资合作多元化，探索风险基金融资，引导基金向区内高科技、高成长型企业投放，助推企业发展。

【生态环保】 通过环境行政执法，切实加强对偷排、直排及不达标排放的打击力度，着力引导纺织企业加大技术改造力度，提高中水回用率。利用美亚、联发两家热电企业优势，大力推行集中供热，集中供热区域已达到140平方公里。大力开展环境整治行动，按照“五位一体”的总框架，细化分工，包干到人，实行环境整治长效管理，实现“网格化、专业化、市场化、机械化”全覆盖。加大化工园区整治力度，所有进区项目在签约前必须进行环境影响初步评估，确保重污染项目“零落地”，切实把重污染项目拒之门外。以生态防护林、景观林、经济林建设为重点，大力实施绿色通道、河道绿色生态护坡、成片绿化等工程，全面推进绿化造林工作，森林覆盖率达国家平原绿化标准。

【项目建设】 大力推行项目服务经理制，采取风险考核等办法，强化服务责任，提高服务质量，打造了项目服务的“金字招牌”。三和伟业、意邦清洁等项目开工建设，上柴动力、远东新材料、上海水星家纺等重大项目竣工投产。全区在建、续建亿元以上工业项目超过100个。充分发挥铁路、国道、运河三位一体联动效应，加快现代商贸物流业发展，国龙物流、正元港务、亚太亿发物流、华润生鲜冷链物流等一大批物流业龙头项目建设加快推进，苏中不锈钢市场、苏海汽车城、盈佳模具城、丰源食品城、东部家具全球采购中心等一批专业市场加速繁荣。

【人才建设】 加大创新创业团队和高层次人才的招引力度，大力招引两院院士、领军人才和海归人才。积极与高等院校、高职院校建立合作联盟，在成果转化、项目入孵、研发共建的同时，注重建立蓝领人才培养基地。加快推进人才公寓和职工公寓建设，确保招得进人、留得住人、用得好人，着力化解企业用工难的突出矛盾。全年共引进高层次人才110名、高层次创新创业团队14个、高校毕业生3320名、蓝领技能人才3400名。

【信息化建设】 以2.18平方公里软件科技园产业基地为载体，大力发展信息产业，荣获“国家中小企业信息化公共服务平台，呼叫服务创新平台”称号。推进公共数据、电子商务、研发中试、成果转化等功能平台建设，建成科技孵化器和加速器标准厂房10多万平方米。着力推进信息化和工业化的深度融合，围绕电梯部件、剪折机械、新能源、新材料、电力、电子等行业产品的智能化升级，推进信息技术与传统工业技术间的协同创新，加强电子信息技术在制造装备以及新兴产业中的应用，不断提升信息技术支撑产品智能化转型的能力和水平。积极打造云计算应用平台，公共数据及云服务的能力和水平全面提升。海安开发区网站改版运行，政务云移动办公系统投入使用。积极推动电子商务和物联网发展，江苏亚蒙、江苏网美、合捷贸易等电子商务企业入驻软件科技园，销售产品涉及家纺、五金、电脑配件等领域。“果篮网”成功上线。

【基础设施建设】 启动东部产业新城扩区、县城社区卫生及活动用房专项规划，进一步完善，主、次干道加快建设，地上地下、绿化、美化、亮化工程基本实现全覆盖。推进特色园区基础设施网格化覆盖，全年完成道路、排水管网、路灯亮化、配套绿化、电力线路、供水管网等工程投入10亿元，上湖新城基础设施建设加快推进，上湖大道等主干道建设顺利实施。

【社会事业】 以加强社区建设为抓手推进网格化管理和村居公共管理服务平台建设，建成村居公共管理服务平台29个。加大安置房及安置小区配套的建设力度，全年新建、续建安置房达240.15万平方米。成功举办“丝乡”杯“汇聚力量，超越梦想”迎国庆书画作品巡展。由中国木雕工艺大师、高级工艺美术师陈加国创办的丝翎檀雕艺术馆在523文化产业园开馆。扎实开展“海安好人”评选、道德讲堂、快乐驿站等活动，弘扬社会正气，倡导文明新风。

【政策发布】 对辖区内规模工业企业进行考核奖励，主要考核企业开票销售、总部经济、技改投入、自主招商、财力贡献、科技创新、人才引进、两化融合、品牌创建、节能减排等十个方面的内容。深入实施“工业强区”战略，走以信息化带动工业化，以工业化促进信息化的新型工业化道路，设立“两化融合”专项资金，切实推进全区“两化融合”发展进程。加大现代服务业工作的推进力度，促进经济全面协调发展和现代服务业的腾飞，对重点服务业项目和投资业主进行政策支持，设立了年度考核奖、企业引进奖、项目投入奖、企业培育奖等四个奖项。

【党建工作】 积极实施“联述、联评、联考”制度，强化党组织书记抓党建的第一责任。认真落实上级党建工作创新工程实施意见，统筹推进各领域基层党建工作。围绕“党建强、发展强”，积极创新党建活动载体，拓宽非公企业党组织发挥作用的途径，海安远东新材料有限公司、南通华东建设有限公司等非公企业成立党支部，海迅集团成立党委。完善“一室三代”工作制度，推行城乡社区网格化管理服务，扎实开展群众事务党员干部代理活动，构建了具有开发区特色的党员联系服务群众工作体系。

【机构设置与管委会领导】 海安开发区管委会下设纪工委、办公室、党群工作局、项目建设推进办公室、经济发展局、招商一局、招商二局、招商三局、招商四局、现代服务业局、财政局、规划建设局、农村工作局、社会事业局、政法综治局、房屋征收管理办公室、软件园管理中心等17个工作部门。海安开发区党工委书记周宗泉，管委会主任王荣贵，管委会常务副主任钱亚洲，纪工委书记王银俊，管委会副主任吴建华、王晓红、张书伟、袁海秋、胡国祥、田卫军，管委会委员杨建国、施成、孙宝军、凌勇、谢国华。

（海安经济技术开发区管委会）

义乌经济技术开发区

【经济发展】 2013年，义乌经济技术开发区（以下简称“义乌开发区”）实现工业总产值971亿元，比上年同期增长18.8%。规模以上工业企业实现产值483亿元，比上年同期增长12%。实现工业出口交货值119.8亿元，比上年同期增长0.7%。实现财政收入54.3亿元，税收收入29.3亿元。

【招商引资】 2013年，赴17个省市外出招商500余人次，走访企业238家，与23家商会协会、投资促进机构建立合作联系，宣传推介和招引重点项目，累计完成内资44851万元，外资2620.82万美元，浙商回归44877万元，引进投资50亿元以上大项目3个，世界500强企业1家，中国500强企业3家，央企1家，上市公司5家，储备了恒生电子、康恩贝等56个项目，其中新兴产业、高新技术项目31个。总投资60亿元的华鼎锦纶项目前期工作取得进展，明确了有关政策，签订了框架协议。中国包装总公司投资建设的中国绿色包装产业（义乌）综合示范园项目，总投资60亿元，建设光学膜、托盘循环共用系统、可降解塑料及综合运输监测仪等项目，目前已签订了框架协议，正在进行配套政策洽谈。赵龙特种车项目已于8月份顺利投产，每月生产特种车120余辆，月产值达5000万元。深海印刷项目主体工程已结顶。

【人才建设】 2013年，共计接待高层次人才约30个批次，外出45次，走访了10余家院校，接洽了42个项目，多次参加杭州、宁波等地的人才项目推介活动。全年共引进高层次人才创业项目13个，其中国家千人计划项目6个，省千人计划项目5个，项目总投资1.33亿元，前期已投入1030万元。与浙大进行深入合作，积极开展浙大义乌创业育成中心创新发展调研，探索创新激励机制。赴浙江现代纺织工业研究院等科研单位，深入探讨市校协作机制。今年9月，开发区成功获批国家级博士后科研工作站，楼越升博士已顺利完成开题答辩并将与企业进行科研合作。

【基础设施建设】 完成了发展战略和产业发展规划的编制，完成了开发区深化整合提升工作方案。开展了空间拓展研究，为大产业、大项目的布局提供了基础。积极引进万达、绿城等公司先进的设计理念，精心编制好城市综合体、高档住宅区、总部经济B组团控制性详细规划，编制好高层次人才创业园二期、总部经济C组团概念性规划。不断优化道路交通网络。开发区四期开创路、开诚路、戚继光路、杨村路、城店路、伏龙山路和规划一路均已开工建设。文化广场项目土石方及基坑支护工程已完成，并完成主体工程施工及监理招标。与万达集团签订了框架协议。中心区L地块高档住宅项目重点引进品牌企业，目前已完成挂牌出让，绿城集团竞得项目用地。

【管理与服务】 在市委市政府的全力支持下，开发区“三定”方案已于2013年12月20日正式获批。建立健全了内部管理、招商引资、规划建设等管理制度及绩效考核、招商引资考核、有效投入考核等督查考核机制。认真贯彻执行开发区重大产业项目联系责任制度，将每个重大产业项目落实到每个领导和全体干部工作员，对项目进行全程跟踪服务。继续全面落实全程代办服务机制，确定专人为入驻企业进行工商、税务注册等手续实行全程代办，努力建立优质的服务环境。特别是全市重点建设项目“百日攻坚”暨“332”重大建设项目计划推进行动以来，开发区把26个项目按照倒排计划明确任务要求和工作时限分解到各办局，并由各办局将各项任务落实到人。

【党建工作】 认真开展了以“转型发展从我做起”为主题的“‘鸡毛换糖’再出发”解放思想大讨论活动。全面落实“周三学习日”，通过领导上党课、专题宣讲辅导、观看警示教育片、组织座谈讨论和谈体会等多种形式，组织学习了党的十八大精神、十八届三中全会精神、省委十三届三次全会精神及电子商务、工业经济、招商政策、建筑工程等各项知识。每季度至少一次组织专题廉政教育课，每月至少组织一次观看廉政教育警示片、学习警示案例、纪委文件等廉政教育活动。

【机构设置与管委会领导】 义乌经济技术开发区管理委员会为义乌市政府派出机构，内设办公室、招商局、经贸科技局、规划建设环保局、财政局等机构。中共义乌经济技术开发区委员会由张庆奇、黄华、陈临军、季小丹、何中民等5名同志组成，张庆奇同志任书记、主任，黄华、陈临军、何中民任党工委委员、副主任，季小丹同志任党工委委员、纪工委书记。

（义乌经济技术开发区管委会）

浏阳经济技术开发区

【经济发展】 2013年，浏阳经济技术开发区（以下简称“浏阳经开区”）工业总产值520亿元，同比增长38%；其中，规模工业增加值160.47亿元，同比增长27.8%；实现固定资产投资96亿元，其中企业固定资产投资91.5亿元；招商引资到位资金33亿元，到位外资8800万美元。实现财政总收入17.5亿元，同比增长40%，其中，上划收入完成9.93亿元、地方收入完成5.19亿元、土地出让金收入完成2.4亿元。骨干企业中：蓝思科技实现产值246.5亿元，占浏阳经开区总产值520亿元的47%，实现税收8.52亿元，占浏阳经开区税收17.5亿元的48%。尔康制药及盐津铺子税收均过5000万元大关。九典制药税收过3000万元，永清环保、佳视医疗、绿之韵生物、华纳大制药、斯奇制药税收过2000万元，迪诺制药、威尔曼制药、中油燃气、安邦制药、湘药制药等9家企业税收过1000万元。

【科技创新】 浏阳经开区管委会及全资子公司到位科技项目资金1600余万元，协助企业争取科技项目资金5664万元。新引进孵化企业3家，其中麓鸣生物公司建成600平方米的基因功能与调控实验室投入使用，引进国家级重点实验室——湖南师范大学蛋白药物多肽合成国家重点实验室。获批国家发改委2013年通用名化学药和蛋白生物药专项，成为我园继重大新药创制孵化基地以来又一国家重大专项支持。2013年全年，专利申请量187项，同比增长35.5%，其中发明专利85项，同比增长30.6%。获得专利授权119项，其中发明专利43项。

【招商引资】 浏阳经开区全年新引进项目14个，总投资163亿元。其中投资过100亿元项目1个，投资过30亿元项目1个，投资过10亿元项目1个，投资过5亿元项目4个，总用地面积2968.7亩，投资强度达500万元/亩。总投资100亿元、全球销量第九的基伍通讯落户浏阳经开区。该项目包括整机生产基地及相关配套厂。投资过50亿元的领胜科技项目已签订投资协议。同时积极引导已投产大企业二次投资再创业，先后引进盐津铺子投资10亿元建设上市总部及生产基地项目、华纳大药厂投资5亿元建设40亿片中药制剂及配套5000T中药提取加工生产基地项目、农大动物药业投资5亿元建设生物制品及中药制剂生产基地项目、银杏投资在浏阳经开区投资5亿元建设医疗器械园项目。

【项目建设】 蓝思科技三期暨总部基地、盐津铺子四期、湘粤盛、贺福记、方锐达、开元、坛坛香、奇异生物、迪诺四期、明瑞二期等25个项目如期开工建设。泰谷生物、盐津铺子三期、爱康新材一期、味香源等25个企业新项目投产。完成7.8万平方米安阳家园一期建设。

【基础设施建设】 完成平地1430亩、完成路基6.3公里、完成路面6.6公里、完成道路提质改造10公里、新增绿化5.5万平方米、新敷设高压10KV电缆6.2公里、10KV电力线路4公里、电力管线4.5公里。新铺设主水管7公里，污水日处理量扩容至5.5万吨。在现有污水收集管网21公里的基础上新建管网

20 公里，出水水质由一级 B 标准提高到一级 A 标准。

【管理与服务】 推出“5S”跟踪服务制度、分片区集中调度制度、按月进度跟踪制度等系列办法。免费为蓝思科技三期等 148 个项目（其中企业项目 96 个）立项备案，共为企业节约资金 3000 多万元。帮助威尔曼等 68 家企业争取技术改造、科技成果转化、保障性住房建设等项目资金 6000 多万元。新登记内资企业 74 家，办理企业变更 193 家。党建党务、纪检监察、宣传思想工作及综合调研、考核督查、内部管理、会务接待等进一步加强，新组建非公经济党委，创建绿之韵、以翔科技等长沙市文明单位 4 家，创建博爱医院、尔康制药、神力实业等浏阳市文明单位 4 家。

【社会事业】 2013 年，占地 150 亩、开办 48 个班的长郡浏阳实验学校正式签约。总投资 1100 万元的农贸市场投入使用。浏阳经开区汽车站主体竣工，公交中心站开建，开通园镇职工公交车 6 路。投入资金 490 万元用于洞阳中学、环园实验小学等的改造；2013 年，制订、实施“人才扎根”措施，制订、实施农民工工资支付保障金制度，缴存工资 1705.3 万元。“五个险种”参保职工达 206281 人次，年征缴社保基金 38219.7 万元。投资近 200 万元的监控光纤布线已完成，新设治安岗亭 2 个。在城市管理方面，新购大型洗扫车和垃圾收集车各 1 台，新建环保公厕 3 座。

【党建工作】 2013 年，浏阳经开区新组建了 1 个非公经济党委、1 个非公企业党总支和 4 个党支部，培训入党积极分子 94 名，新发展预备党员 23 名，办理预备党员的转正手续 26 人，召开支部书记碰头会议 4 次，开展了“党建带三建”活动，全面配齐配强了工会、团委和妇代会，提高了党建工作水平。

【机构设置】 浏阳经开区内设办公室、党群办、经济贸易发展局、建设发展局、社会发展局、财政局、征地拆迁所、招标及审查中心、综治办、产业化服务中心（留学人员创业园）、政务服务中心。

（浏阳经济技术开发区管委会）

嵩明杨林经济技术开发区

【概况】 2013 年 1 月 17 日，云南嵩明杨林工业园区经国务院（国办函［2013］21 号）批准升级为“国家级经济技术开发区”，更名为“嵩明杨林经济技术开发区”（以下简称“杨林经开区”），实行现行国家级经济技术开发区的政策。2013 年，被云南省委、省政府确定为滇中产业新区（东区）的核心发展片区，成为昆明、云南工业经济发展的重要增长极，云南面向东南亚、南亚“桥头堡”建设的前沿主阵地之一。

截至 2013 年，杨林经开区累计投入基础设施建设资金近 30 亿元，路网便捷发达，城市配套发展完善，园区经济总量不断壮大。2013 年，园区入驻企业达 210 家，其中，建成投产企业 165 户，投资亿元以上企业 60 家，规模以上工业企业 53 户。世界 500 强企业 5 户，中国 500 强企业 10 户，沈机集团、云南建工集团、云南浩鑫铝箔有限公司、云南冶金、燕京啤酒、嘉士伯啤酒、康师傅、伊利乳业等龙头型、旗舰型企业纷纷入驻，“千亿元园区”雏形初显。

【园区特色】 杨林经开区位于嵩明坝子西南部，地处滇中古镇杨林，昆曲高速公路军马场出口东侧，距昆明新机场12公里，距昆明主城34公里，距嵩明县城8公里。园内交通通达，区位优势明显，地处“滇中经济圈”及“昆（明）曲（靖）”工业走廊、绿色经济示范带的重要位置，扼守出川入滇公路交通“大动脉”，属昆明“半小时市经济圈”。区内“铁、公、机”立体交通优势无可比拟，“三高一环绕”纵横、“三铁一轻轨”交错、“两国道两通道”贯穿，大通道、大物流发展空间巨大，大招商、大发展平台潜力无限。

【经济发展】 2013年，园区规模以上工业总产值完成116.44亿元，增长13.6%；规模以上工业主营业务收入完成114.55亿元，增长21.6%；规模以上工业增加值完成26.34亿元，增长22.6%；利税总额完成5.4亿元，增长39.3%%；规模以上固定资产投资完成63.03亿元，增长35.55%。园区发展总体呈现出“总量提升、产业提质、项目提速”的良好发展态势。

【招商引资】 2013年，新引进金光集团金红叶纸业、海归产业园、燕京二期等48个项目，其中，亿元以上项目10个。园区全年实际到位内资48.69亿元，其中，市内资金11.69亿元，市外资金近37亿元，外资到位2109万美元。博创电器、瑞森纸业、耀龙置信、德春钢结构二期等10个亿元项目开工；博创电器、钱胜工贸、荣顺物宇等8个亿元项目竣工。

【产业培育】 杨林经开区按照“建设大园区、引进大项目、发展大产业、实现大集群”的发展思路，以汽车制造及零部件配套产业为核心支柱，以现代高端装备制造、食品饮料、新型材料、信息化产业等4大主导产业为主的“1+4”产业布局，着力培育发展有利于主导产业链健康成长的发展环境。2013年，杨林经开区发展势头迅猛，产业集群不断壮大，基地培育不断加强，共建成2个国家级、3个省级产业基地，即：中国包装印刷产业基地、中国昆明杨林林产品加工基地、云南省装备制造（数控机床、汽车）新型工业化产业示范基地、云南省汽车及零部件生产基地、云南省林产品加工基地等，“1+4”主导产业的特色工业体系初步形成，具有较强竞争力的现代自主创新体系。

【基础设施建设】 2013年，完成基础设施投资9.12亿元，完成能源设备园二、四号，装备制造园四号道路建设以及水循环节水利用工程主管网建设和水池泵房建设工作。加快推进景观大道二期、装备制造园二、三号，能源设备园二路延长线等道路建设。完成了水循环节水利用工程主管网建设及水池泵房建设后续工作。截至2013年，已建成园区道路21条，总计超过35公里；建有日供水2万方的自来水厂一座；日处理污水2万方的污水处理厂一座；110千伏变电站2座。泰佳鑫标准厂房（食品加工园）已有恒丰食品、冠生园食品等多家企业入驻。铺设燃气管网约18公里，园区一半以上区域已具备供气条件，已有大力神、恒丰食品等16家企业签订了用气协议。园区嘉丽泽片区投资50亿的中信·星耀水乡项目开发基本成形。

【投融资建设】 杨林经开区以云南泰佳鑫投资有限公司作为投融资平台，一是通过做大公司注册资本金和公司资本金，提高公司资信等级；二是充分利用园区土地资源，利用土地和项目相结合的方式进行融资；三是坚持市场化运作，积极到市场中找资金、求突破、谋发展，采用BT、BOT、商业借款、信托贷款等方式获取资金。截至2013年，共融取资金约25亿元，为园区资金提供了有力的保障。2013年，为推进园区入驻企业项目建设，解决园区企业“融资难”的问题，园区通过构建“规划先行、项目支撑、融资推动”的合作机制；依托与相关银行签订的《金融战略合作协议》，为入园企业营造良好的金融生态环境，推进园区金融体系建设。

【科技创新】 2013年，园区扶持华狮啤酒、合信源机床等5个重点技术改造项目，认定昆明特瑞特塑胶有限公司，昆明源瑞制药有限公司为昆明市企业技术中心；引导实施燕京啤酒、华狮啤酒等2个“两化”融合运用重点项目；新认定高新技术企业1户，即云南瑞宝生物科技有限公司；组织5户企业开展清洁生产审核。

【生态环保】 2013年，共完成景观大道（嵩杨线—嘉丽泽）道路两侧10米绿化带种植杨树8000株；东环路对龙河两侧绿地种植杨树12000株；东环路北延线及空港大道部分挖方边坡段种植攀援植物常春藤5000株、西番莲3000株及油麻藤2000株。对园区景观大道2.5公里段、空港大道、装备制造园一号路等13条道路进行绿化景观提升工程，新增绿地面积14600平方米。2013年，园区实现万元GDP能耗下降4.2%，工业固废处置利用率达90%以上。

【人才建设】 2013年，园区制定了《杨林工业园区2013年促进农业人口转变为城镇居民就业工作实施方案》，加强与县人社局、用工、培训机构沟通对接。制定实施了园区企业人才及用工培训计划，共为园区企业培训用工200人，培训工种类别多达6个，为企业推荐招聘用工256人，乡镇企业从业人员达7835人。

【管理与服务】 2013年，在全省省级工业园区中率先实行实体化运作，财政体制实现单列，管理模式实行“指挥部+管委会+投融资平台”。承接县级下放的45项审批权限，打造“办事不出园”的软环境。建立健全服务“跟章制”，全面实行“一个项目、一套班子、一支队伍、一抓到底”的工作机制。园区各项运作机制日趋完善，投资环境持续优化，工作效率明显提升。

（嵩明杨林经济技术开发区管委会）

其他开发区篇

重庆北部新区

【经济指标】 2013年，重庆北部新区（以下简称“北部新区”）实现地区生产总值480.7亿元，比上年增长19.5%；社会消费品零售总额156.4亿元，比上年增长20%，高出全市增幅近7个百分点；固定资产投资311亿元，比上年增长20.6%；区域财政收入238.1亿元，比上年增长20%；区域税收216.8亿元，比上年增长26%；地方财政收入66.6亿元，比上年增长9.8%；地税、国税税收规模均全市第一。

【工业产业发展】 2013年，实现工业总产值1331.3亿元，比上年增长32.8%。其中：规模以上工业产值1310亿元，比上年增长31.8%；汽车产业实现1151亿元，比上年增长33.9%，整车、轿车产量分别占全市产量的近4成和7成。工业产值和汽车产业增幅均创历史新高。仪器仪表、生物医药、食品饮料业分别实现10%、22%、17%的增长，对工业形成了多点支撑。

【园区特色】 2013年，汽车产业产值突破千亿大关，成为新区第一大支柱产业。目前已建成长安福特一、二工厂、力帆、上汽依维柯红岩等4个整车厂（福特三工厂基本完工），福特发动机、变速箱等80余家汽车零部件企业，中国汽研院、车辆检测院等20余家国家级、省级技术中心，已形成集汽车研发、生产、物流、销售、博览于一体的完整产业链，是福特公司在美国本土底特律外全球最大的生产研发基地。

【科技创新】 区内有16个国家级企业研发平台和检测中心，74个市级企业研发平台，16家国家级、市级科研院所，3个院士专家工作站和15个博士后科研流动站。2013年全年组织申报高新技术企业25家，获得认定19家，组织申报高新技术产品158个，获得认定133个。全区高新技术企业实现产值256亿元，占全区工业比重25.6%。新产品产值占全市的20%。新区聚集了60余家市级科研机构、9家市级企业技术中心、全市十家软件外包企业，专利申请报达600多项。目前，长安福特研发中心、中船重工重庆研究院等签约，高技术服务产业基地开工，全区高新技术企业总量达123家。金泰产业园明确为国际创新创业孵化器，总建筑面积27万平方米，总投资5.4亿元。另外，还有国家生物产业基地、国家医疗器械科技产业基地、国家火炬计划软件产业基地、国家服务外包基地城市示范园区、重庆市仪器仪表产业基地、重庆市首批创意产业基地等平台。有国家级超声医学工程中心、霍尼韦尔研发中心、微软技术中心、应用技术工程研究院、计量质量研究院等一批科研机构。

【招商引资】 2013年，实际利用外资12.96亿美元，分别占全市、两江新区的12.2%、41.0%，居全市各区县第3名；全区实现进出口总值33亿美元，同比增长33.1%，分别占全市、两江新区的5.0%、11.4%，居全市各区县第3名。

【基础设施建设】 2013年，基础设施投资完成39.3亿元，增长38.7%，在建城市道路109公里、建成32公里。新竣工产业楼宇37万m^2，全区竣工产业楼宇已有313万m^2，在建产业楼宇 227 万 m^2，总规模达到 540 万 m^2。

【生态环保】 全面推进环保“五大行动”，建立健全大气污染管理机制，87 个工程项目全部完成，次级河流整治成果进一步巩固，噪声监测平均值全面达标，创建 2 个市级安静小区。在全市率先推行渣车加装自动软篷密闭装备和 GPS 定位系统，严查重处违章运渣车辆，违法运输、倾倒行为。新建成公园 8 个、累计建成并管护公园绿地 43 个、2.2 万余亩。新增“园林三创”项目 8 家，全区森林覆盖率 37%，绿地率 39.9%，人均公园绿地 24.7m^2。市级森林城市创建通过验收，新区获评“全国绿化模范单位”。

【社会事业】 2013 年，全区民生支出 46.5 亿元，占公共财政预算支出的 55%。新创“充分就业街道”3 个；登记失业率 1%，低市级控制目标 1.8 个百分点；“劳动和谐关系街道”实现“保 2 创 2”目标。“五大”基本保险提前 2 个月完成市级目标任务，城市低保金人均补差水平全市领先。街道劳动就业社会保障服务中心标准化建设率 100%，新创人力社保国家和市级优质服务窗口各 1 个、国家级减灾示范区 2 个。教育、卫生、文体事业稳步发展。启动了 12 所学校建设工程；投资 1376 万余元提升学校设施硬件水平，提前 1 年实现区教育信息技术与装备“五年规划”。推进区一院门诊综合大楼、区二院修建工作，投入近 5000 万元改善公立医疗机构装备。启动了北部新区体艺中心建设，推进 2 个街道文化中心建设，完成首批 10 个社区文化室标准化建设并通过市级验收。

【人才建设】 大力实施“12524”高层次人才工程，加大高层次人才培养力度。累计引进院士 6 人、国家“千人计划”6 人、市“百人计划”和“两江学者”15 人，建立院士专家工作站 3 个、博士后科研流动（工作）站 14 个；组织辖区 180 家企业到广州、深圳等地参加人才交流会，到汇博人才市场和重点高校开展人才招聘活动，共计招聘各类人才 2200 人，其中国家“千人计划”1 人；选派 48 名企业高管到青岛参加研讨班学习，开展“千人计划”、“百人计划”、青年拔尖人才培养计划等人才项目申报 35 人次；6 名留学回国创业人员获市优秀创业项目经费 140 万元，区财政兑现高层次人才政策资金 78.05 万元。

（重庆北部新区管委会）

上海浦东康桥工业区

【概况】 上海浦东康桥工业区（以下简称“康桥工业区”）截至 2013 年底，工业区共引进外资企业 485 家，总投资 53.49 亿美元，其中世界 500 强投资的企业近 20 家；累计引进内资企业 2702 家，总投资 232.25 亿元，累计固定资产投入 690.98 亿元，其中工业固定资产投入 338.95 亿元。

【经济发展】 2013 年，康桥工业区经济平稳健康发展，地区生产总值 323.1 亿元，同比增长 0.8%，占浦东新区地区总产值的 5%；其中第二产业增加值为 307.5 亿元，同比增长 0.9%，占浦东新区第二产业增加值的 13.6%；第三产业增加值为 15.6 亿元，同比增长 14.5%，占浦东新区第三产业增加值的

0.4%。实现税收68.5亿元，同比增长0.2%，占浦东新区的3.1%。园区企业经营收入1795.41亿元，同比增长0.04%；固定资产投入80.96亿元，同比增长1.1%，占浦东新区固定资产投入的4.8%；园区企业进出口总额334.35亿美元，同比增长0.3%，占浦东新区进出口总额的13.4%。

【工业产业发展】 做长做强主导产业的产业链，加快推进以生物医药和物联网为代表的战略性新兴产业及总部经济的发展。2013年，园区工业增加值305.1亿元，同比增长0.8%，占浦东新区工业增加值的13.6%，其中规模以上工业增加值为303.3亿元，同比增长0.8%，占浦东新区规模以上工业增加值的13.4%；园区全年工业总产值1584.5亿元，同比增长5.1%，占浦东新区工业区总产值的17.3%，其中，规模以上企业工业总产值1561.15亿元，同比增长6.8%，占浦东新区规模以上企业工业总产值的17.3%；外商投资企业总产值1441.38亿元，同比增长5.2%，内资企业工业总产值143.12亿元，同比增长5.2%。园区主导产业工业总产值1239.5亿元，同比增长1.1%，占园区总产值的79.4%。主导产业主营业务收入1242.6亿元，同比增长1.1%，占园区企业主营业务收入的79.5%。

【园区特色】 将相对落后的笔记本电脑生产线转移至苏州、重庆等地，引进苹果Iphone和Ipad生产线；为增加昌硕、HTC等核心企业附加值贡献度，园区积极协助其申请全球维修中心的业务，将研发、生产、销售、售后等产业链在康桥整合，完善其服务功能，提升市场竞争力；引导昌硕、HTC、延锋江森等龙头企业引入工业机器人装配产线；围绕世界工业机器人龙头企业ABB，引进10余家上下游配套的相关软、硬件企业。聚焦总部经济和研发功能，提升资源配置水平。沙特基础已确定升级为北亚太区总部；蒂森克虏伯普瑞斯坦升级为亚太区总部；成功引进上海银行基金管理公司及下属多家投资金融类公司；大力推进中国电信信息园区的建设，打造天翼创投、中国电信创新孵化基地等研发、投融资平台。大力推进上海总部湾、漕河泾“商务绿洲”等总部项目建设。

【科技创新】 园区内现有高新技术企业39家，2013年高新技术企业产值290.7亿元。2013年康桥工业区科技创新研发投入35.79亿元，研发投入占销售收入比重为2.6%。国家级企业技术中心或研发机构6个，市级企业技术中心或研发机构48个。有效发明专利1280项，分别为发明88项、实用新型756项、外观设计436项。

【招商引资】 2013年，康桥工业区新批外商投资项目数量26个，占浦东新区的2.5%，投资总额3.77亿美元，同比增长23.6%；合同外资2.07亿美元，同比增长74%，占浦东新区的2.8%；增资项目5个。园区进出口总额334.35亿美元，同比增长0.25%，占浦东新区的13.4%，其中进口总额141.13亿美元，同比下降8.2%，占浦东新区的9.2%，出口总额193.22亿美元，同比增长7.3%，占浦东新区的20.2%。主导产业进出口总额986.72亿元，新批内资企业注册资本39.54亿元，同比增长17.6%，占浦东新区的2.8%，新批内资企业295家，同比增长5%，占浦东新区的1.6%。

【投融资建设】 作为康桥工业区开发运营的主体，康桥集团公司的融资方式主要为银行贷款，由于具备一定的资金能力和较稳定的现金流量，园区在投融资方面运作较为顺畅，资金投向主要是园区内的土地开发、动迁安置、市政建设、基础配套等，形成良性循环。

【生态环保】 2013年，康桥工业区COD排放量控制在192.94t/a，NH3-N排放量控制在74.75t/a，SO_2排放量控制在679.77t/a，NOX排放量控制在485.55t/a。加强领导，组建队伍，夯实环保网络工作基础，有效开展环境监察；由环保网络干部每季度进行现场监察，对企业雨污水、废气等排放和治理设施进行检查，配合支队完成各专项监察行动；严格把关，狠抓污染源头控制，认真做好环评预审工作；认真执行环境影响评价制度和环保“三同时”制度，落实国家相关法律法规，严格审核其节能降耗、清洁生产、污染物排放方面的内容，严格要求入驻企业的单位产值能耗、单位产值水耗等指标，实行一票否决制；积极发展废料利用等环保产业和循环经济，提高资源的利用和再利用效率；引导企业按照清洁生产的要求，开发和推广国际先进环保技术、工艺和设备等，降低资源消耗量，最大限度地减少污染物产生，实现清洁生产、绿色生产；制定和实施清洁生产工作计划，加强节能减排工作的宣传培训。

【管理与服务】 2013 年，康桥工业区建立起企业服务的“四大平台”，即为加强与工业区内规模企业联系，及时了解企业需求而专门成立的规模以上企业联系制度；加强对园区内重点纳税企业服务工作的纳税大户服务制度；建立工业区商会及以园区主导产业，电子信息及汽车零部件产业为主的各行业协会。设立企业服务热线电话，在园区网站上开通企业服务平台、定期走访企业、每年邀请重点企业召开座谈会等，多渠道及时了解企业需求，联系协调海关、工商、税务等各部门，随时跟踪解决进度，最终使问题妥善解决；园区以提供办公场所、运营经费等方式，引进海关、商检、工商、质监等各职能部门的分支机构入驻园区，就近为企业办理业务。

【人才建设】 康桥工业区拥有中科大上海研究院及移动互联网安全系统与应用国家工程实验室、中国电信上海研究院、中科大数理研究中心、量子通信研究基地、西安交大 3D 打印研发展示中心、快速制造国家工程中心等科研机构，拥有入选国家和本市相关人才计划的人员合计 15 人，其中入选国家级人才计划 8 人；拥有研发人员 7000 多名，占从业人员比重接近 8%。

【机构设置与管委会领导】 由于康桥工业区属于集团公司化运作，开发主体为上海浦东康桥（集团）有限公司。康桥集团设有“5 +1”部门，分别是招商服务部、规划建设部、资产财务部、行政管理部、党群人事部和审计法务室。集团经营班子成员为：集团公司党委书记、董事长、总经理张龙，党委委员、纪委书记陈鹰，副董事长、副总经理夏多，副总经理黄平、乍大兕、舒廷飞。

（上海浦东康桥工业区管委会）

满洲里边境经济合作区

【经济发展】 2013 年，满洲里边境经济合作区（以下简称“满洲里边合区”）实现地区生产总值 62.6 亿元，同比增长 9.6%（可比价）。固定资产投资完成 34.7 亿元，同比增长 15.7%。财政收入完成 3.7 亿元，同比增长 15.1%。其中，地方财政收入 2.6 亿元，同比增长 15.8%；财政支出 2.6 亿元，同比增长 33.3%。

【工业产业发展】 2013 年，满洲里边合区工业总产值完成 107.1 亿元，同比增长 16.9%；工业增加值完成 31.5 亿元，同比增长 16.7%。其中，规模以上企业完成工业产值 86.3 亿元，占全区工业总产值的 81%；完成工业增加值 19.7 亿元，占全区工业增加值的62.5%；工业固定资产投资完成18.7亿元，占全区固定资产投资的54%。

2013年，满洲里边合区木材落地量489.6万立方米；木业产值完成90亿元，同比增长16.9%，占全区工业总产值的84%。满洲里国际木材交易市场、满洲里世界木屋博览园均完成一期建设。满洲里凯润木业有限公司、满洲里满纲实业有限公司、内蒙古润佳家具有限责任公司等重点企业与世界最大的家居生产企业瑞典宜家中国总部和全国最大的樟松家具生产基地徐州家具协会实现了项目对接。满洲里森诺人造板有限公司人造板项目启动运营，满洲里市正山木业有限公司、满洲里高秀木业有限公司等12家木材深加工企业完成自主品牌的创建。

【外经外贸】 社会消费品零售总额完成14.6亿元，同比增长13%。外贸进出口总额完成3.42亿美元，同比增长5.18%。其中，出口额2.46亿美元，同比增长5.63%；进口额0.94亿美元，同比增长4.06%。满洲里诚林贸易有限责任公司、满洲里伊力亚果品贸易有限责任公司等行业龙头企业加快基地化建设步伐，带动菜果出口仓储物流业扩能增效。2013年，满洲里边合区果蔬出口量达26.9万吨，出口额完成1.5亿美元。满洲里国际公路物流中心建成主要功能设施，食品加工园区和农产品出口基地等项目顺利推进。

【招商引资】 2013年，满洲里边合区认定招商引资项目78个，其中，木材精深加工项目18个。项目总投资53.57亿元，完成投资34.7亿元。全年派出招商小组20余个，组织带领满洲里木材行业协会骨干企业开展“满洲里木业协会赴全国木业重点区域学习交流活动”，与瑞典宜家公司、徐州家具协会、香河家具市场、北京太爱肽集团、中冶集团、山西粮油食品进出口公司等知名企业和产业基地达成了投资合作意向。

【基础设施建设】 2013年，满洲里边合区统筹推进城市建设、满洲里市文明城复检和小区物业网格化管理工作，全年投入资金1.16亿元，整体完善市政基础设施、工业配套设施和小区服务设施。建设胪五街、南滨四路、南滨八路等道路近9公里，铺设给排水管线3公里，修复路面2.3万平方米。改造城区、内蒙古满洲里工业园区（原名：满洲里进口资源加工园区，以下简称“园区”）供电线路8.2公里。加强土地管理，审批各类建设用地50宗318公顷，投资300万元完成301国道胪滨山废弃工矿和采石场的复垦治理。清理生活垃圾15万吨，对小区楼面、道路、管线等公用设施进行全面翻修改造，完成5万平方米小区地面硬化、140盏太阳能庭院灯更换和部分小区绿化。

【工业园区建设】 园区2009年被内蒙古自治区确定为“循环经济示范园区”。2013年申报获批“自治区小企业创业示范基地”，争取“自治区双百亿工程”建设专项资金500万元。在满洲里市率先构建中俄产业合作项目孵化基地，引进俄罗斯油菜籽进口加工项目，规划建设了园区热电联产背压机组和铁路专用线等关键设施，从根本上解决园区能源使用方面的多重多次污染问题，为企业和产品的转型升级提供强有力的支撑。

【社会事业】 成立内蒙古自治区第一家街道总工会——东山街道总工会，参选“全国百家示范乡镇（街道）工会”。采取工会、红十字会、民政救助等多种方式募集帮扶资金和物资，扶助贫困和残疾人家庭460户。全年党员干部下基层达2000余人次，帮扶困难党员35户，解决了12大类455项与百姓生活密切相关的问题。开展就业创业培训777人次，城镇新增就业1614人，失业和就业困难人员实现就业515人，城镇登记失业率控制在2.74%。组织企业参加大学生招聘会和民营企业招聘周活动，推进社区和物业网格化管理，投入230万元改造社区办公条件，继续免费开放社区文体馆。设立“人民代表之家”，营造“社区便民服务圈”、构建“居家养老”社区管理模式，绘制构建社区“民生地图”。

【党建工作】 组织建设扎实推进。完成社区党组织换届选举工作，成立非公有制经济党支部2个。大力宣传“党的十八大和十八届二中、三中全会精神”、内蒙古自治区党委“8337”发展思路、满洲里市重点开发开放试验区建设和满洲里市文明城市创建等重要内容。全年发布、上传各类新闻和信息410条。举办党员中心组（扩大）学习会12期，各类培训班23期，培训党员2400多人次。认真落实“八项”规定，在项目建设、环境治理、民生服务等方面强化干部行为的主动性和规范性。厉行勤俭节约，调整办公用房，改进会风文风，严格控制各项行政经费支出。重新启动了满洲里木材行业协会。建成道德讲堂11个、流动讲堂8个，举办主题讲座132期。成立14支学雷锋“三关爱”志愿服务队伍，开展“德润草原”文明之行系列活动。启动道德模范和身边好人推荐活动，开展“讲文明树新风”公益宣传活动，印制发放《市民文明手册》2万余份。

【机构设置与管委会领导】 满洲里边合区党委、管委会下设党委办公室、组织宣传部、纪检监察室、群众工作部、社会治安综合治理办公室、精神文明办公室、行政办公室、信访局、财政审计局、人力资源和社会保障局、机关服务中心、工业园区办公室、经济贸易发展局、招商局、项目推进中心、外事旅游局、城市建设环境保护局、满洲里市国土资源局合作区分局、城市管理行政执法局、民丰城市建设投资开发有限公司、社会事业发展局和物业管理办公室、公用事业管理处等22个工作部门，及东山街道办事处、南区街道办事处2个街道办事处。满洲里边合区领导班子成员有：党委书记仪树荣，管委会主任李俭朴，纪检组长王焕丽（女），管委会副主任孙树贤、司建林、王锡卓、王会波（女），主任助理林蓝（女）。

满洲里边境经济合作区主要经济综合指标一览表

项　　目		单位	2013年	2012年	增/减（%）
开发区生产总值		亿元	62.64	56.5	9.54
工业总产值（现价）		亿元	107.09	91.65	16.85
工业增加值		亿元	31.45	27.07	16.67
销售（营业）收入		亿元	116.68	101.51	14.95
利润总额		亿元	2.89	2.74	5.45
区内主导产业及产值					
主导产业	木业产业	亿元	89.96	76.93	16.93
进出口总额		亿美元	3.42	3.25	5.18
出口		亿美元	2.46	2.32	5.63
财政收入		亿元	3.66	3.18	15.05
税收收入		亿元	3.55	2.83	25.6
财政支出		亿元	5.36	3.45	55.04
固定资产投资		亿元	34.73	30.02	15.66
年末从业人员数		个	19902	19807	0.48
工业		个	60	63	-4.76

（满洲里边境经济合作区管委会）

燕郊高新技术产业开发区

【经济发展】 2013年，燕郊高新技术产业开发区（以下简称“燕郊高新区”）共实现财政收入67.48亿元，同比增长31%；实际利用外资2.02亿美元，同比增长9%；固定资产投资231.79亿元，同比增长9%；主营业务收入1250亿元，同比增长12.7%；出口总额1.17亿美元，同比增长2%；引进省外资金97.82亿元，同比增长7%；工业总产值388.98亿元，同比增长10%；工业增加值148亿元，同比增长18%。全区综合实力继续壮大、企业活力明显增强、整体竞争力进一步提高，保持了较好的发展势头。

【项目建设】 2013年，燕郊高新区运作中兴通讯北方产业基地二期、汇福京东商贸金融商务中心、嘉民燕郊仓储物流、康华维龙国际物流中心等项目，总投资超过160亿元。其中，中兴通讯北方研发中心波分研究所、数通研究所已签约入驻中兴通讯产业基地。稀土材料研发、生产及加工项目的实施主体已开始注册。全区竣工及在建重点项目64个，总投资804亿元，完成投资95.2亿元。其中，神威药业注射剂生产车间已通过GMP认证并开始试生产。申江万国金融档案数据中心项目竣工；光环云谷云计算中心项目一期竣工投入运营；东方国际创业园（首尔园）项目一期开工面积144万平方米，完成建筑面积110万平方米，其中13栋商服办公楼已封顶；航天现代服务业发展区项目正在建设商业办公楼，航天博物馆主体即将封顶；空港物流园区已完成建筑面积31万平方米；物美集团华北物流科技园项目已完成4栋厂房基础施工；巴迪仓储项目二期附属建筑主体已完工，3栋库房（共5个）完成基础施工。

【基础设施建设】 配合三河市规划部门编制完成燕郊城区部分城乡总体规划（2013—2030年），经河北省政府审批通过。城区控制性详细规划的编制工作完成初稿；编制完成潮白河—幸福渠—尹家沟河道综合整治工程及尹家沟景观、燕郊潮白河左岸景观、与徐尹路对接交通、中国当代书法博物馆、火车站广场等多项重要节点的规划设计。实施并完成思菩兰西路铁路地道桥拓宽改造、燕昌路、燕高路、北三路等道路的新建和改造工程；给水管道联网、排水管网疏通、思菩兰雨水泵站改造、城市交通信号灯等工程均已完工。

【投资环境】 加强组织领导，强化行政推动力，实行重点项目领导分包制度，及时解决项目建设过程中的困难和问题。继续贯彻落实封闭式管理的规定，组织召开企业联络人例会7次，协调解决问题190余件；组织大专院校、科研院所、大中型企业多位科技一线人才申报各级科技人才计划及奖项，获得优秀市管专家、优秀科技工作者等6个廊坊市级奖项；协助国家科技部成功举办“大学科技园·国家高新区合作对接会”；搭建政银企对接平台，协助中国银行廊坊市燕郊开发区支行组织34家企业参加“支持小微、共谋发展”银企对接会；针对企业招工难问题，协调安排燕京职业技术学院与区内各企业加强交流，研究制定实习基地计划，为企业发展提供后续人才。

【土地集约利用】 着力加强土地供应管理，把好项目准入关，盘活存量建设用地，积极消化闲置土地。全力破解土地难题，加强载体建设，充分利用闲置资产、空闲土地等资源招商，发挥首尔园、高新技术创业园、空港物流园等大项目及各类工业园区的主体招商作用引进项目。

【新兴产业发展】 中兴通讯北方产业基地已有华通软件、中兴软件等四家企业入驻；汉王制造有限公司新一代人脸识别产品投放市场；申江万国金融档案信息服务中心投入运营；光环云谷云计算中心项目一期已竣工，部分设备投入运营。引进阳光硅谷、阳光硅峰、汉能全球研发中心、桑宝金太阳能、欧恒太阳能等十余家企业，成为世界单晶硅片切割能力最大的产业基地之一。阳光硅峰已建成投产；汉能全球研发中心一期 300 亩内 TCO 厂房和生产线厂房已建设完成。集聚日本富士印版、新加坡平易印刷和中国印刷集团 3 家大型 PS 版生产项目；超硬材料生产基地拥有冶金超硬材料研究所、晶日金刚石、新石器超硬材料、北极星金刚石等大小企业 20 余家。积极吸引更多韩资汽配企业，积极扶持新宏昌专用车、德国海拉车灯等企业做大做强。神威药业（燕郊）有限公司新的注射剂生产车间已完工，通过 GMP 认证。中科生物制药股份有限公司已取得新版 GMP 证书，二期项目四价脑膜炎球菌疫苗、流感病毒裂解疫苗完成临床试验研究。

【现代服务业发展】 发展特色旅游，成功大广场项目 2 号馆已建成，3 号馆进行主体施工；航天博物馆项目进行主体施工。燕达国际健康城由燕达医院、金色年华中老年养护中心、医学研究院、医护培训中心、国际会议中心等项目组成，已投入运营；汇福国际健康中心项目正在建设，将打造成国内最具规模和水准的综合性健康产业基地。燕郊空港物流园项目商贸物流园区总建筑面积 31 万平方米已基本完工；物美集团华北物流科技园项目进行 2 栋厂房的基础施工；巴迪仓储二期项目的附属建筑主体完工。爱普生态软件园项目注册入区。

【科技创新】 成功申报“燕郊国家高新区科技服务业发展规划与建设”、“高新区科技创新服务平台建设”两个项目；协助华通科技、米切尔机械、方元绿洲、沃达液压 4 家企业成功认定高新技术企业，协助亚泰电子、奥斯特电子 2 家企业成功申报国家科技型中小企业基金，协助神威药业成功申报国家重大医药专项 2 项，协助儒元油田公司成功申请技术专利 2 项，协助方元绿洲、博迅软件 2 家企业申请国家级创新基金；组织神威药业、华通科技、天元地理、晶伟电子、燕达研究院、晶日金刚石 6 家企业申报 2014 年河北省重大科技成果转化项目；组织百世金谷申报河北省科技孵化器。创业中心累计孵化企业 244 家，其中在孵企业 88 家，毕业企业 29 家。

【生态环保】 燕郊 5 万吨污水处理厂，全年处理污水 1182.5 万吨，共削减 COD4059.6 吨、BOD2332.9 吨、氨氮 476.9 吨、总磷 38.9 吨，产生污泥全部卫生填埋，污水厂出水全部达到国家二级排放标准。新建南污水处理厂开始试运行，预计每年将削减 COD6388 吨、BOD3468 吨、悬浮物 3468 吨、氨氮 639 吨、总氮 548 吨、总磷 82 吨。

【社会事业】 积极促进社会就业，举办春、秋两季大型招聘会，提供就业岗位 3.7 万个；举办综合招聘会 18 场，提供就业岗位 1.71 万个。打造“示范社区”、“特色社区”，对 47 个社区党支部、居委会进行星级化考评，努力构建“三有一化”、“四位一体”社区管理模式，广泛开展共驻共建、文明楼栋、五星级文明家庭评选、环保行动日、文明礼貌月、学雷锋活动月等活动。举办戏剧演出、庆“五一”、“燕郊之夏”、书画作品展及各类体育运动赛事等 40 余（场）次，参与社区居民 6 万余人次。

【机构设置与管委会领导】 燕郊高新区工委、管委领导班子成员有：工委书记、管委会主任赵普，工委书记、管委会主任邱建辉，工委副书记刘炜，工委副书记、管委会副主任白志成，工委委员、管委会副主任王晓东，工委专职副书记杨志东，工委委员、管委会副主任潘进中，工委委员、管委会副主任雷大庆，工委委员、管委会副主任李维宁。

燕郊高新技术产业开发区主要经济综合指标一览表

<table>
<tr><th colspan="2">项目</th><th>单位</th><th>2012 年</th><th>2013 年</th><th>增减（%）</th></tr>
<tr><td colspan="2">开发区生产总值</td><td>亿元</td><td>266</td><td>292</td><td>9.8</td></tr>
<tr><td colspan="2">第二产业</td><td>亿元</td><td>148.7</td><td>157.5</td><td>6</td></tr>
<tr><td colspan="2">工业</td><td>亿元</td><td>125.1</td><td>148</td><td>18</td></tr>
<tr><td colspan="2">第三产业</td><td>亿元</td><td>109.6</td><td>125.88</td><td>15</td></tr>
<tr><td colspan="2">工业总产值（现价）</td><td>亿元</td><td>450</td><td>493.5</td><td>10</td></tr>
<tr><td colspan="2">高新技术企业</td><td>亿元</td><td>137.7</td><td>75.9</td><td>-45</td></tr>
<tr><td colspan="2">销售（营业）收入</td><td>亿元</td><td>1129</td><td>1247</td><td>10</td></tr>
<tr><td colspan="2">第二产业</td><td>亿元</td><td>518</td><td>551</td><td>6</td></tr>
<tr><td colspan="2">工业</td><td>亿元</td><td>446.5</td><td>490.5</td><td>10</td></tr>
<tr><td colspan="2">第三产业</td><td>亿元</td><td>535</td><td>676</td><td>26</td></tr>
<tr><td colspan="2">利润总额</td><td>亿元</td><td>168.6</td><td>197.5</td><td>17</td></tr>
<tr><td colspan="2">第二产业</td><td>亿元</td><td>21.8</td><td>65.8</td><td>201</td></tr>
<tr><td colspan="2">工业</td><td>亿元</td><td>15.3</td><td>16.6</td><td>8</td></tr>
<tr><td colspan="2">区内主导产业及产值</td><td></td><td></td><td></td><td></td></tr>
<tr><td rowspan="5">主导产业</td><td>1. 信息电子</td><td>亿元</td><td>13.5</td><td>3.6</td><td>-73</td></tr>
<tr><td>2. 生物医药</td><td>亿元</td><td>7.6</td><td>10.78</td><td>42</td></tr>
<tr><td>3. 新材料</td><td>亿元</td><td>24.4</td><td>32.84</td><td>35</td></tr>
<tr><td>4. 绿色食品</td><td>亿元</td><td>141.4</td><td>150.5</td><td>6</td></tr>
<tr><td>5. 汽车零部件</td><td>亿元</td><td>28.2</td><td>32.6</td><td>16</td></tr>
<tr><td colspan="2">第三产业</td><td>亿元</td><td>535</td><td>676</td><td>26</td></tr>
<tr><td colspan="2">进出口总额</td><td>亿美元</td><td>5.25</td><td>9.5</td><td>81</td></tr>
<tr><td colspan="2">出口</td><td>亿美元</td><td>1.39</td><td>1.334</td><td>-4</td></tr>
<tr><td colspan="2">财政收入</td><td>亿元</td><td>51.3</td><td>67.48</td><td>32</td></tr>
<tr><td colspan="2">税收收入</td><td>亿元</td><td>51.3</td><td>67.48</td><td>32</td></tr>
<tr><td colspan="2">财政支出</td><td>亿元</td><td>50.6</td><td>64.7</td><td>28</td></tr>
<tr><td colspan="2">新批企业个数</td><td>个</td><td>366</td><td>508</td><td>38</td></tr>
<tr><td colspan="2">外商及港澳台企业</td><td>个</td><td>7</td><td>3</td><td>-57</td></tr>
<tr><td colspan="2">内资企业</td><td>个</td><td>359</td><td>505</td><td>41</td></tr>
<tr><td rowspan="3">新批企业投资额</td><td>外商及港澳台企业</td><td>亿美元</td><td>0.38</td><td>0.065</td><td>-83</td></tr>
<tr><td>内资企业</td><td>亿元</td><td>10.14</td><td>17</td><td>68</td></tr>
<tr><td>增资企业</td><td>亿美元</td><td>2.4</td><td>1.33</td><td>-45</td></tr>
<tr><td colspan="2">合同外资金额</td><td>亿美元</td><td>0.38</td><td>0.065</td><td>-83</td></tr>
<tr><td colspan="2">外商实际投资</td><td>亿美元</td><td>1.85</td><td>2.0225</td><td>9</td></tr>
<tr><td colspan="2">固定资产投资</td><td>亿元</td><td>212</td><td>231.79</td><td>9</td></tr>
<tr><td colspan="2">年末从业人员数</td><td>个</td><td>45660</td><td>41100</td><td>-10</td></tr>
<tr><td colspan="2">在岗职工数</td><td>个</td><td>42834</td><td>41195</td><td>-4</td></tr>
<tr><td colspan="2">在岗职工平均工资</td><td>元</td><td>43912</td><td>44150</td><td>1</td></tr>
<tr><td colspan="2">规模以上企业个数</td><td>个</td><td>168</td><td>175</td><td>4</td></tr>
<tr><td colspan="2">工业</td><td>个</td><td>75</td><td>77</td><td>3</td></tr>
<tr><td colspan="2">万元 GDP 能耗</td><td></td><td>1.41</td><td>1.37</td><td>-3</td></tr>
</table>

（燕郊高新技术产业开发区管委会）

唐山海港经济开发区

【经济发展】 2013年，唐山海港经济开发区（以下简称“唐港区”）实现地区生产总值242亿元，比上年增长51.9%。其中，第二产业增加值完成46.7亿元，第三产业增加值完成36亿元，同比增长51.9%，第二、第三产业比例为1.2∶1。财政收入继续保持快速增长。全年财政收入51.04亿元，比上年增长37.57%，税收收入39.2亿元，增长13.62%，财政支出19.4亿元，比上年增长55.2%。进出口总额完成6.99亿美元，比上年增长10.1%；主营业务收入1495亿元，比上年增长42.38%；全社会固定资产投资201.8亿元，比上年增长41.22%。

【工业产业发展】 煤化工产业以佳华煤化工、中润煤化工、中浩煤化工、通宝焦化为依托，先后有9家规模以上煤化工企业的12个项目陆续投产，总投资150亿元，形成了年产焦炭670万吨、聚甲醛4万吨、己二酸15万吨、煤焦油深加工30万吨的生产能力。装备制造产业已经形成以唐山中材海港装备制造、东风重型冶金设备有限公司为依托的大型装备制造和集疏基地。依托精品钢材基地建设，凭借京唐港大宗货物运输便利的优势，重点发展重型装备、大型水泥设备、冶金装备制造产业，全力打造辐射全国的重型装备制造基地。

【科技创新】 充分发挥科技推动传统产业改造升级和新兴产业科技创新作用，大力发展创新平台建设；实施专利任务分解落实责任制度，全年完成专利申报53项。

【对外贸易】 2013年，实现外贸进出口6.99亿美元，增长10.1%。其中，出口总额2.5亿美元，增长28.2%；进口总额4.49亿美元，增长2.05%；实际利用外资8423万美元，同比增长28.2%。

【招商引资】 实施“1516”工程，提出2014年全区谈成意向项目要达到1000个，项目库储备项目达到500个，条件成熟、有土地指标就可以落地的亿元以上项目达到100个，新开工项目达到60个的奋斗目标。

【投融资建设】 加强税源管理，科学组织收入，严格控制“三公”经费支出，想方设法筹措建设资金，科学调度筹措还贷资金和城建BT项目回购资金，保持良好的金融信誉，培育诚信的金融环境；拓宽融资渠道，不仅盯着银行贷款，也在融资租赁、企业上市、出售股权等多方面进行探索。

【生态环保】 积极推广节能降耗技术和节能产品应用，强化工业企业日常监管，按时按质完成减排工作任务。加大环境综合治理力度，环境功能区水质均在指标范围内，达标率达100%；空气二级以上天数达到128天，好天气率为35%。

【项目建设】 建立健全重点项目分包责任制，完善项目助理、项目观摩、定期调度、重点督导等项目推进机制。全年实施投资5000万元以上的项目57个，计划总投资515.7亿元，其中列入市重点项目5个，计划总投资143.17亿元。

【管理与服务】 在河北省级开发区中率先建立行政服务中心，推行“零距离”指导、“零关系”办事、“零利益”服务、“零障碍”

落实的办公模式，相继开展“优化发展环境年”、“为项目建设提速、为企业发展排忧”上门服务月等活动，进一步简化办事流程，提高工作效率。

【人才建设】 围绕重点项目建设发展需求，大力实施人才引进工程，畅通人才引进渠道，全年引进港口物流、煤化工、机械加工和环境保护等专业技术人才39人。加强人才培训管理，组织在职培训和职称评审，进一步优化专业技术人员队伍。

【信息化建设】 一是加强培训，聘请专家授课，普及网络知识，提高全员信息化水平。二是减少纸质办公，领导干部带头使用办公软件，逐渐实现办公自动化。三是大力发展电子商务，把物流企业带入电子商务中来，鼓励大学生开设网店就业，农民开设网店销售农产品，提高信息化在经济发展中的贡献。四是启动创业中心，培育更多的新兴产业市场主体。五是着手争创智慧城市，积极争取纳入国家城镇化试点。

【基础设施建设】 按照中等城市的定位，遵循适度超前又量力而行的原则，加强城区基础设施建设。全年累计完成基础设施投入300多亿元，固定资产投入近千亿元，建成了总长90公里“十一纵八横”的城市路网；打造了湖林新河生态公园、文化中心、海韵广场等一批特色建筑和恒通花园、盛世景苑等高标准住宅小区；建有完善的供电、供水、供气、污水处理等配套基础设施，具备了较强的城市综合承载能力；建成区绿地面积240.41万平方米，绿化覆盖率38.1%，人均公园绿地面积33.76平方米。

【社会事业】 全力推进社会事业发展，海港高中创建省级示范高中，海港幼儿园通过省级示范园验收；组织开展城市环境综合整治和大气污染治理攻坚行动，重新焕发港城的生机和活力；加强社会治安综合治理，强化安全生产和食品药品安全监管；投资2亿元建设了高标准的海港医院，广泛与知名三甲医院合作办医，连续三年实行全民免费体检；大力发展文化产业，组建冀东三枝花文化产业发展公司，打造了“风筝节”、“群众文化艺术节”等文化活动品牌。

【党建工作】 认真贯彻落实中央八项规定，扎实开展正风肃纪专项行动，各项整改工作得到有效落实，维护了政府形象。坚持“党要管党、从严治党”和“标本兼治、综合治理、惩防并举、注重预防”的方针，认真落实党风廉政建设责任制，深入推进惩防体系建设，为经济社会发展保驾护航。

【机构设置与管委会领导】 唐港区辖1个管委会，下设党政综合办公室、党群工作部、人社局、社管局、发改局、招商局、住建局、城管局、安监局、财政局、监察局、文体局、街道办、物流办等14个部门。张国栋任党工委书记、管委会主任，周安海任党工委常务副书记、管委会常务副主任，辛晓武任党工委副书记、管委会副主任。管委会副主任王纯华，党工委委员、纪工委书记李忠华，党工委委员、管委会副主任角士新、谭树强，党工委委员、管委会副调研员李树棠、赵书田。

唐山海港经济开发区主要经济综合指标一览表

项　目	单位	2012 年	2013 年	增减（%）
开发区生产总值	亿元	159.3	242	82.7
第二产业	亿元	85.3	132	46.7
工业	亿元	85.3	130	44.7
第三产业	亿元	74	110	36
工业总产值（现价）	亿元	256	401	145
高新技术企业	亿元	53	86.7	33.7
销售（营业）收入	亿元	1050	1495	445
第二产业	亿元	146	329	183
工业	亿元	144	326	182
第三产业	亿元	904	1169	265
利润总额	亿元	24.5	31.6	7.1
第二产业	亿元	1.7	3.8	2.1
工业	亿元	1.2	3.6	2.4
第三产业	亿元	22.8	27.8	5
进出口总额	亿美元	6.35	6.99	0.64
出口	亿美元	1.95	2.5	0.55
财政收入	亿元	37.1	51	13.9
税收收入	亿元	34.5	39.2	4.7
财政支出	亿元	12.5	19.4	6.9
新批企业个数	个	137	114	
内资企业	个	137	114	
内资企业	亿元	17	4.6	
固定资产投资	亿元	143	201.8	58.8
年末从业人员数	个	12768	14932	2164
在岗职工数	个	8492	9121	629
在岗职工平均工资	元	67977	73467	5490
规模以上企业个数	个	99	103	4
工业	个	12	15	3
万元 GDP 能耗	吨标煤/万元	0.52	0.5	-0.02

（唐山海港经济开发区管委会）

江苏泗阳经济开发区

【经济发展】 2013年，泗阳经济开发区（以下简称“泗阳开发区”）全年实现业务总收入635.61亿元，工业项目固定资产投资总额102.54亿元，实际到账外资6149万美元，实现进出口总额6.35亿美元，同比分别增长46.4%、35.19%、42.73%、12.57%。全年实现财政总收入39.56亿元，同比增长33.42%。其中：税收收入25.74亿元，同比增长33.68%，公共财政预算收入20.12亿元，同比增长32.98%。

【招商引资】 泗阳开发区与县招商局合署办公，组建三个专业招商局和8个条线招商组，由泗阳开发区管委会直接组织领导，实现专业驻点招商与条线招商并重。项目数量大突破。签约项目共56个，其中亿元以上项目51个（5亿元以上10亿元以下项目3个，10亿元以上项目6个）；泗阳开发区主体招商项目34个（亿元以上项目32个，专业招商局亿元以上项目17个）。项目推进大提速。全年共排定新开工和结转项目75个、竣工和拟竣工项目50个，共实现58个新项目开工建设、32个项目竣工并通过江苏省考核验收。

【管理与服务】 坚持服务客商就是服务百姓、服务企业就是服务发展的理念，围绕企业所需所求，努力践行“始于需求、行于落实、终于满意”的企业服务精神，对在建项目通过强化“每日一巡查、每周一会办、半月一通报、每月一走访”及“定期推进”、重大项目评分奖惩、电讯网络平台汇报通报等制度推动建设，有效保障了项目推进工作无间隙、高效率开展；企业服务局信息服务中心“9688918”企业服务热线开通以来，共受理企业反映事项2954项，所受理事项经协调相关职能部门全部处理完成，事项办结率和客商满意率达双100%；通过短信平台群发各类服务、征询信息325条（次）；对企业董事长、总经理、引资单位帮办人、开发区帮办人进行主动随访6005人次，随访过程中发现577个问题，所反映问题已全部处理办结。

【科技创新】 打破政府主导型科技创新平台建设，引入广东首家民营国家级高新技术科技孵化器企业，投资18亿元建设苏北唯一的开发区孵化器、加速器项目，建筑总面积51万平方米，项目建成后，将成为园区企业孵化器综合配套的城市科技综合体。同时，与东华大学合作筹建纺织研究院，积极创建省级轮毂研发与检测中心和大功率节能灯检测中心。江苏苏丝丝绸股份有限公司、江苏庆丰能源有限公司、泗阳瑞泰光伏有限公司、江苏同辉照明科技有限公司、江苏斯莱特电器有限公司、江苏润天复合材料科技有限公司、江苏吉福新材料有限公司等7家企业获批国家级高新技术企业；新认定市级高新技术企业14家，新增省级企业技术中心1个，市级4个；市级企业工程技术研究中心15家；新增专利授权数734个，完成目标207.93%；发明专利申报数225个，完成目标108.17%，位居全市前列。

【人才建设】 新引进工业企业人才1306人，新增初级职称人才625人，高级职称通过46人，中级职称通过182人，新培养高技能人才775人，技师、高级技师90人，引进本科及以上学历人才241人，其中研究生、“985”和“211”工程高校毕业生32人，全年引进高层次创业创新人才市级5人、省级2人，帮助企业引进外协专家41人，较好地扩张了人才总量，加快人才公寓建设，为开发区转型升级提供人才保障。

【党建工作】 成立独立企业党组织16个，派驻党建工作指导员15人，达到每个企业一名指导员；建立了北京路区域党组织活动阵地3000平方米，高标准设有各类文体活动器材、图书阅览室、实验室、劳模事迹室等；8月26日，开发区党委由县委批准撤销，成立开发区企业党委，配齐了党委班子成员；举办企业家论坛7期，组织开展第四届读书月、党建征文及寻找最美党员等活动。

【社会事业】 荣获2012年“江苏省工会工作模范园区”、全国工会“职工书屋”示范点建设单位、宿迁市模范职工之家等称号；工会干部个人获省总表彰为“全省开发区（园区）工会帮扶服务先进个人”及市优秀工会工作者等；通过开展创建“工人先锋号”、争先创优立功竞赛等活动，江苏海欣申禾纺织股份有限公司获得2013年省工人先锋号推荐集体；江苏金之彩集团有限公司获得2013年省“五一”劳动奖状推荐单位；泗阳县嘉泰纺织有限公司陈玉林获得2013年全国“五一”劳动奖章。推荐1家企业参评市“五一”劳动奖章；20家签订了工资集体协议，5个工会工作示范点建立了劳动纠纷调解室，30家企业代表队近150余人参加第三届“荣浩杯”企业消防应急救援技能大赛比赛；联合举办由企业、机关等优秀人员参加泗阳县“华绿杯”企事业单位首届青年人才联谊会文体活动等。

【基础设施建设】 依据县城总体规划，启动片区总体规划、来安社区控制性详细规划，完成水系整治规划、雨污水等专项规划和国家级经济开发区专项研究等项目编制工作。完成桂林路东延、黄河路南延工程、洞庭湖路等道路建设工程；长江路拓宽、苏州大道、吴江路、杭州路、金鸡湖路、鄱阳湖路等6条道路加快推进，全年共开工建设道路建设26.3公里；完成污水管网铺设6公里；全年铺设供热管道8公里。北京路邻里中心投入使用，众兴路商业广场、吴江工业园职工公舍、轮毂产业园职工宿舍、轮毂研发交易中心基本竣工，黄河路邻里中心、开发区第一小学、第二污水处理厂正在加快推进。园林绿化工程。中央生态公园、北京路绿化提升全面完工，太湖路、洞庭湖路、浙江路、众兴东路、桂林路、珠海路等道路绿化工程完成总工程量的60%；魏阳河、淮滨河、葛东河三条风光带建设有序推进。

【机构设置与管委会领导】 成立了在开发区管委会领导下的“一办五局”，即党政办、组织人事局、经济发展局、规划建设局、财政局和社会事业局。

主任葛明，副主任刘家新、刘传林、胡耀军、陈元圣、王颢、谢庆斌（8月免）、狄运江（9月任）。

（江苏泗阳经济开发区管委会）

湖北恩施经济开发区

【经济发展】 湖北恩施经济开发区（以下简称“恩施开发区”）2013年完成地区生产总值51.5亿元，同比增长13.2%；完成规模以上工业总产值66.5亿元，同比增长21.4%；

完成规模以上工业增加值33.1亿元，同比增长22.6%；完成固定资产投资66.02亿元，同比增长20.5%；完成税收收入14.7亿元，同比增长21.5%；出口2400万美元，同比增长8.1%。

【园区特色】 组织规划方面专家，编制开发区17平方公里总体规划及“三园一中心”规划。按照低碳环保原则，完成了1500亩的龙凤低碳工业园详细规划；以烟草、农产品加工为主导，配套仓储物流、科技研发、办公居住等功能，编制了4500亩的农产品加工园区详细规划；以搭建生态工业发展平台为目标，编制六角生态工业园区2万亩控制性规划和1万亩核心园区规划；以建设高标准商贸物流园为目标，编制了七里坪商贸物流园详细规划；围绕城镇化建设，把园区建设作为城市新区拓展进行规划，完善11250亩的现代商贸物流园规划。

【招商引资】 坚持把招商引资作为经济发展的动力来抓，充分发挥资源、区位、产业、政策等优势，不断创新招商方式，实行驻点招商、开展考察活动、加大项目网上推介力度等方式扩大对外开放，夯实招商基础，吸引了大批客商来开发区投资兴业。全年共接待来访客商2000余人次，新签约项目18个，签约金额12亿元，招商引资到位资金11.49亿元。

【发展环境】 按照“有求必应，随叫随到”的原则，积极主动为入园企业服务，扶持企业做大做强。邀请银行业及法律行业专家为企业提供金融及法律咨询；积极配合市金融办，做好企业债券发行上市工作，破解企业融资难问题；开辟校企合作通道，促进了企业发展。积极与州、市人才交流中心、职业技术学校合作，解决企业服工难题；加强安全生产管理，确保了园区企业及职工生命财产安全，今年园区没有发生安全事故。

围绕权力行使安全、资金运用安全、项目建设安全和干部成长安全“四个安全”，全面落实党风廉政建设责任制，管委会主要领导与各部门负责人签订了“党风廉政建设责任书”，把党风廉政建设纳入经济和目标管理考核。

【机构设置】 恩施开发区下设：管委会办公室、国土建设局、招商发展局、财政局、招商引资服务中心、企业服务办公室。现有行政编制18人，参公管理11人，工勤编制2人，事业人员6人。

湖北恩施开发区主要经济综合指标一览表

项目	单位	2012年	2013年
工业总产值（现价）	亿元	56	68
进出口总额	亿美元	1.21	1.47
出口	亿美元	0.22美元	0.24美元
财政收入	亿元	12.1	14.7
税收收入	亿元	12.1	14.7
财政支出	亿元	1.72	1.58
固定资产投资	亿元	55.1	66.02

（湖北恩施经济开发区管委会）

甘肃平凉工业园区

【基本情况】 甘肃平凉工业园区（以下简称“平凉工业园区”）现直管一个全国重点镇、全省新型城镇化试点镇——崆峒区四十里铺镇，辖区面积127.4平方公里，批准规划面积66.36平方公里，有26个村、1个社区居委会，常住人口4.76万人。注册工商企业184户（其中：工业企业79户），企业从业人员9460人。

【经济发展】 2013年实现地区生产总值（GDP）19.65亿元，按可比价格计算，比上年增长10%。其中，第一产业增加值1.42亿元，增长6.4%；第二产业增加值12.58亿元，增长10.2%；第三产业增加值5.65亿元，增长10.6%。三次产业增加值结构为7.2:64:28.8。按园区常住人口计算，人均GDP为41282元，按2013年人民币对美元年平均中间价6.1932计算，人均GDP为6666美元。工业增加值完成11.95亿元，规模以上工业增加值完成11.59亿元，固定资产投资完成34.51亿元，社会消费品零售总额完成7.27亿元。大口径财政收入2.04亿元，同比增长29.06%，其中：公共财政收入5148万元，同比增长83.54%。公共财政预算支出完成17119万元。政府性基金收入8447万元，政府性基金支出22995万元。本年外币存款年末余额8.22亿元，同比增长36.21%；贷款年末余额3.81亿元，同比增长65.06%。

【工业产业发展】 工业经济平稳增长，全年完成工业总产值44.94亿元，销售产值35.55亿元，实现利润0.44亿元。其中：规模以上工业主营业务收入34.8亿元，利税总额2.93亿元。园区注册企业184户，当年实现营业收入117.31亿元。“四上”联网直报企业26户，注册资本2000万元以上的企业33家，占园区注册企业的17.9%；年主营业务收入500万元以上企业56户，当年实现业务收入57.6亿元；年营业收入亿元以上企业7户，当年实现营业收入44.08亿元，利润总额500万元以上企业4户，比上年增加1户。

【园区特色】 商贸市场进一步繁荣。2013年累计批准注册服务业企业48户，其中营业收入在1000万元以上的企业16户，年内实现营业收入9.57亿元。全年第三产业实现增加值5.65亿元，同比增长10.6%，占园区GDP比重达到28.75%。

城乡一体化加速推进，加快推进城镇化建设，园区城镇化率达到34.45%，米家湾、马坊、演武三村“两转”试点工作全面展开。

【招商引资】 2013年成立了园区招商引资项目建设领导小组，全年洽谈各类项目50项，签约项目11项，协议引进资金195亿元，实际到位资金53.1亿元。引进工业项目6个，全部为内资工业项目，协议内资182.9亿元，工业招商比重达55%以上。引进注册资本5000万元以上内资大项目8个。截至2013年底，园区累计投资项目36个，项目总投资410亿元。

【投融资建设】 以平凉泓源工业投资有限责任公司、平凉市中小企业信用担保有限责任公司和平凉市崆峒区泓源小额贷款有限公司为依托，构建起了园区投融资平台，与中国银行、甘肃银行等多家金融机构建立了良好合作关系，为42个项目协调融资35亿元，为35

个项目争取财政专项资金9944万元。

【基础设施建设】 2013年完成基础设施投资1.97亿元，截至年末，园区实有道路总长68公里，道路总面积2.38平方公里，渠道总长44.1公里，桥涵23座，下水道总长18.82公里。累计开发土地面积7.59平方公里，占园区规划面积的11.44%。完成荒山造林497亩，退耕还林补植补造1900亩，栽植刺槐10.3万株。投资560.07万元硬化村庄道路7.8公里，新建排水渠2公里。“双联”工作持续推进，筹措资金49.2万元，购买农资18吨，核桃、刺槐、柳树等苗木19500株，连片栽植核桃经济林500亩，绿化进村道路5公里；投资57万元，配套机电井2眼，修建蓄水池一座，铺设供水管网15公里。

【环境安全】 全年环境污染治理完成总投资1.3亿元。工业废水排放总量309.89万吨，工业烟粉尘排放量分别为2900吨。二氧化硫排放总量9933吨、化学需氧量2272吨、氨氮排放总量40吨、氮氧化物排放总量30203吨。2013年完成污染减排二氧化硫1489.27吨、氮氧化物15407.16吨。地表水达标率75%（三类水），城镇饮用水源水质达标率100%，区域环境噪音平均值54.9分贝，交通干线噪音平均值68.9分贝。人均公园绿地面积17平方米。

【社会事业】 全年民生支出占财政支出的61.76%，城镇居民人均可支配收入、农民人均纯收入均有大幅度增长。大力发展劳务经济，完成劳动力技能培训500人次，输转劳动力1.6万人，实现劳务收入1.98亿元，城镇登记失业率控制在4%以内。

全年共发放低保供养金182万元、低保户961户，“五保”供养金35万元、五保户106户。发放抚恤金58万元，重度残疾人护理补贴6万元，为20户贫困残疾人申请危房改造项目，为3户贫困残疾人申请无障碍改造。园区参加城乡居民社会养老保险28986人，参保率93.33%，待遇发放率100%；新型农村合作医疗43503人，参合率97.7%。投资400万元新建四十里铺镇中心幼儿园，建筑面积1753平方米。争取“改善义务教育阶段薄弱学校办学条件项目”资金51万元。中学考入重点高中的学生人数达到194人，规划申报农民体育健身工程13个，投入省级资金17万元。2013年科学技术经费支出达到3662万元，达到了本级财政预算支出的1.54%。全年共促成产学研合作项目5个，申报科技项目1个。全年申报市级以上科研项目1个；全年完成专利申请量15件。截至2013年末，园区共有各类医疗机构57个。

【区域竞争力】 园区建设发展实力逐年攀升，区域竞争力显著增强，体制机制改革走在了全省开发区前列。2010年12月，在首届世界园区合作论坛暨第二届中国最具投资潜力经济园区高峰对话会上，荣获“2010年中国最具投资潜力经济园区”第15名；2013年5月15日，在省商务厅组织召开的关于嘉峪关、平凉、陇西申报国家经济技术开发区省级评估论证会上，平凉工业园区以最高分通过评估论证。被评为2013年度全省开发区建设发展成绩突出单位，荣获二等奖，奖励20万元。

【党建工作】 2013年园区党工委下辖93个基层党组织。截至年底，共有党员2050名。面向全市公开选拔副科级领导干部4名，遴选工作人员2名。签约行业紧缺专业人才3名。

【机构设置与管委会领导】 平凉园区党工委、管委会设置8个内设机构，即综合办公室、党群工作部、纪工委（监察审计局）、经济贸易发展局、招商和融资促进局、城乡规划建设局、安全生产和环境保护局及财政局。

党工委书记李卫中，党工委副书记、管委会主任张兴荣，党工委委员、纪工委书记李文平，党工委委员、管委会副主任赵贤君，党工委委员、党群工作部部长王永平，党工委委员、管委会副主任刘卓禄，党工委委员、管委会副主任安正勇，党工委委员、管委会副主任尚江平。

（甘肃平凉工业园区管委会）

张家港保税区

【经济发展】 2013年，张家港保税区实现地区生产总值578.03亿元，同比增长4.4%；全社会固定资产投资196.8亿元，增长13%；公共财政预算收入33.68亿元，增长5.2%；商品销售总额4703.26亿元，增长19.3%，进出口总额137.12亿美元，其中进口贸易112.63亿美元，出口贸易24.49亿美元。科学发展水平位居江苏省开发区前列。

【工业产业发展】 2013年始终突出转型升级的发展导向，以规模企业为龙头的临港制造业逆势飘红。工业开票销售收入和工业投资分别达到1272.12亿元和121.64亿元，分别增长3.8%和11.2%。霍尼韦尔一体化生产基地、康得新一期等24个超5亿元项目开竣工。销售超亿元企业达到140家，其中超10亿元企业达到31家；新增税收超5000万元企业3家，累计23家。新认定总部企业3家，累计5家。5家企业正式启动“新三板”挂牌准备工作。

【科技创新】 2013年完成新兴产业产值581.68亿元，占工业总产值的40.76%；新兴产业投入71.82亿元，占工业投入的59.04%。新增技改项目89个，完成技改投入40亿元。新增江苏省高新技术企业11家，累计58家。销售超亿元新兴科技型企业达17家。多维磁传感产业园一期主体竣工，启能新材料二期主体结构封顶。引进国家“千人计划”5名，获评江苏省“双创”人才3名，入围省级以上科技项目19个，组建“千人计划”专家工作站5家。国家级化工设备检验检测中心获批筹建，获评“国家知识产权试点园区”、江苏省创新型开发区和全国首家以区镇为单位的省级海智基地。

【外经外贸】 2013年完成服务业增加值266.34亿元，增长8.1%，占GDP比重46.08%；服务业投入53.30亿元，增长17.6%。完成进出区货运总量1056万吨，货值160亿美元，海关征收税款72亿元。2家企业入围中国进口百强，7家企业入围中国服务业500强。汽车口岸、进口消费品、化工、纺织、粮油、木材等六大专业市场实现交易额1228亿元、税收7.4亿元，分别增长55%和35%。汽车整车进口口岸、江苏化工品交易中心、进口商品集采分销中心被列入国家苏南现代化规划。汽车口岸在全国新批口岸中首家通过验收并投运。进口消费品市场带动张家港口岸成为全省红酒进口货值最大口岸，并获批省进口食品监管样板区，销售超亿元企业达21家。江苏化工品交易中心被认定为省级现代服务业集聚区，新石化交易大厦落成启用。保税抵押、汽车转关政策等实现有效拓展。

【招商引资】 2013年实现注册外资6.14亿美元，到账外资2.76亿美元；完成注册外地资本42.24亿元，同比增长20.7%，外地资本投入45.2亿元，增长46.9%。新批外资企业30家，累计520家，总投资111.07亿美元。总投资360亿元的页岩气新材料综合研发利用基地、总投资80亿元的康得新二期、总投资9000万欧元的克里斯托夫装备等15个重点项目成功签约，日触化工、PPG涂料、道康宁贸易等10家企业实现增资扩股。

【管理与服务】 2013年，从管委会和局室两个层面修订区镇工作规范和议事规则，切实提升决策的科学化水平；新设国资（金融）办，出台腾笼换凤、国有企业管理、政府采购、职级晋升等意见，修订完善绩效考核和督查管理等办法，使区镇五大类考核指标体系更科学、更具操作性。以完善强化挂钩包干制、首问负责制、限时办结制等制度为依托，扎实开展“转作风、亮实招、惠民生”和“走千家、访万户、解百忧”等活动，累计建立各类联系点212个，收集各类意见建议1300余条，受理群众反映问题600多个，问题解决率超过90%。

【基础设施建设】 2013年，总投资2亿元的崇真中学落成启用，滨江大厦主体结构封顶，进口商品集采分销中心运营大楼、科文中心启动施工，新城“四纵四横”道路框架全面拉开，滨江新城初具形态。香山主入口工程完成提升改造，香山湖完成湖体开挖，樱花园、梅花园、运动公园等重点项目开工建设，4A级景区顺利通过验收，香山开发逐步深入。疏港高速、张皋路启动建设，投资10亿元的东新路、晨丰路等一批道路建设加快推进，工农大桥、黄泗浦桥改造工程有序建设，基础设施进一步优化。

【社会事业】 2013年，计划总投资38.93亿元的五大类民生实事工程达到目标要求。新开工安置房105万平米、竣工107万平米。南沙幼儿园、公共卫生服务中心等教育卫生设施落成启用，总投资2.5亿元的五节桥闸改建等5大水利排涝工程有序实施，新增污水管网59公里。新增绿化面积超1000亩，绿化覆盖率达41.5%。长江村被列入苏州美丽镇村示范点。完成住房公积金扩面6783人，开发及提供各类就业岗位超20000个。农民人均纯收入和村均可用财力继续保持两位数增长，分别达到2.6万元和1000万元。

【机构设置】 张家港保税区管委会下设党政办公室、组织人事局、发展改革局、招商局、科技人才局、物流贸易局、财政局、规划建设局、安全环保局、国土资源局、企业服务管理局、社会事业局、农村工作局、政法和社会管理办公室、行政服务中心。

（张家港保税区管委会）

福州保税港区

【经济发展】 2013年，福州保税港区（含保税区）引进项目200个，注册资本折合1.72亿美元，进出口贸易额56.9亿美元，财政收入2.92亿元。江阴港1-5号泊位集装箱吞吐量80.8万标箱，其中外贸完成49.6万标箱，内贸完成31.2万标箱。

【园区特色】 汽车整车进口口岸。福州港江阴港区汽车整车进口口岸于2013年1月7日通过国家验收，正式对外运营。福建省政府明确福州港江阴港区汽车整车进口口岸工作由福州保税港区管理委员会负责。2013年，完成1.1万平方米保税港国际汽车展厅装修，注册汽车经销企业5家，累计报关进口车辆363辆。

【园区建设】 福州保税港区以海峡经贸广场为载体，围绕培育和建设进口食品交易市场，组建市场运营平台公司，建设进口酒类及预包装食品检测试验室，推进交易市场建设与招商工作。2013年，全区注册进口食品类企业32家，优传、酩豪、酩悦、凯撒等6家酒类企业入驻交易市场，签订入驻展厅意向企业12家，已使用交易市场展厅面积超2000平方米，市场进口食品种类从单一的进口葡萄酒扩展至进口食用油、进口调味品等，市场销售额3391万元，其中进口酒销量61.5万瓶，交易额超3000万元。

【科技创新】 跨境电子商务零售出口试点。2013年11月，福建省商务厅和福州海关将福州保税港区定为福建省跨境贸易电子商务零售出口试点。福建省商务厅牵头，福州保税港区和福州海关、省电商中心等单位联合成立了专门工作小组，选定福州保税港区直属国有企业福建保通物流有限公司为主体投资组建跨境电商平台申报和建设主体，委托北京东方物通公司编制申报福州保税港区跨境电子商务零售出口试点工作规划方案和系统设计，同时积极推进跨境电子商务零售出口监管设施和公共信息服务平台建设，加大电商及关联企业招商。

【安全环保】 2013年初，福州保税港区全面启动创卫工作，完成专家预评估、省级预评估、“创卫”技术小组设立和创建资金测算等工作，确定了相关责任单位和责任安排表，将任务分解到各个成员单位，各成员单位正在按照创卫工作实施方案和各自任务分解稳步推进创卫工作。

【重点项目建设】 福州保税物流园区、宏捷国际供应链、鑫原达冷链物流、华沛研发中心等四个项目被列入福州市“五大战役”建设项目，全年完成10066万元，完成计划数134.2%。

【招商引资】 引进并组建由福州保税港汽车城有限公司、上海元初物流公司、福建八方物流公司和台湾京扬物流公司联合成立的福州港太元行汽车服务有限公司，可为汽车口岸提供进口汽车仓储管理、报关、整备交车、零组件及运输配送物流等营运服务。引进福州招商银行和太平保险公司，为口岸提供金融保险服务。与福州市交巡警支队及市国税局对接，拟在福州保税港区设立车辆上牌一站式服务窗口和车辆购置税办税窗口，为企业提供更便捷的口岸运营环境。建立周例会协调机制，召集保税港区海关、国检、税务、工商等职能单位和汽车经营企业召开座谈会或现场办公会，倾听企业呼声，面对面解决企业存在的困难，营造良好的经营环境。

【机构设置与管委会领导】 福州保税港区管理委员会，作为省人民政府的派出机构，委托福州市人民政府管理。下设有办公室、经济发展局、开发建设局、财政审计局、口岸局等5个内设机构和福州保税区管理局1个直属机构，规格均为副处级。

管委会领导有：党组书记、管委会主任阮孝应，党组副书记、管委会副主任李平，党组成员、纪检组长曾开寿，党组成员、管委会副主任黄武闽，党组成员、管委会副主任陈昱，管委会副调研员林继红，管委会副处级干部夏克活，管委会副调研员俞萍。

（福州保税港区管委会）

附表：　2013 年国家级经济技术开发区主要经济指标情况汇总表

	经济指标	全国		210 家经济技术开发区			102 家东部开发区			61 家中部开发区			47 家西部开发区		
		2013 年	同比	2013 年	2012 年	同比	2013 年	2012 年	同比	2013 年	2012 年	同比	2013 年	2012 年	同比
总体情况	地区生产总值（亿元）	568845	7.7%	69064	59959	15.2%	46191	40835	13.1%	14508	11776	23.2%	8364	7347	13.8%
	其中：第二产业（亿元）	249684	7.8%	51601	44248	16.6%	32752	29478	11.1%	12101	9655	25.3%	6748	5115	31.9%
	其中：工业（亿元）	210689	7.6%	47987	41839	14.7%	30818	27537	11.9%	11155	8967	24.4%	6014	5335	12.7%
	第三产业（亿元）	262204	8.3%	15945	13901	14.7%	12091	10544	14.7%	2409	2076	16.1%	1445	1281	12.8%
	工业总产值（亿元）			200592	175306	14.4%	139446	125475	11.1%	42052	33200	26.7%	19095	16631	14.8%
	其中：规模以上工业企业（亿元）			187730	161718	16.1%	128931	114601	12.5%	40378	31641	27.6%	18421	15475	19.0%
	其中：外商及港澳台商投资企业（亿元）			96649	87453	10.5%	77941	72694	7.2%	16202	12529	29.3%	2506	2230	12.4%
	高新技术企业（亿元）			63135	58170	8.5%	42531	40689	4.5%	16351	13820	18.3%	4253	3661	16.2%
	当年固定资产投资（不含农户）（亿元）	436528	19.6%	40005	33663	18.8%	24161	20420	18.3%	9756	7916	23.2%	6089	5326	14.3%
	年末全区从业人员（万人）			2026	1912	6.0%	1378	1306	5.5%	421	388	8.6%	227	218	3.8%
财政收入	财政收入（亿元）	129143	10.1%	12703	11215	13.3%	9255	8310	11.4%	2249	1900	18.4%	1198	1006	19.1%
	税收收入（亿元）	110497	9.8%	10932	9796	11.6%	7970	7273	9.6%	1876	1617	16.0%	1086	906	19.9%
	其中：外商及港澳台商投资企业（亿元）			4984	4238	17.6%	4171	3516	18.6%	711	628	13.2%	102	94	8.1%
进出口	出口总额（亿元）	137170	7.9%	25199	24514	2.8%	22159	21719	2.0%	2148	1861	15.4%	891	934	-4.6%
	其中：高新技术产品（亿元）	40334	9.8%	12281	12500	-1.8%	11027	11356	-2.9%	1110	992	12.0%	143	152	-5.8%
	进口总额（亿元）	121097	7.3%	22997	22879	0.5%	20194	20113	0.4%	1894	1822	3.9%	909	944	-3.7%
	其中：高新技术产品（亿元）	34097	10.1%	9088	8962	1.4%	8356	8240	1.4%	658	643	2.4%	74	78	-6.3%
内外资情况	新增外商及港澳台商投资企业数（个）			2952	2988	-1.2%	2545	2623	-3.0%	332	288	15.3%	75	77	-2.6%
	合同外资金额（亿元）			3818	3699	3.2%	2929	2905	0.8%	672	599	12.1%	217	194	12.0%
	实际使用外资金额（亿元）*	7183	5.3%	3714	3362	10.5%	2693	2507	7.4%	751	614	22.3%	270	240	12.1%
	历年累计实际使用外资金额（亿元）			30609	27216	12.5%	24090	21877	10.1%	5025	4199	19.7%	1494	1139	31.1%
	期末实有内资企业注册资本（亿元）			45329	38767	16.9%	31120	26938	15.5%	6112	5220	17.1%	8097	6609	22.5%

* 注：国家级经济技术开发区实际使用外资金额数据中含再投资。

长沙经济技术开发区

CHANGSHA ECONOMIC & TECHNOLOGICAL DEVELOPMENT ZONE

积极创建“国家知识产权示范园区”

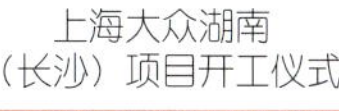

上海大众湖南（长沙）项目开工仪式

广汽菲亚特车间

汨罗产业园战略合作签约仪式

人才政策发布暨首批海外招才引智工作站签约仪

高新技术企业达到 **89 家**，完成高新技术企业产值 **1210 亿元**

新投产项目 **15 个**，新增产能 **300 亿元**

与国际知名汽车品牌大众集团成功签约，共签署项目引进合同 **15 个**，总投资约 **155 亿元**

秦皇岛经
QINHUANGDAO ECONOMIC &
QTK
China unicom

技术开发区

CHNOLOGICAL DEVELOPMENT ZONE

秦皇岛经济技术开发区已建成中国大型高档汽车轮毂生产基地、中国北方重要船舶修造基地、中国北方大型粮油加工基地和***全国首个“数据产业基地”，***先后被确定为河北省软件基地、河北省服务外包示范区和河北省高新技术区域特色产业基地。

康泰医学

哈电重装秦皇岛有限公司生产车间

康泰医学领先科技车间

QINHUANGDAO
ECONOMIC & TECHNOLOGICAL DEVELOPMENT ZONE

秦皇岛经济技术开发区

产业聚集效应凸现，增长势头强劲，形成了***粮油食品加工、汽车及零部件、重大装备制造、冶金及金属压延和高新技术等特色产业。***

2013 年， 青岛经济技术开发区完成地区生产总值 1537.4 亿元，工业总产值 3577 亿元，累计到账外资 9.53 亿美元，以占青岛市不足 3% 的国土面积，创造了全市近 1/5 的 GDP 和实际到账外资、近 1/4 的工业总产值。

青岛开发区企业聚集度高、可投资领域广泛，全区拥有 2 万多家企业，其中，外商投资企业 2318 家，投资过亿美元项目 31 个，来区投资的世界 500 强企业 98 家。2013 年，实际利用外资 23.1 亿美元，同比增长 18.2%。

青岛 经济技术开发区

QINGDAO ECONOMIC & TECHNOLOGICAL DEVELOPMENT ZONE

国际一流的生态宜居资源：阳光、沙滩、青山、碧水；年平均气温 12.7℃；年均降水量 794 毫米，日平均日照时间 6.7 小时。

优质丰富的教育资源：现有人才总量 22.78 万人，占总人口的 33%；人力资源指数居全国国家级开发区第四位；有中国石油大学等 8 所驻区高校，在校学生 13 万余人。

幸福宜居的休闲度假资源：打造“金银珠宝”旅游概念，金即金沙滩，银是银沙滩，珠是灵珠山，宝为菩提寺宝刹；国家 4A 级旅游度假区珠山国家森林公园和拥有省级凤凰岛旅游度假区。

青岛开发区 以青岛港为龙头的港口物流产业、以海尔海信澳柯玛为龙头的家电电子、以大炼油为龙头的石油化工、以上汽通用五菱为龙头的汽车制造、以北船武船为龙头的造修船、以中海油为龙头的海洋工程等六大优势产业集群发展势头强劲。**“六大产业集群”产值占全区规模工业产值的 85% 以上，产值过百亿元企业 7 家。**

大力发展现代服务业，重点突破信息服务业、旅游业、航运商贸金融业、医疗健康产业和教育衍生产业等服务业五大领域，现代服务业增加值占生产总值比重达到 34.2%。

青岛 经济技术开发区

QINGDAO ECONOMIC & TECHNOLOGICAL DEVELOPMENT ZONE

配套完善的商务环境。全区拥有金融机构 80 余家，其中银行机构 31 家；三星级酒店 7 家，四星级酒店 4 家，五星级酒店 1 家，正在建设中的五星级酒店 7 家；永旺、麦凯乐、麦德龙等大型综合商场、超市 8 家。

优质高效的政务环境。设立"一站式"行政审批大厅，将 1054 项审批事项精简到 87 项，总精简幅度达 91.7%；海关、商检、边防等厅局级口岸机构，可以就地办理各种口岸业务，实现货物"大通关"、"无假日"和"无纸化"的高效通关。

优越便捷的交通条件。坐拥世界第七大港口 - 前湾港，拥有世界第一跨海大桥 - 胶州湾跨海大桥，拥有中国第一海底隧道 - 胶州湾海底隧道，距青岛机场 30 公里，沈海、青兰、青银等高速路网四通八达。

项目支撑　产业带动　建设一流开发区

太原经济技术开发区

太原经济技术开发区于2001年6月经国务院批准为国家级开发区，规划面积9.6平方公里。2002年7月开始全面起步建设。

太原经济技术开发区坚持科学发展、创新发展，按照建设一流新兴产业基地和绿色生态工业园区的发展定位，依托山西丰富的资源优势和雄厚的技术优势，基本形成了国家级装备制造（能源装备）、国家级新材料新能源、电子信息、食品及农产品加工、生物制药等产业发展格局，经济社会实现了又好又快发展。

特别是2012年7月以来，太原经济技术开发区提出了居安思危、加速发展的新思路：一是调整产业结构，实现均衡发展。调整过去以装备制造业一业独大的产业布局单一，努力加快发展高新技术企业和高产值、高附加值的现代服务业，实现二、三产业均衡发展。二是进一步提高发展质量，提升经济运行水平，从而增强综合实力和竞争力，实现可支配财力显著提高，为新农村建设、城中村改造等民生工程和项目引进、人才支撑、科技创新提供坚强保障。

经过两年多的努力，中天信科技、阳煤化机、太重轨道交通等一大批高新技术企业陆续建成投产；久远银海、北斗卫讯等信息产业项目；昆明卷烟、中化二建等总部基地以及江铃重汽、交科院产业化项目、宇航新能源汽车等正在加紧建设；园区主要道路管网实现了提档升级，辖区九大农村社区居民养老保险实现全覆盖，太原经济技术开发区迈上了加速发展的快车道。

“十二五”期末，太原经济技术开发区预计实现科工贸收入1200亿元以上，工业总产值850亿元以上，GDP260亿元以上，财政总收入50亿元以上，全面建成中西部一流国家级开发区和国内重要的现代制造业基地，为山西转型跨越发展做出积极贡献。

江铃重汽：汽车总装车间

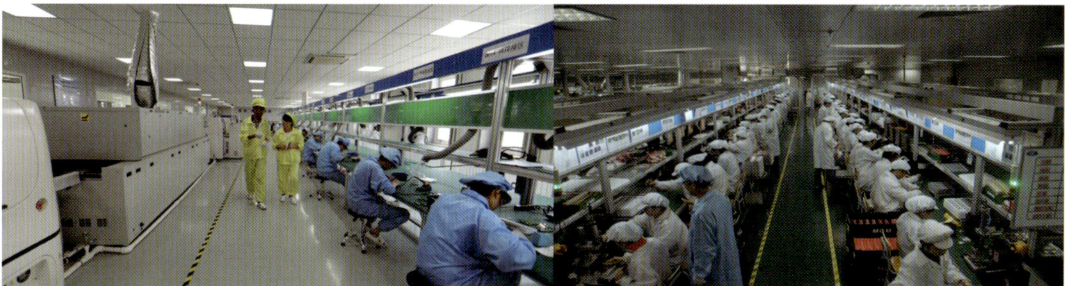

中天信科技：远红外影像设备生产线

富士康科技：苹果手机生产线

太重轨道交通：高铁轮对检测线

中煤科工天地煤机：国内横轴载割功率最大的岩石掘进机

对外开放桥头堡　经济发展新高地

太原武宿综合保税区

2013年9月16日，太原武宿综合保税区正式通过国家十部委联合验收，并于2013年12月封关试运行。

太原武宿综合保税区总投资25亿元、规划总面积2.94平方公里。它的获批与正式运行标志着山西省有了承接全球高新技术产业转移、发展现代物流业的重要基地。它的设立，是山西省转变经济发展方式、实现经济社会科学发展、创新发展的新举措，完善了中部地区海关特殊监管区域的体系格局，丰富了山西省保税加工、物流和辐射功能，带动了区域协调发展，成为实施中部崛起和综改区战略规划的重要支撑。

太原武宿综合保税区与太原经济技术开发区相邻，成为太原汾东新区的齐飞两翼。按照山西省委省政府、太原市委市政府的战略决策，太原武宿综合保税区与太原经济技术开发区实行“两块牌子一套管理体制”的运行模式，并肩发力，加速发展。

太原武宿综合保税区，犹如强劲的“新引擎”，为推动全省“六大发展”和太原实现“六个表率”注入强大动力、提供强力支撑，必将成为全省吸引资金、资本和资源的强大经济高地，成为山西省、太原市对外开放的一张靓丽新名片。

太原武宿综合保税区

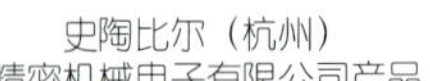
史陶比尔（杭州）
精密机械电子有限公司产品

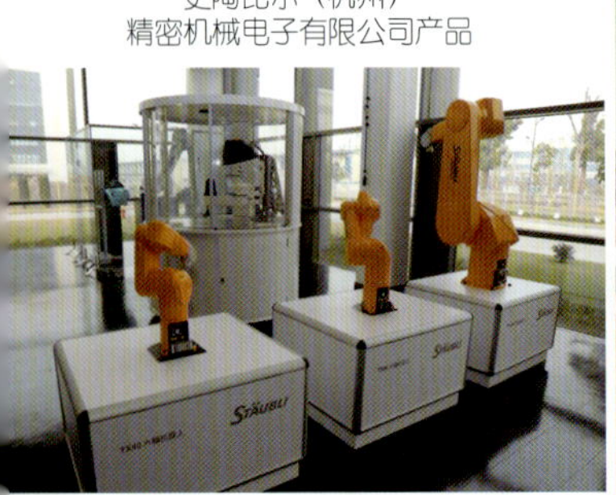

众泰汽车生产线

HANGZHOU ECONOMIC & TECHNOLOGICAL DEVELOPMENT ZONE

杭州经济技术开发区

2013 年， 杭州经济技术开发区的经济社会各项事业健康发展，全区实现地区生产总值 585.46 亿元，比上年增长 7.2%；完成工业总产值 2100.75 亿元，比上年增长 6.6%；完成工业销售产值 2107.58 亿元，增长 6.3%。全区主导产业产值 1861.87 亿元，增长 6.7%；完成财政总收入 127.23 亿元，比上年增长 8.0%，财政支出 83.67 亿元。

温州经济
WENZHOU ECONOMIC & T

2013 年，全区实现工业总产值 588.7 亿元，地区生产总值 175.15 亿元，财政总收入 40.5 亿元。

开发区已初步形成了纺织、鞋革、机械等传统产业提升和新能源新材料、光电信息、先进装备制造、关键汽车零部件等新兴产业培育的集群发展格局，拥有了较为完善的**基础设施体系、产学研体系、现代服务体系和社会配套体系。**

技术开发区

CHNOLOGICAL DEVELOPMENT ZONE

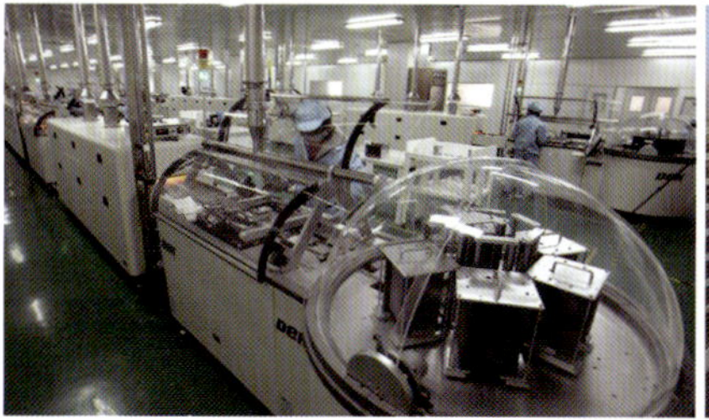

LANGFANG 廊坊

ECONOMIC & TECHNOLOGICAL DEVELOPMENT ZONE 经济技术开发区

2013年，在经济形势复杂多变、要素制约日趋严峻的情况下，开发区坚持“增投入、保增长”，以转变发展方式为主线，迎难而上，顽强拼搏，实现了经济社会的健康协调发展。

全区实现地区生产总值310亿元，同比增长12%；财政收入58.5亿元，同比增长7.6%，其中公共财政预算收入完成14亿元，同比增长19.7%；城镇固定资产投资49.4亿元，同比增长20.7%；规模以上工业销售收入352.3亿元，同比增长8.5%；实际利用外资2.9亿美元，同比增长23.8%；新增入统规模以上工业企业10家。

南通锻压装备车间

总部经济区时代大厦

英田（金杯）集团一车间

RUGAO

ECONOMIC & TECHNOLOGICAL DEVELOPMENT ZONE

如皋

经济技术开发区

如皋开发区全力建设满足人才生活、工作、社交“三配套”的服务设施，全力推进国际新能源科技合作基地、国家高端人才产业园建设，相继获批***中国产学研合作示范基地，国家火炬如皋输变电装备特色产业基地、国家火炬计划软件产业基地、国家级科技企业孵化器、国家软件企业孵化器。***

SIPINGHONGZUI ECONOMIC & TECHNOLOGICAL DEVELOPMENT ZONE

四平红嘴经济技术开发区

随着中烟集团、换热器国检中心等一批“国字号”项目相继落户，大大提升了开发区的发展实力和对外竞争力。***目前，开发区正在加快推进国家级食品和装备制造两个产业示范基地建设，打造千亿级产业聚集区。***2014 年，“一站式”服务中心正式启用，承办和代办企业审批事项，使服务更加高效快捷。以四平昊华异地改造项目为首的化工园区正在加速筹建。正在启动的科技创新企业园、中小设备制造企业园、小微配套企业园，将为区域内外的创业者提供更大发展空间和机遇。

艾维能源科
技有限公司生产车间

“一站式”服务办公大厦

四平博尔特工艺装备有限公司生产车间

唐 山 港

唐山海港
经济开发区

TANGSHANHAIGANG ECONOMIC DEVELOPMENT ZONE

2013年，唐山海港经济开发区实现地区生产总值242亿元，比上年增长51.9%。其中，完成第二产业增加值46.7亿元，第三产业增加值36亿元，可比增长51.9%，第二、第三产业比例为1.2:1。财政收入继续保持快速增长，全年财政收入51.04亿元，比上年增长37.57%；税收收入39.2亿元，增长13.62%；财政支出19.4亿元，比上年增长55.2%。进出口总额完成6.99亿美元，比上年增长10.1%；主营业务收入1495亿元，比上年增长42.38%；全社会固定资产投资201.8亿元，比上年增长41.22%。

宁波经济技术开发区

NINGBO ECONOMIC & TECHNOLOGICAL DEVELOPMENT ZONE

临港型产业：形成了能源、石化、钢铁、汽车、造纸等为主体的临港产业集群

装备制造业：被称为“中国塑机之都”、“中国压铸模具之乡”

宝新不锈钢冷轧车间

北仑港

宁波钢铁

现代化的吉利汽车北仑生产基地

高技术新兴产业：科技综合实力、科技进步水平连续5年进入全省前10位

现代服务业：坚持先进制造业和现代服务业“双轮”驱动格局

南昌经济技术开发区

NANCHANG ECONOMIC & TECHNOLOGICAL DEVELOPMENT ZONE

南昌奥克斯
电器制造有限公司

恒天•百路佳客车

南昌欧菲光科技有限公司生产车间

2013年，南昌开发区主要指标实现十大突破， 全区GDP突破240亿元，工业总产值突破800亿元，新增规模以上工业企业数量突破10家，固定资产投资突破370亿元，财政总收入突破36亿元，实际利用外资突破5亿美元，实际利用内资突破110亿元，外贸出口总额突破8亿美元，社会消费品零售总额突破40亿元，一般预算性收入突破10亿元。

NANTONG ECONOMIC & TECHNOLOGICAL DEVELOPMENT ZONE

南通经济技术开发区

2013 年，南通经济技术开发区完成地区生产总值 691.5 亿元，同比增长 17%；完成工业总产值 1965.8 亿元，增长 12.3%；完成规模以上工业增加值 468.1 亿元，增长 30%；完成地方公共财政预算收入 37.7 亿元，增长 14%；完成进出口总额 43.75 亿美元，其中出口 27 亿美元，增长 7.3%；固定资产投资 450.6 亿元，增长 20.8%；新增工商登记注册外资 8.8 亿美元，增长 12.1%；实际利用外资 6.62 亿美元，增长 4.8%。

软件服务中心

能达商务区

丝路咖精密机械项目奠基

新医药实验室

合肥经济技术开发区

HEFEI ECONOMIC & TECHNOLOGICAL DEVELOPMENT ZONE

合力叉车公司车间

合肥晶弘电器有限公司

正大桐山国际购物广场举行奠基仪式

2013 年，合肥经开区实现地区生产总值 931.4 亿元，同比增长 21%；其中，第二产业增加值 797.7 亿元，同比增长 20.1%；第三产业增加值 133.8 亿元，同比增长 26.8%；二、三产业比例为 85.6 : 14.4。全年财政收入 124.7 亿元，比上年增长 12.3%；税收收入 101.2 亿元，增长 8.3%；全年地方财政收入 49.6 亿元，比上年增长 8.1%。经过 20 年的建设发展，合肥经开区***已经成为全国家电产业品牌最集中的产业园区之一，被工信部命名为“国家新型工业化（家电）产业示范基地”。***

乌鲁木齐经济技术开发区

URUMQI ECONOMIC & TECHNOLOGICAL DEVELOPMENT ZONE

2013年，乌鲁木齐开发区工业总产值突破千亿大关，成为新疆首家“千亿园区”。

“十二五”时期以来，不断完善现代产业体系，产业布局日趋合理，产业承载力不断增强。推动上海大众、东风、陕汽、三一、伊泰、阜丰等项目的扩能增效，着力培育汽车、煤化工等新的增长点，全力为首府建设丝绸之路经济带筑牢先进制造业基础。

建设中的高铁片区和白鸟湖新区是乌鲁木齐城市北扩重点打造的区域。目前，两个新区30平方公里的核心区内已投入上百亿元，引入了70多个现代服务业项目，总投资达到500多亿元。

湛江
经济技术开发区

ZHANJIANG ECONOMIC & TECHNOLOGICAL DEVELOPMENT ZONE

湛江经济技术开发区按照"一城三区三基地"，致力建设宜业宜居宜游的现代化大工业东海岛新城、国家级经济技术开发区、国家级海洋经济示范区、国家级循环经济示范区、南方现代钢铁基地、南方现代石化基地、南方海洋装备制造业基地，努力打造成为湛江最大的经济增长极。随着宝钢湛江钢铁基地、中科炼化、冠豪高新纸业等重大项目在东海岛的顺利建设，产生了巨大的带动效应，岛内基本形成钢铁产业区、石化产业区、高新科技产业区、现代制造业区、中轴线中央商务区、龙海天旅游休闲区等"六大主体功能区"。

德阳经济技术开发区

DEYANG ECONOMIC & TECHNOLOGICAL DEVELOPMENT ZONE

2013 年， 德阳开发区共有各类企业 2700 余家，工业企业 440 家，其中规模以上工业企业 130 余家，***在全省重点培育的成长型特色产业园区“1525”工程中率先并提前两年实现 500 亿工业园区目标。***

GANZHOU

ECONOMIC & TECHNOLOGICAL DEVELOPMENT ZONE

赣州
经济技术开发区

2013 年，全区生产总值增长、工业总产值增长、规模以上工业总产值增长、规模以上工业增加值分别同比增长 16.6%、20%、20% 和 18%，响应赣州市培育优势产业集群的发展目标，明确了主导产业的发展方向和目标任务，提高了产业集中度和关联度，产业集群发展成效显现。规模以上稀土和钨及其应用等主导产业工业总产值同比增长 32.5%，占全区规模以上工业总产值的 21.4%，主导产业对工业增长的贡献率达到 79.21%。

东磁稀土生产线

光宝力信流水线

珠海经济技术开发区

ZHUHAI ECONOMIC & TECHNOLOGICAL DEVELOPMENT ZONE

恒天•百路佳客车

神华粤电
珠海港煤炭配送中心

珠海 LNG 成功接卸
世界最大 LNG 船

珠海经开区是依托华南沿海主枢纽港－高栏港而设立的国家级经济技术开发区，***是西江及南中国海走向世界的门户，是广东海洋经济最具活力和潜力的地区之一，更是珠海经济发展的引擎和龙头。***

珠海经开区将围绕推动亿吨大港向现代化国际强港转型的根本要求，按照***“以港促产，以产兴城，港产城国际化、一体化发展”***的思路，打造珠海科学发展的重要引擎、珠海全球化发展的大平台、现代化的临港经济示范区、国际化的港口城市和体制机制创新的先行区。

燕郊高新技术产业开发区

YANJIAO NATIONAL HIGH TECH INDUSTRIAL DEVELOPMENT AREA

2013 年， 全区共实现财政收入 67.48 亿元，实际利用外资 2.02 亿美元，工业总产值 388.98 亿元，工业增加值 148 亿元，分别同比增长 31%、9%、10% 和 18%。全区综合实力继续壮大、企业活力明显增强、整体竞争力进一步提高，保持了较好的发展势头。